山阳志

（1990—2009）

主　编　陶金林

上海市金山区《山阳志》编纂委员会　编

方志出版社
Publishing House of Local Records

图书在版编目(CIP)数据

山阳志. 1990—2009/ 上海市金山区《山阳志》编纂委员会编. -- 北京:方志出版社, 2024. 11.
ISBN 978 - 7 - 5144 - 6281 - 4
Ⅰ. K925. 15
中国国家版本馆 CIP 数据核字第 2024EH5427 号

责任编辑: 陈　菁
责任校对: 张玉霞
责任印制: 梅中英
出 版 者: 方志出版社
地　　址: 北京市朝阳区潘家园东里 9 号(国家方志馆 4 层)
邮　　编: 100021
网　　址: http://www.zgfzcb.cn
发　　行: 方志出版社图书经销中心(010)67110500
印　　刷: 上海信老印刷厂
开　　本: 787 毫米 × 1092 毫米　1/16
印　　张: 32.75
字　　数: 808 千字
版　　次: 2024 年 11 月第 1 版
印　　次: 2024 年 11 月第 1 次印刷
定　　价: 188.00 元

《山阳志（1990—2009）》编纂委员会

《山阳志（1990—2009）》编辑人员

金山三岛（2006 年摄，《山阳》社区报提供）

❶ 山阳镇镇政府（2009 年摄，《山阳》社区报提供）

❷ 山阳域内的金山新城（2009 年摄，《山阳》社区报提供）

山阳镇现任领导班子成员合影

前排左起：屠伟忠、曹险峰、胡天军

中排左起：周顺风、吴丹青

后排左起：朱惠忠、苏静、段学文、俞红、陆春梅、乔运峰、张钟梅、陈斌、许艳红

（2023 年摄）

全国文明镇
国家卫生镇
中国民间文化艺术之乡
山阳欢迎您！
山陽
1

全国文明村镇
中央精神文明建设指导委员会
2011年12月
2

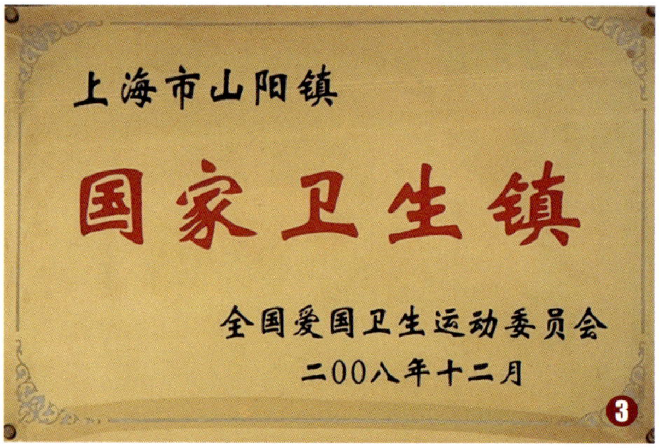
上海市山阳镇
国家卫生镇
全国爱国卫生运动委员会
二00八年十二月
3

中国民间文化艺术之乡
中华人民共和国文化部
二OO八年
4

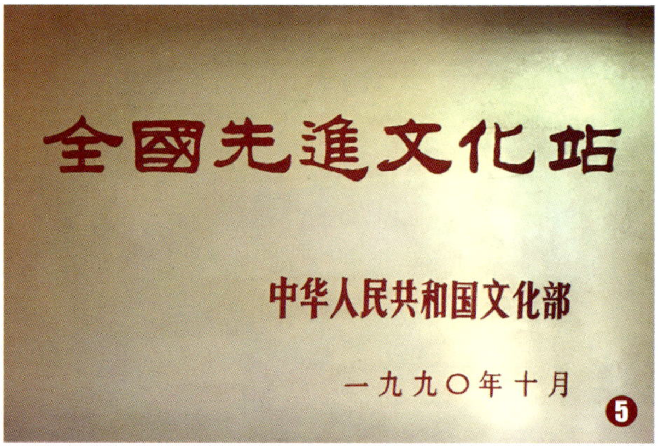
全國先進文化站
中华人民共和国文化部
一九九〇年十月
5

❶ 山阳镇荣誉雕塑
❷ 2009—2011 年度全国文明村镇
❸ 国家卫生镇
❹ 中国民间文化艺术之乡
❺ 全国先进文化站
❻ 全国群众体育先进单位
❼ 2006—2010 年全国特奥工作先进单位
❽ 全国农村教育综合改革先进单位
❾ 全国学校艺术教育工作先进单位
❿ 全国农村合作经济经营管理工作先进集体
⓫ 1991—1993 中国 500 家最大乡镇企业（金海鞋业有限公司）

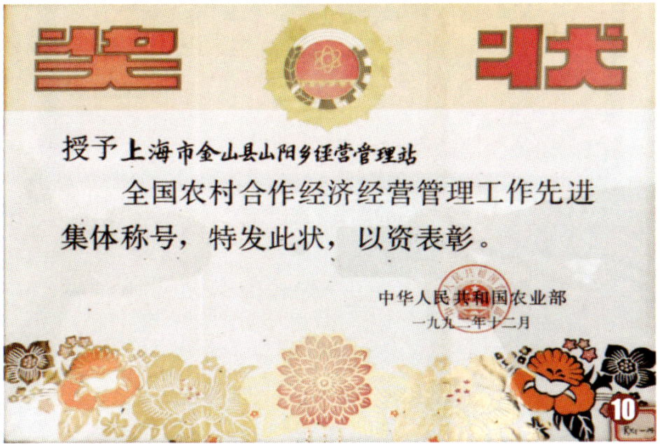

1

2

❶ 插秧机在插秧（2000 年摄，镇农技站提供）
❷ 连栋大棚（2009 年摄，镇农技站提供）
❸ 养猪场（2008 年摄，镇农技站提供）
❹ 海洋捕捞渔船（1990 年摄，镇农技站提供）

1

2

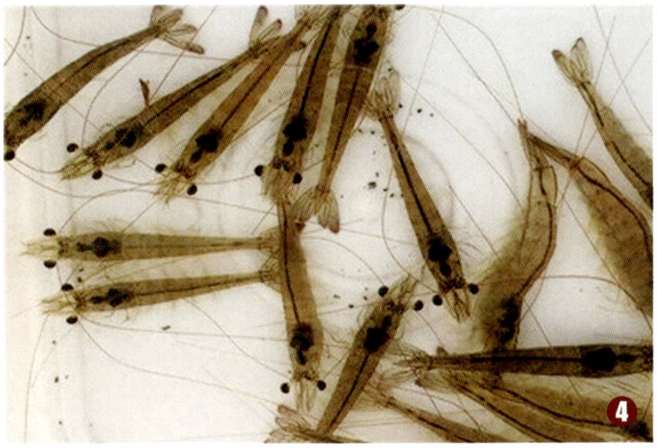

❶ 大金山岛上放养猕猴（2008 年摄，镇农技站提供）
❷ 跃进村养殖水貂（1990 年摄，镇农技站提供）
❸ 金山嘴海鱼产品（1990 年摄，镇农技站提供）
❹ 南美白对虾（1999 年摄，镇农技站提供）
❺ 罗氏沼虾（1999 年摄，镇农技站提供）

游客接待中心
农产品销售中心
田园度假村
南瓜种植基地
枣油桃种植基地
仙人掌种植基地
菌菇种植基地
草 莓 园
垂钓中心
高佬庄度假村
供水管线

4

❶ 山阳田园雕塑（2010 年，王杏春摄）
❷ 牙买加特奥运动员游山阳田园（2007 年，王萍摄）
❸ 山阳田园种植的大南瓜（2008 年，王萍摄）
❹ 仙人掌（2017 年，王杏春摄）
❺ 绿地广场（2017 年，王杏春摄）

❶ 风力发电机塔架（2009 年摄，上海泰胜风能装备有限公司提供）
❷ 泰胜风能装备有限公司（2009 年摄，上海泰胜风能装备有限公司提供）
❸ 金石湾功能区（2009 年，王萍摄）

❶

❷

3

1

2

3

4

5

❶ 上海金山嘴工业区宣传牌（1994年摄，镇企业发展公司提供）

❷ 上海湾区科创中心（2019年，王萍摄）

❸ 山阳工业园区标准厂房（2004年摄，镇企业发展公司提供）

❹ 中兴灯管厂车间（1990年摄，中兴村提供）

❺ 宏泰帝鱼牌西裤车间（1992年摄，镇企业发展公司提供）

❻ 奇安特产品（1990年摄，镇企业发展公司提供）

❼ 全国著名商标老蔡系列国家免检产品（2000年摄，镇企业发展公司提供）

❽ 2010年10月19日，上海泰胜风能装备有限公司在深圳证券交易所创业板挂牌上市（2010年摄，上海泰胜风能装备有限公司提供）

❾ 2011年2月22日，上海华峰超纤材料股份有限公司在深圳证券交易所创业板挂牌上市（2011年摄，上海华峰超纤材料股份有限公司提供）

❶ 上海金山市场有限公司山阳市场（2008 年，王杏春摄）
❷ 上海百联金山购物中心（2011 年摄，《山阳》社区报提供）
❸ 金山嘴建材市场（2017 年，王杏春摄）
❹ 海鸥大厦（2017 年，王杏春摄）
❺ 世安大酒家（2017 年，王杏春摄）

3

4

5

1. 中国工商银行（卫清路）（2018 年，王杏春摄）
2. 中国农业银行山阳支行（海丰路）（2018 年，王杏春摄）
3. 上海农商银行山阳支行（山新路）（2009 年，王杏春摄）
4. 中国邮政储蓄银行山阳支行（红旗东路）（2018 年，王杏春摄）
5. 中国农业发展银行（欧洲城）（2017 年，王杏春摄）
6. 广发银行（卫清路）（2018 年，王杏春摄）
7. 电信山阳支局（2018 年，王杏春摄）

ICBC
中国工商银行
1

ABC 中国农业银行
3

中国邮政
CHINA POST
中国邮政储蓄银行
POSTAL SAVINGS BANK OF CHINA
4

6

7

❶ 坐落在新江村的金山铁路支线金山卫站（2012 年摄，《山阳》社区报提供）
❷ 申甬金山车客渡码头（1995 年，王杏春摄）
❸ 金山铁路支线改建工程奠基（2009 年摄，《山阳》社区报提供）
❹ 金山铁路支线改建前的绿皮火车（1995 年，胡长明摄）
❺ 金山铁路支线改建后的金山卫站站台（2012 年摄，《山阳》社区报提供）

金山铁路支线改建工程建设动员大会
2009.8.12
金山铁路支线改建工程
奠基
2009年8月12日
3

4

金山卫站
Jinshanwei Railway Station
5

❶ G15、14 亭卫公路（山阳）匝道（2007 年，王萍摄）

❷ G15 松卫南路金山新城收费站（2017 年，王杏春摄）

❸ 金山大道、亭卫公路、浦卫公路、亭卫南路交会处（2017 年，王杏春摄）

❹ A4 山阳入口夜景（2007 年，王杏春摄）

3

4

❶ 浦卫公路龙泉港大桥夜景（2009 年，王杏春摄）
❷ 高速公路亭卫公路立交桥（2009 年，王杏春摄）
❸ 亭卫南路公路铁路立交桥（2017 年，王杏春摄）
❹ 红旗港铁路桥（2017 年，王杏春摄）
❺ 龙泉港山阳大桥（2017 年，王杏春摄）

3

4

5

1

3

❶ 龙泉港出海闸（2009 年，王杏春摄）
❷ 龙泉港（2009 年，王杏春摄）
❸ 老龙泉港景观亲水平台（2006 年摄，《山阳》社区报提供）
❹ 运石河（2017 年，王杏春摄）
❺ 老红旗港、旧港河交汇处（2017 年，王杏春摄）

❶ 山阳中学（2017 年，王杏春摄）

❷ 金山区山阳小学（2017 年，王杏春摄）

❸ 金山区山阳幼儿园（2017 年，王杏春摄）

❹ 上海市金山区山阳镇社区学校（2017 年，王杏春摄）

❶ 上海市公共卫生临床中心（2009 年摄，《山阳》社区报提供）

❷ 标准化社区卫生室（2009 年摄，《山阳》社区报提供）

❸ 山阳镇社区卫生服务中心（2017 年，王杏春摄）

❹ 山阳镇社区事务受理服务中心（2017 年，王杏春摄）

山阳镇市民帮扶工作站
山阳镇残疾人康复指导训练站
山阳镇残疾人康复服务指导站
山阳镇阳光之家
山阳镇阳光心园
山阳镇阳光基地
山阳镇阳光工场
1

2

3

❶ 山阳镇阳光之家（2007 年，王杏春摄）
❷ 山阳镇文化体育中心（2007 年，王杏春摄）
❸ 位于长兴村的金山区体育中心（馆）（2007 年摄，镇文体中心提供）
❹ 上海金山排海工程有限公司（2009 年，王杏春摄）
❺ 山阳的母亲河——龙泉港保护整洁（2009 年，王杏春摄）

《山阳故事集》首发式
上海电台文艺频率《双周故事会》金山行

山阳镇“金鸡杯”中小学生新故事大赛

滨海新镇
“金瑞杯”上海市金山区第三届山阳龙舟邀请赛
财富金山 智慧金山 绿色金山
7号
8号

❶ 《山阳故事集》首发式（2003 年摄，镇文体中心提供）

❷ 山阳镇“金鸡杯”中小学生新故事大赛（2005 年摄，镇文体中心提供）

❸ “金瑞杯”上海市金山区第三届山阳龙舟邀请赛（2007 年摄，《山阳》社区报提供）

❹ 山阳锣鼓队在金山嘴渔村演出（2009 年摄，镇文体中心提供）

❺ 山阳镇迎新文艺晚会（2009 年摄，镇文体中心提供）

❶ 戚家墩古文化遗址（2017 年， 王杏春摄）
❷ 南阳港古文化遗址（2017 年，王杏春摄）
❸ 海岸瞭望台（2017 年，王杏春摄）
❹ 日本侵略军登陆警示碑（2017 年，王杏春摄）
❺ 柘山遗址（2017 年，王杏春摄）

❶ 华新村工农黄沙石桥（2017 年，王杏春摄）
❷ 金山卫城东门吊桥（2017 年，王杏春摄）
❸ 九龙村范家宅基旁万安桥（2017 年，王杏春摄）
❹ 金山嘴定波桥（2017 年，王杏春摄）

❶《山阳志（1990—2009）》评审会（2023 年，刘诗寒摄）

❷ 编辑合影。左起：施振华、陶金林、盛国权、张菊观（2023 年，刘诗寒摄）

山阳镇政区图

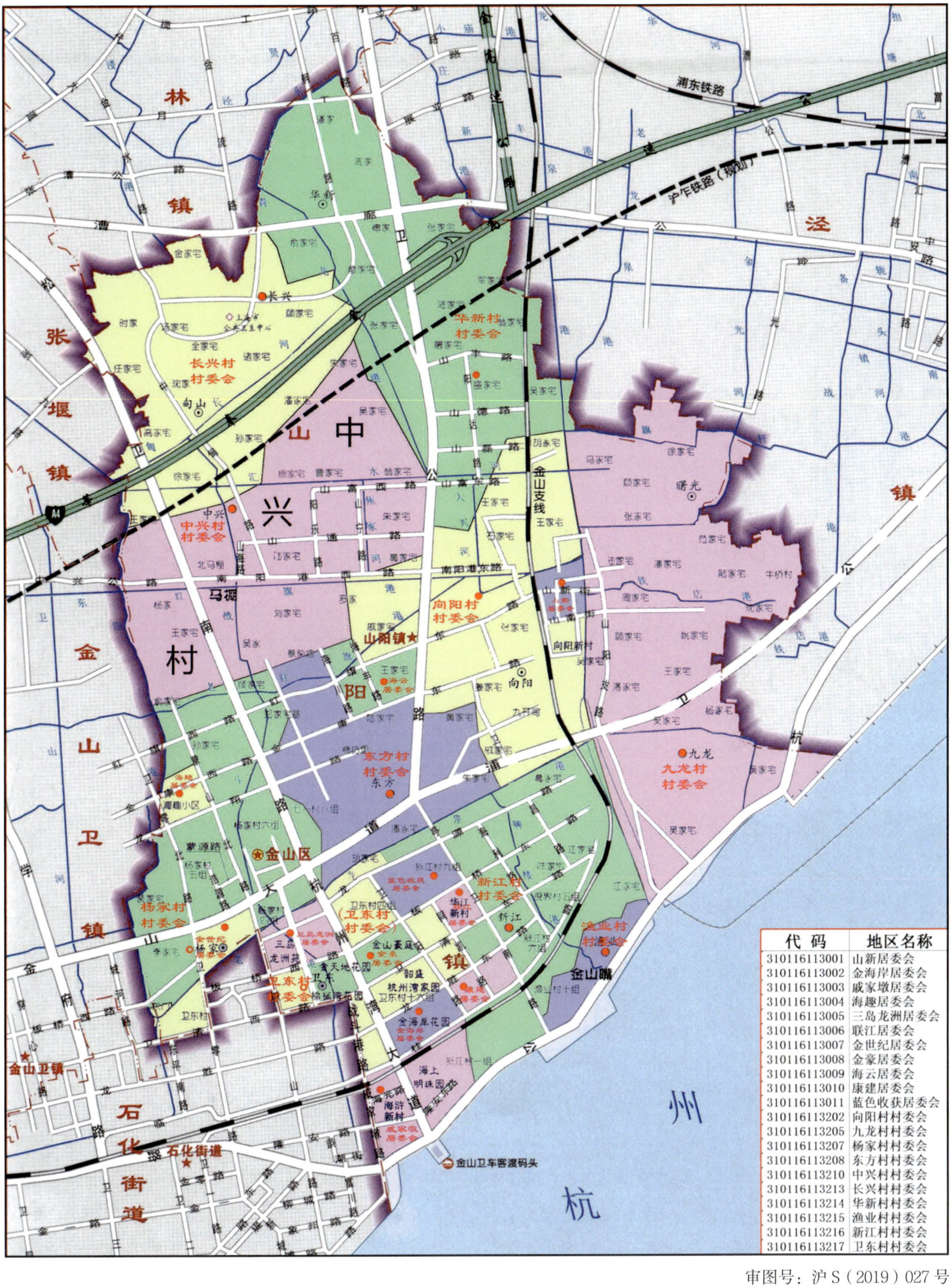

代码	地区名称
310116113001	山新居委会
310116113002	金海岸居委会
310116113003	戚家墩居委会
310116113004	海趣居委会
310116113005	三岛龙洲居委会
310116113006	联江居委会
310116113007	金世纪居委会
310116113008	金豪居委会
310116113009	海云居委会
310116113010	康建居委会
310116113011	蓝色收获居委会
310116113202	向阳村村委会
310116113205	九龙村村委会
310116113207	杨家村村委会
310116113208	东方村村委会
310116113210	中兴村村委会
310116113213	长兴村村委会
310116113214	华新村村委会
310116113215	渔业村村委会
310116113216	新江村村委会
310116113217	卫东村村委会

审图号：沪S（2019）027号

金山区行政区划图

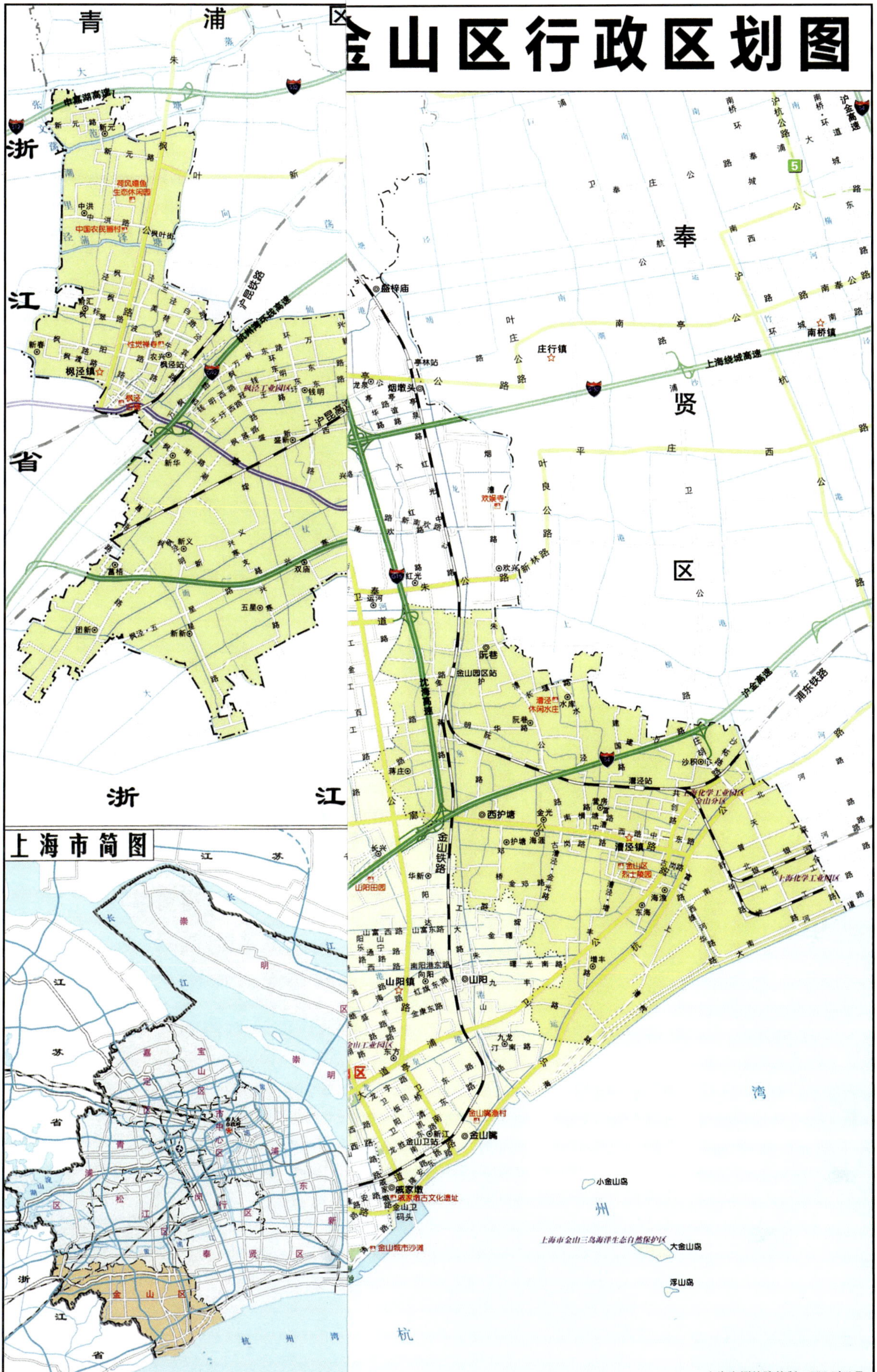

上海市测绘院编制　2018年3月

目　录

总 述

山阳镇位于金山区东南部，是区治所在地。东与漕泾镇、上海化学工业区为邻，西与西北接金山卫镇、张堰镇，南濒杭州湾，西南与上海石油化工股份有限公司和石化街道毗邻，北连金山工业区（朱行镇）。2009年，镇域面积42.12平方千米，其中耕地面积1125公顷。户籍人口39013人，常住人口逾8万人。

境内地势平坦，气候宜人。南境东西长5.58千米海岸线外有金山嘴天然渔港、渔货码头、海运车客渡码头；距海岸4.1千米外的金山五岛四礁，是上海市首个海洋生态自然保护区，其中大金山岛海拔103.4米，是上海市海拔最高点。可通航300吨船只的市级河道龙泉港，与横穿境域的区级河道运石河、老龙泉港和红旗港呈“E”字形，连通网布的镇村河道。龙泉港南端有金山区唯一的排海泄洪出海闸。金山铁路穿越全境，有各类公路90条段，长148.79千米，构成海上、内河、铁路和公路发达的交通运输网络。

山阳境域历史悠久，早在春秋战国前就有先民集聚，有戚家墩、南阳港和柘山等古文化遗址。上海境内最早的建于秦时期海盐县治和建于南朝时期的前京县治均在山阳境内。

1949年5月13日，山阳地区解放，隶属松江县。1958年11月4日，随松江县划归上海市。1966年10月，划归金山县。1984年4月，恢复乡建制。1993年2月，撤乡建镇，实行镇管村体制。1997年5月，金山撤县建区，山阳隶属金山区。1997年3月8日，镇机关从向阳路1号迁至龙皓路（红旗西路）28号。

1990年，辖20个建制村（以下简称村）和1个居民委员会（以下简称居委会）。1995年，设立海浒新村居委会。2002年7月，除渔业村单列外的19个村撤并为向阳、九龙、新江、卫东、杨家、东方、中兴、长兴、华新9个村。2006年4月，山阳街道和海浒新村居委会更名为山新居委会、戚家墩居委会，设立海趣、三岛龙洲、金海岸、联江4个居委会。2007年12月，设立康建、金豪、海云、金世纪4个居委会。2009年12月，设立蓝色收获居委会。2009年，辖10个村、106个村民小组，11个居委会、408个居民小组。

1990—2009年，山阳经济社会快速发展。1991年，全乡农业、副业、工业三业（以下简称农副工三业）总产值、利润分别位列上海市郊乡镇第八和第十。1992年，成为郊县“排头兵乡镇”。1994年，全镇社会总产值17.8亿元，居上海远郊六县乡镇之首，利税第三。

1992 年、1995 年获市郊“标兵乡镇”称号。1988—1997 年，综合经济实力连续 10 年位居全区（县）镇（乡）之首，1998—2009 年，保持全区前三名。2009 年，地区生产总值 23.5 亿元，税收收入 6.85 亿元，财政收入 3 亿元，分别比 1990 年增加 24.39 倍、56.35 倍和 51 倍；农村居民人均收入 11380 元，比 1990 年增加 7.62 倍。城镇化率 88.25%。

（一）

山阳坚持改革开放，大力推进外向带动战略、集团战略、品牌战略和工业向园区集中，深化企业改制，发展区域经济。

在兴办乡村企业的同时，大力发展与城市大工业联营和中外合资办企业。1990 年，全乡 91 家工业企业中有 20 家工农联营企业。1989 年，首家合资企业——上海金海鞋业有限公司落户山阳。1992 年起，实施“以外引外，以外促快”外向带动战略，先后引进宏泰制衣、向隆电子、麦宝食品、联合利华食品等一批上规模、上等级、上水平的“三资”企业。1996 年，“三资”企业完成产值 8.34 亿元，占全镇工业总产值的 76%。2009 年，全镇工业总产值 66.51 亿元。其中，82 家规模企业产值 42.04 亿元。38 家规模“三资”企业产值 19.51 亿元。

市政建筑业在发展中壮大。1992 年起，实施集团战略，组建三大市政建筑集团公司。1995 年，镇三大集团公司完成产值 4.57 亿元，创利税 6275 万元，跻身上海市郊乡镇市政建筑企业“十强”行列。1996 年，全镇市政建筑业产值 5.79 亿元。1997 年后，市政建筑业向多门类专业化发展壮大。2008 年，全镇有市政建筑企业 188 家、25 个门类。2009 年，建筑业总收入 29.74 亿元，纳税 8223 万元，纳税超百万元的企业有 18 家。

实施品牌战略，鼓励和扶持企业科技进步，发展高新技术项目产品。1990—1995 年，实施技改项目 13 个。1992 年，山阳市政公司研发的下水道“PVC”柔性接口技术，填补国内空白，申请国家专利。1994 年，该成果获联合国中国分部发明创新科技之星奖。1996—2009 年，科技项目总投资 8.68 亿元。28 家企业完成 43 个技改项目，15 家重点企业有 14 家企业成为市高新技术企业，77 个项目成为市高新技术成果转化项目。申报发明专利、实用新型专利和外观设计专利 94 件。1991—2009 年，注册商标 1736 件，其中中国驰名商标 1 个、市著名商标 6 个，有国家免检产品信誉企业 2 家。1998 年，山阳镇评为市科技产业化密集型乡镇。

1992 年起，规划建设 200 多公顷的宏山工业区（山阳工业区），2003 年起，新建的 4.55 平方千米中山工业区和 2005 年划入山阳镇的金山嘴工业区，组成山阳工业园区，列为市级工业区——金山工业区南区。2009 年，全镇有 176 家企业坐落在工业园区，形成高新电子信息、机械装备制造和石油化工衍生品等产业基地。工业园区企业总产值 63.07 亿元，占全镇工业总产值的 94.83%。

1988 年起，乡办集体企业推行“一定三年”酬利挂钩等经营承包责任制，1991 年，在村办集体企业中全面实施。1992 年，始行股份合作制。1996 年起，改“三资”企业为独资经营。1997 年起，加快集体企业转制，至 1998 年，完成改制 83.8%，2002 年，镇属集体实业型企业全部完成改制。2002 年起，鼓励外商、区外投资者和私营企业到山阳投资发展。2009 年，共有私营工业企业 119 家，其中个人独资企业 21 家。

1997 年，山阳经济小区和金山嘴经济小区成立。至 2009 年，累计引进注册落户企业 5371 户，实现税收 32.47 亿元。

（二）

随着域内建设征地加快，耕地面积大幅度减少。2009 年，耕地面积比 1990 年锐减 1440.8 公顷。大批农业劳动力向二、三产业转移。传统的农业经济多次作重大优化调整，加快由单纯的粮棉油生产向西甜瓜、果树、花卉、苗木等多种经营发展。土地向大农户、专业户、合作农场（社）等农业组织化集中；生产方式向现代设施农业和都市型创意农业转变。1990 年，粮经比例 80∶20，2009 年，调整为 35∶65。

2000 年起，实施的“家家富”工程，进一步增强农民的经营意识，提高农业经济效益。2009 年，全镇种植各类经济作物 1751 公顷，据抽样调查，经济效益比常规种植高七八倍。有种植专业合作社（公司）13 家，管棚设施 300 套、6.3 万平方米，温室大棚 7 座、7500 平方米。全镇种植业产值 1.23 亿元，比 1990 年增收 1.12 亿元，亩均产值 7350.8 元。2000 年起，探索发展都市型创意农业，开辟农业旅游，形成集生产、生态、观光、休闲于一体的山阳田园。2005 年，山阳田园入录“金山农业网”旅游网页，至 2009 年，年均接待游客万余人。

1990 年，有万头、千头养猪场各 1 家，万羽养鸡场 1 家，禽畜养殖专业户 18 家，淡水养殖面积 127.35 公顷；年上市生猪 24085 头、活禽 46.3 万羽、鲜蛋 524 吨、淡水产品 412 吨、牛奶 1066 吨。1990—1995 年，山阳奶牛场年产鲜奶、成乳牛年单产均在全市名列前茅。1993 年起，集体养殖场转制或停办，2000 年，全部转为个体。2009 年，上市肉猪 13490 头、鲜蛋 220.5 吨、淡水产品 680 吨。

海洋渔业是山阳的特色产业。1990 年，海产品产量 3413 吨，1991 年 4135 吨，破 10 多年纪录。因受海洋环境等诸多因素影响，海产品产量下降，1993 年产量 2665 吨，2000 年 1662 吨，2005 年下降到 744 吨，远洋捕捞停止。2009 年，仅有 18 艘小机船近百人从事近海捕捞，产量 365 吨。20 世纪 80 年代末 90 年代初，部分渔民在金山嘴沪杭公路旁开饭店、酒家、海产品加工销售等门店 60 余家，开拓产加销一体、农（渔）商（旅）结合的发展方式，渔民转型发展增收渠道，形成的“金山嘴海鲜一条街”享誉沪上，每年吸引市区及周边地区顾客 20 万余人次观光、品尝海鲜、购海货。

（三）

山阳地处金山新城主城区，商贸服务业十分繁荣。1990 年起，随着商业经济流通体制、经营体制改革加快，业态布局和购销发生根本变化。1993 年 4 月，粮油取消凭票供应，价格和市场逐渐放开。山阳粮管所、供销社、城镇商业站等经营部先后转为私营和个体经营。1997 年起，捷强、农工商、易初莲花大型超市、连锁店等现代商业陆续落户山阳，加上集贸市场、小商品市场、批发市场、果品市场、建材市场和餐饮服务业市场等开设，给居民生活生产带来便捷，呈现购销两旺态势。2009 年，域内有商贸服务网点 2474 个，平均每平方千米 58.74 个，是 1989 年的 7.19 倍；社会消费品零售额 10.63 亿元，比 1990 年的 5249 万元增加 19.25 倍。

（四）

全镇教育、文化、体育、医疗和公共卫生等社会事业不断发展，就业、民生、助残、养老等公共服务和社会保障体系逐步建立完善。

1990 年，有初级中学 3 所、小学 12 所、幼儿园 1 所、成人学校 1 所。1990—2009 年，共投入教育经费 1.55 亿元，用于调整学校布局、新建扩建、改造校舍，更新添置教学设施设备和改善教师待遇。1993 年，建立镇教育奖励基金。1993—1995 年，建教师优惠住房 80 余套。2003 年，全面完成中小学（村校）撤并，中小学撤并各 1 所。

20 年间，学校艺术教育享誉全市、全国。山阳中学、山阳小学（以下简称中小学）共开设艺术教育科目 30 多个，开办艺术兴趣班 1300 多个。1991 年，中小学被列为市艺术教育实验单位。1994 年，经国家艺术教育委员会验收，高标准达到实验要求，其经验向全市推广。1997 年，中小学再次被列为市艺术教育实验单位。1998 年，国家教委主任朱开轩考察中小学，高度评价学校艺术教育取得的成果。2000 年、2002 年，中小学列为“全国农村学校艺术教育教学方法研究”实验布点学校，并承担国家级子课题“探索适应 21 世纪农村学校艺术教育发展需要的农村艺术教育方法研究”，研究成果获教育部一等奖，完成区、市和国家级艺术教育论文和课题 10 多个（篇）。中小学先后被列为市行为规范示范学校、素质教育实验学校和艺术教育特色学校。山阳中学被教育部定为中学校长培训中心定点考察学校。至 2009 年，中小学获区、市和全国文艺活动奖百余次，接待国内外万余人到校交流考察。

成人学校与区（县）食品中专合办 8 届全日制中专班，学生 358 人。与有关高校联办成人大、中专学历班 220 个，学员 9101 人次，至 2009 年，共办各类培训班 396 期，受培 27197 人次。1994 年，学校被国家教委授予全国农村教育综合改革先进单位。

源远流长的民间传统文体项目在传承发展中创新。1990 年起，每年开展文化、卫生、科技和法制等文艺节目的巡演。1991 年，创作乡歌、村居歌、厂（企）歌和校歌 38 首，38 支队伍 1280 多人参加乡千人歌会。1995 年，以山阳镇为主组团的中国上海农民文化交流团，赴日本国佐贺县参加第九届亚洲秧歌节，进行稻文化、食文化交流和秧歌舞比赛，均取得优异成绩。2006 年起，配备社区文体骨干，与上海东方国乐团、上海百合花艺术团联手，推出“一镇一品”和“一村居一品”文化项目宣传巡演。中小学、村居、老年学校均有业余民乐组、队，山阳民乐在长三角地区大赛中屡屡获奖。2006年，山阳民乐队被评为上海市郊唯一的非职业优秀团队。山阳文化站站长、中国新故事艺术专家组成员张道余等创作的故事、戏曲等近千篇作品频频获奖、辑集出版。1998—2009年，每年举办一次中小学学生“生肖杯”故事创作演讲赛，山阳中学开设“新故事创作演讲”校本课程，培育故事传人。2004年，推出大型锣鼓新品牌，多次参加上海国际艺术节、上海世博会市民广场、上海南京路世纪广场展演。2007年，山阳锣鼓获上海市群众文化新人新作奖。是年，山阳镇获上海民间文化艺术之乡称号。2008年，被文化部命名为中国民间文化艺术之乡。

1990—2009年，山阳群众体育和全民健身活动全面发展，共举办镇（乡）运动会、职工运动会、龙舟赛16次。学校在每年召开一次运动会的基础上，增设春秋季运动会，结合自身实际开展形式多样的体育活动。龙狮、龙舟、毽球等竞技项目优势明显。1991年，山阳中学龙狮队获市首届学生艺术节比赛一等奖。2006年、2007年，镇智力残疾人士融合伙伴龙狮队获特奥会上海国际邀请赛、第十二届世界夏季特奥会比赛金银铜5枚奖牌。2005年起，山阳镇连续举办4届大型龙舟（邀请）赛，并多次组队参加市比赛，均获佳绩。学校毽球队多次参加全国、市比赛，屡屡获得好名次。2009年，有社区文化活动中心1座、龙舟赛场1处、文体广场1个、学校体育馆1座、门球场1块、村居健身苑（点）21个、农民篮球场7个和全民健身路20条；有群众体育健身团队162支、1722人。1993年、1997年、2005年，山阳镇先后获全国群众体育先进单位、全国亿万农民健身活动先进乡镇、全国全民健身活动周先进单位和上海市群体工作先进乡镇等称号。

1991—1998年，卫生院3次实施改扩建和1次搬迁，多次添置更新先进医疗设备，培养和引进医技人才。建立镇村居医疗卫生保健网络，普及计划免疫接种、疾病防控、卫生保健、公共卫生。1993年，卫生院评为一级甲等医院。1998年，卫生院从九港路12号迁至向阳西路88号，建筑面积6158平方米，是1990年的2.72倍。聘请医疗专家开设妇科、骨科、心血管科、口腔科、皮肤科、中医科等专家门诊。2005年，山阳卫生院易名为山阳镇社区卫生服务中心。1993年，建立的“镇办镇管”农村合作医疗制度向“镇村一体化”农村合作医疗制度完善。2005年起，合作医疗大病医药费报销范围逐年扩大到“城保”标准。城镇居民医疗保险、少儿住院互助基金保障制度全覆盖。“非典”、禽流感等高危传染病防控能级大大加强，实现“零”病例。2009年，镇社区卫生服务中心和8个村社区卫生服务站，有医务（护）人员84人，完成门诊网络化、标准化建设，诊疗病人141472人，是1990年的3倍。

1990年，山阳在全县率先建立乡合作经济养老金统筹和农村基层退休干部干龄补贴制度。1993年起，实施农村社会养老保险（以下简称农保）和征地养老。2003年10月起，征地农民纳入市小城镇社会保险（以下简称镇保）。政府加强就业指导服务，拓展就业渠道，2006—2009年，新增就业岗位8805个，安置“4050”就业困难人员311人。2009年，全镇有21468人参加镇保，领取镇保养老金5301人。农保从2001年的11482人减少到

674人。全镇发放各类养老金和生活补贴2397.9万元。农村居民劳均收入19525元，是1990年的9.39倍。

城乡低保、重残无业等各类生活困难人员得到应保尽保、应救尽救。2009年，下发各类救助金66.4万元，是1990年的80.48倍。2002年起，对贫困边缘线困难家庭实施应急和综合社会救助，至2009年，共惠及2080余人（户）次，发放救助金800余万元。残疾人生活、医疗、康复、教育、就业和助残等得到全面保障，2004—2009年，就业年龄段有劳动能力的残疾人就业安置100%，重残无业人员生活补助安置100%，获全国残疾人工作先进镇称号。

1992年，迁建敬老院1所、40张床位。为解决老龄化程度提高、入院老人增多与床位不足的矛盾，2006年政府投资1800万元，新建5080平方米、核定床位212张的宾馆式敬老院，于2007年2月启用。镇社区卫生服务中心创办医养结合，建有152张床位的养老院。全面推进居家养老、老年人日间服务和老年人活动场所建设。2009年，有800平方米镇老年活动中心1个；居家养老和老年人日间服务站各1个，沙发床（座）位30张；村居老年活动室20个、7800平方米；养老机构拥有床（座）位394张，每百名老年人拥有养老床（座）位5.21张。1987年，在上海郊区农村率先开办老年学校（老年班），从34名学员发展到2009年村居20个班、1545名学员，占全镇老年人口的20.44%。2008年，学校列为上海市示范性老年学校。

（五）

1990—2009年，山阳境内交通、住房、水电气、市政、绿化、环境保护等基础和配套设施建设发生巨大变化，面貌一新。

1990年，有国家公路3条，18.66千米；乡村碎石道路17条41.44千米；铁路1条，客运站1个。1991年，21.6千米乡村主干道在全县率先铺设沥青路面。1994年7月，申甬（金山）车客渡海运码头在境内建成通航。2002年、2007年横贯北境的S4、G15高速公路建成，并在境内设2个出入口。2009年8月，山阳至上海南站的铁路金山支线（轨交22号线）改建工程启动，在新江村设起讫站。境内每平方千米拥有公路3.53千米，有国家公路41条近46.3千米。起讫和途经境内的公交线路34条。2007年12月起，山阳一路、山阳二路（2条）村村通公交车3条线路开通。

有内河主要航道2条。1990—2009年，山阳集镇新建住房61198平方米，是1989年总住房的3.94倍。1997年后，境内各类楼宇拔地而起，除2003年14个住宅小区划归石化街道管辖外，2009年，有各类用房建筑面积411.49万平方米，已交由山阳镇管理的20多个居民住宅小区，建筑面积240.24万平方米。其中，农民动迁安置房小区7个，建筑面积105.58万平方米。村居民水电“一户一表”，农村居民普及使用液化气，小区居民使用管道燃气。20年里，政府投入6亿多元，实施自来水、河道治理保洁、村庄改造、污染防控、污水纳管、节能减排等宜居工程建设。1992年，全乡人口饮用自来水。1994年，创建成三级卫生镇。1999年，完成农村改厕。2000年起，实行农村生活垃圾集中收集处理。2004年、2006年，先后创建成市二级、一级卫生镇。2008年，成功创建国家卫生镇。2004年以来，先后创建成基本无燃煤区、烟尘控制区、扬尘控制区、市噪声（控制）达标镇和市市容环境责任区管理达标镇。前京大道、山阳公园（五一广场）等建成标志性景观园林。2009年，全镇绿化覆盖率34.24%，人均公共绿地15.17平方米。

（六）

1990—2009年，山阳镇（乡）党委、政府先后制定一系列组织、思想、作风、廉政等工作制度，开展“三讲”、“三个代表”重要思想、“保持共产党员先进性”、“学习实践科学发展观”专题教育，推进党风廉政建设，查处党员干部违法违纪案件35件，纠正各类不正之风，密切党同人民群众的联系。广泛开展精神文明宣传教育和创建活动，通过建功立业、创先争优、文明单位、“五好”文明家庭、新风户等评选活动，提高文明程度。至2009年，创建成市文明单位、文明村居（小区）、文明餐厅等53个次，市军民共建社会主义精神文明先进集体3对次；区（县）文明单位、村居（小区）、市场、机关、窗口253个次；市“五好”文明家庭6户，区“五好”文明家庭81户次。5次被评为上海市拥军优属模范乡镇、3次被评为金山区（县）拥军优属模范乡镇。

1997—2003年，山阳镇连续5次被评为区文明镇。2006—2009年，连续2次获市文明镇称号。2011年，获2009—2011年度全国文明镇称号。

勤劳睿智、永不止步的山阳人民，在中国共产党和人民政府的领导下，朝着中国特色社会主义现代化的宏伟目标，继续砥砺奋进，谱写更加辉煌灿烂的山阳新篇章。

大 事 记

1990 年

3 月 21 日，山阳乡选举工作完成，选举金山县十届人民代表大会代表 15 名、乡十二届人民代表大会代表 72 名。

3 月 29—31 日，山阳乡第十二届人民代表大会第一次会议召开。吴金富当选为乡人大主席团常务主席。选举杨仁龙为乡长，沈永昌、倪召方、徐跃林为副乡长。

4 月 5 日，上海市农委在山阳乡召开夏熟作物病虫害防治工作检查汇报现场会，党委书记宋秀龙作汇报。

4 月 27 日，县委宣传部、县人武部在山阳乡召开全民国防教育现场会。

同月，上海石油化工总厂建设征地，卫东村第 11、13 队（组）撤销建制。

5 月 5 日，乡文化中心落成典礼举行，600 多人参加。上海沪剧团等演员茅善玉、赵志刚、黄永生、孙徐春等到场祝贺、演出。

5 月 21 日，市农村党委书记、市农委主任张燕到山阳考察。

5 月 24 日，市教育局、市艺术教育委员会在山阳召开上海市郊县中小学艺术教育工作现场会。乡教委、山阳中心小学和山阳中学教师吴永祥作交流发言。

7 月 1 日，零时，第四次全国人口普查在全乡 208 个普查小组进行，全乡共 11642 户、35988 人。

同日，日本海外渔业协力财团评估团一行 6 人到渔业村考察。

8 月 3 日，乡党委在文化中心三楼会议室召开“谈乡情、看国情”教育活动动员会。

8 月 22 日，市基层团的工作座谈会在山阳乡召开。团市委副书记金建华、郊区部副部长刘平及团县委书记钟美龙等参加。

10 月 6 日，市农委在山阳文化中心三楼召开《上海郊区报》《现代农村》杂志发行工作会议。

同日，山阳乡中小学首届艺术节在山阳影剧院开幕。

10 月 7 日，山阳乡科学技术普及协会第三次代表大会召开。程宗耀任乡科协主席。

10 月 8 日，山阳乡第八次妇女代表大会召开。金叶华任乡妇联主任。

同月，山阳乡文化站被文化部命名为“全国先进文化站”。

12 月 9 日，江西省靖安县人大考察团到山阳参观考察。

1991 年

1 月 8 日，山阳地区 500 门电话自动化（程控电话交换机）系统于 18 时开通使用，成为除县城外最早开通程控电话交换机的乡镇。6 月 20 日，并入市区电话网。

1 月 22 日，共青团山阳乡第十五次代表大会召开。李华桂任乡团委书记。

2 月 25 日，山阳乡经济工作会议召开。乡党委、政府提出“八五”计划基本思路。

2 月 26 日，中共上海市委原副书记、宣传部部长陈沂到山阳乡考察。

3 月 25—26 日，山阳乡第十二届人民代表大会第二次会议召开，通过山阳乡“八五”计划等项决议。

4 月 1 日，金山县青少年保护工作会议在山阳乡召开。

5 月 8 日，金山县群众文化工作会议在山阳乡召开。

5 月 24 日，乡党委召开企业单位党支部书记会议，部署政工干部职称评审工作。

6 月，中兴村党支部获评市农口系统先进党支部。

7 月 18 日，1950 年 1 月牺牲、安葬在中兴村的 5 位解放军烈士遗骸，移至漕泾革命烈士陵园安葬。

7 月 21 日，山阳乡与上海市川沙县北蔡镇缔结友好乡镇签字仪式在北蔡镇举行。

7 月 29 日，金山县双拥工作经验交流会在山阳影剧院召开，山阳乡作首席发言。

8 月，中共上海市委、市政府授予山阳乡“拥军优属模范乡”称号。

同月，中兴村被市委组织部、市委研究室、市农村党委、市民政局、团市委、市妇联联合命名为“上海市农村村级组织建设标兵村”，是金山县唯一获此荣誉的村。

10 月 3 日，《解放日报》一版头条介绍山阳“文化促进经济，经济反哺文化”的经验，并配发评论员文章。

11 月 22 日，山阳乡 21.6 千米乡村主干道路建成沥青路面并通过验收，成为全县第一个实现乡村公路黑色化的乡。

是年，山阳乡总产值超过 4 亿元，连续 4 年居金山县乡镇之首。

是年，上海电视台新闻“三百六十行”专栏，介绍乡文化站站长张道余、山阳中学教师吴永祥的事迹。

1992 年

1 月 15 日，上海市体制改革委员会和《上海改革》杂志领导与乡党政班子成员座谈。

2月21日，上海团市委书记韩正到山阳考察。

3月10日，新建的乡党政机关办公楼启用。位于向阳路1号。

3月20—21日，山阳乡第十二届人民代表大会第三次会议召开。

4月1日，山阳乡党委书记宋秀龙参加市农委在上海县马桥乡召开的郊区“排头兵”乡镇经验交流会。山阳工业产值、创利分居市郊乡镇第八、第十位，是金山县唯一跻身市郊排头兵的乡。

4月6日，山西省委组织部领导到山阳参观交流。

5月12日，交通部同意上海港务局在山阳乡沿海建立通宁波的车客渡码头。8月，申甬（金山）车客渡码头在山阳戚家墩海滩动工建设。

5月13日，经县政府批准，建立金山嘴港口综合开发办公室。

5月20日，上海市顾问委员会委员董家邦到山阳乡调研合资企业经营情况。

6月23日，中共上海市委常委、市纪委书记张定鸿到山阳检查指导工作。

6月27日，中纪委委员、交通部原副部长郭建一行3人到山阳调研，考察金山嘴港口综合开发区、上海金海鞋业有限公司。

同月，成立上海金山嘴综合开发总公司。

7月9日，山阳乡残疾人协会（联合会）成立。

9月9日，金山县政府批准建立山阳工业开发区，面积41.27公顷。

9月12日，山阳乡文化站被评为上海市特级文化站。

同月，市政府教卫办、市农委、市教育局联合授予山阳乡人民政府“上海市尊师重教先进集体”称号。

10月20日，山阳乡党委书记宋秀龙在中国共产党金山县代表会议上被选为金山县出席上海市第六次党员代表大会代表。

11月30日，中国共产党山阳乡代表会议召开，选举出席县七次党代会代表21名。

12月，山阳乡农业经济经营管理站被农业部评为“全国农村合作经济经营管理工作先进集体”，在上海市郊属首家。

同月，上海警备区副司令员相守荣察看山阳民兵哨所建设定址现场，并题词“发展经济、加强海防”。

1993年

2月16—18日，中国共产党山阳乡第十次党员代表大会召开。宋秀龙任党委书记，杨仁龙、李华桂为副书记，江仁贤任纪委书记。

3月16日，县、乡人大代表选举工作结束，选举产生县十一届人民代表大会代表15名、乡十三届人民代表大会代表83名。

3月29日，中共上海市委副书记王力平由市农村党委书记范德官、县委书记潘龙清陪同，考察山阳工业开发区和金海鞋业有限公司。

4月2日，举行撤乡建镇挂牌仪式。

4月2—4日，山阳镇第十三届人民代表大会第一次会议召开，盛继川当选为镇人大主席团专职常务主席。选举杨仁龙为镇长，朱大宏、倪召方、徐跃林为副镇长。

4月5日，金山县科协科普工作会议在山阳镇召开。

4月10日，山阳镇党委书记宋秀龙在金山县第十一届人民代表大会第一次会议上当选为金山县人民政府副县长。

4月20日下午，首届东亚运动会圣火火炬由金卫乡传递接力到山阳镇，镇党委、政府在山阳影剧院举行欢迎、接力起跑仪式。

4月28—29日，共青团山阳镇第十六次代表大会召开。陶乐慧任镇团委书记。

5月8日，上海山阳合作基金会成立，市农委主任张燕、县长程志强到会讲话。

5月20日，上海市农村党委、市农委分别授予山阳镇、上海金海鞋业有限公司1992年度标兵镇、标兵企业称号。

5月25日，澳大利亚维多利亚州乌瑞乐郡友好代表团一行13人参观考察宏泰制衣有限公司、金海鞋业有限公司。

6月3日，上海团市委书记钟燕群、副书记魏源等到山阳考察。

6月5日，上海市第一个海洋生态自然保护区——上海市金山三岛海洋生态自然保护区建立，国家海洋局副局长陈德鸿、副市长夏克强等出席在山阳举行的揭碑仪式。

6月10日，山阳镇广播站改名为山阳镇广播电视站。山阳镇区闭路电视项目动建，年末，500户居民开通闭路电视。

7月15日，山西省昔阳县大寨村党支部书记郭凤莲一行到山阳镇考察。

同日，上海市郊第一家——上海山阳农村经济研究所成立。副市长孟建柱、市农委主任张燕和县委书记潘龙清出席成立大会并讲话。

7月30日，山阳镇第十三届人民代表大会第二次会议召开，补选姜兴奎为镇长。

8月15日，市农村党委书记范德官、市委组织部副部长陈士杰等考察山阳新辟的华江新村等农民居住小区。

8月19日，全国人大常委会委员、中国乡镇企业协会会长何康，副会长兼秘书长马杰三到山阳，考察上海金海鞋业有限公司。

8月20日，山阳镇被国家体委命名为“全国群众体育先进单位”。这是继1975年获此荣誉后的第二次，是金山县唯一获此殊荣的乡镇。

8月28日，山阳镇教育奖励基金会建立。

9月，七一村青年张红梅在全国第7届运动会上获女子500米双人皮划艇赛金牌。

10月14日，国家教委督导团副总督学陈德珍一行3人到山阳督导检查。

同日，中国国际工程咨询公司副董事长劳安由市农委主任张燕陪同，察看山阳工业区、上海金海鞋业有限公司和申甬车客渡码头。

11 月 23 日，日本高知县安芸市教育长织田庄之祐一行 9 人到山阳中学参观艺术教学。

12 月 27 日，山阳 3.5 万伏安变电站建成运行。

是年，山阳镇卫生院被评为一级甲等医院。

1994 年

1 月 23 日，中共上海市委副书记、市长黄菊考察山阳工业区、申甬车客渡码头等。

2 月下旬，上海市司法局局长薛明仁、副局长陈鸿鸣考察山阳镇法律服务所。

3 月 8 日，“浙岭油 33 号”在金山嘴丁字坝海面灌装油料时引发爆炸，1 人失踪、1 人重伤。

3 月 18—19 日，山阳镇第十三届人民代表大会第三次会议召开，补选吴克源为副镇长。

4 月 26 日，上海市人大常委会主任叶公琦考察山阳工业区和申甬车客渡码头。

同日，山阳镇第九次妇女代表大会召开。金叶华任镇妇联主席。

同月，上海金海鞋业有限公司缝纫车间被评为上海市 1993 年度模范集体。

5 月 5 日，山阳镇农村养老保险基金管理所建立。

7 月 7 日，山阳镇、金海鞋业有限公司分别跻身 1993 年上海市郊经济总量“十强”乡镇、“十强”企业。

7 月 9 日，申甬（金山）车客渡通航，县委副书记、县长程志强等出席通航典礼。每天有 4 个航班往返于金山、浙江镇海间。

7 月 12—14 日，由国家档案局局长王刚任组长的中央调查组到金山检查反腐败斗争工作情况，先后考察山阳镇、金山嘴工业区、申甬车客渡码头等。

7 月 14 日，山阳镇体育中心落成启用，举办山阳镇第 19 届运动会开幕式。

9 月 1 日，山阳镇征地养老基金管理所建立。

9 月 29 日，山阳镇第十三届人民代表大会第四次会议召开，补选姚辉为副镇长。

同月，国家教育委员会授予山阳镇成人中等文化技术学校“全国农村教育综合改革先进单位”称号。

11 月 22 日，山阳镇创建三级卫生城镇验收合格。

11 月 23 日，云南省政府代表团考察上海宏泰制衣有限公司。

11 月 29 日，山阳镇红十字会成立。

12 月 15 日，上海市委宣传部、市农村党委在山阳镇召开上海农村学习《邓小平文选》交流会，市委常委、宣传部部长金炳华，市农村党委书记范德官出席会议。

12 月 31 日，上海金山嘴工业区列为市级工业区。

同月，山阳民兵哨所女子民兵班组建，担负海防巡逻和战备执勤等任务。

是年，上海金海鞋业有限公司、上海山阳工程建设（集团）公司、上海三达服装有限公司，同获农业部“全国最佳乡镇企业”称号。

是年，上海华南食品有限公司生产的“老蔡”酱油和酱菜系列食品，分获第五届亚洲及太平洋国际贸易博览会金、银奖。

1995 年

1 月 11 日，西藏自治区日喀则地区学习团一行 13 人参观上海三达服装有限公司、上海金海鞋业有限公司。

2 月 18 日，金山嘴工业区被农业部列为“全国乡镇企业示范区”。

同月，申甬车客渡开通金山至浙江舟山航线。

3 月 3—4 日，山阳镇第十三届人民代表大会第五次会议召开。

3 月 20 日，山阳镇海浒新村居委会建立。

4 月 19 日，国家体制改革委员会农村经济体制司副司长张路雄考察山阳镇、金山嘴工业区。

4 月下旬，历时 11 年编纂，1994 年 12 月第一次印刷的《山阳志》出版发行，全书 48.1 万字。

同月，上海山阳工程建设（集团）公司名列农业部“全国 1000 家最佳经济效益的乡镇企业”第 531 位。上海金海鞋业有限公司、上海宏泰制衣有限公司分列“全国 1000 家最大经营规模的乡镇企业”第 605 位、890 位。

6 月 23—29 日，应日本佐贺县西有田町政府邀请，由山阳镇群众文艺骨干为主体的中国上海农民文化交流团赴日本，参加第九届亚洲秧歌节，与日本、韩国、印度尼西亚、尼泊尔、斯里兰卡、泰国等国代表团进行稻文化、食文化交流和秧歌舞比赛。

8 月 9 日，市外来人口管理领导小组副组长、市农村党委副书记金精良到山阳检查外来人口管理工作。

8 月 18 日，华东地区一流民兵哨所落成并驻所执勤。

10 月 18 日，上海市委组织部组织 45 位高级知识分子到山阳考察，听取镇经济社会发展情况介绍，参观上海宏泰制衣有限公司、上海向隆电子科技有限公司。

10 月 22 日，山阳镇举办“三资”企业为主体的首届职工运动会，20 多支运动队、1100 多位运动员参加。

10 月 26 日，共青团山阳镇第十七次代表大会召开。陶乐慧任镇团委书记。

12 月 16 日，退伍军人、上海振阳建设（集团）公司经理周定元在京参加全国退伍军人建功立业成才报国颁奖活动，获民政部授予“全国优秀退伍军人企业家”称号，受到党和国家领导人的接见。其事迹编入由中共中央政治局常委、中央军委副主席刘华清作序的《大潮竞风流》专辑。

是年，山阳镇再次获市“标兵乡镇”称号。

1996 年

1 月 3 日，中共上海市委常委、市纪委书记、市监察委主任张惠新一行参观上海向隆电子科技有限公司。

1 月 15 日，新加坡驻上海领事馆领事杨世裕参观申甬车客渡码头和金山嘴海滩。

1 月 20 日，山阳镇第十四届人民代表大会代表选举工作结束，选举镇人大代表 64 名。

1 月 27—28 日，中国共产党山阳镇第十一次代表大会召开。杨仁龙任镇党委书记，姜兴奎、李华桂、王勤良任副书记。盛继新任纪委书记。

3 月 7—9 日，山阳镇第十四届人民代表大会第一次会议召开，盛继川当选为镇人大主席。姜兴奎当选为镇长，徐跃林、吴克源、姚辉、鲁士希当选为副镇长。

同月，申甬车客渡开通金山至浙江象山航线。10 月，开通金山至普陀山航线。

4 月 7 日，镇女子民兵班参加“迎农运上海市体育明星乡镇拳操邀请赛”，捕俘拳、擒敌拳二等奖。

4 月 17 日，上海市政协主席陈铁迪率 23 位市政协委员等到山阳镇考察上海华品服饰有限公司等 3 家台资企业。

5 月 24 日，中菲合资的上海蔡玛莉饰品有限公司举行开业典礼。

5 月 28 日，渔业村党支部书记杨华龙参加在北京亚运村召开的中国渔船船东互保协会第一届全国会员代表大会。

同月，渔业村被评为东海渔区 1995 年度优秀渔业生产单位。

同月，山阳镇获评上海市老年体育先进集体。

6 月，镇党委获市农村党委授予的“先进党组织”称号。

同月，山阳镇获评上海市体育明星乡镇。

7 月 3 日，金山县老年学校暨山阳镇分校成立。

7 月 30 日，云南省沧源县民族教育艺术团一行 35 人参观申甬车客渡码头，与学校师生交流并登台表演。

8 月 16 日，金山县污水排海工程华新泵站破土建设。

9 月 24 日，山阳镇科协第四次代表大会召开。徐元兴任科协主席。

10 月 24 日，副市长龚学平考察山阳中心小学，为学校题词“积极开展艺术教育，全面提高学生素质”。

10 月 29 日，金山县政府在山阳镇召开“三秋”工作会议。

同月，中共上海市委、上海市人民政府和上海警备区命名山阳镇为“上海市拥军优属模范镇”。

同月，农业部、国家体委和中国农民体育协会授予山阳镇“全国亿万农民健身活动先进乡镇”称号。

是年，山阳中心小学逸夫教学楼工程获上海市十佳工程奖，综合教学楼工程获 1996 年度上海市“白玉兰”优质施工工程奖。

是年，九龙村实现社会总产值 1.35 亿元，利润 820 万元，成为山阳镇第一个“亿元村”。

1997 年

1 月，山阳镇经济小区建立。

2 月，山阳中心小学迁入山南路 85 号新校舍。

3 月 8 日，镇机关迁驻红旗西路（现名龙皓路）28 号新址。

3 月 20—21 日，山阳镇第十四届人民代表大会第二次会议召开。

3 月 25 日，上海警备区在山阳民兵哨所召开“上海海防民兵哨所现场观摩会”。警备区副司令员王金重少将、副参谋长黄明星大校等听取介绍，观看女民兵队列、拳操、轻武器实弹射击等。

4 月 22 日，金山县科技教育现场会在山阳中心小学召开。与会者观看学生船模、航模作品展示。

6 月 28 日，区委书记刘国胜看望山阳民兵哨所女民兵。

同日，由加中儿童健康基金会、中福会宋庆龄基金会与上海国际和平妇幼保健院共同投资的“金山爱幼中心”在山阳镇戚家墩落成。卫生部副部长王陇德，加中儿童健康基金会会长谢华真，中国福利会秘书长许德馨，上海国际和平妇幼保健院院长潘季芬和区委副书记、区长周耘农等出席。

6 月 30 日，在镇机关举行由各界人士参加的山阳镇庆祝香港回归祖国大联欢活动。

同月，杨家、新江、卫东村党支部被评为上海市农村“五好”党支部。

同月，山阳镇油菜籽总产 326.11 万千克，已连续 11 年获市郊乡镇油菜籽总产第一。

8 月 18 日，“9711”号台风侵袭山阳。0 时 40 分，金山嘴海潮潮位高达 6.57 米，超过历史最高潮位 0.6 米。

9 月 28 日，党的十五大代表、上海民族乐团二胡演奏家闵惠芬到山阳，在镇国庆文艺会演上演奏“洪湖随想曲”“二泉映月”等二胡独奏曲。

10 月 7 日，镇党委书记杨仁龙，在中共金山区代表会议上当选为中共上海市第七次代表会议代表。

10 月 21 日，山阳镇第十次妇女代表大会召开。金叶华任镇妇联主席。

12 月 8 日，副市长冯国勤、区委书记刘国胜等出席上海市第一个沿海边防工作站——金山嘴边防工作站在山阳镇的揭牌仪式。

是年，山阳镇综合经济实力已连续 10 年（1988—1997 年）居金山区（县）乡镇之首。

是年，杨家村被评为上海市卫生村。

1998 年

1 月 20 日，国家教委主任朱开轩回母校——山阳中心小学探望，察看新校舍，观看学生美术组、民乐队活动，与教师座谈。

2 月 21 日，西起申甬车客渡码头、东至金山嘴娘娘庙，全长 2.63 千米的沿海海塘观赏型防护林带工程动工，12 月 15 日竣工。

3 月 17 日，金山区委在山阳镇召开 1998—1999 年度社会治安综合治理目标责任书签约暨表彰大会。

3 月 19—20 日，山阳镇第十四届人民代表大会第三次会议召开。

8 月 8 日，区委书记刘国胜、副区长吴新超到山阳民兵哨所，实地了解防汛抗台工作。

同日，山阳镇卫生院落成启用。新院位于向阳西路 88 号。

8 月 18 日，金山区机关办公楼奠基仪式在杨家村举行。

9 月 15 日，山阳镇第十四届人民代表大会第四次会议召开，补选吴克源为镇长。

10 月 25 日，全镇电话用户 7041 户，达到并超过电话镇标准。

10 月 28 日，山阳镇倪界（家）、新江、海光、卫东 4 个村及海浒新村居民区整建制划归金山嘴工业区管辖。

11 月 1 日，山阳液化气供应站产权置换给金山液化气公司。

11 月 28—29 日，山阳中学举行建校 40 周年庆典活动。

12 月下旬，亭卫公路拓宽项目土方工程启动。

是年，山阳镇被列为“上海市科技产业化密集型乡镇”；上海向隆电子科技有限公司获评“上海市高新技术企业”。

是年，山阳税务所由山新路迁至红旗西路（龙皓路）138 号新址。

1999 年

1 月 1 日起，农村义务兵优待金由区统筹、发放和管理。

1 月 5—6 日，中国共产党山阳镇第十二次代表大会召开。杨仁龙任镇党委书记，陆英、盛继新、李梦连为副书记。盛继新任纪委书记。

1 月 15 日，山阳镇第十五届人民代表大会代表选举工作结束，选举代表 58 名。

2 月 5—7 日，山阳镇第十五届人民代表大会第一次会议召开。盛继川当选为镇人大主席。吴克源当选为镇长，徐跃林、鲁士希、郭士超当选为副镇长。

4 月 16 日，共青团山阳镇第十八次代表大会召开。赵丹任镇团委书记。

同月，金山区水文站由张堰迁至金山嘴西沪杭公路 6488 号新址，是上海市在杭州湾内唯一的国家专业水文站。

6 月 2 日，水利部副部长周文智一行 60 余人察看海塘达标工程、沿海观赏型防护林。

6 月 22 日，金山县工商业联合会山阳镇分会（商会）第一次会员代表大会召开。陆英任会长。

6 月 28 日，向阳、杨家、新江、卫东、中兴 5 个村党支部被评为上海市农村“五好”党支部。

同月，山阳派出所在海光村建立房屋租赁治安管理站。

7 月 21 日，山阳镇工会第一次会员代表大会召开。汤美娣任镇工会主席。

同月，由山阳中心小学等 4 所学校 46 名学生组成的金山区少年军校代表队，代表上海市赴京参加全国第二届少年军校总检阅式活动，取得队列评比、自选项目擒敌拳、徒手越野跑 3 项全国优胜奖。金山区少年军校于年初在山阳镇金山嘴建立。

9 月 30 日，山阳镇举行迎国庆“爱国荣镇”游行活动，庆祝中华人民共和国成立 50 周年。

10 月 10 日，山阳镇成人学校被列为“上海市示范性乡镇成人中等文化技术学校”。

同月，山阳镇第六届村委会换届选举工作完成。

12 月 19 日，山阳镇举办“庆澳门回归，奔向新世纪”全民健身长跑活动。

12 月 22 日，亭卫公路拓宽工程竣工。山阳段两侧为城市式道路双面照明。

是年，山阳镇图书馆首批获评“上海市公共图书馆行业规范服务达标单位”；山阳镇被评为“上海市流动人口计划生育工作先进单位”；山阳镇法律事务所被市司法局评为“文明法律服务所”。

2000 年

3 月 1—2 日，山阳镇第十五届人民代表大会第二次会议召开。

3 月初，上海警备区政治委员王传友少将到山阳民兵哨所检查指导工作。

3 月 22 日，金山区社会治安综合治理签约暨总结表彰会在山阳召开。

5 月 19 日，金山区首家“劳模帮劳模”公司——上海耿耿金山工程有限公司举行揭牌仪式暨开工典礼，全国劳模杨富珍、杨怀远、马桂宁、包起帆、徐虎等到场祝贺。

8 月，在全镇党员干部中开展题为“讲学习、讲政治、讲正气”的党性党风教育活动。

9 月 7 日，金山区新城区管理委员会在山阳成立。

10 月，山阳镇实施《关于历年征（使）用土地劳力安置补偿工作的实施意见》。年内，1212 名征地农转非人员签订安置补偿协议。11 月起，向符合征地养老标准的 281 人发放每人每月 290 元的养老生活费。

11 月 1 日，第五次全国人口普查登记工作开始。

11 月 29 日，莘（庄）奉（贤）金（山卫）高速公路开工建设，途经工农、华新、长兴、甸山 4 个村。

是年，山阳镇“农村生活垃圾收运处置系统工程”通过市检查验收。

2001 年

1月，山阳工商行政管理所，由亭卫公路1101号迁至红旗西路（龙皓路）128号新址。

2月7日，山阳镇域里戚家墩的同三国道段，莘奉金高速公路，龙泉港拓宽疏浚和金山（龙泉港）出海闸建设4项工程，列为2001年市重大建设项目。

2月27—28日，山阳镇第十五届人民代表大会第三次会议召开，通过关于《山阳镇国民经济和社会发展第十个五年计划》等决议。

同月，公安金山分局山阳派出所，由山中路18号迁至红旗西路（龙皓路）110号新址。

3月19日起，山阳机关事业单位在职人员使用“社会保障卡（医疗保险专用）”，近50年的公费医疗制度结束。

6月，在全镇党员干部中开展“三个代表”重要思想学习教育活动。

6月底，完成镇事业单位机构改革。

7月初，建造在大兴9组、中兴2组的三峡库区移民住宅竣工验收。

7月14日，副市长杨晓渡、市政府副秘书长周太彤由区委书记刘国胜等陪同，到中兴村看望三峡移民。三峡库区移民7户、27人落户山阳。

12月19—20日，中国共产党山阳镇第十三次代表大会召开。顾仁忠任镇党委书记，陆英、盛继新为副书记。盛继新任纪委书记。

12月20日，副市长冯国勤一行看望中兴村三峡移民。

12月26日，山阳镇第十六届人民代表大会代表选举工作完成，选举人大代表58名。

同月，镇机关机构改革工作结束，由“助理制”改为“部门制”。

是年，杨家、东方、中兴3个村被评为上海市文明村。

2002 年

1月23—25日，山阳镇第十六届人民代表大会第一次会议召开，顾仁忠当选为镇人大主席，徐跃林当选为副主席；吴克源当选为镇长，周永超、鲁士希、赵云、黄辉云当选为副镇长。

3月12日，山阳镇第十一次妇女代表大会召开。金叶华任妇联主席。

3月17日，台北市金山同乡会返乡访问团考察金山嘴工业区。

同月，山阳镇副镇长郭士超被选派到江西省抚州市广昌县，任县委副书记，任职2年。

4月24日，共青团山阳镇第十九次代表大会召开，赵丹任团委书记。

同月，山阳邮政支局由山新路169号迁至红旗东路179号新址。

7月4—5日，山阳镇第十六届人民代表大会第二次会议召开，补选陆英为镇人大主席。

7月8日，山阳镇召开村辖区调整工作动员大会。除渔业村外，其余19个村撤并为 9 个村。

7 月 17 日，山鑫阳光城通过市级示范性居住小区验收。

7 月 26 日，山阳镇工会第二次代表大会召开。蔡红梅任镇工会主席。

同日，坐落在山阳镇杨家村 10 组的金山区审判中心大楼建成启用。

8 月，山阳中心小学学生王涛创作的儿歌《回家》，获 2002 年全国小金马生肖儿歌大赛一等奖。

9 月 12 日，中共上海市委常委、副市长冯国勤，市农委主任袁以星率参加市农业创新工作现场会的干部，参观山阳镇美阳田园特色南瓜、特色葫芦大棚栽培和产品展示。

9 月 18 日，山阳镇人民政府和金山嘴工业区、金山新城区管委会在上海国际会议中心明珠厅联合举办 2002 年金山嘴工业区招商会。

9 月 20 日，9 个村（卫东村暂缓选举）选举产生新一届村委会。

同月，市政府颁布实施《金山三岛海洋生态自然保护区规划》。

10 月 1 日，杨家村建成市郊第一个信息化村。

10 月 20 日，向阳农民居住小区和大兴、九龙农民中心村建设启动。

10 月 29 日，山阳民兵哨所段海塘工程达标通过验收，评为优良工程。一线海塘全部达到防御十二级台风标准。

同日，金山新城区 35 千伏申甬变电站建成运行，是金山区 35 千伏变电站中投资最大、设备最先进、进出线全部采用电缆的变电站。

10 月 31 日，金山区工商联山阳镇商会第二次代表大会召开。戚国林任会长。

11 月 6 日，山阳镇拆除违法违章建筑执法队揭牌。

12 月 27 日，蒙山北路、龙山二路（后改为龙山路）、卫零北路一期工程竣工，获上海市市政工程金奖。

2003 年

2 月 24—25 日，山阳镇第十六届人民代表大会第三次会议召开。

同月，山阳民兵哨所获“全国巾帼文明示范岗”称号。

4 月，镇非典型性肺炎防治工作领导小组、办公室成立，开展防控工作。

5 月 1 日起，山阳工业区内农民房屋动拆迁统一实行货币补偿安置，所涉人员安置到新建的动迁安置小区居住。

7 月 3 日，金府发〔2003〕98 号《金山区人民政府关于核定石化街道管辖范围的批复》勘界批复，山阳镇域“南至海塘；东由戚家墩路向北，至卫清路向西，沿蒙山路向北，至老龙泉港；北由老龙泉港向西，至卫零路向南，至卫清路向西，至金卫城河”区块，划归石化街道管辖。

7 月 15 日，金山区公安分局、司法局、信访办在山阳镇试行“司法信访窗口驻警制”。

8月，山阳镇被命名为上海市拥军优属模范镇。山阳中心小学、中兴村被评为上海市拥军优属模范单位。

9月14日，市政府副秘书长薛沛建和市计委、建委等部门负责人视察上海市公共卫生中心建设情况。

10月16日，山阳镇科协第五次代表大会召开。马文奎任科协主席。

11月15日，由上海文艺出版社出版的《第九个应聘者〈中国故事之乡〉山阳故事集》首发式在金山宾馆举行。

12月12日，市乡镇街道司法信访综合服务窗口工作现场会在金山召开，与会人员参观山阳镇司法信访综合服务窗口。

同日，金山嘴工业区更名为金山工业区，北迁朱行镇办公。

同月，《中兴马棚村志》完成编印，志书下限至2000年，5万余字。

是年，建立镇老年人日间服务站。杨家、九龙、新江、中兴、卫东5个村，包揽金山区村级综合经济指标前5名，杨家村以总分153.2分夺魁。

2004年

2月17日，山阳镇第十六届人民代表大会第四次会议召开。

2月27日，金山区“千名机关干部帮万名困难群众”活动启动仪式在山阳举行。

同月起，征地养老人员（男60周岁、女55周岁）领取镇保养老金。

3月10日，副市长周禹鹏在区长李毓毅等陪同下，到市公共卫生中心建设工地检查，听取工程建设情况汇报。

4月1日，中共上海市委副书记殷一璀、副市长杨晓渡到山阳检查市公共卫生中心建设情况。

同月，山阳镇锣鼓队成立。排演大型锣鼓节目《欢腾的金山湾》，在镇庆祝国庆55周年文艺会演上献上表演。

5月，山阳镇劳动保障监察协管服务队成立。

同月，镇人民政府和金山嘴边防工作站被评为第十二届（2003—2004年度）上海市军民共建社会主义精神文明先进集体。

11月16日，上海市公共卫生中心在山阳镇长兴村落成启用，市领导等出席落成仪式。

同月，金山区海岸线开发管理委员会成立。

11月16—18日，举办“山阳人看山阳”活动，近千人参加。

是年，山阳镇成功创建“基本无燃煤区”，创建区域面积11平方千米。

2005年

1月，山阳镇组织印度洋海啸募捐活动，募集善款10万余元。

2月28日—3月1日，山阳镇第十六届人民代表大会第五次会议召开。

2月28日，卢湾区辅读学校美术教师周宝妹（九龙村人）设计的《眼神》，成为2007年上海世界夏季特殊奥林匹克运动会会标。

4月18—19日，山阳镇第十六届人民代表大会第六次会议召开，补选顾永良为镇人大主席，鲁士希为副主席；补选张权权为镇长，陆正华、杨军良为副镇长。

同月，山阳镇社区管理服务办公室建立。

5月26日，共青团山阳镇第二十次代表大会召开。施慧任镇团委书记。

6月9日，山阳镇第一届龙舟赛暨招商说明会在龙泉港金山出海闸北段河面举行，13支龙舟队参赛，100多名中外客商和13000多人观看。

6月15日，山阳中学在区轮滑馆举办“相约海滨·奔放六月——山阳中学师生艺术教育展示活动”，区、镇领导和1000多名师生观看。

7月8日，镇党委召开保持共产党员先进性教育活动动员大会。机关、企事业单位37个党（总）支部、630名党员参加活动。

7月20—21日，全镇1800多名党员观看电影《任长霞》。

8月4日，上海警备区司令员江勤宏少将由区委书记李毓毅等陪同，考察山阳民兵哨所。

9月19日，被列入市政府两个“1000万”实事工程的金山新城区1号配套商品房——“蓝色收获”小区举行开工典礼。

9月28日，金山区行政服务中心在杨家村原6、9组奠基（区政府大楼北侧）。

10月8日，金山区城市规划展示馆在原大兴村5组建成开放。后迁入金山大道1800号新址，更名为金山规划展示馆。

10月12日，上海市总工会幼儿园金山分园——新金山国际幼稚园在东方村原5组奠基。

10月30日，山阳小学举行百年校庆活动，700多位校友和各界人士参加，教育部体育卫生与艺术教育司、艺术教育委员会和原国家教委主任朱开轩分别致贺信。

同月，山阳镇锣鼓队赴南京路上海国际艺术节“天天演”大舞台表演，是金山区第一家登此台表演的业余文艺团队。

同月，杨家村89岁邱进根因病去世，遗体由复旦大学附属医学院专车接走，成为山阳镇遗体捐献第一例（人）。

11月6日，山阳镇商会第三次会员大会召开。戚国林任会长。

同月，建立山阳镇社区工作指导中心。

12月7日，山阳镇农村（第三批）保持共产党员先进性教育活动开始。10个村党总支、1186名党员参加活动。

12月27日，山阳镇创建“烟尘控制区”通过市验收。

2006年

1月12日，中共上海市委副书记刘云耕察看九龙村社区活动中心，慰问贫困户。

1月15日，由中共山阳镇委员会、山阳镇人民政府主办的《山阳》社区报印发，免费赠阅全镇居民和单位。

1月23日，上海警备区参谋长王宁少将、装备部部长郑祥云大校等慰问山阳民兵哨所女民兵。

同月，渔业村312位渔民领取镇保退休养老金。2005年10月，渔业村等16周岁以上1437位“失水”渔民（其中渔业村1351人）等纳入上海市小城镇社会保险。

2月7—8日，山阳镇第十六届人民代表大会第七次会议召开，通过关于《山阳镇国民经济和社会发展“十一五”规划》等决议。

3月22日，中共上海市委副书记殷一璀，市委常委、宣传部部长王仲伟，副市长严隽琪考察山阳中学。

同月，《杨家村志》完成编印。志书下限2005年，26万字。

4月6日，山阳镇创建上海市一级卫生镇动员大会召开，明确创建工作目标、任务和措施，印发倡议书和致全镇居民的公开信。

4月上旬，山阳镇与东方国乐团签署长期合作协议。

4月10日，经区政府批准，撤销山阳、海浒新村居委会，成立山新、戚家墩、金海岸、海趣、三岛龙洲、联江6个居委会。

4月13日，中共中央政治局委员、上海市委主要负责人到山阳中学考察艺术教育工作。

4月18日，山阳镇第一次政府经济顾问座谈会召开，市政协委员张文蔚、全国工商联研究室主任唐海滨和亚龙集团董事局主席张文荣、华峰集团董事局主席尤小平等对山阳未来发展提出意见、建议。

5月上旬，山阳镇党委、政府表彰2004—2005年度20个先进集体、61位先进生产（工作）者、21个“五好”家庭和“十佳好事”。

5月19日，山阳镇总工会成立暨第一次代表大会召开。鲁士希任镇总工会主席。

5月28日，举办“金山豪庭杯”山阳镇第二届龙舟邀请赛，34支队伍参赛。中国乒协主席、体育总局原副局长徐寅生出席观赛。

6月2日，中共上海市委副书记、市纪委书记罗世谦，市委副秘书长吴汉民一行，由区委书记李毓毅，区委副书记、纪委书记朱成林陪同，到长兴村调研。

6月13日，镇党委、政府在长兴村召开“建设新家园大行动”现场推进会。

6月16日，山阳镇9个村（卫东村暂缓选举）、2个居民区完成村居委会换届选举工作。

6月29日，山阳镇劳动保障事务所获评市级服务窗口规范达标单位。

6月30日，43个基层党（总）支部换届选举工作结束。

同月，教育部校长培训中心组织省、地级48位专职督学，观摩山阳中学艺术教育。

7月1日，山阳镇庆祝中国共产党成立85周年大会召开，总结保持共产党员先进性教育活动。

7 月上旬，上海振村投资管理有限公司成立。

8 月 3 日，长兴、中兴、华新 3 个村，首批通过“上海市整洁村”验收。

8 月 8 日，金海岸、联江、三岛龙洲、海趣 4 个居民区，完成首届居委会选举。

同月，山阳镇与内蒙古自治区克什克腾旗缔结友好镇。

9 月 16 日，教育部基础教育司副司长郑增仪、国家教师基金科研规划管理办公室主任佟学考察山阳小学。

9 月 27 日，山阳镇 67 名城镇户口、高龄（70 周岁以上）无保障老年人纳入社会保障。

同月，长兴、中兴、华新 3 个村和镇文广中心建数字影院。至翌年 10 月，“村村建”数字影院全覆盖。

10 月 17 日，山阳镇残联智力残疾人士融合伙伴龙狮队参加 2006 年特殊奥林匹克运动会上海国际邀请赛龙狮比赛获金牌。

10 月 18 日，山阳镇第十二次妇女代表大会召开。赵丹任镇妇联主席。

10 月 24 日，由山阳镇、区文广局主办的第八届中国上海国际艺术节长三角地区“山阳杯”百区县故事邀请赛举行颁奖仪式。

12 月 6 日，山阳镇创建上海市一级卫生镇通过验收。

12 月 7—8 日，中国共产党山阳镇第十四次代表大会召开。张权权任镇党委书记，周永超、黄辉云为副书记。黄文达任纪委书记。选举出席金山区第三次党代会代表 17 名。

12 月 12 日，山阳镇完成区、镇人大代表换届选举，选举区四届人大代表 16 名，镇十七届人大代表 64 名。

12 月 21 日，山阳镇创建上海市文明镇动员大会召开。向全镇居民发出倡议书，建立由 8 人组成的镇市民巡访队。

12 月 27 日，渔业村被评为上海市卫生村。至此，山阳镇 10 个村获此荣誉。

12 月 28—30 日，山阳镇第十七届人民代表大会第一次会议召开，顾永良当选为镇人大主席，汤奇忠当选为副主席；周永超当选为镇长，杨军良、黎连忠、陆才华当选为副镇长。

2007 年

1 月 23 日，山阳镇红十字会第一次会员代表大会召开。彭雪华任会长。

2 月 13 日，上海警备区司令员江勤宏少将、副政委张龙少将等走访慰问山阳民兵哨所女民兵。

同月，山阳镇新敬老院落成。34 位老人乔迁山倪路 1600 号新居。

3 月 17 日，山阳镇 2007 年春季企业用工招聘会在山阳小学田径场举办。

3 月 20 日，山阳镇计划生育协会第三届代表大会暨企业计划生育协会联合会成立大会召开。黄辉云任会长。

4月20日，不会游泳的山新居民区居民杨历军在龙泉港勇救落水老人。

4月22日，山阳镇龙舟队参加“亚龙工业杯”2007年上海苏州河城市龙舟邀请赛，获区县组第一名。

4月26日，山阳镇动迁安置小区建立“新市民教育中心”。

4月27日，镇党委书记张权权，在中共金山区代表会议上被选为出席中共上海市第九次党员代表大会代表。

同月，上海侨茂公司研发生产的“零 voc 纳米涂料”，以优异的环保性能获法国巴黎国际发明展览会银奖。

5月18日，山阳镇拆除违法违章建筑执法队、市容协管队合并组建区城市管理监察大队山阳分队。

6月28日，山阳镇“残疾人之家”揭牌。

同月，向阳、东方、杨家、渔业、新江、九龙6个村获评上海市整洁村。

7月2日，山阳镇获评上海市残疾人社区康复示范镇。

8月23日，坐落在山阳镇长兴村的上海金山体育中心落成。

8月20日、9月2日，市残联党组书记曹子平和市特奥会执行主席、市残联副主席柴俊勇先后到山阳镇残疾人之家，慰问代表中国参加2007年在上海举行的第十二届世界夏季特殊奥林匹克运动会舞龙舞狮赛的智力残疾运动员及融合伙伴、教练等。

9月1日，山阳镇2支龙舟队代表金山区参加上海市第六届农民运动会龙舟赛男子组、男女混合组250米、500米直道竞速4个项目比赛，获3金1银。

9月20日，山阳镇通过上海市噪声达标镇验收。

9月29日，金海岸花园、蓝堡爱琴海、海上明珠园14户居民，接待来自加勒比海“泉水之岛”，参加2007上海世界夏季特奥会的牙买加代表团70余人。

同月，山阳镇工业经济党委和居民区党委建立，系山阳镇党委下属组织机构。

10月1日，区委书记吴尧鑫由镇党委书记张权权等陪同，慰问特奥社区接待家庭代表，看望下榻世安海昇大酒店的牙买加特奥代表团。

10月2日，区委副书记、区长赵福禧在世安海昇大酒店会见到金山看望牙买加特奥代表团的牙买加驻华大使韦恩·麦库克，镇党委副书记、镇长周永超陪同。

10月12日，由镇阳光之家学员组成的“中国金山龙之队”和“中国快乐龙狮队”，代表中国参加2007上海世界夏季特殊奥林匹克运动会舞龙舞狮比赛，分别获得规定套路金、铜牌各1枚，自选套路银牌2枚。

10月18日，举行山阳镇老年学校建校20周年庆祝活动。

10月25日，金山区劳动模范协会山阳镇分会成立，汤奇忠任会长。

10月30日，镇机关、事业单位机构改革完成。

11月23日，山阳镇毽球队代表金山区参加上海市第6届农民运动会毽球赛，囊括男、女团体，男、女单人，男、女双人和混双、花毽8个项目全部金、银奖牌。

11月27日，海趣馨苑居民区获评“上海市燃气安全示范社区”。

12月5日，交通部、国家安全部、发改委等部委领导考察九龙村创建平安畅通社区工作。

12月18日，山阳小学至长兴村的“山阳一路”村村通公交车开通，线路长10.5千米，设15个站点。

12月28日，中国共产党山阳镇第十四届代表大会第二次会议召开，审议通过《中国共产党山阳镇党代会常任制试行办法》及其决议。

同日，金世纪、康建、金豪、海云4个居委会成立。

12月29日，举行山阳“镇标”揭启活动暨2008年迎新民族音乐会。

12月30日，山阳镇残疾人联合会第四次代表大会召开。彭雪华任镇残联主席。

同月，金山新城区创建“上海市扬尘污染控制区”通过市验收，山阳镇涉及10平方千米。

是年，山阳镇和九龙等8个村分别评为上海市村务公开民主管理示范镇、示范村。杨家村先于2006年获评。

2008年

1月1日，山阳工业区班车（卫山专线）起讫站调整为石化汽车站至山阳影剧院。

1月21日，共青团山阳镇第二十一次代表大会召开。施慧任团委书记。

1月23—24日，山阳镇第十七届人民代表大会第二次会议召开。

1月25日，山阳镇社区事务受理服务中心落成启用。

1月30日，位于体育路30号、新建的山阳农贸市场开张营业。

1月底、2月初，中国南方地区发生罕见的雨雪冰冻灾害天气。46个单位、1000多人向灾区捐款56.36万元。

2月，山阳镇获评“上海市平安社区”。

3月13日，山阳镇居民区党支部与区级机关党支部结对共建签约。

3月20日，山阳镇文化体育服务中心获由中共中央宣传部、文化部、广电总局、新闻出版总署联合授予的“全国服务农民服务基层文化建设先进集体”称号。

3月31日，山阳镇创建国家卫生镇推进大会召开。

4月7日起，办理上海市户籍70周岁以上老年人申领敬老服务卡手续。8月1日起，全镇2968位老年人可持卡在非上下班高峰期间免费乘坐市内公交车。

4月8日，镇党委书记张权权、副书记镇长周永超等先后会见日本艾迪科株式会社董事局主席中嶋宏元和到山阳考察的德国斯托尔公司博士赫尔曼一行。

4月中旬，山阳镇被评为2006—2007年度上海市文明镇。

4月21日，山阳镇党委在长兴村召开推行“三联工作制”［党员联系群众、党小组长联系党员、党（总）支部委员联系党小组长］现场会。

5月5日，山阳镇召开2006—2007年度先进表彰大会，举行上海市文明镇揭牌仪式。

5月上旬，上海市教委主任薛明扬等观看山阳中学学生文艺演出和山阳幼儿园小朋友游戏活动。

5月10日，山阳镇老年人龙舟队代表金山区参加上海市第8届老年人运动会龙舟赛2个项目比赛，获1金1银。山阳小学教工龙舟队代表金山区，在上海市科教工会“同舟共济、喜迎奥运”（西南块）龙舟赛上获冠军。

5月23—6月15日，全镇党员交纳特殊党费22.6万元，支援四川汶川特大地震灾区。其中缴纳1000元以上的有36人。

5月30日，镇党委召开“讲党性、重品行、作表率”主题教育活动动员会。

截至6月14日，全镇人民向四川汶川等地震灾区捐款420多万元，获评上海市红十字会“抗震救灾先进集体”。

7月，山阳镇向419名来自四川地震灾区的农民工发放特殊困难补助金29.33万元。

9月28日，举行“欢乐山阳”文化艺术节闭幕式暨国庆文艺晚会。

10月8日，山阳镇科协第六次代表大会召开。施慧任科协主席。

10月19日，山阳中学举行校庆50周年活动。

同月，文化部命名山阳镇为“中国民间文化艺术之乡”。

同月，俄罗斯亚历山大歌舞团18位艺术家到山阳，与社区居民同台献艺。

同月，镇毽球队代表上海市参加全国第6届农民运动会毽球比赛，获女团、混双两项第三名，男团、女单两项第五名。

11月4日，新疆生产建设兵团代表团参观山阳残疾人之家。

12月12日，山阳镇被全国爱卫会命名为“国家卫生镇”。

12月25日，山阳镇“三创”（创建国家卫生镇、中国民间文化艺术之乡、上海市文明镇）工作总结表彰暨迎世博600天行动计划推进大会召开。

是年，山阳镇被评为上海市拥军优属模范镇。镇老年学校获评“上海市示范性老年学校”（市郊仅2家）。

2009年

1月15日，中国共产党山阳镇第十四届代表大会第三次会议召开。

同月，位于红旗东路的金山工业区南区职工生活基地一期工程竣工。

2月12—13日，山阳镇第十七届人民代表大会第三次会议召开。

3月18日，山阳镇工商业联合会第四次会员代表大会召开。叶芬弟任会长。

4月13日，山阳镇村、居民区党组织换届选举工作动员会召开，推介向阳村党总支换届选举“公推直选”试点的做法、经验。

4月14日，金山区政府撤销金山区新城区管理委员会、海岸线开发管理委员会，成立金山新城管理委员会。

4月21日，新加坡教育考察团参观山阳中学。

4月23日，教育部校长培训中心西藏班学员观摩山阳中学艺术教育。

同月，山新居民区90岁的黄宗石被评为第七届全国健康老人。

5月4日，镇召开纪念五四运动90周年座谈会。

同日，上海市人民检察院检察长一行考察上海华峰超纤材料股份有限公司。

5月下旬起，16周岁以上农业户口2510人在镇社区卫生服务中心免费体检。

5月22日，市征兵办兵役执法检查组到山阳检查。

5月28日，金山区第3届运动会龙舟赛暨“金瑞杯”第四届山阳龙舟赛举办。九龙村龙舟队参加第六届上海苏州河城市龙舟邀请赛，获区县组第一名。

6月3日，普陀区残联30多人到山阳，交流日间照料站工作。

6月9日，经市经济信息委、发改委、规划国土资源局、环保局联合认定，金石湾上海国际化工生产性服务业功能区授牌。

8月2日，山阳镇9个村委会、10个居委会完成选举工作。

8月12日，金山铁路支线改建工程在新江村4组金山枢纽站工地举行开工奠基仪式，副市长沈骏等出席。

8月13日，山阳幼儿园教师刘晓薇赴上海华山医院捐赠造血干细胞，成为全市幼儿教师捐赠骨髓第1人。

8月18—19日，山阳镇第十七届人民代表大会第四次会议召开，补选黎连忠为镇长，陈忠为副镇长。

8月20日，市经济和信息化委员会主任王坚考察上海华峰超纤材料股份有限公司。

8月26日，上海山阳镇计划生育协会第一次会员代表大会召开。孙美华任会长。

8月28日，龙皓路山阳镇政府至石化富川路的“金山5路”公交车开通。

同月，山阳幼儿园改扩建工程完成。创办民办九阳小学、金山嘴小学。

9月23日，镇党委召开深入学习实践科学发展观活动动员大会。全镇88个基层党组织投入活动。

9月29日，山阳镇举办庆祝中华人民共和国成立60周年文艺晚会。

10月，镇工业经济党委更名为综合工作党委。

11月18日，上海复旦四维印刷有限公司金山印刷中心暨四维文化传媒基地揭幕。复旦大学副校长桂永浩、市工商联副主席唐豪为中心揭牌。时为金山区规模最大、首家拥有书刊证的印刷企业。

11月27日，金山公交村村通“山阳二路”通车，有沪杭公路、山阳工业区2条营运线路。

12月10日，中共上海市委副书记、市长韩正一行考察金石湾上海国际化工生产性服务业功能区。

12 月 25 日，山阳《群文创作成果集》首发式举行，中国作家协会副主席叶辛致贺信。

12 月 29 日，经区政府批准，山阳镇蓝色收获居委会成立。

同月，华新村获司法部、民政部授予的“全国民主法治示范村”称号。

同月，位于山阳集镇体育路 29 号的山阳镇老年人日间照料站建成，置 30 张沙发座位。

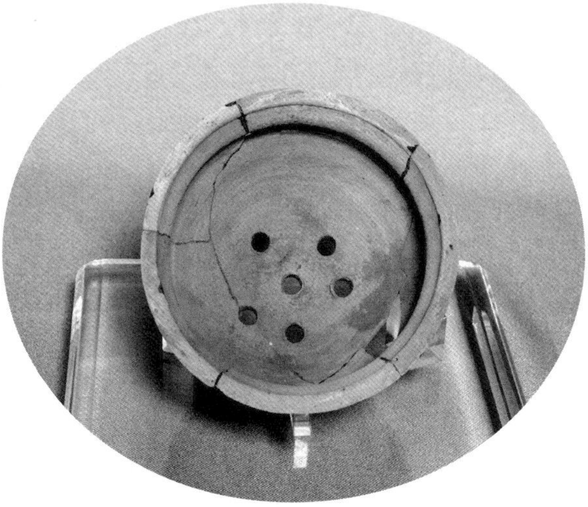

戚家墩遗址出土的汉陶甑

第一章 地 理

山阳镇地处北纬30°43′—30°50′，东经121°20′—121°24′，金山区东南部。2009年，山阳东连漕泾镇和上海化学工业区，西接金山卫镇、张堰镇，南濒杭州湾、石化街道，北及金山工业区。东西最宽处5.95千米，南北最长处7.5千米。区域面积42.12平方千米。

山阳地区是上海境内成陆最早、人类集聚最先的地区之一。6000年前已有人类活动，3000年前有上海最早的城市——康城。东周时期的南阳港遗址、春秋战国时期的戚家墩遗址、秦时的柘山遗址及上海境内早期的两个县治——海盐县治、前京县治均在境内。

境内地貌丰富、地势平坦、河流网布、土地肥沃、日照较多、四季分明、雨量充沛、无霜期长，海岸线长5.58千米，是金山粮棉油主要产地之一和主要渔港。

距金山嘴海岸4.1千米（小金山岛）外的金山三岛，是上海市第一个海洋生态自然保护区，大金山岛海拔103.4米，是上海市自然最高点。纵流东部的龙泉港，是上海市浦南东片唯一的排海泄洪通道。

1997年，区治驻山阳后，城区建设崛起。2009年，境内道路网布、小区林立、商铺鳞次栉比。

第一节 建置区划

一、建置沿革

1984年4月，实行政社分设，恢复乡行政建制，建立山阳乡。年底，恢复村建制，改20个生产大队为20个村。1993年2月，撤乡建镇，建立山阳镇。1997年5月，金山撤县建区，隶属金山区。

1997年3月8日，政府驻地由向阳路1号迁驻红旗西路28号，2009年，改红旗西路28号为龙皓路28号。

二、行政区划

1990年，山阳乡辖曙光、工农、九龙、汀南、倪界、新江、海光、卫东、杨家、东方、七一、中兴、红旗、甸山、长兴、跃进、华新、大兴、向阳、渔业20个村、208个村民小组和山阳街道、8个居民小组。12月，上海石油化工总厂第四期生活区征地，卫东村第十一、十三村民小组和海光村第七村民小组撤制。1993年，金山嘴工业区建设，新江村第一、二、十三村民小组撤制。1995年，建海浒新村居委会。

1998年10月28日，老龙泉港以南的倪界、新江、海光、卫东4个村和海浒新村居民区划入金山嘴工业区。

2002年7月村撤并，20个村撤并为10个村。大兴村与向阳村撤并为向阳村；曙光村、汀南村与九龙村撤并为九龙村；红旗村与东方村撤并为东方村；七一村与杨家村撤并为杨家村；跃进村与中兴村撤并为中兴村；甸山村与长兴村撤并为长兴村；工农村与华新村撤并为华新村；海光村与卫东村撤并为卫东村；倪界村与新江村撤并为新江村。渔业村单列。

2003年7月3日，根据《金山区人民政府关于核定石化街道管辖范围的批复》，将原山阳辖区内的部分区域划归石化街道管辖，即："南至海塘；东由戚家墩路向北，至卫清西路向西，沿蒙山路向北，至老龙泉港；北由老龙泉港向西，至卫零路向南，至卫清西路向西，至金山卫城河，接原石化总厂第一、二、三期征地范围线……"划归石化街道管辖。

2005年，新江、卫东2个村和海浒新村居民区重归山阳镇。2006年6月4日，撤销山阳街道、海浒新村居委会，建立山新、戚家墩居委会；新建海趣、三岛龙洲、金海岸、联江4个居委会。

2007年12月，建立金世纪、康建、金豪、海云4个居委会。2009年12月，建立蓝色收获居委会。

2009年，山阳镇辖向阳、九龙、杨家、东方、中兴、长兴、华新、新江、渔业、卫东10个村委会、106个村民小组和山新、戚家墩、金海岸、海趣、三岛龙洲、金世纪、联江、康建、海云、金豪、蓝色收获11个居委会、26个居民小区、408个居民小组。

第二节　自然环境

一、地貌

山阳地处长江三角洲太湖流域蝶形洼地东南。境内除甸山剥蚀残丘外（已成深潭），陆上地势平坦，南片西高东低，高程在4—4.9米，北片西低东高，高程在3.6—4米，南片卫东村地面最高处为4.9米，北片甸山村地面最低处为3.6米，高程相差1.3米。全镇地貌可分为潟湖平原，潮坪，甸山剥蚀残丘和大金山、小金山、浮山等岛礁5个地貌单元，是金山区地貌最丰富的乡镇。

二、河流水文

河流　160条段，长158.44千米。其中，市级河流龙泉港，境内长5.05千米；区级河流4条段，境内长17.61千米；镇级河流11条段，长32.37千米；村级河流144条段，长103.41千米。

水文 自明成化八年(1472年)青龙港海口堵塞后(参《金山海塘志》),500多年来,山阳地区内河潮位一直受黄浦江潮汐控制。距离黄浦江远,水位落差不大,如运石河金山嘴段,年平均落差为0.06米。2003年起,浦南东片479平方千米内河水位受龙泉港开闸控制。开闸6小时,内河水位可下降2米以上;关闸回潮后,水位仍比开闸前低0.10米左右。

三、海湾

山阳南濒杭州湾。杭州湾是全国著名强潮海湾,近岸海域潮汐基本能量来自太平洋,由于杭州湾呈喇叭形,潮波进入湾内后,流速不断加快,形成强潮。在进入金山门以后,又受大小金山岛的夹持,形成更为湍急的金山深潜流;同时又有来自渤海的贴岸流在经过南汇嘴时形成强大挑流顶冲,直扑金山。两股潮流的汇合,潮势汹涌。海岸原在大金山南王盘山,自东晋后不断坍塌后退,一直塌陷至大金山北6千米以后,至20世纪起基本稳定。

海岸 金山海岸分三段,即漕泾岸段、金山嘴岸段、卫南岸段。山阳属金山嘴岸段的一部分,西起戚家墩,东到荒墩,全长5.58千米。1985年测量,金山嘴剖面0米线距海塘160—280米;1996年测量,金山嘴剖面0米线距海塘150—270米;2009年测量,金山嘴剖面0米线距海塘140—180米。海岸冲刷减缓。

五岛四礁 据《上海市岛屿志》记载,金山嘴外杭州湾有"五岛四礁",包括大金山岛、小金山岛、浮山岛及其邻近0.5海里水域内的大金山北岛、浮山东岛、大金山东礁、浮山东一礁、东二礁、东三礁。

大金山岛,又名钊山。地处北纬30°41′31″,东经121°125′10″,距金山嘴海岸6.2千米。东西尖狭,中间宽阔,略呈菱形。东西最长处963米,南北最宽处437米,岸线长2242.4米,面积23万平方米。海拔高度103.4米,是上海市自然最高点。

小金山岛,又名胜山。地处北纬30°42′22.7″,东经121°24′10.7″,北距金山嘴海岸4.1千米,是上海市距陆地最近的基岩岛。东西最长处450米,南北最宽处247米,岸线长859.28米,面积4.4万平方米。海拔高度32.5米。

浮山岛。地处北纬30°40′59.6″,东经121°25′22.6″,北距大金山岛0.63千米。山呈椭圆形,山头浑圆无峰,仅中间部山脊隆起,状如圆盘,故称"玉盘山";又形如乌龟,俗称"乌龟山"。东西最长处290米,南北最宽处183米,岸线长690.91米,面积2.8万平方米,海拔高度30.80米。

大金山北岛。地处北纬30°41′36.5″,东经121°25′16.9″。岸线长43.78米,面积152.15平方米,海拔高度14.5米。

浮山东岛。地处北纬30°41′0.03″,东经121°25′29.8″,岸线长284.94米,面积4544.44平方米,海拔高度13.6米。

大金山东礁面积191.05平方米,浮山东一礁面积73.15平方米、东二礁面积72.11平方米、东三礁面积93.74平方米。四礁总面积430.05平方米。

深槽 南宋淳熙十一年(1184年)金山沦海后,在大小金山之间逐渐冲出一条深槽。深槽长度:明嘉靖年间,深槽西端已越过金山嘴正南;民国20年(1931年),–20米深水区已伸展到戚家墩前沿；1953年，越过今卫三路；1972年，又向西延伸1千米；2009年，从大小金山向西越至浙江省平湖县白沙湾，全长14.5千米。深槽形状：深槽主体部分由几个深潭连接而成，东段水深大于–30米的深潭3—4个，其外形呈长条状，与潮流方向一致，槽内涡流十分强劲，冲淤度较复杂。深槽宽度：按–15米等深线测量，金山门海峡槽宽为1.5千米，戚家墩前为1.7千米，卫三路前为2.2千米，过此逐渐收狭为0.6千米，至卫七路终止。深槽深度：一般深度为–30—40米，以大小金山岛附近最深，达到50米左右；戚家墩至卫六路前缘深度大致在48米，深槽尾部–20米深水线一直稳定在卫六路附近。深槽与海岸的距离：金山嘴附近及石化厂前沿，水深–8米等深线离堤岸800米；西段从戚家墩至卫六路大堤转角前–15米等深线距堤岸520米，–20米等深线为640米，–30米等深线为820米。

1989年，交通部第三航务工程勘察设计院经勘察作出海港预可性报告："万吨轮泊位9个，吞吐量4700万吨。"

海洋水文 潮汐。金山近岸海域为非正规半日浅海潮，一天之内有两高两低潮汐，一月之中有大小潮的变化。春分到秋分期间，夜潮大于日潮；秋分至翌年春分期间日潮大于夜潮。

金山嘴潮汐表

表1–1

农历时间	涨潮时间	落潮时间	涨潮时间	落潮时间
初一、十六	0:48	7:00	13:12	19:24
初二、十七	1:36	7:48	14:00	20:12
初三、十八	2:24	8:36	14:48	21:00
初四、十九	3:12	9:24	15:36	21:48
初五、二十	4:00	10:12	16:24	22:36
初六、二十一	4:48	11:00	17:12	23:24
初七、二十二	5:36	11:48	18:00	0:12
初八、二十三	6:24	12:36	18:48	1:00
初九、二十四	7:12	13:24	19:36	1:48
初十、二十五	8:00	14:12	20:24	2:36
十一、二十六	8:48	15:00	21:12	3:24
十二、二十七	9:36	15:48	22:00	4:12
十三、二十八	10:24	16:36	22:48	5:00
十四、二十九	11:12	17:24	23:36	5:48
十五、三十	12:00	18:12	0:24	6:36

潮位。多年平均潮位为3.83米，1990—2009年，最高潮位是1997年8月18—20日9711号台风期间，潮高6.57米，最低潮位1991年1月3日，潮高–1.31米。

潮流。多年平均涨潮最大流速为每秒 2.49 米。落潮最大流速为每秒 2.2 米。

盐度。金山近岸海水盐度低于杭州湾口南汇嘴，涨潮平均盐度为 10.08‰，最大盐度为 10.96‰，落潮平均盐度为 9.66‰，最大盐度 15‰。

泥沙。最大含沙量涨潮为每立方米 1.5 千克，落潮为每立方米 1.26 千克。

四、气候

山阳位于北亚热带，属季风气候区，受冬夏交替影响，四季分明，春秋短冬夏长。降水充沛，日照较多，无霜期长，但台风、暴雨较多。

四季气候 春季。始于 3 月底或 4 月初至 6 月中旬。是全年最短的季节，该季节前期冷暖变化大，部分年份出现“倒春寒”，4 月下旬还可能出现晚霜冻。

夏季。始于 6 月中旬至 9 月中旬。6 月中旬至 7 月中旬，是雨季，称梅雨，气温潮湿，暴雨多，也有“空梅”年份。7 月中旬至 8 月中旬，出现极端最高气温。8 月中旬以后，是台风季节。

秋季。9 月中旬至 11 月中旬。多数年份为秋高气爽的天气，有的年份会出现“秋老虎”。秋末，常有一段秋雨日子并有早霜。

冬季。11 月下旬开始至翌年 3 月底、4 月初。是全年最长的季节，气候特点是严寒少雨雪，11 月下旬到 12 月底多干冷。在强冷空气侵袭下多暴冷和霜冻天气，最低气温可降到零下 5℃—零下 6℃，出现严重冰冻。

气温日照 气温。1990—2009 年，平均年气温 16.43℃。极端最高气温 38.3℃，出现在 2009 年 7 月 20 日；极端最低气温零下 8.4℃，出现在 1991 年 12 月 30 日。

1990—2009 年山阳地区气温情况表

表 1-2

年份	平均气温（℃）	极端最高气温		极端最低气温	
		气温（℃）	日期	气温（℃）	日期
1990	16.4	36.2	7 月 5 日	–6.0	2 月 1 日
1991	15.7	36.2	5 月 25 日	–8.4	12 月 30 日
1992	15.5	37.2	7 月 29 日	–4.1	1 月 16 日
1993	15.4	35.5	7 月 12 日	–6.6	1 月 29 日
1994	16.7	36.7	7 月 1 日	–3.1	12 月 22 日
1995	15.7	37.1	7 月 20 日	–5.1	2 月 6 日
1996	15.6	35.5	7 月 18 日	–5.2	2 月 10 日
1997	16.3	35.6	6 月 6 日	–4.3	1 月 12 日
1998	17.1	37.2	8 月 15 日	–6.0	1 月 25 日
1999	16.0	34.0	9月9日、9月11日	–6.9	12 月 23 日
2000	16.5	35.9	6 月 26 日	–5.9	2 月 9 日

续表 1-2

年份	平均气温（℃）	极端最高气温		极端最低气温	
		气温（℃）	日期	气温（℃）	日期
2001	16.6	36.5	6 月 30 日	–5.3	1 月 16 日
2002	16.8	36.4	7 月 15 日	–4.1	1 月 8 日
2003	16.7	38.1	7 月 17 日	–4.7	1 月 5 日
2004	16.8	36.1	7 月 24 日	–5.8	1 月 22 日
2005	16.4	37.8	7 月 5 日	–5.7	1 月 1 日
2006	17.3	37.7	8 月 29 日	–5.9	1 月 8 日
2007	17.5	36.7	7 月 20 日	–4.2	2 月 2 日
2008	16.6	37.4	7 月 24 日	–5	2 月 14 日
2009	16.9	38.3	7 月 20 日	–6.7	1 月 25 日

日照。1990—2009 年，日平均日照 5.37 小时。日照时数最多年份 2004 年，2189.9 小时；最少年份 1993 年，1672.5 小时。

1990—2009 年山阳地区日照情况表

表 1-3

年份	晴天数（天）	日照时数（小时）	年份	晴天数（天）	日照时数（小时）
1990	139	1927.7	2000	125	1879.1
1991	126	1925.5	2001	136	1978.7
1992	129	1846.1	2002	127	1888.6
1993	114	1672.5	2003	150	2057.1
1994	139	1940	2004	153	2189.9
1995	141	2000.4	2005	—	2172.6
1996	119	1870.9	2006	—	1945.7
1997	124	1868.6	2007	—	2074.2
1998	131	1997.8	2008	—	2102.9
1999	107	1749.7	2009	—	2083.8

雨、雪、风、霜、雾 雨。1990—2009 年，平均年降水 1144.32 毫米，少于北部乡镇。年降水量最多年份 1991 年，降水 1397.7 毫米；降水量最少年份 2003 年，降水 645.3 毫米。年降水天数最多年份 1997 年，151 天；年降水天数最少年份 1995 年，114 天。梅雨年平均雨量在 210—240 毫米，雨量最多年份 1999 年，690 毫米；雨量最少年份 2003 年，46 毫米。入梅最早日期为 1991 年 6 月 7 日；出梅最迟日期为 1997 年 7 月 20 日。梅雨期持续最长年份 1999 年，43 天，雨量 564.4 毫米。2005 年为空梅。

雪。下雪时间通常在上年12月到下年3月。1990—2009年，主要降雪年是1991年12月25—28日，连续降雪，积雪达10厘米。1994年11月21日降雪，为20世纪90年代最早降雪年。1996年2月17—18日，降雪12.3毫米。1998年1月22—23日，降雪24.8毫米。2008年2月2—3日，积雪12厘米，道路结冰10天。

1990—2009年山阳地区降水情况表

表1–4

年份	降水量（毫米）	降水天数（天）	年份	降水量（毫米）	降水天数（天）
1990	1329.8	147	2000	1072.2	150
1991	1397.7	145	2001	1260.4	135
1992	966.8	144	2002	1383.1	141
1993	1242.0	149	2003	645.3	117
1994	1002.4	136	2004	1011.7	123
1995	1040.9	114	2005	1136.9	120
1996	974.2	134	2006	1092.8	135
1997	1103.9	151	2007	933.8	126
1998	1317.0	145	2008	1392.4	128
1999	1315.7	138	2009	1270.3	134

风。山阳属北半球亚热带季风盛行地区，通常冬天以西北风为主，夏天以吹东南风为主，俗称季风。平均风速3.8米/秒，高于北部乡镇。

霜。秋季最低气温降到4℃以下可能出现霜或暗霜。1986—1996年，最早初霜日出现在1987年10月30日，最迟终霜日出现在1996年4月22日。1997—2006年，最早初霜日出现在2003年11月4日，最迟终霜日出现在2000年4月11日。最多落霜天数为2000年，146天，最少落霜天数1999年，88天。平均年无霜天235.6天。

雾。境内12个月都有可能起雾，尤以冬春为多。1990—2009年，雾最多年份为1998年，65天；最少年份为2005年，11天。

第三节 自然资源

一、土地资源

土地总量 1990年，山阳区域面积43.43平方千米，耕地面积2565.8公顷，户籍人口人均耕地0.073公顷。

1990年后，因石化总厂、石化街道扩域，城乡建设占用等导致区域面积、耕地面积减少。

2009年，全镇区域面积42.12平方千米，耕地面积1125公顷，人均耕地0.029公顷。

1990—2009 年山阳镇（乡）各村耕地面积情况表

表 1-5　　单位：公顷

年份	大兴	向阳	曙光	九龙	汀南	七一	杨家	红旗	东方	跃进	中兴	甸山	长兴	工农	华新	倪界	新江	海光	卫东	渔业
1990	152.00	139.95	172.87	63.27	123.59	111.32	114.59	88.65	90.79	113.32	138.3	133.79	124.19	123.52	134.65	110.67	172.79	28.06	222.01	0.2
1991	150.06	137.15	171.90	61.04	121.42	108.57	113.55	86.07	90.42	111.29	136.27	79.42	121.22	122.14	134.62	102.74	172.03	19.33	175.37	—
1992	148.26	130.00	171.18	59.64	119.06	106.61	111.82	84.72	90.17	109.75	134.32	130.69	121.69	121.43	134.55	102.23	170.83	14.65	174.2	—
1993	123.46	74.20	169.98	51.17	105.86	100.73	102.22	73.03	79.80	102.82	114.47	128.27	115.33	113.90	129.69	93.43	66.60	5.05	103.07	—
1994	116.73	63.53	169.85	50.31	92.00	92.73	90.35	65.87	68.53	100.6	110.60	125.33	112.47	111.67	122.73	89.53	66.60	5.05	82.60	—
1995	117.98	58.98	170.60	50.15	91.90	92.71	90.33	65.61	68.53	103.18	111.07	131.60	118.47	116.68	124.07	89.52	65.14	5.05	82.55	—
1996	117.98	58.54	170.60	50.15	91.90	93.37	89.82	64.95	66.35	103.18	111.07	131.60	118.47	116.68	124.07	89.52	64.48	5.05	81.69	—
1997	117.98	59.41	171.29	50.15	91.90	93.37	89.82	64.95	66.15	107.78	111.07	138.57	131.60	126.69	140.13	89.52	64.48	5.05	79.31	—
1998	117.98	59.41	171.29	50.15	91.90	93.37	89.82	64.95	66.15	107.78	111.07	138.57	131.60	126.69	140.13	89.52	64.48	5.05	79.31	—
1999	117.98	59.41	171.29	50.15	91.90	93.37	89.82	64.95	66.15	107.78	111.07	138.57	131.60	126.69	140.13	237.97				—
2000	117.98	57.36	171.29	50.15	91.90	85.13	58.02	64.95	66.15	107.78	109.35	138.57	131.60	126.69	140.13	206.42				—
2001	116.18	53.03	169.63	48.95	76.57	77.56	57.18	64.95	65.14	107.27	103.90	128.28	125.01	111.33	129.35	135.75				—

年份	向阳	九龙	杨家	东方	中兴	长兴	华新	新江	卫东	渔业
2002	168.19	301.07	134.74	130.09	211.17	260.56	240.68	108.30		—
2003	197.39	295.20	134.85	149.13	220.10	216.80	208.57	87.90		—
2004	226.90	299.80	132.70	144.80	208.80	216.90	171.30	64.70	23.20	—
2005	207.10	295.50	125.20	125.80	186.10	216.90	165.30	56.90	23.20	—
2006	196.20	295.50	125.20	123.30	178.40	216.90	162.80	56.90	23.20	—
2007	196.20	295.50	125.20	123.30	178.40	216.90	162.80	56.90	23.20	—
2008	175.40	287.00	97.90	69.50	163.70	207.60	158.10	29.50	23.20	—
2009	142.16	287.00	97.90	61.19	163.70	207.60	131.58	10.66	23.20	—

注：表中 1999—2003 年，倪界、新江、海光、卫东 4 个村由金山嘴工业区管辖。2002 年，4 个村撤并为 2 个村。其间的耕地面积未按村单独统计

土壤类型　1981 年，全国第二次土壤普查时，山阳土壤分为 1 个土类、2 个亚类、5 种土壤母质、7 个土属、12 个土种。1 个土类，即水稻土类；2 个亚类，即潴育型和潜育型水稻土；5 种土壤母质，即湖相沉积母质、河湖相沉母质、湖河海沉积母质、江海相沉母质、江海冲积母质；7 个土属，即青紫泥、青黄泥、青紫土、青黄土、黄泥、黄泥头、潮沙土；12 个土种，即青紫泥、青紫土、青黄泥、青黄土、沙身青黄土、沙底青黄土、黄泥头、青底黄泥头、沙底黄泥头、黄泥、强黄泥、潮沙土。

土壤养分　2000 年，对土壤酸碱度、有机质、氮磷钾调查，因长期施化肥，有机质含

量下降，土壤酸碱度由中性向微酸性变化。

耕地环境质量 2004 年区开展农田环境质量普查，调查土壤中耗氧量、镉、汞、砷、铬、铅、氟、化合物、pH 值 9 个项目、33 个评价单元，山阳总体评价为二级。

二、植物资源

粮食类 稻。粳稻，主要品种 85–72、85–122、89–61、93–31、93–63、秀水 09、秀水 128、嘉花 1 号等。糯稻，主要品种有太湖糯、虹糯、扬糯、中农糯等。杂交稻，主要有闵优 128、8 优 161、寒优湘晴、秋优金丰、申优 4 号。

麦。大麦有申麦 1 号、沪麦 8 号、沪麦 10 号、申麦 3 号、花培 94–30。小麦有扬麦 1 号、扬麦 4 号、扬麦 5 号、扬麦 7 号、扬麦 11 号、扬麦 16 号等。

豆。有蚕豆、赤豆、绿豆、大豆。大豆有踏扁豆、慈菇青、西风毛豆等。

杂粮。有高粱、玉米、花生、薯等。玉米有沪单 1 号、沪单 2 号、丹玉 6 号等，薯类有红薯、黄薯、紫薯等。

纤维类 棉花主要有泗棉 2 号、8611、盐棉 48。苎麻有芦竹青。

油料类 油菜籽主要有 92–13 系、汇油 50；芝麻有黑芝麻、黄芝麻、白芝麻、蓖麻籽等。

蔬菜类 有芫荽、青头菜、瓢羹白菜、大白菜、卷心菜、油塌菜、儿菜、芥菜、牛心菜、结球莴笋、甜菜、菠菜、芹菜、苋菜、茼蒿菜、韭菜、生菜、花菜、西蓝花、莴苣、辣椒、茄子、苜蓿、紫云英、马兰、荠菜、蕃茄、扁豆、娃娃菜、油豆、豇豆、菜豆、葱、胡葱、洋葱、土豆、秋葵、萝卜、胡萝卜、芋头、大蒜等。

菌菇类 蘑菇、香菇、金针菇、草菇等。

瓜果类 西瓜有台黑、华东 26 号、冰激淋、冰台、中育一号、蜜宝、浙蜜一号、浙蜜二号、新澄一号、伊选、琼露、新红宝、金钟冠龙、皖杂 2 号、平优二号、早佳、京欣一号、84–24 等。甜瓜有雪瓜、香蕉瓜、网纹瓜、黄金瓜。菜瓜有冬瓜、丝瓜、黄瓜、生瓜、南瓜、夜开花。

果类有桃、李、柿、枣、枇杷、石榴、柑橘、梨、葡萄、草莓、无花果、油桃等。

水生植物类 主要有茭白、菱、荸荠、慈姑、莲藕和浮萍、水浮莲、水葫芦、水花生等。

树木 有水杉、池杉、落羽杉、樟树、白榆、银杏、朴树、合欢树、槐树、悬铃木、麻栎、重阳木、椿树、泡桐、刺槐、杞柳、榉树、桑树、杨树、乌柏树等。观赏树种有雪松、黑山林、罗汉松、女贞、棕榈、黄杨、桧柏、龙柏、紫藤、夹竹桃、天南竹、倒挂金钟、长寿树、发财树和马尾松等。

竹类 用材竹有箭竹、哺鸡竹、燕笋竹。观赏竹有风尾竹、紫竹等。

花卉类 有玉兰、桂花、牡丹、月季、山茶、杜鹃、腊梅、天竺、菊、鸡冠花、石蒜、美人蕉、文竹、君子兰、米兰、五针松、苏铁、花石榴、含笑、仙人球、唐菖蒲、一品红、大丽花、百合花、蟹爪兰、印度榕等。

药用植物 主要有金钱草、蛇莓、野蔷薇根、龙葵、芡实、金银花、地肤子、夏枯草、木瓜、菖蒲、白茅根、栀子花、扦扦活、天将壳、荔枝草、酢浆草、马齿苋、鸡眼草、田皂角、半边莲、紫花地丁、地锦草、车前草、蒲公英、苍耳、小蓟草、野菊花、苘麻、血见愁、猪殃殃、荠菜花、鸭跖草、瓜蒌、益母草、合欢、杭白菊、薄荷、紫苏、麦冬、仙鹤草、薤白、白花蛇舌草、艾草、泥胡菜、西红花、板蓝根、川芎等。

三、动物资源

兽类 主要有黄鼠狼、猪獾、刺猬、水獭、牛、猪、羊、兔、猫、狗等。猪主要有杜洛克、汉普夏、斯格、大约克等品种。羊以山羊为主。兔有青紫蓝、安哥拉兔、大白兔、老鼠兔等品种。

禽类 野生禽类，候鸟类有雁、野鸭、燕子、布谷鸟等。定居鸟有麻雀、白头翁、鹌鹑、黄莺、翠鸟、野鸡、啄木鸟、鹰、斑鸠、喜鹊等。人工饲养禽类，有鸡、鸭、鹅、鸽、乌骨鸡、珍珠鸡、野鸭等。

淡水水产 天然水域有青鱼、草鱼、鲢鱼、鳙鱼、鳊鱼、鲤鱼、鲫鱼、鳜鱼、乌鳢、白翅、鲇鱼、鲈鱼、鳑鲏鱼、鳗鲡、黄鳝、泥鳅及小龙虾、螺蛳、虾、蟹、龟、鳖、蚌等；养殖水域有青鱼、草鱼、鲢鱼、鲤鱼、鳙鱼、鳊鱼、鲫鱼、对虾、鳖、大闸蟹等。

蛇虫 有青梢蛇、水蛇、赤练蛇、蝮蛇、蜥蜴；蜜蜂、胡蜂、蝴蝶、蝉、萤火虫、蜻蜓、蟋蟀、纺织娘、蜘蛛、斑蝥、地鳖虫、白头虫、蜈蚣、蚱蜢、螳螂、蚯蚓、蜗牛、水蛭、蚂蚁等。20世纪90年代后蛇虫明显减少。

其他 有守宫、青蛙、牛蛙、蟾蜍等。

四、海洋（岛）资源

水产 有鲳鱼、鲻鱼等（详见本志第十七章第三节海产品选介）。

植物 根据《金山三岛海洋生态自然保护区——大金山岛陆域调查》反映，岛上有植物120科、236种。其中藻类4科7种、大型真菌6科12种、地衣植物12科30种、苔藓植物24科39种、蕨类植物14科26种、种子植物60科122种。有60多种上海陆上早已绝迹的植物岛上仍生存良好。

分青冈林、红楠林、竹林3片林区。

青冈林。分布在大金山岛海拔40—95米处，南北坡均有分布，分乔木层、灌木层、草木层，乔木层以青冈（山毛榉科）为主，伴生木荷、黄檀、豆梨等树种；灌木层有红楠、柃木、小腊和水竹等；草本层有蕨、天葵、紫金牛、四叶葎等。

红楠林。成片分布于大金山北坡海拔40—60米悬崖陡坡下避风的沟谷地带。分为三个亚层，第一亚层以楠（樟科）为主；第二亚层主要为榔榆（榆科）、豆梨等；第三亚层主要为日本野桐（大戟科）、小腊海桐、滨柃、大叶黄杨、水竹、十蕊商陆、白英、四叶葎及天葵等。层外植物以木质藤本为主，有薁、长春油麻藤等。

竹林。分布在西北部岩岗与南坡悬崖下，主要有箭竹（俗称篱竹）。

除上述成片群落以外，还有铁榈、天仙果、矮冷水花、糯米团、翅石咸蓬、剪秋罗、鹰爪枫、天竺桂、日本景天、三花悬钩子、云实、樗叶花椒、野梧桐、野桐、肉花卫矛、牯岭蛇葡萄、扁担木、柃木、牛奶子、滨海珍珠草、肾叶天剑、单叶蔓荆。杭州石荠苎、绞股蓝、芙蓉菊、滨萬苣等，均为上海地区陆上所罕见。

动物 大金山岛有昆虫100多种，13个科。岛上还有飞鸟、蜥蜴和上海陆上早已灭绝的王锦蛇等。1958年，山阳人民公社在岛上放养羊与兔，至2009年，羊已灭绝，兔尚存在。1988年，放养猕猴99只，1996年，发展为251只，因捕捉变卖，2008年，剩105只。

矿物 大金山岛东南处有铁矿，储量不多；浮山岛西南部，有3处磁铁矿。

第四节 自然灾害

暴雨 1990—2009年，出现暴雨61次，平均年3.05次。暴雨最多年份出现在1999年，年发生10次，为20年来最多。次雨量最大99.9毫米，出现于2005年8月6日。暴雨造成蔬菜大面积受损。

雷暴 1986—1996年，平均每年可观测到雷暴35次，1997—2006年，平均每年可观测到雷暴25次。雷暴造成部分房屋屋脊、电视机毁坏。1999年境内出现雷暴10多天，为20年最多。2002年1月15日，由于受南方暖湿气流和北方冷空气共同影响，出现雷暴天气，为1990年来最早初雷。2005年7月8日，受强雷暴袭击，部分高压线供电中断。

台风 1990—2009年，影响境内台风27次，其中影响大的有8次。1994年8月22日，9417号台风最大风力10级，海潮位高5.97米。海塘防汛工程2、3、4、6号丁坝损坏。1996年7月31日—8月1日，9608号台风风力8级，戚家墩到金山嘴海塘许多抛石被海浪卷上6米线平台，丁坝、勾坝遭不同程度损坏。1997年8月18—20日，9711号台风最大，风力10级，海潮位高6.57米，浪高10米。荒墩、金山嘴、戚家墩地段海塘出现险情，塘面过水，水深0.2—0.5米，过水地段长2.3千米。山阳民兵哨所、塘内部分民宅受袭击，0.8千米防汛墙及3、4、5号丁坝头冲毁，9艘渔船受损，海塘工程损毁价值300多万元。2001年6月22—24日，受0102号台风“飞燕”和梅雨带的共同影响，连续降大雨，农作物受损严重。2005年8月5—7日，受0509号台风“麦莎”影响，出现大风暴雨天气，最大风力11级，部分房屋被刮倒。鱼塘淹塌，蔬菜大棚揭顶。受损居民2998户，经济损失940万元。渔业村姚连明等三人驾驶的渔船到奉贤金汇港避风搁浅遇险，市、区、镇、村各级组织人力施救、船毁、人脱险。当年9月11—12日，又受0515号台风“卡努”影响，最大风力10级，作物受损。多户人家屋顶瓦片被刮走。2006年5月17—19日，受0601号台风“珍珠”影响，过程雨量69.9毫米，成为近年受影响较早的台风。7月14—15日，0604号强热带风暴“碧利斯”影响境内，最大风力9级，部分大棚揭顶，作物受损。

冰雹 金山为上海市第二个多雹区，分南北两线。南线自浙江平湖入内，经金山卫、山阳、漕泾，自西向东走向。全年有3个冰雹期：一为早春冰雹期，从2月初至4月初，下雹时间一般在凌晨，往往出现在早春冷锋雷雨中，个体较小；二为春夏冰雹期，从4月下旬至6月下旬，下雹时间在傍晚至夜间，大多伴有雷阵雨和大风，直径有大有小；三为盛夏冰雹期，从7月下旬至9月上旬，下雹时间在午后至傍晚，个体较大，发生时常有雷雨大风或龙卷风。2004 年 4 月 18 日，境内出现 1 次灾害性冰雹。

1990—2009 年山阳地区灾害性天气情况表

表 1-6　　单位：次

年份	台风	暴雨	高温	低温	冰雹	龙卷
1990	3	4	9	1	—	—
1991	—	6	6	3	—	1
1992	—	3	5	—	—	—
1993	—	6	5	5	—	—
1994	4	2	5	—	—	—
1995	1	4	2	1	—	—
1996	2	1	1	1	—	—
1997	1	4	1	—	—	—
1998	1	2	13	2	—	—
1999	2	10	—	1	—	—
2000	4	1	7	1	—	—
2001	1	2	7	1	—	—
2002	1	2	5	—	—	—
2003	—	—	16	—	—	—
2004	1	—	2	4	1	—
2005	2	4	11	3	—	—
2006	2	2	7	1	—	—
2007	2	3	13	—	—	—
2008	—	2	3	1	—	—
2009	—	3	7	4	—	—

虫灾　2005 年 10 月，稻飞虱成灾，亩虫量 75.8 万头，亩卵量 402.3 万粒，是 1987 年以来飞虱最多的一年，造成部分水稻枯死。

第二章　人　口

1990年后，山阳人口骤增，分布、密度、结构发生明显变化。

常住人口。2010年第六次全国人口普查时比1990年第四次全国人口普查时增加48652人，增长135.19%；分居居民区人口上升46.15个百分点；每平方千米增加1180人；大专以上人数上升17.13个百分点；性别比上升14.13；60岁以上老人增加119.6个百分点；户均人数减少0.29人；少数民族成份增加24个，增长713人；离婚率上升1.18个百分点；非农人口上升54.99个百分点；在业人数下降15.73个百分点。

户籍人口。2009年比1990年增加3893人，增长11.08%；每平方千米增加117人；分居居民区人口上升16.64个百分点；性别比上升3.01；60岁以上老人增加80.04个百分点；非农人口上升79.79个百分点。

计划生育。户籍人口，2009年比1990年人口出生率下降4.26个千分点，人口自然增长率下降4.13个千分点。

第一节　人口总量与分布

一、人口总量

户数　落户数。1990年，11545户；2009年，14648户，比1990年增加3103户，增长26.88%。

“四普”时11642户，其中家庭户11603户，占总户数的99.67%；集体户39户，占总户数的0.33%。2000年“五普”时13980户，其中家庭户13425户，占总户数的96.03%；集体户555户，占3.97%。“六普”时29552户，其中家庭户28255户，占总户数的95.61%；集体户1297户，占4.39%。“六普”与“四普”相比，总户数增加17910户，增长153.84%；家庭户增加16652户，增长143.51%；集体户增加1258户，增长3225.64%。

1990—2009 年山阳镇（乡）户数情况表

表 2–1 单位：户

年份	户数	年份	户数	年份	户数
1990	11545	1997	12166	2004	12359
1991	11360	1998	12149	2005	12575
1992	11492	1999	12439	2006	12835
1993	11970	2000	12669	2007	13198
1994	11993	2001	12968	2008	13755
1995	12014	2002	13443	2009	14648
1996	12132	2003	12366	—	—

“四普”至“六普”时期山阳镇（乡）户数分布情况表

表 2–2 单位：户

<table>
<tr><th colspan="2" rowspan="2">地区别</th><th colspan="3">“四普”（1990 年 7 月 1 日）</th><th colspan="3">“五普”（2000 年11月 1 日）</th><th colspan="3">“六普”（2010 年11月 1 日）</th></tr>
<tr><th>总户数</th><th>家庭户</th><th>集体户</th><th>总户数</th><th>家庭户</th><th>集体户</th><th>总户数</th><th>家庭户</th><th>集体户</th></tr>
<tr><td colspan="2">合　计</td><td>11642</td><td>11603</td><td>39</td><td>13980</td><td>13425</td><td>555</td><td>29552</td><td>28255</td><td>1297</td></tr>
<tr><td rowspan="2">向阳村</td><td>大兴村</td><td>703</td><td>699</td><td>4</td><td>778</td><td>739</td><td>39</td><td rowspan="2">3199</td><td rowspan="2">2893</td><td rowspan="2">306</td></tr>
<tr><td>向阳村</td><td>648</td><td>647</td><td>1</td><td>721</td><td>657</td><td>64</td></tr>
<tr><td rowspan="3">九龙村</td><td>曙光村</td><td>691</td><td>690</td><td>1</td><td>650</td><td>641</td><td>9</td><td rowspan="3">1771</td><td rowspan="3">1757</td><td rowspan="3">14</td></tr>
<tr><td>九龙村</td><td>331</td><td>331</td><td>—</td><td>294</td><td>290</td><td>4</td></tr>
<tr><td>汀南村</td><td>550</td><td>550</td><td>—</td><td>533</td><td>516</td><td>17</td></tr>
<tr><td rowspan="2">杨家村</td><td>七一村</td><td>408</td><td>407</td><td>1</td><td>359</td><td>356</td><td>3</td><td rowspan="2">2114</td><td rowspan="2">2036</td><td rowspan="2">78</td></tr>
<tr><td>杨家村</td><td>505</td><td>504</td><td>1</td><td>616</td><td>610</td><td>6</td></tr>
<tr><td rowspan="2">东方村</td><td>红旗村</td><td>327</td><td>327</td><td>—</td><td>334</td><td>334</td><td>—</td><td rowspan="2">1271</td><td rowspan="2">1254</td><td rowspan="2">17</td></tr>
<tr><td>东方村</td><td>369</td><td>368</td><td>1</td><td>287</td><td>285</td><td>2</td></tr>
<tr><td rowspan="2">中兴村</td><td>跃进村</td><td>399</td><td>399</td><td>—</td><td>305</td><td>305</td><td>—</td><td rowspan="2">1135</td><td rowspan="2">1049</td><td rowspan="2">86</td></tr>
<tr><td>中兴村</td><td>547</td><td>547</td><td>—</td><td>450</td><td>448</td><td>2</td></tr>
<tr><td rowspan="2">长兴村</td><td>甸山村</td><td>471</td><td>470</td><td>1</td><td>355</td><td>355</td><td>—</td><td rowspan="2">565</td><td rowspan="2">527</td><td rowspan="2">38</td></tr>
<tr><td>长兴村</td><td>432</td><td>432</td><td>—</td><td>338</td><td>338</td><td>—</td></tr>
<tr><td rowspan="2">华新村</td><td>工农村</td><td>432</td><td>430</td><td>2</td><td>347</td><td>346</td><td>1</td><td rowspan="2">833</td><td rowspan="2">789</td><td rowspan="2">44</td></tr>
<tr><td>华新村</td><td>394</td><td>393</td><td>1</td><td>336</td><td>329</td><td>7</td></tr>
<tr><td colspan="2">渔业村</td><td>662</td><td>661</td><td>1</td><td>484</td><td>472</td><td>12</td><td>830</td><td>817</td><td>13</td></tr>
<tr><td rowspan="2">新江村</td><td>倪界村</td><td>493</td><td>493</td><td>—</td><td rowspan="4">6046</td><td rowspan="4">5679</td><td rowspan="4">367</td><td rowspan="2">1637</td><td rowspan="2">1411</td><td rowspan="2">226</td></tr>
<tr><td>新江村</td><td>726</td><td>726</td><td>—</td></tr>
<tr><td rowspan="2">卫东村</td><td>海光村</td><td>392</td><td>391</td><td>1</td><td rowspan="2">268</td><td rowspan="2">233</td><td rowspan="2">35</td></tr>
<tr><td>卫东村</td><td>979</td><td>977</td><td>2</td></tr>
</table>

续表 2-2

地区别	"四普"(1990年7月1日)			"五普"(2000年11月1日)			"六普"(2010年11月1日)		
	总户数	家庭户	集体户	总户数	家庭户	集体户	总户数	家庭户	集体户
山新居民区	1183	1161	22	747	725	22	1050	1033	17
金海岸居民区	—	—	—	—	—	—	1282	1266	16
戚家墩居民区	—	—	—	—	—	—	2197	2082	115
海趣居民区	—	—	—	—	—	—	815	802	13
三岛龙洲居民区	—	—	—	—	—	—	1666	1628	38
联江居民区	—	—	—	—	—	—	1126	1116	10
金世纪居民区	—	—	—	—	—	—	1266	1242	24
金豪居民区	—	—	—	—	—	—	1895	1864	31
海云居民区	—	—	—	—	—	—	2163	2119	44
康建居民区	—	—	—	—	—	—	1073	1019	54
蓝色收获居民区	—	—	—	—	—	—	1396	1318	78

人数 户籍人口。1990年，35120人，2009年，39013人，2009年比1990年增加3893人，增长11.08%。

"四普"时35988人，"五普"时47029人，"六普"时84640人，"六普"比"四普"增加48652人，增长135.19%。

1990—2009年山阳镇（乡）户籍人口情况表

表 2-3　　单位：人

年份	总人口	年份	总人口
1990	35120	2000	35241
1991	34415	2001	35791
1992	34594	2002	36931
1993	35521	2003	34245
1994	35488	2004	34200
1995	35296	2005	34891
1996	35252	2006	35471
1997	34963	2007	36231
1998	34724	2008	37319
1999	34997	2009	39013

注：总人口中包括未落实户口的人

二、人口密度

户籍人口。1990 年，区域面积 43.43 平方千米，户籍人口 35120 人，人口密度 809 人 / 平方千米。2009 年，区域面积 42.12 平方千米，户籍人口 39013 人，人口密度 926 人 / 平方千米，与 1990 年相比人口密度增加 117 人 / 平方千米。

"四普"时，区域面积 43.43 平方千米，常住人口 35988 人，人口密度 829 人 / 平方千米。"五普"时，区域面积 44.16 平方千米，常住人口 47027 人，人口密度 1065 人 / 平方千米。"六普"时，区域面积 42.12 平方千米，常住人口 84640 人，人口密度 2009 人 / 平方千米，与"四普"相比人口密度增加 1180 人 / 平方千米。

三、人口分布

户籍人口。1990 年，35120 人，分居在山阳街道 2594 人（山阳镇、东门镇与金山嘴镇），占总人口的 7.39%；20 个村 32526 人，占 92.61%。2009 年，39013 人，分居 10 个村 29640 人，占 75.97%；11 个居民区 9373 人，占 24.03%，与 1990 年相比，分居居民区人口上升 261.33%。

1990—2009 年山阳镇（乡）户籍人口分布情况表（一）

表 2-4　　单位：人

年份	居民区	向阳村		九龙村			杨家村		东方村		渔业村
		大兴村	向阳村	曙光村	九龙村	汀南村	七一村	杨家村	红旗村	东方村	
1990	2594	2095	1949	2077	992	1846	1296	1753	1036	1067	1888
1991	3017	2030	1969	2077	993	1830	1294	1783	1032	1052	1901
1992	3309	1995	2009	2085	968	1841	1410	1752	1026	1041	1925
1993	3044	2088	2008	1948	957	1916	1264	1766	970	1131	1988
1994	3225	1982	2004	1990	978	1918	1259	1701	992	1132	1982
1995	3422	1990	2054	2063	958	1929	1244	1780	970	1144	1982
1996	3092	1993	2051	2063	959	1930	1244	1890	975	1148	1981
1997	2780	1991	2051	2063	966	1982	1203	1990	974	1122	1982
1998	2705	1995	2054	2063	970	2006	1229	2098	971	1122	1985
1999	2920	1993	2003	2063	968	2009	1228	2618	928	1126	1978
2000	3395	1998	2001	1972	975	2005	1224	1980	929	1136	1950
2001	3962	2025	1998	1796	925	2006	1229	2018	964	1130	1980
2002	5513	4146		4745			3273		2128		1821
2003	2677	4156		4751			3340		2125		1782
2004	3172	4224		4642			3340		2128		1779
2005	3625	4270		4741			3352		2329		1862
2006	4577	4279		4816			3332		2303		1873
2007	5268	4247		4848			3287		2291		1861
2008	7377	4085		4864			3243		2221		1862
2009	9373	4044		4860			3200		2183		1849

1990—2009 年山阳镇（乡）户籍人口分布情况表（二）

表 2–5 单位：人

年份	中兴村		长兴村		华新村		新江村		卫东村	
	跃进村	中兴村	甸山村	长兴村	工农村	华新村	倪界村	新江村	海光村	卫东村
1990	1295	1969	1506	1389	1396	1297	1587	2399	533	3156
1991	1301	1683	1510	1410	1836	1292	1535	2395	195	2280
1992	1302	1673	1507	1340	1416	1228	1549	2409	195	2614
1993	1200	1594	1385	1309	1341	1251	1590	2663	546	3562
1994	1198	1601	1528	1334	1420	1196	1585	2705	178	3580
1995	1286	1571	1360	1244	1420	1240	1588	2600	190	3261
1996	1285	1539	1376	1335	1428	1222	1605	2618	138	3380
1997	1285	1512	1360	1333	1367	1218	1568	2629	187	3400
1998	1208	1516	1410	1331	1360	1211	1573	2820	137	2960
1999	1025	1460	1355	1229	1279	1201	7614			
2000	1039	1557	1378	1208	1227	1180	8087			
2001	1068	1543	1378	1208	1228	1220	8113			
2002	2539		2575		2452		7739			
2003	2631		2568		2460		7755			
2004	2751		2625		2520		4392		2627	
2005	2808		2655		2560		4329		2360	
2006	2886		2644		2569		4270		1922	
2007	2891		2647		2554		4222		2115	
2008	2853		2624		2556		3909		1725	
2009	2860		2609		2549		3878		1608	

常住人口。“四普”时 35988 人，分居山阳街道 2482 人，占 6.90%；20 个村 33506 人，占 93.10%。“五普”时 47029 人，分居山阳街道 2060 人，占 4.38%；20 个村 44969 人，占 95.62%。“六普”时 84640 人（其中有 29281 人来自 29 个省、自治区、直辖市），分居 11 个居民区 44904 人，占 53.05%；10 个村 39736 人，占 46.95%。“六普”与“四普”相比，分居居民区人口上升 1709.19%。

“四普”至“六普”时期山阳镇（乡）常住人口分布情况表

表 2–6 单位：人

地区		“四普”	“五普”	“六普”
总人数		35988	47029	84640
向阳村	大兴村	2227	2646	8663
	向阳村	1979	2580	

续表 2-6

<table>
<tr><th colspan="2">地区</th><th>“四普”</th><th>“五普”</th><th>“六普”</th></tr>
<tr><td rowspan="3">九龙村</td><td>曙光村</td><td>2109</td><td>2308</td><td rowspan="3">5965</td></tr>
<tr><td>九龙村</td><td>1018</td><td>1064</td></tr>
<tr><td>汀南村</td><td>1847</td><td>2133</td></tr>
<tr><td rowspan="2">杨家村</td><td>七一村</td><td>1320</td><td>1298</td><td rowspan="2">6474</td></tr>
<tr><td>杨家村</td><td>1754</td><td>2163</td></tr>
<tr><td rowspan="2">东方村</td><td>红旗村</td><td>1003</td><td>1144</td><td rowspan="2">3562</td></tr>
<tr><td>东方村</td><td>1196</td><td>1124</td></tr>
<tr><td rowspan="2">中兴村</td><td>跃进村</td><td>1305</td><td>1196</td><td rowspan="2">3351</td></tr>
<tr><td>中兴村</td><td>1706</td><td>1743</td></tr>
<tr><td rowspan="2">长兴村</td><td>甸山村</td><td>1506</td><td>1322</td><td rowspan="2">1899</td></tr>
<tr><td>长兴村</td><td>1389</td><td>1272</td></tr>
<tr><td rowspan="2">华新村</td><td>工农村</td><td>1424</td><td>1321</td><td rowspan="2">2451</td></tr>
<tr><td>华新村</td><td>1311</td><td>1265</td></tr>
<tr><td rowspan="2">新江村</td><td>倪界村</td><td>1600</td><td rowspan="4">18634</td><td rowspan="2">4283</td></tr>
<tr><td>新江村</td><td>2430</td></tr>
<tr><td rowspan="2">卫东村</td><td>海光村</td><td>1162</td><td rowspan="2">759</td></tr>
<tr><td>卫东村</td><td>3299</td></tr>
<tr><td colspan="2">渔业村</td><td>1921</td><td>1756</td><td>2329</td></tr>
<tr><td colspan="2">山新居民区</td><td>2482</td><td>2060</td><td>2726</td></tr>
<tr><td colspan="2">金海岸居民区</td><td>—</td><td>—</td><td>3923</td></tr>
<tr><td colspan="2">戚家墩居民区</td><td>—</td><td>—</td><td>5741</td></tr>
<tr><td colspan="2">海趣居民区</td><td>—</td><td>—</td><td>2448</td></tr>
<tr><td colspan="2">三岛龙洲居民区</td><td>—</td><td>—</td><td>4895</td></tr>
<tr><td colspan="2">联江居民区</td><td>—</td><td>—</td><td>3288</td></tr>
<tr><td colspan="2">金世纪居民区</td><td>—</td><td>—</td><td>3440</td></tr>
<tr><td colspan="2">金豪居民区</td><td>—</td><td>—</td><td>5707</td></tr>
<tr><td colspan="2">海云居民区</td><td>—</td><td>—</td><td>6077</td></tr>
<tr><td colspan="2">康建居民区</td><td>—</td><td>—</td><td>3041</td></tr>
<tr><td colspan="2">蓝色收获居民区</td><td>—</td><td>—</td><td>3618</td></tr>
</table>

“六普”时住山阳镇户口登记地在外省市人口情况表

表 2-7　　单位：人

地区	人数	地区	人数	地区	人数	地区	人数	地区	人数	地区	人数
北京市	23	天津市	16	河北省	151	山西省	57	内蒙古自治区	46	辽宁省	126

续表 2-7

地区	人数	地区	人数	地区	人数	地区	人数	地区	人数	地区	人数
吉林省	114	黑龙江省	225	山东省	830	江苏省	3831	浙江省	2104	安徽省	8505
福建省	672	江西省	1626	海南省	9	河南省	1979	湖北省	1022	湖南省	619
广东省	74	广西壮族自治区	260	陕西省	406	重庆市	521	四川省	4550	贵州省	344
云南省	297	新疆维吾尔族自治区	39	宁夏回族自治区	125	甘肃省	698	青海省	12	合计29个省、市、自治区，29281人	

第二节 人口变动

一、出生死亡

1990年，出生人口390人，出生率11.10‰。2009年，出生人口267人，出生率6.84‰，比1990年出生人口减少123人，出生率下降4.26个千分点。

1990年，死亡人口216人，死亡率6.15‰。2009年，死亡235人，死亡率6.02‰，比1990年死亡人数增加19人，死亡率下降0.13个千分点。

1990—2009年，出生人数6131人，死亡人数4766人。出生人数比死亡人数多1365人。2009年，人口自然增长0.82个千分点。

1990—2009年山阳镇（乡）人口出生死亡情况表

表2-8

年份	总人口（人）	出生（人）	出生率（‰）	死亡（人）	死亡率（‰）	自然增长率（‰）
1990	35120	390	11.10	216	6.15	4.95
1991	34415	391	11.36	168	4.88	6.48
1992	34594	390	11.27	244	7.05	4.22
1993	35521	398	11.20	233	6.56	4.64
1994	35488	330	9.30	257	7.24	2.06
1995	35296	317	8.98	239	6.77	2.21
1996	35252	339	9.62	253	7.18	2.44
1997	34963	348	9.95	241	6.89	3.06
1998	34724	246	7.08	265	7.63	–0.55
1999	34997	274	7.83	240	6.86	0.97
2000	35241	259	7.35	241	6.84	0.51
2001	35791	281	7.85	239	6.68	1.17
2002	36931	391	10.59	245	6.63	3.96

续表 2-8

年份	总人口（人）	出生（人）	出生率（‰）	死亡（人）	死亡率（‰）	自然增长率（‰）
2003	34245	236	6.89	265	7.74	-0.85
2004	34200	280	8.19	239	6.99	1.20
2005	34891	277	7.94	241	6.91	1.03
2006	35471	210	5.92	221	6.23	-0.31
2007	36231	274	7.56	209	5.77	1.79
2008	37319	233	6.24	275	7.37	-1.13
2009	39013	267	6.84	235	6.02	0.82

二、迁入迁出

1992—2009 年，全镇迁入人口 3812 人，迁出人口 2960 人，迁入比迁出人口多 852 人。

1990—2009 年山阳镇（乡）人口迁入迁出情况表

表 2-9　　单位：人

年份	迁入	迁出	增减	年份	迁入	迁出	增减
1990	—	—	—	2001	120	51	69
1991	—	—	—	2002	72	27	45
1992	337	303	34	2003	106	15	91
1993	1088	326	762	2004	88	15	73
1994	246	352	-106	2005	118	15	103
1995	190	448	-258	2006	68	8	60
1996	372	550	-178	2007	81	13	68
1997	375	650	-275	2008	81	19	62
1998	154	72	82	2009	100	18	82
1999	98	41	57	合计	3812	2960	852
2000	118	37	81				

第三节　人口构成

一、自然构成

性别 户籍人口。1990 年，35120 人，其中男性 17050 人、女性 18070 人，性别比 94.36（以女性为 100，下同）。2009 年，39013 人，其中男性 19247 人、女性 19766 人，性别比 97.37；2009 年与 1990 年相比，性别比上升 3.01。

常住人口。"四普"时 35988 人，其中男性 17566 人、女性 18422 人，性别比 95.35。"五普"

时 47029 人，其中男性 23693 人、女性 23336 人，性别比 101.53。“六普”时男性 44236 人、女性 40404 人，性别比 109.48，“六普”与“四普”相比，性别比上升 14.13。

1990—2009 年山阳镇（乡）户籍人口男女性别比情况表

表 2-10 单位：人

年份	男	女	性别比（以女性为 100）	年份	男	女	性别比（以女性为 100）
1990	17050	18070	94.36	2000	17144	18097	94.73
1991	16719	17696	94.48	2001	17418	18373	94.80
1992	16794	17800	94.35	2002	18040	18891	95.50
1993	17171	18350	93.57	2003	16731	17514	95.53
1994	17157	18331	93.60	2004	16766	17434	96.17
1995	17107	18189	94.05	2005	17108	17783	96.20
1996	17081	18171	94.00	2006	17482	17989	97.18
1997	16932	18031	93.90	2007	17855	18376	97.16
1998	16863	17861	94.41	2008	18383	18936	97.08
1999	17100	17897	95.55	2009	19247	19766	97.37

“四普”至“六普”时期山阳镇（乡）常住人口男女性别比情况表

表 2-11 单位：人

地区		“四普”			“五普”			“六普”		
		男	女	性别比	男	女	性别比	男	女	性别比
总人数		17566	18422	95.35	23693	23336	101.53	44236	40404	109.48
向阳村	大兴村	1095	1132	96.73	1282	1364	93.99	4576	4087	111.96
	向阳村	940	1039	90.47	1163	1417	82.07			
九龙村	曙光村	1048	1061	98.77	1145	1163	98.45	3006	2959	101.59
	九龙村	474	544	87.13	512	552	92.75			
	汀南村	907	940	96.49	1011	1122	90.11			
杨家村	七一村	618	702	88.03	629	669	94.02	3914	2560	152.89
	杨家村	829	925	89.62	1082	1081	100.09			
东方村	红旗村	489	514	95.14	556	588	94.56	1875	1687	111.14
	东方村	601	595	101.0	568	556	102.16			
中兴村	跃进村	639	666	95.95	573	623	91.97	1719	1632	105.33
	中兴村	812	894	90.83	828	915	90.49			
长兴村	甸山村	749	757	98.94	658	664	99.10	933	966	96.58
	长兴村	680	709	95.91	612	660	92.72			

续表 2-11

<table>
<tr><th colspan="2" rowspan="2">地区</th><th colspan="3">“四普”</th><th colspan="3">“五普”</th><th colspan="3">“六普”</th></tr>
<tr><th>男</th><th>女</th><th>性别比</th><th>男</th><th>女</th><th>性别比</th><th>男</th><th>女</th><th>性别比</th></tr>
<tr><td rowspan="2">华新村</td><td>工农村</td><td>699</td><td>725</td><td>96.41</td><td>644</td><td>677</td><td>95.13</td><td rowspan="2">1325</td><td rowspan="2">1126</td><td rowspan="2">117.67</td></tr>
<tr><td>华新村</td><td>647</td><td>664</td><td>97.44</td><td>625</td><td>640</td><td>97.66</td></tr>
<tr><td colspan="2">渔业村</td><td>877</td><td>1044</td><td>87.35</td><td>832</td><td>924</td><td>90.04</td><td>1159</td><td>1170</td><td>99.06</td></tr>
<tr><td rowspan="2">新江村</td><td>倪界村</td><td>733</td><td>867</td><td>84.54</td><td rowspan="4">10066</td><td rowspan="4">8568</td><td rowspan="4">117.48</td><td rowspan="2">2388</td><td rowspan="2">1895</td><td rowspan="2">126.02</td></tr>
<tr><td>新江村</td><td>1194</td><td>1236</td><td>96.60</td></tr>
<tr><td rowspan="2">卫东村</td><td>海光村</td><td>583</td><td>579</td><td>100.69</td><td rowspan="2">455</td><td rowspan="2">304</td><td rowspan="2">149.67</td></tr>
<tr><td>卫东村</td><td>1566</td><td>1733</td><td>90.36</td></tr>
<tr><td colspan="2">山新居民区</td><td>1386</td><td>1096</td><td>126.46</td><td>907</td><td>1153</td><td>78.66</td><td>1378</td><td>1348</td><td>102.23</td></tr>
<tr><td colspan="2">金海岸居民区</td><td>—</td><td>—</td><td>—</td><td>—</td><td>—</td><td>—</td><td>2041</td><td>1882</td><td>108.45</td></tr>
<tr><td colspan="2">戚家墩居民区</td><td>—</td><td>—</td><td>—</td><td>—</td><td>—</td><td>—</td><td>3007</td><td>2734</td><td>109.99</td></tr>
<tr><td colspan="2">海趣居民区</td><td>—</td><td>—</td><td>—</td><td>—</td><td>—</td><td>—</td><td>1277</td><td>1171</td><td>109.05</td></tr>
<tr><td colspan="2">三岛龙洲居民区</td><td>—</td><td>—</td><td>—</td><td>—</td><td>—</td><td>—</td><td>2438</td><td>2457</td><td>99.23</td></tr>
<tr><td colspan="2">联江居民区</td><td>—</td><td>—</td><td>—</td><td>—</td><td>—</td><td>—</td><td>1630</td><td>1658</td><td>98.31</td></tr>
<tr><td colspan="2">金世纪居民区</td><td>—</td><td>—</td><td>—</td><td>—</td><td>—</td><td>—</td><td>1718</td><td>1722</td><td>99.77</td></tr>
<tr><td colspan="2">金豪居民区</td><td>—</td><td>—</td><td>—</td><td>—</td><td>—</td><td>—</td><td>2909</td><td>2798</td><td>103.97</td></tr>
<tr><td colspan="2">海云居民区</td><td>—</td><td>—</td><td>—</td><td>—</td><td>—</td><td>—</td><td>3070</td><td>3007</td><td>102.10</td></tr>
<tr><td colspan="2">康建居民区</td><td>—</td><td>—</td><td>—</td><td>—</td><td>—</td><td>—</td><td>1529</td><td>1512</td><td>101.12</td></tr>
<tr><td colspan="2">蓝色收获居民区</td><td>—</td><td>—</td><td>—</td><td>—</td><td>—</td><td>—</td><td>1889</td><td>1729</td><td>109.25</td></tr>
</table>

年龄　“四普”时，常住总人口 35988 人，0—14 岁 7671 人，占 21.32%；15—59 岁 24119 人，占 67.02%；60 岁以上 4198 人，占 11.66%。“五普”时，常住总人口 47029 人，0—14 岁 7256 人，占 15.43%；15—59 岁 34217 人，占 72.76%；60 岁以上 5556 人，占 11.81%。“六普”时，常住总人口 84640 人，0—14 岁 10005 人，占 11.82%；15—59 岁 65416 人，占 77.29%；60 岁以上 9219 人，占 10.89%。

“六普”与“四普”相比，0—14 岁下降 9.5 个百分点，15—59 岁上升 10.27 个百分点、60 岁以上下降 0.77 个百分点。

“四普”至“六普”时期山阳镇（乡）各年龄段常住人口情况表

表 2-12　　单位：人

年龄段	“四普”			“五普”			“六普”		
	合计	男	女	合计	男	女	合计	男	女
总计	35988	17566	18422	47029	23693	23336	84640	44236	40404

续表 2-12

年龄段	"四普"			"五普"			"六普"		
	合计	男	女	合计	男	女	合计	男	女
0—4 岁	2424	1221	1203	2178	1129	1049	3252	1656	1596
5—9 岁	2363	1193	1170	2393	1256	1137	3479	1889	1590
10—14 岁	2884	1511	1373	2685	1346	1339	3274	1753	1521
15—19 岁	2541	1319	1222	2351	1050	1307	4702	2512	2190
20—24 岁	3113	1529	1584	3737	1762	1975	8149	4307	3842
25—29 岁	3990	1974	2016	4958	2498	2460	8227	4191	4036
30—34 岁	3151	1478	1673	5568	3074	2494	8397	4443	3954
35—39 岁	3541	1762	1779	5011	2705	2306	8716	4602	4114
40—44 岁	2767	1356	1411	3733	1900	1833	9186	4952	4234
45—49 岁	1890	931	959	3882	1990	1892	7959	4327	3632
50—54 岁	1517	729	788	2992	1513	1479	5236	2736	2500
55—59 岁	1609	784	825	1985	993	992	4844	2492	2352
60—64 岁	1323	630	693	1499	752	747	3306	1698	1608
65—69 岁	1175	549	626	1515	721	794	2101	1018	1083
70—74 岁	794	327	467	1079	485	594	1428	684	744
75—79 岁	514	179	335	818	334	484	1210	556	654
80—84 岁	268	74	194	394	130	264	689	261	428
85—89 岁	90	17	73	189	44	145	347	111	236
90—94 岁	29	3	26	54	10	44	107	37	70
95—99 岁	5	—	5	8	1	7	29	11	18
100 岁及以上	—	—	—	—	—	—	2	—	2

老年 常住人口。"四普""五普""六普"3 次全国人口普查，山阳镇（乡）60 岁以上的老年人口超过国际惯例占总人口的 10% 的老龄化界限。"四普"时 60 岁以上老年人 4198 人，占全乡总人口的 11.66%；"五普"时 60 岁以上老年人 5556 人，占总人口 11.81%；"六普"时 9219 人，占总人口的 10.89%。"六普"与"四普"相比，60 岁以上老年人增加 5021 人，增长 119.60%。

户籍人口。1990 年，60 岁以上老年人 4148 人，占总人口的 11.81%，2009 年，7558 人，占总人口数的 19.37%。2009 年比 1990 年 60 岁以上老人增加 3410 人，增长 82.21 个百分点。

1990—2009 年山阳镇（乡）户籍老年人口情况表

表 2–13

年份	60—69 岁(人)	70—79 岁(人)	80—89 岁(人)	90 岁以上(人)	合 计(人)	占总人口(%)
1990	2468	1303	348	29	4148	11.81
1991	—	—	—	—	—	—
1992	—	—	—	—	—	—
1993	—	—	—	—	—	—
1994	—	—	—	—	—	—
1995	—	—	—	—	—	—
1996	—	—	—	—	—	—
1997	2706	1804	578	50	5138	14.70
1998	2803	1792	670	60	5325	15.34
1999	2825	1822	662	72	5381	15.42
2000	2806	1838	688	88	5420	15.38
2001	2920	2014	697	91	5722	15.96
2002	3109	2206	809	122	6246	16.91
2003	3082	2222	843	146	6293	18.38
2004	2944	2220	841	132	6137	17.94
2005	3278	2032	661	70	6041	17.31
2006	3324	2303	860	129	6616	18.65
2007	3766	2321	976	138	7201	19.88
2008	3734	2288	947	116	7085	19.98
2009	4123	2341	968	126	7558	19.37

二、社会构成

文化 “六普”与“四普”相比，大专以上人数上升 17.13 个百分点，中专及高中人数上升 9.85 个百分点，初中人数上升 9.2 个百分点，小学人数下降 20.09 个百分点，文盲与半文盲下降 16.09 个百分点。研究生从“四普”时的 0 人，增加到“六普”时的 596 人。

“四普”至“六普”时期山阳镇（乡）人口文化程度对比情况表

表 2-14

项目	6岁及以上人口（人）	大专以上		高中（含中专）		初中		小学		文盲半文盲	
		人数（人）	占6岁及以上总人口（%）	人数（人）	占6岁及以上总人口（%）	人数（人）	占6岁及以上总人口（%）	人数（人）	占6岁及以上总人口（%）	人数（人）	占6岁及以上总人口（%）
“四普”	33337	147	0.44	2557	7.67	10330	30.99	13411	40.23	6892	20.67
“五普”	44373	11429 其中研究生15人	3.22	5560	12.53	19524	44.00	14090	31.75	3770	8.50
“六普”	80742	14186 其中研究生596人	17.57	14150	17.52	32454	40.19	16258	20.14	3694	4.58
“六普”与“四普”相比	—	+14039	+17.13	+11593	+9.85	+22124	+9.2	+2847	-20.09	-3198	-16.09

行业职业 农业、非农业户人口。1990年，户籍人口中农业户人口31760人，占总人口的90.43%；非农业户人口2970人，占总人口的8.46%。2009年，农业户人口4584人，占总人口的11.75%；非农户人口34429人，占总人口的88.25%。2009年与1990年相比，农业户人口下降78.68个百分点，非农业户人口上升79.79个百分点。

“四普”时，常住人口中农业户人口32436人，占总人口90.13%，非农业户人口3207人，占8.91%；“五普”时农业户人口31433人，占总人口67.35%，非农业户人口15240人，占32.65%；“六普”时农业户人口30274人，占总人口35.77%，非农业户人口54089人，占63.90%。“六普”与“四普”相比，农业户人口下降54.36个百分点，非农业户人口上升54.99个百分点。

1990—2009年山阳镇（乡）农业、非农业户籍人口情况表

表 2-15

年份	总人口（人）	未落实户人数（人）	农业户口		非农业户口	
			人数(人)	占总人口(%)	人数(人)	占总人口(%)
1990	35120	390	31760	90.43	2970	8.46
1991	34415	470	30779	89.43	3166	9.20
1992	34594	533	30637	88.56	3424	9.90
1993	35521	645	31334	88.21	3542	9.97
1994	35488	630	28567	80.50	6291	17.73
1995	35296	682	27151	76.92	7463	21.14

续表 2-15

年份	总人口（人）	未落实户人数（人）	农业户口		非农业户口	
			人数（人）	占总人口（%）	人数（人）	占总人口（%）
1996	35252	662	26466	75.08	8124	23.05
1997	34963	401	26085	74.61	8477	24.25
1998	34724	215	25133	72.38	9376	27.00
1999	34997	185	24793	70.84	10019	28.63
2000	35241	133	23057	65.43	12051	34.20
2001	35791	136	22506	62.88	13285	37.12
2002	36931	86	21302	57.68	15629	42.32
2003	34245	47	19122	55.84	15076	44.02
2004	34200	18	14848	43.42	19334	56.53
2005	34891	6	6822	19.55	28063	80.43
2006	35471	4	6032	17.01	29435	82.98
2007	36231	1	5659	15.62	30571	84.38
2008	37319	—	5292	14.18	32027	85.82
2009	39013	—	4584	11.75	34429	88.25

在业、不在业与失业人口。“四普”时 15 岁及以上人口 28317 人，在业人员 23795 人，占 15 岁及以上总人口的 84.03%；不在业 4522 人，占 15.97%。“五普”时，15 岁及以上 39773 人，在抽样 10% 的家庭 3852 人中，在业人员 3056 人，占 79.34%。不在业 796 人，占 20.66%，其中失业 80 人，占 2.08%。“六普”时，15 岁及以上人口 74635 人，经抽样调查 10% 家庭的 7427 人中，在业 5073 人，占 68.30%；不在业 2354 人，占 31.70%，其中失业 291 人，失业率 3.92%。与“四普”相比，不在业人员与在业人员同比升降 15.73 个百分点，其失业率“六普”比“五普”上升 1.84 个百分点。

行业分布。“四普”时，共有在业人员 23795 人。其中，农业 7661 人，占 32.20%；工业 9471 人，占 39.80%；建筑业 1916 人，占 8.05%；党政机关、社会团体 573 人，占 2.40%；教育、文化、艺术、广播、税务 519 人，占 2.18%；交通、邮电、通信业 499 人，占 2.10%；商业餐饮、物资供销业 1118 人，占 4.70%；房产、公用事业、居民服务业 1780 人，占 7.48%；卫生、体育、社会福利 205 人，占 0.86%；金融保险业 49 人，占 0.21%；科学研究技术服务 4 人，占 0.02%。

“五普”时 15 岁及以上人口 39773 人。抽样 10% 的家庭户 3852 人中，有在业人员 3056 人。从事农林牧渔业 824 人，占从业人口的 26.96%；制造业 1104 人，占 36.13%；电力、煤气及水的生产供应 40 人，占 1.31%；建筑业 313 人，占 10.24%；交通运输及邮电通信业 106 人，占 3.47%；批发零售贸易餐饮业 300 人，占 9.82%；金融保险业 18 人，占 0.59%；

房地产业14人，占0.46%；社会服务业157人，占5.14%；卫生体育和社会福利31人，占1.01%；教育、文化、艺术及广播影视业76人，占2.49%；科学研究和综合技术服务业23人，占0.75%；国家机关、党政机关、社会团体39人，占1.28%；其他行业11人，占0.36%。

“六普”时15岁及以上人口74635人。抽样10%的家庭户7427人中，在业人员5073人。从事农林牧渔业58人，占从业人口1.14%；制造业1834人，占36.15%；电力、煤气及水的生产供应87人，占1.71%；建筑业683人，占13.46%；交通运输、仓储和邮政业264人，占5.20%；信息传输计算机服务和软件业54人，占1.06%；批发和零售业640人，占12.62%；住宿和餐饮业263人，占5.18%；金融业74人，占1.46%；房地产业119人，占2.35%；租赁和商业服务117人，占2.31%；科学研究、技术服务和地质勘查业51人，占1.01%；水利、环境和公共设施管理82人，占1.62%；居民服务和其他服务170人，占3.35%；教育156人，占3.08%；卫生、社会保障和社会福利134人，占2.64%；文化体育和娱乐37人，占0.73%；公共管理和社会组织250人，占4.93%。

婚姻 “四普”时15岁及以上人口28317人。其中，未婚者3989人，占14.09%；有配偶22271人，占78.65%；丧偶1926人，占6.80%；离婚131人，占0.46%。

“五普”时15岁及以上人口39773人，经抽样调查10%家庭的3852人中，未婚374人，占抽样人数的9.71%；初婚有配偶3110人，占80.74%；再婚有配偶135人，占3.50%；离婚27人，占0.70%；丧偶206人，占5.35%。

“六普”时15岁及以上人口74635人，经抽样调查10%家庭的7427人中，未婚1174人，占15.81%；有配偶5900人，占79.44%；离婚122人，占1.64%；丧偶231人，占3.11%。与“四普”相比，离婚率上升1.18个百分点。

家庭 “四普”时总户数11642户，其中家庭户11603户，平均每户3.07人。1人户1634户，占家庭户总数的14.08%；2人户2203户，占18.99%；3人户3636户，占31.34%；4人户2697户，占23.24%；5人户947户，占8.16%；6人户337户，占2.90%；7人户95户，占0.82%；8人户32户，占0.28%；9人户10户，占0.09%；10以上户12户，占0.10%。单身户915户，占家庭户总数7.89%；一对夫妻户1295户，占11.16%；二代户6761户，占58.27%；三代户1651户，占14.23%；四代户77户，占0.66%；五代户0户；其他户904户，占7.79%。

“五普”时总户数13980户，其中家庭户13425户，平均每户3.31人。1人户999户，占家庭户总数的7.44%；2人户3000户，占22.35%；3人户4734户，占35.26%；4人户1903户，占14.18%；5人户2003户，占14.92%；6人户557户，占4.15%；7人户154户，占1.15%；8人户55户，占0.41%；9人户15户，占0.11%；10人户5户，占0.04%。一代户3707户，占27.61%；二代户6030户，占44.92%；三代户3357户，占25.00%；四代户325户，占2.42%；五代户6户，占0.05%。

“六普”时总户数29552户，其中家庭户28255户，平均每户2.78人。1人户3628

户，占 12.84%；2 人户 7727 户，占 27.35%；3 人户 10360 户，占 36.67%；4 人户 2999 户，占 10.61%；5 人户 2563 户，占 9.07%；6 人户 590 户，占 2.09%；7 人户 223 户，占 0.79%；8 人户 113 户，占 0.40%；9 人户 36 户，占 0.13%；10 人户 16 户，占 0.06%。一代户 11488 户，占 40.66%；二代户 12580 户，占 44.52%；三代户 3919 户，占 13.87%；四代户 267 户，占 0.95%；五代户 1 户，占 0.003%。

“六普”与“四普”相比，家庭户户数增加 16652 户，增长 143.51%，户均人数减少 0.29 人。

民族　“四普”时总人口 35988 人，其中，汉族人口 35970 人，占总人口的 99.95%；少数民族成份 7 个 18 人，占 0.05%。“五普”时 47029 人，汉族人口 46921 人，占 99.77%；少数民族成份 15 个 106 人，占 0.23%。“六普”时 84640 人，汉族人口 83909 人，占 99.14%；少数民族成份 31 个 731 人、占 0.86%。

“六普”与“四普”相比，少数民族成份增加 24 个、人数增加 713 个，比例上升 0.81 个百分点。

“四普”至“六普”时期山阳镇（乡）少数民族人口情况表

表 2-16　　单位：人

民族	“四普”	“五普”	“六普”	民族	“四普”	“五普”	“六普”
蒙古族	—	24	10	锡伯族	—	—	6
藏族	1	1	12	水族	2	1	—
维吾尔族	—	3	2	仫佬族	—	—	1
回族	—	12	65	哈萨克族	—	—	2
苗族	1	3	73	傣族	—	—	2
壮族	2	33	167	傈僳族	—	—	4
朝鲜族	—	1	18	佤族	—	—	1
满族	9	13	53	拉祜族	—	—	7
侗族	—	3	31	毛南族	—	—	1
布依族	—	1	9	景颇族	—	—	1
瑶族	—	1	5	土族	—	—	3
白族	1	4	3	羌族	—	—	2
哈尼族	—	—	75	布朗族	—	—	1
畲族	—	—	16	仡佬族	—	—	19
土家族	—	3	62	其他未识民族	—	—	11
彝族	2	3	63	合计	18	106	731
黎族	—	—	6				

姓氏 前志记载山阳姓氏 186 个。2009 年，山阳有姓氏 205 个。

2009 年山阳镇姓氏人数排列表

表 2–17 单位：人

姓氏	总人数	姓氏	总人数	姓氏	总人数	姓氏	总人数	姓氏	总人数	姓氏	总人数	姓氏	总人数
张	2607	蒋	257	阮	79	华	23	芦	6	束	2	经	1
吴	2003	郭	226	傅	77	卫	23	鲁	6	康	2	旷	1
杨	1662	葛	224	罗	74	费	23	崔	6	牛	2	劳	1
沈	1307	夏	210	郑	72	薛	21	封	6	寿	2	毕	1
陈	1131	谢	207	计	72	景	21	白	5	谈	2	乌	1
陆	1047	刘	205	项	67	颜	20	尹	5	戎	2	符	1
王	1021	雷	187	毛	67	裴	20	嫪	5	居	2	曲	1
朱	1007	唐	184	彭	65	任	19	肖	5	翟	2	闻	1
周	971	江	183	秦	63	单	17	支	4	韦	2	童	1
胡	900	赵	178	韩	60	屠	14	章	4	贾	2	岳	1
黄	778	马	178	熊	57	付	13	于	4	田	2	宗	1
徐	737	林	161	叶	55	濮	13	包	4	谌	1	仲	1
李	721	翁	161	邱	55	洪	12	邹	3	廖	1	巫	1
顾	673	丁	143	孟	53	杜	12	武	3	淡	1	查	1
姜	545	钱	141	魏	50	董	11	贺	3	衡	1	仇	1
金	456	汪	139	龚	49	吕	11	戈	3	段	1	匡	1
戚	439	奚	137	卢	48	莫	11	辜	3	浦	1	冷	1
盛	411	宋	133	黎	46	瞿	11	尤	3	孔	1	佘	1
潘	402	倪	129	干	46	粱	11	成	3	万	1	蒲	1
俞	396	时	127	殷	39	戴	9	喻	3	赖	1	迟	1
褚	382	施	121	苏	33	谭	9	郎	3	易	1	木易	1
邬	377	冯	120	常	33	候	9	余	3	乔	1	车	1
姚	365	侯	111	邵	29	柯	9	柏	3	菊	1	吉	1
曹	340	方	104	许	27	邓	9	部	2	邢	1	阳	1
高	301	袁	101	程	26	游	8	甘	2	薄	1	应	1
范	287	史	93	郁	26	凌	8	鲍	2	聂	1	—	—
陶	283	蔡	89	窦	25	严	8	向	2	潭	1	—	—
汤	274	石	85	季	24	都	8	纪	2	柴	1	—	—
孙	272	钟	82	焦	24	温	7	耿	2	伍	1	—	—
何	257	柳	80	庄	23	骆	6	管	2	郦	1	—	—

第四节 计划生育

一、组织机构

1979年，公社设计划生育办公室（以下简称计生办），2000年更名为人口计划生育办公室（以下简称人口计生办），2001年计生办归口镇社会事业管理办公室。计生办贯彻执行党和国家有关计划生育的法律、法规和政策；根据市、区（县）人口发展规划和计划生育年度计划，拟定镇（乡）人口发展规划和计划生育年度计划，并组织实施；负责计划生育统计上报；开展人口与计划生育宣传教育；负责培训计划生育管理人员及流动人口计划生育等管理工作；2009年，新增关爱计划生育家庭工作。

1989年，成立山阳乡计划生育协会。2007年，成立山阳镇企业计划生育协会联合会，2009年，成立上海山阳镇计划生育协会。协会（联合会）设会长、副会长、秘书长，会长、副会长（常务副会长）分别由党委、政府分管领导兼任，下设理事点。计划生育协会开展计划生育自我教育、自我管理、自我服务活动，履行宣传、咨询、服务、监督职能。2009年，全镇有村居理事点21个，会员600多人。

1994年，建镇外来流动人口管理领导小组，1996年，建社区计划生育综合服务站，2003年，建镇外来人口管理站，2004年，外来人口管理站配备1名计划生育协管员，组织配合相关部门开展计划生育咨询服务等工作。

二、政策法规

1990年3月14日，《上海市计划生育条例》颁布。10月11日，《上海市计划生育条例实施细则》颁布，全乡计划生育工作由政策指导为主转入依法行政轨道。

1994年11月1日，《上海市流动人口管理暂行规定》颁发。1997年1月，《上海市外来流动人口管理条例》颁布。1998年9月，《上海市外来流动人口计划生育管理办法》发布。

2000年起，执行《中华人民共和国人口与计划生育法》。符合晚婚年龄（男性满25周岁、女性满23周岁）的初婚夫妻，符合晚育年龄（女性年满24周岁）的享受晚婚假、晚育假，其假期按公假处理，工作单位工资、奖金照发。

2004年4月起，执行上海市政府办公厅下发的《上海市人口与计划生育条例》。“独生子女证”改为“独生子女父母光荣证”；增加晚婚假、晚育假，其配偶享受晚育护理假，晚婚假期间享受婚假同等待遇，晚育假、晚育护理假享受产假同等待遇；依法生育子女的妇女，享受生育保险待遇。5月起执行《上海市再生育子女规定》。12月起，执行上海市人口与计划生育委员会、上海市财政局制定的对上海市农村计划生育家庭奖励扶助政策。

2005年起，执行《上海市“独生子女父母光荣证”办理规定》。2007年起，执行上海市《关于参加本市城镇职工养老保险人员申领年老退休时一次性计划生育奖励费的实施意见》。

2009 年起，执行上海市《关于向实行计划生育的育龄夫妻免费提供基本项目的计划生育技术服务的实施办法》。

三、宣传教育

1990—1993 年，通过横幅、画廊、标语、讲座等形式重点宣传《上海市计划生育条例》《上海市计划生育条例实施细则》。1994—1999 年，宣传《上海市流动人口计划生育管理暂行规定》《上海市外来流动人口管理条例》《上海市外来流动人口计划生育管理办法》，每年举办讲座 4—6 次，展示版面 2—3 期，张贴标语 300—500 张，悬挂横幅 50 余条。2000—2001 年，通过观看录像、讲座、办班等形式，宣传《中华人民共和国人口和计划生育法》，利用“世界人口日”开展计划生育政策法规宣传教育。2002—2004 年，继续宣传《中华人民共和国人口与计划生育法》和《上海市人口与计划生育条例》等法律法规，每年举办由计生信息员、妇女干部、新婚夫妇等参加的讲座 3—4 次，每年参加人员 250—300 人次。2005—2009 年，每月召开村居分管干部参加的计划生育例会，宣传计划生育政策法规，讨论计划生育工作。镇人口计生办联合团委、妇联、红十字会、工会等部门设摊宣传和开展计划生育咨询活动，到流动人口居住密集的村居宣传《流动人口计划生育工作条例》。

四、管理服务

行政管理。1989 年起，实行人口与计划生育目标管理责任制，乡政府与村委会、居委会、企事业单位分别签订计划生育目标管理责任书，明确各单位人口出生数、出生率、自然增长率、一孩率等。1993 年起，实行人口与计划生育党政一把手负责制。

1990—1999 年，全镇人口自然增长率基本保持在 -1.13‰—6.48‰。一孩率基本保持在 90% 以上。

1999 年起，流动人口计划生育列入镇年度计划生育目标管理责任制考核内容。2000 年起，实施区外来人口计划生育规范执法实施细则。2002 年起，镇长与涉及流动人口计划生育综合管理部门主要负责人签订流动人口计划生育管理责任书。2003 年起，执行区《关于在全区开展计划生育村居民自治工作的实施意见》，2006 年起，实施区《关于进一步推进流动人口源头互动有序管理的实施意见》《关于在推进社区建设中进一步加强人口与计划生育管理与公共服务工作的意见》。

业务管理。1989 年起，避孕药具由供给制改为承包制。1990 年起，免费避孕药具由信息员上门发放。1994 年，组建镇、村、企事业单位和村民小组“三级”避孕药具管理网。1996 年，建立村居计划生育综合服务站，开展计划生育生殖咨询、避孕药具发放。1997 年，成立镇计划生育选择避孕方法工作小组。

2009 年，对实行计划生育的育龄夫妇提供免费基本项目计划生育技术服务。是年，育龄妇女 23851 人，其中户籍育龄妇女 8984 人、外来育龄妇女 14847 人。户籍人口出生 267 人，出生率 6.84‰。新婚 246 对，晚婚 125 对，晚婚率 51%。办理“独生子女父母光荣证”336 份。发放生育联系卡 398 张，独生子女费 6101 人、162665 元，独生子女父母年老一次性补助 106 人、248400 元。奖扶计划生育家庭 100 户、74000 元，免费技术服务 304 人、7906 元。

1990—2001 年山阳镇（乡）计划生育情况表

表 2–18

年份	独生子女领证率	
	一孩率（%）	领证率（%）
1990	—	45.53
1991	84.40	49.19
1992	—	51.31
1993	90.70	48.61
1994	89.70	55.45
1995	96.53	50.23
1996	96.46	49.88
1997	95.69	38.00
1998	95.53	36.12
1999	98.91	36.03
2000	—	26.08
2001	—	99.29

第三章 中国共产党山阳镇委员会

1984年3月，山阳恢复乡建制，公社党委改称乡党委。1993年2月，撤乡建镇，4月成立山阳镇党委。1989年11月至2006年12月，先后召开中共山阳镇（乡）第九届至第十四次代表大会，1992年11月、1997年12月、2003年1月，先后召开3次党员代表会议。2007年起试行党代会常任制，届期内一般每年至少召开一次镇党代会。

1989年11月至2009年，镇（乡）党委根据不同时期的形势和任务，制定经济、社会发展和民生等一系列政策措施并作出相应决策，分别提出山阳镇（乡）国民经济和社会发展第八届至第十一个五年计划（规划）的建议。1992—1995年，贯彻邓小平视察南方重要谈话精神，3次调整“八五”计划主要经济指标，作出五年计划两年完成，后三年翻一番的重大决策。1996—2000年，按照发展社会主义市场经济规律，着力培育新的经济增长点，推动产业结构调整、发展多种经济成分、深化企业经营机制改革，促进经济持续、快速、健康发展。2001—2005年，加快实施工业向园区集中、人口向城镇集中、土地向规模经营集中的发展战略，促进工业园区、第三产业及“家家富工程”建设。2003年，贯彻区委提出的国民经济发展的要求，作出新一轮“三年翻一番”的战略决策。2006年，谋划把山阳建成区内领先、上海知名的经济强镇、文化名镇、滨海新镇的各项发展战略，制定发展经济、社会管理、文明建设、民生保障等工作措施。2008—2009年，面对国际金融危机，制定一系列“保增长、调结构、促民生”的政策措施，推动经济社会又好又快发展。

1990—2009年，山阳镇（乡）党委加强组织、纪检、宣传、统战、政法等工作，制定党风廉政建设责任制、党建、领导班子自身建设等制度和规定，提高党组织的执政能力。全镇政治思想工作进一步加强，民主和法治逐步健全，经济持续、稳定、健康发展。城镇建设不断加强，科、教、文、体、卫等各项社会事业全面发展。

1993年、1995年，山阳镇2次被中共上海市农村党委、上海市农委命名为市郊标兵乡镇。1995—1996年，山阳镇被评为上海市农口系统文明镇，镇党委被市农村党委授予“先进党组织”称号。山阳镇党委被中共上海市委组织部评为2008—2010年度上海市五好乡镇党委。1988—1997年，山阳镇（乡）的综合经济实力连续10年居全区（县）乡镇之首。

第一节 代表选举

中共山阳镇（乡）代表大会代表由各村居、企事业、机关及“两新”组织党（总）支部召开党员大会民主推荐选举产生。1989年11月至2006年11月，进行第九届至第十四次代表选举，共选出镇（乡）代表935名，其中女性代表196名，占代表总数的20.96%。第九至十二届代表每届任期3年，之后每届任期5年。山阳镇（乡）出席区（县）党代会代表，由镇（乡）代表大会或党员代表会议选举产生。出席市党代会代表由区（县）代表会议选举产生。

一、镇（乡）代表选举

中共山阳乡第九次代表大会代表选举 1989年10月16—31日完成。从全乡59个党（总）支部、1479名党员中选举产生代表204名。

中共山阳乡第十次代表大会代表选举 1992年12月7—20日完成。从全乡63个党支部、1510名党员中选举产生代表150名。

中共山阳镇第十一次代表大会代表选举 1995年11月12日—12月20日完成。从全镇64个党（总）支部、1584名党员中选举产生代表155名。

中共山阳镇第十二次代表大会代表选举 1998年11月9日—12月5日完成。全镇74个党（总）支部、1687名党员，划分56个选举单位，选举产生代表138名。

中共山阳镇第十三次代表大会代表选举 2001年10月22日—11月25日完成。全镇41个党（总）支部、1443名党员，划分40个选举单位，选举产生代表138名。

中共山阳镇第十四次代表大会代表选举 2006年11月2—20日完成。全镇66个党（总）支部、1965名党员，划分52个选举单位，选举产生代表150名。

中共山阳镇（乡）第九次届至第十四次党代表大会代表构成情况表

表3-1

次别	代表总数（人）	性别				年龄段				党员干部		工作一线		退休		其他	
		男（人）	占比（%）	女（人）	占比（%）	45岁以下（人）	占比（%）	46岁以上（人）	占比（%）	人数（人）	占比（%）	人数（人）	占比（%）	人数（人）	占比（%）	人数（人）	占比（%）
第九次	204	174	84.40	30	15.60	150	73.53	54	26.47	130	63.73	65	31.86	—	—	9	4.41
第十次	150	117	78.00	33	22.00	97	64.67	53	35.33	86	57.33	52	34.67	—	—	12	8.00
第十一次	155	120	77.42	35	22.58	94	60.65	61	39.35	85	54.84	55	35.48	—	—	15	9.68
第十二次	138	107	77.54	31	22.46	76	55.07	62	44.93	72	52.17	66	47.83	—	—	—	—
第十三次	138	106	76.81	32	23.19	74	53.62	64	46.38	81	58.70	52	37.68	—	—	5	3.62
第十四次	150	115	76.67	35	23.33	71	47.33	79	52.67	88	58.67	54	36.00	8	5.33	—	—

二、区（县）代表选举

1989—2006 年，山阳镇（乡）先后 5 次选举产生出席区（县）党代会代表共 89 名。其中女性代表 20 名，占代表总数的 22.47%。

1989 年 11 月 24 日，在中共山阳乡第九次代表大会上，选举产生山阳乡出席中共金山县第六次代表大会代表 22 名：江兴余、朱分石、朱成林、陈勔、李华桂（女）、陆雪云、沈伯平、时德根、宋秀龙、吴君秋（女）、杨仁龙、张火均、张俊农、张粉华（女）、范杰贤（女）、周美华（女）、胡火根、俞景兴、顾友明、徐仁娟（女）、盛继川、潘效良。

1992 年 11 月 30 日，在山阳乡党员代表会议上，选举产生出席中共金山县第七次代表大会代表 21 名：卫连观（女）、马惠珍（女）、方龙根、王志兴、江仁贤、汤奎章、李华桂（女）、沈伯平、宋秀龙、吴小坤、杨仁龙、姜兴奎、俞景兴、钟雪龙、高娣宝（女）、顾友明、徐仁娟（女）、盛继川、褚墨其、潘永华、潘龙清。

1997 年 12 月 24 日，在山阳镇党员代表会议上，选举产生出席中共金山区第一次代表大会代表 14 名：卫连观（女）、王志兴、王勤良、刘国胜、朱龙明、朱治军、陆英（女）、沈卫、吴美观、杨仁龙、周定元、姜兴奎、徐仁娟（女）、盛继新。

2003 年 1 月 16 日，在山阳镇党员代表会议上，选举产生出席中共金山区第二次代表大会代表 15 名：卫连观（女）、于小粮、王志兴、刘国胜、邬国良、陈勔、陆英（女）、吴小坤、张仁观、周永超、俞景兴、夏杰、徐仁娟（女）、盛继新、褚益忠。

2006 年 12 月 8 日，在中共山阳镇第十四次代表大会上，选举产生出席中共金山区第三次代表大会代表 17 名：王志兴、王念东、孙美华（女）、邬国良、朱龙明、李毓毅、陆顺军、陆春梅（女）、宋秀龙、杨海英（女）、张权权、周永良、周永超、黄文达、黄根法、黄辉云、戚连中。

1992 年 10 月 20 日，在中共金山县代表会议上，山阳乡党委书记宋秀龙当选为金山县出席上海市第六次党代会代表。

1997 年 10 月 7 日，在中共金山区代表会议上，山阳镇党委书记杨仁龙当选为金山区出席上海市第七次党代会代表。

2007 年 4 月 27 日，在中共金山区代表会议上，山阳镇党委书记张权权当选为金山区出席上海市第九次党代会代表。

第二节　会　议

一、代表大会

1989 年 11 月—2006 年 12 月，山阳镇（乡）先后召开第九届至第十四次党代会，共选举产生 6 届中共山阳镇（乡）委员会和 6 届中共山阳镇（乡）纪律检查委员会。

中共山阳乡第九次代表大会　1989 年 11 月 22—24 日在乡文化中心三楼召开。应到代表 204 人，实到 201 人，特邀 7 人，列席 22 人。乡党委副书记杨仁龙作开幕词。会议听取和审议乡党委书记宋秀龙作的《奋发图强，艰苦创业，努力把我乡“两个文明建设”提高到一个新的水平》工作报告。会议贯彻治理、整顿的方针，提出坚持稳定农业，努力发展副业，巩固提高工业，促进三产协调发展的奋斗目标。大会选举产生7名党委委员和3名纪委委员；选举产生山阳乡出席中共金山县第六次代表大会代表22名。

中共山阳乡第十次代表大会 1993年2月16—18日在乡影剧院召开。应到代表150人，实到148人，特邀15人，列席32人。会议听取和审议乡党委书记宋秀龙作的《解放思想，发挥优势，为实现山阳经济健康高速的发展而努力奋斗》工作报告。大会将“一年一个样，三年大变样，五年再上新台阶”作为全乡经济社会发展的总体目标，提出要“自加压力，敢为龙头”。大会选举产生9名党委委员和3名纪委委员。

中共山阳镇第十一次代表大会 1996年1月27—28日在镇影剧院召开。应到代表155人，实到152人，特邀19人，列席50人。会议听取和审议镇党委书记杨仁龙作的《进一步解放思想，抓住历史机遇，为我镇两个文明建设再上台阶而努力奋斗》工作报告、镇纪委书记盛继新作的《纪委工作报告》。会议经过审议将“自加压力，敢为龙头”定为山阳精神。大会选举产生12名党委委员和3名纪委委员。

中共山阳镇第十二次代表大会 1999年1月5—6日在镇机关大会议室召开。应到代表138人，实到137人，邀请、列席73人。会议听取和审查镇党委书记杨仁龙作的《抓住世交机遇，崇尚真抓实干，把山阳的事业全面推向二十一世纪》工作报告、镇纪委书记盛继新作的《纪委工作报告》。大会号召全镇各级党组织团结和带领人民群众，进一步解放思想，同心同德，真抓实干，把山阳的事业全面推向21世纪。大会选举产生7名党委委员和3名纪委委员。

中共山阳镇第十三次代表大会 2001年12月19—20日在镇机关大会议室召开。应到代表138人，实到132人。会议听取和审查镇党委书记顾仁忠作的《振奋精神，扎实工作，全力开创我镇两个文明建设的新局面》工作报告，审查镇纪委提交的《纪委工作报告》。会议强调加快实施工业向园区集中、人口向城镇集中、土地向规模经营集中的发展战略。大会选举产生6名党委委员和3名纪委委员。

中共山阳镇第十四届代表大会第一次会议 2006年12月7—8日在镇影剧院召开。应到代表150人，实到147人，邀请、列席38人。会议听取和审查镇党委书记张权权作的《把握发展机遇，构建和谐山阳，为建设经济强镇、文化名镇、滨海新镇而奋斗》工作报告，审查镇纪委提交的《纪委工作报告》。会议提出把山阳建设成为区内领先、上海知名的经济强镇、文化名镇、滨海新镇的奋斗目标。大会选举产生9名党委委员和3名纪委委员。选举产生山阳镇出席中共金山区第三次代表大会代表17名。

第二次会议 2007年12月28日在镇机关大会议室召开。出席代表149人（1人被撤销代表资格），列席59人。会议听取和审查镇党委书记张权权作的《把握机遇，求实创新，努力开创山阳又好又快发展新局面》工作报告，听取并审议《中国共产党山阳镇代表大会常任制试行办法》，审查镇纪委提交的《纪委工作报告》，审查《党费收缴管理和使用情况的报告》。大会一致认为，山阳镇试行党代会常任制的条件已经基本具备。试行党代会常任制后，届期内每年至少召开一次党代表大会。

第三次会议　2009 年 1 月 15 日在镇机关大会议室召开。应到代表 149 人，实到 146 人，列席 66 人。会议听取和审查镇党委书记张权权作的《解放思想，攻坚克难，全面推进山阳经济社会又好又快发展》工作报告，审查镇纪委提交的《纪委工作报告》，审查《党费收缴管理和使用情况的报告》。

中共山阳镇第十四届代表大会第三次会议（2009 年摄，《山阳》社区报提供）

每次党代会选举产生党委、纪委组成人员后，召开党委、纪委第一次全委会选举产生书记、副书记。届中，区（县）委任免党委书记、副书记、委员多名。

中共山阳镇（乡）第九次届至第十四届委员会成员情况表

表 3-2

届次	职务	姓名	籍贯	任期	附注
九届（1989 年 11 月至 1993 年 2 月）	书记	宋秀龙	上海金山	1989 年 11 月至 1993 年 2 月	1989 年 11 月 22—24 日，乡第九次党代会选举产生新一届党委委员 7 人。第一次全委会选举产生党委书记 1 人、副书记 2 人。届中，县委任命副书记 1 人、委员 2 人。免去副书记 1 人
	副书记	杨仁龙	上海金山	1989 年 11 月至 1993 年 2 月	
		时德根	上海金山	1989 年 11 月至 1991 年 3 月	
		李华桂（女）	上海金山	1991 年 3 月至 1993 年 2 月	
	委员	江仁贤	上海金山	1989 年 11 月至 1993 年 2 月	
		盛继川	上海金山	1989 年 11 月至 1993 年 2 月	
		胡长明	上海金山	1989 年 11 月至 1993 年 2 月	
		李梦连	上海金山	1989 年 11 月至 1993 年 2 月	
		顾友明	上海金山	1992 年 6 月至 1993 年 2 月	
		朱大宏	上海金山	1992 年 12 月至 1993 年 2 月	
十届（1993 年 2 月至 1996 年 1 月）	书记	宋秀龙	上海金山	1993 年 2 月至 1993 年 4 月	
		杨仁龙	上海金山	1993 年 4 月至 1996 年 1 月	
	副书记	杨仁龙	上海金山	1993 年 2 月至 1993 年 4 月	
		李华桂（女）	上海金山	1993 年 2 月至 1996 年 1 月	
		王勤良	上海金山	1993 年 6 月至 1996 年 1 月	

续表 3-2

届次	职务	姓名	籍贯	任期	附注
十届 （1993 年 2 月 至 1996 年 1 月）	副书记	姜兴奎	上海金山	1993 年 6 月至 1996 年 1 月	1993 年 2 月 16—18 日，乡第十次党代会选举产生新一届党委委员 9 人。第一次全委会选举产生书记 1 人、副书记2人。1993年4月，山阳撤乡建镇。原中共山阳乡委员会转为中共山阳镇委员会。届中，县委任命书记 1 人、副书记 2 人、委员 7 人。免去书记 1 人、副书记 1 人、委员 5 人
	委员	江仁贤	上海金山	1993 年 2 月至 1995 年 11 月	
		李梦连	上海金山	1993 年 2 月至 1994 年 9 月	
		胡长明	上海金山	1993 年 2 月至 1996 年 1 月	
		沈永昌	上海金山	1993 年 2 月至 1994 年 1 月	
		顾友明	上海金山	1993 年 2 月至 1996 年 1 月	
		朱大宏	上海金山	1993 年 2 月至 1994 年 3 月	
		潘永华	上海金山	1993 年 10 月至 1996 年 1 月	
		周定元	上海金山	1993 年 10 月至 1996 年 1 月	
		方龙根	上海金山	1993 年 10 月至 1996 年 1 月	
		郭士超	上海金山	1994 年 2 月至 1996 年 1 月	
		陆永清	上海金山	1994 年 10 月至 1995 年 11 月	
		张仁观	上海金山	1995 年 11 月至 1996 年 1 月	
		盛继新	上海金山	1995 年 11 月至 1996 年 1 月	
十一届 （1996 年 1 月 至 1999 年 1 月）	书记	杨仁龙	上海金山	1996 年 1 月至 1999 年 1 月	1996 年1月 27—28 日，镇第十一次党代会选举产生新一届党委委员 12 人。第一次全委会选举产生书记 1 人、副书记 3 人。届中，区（县）委任命副书记 3 人、委员 2 人。免去副书记 2 人、委员 4 人
				1995 年 9 月至 1998 年 11 月其间，兼任金山嘴工业区党工委书记	
	副书记	姜兴奎	上海金山	1996 年 1 月至 1998 年 9 月	
		李华桂（女）	上海金山	1996 年 1 月至 1997 年 12 月	
		王勤良	上海金山	1996 年 1 月至 1999 年 1 月	
		陆英（女）	上海浦东新区	1997 年 12 月至 1999 年 1 月	
		李梦连	上海金山	1998 年 11 月至 1999 年 1 月	
		盛继新	上海金山	1998 年 11 月至 1999 年 1 月	
	委员	张仁观	上海金山	1996 年 1 月至 1999 年 1 月	
		胡长明	上海金山	1996 年 1 月至 1999 年 1 月	
		郭士超	上海金山	1996 年 1 月至 1999 年 1 月	
		盛继新	上海金山	1996 年 1 月至 1998 年 11 月	
		褚益忠	上海金山	1996 年 1 月至 1999 年 1 月	
		潘永华	上海金山	1996 年 1 月至 1997 年 3 月	
		周定元	上海金山	1996 年 1 月至 1997 年 3 月	
		方龙根	上海金山	1996 年 1 月至 1997 年 3 月	
		鲁士希	上海金山	1996 年 9 月至 1999 年 1 月	
		汤美娣（女）	上海金山	1998 年 11 月至 1999 年 1 月	

续表 3-2

届次	职务	姓名	籍贯	任期	附注
十二届（1999 年 1 月至 2001 年 12 月）	书记	杨仁龙	上海金山	1999 年 1 月至 1999 年 12 月	1999 年 1 月 5—6 日，镇第十二次党代会选举产生新一届党委委员 7 人。第一次全委会选举产生书记 1 人，副书记 3 人。届中，区委任命书记 1 人，委员 1 人。免去书记 1 人，副书记 1 人，委员 1 人
		顾仁忠	上海金山	1999 年 12 月至 2001 年 12 月	
	副书记	陆英（女）	上海浦东新区	1999 年 1 月至 2001 年 12 月	
		盛继新	上海金山	1999 年 1 月至 2001 年 12 月	
		李梦连	上海金山	1999 年 1 月至 2001 年 10 月	
	委员	张仁观	上海金山	1999 年 1 月至 2001 年 12 月	
		胡长明	上海金山	1999 年 1 月至 2001 年 12 月	
		汤美娣（女）	上海金山	1999 年 1 月至 2001 年 10 月	
		蔡红梅（女）	江苏无锡	2001 年 10 月至 2001 年 12 月	
十三届（2001 年 12 月至 2006 年 12 月）	书记	顾仁忠	上海金山	2001 年 12 月至 2002 年 4 月	2001 年 12 月 19—20 日，镇第十三次党代会选举产生新一届党委委员 6 人。第一次全委会选举产生书记 1 人、副书记 2 人。届中，区委任命书记 2 人、副书记 7 人、委员 9 人。免去书记 2 人、副书记 7 人、委员 6 人
		夏杰	江苏泰兴	2002 年 4 月至 2006 年 10 月其间，兼任金山嘴工业区党工委书记	
		张权权	上海金山	2006 年 10 月至 2006 年 12 月	
	副书记	陆英（女）	上海浦东新区	2001 年 12 月至 2002 年 6 月、2002 年 6 月至 2005 年 3 月（常务副书记）	
		盛继新	上海金山	2001 年 12 月至 2006 年 10 月	
		于小粮	上海金山	2002 年 6 月至 2006 年 2 月	
		王国强	上海金山	2005 年 4 月至 2006 年 10 月	
		周永超	上海金山	2005 年 4 月至 2006 年 6 月	
		黄辉云	上海金山	2006 年 10 月至 2006 年 12 月	
		周永超	上海金山	2006 年 10 月至 2006 年 12 月	
		陈环玉	湖南（挂职）	2003 年 8 月至 2003 年 12 月	
		盘德平	湖南（挂职）	2005 年 7 月至 2005 年 12 月	
	委员	张仁观	上海金山	2001 年 12 月至 2006 年 10 月	
		胡长明	上海金山	2001 年 12 月至 2005 年 3 月	
		蔡红梅（女）	江苏无锡	2001 年 12 月至 2005 年 3 月	
		袁碧云（女）	上海金山	2005 年 3 月至 2006 年 10 月	
		莫水龙	上海金山	2005 年 3 月至 2006 年 10 月	
		常菁（女）	江苏泰兴	2006 年 2 月至 2006 年 10 月	
		黄文达	上海金山	2006 年 10 月至 2006 年 12 月	
		孙美华（女）	上海金山	2006 年 10 月至 2006 年 12 月	
		黎连忠	上海金山	2006 年 10 月至 2006 年 12 月	
		杨军良	上海金山	2006 年 10 月至 2006 年 12 月	
		江菊旺	江西九江	2006 年 10 月至 2006 年 12 月	
		周志龙	上海金山	2006 年 10 月至 2006 年 12 月	

续表 3-2

届次	职务	姓名	籍贯	任期	附注
十四届（2006 年 12 月至）	书记	张权权	上海金山	2006 年 12 月至	2006 年 12 月 7—8 日，镇第十四次党代会选举产生新一届党委委员 9 人。第一次全委会选举产生书记 1 人、副书记 2 人。至 2009 年，区委任命副书记 2 人、委员 4 人。免去副书记 2 人、委员 2 人
	副书记	周永超	上海金山	2006 年 12 月至 2009 年 2 月	
		黄辉云	上海金山	2006 年 12 月至 2008 年 6 月	
		孙美华（女）	上海金山	2008 年 6 月至	
		黎连忠	上海金山	2009 年 7 月至	
	委员	孙美华（女）	上海金山	2006 年 12 月至 2008 年 6 月	
		黄文达	上海金山	2006 年 12 月至	
		杨军良	上海金山	2006 年 12 月至	
		黎连忠	上海金山	2006 年 12 月至 2009 年 7 月	
		江菊旺	江西九江	2006 年 12 月至	
		周志龙	上海金山	2006 年 12 月至	
		沈林君	上海金山	2008 年 6 月至	

二、代表会议

镇（乡）党员代表会议代表，由党委指定和基层党组织推荐相结合的方法产生。

1992 年 11 月 30 日，山阳乡党员代表会议召开，103 名代表以无记名投票方式，差额选举山阳乡出席中共金山县第七次代表大会代表 21 名，其中女性代表 5 名。

1997 年 12 月 16 日，山阳镇党员代表会议召开，89 名代表以无记名投票方式，差额选举山阳镇出席中共金山区第一次代表大会代表 14 名，其中女性代表 3 名。

2003 年 1 月 16 日，山阳镇党员代表会议召开，81 名代表以无记名投票方式，差额选举山阳镇出席中共金山区第二次代表大会代表 15 名，其中女性代表 3 名。

第三节　工作机构

1990 年，山阳乡党委下设办公室、组织、纪委、宣传、工青妇武装部等机构。1993 年 2 月撤乡建镇，原设机构不变。2001 年 11 月，党政机关机构改革，党委除纪委、工青妇武装部等组织机构单列外，设党委办公室，统管组织、宣传、统战、人事等。2004 年，建立镇党员服务中心。2007 年 10 月，党政两办合并为山阳镇办公室。党委设党群工作办公室，纪检（监察）、武装、工会、共青团、妇联、统战、人事等职能归并到党群工作办公室。人大办公室工作职能归并到镇办公室。2007 年 9 月，山阳镇在全区率先组建镇党委下属的工业经济党委、居民区党委，协助镇党委做好非公有制经济（以下简称非公经济）、社会组织和社区党建。2009 年 10 月，工业经济党委改名为综合工作党委，具体负责新经济组织和新社会组织党建。

第四节　重大决策和重要活动

一、重大决策

国民经济和社会发展计划（规划） 1991年3月，乡党委提出制订1991—1995年《山阳乡国民经济和社会发展第八个五年计划》的建议。确定“八五”期间的指导思想、主要目标、任务和措施及经济和社会发展九项具体指标计划。主要经济指标实现“两个翻一番”，即农副工总产值和乡村企业利润在1990年的基础上翻一番，分别达到7亿元和5500万元。财政收入达到700万元。全乡人口全部饮用自来水，全面完成中小学校设点调整和陈旧校舍改造等。1993—1995年，镇党委按照“一年一个样，三年大变样，五年再上一个新台阶”的总体思路，连续3次提出修订“八五”后三年主要经济指标的建议。确定“超常规”“跨越式发展”和“两个翻一番”，即经济实力和经济总量均三年翻一番的奋斗目标。

1991年，全乡三产总产值、企业利润分别排名市郊第八和第十位。1992年初，山阳乡被市农委列为郊县“排头兵”乡镇之一，成为金山县唯一跻身此行列的乡镇。1994年，全镇社会总产值17.8亿元，列远郊六县乡镇之首、全郊区第八，利税列远郊六县乡镇第三，全郊区第十，居市郊“十强”乡镇之列。1992年、1995年被市农村党委、市农委授予“标兵乡镇”称号。

1996年1月，在中共山阳镇第十一次代表大会上提出制定“九五”计划（1996—2000）的建议，确定全镇经济和社会发展指导思想、总体目标任务。计划至“九五”期末实现地区生产总值10亿元，争取12亿元；农副工三业总产值50亿元，争取60亿元；财政收入3975万元，争取4770万元；劳均年收入1.5万元；人均年收入1万元。着重从积极参与工业区、海岸线综合开发；依托石化、服务石化；以外引外，以外促快，办好上等级、上规模、效益好的“三资”企业；发展以浦东为龙头，辐射全国的市政建筑业，建成2—3个产值超5亿元市政建筑企业；大力发展第三产业，使其在国民经济中的比重提升到15%；实施集约化经营战略，组建村级企业集团有新突破；深化企业经营机制改革，加强内部管理，提高企业效益等方面培育新的经济增长点。党委依据经济发展规律，结合山阳实际，产业结构调整为“二三一”发展序列。

1995—1996年，山阳镇获上海市农口系统文明镇称号，镇党委被市农村党委授予先进党组织称号。1988—1997年，全镇综合经济实力连续10年位居全区（县）乡镇之首。1998年起，老龙泉港以南4个村和1个居委会整建制划归金山嘴工业区，部分指标增幅减缓。党委及时提出“发挥优势，重振雄风”的战略举措，为后续发展鼓劲打下基础。

2001年2月，镇党委提出制订“十五”计划（2001—2005）的建议，确定“十五”期间工作指导思想和奋斗目标。提出经济发展，村镇建设和管理，深化改革，社会事业发展，文明建设五大主要任务和具体意见。计划到“十五”期末完成地区生产总值5.4亿元，年均递增10%；农副工三业总产值32亿元，年均递增14%；财政收入4090万元，年均递增

10%；外贸出口拨交值4亿元，年均递增5%；合同利用外资1000万美元；固定资产投资额2.5亿元，年均递增12%。2002年，贯彻区委、区政府提出“十五”后三年实现翻一番的精神，调整“十五”计划指标，制定《关于加大招商引资工作力度的意见》。提出转变招商引资方式，健全招商引资工作机制，开展“服务招商、优化招商”，加快信息项目转化为签约项目，签约项目转化为在建项目的进程，确保后三年翻一番目标的实现。至2005年底，顺利完成“十五”各项主要目标任务。

2006年2月，镇党委提出制定山阳镇第十一个五年规划（2006—2010）的建议，确定“十一五”发展总体目标。坚持“主攻二产、拓展三产，做精一产”的产业方针。提出“十一五”期间“发展经济、社会管理、文明建设、民生保障”等五大主要任务的指标体系。目标到2010年实现地区生产总值50亿元，一、二、三产业比重1∶74∶25，财政总收入7.5亿元，累计合同利用外资1.9亿美元，累计内资到位55.5亿元，农民人均收入13000元，城镇化率达到95%，累计新增就业岗位7000个。其间，按照区委、区政府提出的新一轮“三年翻一番”的总体要求，多次修订年度和后三年发展计划，确保“十一五”和“三年翻一番”任务完成。2008—2009年面临国际金融危机的影响，党委贯彻“保增长、扩内需、调结构”的方针，谋划“精细实基础、创新求突破”“以效能建设为重点，保增长、促民生”等一系列战略措施，推动经济社会又好又快发展。到“十一五”期末，山阳镇的综合经济实力显著增长，城乡建设和管理水平不断提高，社会管理和公共服务能力不断提升，教育、卫生、文化等品牌特色在全区保持领先地位。

城镇建设发展规划 1991年，山阳乡“八五”计划提出逐步推进乡村基本建设，更好地适应人民日益增长的物质文化生活需求的目标。按照高起点、高标准建设的要求，制定《山阳镇土地利用总体规划（1991—2000年）》和《山阳村镇建设总体规划》。对村镇建设、城市建设、工业建设、农业用地，道路、河流、绿化等用地作详细规划。1994年4月，经县专家组评审通过。1995年，根据新情况，修订编制《山阳村镇建设总体规划》。宏山工业区，农民住宅小区和镇区改造扩建等都按照农村城市化的规划要求实施。1996年，党委按照人口向城镇集中、工厂向园区集中的村镇建设新要求，进一步完善村镇建设规划，贯彻“一步规划、分步实施”的精神，抓好村镇规划的实施。在规划实施过程中，结合实际作调整和修订。2000年5月，市政府授权市房屋土地局批准山阳镇修订的土地利用和建设总体规划。2001年，党委结合金山新城建设，调整村镇建设布局，要求服务和服从金山新城建设统一规划，引导农民向城区集中。2006年，根据金山区总体规划和金山新城建设不断推进的势头，结合山阳实际，提出“沿路发展先进制造业，沿海发展滨海旅游业，沿河发展仓储物流业，沿街发展现代服务业和农村发展都市型休闲观光农业”的发展布局新规划，分片开发实施。2008年，编制《山阳镇生态环境规划（2008—2020）》。在加快城镇建设的同时，注重加强城镇管理和服务。至2009年，在全镇26个居民小区中成立11个居委会；建成改造社区卫生服务中心、社区文化活动中心和社区事务受理服务中心；新建镇敬老院、养老院、老年人日间服务中心；巩固社区学校（老年学校），为居民提供便民服务。

发展经济政策措施 1991年，制定《关于进一步加快乡村经济发展的若干优惠政策》《关于乡办企业厂长（经理、场长）任期目标岗位考核的意见》《关于村办企业合同签订及村主要干部岗位责任制考核的意见》和《关于村办企业财务管理制度》等一系列政策。推行乡办企业第二轮、村办企业第一轮“一定三年”经营承包制。对有特殊贡献的经营者奖一个“农转非”指标或5000元奖金；机关、企事业单位干部下村任职，报酬就高不就低。是年1月起，鼓励机关各部门、事业单位、村居等，大力发展第三产业。

1992年，先后制定《关于加快乡村经济发展步伐的若干优惠政策》和《关于进一步扩大改革开放加快乡村经济发展步伐的若干优惠政策》，主要内容有：鼓励外商到山阳投资办企业；鼓励引进人才，发展高新技术项目；鼓励引进项目、资金、推销产品；鼓励企业上规模、上等级、上水平；鼓励转换机制，把企业推向市场；鼓励各级干部下村扶持贫困村发展经济。《优惠政策》规定，在对“三资”企业实行税收“二免三减半”的基础上再给予一次“二免三减半”优惠；对引进科技人才按贡献大小分别给予奖励三室一厅或二室一厅商品房一套；年内创产值5000万元以上，利润500万元以上，可享受国家机关正科待遇；产值3500万元以上，利润350万元以上，可享受副科待遇等。是年，在效益好的企业中开展股份合作制试点。至年底，创立股份合作制企业5家，吸纳社会和个人闲散资金406万元。9家“三资”企业投产，新批“三资”企业17家，总投资6223万美元，协议引进外资1524.25万美元。1993年5月，党委、政府提出“10888”发展计划。目标年内农副工三业总产值突破10亿元，8个合资项目年内投产，8个合资项目年内施工，再引进8个合资项目。7月，制定《进一步加快镇村经济发展若干优惠政策的补充意见》。进一步鼓励机关职能部门，直属及下属事业单位在做好本职工作的前提下，办经济实体，发展第三产业，力争做到财政不拨款，经费自给，积累自留。年中，由石化总厂城建公司，山阳镇房产公司和县振兴房产公司组成联营的上海金山嘴房地产开发总公司，到年底，超额完成目标任务。1994年，改变在效益好的企业推行股份制的做法，加快股份制企业的发展步伐，选择一厂一村进行试点。是年，新增股份制企业2家，老企业改为股份制9家。全镇共有股份制企业19家，总资本2500万元，吸纳社会闲散资金730万元，集体资产置换550万元。1995年6月，在梳理整合往年优惠政策的基础上，制定《关于进一步扩大改革开放加快镇村经济发展的若干优惠政策》，将“三资”企业、注册企业、中介人等纳入奖励对象。1996年1月，党委提出继续重点主攻第二产业，积极发展第三产业，优化提高第一产业的发展思路，引导农民按市场需求开发特色农业、创汇农业、生态农业，走“高优高”现代城郊型商品农业的新路子；实施“集团、外向带动、名牌、城乡联合发展、科技兴工、村级经济发展”等六大发展战略；以房地产为龙头，全面发展旅游、商贸、仓储、交通运输、信息、服务业等第三产业。是年，借鉴山东、苏南、奉贤等地经验，明确“抓大放小”的做法，清理集体企业资产，将有一定规模的企业改制成股份制企业。“三资”企业变中方参股为退股，由外方独立经营，重新核定厂房租赁费。3月，制定《关于进一步扩大改革开放加快镇村经济发展的若干优惠政策补充规定》，将介绍土地批租和资产置换成功者列入优惠奖励。1993—1996年，在进一步完善和改进企业经营承包制的过程中，逐渐形成一套“法人考核制、分配自主制、资金上缴定额制和效益审计制”的新办法。1997年初，制定《关于经济小区发展的若干政策意见》，建立镇经济小区。9月，制定《关于镇村集体企业改制中的若干具体规定》。至年底，经济小区招商新增税收180万元。至翌年底，村办企业完成改制80%，镇办内资企业完成改制50%。盘活企业沉淀资产3000万元。1998年4月，对镇村企业的奖励政策、考核内容作重大调整，按镇实得税额的10%给予个人一次性奖励；镇实得税额的50%，给予村及镇村企业每年分成奖；由实物化奖励改为货币化奖励，注重产值考核改为税收考核。12月，制定《关于调整招商注册引税奖励政策的意见》，增设“贡献杯”（税收）和招商引税中介人奖励项目，进一步明确奖励条件和奖励形式。是年，经济小区引税900多万元，超额完成年初300万元的指标。

2000年，制定《关于鼓励外商、区外投资者和私营企业投资建设和发展的若干优惠办法》，对作出贡献的多种经济成分投资者和中介人分别给予奖励。全年引进内外资项目39个，吸纳外资1086万美元，内资7740万元人民币，利用闲置厂房6800平方米，盘活沉淀资产540万元。房产开发3.5万平方米。个体、私营经济实现产值3亿元。2001年，制定《山阳镇扶持企业发展的若干优惠政策》，提出15个方面优惠扶持措施。2003年，制定《关于进一步加强村级工作的若干意见》。规定村级招商引资进入镇工业园区的实业型企业各类实得分成向村倾斜，引进注册型企业的税收，镇实得部分返村65%；引进规模型种植户或企业，面积达到300亩的，每亩扶持100元。2006年4月，出台《关于完善招商引资办法的意见》，规定奖励给村居、镇企事业单位和机关各部门的奖金使用范围。2009年，制定《关于做好农村集体经济组织清产核资工作的实施方案》，对村级集体资产进行清产核资。

社会主义精神文明建设 1992年2月，乡党委、政府作出《关于当前进一步加强精神文明建设的决定》，明确加强社会主义思想教育、制止搓麻将、禁止赌博，提倡移风易俗，反对封建迷信，创文明树新风等十项精神文明教育和创建任务。是年3月，制定《广泛深入开展“爱我山阳、建设山阳”建功立业竞赛活动的意见》，设红旗单位、文明单位、金杯单位、先进集体、先进个人、十佳标兵6项荣誉，覆盖全乡各行各业。1995年，镇党委制定《山阳镇1995—1997年社会主义精神文明建设规划》，提出加强社会主义精神文明建设的基本思路、目标任务等8个方面和25条具体意见。把精神文明建设列入基层党政干部的考核内容。是年，镇成立社会主义精神文明建设指导委员会，全面指导、协调全镇精神文明建设工作。1999年，在全镇开展“塑造跨世纪金山人的新形象”大讨论活动。围绕“二十一世纪金山（山阳）面临机遇挑战和历史使命”“新世纪建设金山（山阳）发展面临哪些不相适应的方面”“新世纪金山（山阳）人应塑造怎样的形象”“怎样塑造跨世纪金山（山阳）人的新形象”“金山有哪些代表跨世纪金山（山阳）人新形象的先进典型”5个专题开展讨论。

2002年2月，山阳镇社会主义精神文明建设指导委员会，调整为山阳镇社会主义精神文明建设委员会。由镇党委书记任主任，镇长任第一副主任，进一步加强对全镇精神文明建设的领导。

2004年12月，制定《关于开展“倡导移风易俗、丧事简办、推进文明新风尚建设”专项工作的实施意见》，并纳入村居干部考核和评先条件。是年，山阳镇创建成上海市二级卫生镇。2005年，先后制定《关于贯彻区委、区政府〈创建上海市文明城区实施意见〉的意见》《关于开展“倡导移风易俗、丧事简办、推进文明新风尚建设”专项工作的补充实施意见》《山阳镇2005年交通文明建设工作实施方案》。把文明建设推进到社会生产生活、交通等各个领域，在全镇开展社会主义精神文明“十佳”好人好事评选活动。

2006年12月，镇建立创建上海市文明镇领导小组，下设办公室，配备联络员，同时成立由8名退休人员组成的镇市民巡访队。提出力争2007年，确保2009年把山阳镇创建成上海市文明镇的目标。是年，成功创建上海市一级卫生镇。2007年，党委制定《山阳镇2007年创建上海市文明镇迎检工作计划》，将上海市文明镇测评体系各项指标任务分解落实到各职能部门和基层单位。开辟《山阳》社区报专版、政府网专栏，营造创建国家卫生镇、中国民间文化艺术之乡、上海市文明镇的宣传氛围。年内，有7个单位获评市文明单位，24个单位获评区文明单位，2个村评为区交通文明村，亭卫路红旗路路口被评为区文明路口。2008年，在全镇开展家庭美德、社会公德、职业道德、个人品德“四德”教育。在大讨论、大宣传的基础上，挖掘典型，推荐评选“十佳”好事。发动1300多名志愿者开展各项活动。编发《山阳居民文明手册》5000多份，利用报纸、网络、文艺演出、模拟法庭等多种形式进行宣传。是年4月、12月，山阳镇成功创建2006—2007年度上海市文明镇和国家卫生镇。

山阳镇镇级领导班子2008年度考核工作会议
（2008年，王萍摄）

2009年7月，镇召开党政负责干部大会，部署和发动全镇开展“迎世博”600天行动计划工作，发放迎世博文明倡议书2万余份，《致居民一封信》4000多份，逾万人参与迎世博志愿者系列活动。选聘爱国卫生义务监督员1100余人。开展文明巡回宣讲24场，展板巡展、书籍发放等形式宣传，万余人受教育。镇再次创建成2008—2009年度上海市文明镇。镇机关创建成区文明机关。山阳镇成功创建2009—2011年度全国文明镇。

党的建设　1994年，镇党委制定《1995—1997年党建工作规划》，提出三年党建工作指导思想和总体目标任务。同年，制定《关于开展“凝聚力工程”的实施意见》，对开展“凝聚力工程”的方法、步骤和工作进程作出要求，强调以开展“凝聚力工程”为载体，加强党同人民群众的血肉联系。

1995年，制定《关于党支部党的建设工作责任考核实施意见》《关于基层干部和党员开展实用技术培训的实施意见》。结合基层党支部“三评”（民主评议党员、民主评议党支部和评选先进党支部、先进党务工作者和先进党员）工作，对党建工作进行全面考核。1996年，党委发出《关于在全镇开展创建“五好”党（总）支部活动的通知》，并制定评选标准，在“七一”中国共产党建党日予以表彰。此后，每两年评选表彰一次。1997年，镇党委制定《关于从党员、干部抓起，严禁赌博的意见》，并建立镇党风廉政监察站，聘请12名监察员，探索开展党内外监督。1998年，制定《山阳镇党政干部廉洁自律若干规定》，规定党政干部“八个不准”。

2000年，制定《关于进一步加强基层党组织建设的意见》，提出健全组织，理顺关系，明确职责，提高基层党建水平等6项主要任务和12个方面具体要求。年内，又制定《关于推行党内“三先”活动的意见》，提出“哪些事情要让党员先知道，哪些问题要让党员先讨论，哪些方面要让党员先行动”的具体要求。党委组织开展“争创新业绩、迈向新世纪”建功立业竞赛活动。2001年1月，镇党委制定《党的建设工作实施意见》，把思想建设、组织建设、作风建设、文明建设和群团工作列为党建工作的基本要求。2003年，党委下发《关于认真学习胡锦涛同志“七一”重要讲话兴起学习贯彻“三个代表”重要思想新高潮，进一步推进“凝聚力工程”的通知》，提出推进“凝聚力工程”新的具体措施和目标任务。2005年，制定《关于开展保持共产党员先进性教育活动的实施意见》，有计划、有步骤地在机关、企事业单位和农村开展保持共产党员先进性教育各项活动。镇党委被评为2005年度区先进基层党组织标兵。2006年6月，制定《关于建立山阳镇党内互助专项资金的实施意见》，镇建立150万元党内互助专项资金（以下简称党内互助金）。用于对生活困难党员的补助。翌年初，进一步完善和规范党内互助金的使用和管理。2007年5月、6月，先后出台《关于党员退休后党的组织关系转移到居住地党组织的意见》《关于表彰农村无职党员“设岗定责”活动先进个人的决定》。加强党员退休后的管理，探索发挥农村无职党员作用的新途径、新方法。2008年，制定进一步加强领导班子建设，对“三重一大”事项进行集体民主决策等7项制度。强调班子建设的目标任务和重大事项决策的必经程序，规范议事决策程序与规则。2009年，下发《党风廉政建设责任制实施意见与检查考核办法》。党委与基层党组织签订党风廉政建设工作责任书，落实“一岗双责”措施。是年，首次实行村党组织换届“公推直选”。

山阳镇党委被评为2008—2010年度上海市五好乡镇党委。

二、重要活动

“三讲”教育活动 2000年8月至9月底，按照党中央、市委、区委的要求开展“三讲”教育活动。党委制定《关于在处级领导班子、领导干部中开展以“讲学习、讲政治、讲正气”为主要内容的党性党风教育的实施意见》。镇成立“三讲”教育领导小组，下设办公室，党委书记为第一责任人。“三讲”教育活动分思想发动、学习提高，自我剖析、听取意见，交流思想、开展批评，认真整改、巩固成果4个阶段进行。着重解决坚定信念，提高素养，增强政治鉴别力和敏锐性；坚决、全面地执行党的路线、方针、政策和中央重大决策；全心全意为人民服务，正确用权、秉公办事、依法办事、廉洁自律；坚持民主集中制，遵守党的纪律，反对自由主义；求真务实、真抓实干、依靠群众、群策群力5个方面的问题。

“三个代表”重要思想学习教育活动 2001年6—9月，开展学习“中国共产党始终代表中国先进生产力发展要求、代表中国先进文化的前进方向，代表中国最广大人民的根本利益”的重要思想。镇党委建立“三个代表”重要思想学习教育活动领导小组，下设办公室。镇机关全体党员干部，村居全体班子成员，事业单位正副职干部，市、区驻镇单位党政班子成员参加学教活动。学教活动分为学习培训、对照检查和整改提高三个阶段。各级干部联系实际写出体会文章200多篇，14篇入选编印成册。

保持共产党员先进性教育活动 2005年7月—2006年6月，根据区委统一部署，山阳镇党委制定《关于开展以实践“三个代表”重要思想为主要内容的保持共产党员先进性教育活动的实施意见》、教育活动规则、工作流程图和群众满意度测评表。党委成立先进性教育活动领导小组及其办公室和联络组，区委派督导巡查组。党委抽调24名机关干部和退休干部组成6个指导小组，固定联系6—7个基层党组织进行分类指导。镇机关、企事业单位、社区党组织列为区第二批先进性教育活动的单位，到年底基本结束。同年12月至次年6月，10个村党（总）支部1186名党员参加区第三批先进性教育活动。整个活动分学习动员、分析评议、整改提高3个阶段和16个环节进行。

2006年1月，党委下发《关于继续做好巩固和扩大整改成果并进行“回头看”的通知》，重点解决信念、宗旨、群众切身利益和建章立制等突出问题。

党委和基层党组织，在第二批先进性教育活动过程中上党课52次，1646人次听课；举行报告会19场，1924人次参加；党委直接和委托召开座谈会133次，听取1427人次意见建议606条；发放征求意见表2598份，征求意见和建议183条。党委将征求到的意见建议梳理归并成24条、30个具体问题，分为即知即改5个，近期整改14个，中长期整改11个。明确责任人、责任部门和整改期限。

九龙村在保持共产党员先进性教育活动中为困难群众捐款（2006年，王萍摄）

农村（第三批）先进性教育活动中，解决群众提出的各类问题59个，建立和完善各项管理制度120个。慰问困难党员219人、贫困户380户、动迁户208户，累计发放慰问金 162.8 万元，其中 1054 名党员捐款 60.8 万元。

全镇先进性教育活动中，党政机关制定、修订 20 多项制度、规定、意见和计划。学习、评议、查找问题、整改问题等，经群众测评，满意率为 100%；提高党员素质、促进各项工作的满意率测评为 100%；主题实践活动、加强基层组织、服务人民群众的满意率为 97.7%。

学习实践科学发展观教育活动 2009 年 9 月 23 日至 2010 年 1 月底，开展深入学习实践科学发展观活动，山阳镇被区委列为金山区第二批学习实践科学发展观（以下简称学实活动）单位。镇党委制定学实活动实施方案，成立由党委书记为组长的领导小组，下设办公室。抽调 10 人组成 5 个指导小组。整个学实活动分为学习调研、分析检查、落实整改 3 个阶段。2009 年 12 月，党委制定学实活动整改落实方案，提出落实整改的指导思想、基本原则和措施。

山阳镇深入学习实践科学发展观教育活动动员大会（2009 年摄，《山阳》社区报提供）

山阳镇 2000 多名党员，在学实活动中围绕“党员干部受教育、科学发展上水平、人民群众得实惠”的总要求，以“坚持科学发展，加快城乡一体的‘经济强镇、文化名镇、滨海新镇’建设”为实践主题，开展学习调研、分析检查问题、剖析问题存在根源、落实整改措施、破解发展难题等活动。各个阶段和环节都让群众参与、监督、献言、受益。党委举办报告会 5 场、培训班 2 期、文艺巡演 19 场，形成 7 份调研报告。各基层党组织，召开 8 个不同层面的座谈会，征求到经济发展、城乡建设和管理等 6 个方面的意见建议 124 条，梳理归并为 60 条。征求到“金点子”2388 条，梳理归并为 235 条。全镇召开专题民主生活会 80 余场，组织生活会 30 余场，撰写单位分析检查报告 70 余份。形成整改落实方案和整改落实材料 70 余份。采取整改措施 2300 多条，问题整改 520 多个。镇 13 位班子人员分别到 21 个联系点和 27 个远程教育点进行指导检查，作专题形势任务报告 20 多场，召开座谈会 47 场，1275 人次参加。编发简报 53 期，区、市分别录用 20 篇和 4 篇。经群众满意度测评，党委满意率达 94.34%，比较满意为 5.66%。各基层单位群众满意率为 88.71%、比较满意为 10.99%。

“千人帮万人”活动 2004 年 2 月 27 日，区委、区政府在山阳和枫泾镇同时举行“千名机关干部帮万名困难群众”活动启动仪式。山阳镇 122 户、405 名城乡低保人员，由区、镇、村居 107 名党员干部结对帮扶。镇领导班子成员每人结对帮扶 2 户，科级干部每人结对帮困1户。至2009年，全镇贫困家庭中有20多名在读大学生完成学业，40多户脱贫。

第五节　基层党组织

一、设置

1990年，山阳乡党委辖58个党（总）支部，其中村居党支部21个，机关、企事业单位党（总）支部37个。1993年，撤乡建镇，镇党委辖党（总）支部64个，其中村居党支部21个，机关、企事业单位党（总）支部42个，驻镇单位党支部1个。1999年，部分基层党组织划归金山嘴工业区，山阳镇党委辖56个党（总）支部。2002年7月，村党支部撤并成10个。2005年，金山嘴工业区下属村、企党组织重归山阳镇。是年，党委辖57个党（总）支部。1993年，探索非公企业党建工作。1994年，建立4个非公企业党组织。1999年起，按照中共金山区委《关于加强企业党组织工作的若干意见》，在有一定党员数量和规模的非公企业中加快党组织建设。2006年，全镇有非公企业党组织14个。至2009年，达到57个，党员495人。2005—2009年，全镇新建居民区党组织10个。

1990—2009年，全镇共撤销（撤并）41个基层党组织，新建75个。2009年，全镇有基层党组织107个，党员2298人。

二、组织建设

党支部目标管理　1991年2月，山阳乡党委先在中兴村和粮管所党支部开展试点。是年，全乡有11个基层党支部建立起目标管理制度和党员活动室，推行党务公开。1992年底，全乡63个党支部有46个建立党支部、党员目标管理制度，实行党务上墙、公开。1994年党委制定《1995—1997年党建工作规划》，将思想建设、组织建设、作风建设、群团工作纳入目标管理的主要内容。1995年按照《金山县基层党委党建工作责任制》和《金山县基层党组织党建工作责任制考核细则》，制定《山阳镇党支部建设工作责任制考核实施意见》，明确党建工作主要任务、责任和考核内容。1996年，党委提出5个主要方面、29个具体考核指标，对基层党组织实行考核。1991—2006年，党委多次修订、完善党支部目标管理考核内容和指标体系，每年组织考核。2007年起，结合开展“两承诺一公开三评议”“三联系”和“党员户”挂牌等活动，深化党支部目标管理。

“凝聚力工程”建设　1994年8月，山阳镇作为县试点乡镇先行开展。镇党委制定《关于开展“凝聚力工程”的实施意见》，成立“凝聚力工程”活动指导小组，各基层支部建立领导、工作小组，在全镇基层党组织中全面开展“凝聚力工程”系列活动。杨家村党支部被市农村党委列为开展建设“凝聚力工程”试点单位，其工作受到市农村党委和县委领导的肯定，经验在市级刊物上介绍。是年，全镇2000多名党员、干部募捐72489元，建立“凝聚力工程”基金，用于扶贫帮困。同年，由党委牵头山阳、振阳、建阳三大集团公司与三个经济薄弱村帮扶结对，加强合作，带动发展。2003年7月，党委发出《进一步推进“凝聚力工程”的通知》，深化开展“凝聚力工程”“三级联创”“六有”村党组织建设，加强以农村党组织为核心的村级组织建设。2006年6月，由镇党委发起，通过政府资助、党内外捐赠筹资，建立党内互助金，形成为困难党员帮困机制。至2009年，受助困难党员625人次，发放帮困金31.07万元。

“五好”党支部建设 1996年10月起，在农村党支部中开展“五好”党支部创建活动。镇党委制定《关于在全镇农村全面开展创建“五好”党（总）支部活动的意见》，提出建设一个好的领导班子、培养一支好的党员队伍、选定一条好的发展路子、完善一个好的经营机制和健全一套好的管理制度“五好”党（总）支部创建活动的指导思想、主要内容、方法和步骤；确定“五好”党（总）支部创建和评选标准。评选工作每两年开展一次。1997年，全镇有60%的农村党支部进入“五好”行列，其中3个村党支部被评为市“五好”党支部，5个村党支部被评为区“五好”党支部。2001年，党委在巩固农村“五好”党支部创建成果的同时，制定新的创建目标，加大创建力度，推进“五好”党支部创建和村委会自治达标同步开展。1997—2009年，有9个村次党组织创建成市“五好”党支部，17个村次党组织创建成区“六有”党组织。

新经济组织党建 1993年，山阳镇党委针对“三资”企业快速引进的新情况，提出探索“三资”企业、股份合作制企业内党的基层组织建设的新思路、新途径。镇建立新经济组织党建工作联络员制度。1994年，全镇首批建立4个新经济组织党支部。2000年1月，党委建立新经济组织党建工作指导协调小组，推进新经济组织的党建工作，做到“成熟一个组建一个”。2003年，党委加大新经济组织党建工作指导协调的工作力度，健全联络员制度，以经济小区党组织为载体，理顺新经济组织党建工作管理体制。要求凡有正式党员3名，具有一定规模和生产经营相对稳定的企业，都应单独建立党组织，党员人数不足3人的企业，按照地域相邻、行业相近的原则，建立联合党支部，明确党组织的隶属关系和党员的组织关系。2004年，镇建立党员服务中心，深入为非公经济党建服务。至2006年，先后组建新经济组织党支部14个。

2007年9月，经区委组织部批准，在全区率先组建镇党委下设的工业经济党委，具体负责经济组织党建工作。同月，镇党委制定《进一步完善党委班子成员党建工作联系点制度》，党委9人分工联系81家非公企业，把非公企业党建工作责任制落实到人。至2009年，建非公企业党组织57个。同年6月，华峰公司党支部被评为上海市新经济组织“五好”党组织，金山区仅有2个单位获此荣誉。10月，工业经济党委改称为综合工作党委。

第六节　党　　员

一、发展党员

1990年，全乡有党员1493人，其中男性1292人、女性201人，女性占党员总数的13.46%。2009年，全镇有党员2298人，其中男性1802人、女性496人，女性占党员总数的 21.58%。1990—2009 年，发展党员 605 人，其中男性 360 人、女性 245 人。

山阳镇（乡）党委按照“坚持标准、保证质量、改善结构、慎重发展”的方针，注重在工作一线优秀青年尤其是女青年中培养发展党员，每年举办 1—2 期入党积极分子培训班，坚持“成熟一个发展一个”的原则。1990—1995 年，共发展党员 135 人，其中一线青年党员 100 人，占 74.07%。1990—2009 年，共发展女性党员 245 人，占发展党员总数的 40.5%，女性党员的比例明显上升。依据《中国共产党章程》《中国共产党发展党员工作细则（试行）的规定》和区《发展党员实行公示制度的试行办法》，2003 年起，发展党员实行公示制度，2006 年起，发展党员表决实行票决制。

1990—2009 年山阳镇（乡）基层党组织基本情况表

表 3-3

年份	总支（个）	支部（个）	党员人数（人）					发展党员人数（人）				
			合计	男	占比(%)	女	占比(%)	合计	男	占比(%)	女	占比(%)
1990	2	56	1493	1292	86.54	201	13.46	13	10	76.92	3	23.08
1991	1	59	1474	1275	86.50	199	13.50	20	16	80	4	20
1992	0	63	1510	1315	87.09	195	12.91	20	17	85	3	15
1993	1	63	1526	1330	87.16	196	12.84	20	17	85	3	15
1994	0	65	1539	1334	86.68	205	13.32	20	16	80	4	20
1995	1	63	1584	1374	86.74	210	13.26	42	34	80.95	8	19.05
1996	1	63	1620	1406	86.79	214	13.21	33	26	78.79	7	21.21
1997	3	59	1645	1472	89.48	173	10.52	35	25	71.43	10	28.57
1998	4	70	1687	1497	88.74	190	11.26	36	22	61.11	14	38.89
1999	1	55	1454	1236	85.01	218	14.99	36	22	61.11	14	38.89
2000	1	55	1462	1245	85.16	217	14.84	36	20	55.56	16	44.44
2001	1	40	1443	1219	84.48	224	15.52	20	12	60	8	40
2002	10	40	1525	1280	83.93	245	16.07	27	12	44.44	15	55.56
2003	10	40	1672	1374	82.18	298	17.82	18	12	66.67	6	33.33
2004	10	40	1720	1405	81.69	315	18.31	15	6	40	9	60
2005	10	47	1816	1515	83.43	301	16.57	50	29	58	21	42
2006	10	56	1965	1614	82.14	351	17.86	24	8	33.33	16	66.67
2007	10	80	2085	1748	83.84	337	16.16	33	14	42.42	19	57.58
2008	10	88	2170	1759	81.06	411	18.94	44	15	34.09	29	65.91
2009	10	97	2298	1802	78.42	496	21.58	63	27	42.86	36	57.14

二、党员管理

民主考评和评议党员 1988年下半年，山阳乡党委根据市委和县委组织部的要求开展民主评议党员试点工作。1990年，全乡1475名党员参加民主评议，参评率达98.79%，有580名群众代表参与评议。经民主评议和综合考评，从58个党（总）支部中评选出乡先进党务工作者10名、先进党员98名，7名优秀党员入选支部班子；评选出市先进个人1名、集体1个，县先进个人2名、集体1个。1991年4月，结合基层党支部换届，乡党委制定《关于基层党支部“三评”工作和换届改选工作的意见》，明确规定重点评议党员干部勤政廉政、为民办事、秉公办事；一般党员重点评议立足本职、做好工作、发挥党员作用。评议分为先进、合格和基本合格、不合格3个档次。民主测评支部分为一、二、三类。至1993年，全镇共有23个党支部、312人次党员分别被评为市农口、县、镇（乡）先进党组织、先进党员和先进党务工作者。1991年6月，中兴村党支部被评为市农口系统先进党支部。

1996年，开展基层党（总）支部民主评议党员、民主评议党（总）支部“双评”活动，对全镇党员进行做新时期合格共产党员的教育。2007年，镇党委制定《关于开展“两承诺一公开三评议”活动的实施意见》。要求基层党组织向党员、群众承诺，党员向党组织和群众承诺；实行党务公开；开展党委评议基层党组织，党员群众评议党组织、干部，党组织评议党员。要求村党组织在村级经济发展、民主管理、干部队伍建设等方面向党员、群众作出承诺。党员从联系服务群众，促进经济发展，倡导文明新风和带头执行政策等方面承诺。党组织对组织设置、人员分工、工作计划、目标任务、重大决策和资金使用等重大事项予以公开。每年对各单位“两承诺一公开三评议”开展情况进行评议。

2008年，镇党委制定《关于在全镇各村推行“三联系工作制”的实施意见》，并建立党员联系群众、党小组长联系党员和党（总）支部委员联系党小组长的“三联系”工作手册和工作台账。4月21日，党委在长兴村召开现场会，推行“三联工作制”。新江、杨家等村党总支在全区率先探索党员积分考核制。华新村党总支在全镇率先实施“党员户”挂牌，结合积分考核评定星级党员，并在党务公开栏亮分挂星。

退休党员管理 2007年5月，镇党委制定《关于党员退休后党的组织关系转移到居住地党组织的意见》。要求凡企事业单位退休的党员，居住地和户口所在地分离的，党的组织关系原则上转移到居住地党组织；退休后原单位聘用的党员，其组织关系可在原单位，受聘到另一单位半年以上的，聘用单位有党组织的，其组织关系可转移至聘用单位，聘期满后，组织关系转到居住地党组织；因动迁住过渡房，或新建居民区尚未建立党组织的，其组织关系可暂留原单位，待时机成熟后及时转接。

2006年2月，开展农村无职党员“设岗定责”活动。镇党委在中兴村召开专题会议推进此项活动的开展。各村党组织结合自身实际，分别设置违章建筑监督岗、文明建设监督岗、移风易俗监督岗、政策宣传岗、经济发展示范岗等16个岗位，有500多名无职党员参与设岗定责活动，并由村向居民区延续，为无职党员继续发挥作用搭建平台。此举在区基层党建工作会上作经验交流。翌年中国共产党建党日，26名先进个人受到党委表彰。

第七节 干部队伍

一、干部配备

1990—2009年，山阳镇（乡）基层党支部和村居委班子换届7次，撤销（撤并）基层党组织41个，新建75个。新建居委会9个。充实调整基层干部830余人次，其中从青年后备干部队伍中选拔421人，占50.72%。

1994年制定的山阳镇党建工作规划明确要求，每年保持培养后备干部、入党积极分子120人。党委建立后备干部培养、考察制度和公开、平等、竞争、择优选人用人机制，采用“组织推荐、社会举荐、个人自荐”等形式，不断调整和补充后备干部队伍。通过挂职锻炼、实职训练、见习培训等途径培养提高后备干部的整体素质。1990—1995年，培养选拔镇级后备干部5名，基层后备干部186名。

2001年，镇属事业单位实行机构改革，党委打破常规的选人用人机制，采用“双向聘任制”，即由党委聘任事业单位主要负责人，其下属人员可打破原事业单位分隔的界限，自由选报到某个事业单位工作，事业单位主要负责人根据岗位设置要求和人员定编，公平竞争、择优录用。2002年7月村撤并，党委只选定村党（总）支部书记候选人，各村原班子成员都为新建立的临时党支部或村委会筹建组成员。9月，选举村“两委”班子成员的选举权力全部交由所在村党员和村民，村委会选举首次采用不确定候选人（海选）的方式选举。2003年，山阳镇在全区率先面向社会公开招聘村民委员会主任助理，经过笔试、面试、竞聘、村民代表大会表决等程序，9个村首批招聘11名村民委员会主任助理。2006年起，招聘工作推向居民区、机关、事业单位和镇属公司，并打破区域界限，好中选优，把政治素质、工作能力、文化程度、年龄结构提到更高要求。2003—2009年，共招聘12批次47人。经过培养、竞聘（选举），先后补充入村居“两委”班子和机关、事业单位、镇属公司担任相应职务的有21人，其中入选村居“两委”班子的13人中，2人任村党总支书记、村主任，3人任居民区党组织书记、居委会主任。本科（大专）及以上学历占81.82%，35岁以下占54.55%。干部队伍学历层次和年龄结构得到优化。

二、民主生活会

镇和基层领导班子民主生活会、党员干部作风讲评会、党小组民主生活会每年坚持召开2次以上，开展思想、工作交流，批评和自我批评。镇（乡）党委还结合历次重要活动召开专题民主生活会和党员干部作风讲评会，并邀请党外人士参加。1995年起，镇党委先后制定《党内民主生活和党内监督制度》《会议制度》《议事规则》《重大问题决策集体讨论决定制度》《关于党支部的建设工作责任制和考核实施意见》等。把党内民主和民主生活会制度列为考核的重要内容之一，并落实责任考核。2001年6月、2005年7月和2009年9月，结合开展“三个代表”重要思想、先进性和科学发展观教育活动，党委分别派员到各基层单位指导检查，并参加民主生活会，提高民主生活会质量。

三、学习培训

1994 年，镇党委从加快经济发展，培养跨世纪干部战略高度出发，交由镇成人学校，举办全日制脱产一年半“企业与经营管理”专科班，28 名学员于 1995 年下半年完成学业，先后走上基层领导岗位。1995 年，根据发展外向型经济的需要，镇创办“上海外国语大学夜大学山阳分部”，开设英语和日语 2 个班，经过 2 年的脱产学习，学员达到英语中级、日语初级水平。同年 9 月，镇党委按照党建工作规划，制定《基层干部和党员开展实用技术培训的实施意见》，提出 3 年培训目标、步骤和方法。培训分经济理论学习、农村实用技术培训和考试发证 3 个阶段进行。1996 年，举办 2 期党员干部实用技术培训班，开设企业经营决策、水稻播种技术以及党的基础知识课。400 多人接受培训，经考核合格率达 100%。1995—1997 年，全镇 607 名 50 岁以上党员干部参加培训，至 2009 年，累计举办党员、干部各类培训班 62 期，5800 多人次受训。一大批党员干部经市、区统考分别取得市委组织部、市科协等颁发的各类相应证书。

第八节　宣传工作

一、党员干部政治理论学习

1990—1993 年，山阳镇（乡）党委组织党员干部开展以党的基本路线、马克思主义基础理论和党的基本知识为主要内容的政治理论学习，举办各类培训班、讲座、报告会、研讨会、理论学习班、学习宣传活动等 40 余次，1500 名党员干部受到一次政治轮训。

1994—1996 年，山阳镇党委建立党政干部中心组学习制度，组织编写党课教材 8 课。重点学习《邓小平文选》《社会主义市场经济基础知识》。举办孔繁森事迹演讲报告会，500 多名党员干部接受教育。采用上党课、报告会、讲座、观看录像等形式组织学习，2500 多名党员干部坚持集中学习和自学相结合，不断提高政治理论素养。1994 年底，上海市委宣传部、市农村党委在山阳镇召开上海农村学习《邓小平文选》现场交流会，镇党委作典型发言。

1997—1999 年，山阳镇党委在全镇党员干部中深入开展学习邓小平理论和爱国主义、集体主义、社会公德、职业道德、家庭美德、爱岗敬业、艰苦奋斗、无私奉献等系列宣传教育活动。引导党员干部争当敬业创业的先锋、关心群众的模范。

2000—2002 年，山阳镇党委在“三讲”、“三个代表”重要思想学习教育活动中，加强中心组学习，改革党课教育的内容和模式，试行党课辅导课与示范课。杨家村党支部的党课教育典型经验在《金山报》《学习月刊》上介绍。

2003 年，镇党委举办领导干部学习《“三个代表”重要思想学习纲要》《公民道德建设实施纲要》《中华人民共和国行政许可法》等培训班，请市农委领导和市、区党校老师作“关于农村三个集中（工业项目向园区集中、人口向城镇集中、土地向规模经营集中）”、

“三个代表”重要思想学习辅导报告。2004年，开展爱国主义教育活动，发动党员干部募捐7.97万元，资助爱国主义教育基地、金山卫城侵华日军登陆处遗址修缮。2005—2006年，组织开展保持共产党员先进性教育活动，党委成员下基层上党课52次，举行专场报告会19次，3570人次受教育。2007年，组织党员干部学习社会主义核心价值观和中国特色社会主义理论体系。党委中心组（扩大）集中学习10次，举办党员干部政治理论培训班4次，其中基层正职干部专题培训班1次，确立新时期人生观、价值观。2008年，开展“讲党性、重品行、做表率”主题教育。党委召开加强干部作风建设动员大会，请区纪委领导作辅导报告，举办讲座、报告会、知识竞赛等活动5次，教育党员干部弘扬先锋、树立表率。2009年，集中开展“科学发展观”教育活动，2000多名党员干部联系实际坚持学习、调研、分析检查问题，剖析问题存在的根源，落实整改措施。党委举办报告会6场、培训班2期，召开座谈会8次，征求到各类意见建议124条。

二、社会宣传教育

形势任务教育 1990年4月，山阳乡开展“谈乡情、看国情”和“艰苦奋斗、多作贡献”的群众性思想教育活动。组织和发动群众围绕“乡情、国情、献计献策”3个主题，开展大家谈活动。全乡开展各种形式活动400多次，85%以上群众参加，征得意见建议300余条。1991年，开展以“讲道理、明目标、学先进、作贡献”和“振兴山阳、建设山阳”为主题的社会主义思想教育活动。结合“八五”计划专场宣传20多场，文艺巡回演出100多场，2万多名群众受教育。1992年，在群众中开展以“爱我山阳、建设山阳”为主题的建功立业活动，在企业职工中开展“60天”“100天”劳动竞赛活动，400多名职工参加技术比武，30多名女职工参加时装设计和裁剪比赛。1994年，学习“发展才是硬道理”等重要论点，编写教育宣讲材料2期，采用宣讲、轮训班、图片展览、文艺巡演等形式进行宣传。6名镇领导下村居、学校、企业宣讲14场。对镇第19届运动会开幕式和“十月歌会”大型活动进行宣传，下村居、厂企、学校宣传26场，受教育8500多人次。

1995—1996年，进行“建设有中国特色社会主义”理论宣传教育。围绕“一年一个样，三年大变样，五年再上一个新台阶”的奋斗目标，开展“为20亿再作贡献，为山阳再创辉煌”主题宣传和建功立业活动。1995年，评选表彰4个标兵单位，8名优秀厂长（经理），100名先进个人，10座“之最”奖杯（产值、利润最多的企业）和10件社会公认的好人好事。1996年，评出10个行业中的88个能手和10个标兵。

1997年，庆香港回归，开展爱国主义教育。开辟“庆香港回归、迎党的十五大”广播专题节目。6月，举行中国近代史知识竞赛和庆香港回归祖国大联欢活动。组织观看《鸦片战争》《金山湾的歌》等影片，6200多人次参加。开展文艺巡演14场，观众1500多人次。印发宣传教育材料12000多份。开展“我是山阳的主人”献计献策活动，征集到“金点子”120条，其中5条获区“金点子”奖。1999年，开展“塑造跨世纪金山人的新形象”大讨论活动、“迎接新世纪、争创新业绩”建功立业竞赛活动和揭批邪教宣传教育活动。2000年，开展宣传制止“三乱”、治理“脏乱差”活动。采用黑板报、画廊、报告会等形式进行宣传，营造人人参与创建活动的氛围，提高市级文明小区、文明单位、文明窗口、文明商业街和“五好家庭”的创建率。2003 年，按照《公民道德建设实施纲要》提出的“爱国守法、明礼诚信、团结友善、勤俭自强、敬业奉献”基本道德规范要求，以“责任意识”为主题，开展群众性思想道德教育宣传活动。举办讲座 2 次、文艺下基层巡演 30 余场，共计有观众 6000 余人次。2004 年，在全镇村居和企事业单位群众中集中开展“倡导移风易俗，丧事简办，推进文明新风尚建设”宣传教育专项工作。镇、村居分别成立“破除迷信，移风易俗”专项工作领导小组。依法取缔“神汉”“巫婆”“算命”迷信活动点。至年底，全镇丧事简办户达 85% 以上。11 月，开展“山阳人看山阳”主题教育活动，全镇 44 个单位 900 多人分 3 批参加活动，见证山阳实现“三年翻一番”的经济社会发展成果。2005 年，开展“我是社会一员，应对社会负责”的责任意识教育和“我为金山（山阳）跨越式发展作贡献”大讨论活动。结合“与文明同行，做可爱的上海人”主题实践，弘扬遵纪守法、奉献社会的公民道德风尚。

2009 年，镇召开“三创”工作总结暨表彰迎世博 600 天推进大会（《山阳》社区报提供）

2006—2008 年，按照市、区建设社会主义新农村、新郊区的决定，开展创建上海市文明镇、中国民间文化艺术之乡、国家卫生镇和“迎世博活动”，重点开展“同创文明、共建和谐”等主题系列宣传教育和“迎世博 600 天行动计划”宣传活动。参与区“三创”（创建市文明城区、国家卫生区、国家环保模范城区）工作，下发 4 万份倡议书、7400 余份宣传画，刷写标语 2000 多平方米，制作 19000 只“三创”宣传陶瓷杯送到每家每户。出简报 23 期，《山阳》社区报、山阳网站开辟专栏和电子简报，在全镇营造“三创”氛围。山阳镇成功创建 2006—2007 年度上海市文明镇。

2009 年，在巩固“三创”成果的同时，以迎世博、服务世博为主线，开展“城市，让生活更美好”群众性系列宣传教育和创建全国文明镇活动，全镇形成万余人志愿者队伍。2010 年 5 月，全镇按户发放市“世博大礼包”20028 份，其中户籍家庭 15750 份、到沪人员家庭 4235 份、境外人士家庭 43 份。

先进模范教育 1993 年，评为市农口系统标兵企业的金海鞋业有限公司和上海市“十佳优秀教师”吴永祥的事迹，被拍摄成电视片，编入《金山人的风采》，在全镇和全县得到广泛宣传。1995 年，开展向孔繁森学习活动，举办演讲会，观看事迹专题片，500 多名党员干部受到教育。1996 年，学习全国劳模徐虎“辛苦一人，方便千万家”全心全意为人民服务的事迹，激励人们艰苦奋斗，爱岗敬业，乐于奉献。1997 年，开展向在山阳戚家墩海滩舍己救人的英雄张鲜军学习活动，举行张鲜军烈士事迹报告会，组织参观张鲜军事迹展览和观看专题片。2005年，开展向全国优秀公安干部任长霞学习活动，举行事迹报告会和观看专题片5次，近2000人接受教育。2006年，学习三岛龙洲居民区志愿者姚国权的先进事迹。他十多年如一日，不计报酬为2000多家居民维修厨卫管道器具，成为金山的“徐虎”。2003年，获上海市精神文明“十佳好事”提名奖，被市总工会评为“职业道德”先进个人。2006年，被评为“感动金山人物”。

建功立业竞赛活动 1988年起，在全乡团员、青年中开展建功立业和争做“五四标兵”活动。1990年，山阳乡党委、政府印发《关于在全乡范围内进一步开展建功立业竞赛活动的通知》。是年，表彰7个建功立业先进集体、91名先进个人、4件好事。1993年起，金山县连续多年开展“金山杯”“丰收杯”“新风杯”等建功立业夺杯竞赛活动。至1995年，山阳镇连续夺取代表金山最高荣誉的“金山杯”和“新风杯”等。1997—2004年，金山区连续开展建功立业夺杯竞赛活动，山阳夺得“创汇杯”“三产杯”“振兴杯”“引资杯”“小区杯”“事业杯”“金山杯”等奖杯12座。1999年，山阳镇评选表彰建功立业“十佳标兵”80余人次、先进个人800多人次、先进集体50个。之后，山阳镇每年开展一两次群众性建功立业和创先争优活动。

2007年，全镇开展“山阳精神”群众性大讨论和山阳“镇标”评选活动。先后在2007年12月镇第十四届二次党代会、2008年1月镇第十七届二次人民代表大会确定“矢志如山、胸怀朝阳，同舟共济、勇立潮头”为山阳精神和富有特色的山阳“镇标”图案。

第九节 统战工作

一、组织机构

1990年，乡建立统战工作领导小组，由党委1名副书记或委员分管，设1名兼职统战员。2003年7月，统战工作领导小组下设办公室，统战员兼办公室主任，负责日常工作。各村居设1名统战联络员，配合协助镇统战工作。2007年，统战工作归口镇党群工作办公室，设1名专职统战员。山阳镇（乡）各类统战对象主要有归国华侨、侨眷侨属、港澳台属、常住港澳台胞、出国留学人员眷属、归国留学人员、少数民族人士、工商业者、知识分子、民主党派人士、优秀党外人才、无党派人士、宗教界人士以及科技人员等。2009年，全镇共有统战对象140人。

贯彻《中共中央关于坚持和完善中国共产党领导的多党合作和政治协商制度的意见》和有关少数民族、侨务、宗教等法律法规，山阳镇党委先后制定党政领导与重点统战对象“交朋友”制度、重大情况通报制度、联谊活动制度、学习培训制度、扶贫帮困制度、结对共建制度、共商发展制度等。

二、主要工作

商会工作 1989年11月，成立金山县工商联山阳联络小组，由1名乡党委副书记任组长。1999 年 6 月，成立金山县工商联山阳镇分会，有会员 53 名。2005 年 11 月，镇商会三届一次会议通过《山阳镇商会工作细则》，会员发展到 75 户（人）。1995 年，3 家“三资”企业被评为县“十佳三资企业”，2 名外商被评为“上海之友”。2007 年 4 月，商会会员与 10 个村结对共建，帮助村招商引资发展经济。2008 年，镇商会被评为金山区先进基层商会，1 人获评上海市党建之友，2 家企业被列为区非公企业党建示范企业，3 家企业负责人获评金山区首届“优秀中国特色社会主义事业建设者”。华峰集团上海有限公司总经理叶芬弟被评为 2004—2006 年度上海市劳动模范，2009 年，叶芬弟获上海市第三届优秀中国特色社会主义事业建设者称号。2002—2009 年，会员企业向慈善光彩事业捐款、企村结对资助 600 多万元，建言献策 25 条。

1999—2009 年，镇商会共召开四届会员大会，改选商会执委会和会长、副会长、秘书长。

关心帮助少数民族同胞 1990 年，山阳有少数民族 7 个、18 人。其中藏族 1 人、苗族 1 人、满族 9 人、白族 1 人、壮族 2 人、水族 2 人、彝族 2 人。随着改革开放不断深入和人口流动加快，2009 年，全镇有在册少数民族 18 个、62 人。山阳镇（乡）贯彻落实党和国家的一系列民族政策和《上海市少数民族权益保障条例》，关心、照顾和帮助少数民族同胞。企业转制时优先给无工作的同胞安排工作；帮助他们解决子女就近入学问题；对 6 户生活困难的家庭给予助医、助学等帮困补助；为 1 名少数民族残疾人落实生活保障。每年中秋、春节安排少数民族代表参加区、镇统战座谈会。1995 年，镇“十月歌会”邀请 3 名少数民族同胞同台表演。2008 年 1 月 13 日，金天地小区一户朝鲜族朴姓居民家发生燃气爆炸，人员和财物遭受损伤。镇党委、政府领导前去慰问，帮助解决其生活暂时困难等问题。

港澳台胞工作 1987 年，山阳乡接待回乡探亲旅游观光的港澳台胞 8 人次，为他们回家探亲、旅游观光、贸易经商、投资办厂等提供服务与便利。1988 年，台胞（商）陈国英在山阳开办第一家台商与山阳合资的企业——上海金海鞋业有限公司。山阳乡为在山阳投资办厂的台胞进一步做好服务，鼓励引进更多的台资企业。1991 年起，先后由台胞介绍引进宏泰制衣、徕伊特五金、南荣箱包等台资企业到山阳投资办厂。1991 年，推荐金海鞋业有限公司总经理陈国英为县海外联谊会名誉理事。1996 年，上海华南老蔡食品工业有限公司被市台湾同胞投资企业协会评为“上海市最佳台资企业”。山阳每年召开 2—3 次港澳台胞联谊会、台商座谈会，通报山阳经济、政治和社会发展情况，倾听意见和建议。台商热心义举善事，1993 年，由台商发起建立镇教育奖励基金会。2000 年春节前，上海棋峰塑胶实业有限公司总经理捐赠 1 万元，助困 50 户。

侨属侨胞工作 20 世纪 80 年代末，山阳陆续有海外人士回乡观光考察。1990 年，有侨属侨胞 22 人，2009 年，有归侨、侨眷、留学生 73 人。1995 年，推荐 2 名侨属出席县第三次侨代会，组织 12 名侨界人士参加“侨界人士上海行”活动。2007 年 5 月、山阳镇、金山工业区、漕泾镇联合组建侨联分会。2008 年 4 月，成立由 1 名党委副书记为组长的山阳镇侨台经贸协调小组，建立党政领导走访联系服务制度，为他们协调解决实际问题。

至2009年，侨联组织摸排出14户患重大疾病、独居老人等困难侨眷侨胞由各级组织给予帮困。

与各界人士交朋友 山阳镇建立各类统战对象名册和联系制度，结对交朋友。1995年，镇党政领导分别与22位不同界别人士交朋友，定期联系沟通交流。2009年，13名镇领导分别与重点人士"一对一"结交朋友，听取他们对党委、政府工作的意见和建议，每年邀请他们参加镇人民代表大会等各类重要会议、重大活动。依法对4个宗教聚会点予以登记，教育宗教界人士爱国爱教、维护社会和谐稳定。

开展政协联络组活动 1985年，山阳乡建立政协联络组，由政协委员、民主党派及各方面代表人士组成，1名党委副书记兼组长。每年开展3—4次走访和调研活动，听取社情民意，形成调研报告，为政府决策或改进工作提供依据。2009年，山阳地区7名区政协委员共收集社情民意4条，对居民小区周边菜场设置等进行专题调研，提出建设性意见和建议。

第十节　政法工作

1990—2005年，1名党委副书记分管政法工作，负责辖区内的公安、司法、治安、信访、外口、综合治理等方面工作，领导和组织协调社会各方力量维护社会稳定。2006—2009年，镇党委副书记职数减少，由1名党委委员分管。

一、机构

1987年，成立乡社会治安综合治理领导小组，党委分管政法的1名副书记任组长。1991年6月，社会治安综合治理领导小组下设办公室（以下简称综治办），主任由县公安部门派员担任。1995年，建立政法工作小组和维稳工作小组。1997年3月，成立"110"公安、司法联合行动领导小组，10月，建立社会治安综合治理委员会。1999年7月，成立刑释解教人员帮教办公室。2002年4月，建立镇禁毒工作领导小组。2003年2月，镇设立司法科。同年6月，成立山阳镇人民调解委员会和刑释解教人员安置帮教工作领导小组，防止矛盾激化和减少重新犯罪。2007年，建立"平安山阳"建设工作领导小组及综治进企业工作领导小组，村居建立综治工作室，把工作的重点放在基层。

山阳镇被评为上海市1994—1995年度社会治安综合治理先进集体。2002年，镇被评为金山区社会治安综合治理达标镇。2008年，山阳镇成功创建上海市平安社区，镇综治社保队办公室被评为市社区保安工作先进集体。

二、社会治安综合治理

1991年8月，山阳乡党委、政府下发《关于加强社会治安综合治理工作的通知》，各村居、企事业单位相继成立社会治安综合治理工作小组，党支部书记任组长。按照"谁主管谁负责"的原则，落实综治责任。1994年起，山阳镇党委、政府对基层单位实行治安目标管理责任制考核，与基层签订治安管理责任书，构筑社会治安第一道防线。1996年，镇在亭卫公路等主要路段设治安岗亭和治安点 8 个，实行军警民日夜联防。2003 年，加强人民调解和刑释解教人员安置帮教工作，把矛盾化解在基层、萌芽状态。2005 年 1 月，山阳镇制定《关于实行村级治安联防工作的实施意见》，各村组建联防队，由派出所指导开展夜间治安巡逻。2006 年，开展“平安铁路路段”创建，确保辖区内铁路安全畅通。2007 年 6 月，镇综治协管员到村居综治工作室，协助化解不稳定因素。2009 年，杨家等村推行多户联防，安装家庭简易联防报警器。机关、企事业单位、重要机构安装与公安“110”联网的报警器，发挥人防、物防、技防联合防控综合治理效应。

三、专项治理

1991 年，成立乡禁赌工作领导小组，山阳乡党委、政府下发《关于开展制止搓麻将、严禁赌博专项治理工作的通知》《关于制止搓麻将禁止赌博的规定》，转发县委《致全县共产党员的公开信》和县纪委《关于共产党员犯赌博错误党纪处分暂行规定》。在全乡范围内开展查赌禁赌专项治理工作。1994—1997 年，山阳镇下发 3 个禁赌文件，重申党员干部参赌被公安机关抓获一律给予党纪、政纪处分。2003 年，成立镇房屋综合整治领导小组，对海浒、松卫新村等老住宅小区出现的乱搭建、乱拉电线、群租等进行专项整治。2007 年 1 月，镇制定《处置不稳定突发事件工作预案》，对拖欠民工工资款、劳资纠纷、动迁安置、重大治安等突发事件进行专项处置。3 月，镇制定《加强来沪人员社会化管理推进居住证工作的实施意见》，印发《给来沪人员的公开信》。开展调查摸底、信息采集、信息管理、办证服务等系列工作，年内办理居住证 17021 人。10 月，镇成立整治非正常宗教活动领导小组，根据市、区民宗委要求，会同统战部门，对非正常宗教活动场所进行联合整治，取缔一批非正常宗教活动点，对 4 个登记点依法予以保护。

2007—2009 年，组织联合集中专项整治 74 次，取缔无证、违规经销液化气钢瓶点 27 个，收缴钢瓶 178 只；取缔非法行医 30 处，收缴药品、药具、器械，教育 12 人，打击非法行医 3 人；取缔无证废品收购点 113 处；整治 6 处无证食品加工场所。整治 5 个居民小区中的 8 个群租房点；整治老街区 702 户老化电线，整修更新电路设备 227 户。对镇区、城区、学校和农贸市场周边无证经营、乱设摊、乱停车等进行专项整治，规范重点区域社会秩序。

四、群防群治

1990 年，全乡组建群防群治队伍 88 支、864 人，各单位建立常年防范巡逻制度。1994 年，推行综合治理目标管理责任制，建护村队 10 个、88 人，护楼队 11 个、416 人，把群防群治重心放在基层。1996 年，实行军警民日夜巡逻群防，在重点地区、主要路口设固定（治安岗亭 3 个、治安点 5 个）和流动哨卡，派出所在各村设警务点。1998 年起，司法“148”与公安“110”联动，建立 24 小时处理矛盾纠纷机制。2000 年以后，加大人防、技防、物防力度。2007 年，在重点单位安装电控防盗门。加强群防群治队伍建设，镇联防队员由原来的 47 人增加到 70 人，综治协管员由原来的 19 人增至 28 人。各村安排民兵夜间流动巡逻，增加监控时段，扩大监控面。2008 年，在海浒新村安装 52 扇电子防盗门，九龙村安装100台无线电子防盗警报器。2009年，在全区率先开展农村综治多户联防工作，按相邻每10户为一个联防小组，按户安装紧急呼叫报警器1500多只。全镇由综治社保、综治协管、村级联防队、社区巡逻队等组成群防群治网络，形成“自防、联防、专防”的大防控格局。

五、普法宣传

1986年开展“一五”普法宣传教育。1991年，山阳乡建立“二五”普法领导小组，下设办公室，制定《关于山阳乡开展法制宣传教育的第二个五年实施规划》，明确“二五”（1991—1995）普法的重点对象是全乡各级干部、执法人员、宣传教育工作者、青少年学生，以宪法、行政诉讼法等20多个法律法规为主要普法宣传教育内容。各单位落实分管干部和普法宣讲员。“二五”普法工作经县验收通过。

1996—2000年，开展“三五”普法教育，重点对象为村居、企事业单位干部、管理人员、青少年学生和来沪经商人员等。以宪法、民法通则、税法、劳动法、兵役法、老年人保护条例等10多个法律法规作为教育重点。组织外来人员学习《上海市外来人员法律读本》和《外来人口法律须知》。采用办法制宣传教育培训班，印发法律知识问答，开展法律知识竞赛，举行法律知识讲座等，宣传普及法律知识，提高法制观念。各单位结合实际，制定“三五”普法宣传教育计划，有序开展普法宣传教育，顺利完成“三五”普法任务。

山阳镇党委、政府贯彻中央十五大关于“依法治国，建设社会主义法治国家”的治国方略，结合山阳镇实际制定《山阳镇1999—2003年依法治镇规划》，提出依法治理的指导思想、目的意义、总体目标和工作要求及实施措施。镇组建普法依法治镇领导小组，确定工作重点，有计划有步骤推进普法和依法治理工作。

2001年初，启动第四个五年法制宣传教育，将处级干部、公务员及司法、行政人员、法律服务人员、青少年、经营管理人员和一切有接受教育能力的公民列为普法对象。不同对象有不同的普法重点，增强普法的针对性。

2006年5月，启动“五五”普法宣传教育。按照“围绕中心、服务大局、联系实际、突出重点”的普法原则，以干部和公职人员为重点对象。镇建立普法教育讲师团和普法志愿者队伍，开设“家长学校”，举办法制宣传教育培训班、法律知识竞赛等。

第十一节 党　校

1987年4月，创办中共山阳乡委员会党校，校址设在乡工业技术学校。党委书记兼任校长，设专职办学干部，成立校务委员会，负责日常工作。

党校围绕党的中心工作，以提高党员、干部思想政治水平和实际工作能力为宗旨，采用短期脱产培训、报告会、辅导讲座、座谈讨论、观看录像、调查研究等方式开展教学，经常请市、县党校教师上课，县、镇（乡）领导作辅导报告。1987年，举办6期基层党支部委员以上干部学习班、2期团干部培训班，320多人参加。1991年，根据中央在党员干部中开展社会主义思想教育的精神，先后举办6期轮训班，对1400多名党员干部及退休人员进行集中培训，其中包括入党积极分子48人。1992年，63个党支部正副书记参加政治理论和书记岗位知识培训，请县党校老师授课，经县委组织部考试，合格率达100%，领到上岗证书。1993—1995年，根据中组部对新党员进行党的基础知识教育培训的要求，每年对新党员进行48教时培训。之后，为加快培养懂经济会经营善管理的跨世纪中青年优秀后备干部，党委整合全镇各类教育资源，集聚师资力量，外聘专业技术教师，开设党政、企业经营管理专科班和党员干部实用技术培训班。其中，培训新党员82人，经营管理专业脱产培训28人，党员干部实用技术培训260人。

2004年7月，镇建立党员服务中心，负责全镇党员干部培训，为“两新”组织党员、党建服务。至2009年，共举办党员干部、基层正职干部、青年干部、入党积极分子、企业招商人员等培训班19期，受培训1145人次。

戚家墩遗址出土的战国水波纹黑陶双耳罐

第四章 山阳镇人民代表大会

1953年至1987年4月，山阳共经历11届人民代表大会。1987年12月，设乡人大主席团常务主席，主持人大工作。1996年3月，改称人大主席。1990年3月至2006年12月，进行第十二届至十七届镇（乡）人民代表大会代表选举。从1987年起，一般每年召开1次人民代表大会。1990年3月至2009年8月，依法召开26次人民代表大会。听取和审议（查）镇（乡）政府工作报告、财政预决算报告、人民代表大会工作报告等63个，并作出相应决议。先后选举镇（乡）人大主席（主席团常务主席）8人次、副主席3人。选举镇（乡）长10人次、副镇（乡）长25人次，免去镇（乡）长5人、副镇（乡）长16人。闭会期间，依据宪法和法律赋予的权利，镇（乡）人大通过组织代表视察、执法检查等形式实施对政府的法律监督和工作监督。1990年3月至2009年12月，共召开镇（乡）人大主席团会议94次，审议议题178项，办理人大代表提出的书面意见292件。开展代表活动，组织代表学习等，履行地方国家权力机关职能，行使人民当家作主的权利。

第一节 代表选举

人民代表大会代表选举，由镇（乡）选举委员会负责。1990年3月至2006年12月，换届选举6次。第十二届至第十五届代表任期3年，第十六届起任期5年。

一、镇（乡）代表选举

山阳乡第十二届人民代表大会代表选举 1989年12月30日至翌年3月25日完成。乡人大代表名额73名，划分选区57个，1990年3月20—21日为选举日。全乡选民登记25454人，参加投票23980人，参选率94.21%。选出代表72人（第53选区未选出代表）。其中，女性代表14人，占19.44%；非中共党员代表23人，占31.94%；中共党员代表49人，占68.06%。

山阳乡第十三届人民代表大会代表选举 1992年12月14日至翌年3月13日完成。乡人大代表名额83名，划分65个选区，1993年3月12日为选举日。全乡选民登记25759人，参加投票22754人，参选率88.33%。选出代表83人。其中，女性代表21人，占

25.30%；非中共党员代表 26 人，占 31.33%；中共党员代表 57 人，占 68.67%；代表中高中以上文化程度占 28.90%。

山阳镇第十四届人民代表大会代表选举 1995 年 11 月至翌年 1 月 20 日完成。镇人大代表名额 64 名，划分选区 46 个，选民小组 368 个，1996 年 1 月 18 日为选举日。全镇选民登记 26822 人，参加投票 23796 人，参选率 88.72%。选出代表 64 人。其中，女性代表 16 人，占 25%。

山阳镇第十五届人民代表大会代表选举 1998 年 11 月 18 日至翌年 1 月 16 日完成。镇人大代表名额 58 名，划分选区 41 个，1999 年 1 月 15 日为选举日。全镇选民登记 23548 人，参加投票 21147 人，参选率 89.80%。选出代表 58 人。其中，女性代表 17 人，占 29.31%；中共党员代表 36 人，占 62.07%；非中共党员代表 22 人，占 37.93%。

山阳镇第十六届人民代表大会代表选举 2001 年 11 月至 12 月 26 日完成。镇人大代表名额 58 名，划分选区 42 个，是年 12 月 22 日为选举日。全镇选民登记 23688 人，参加投票 22153 人，参选率 93.52%。选出代表 58 名。其中，女性代表 17 人，占 29.31%；中共党员代表 39 名，占 67.24%；非中共党员代表 19 人（民主党派 1 名），占 32.76%。届中，4 名代表调离，1 名病故，1 人取消代表资格。2005 年 4 月 15 日，补选代表 5 名。

山阳镇第十七届人民代表大会代表选举 2006 年 10 月至 12 月 13 日完成。镇人大代表名额 64 名，划分选区 31 个，是年 12 月 12 日为选举日。全镇选民登记 30851 人，参加投票 29812 人，参选率 96.63%。选出代表 64 名。其中，女性代表 15 名，占 23.44%；中共党员代表 55 名，占 85.94%；非中共党员代表 9 名，占 14.06%。

山阳镇（乡）第十二届至第十七届人民代表大会代表一览表

表 4-1

届次	人大代表姓名
十二届 1990 年 3 月至 1993 年 4 月 （72 名）	徐月华（女）、吴金富、黄伯连、潘国余、顾粉华（女）、陈亚连（女）、杨友明、丁兴妹（女）、方海忠、张备国、张召良、黄根法、吴正华、周伯英、姜秀龙、顾志云、杨效生、陆粉娟（女）、张永良、胡奎忠、江仁贤、姚光辉、高仁方、杨友良、沈阿龙、周永良、王福安、熊士元、时德根、张云彪、周国良、孟桂忠、时仁余、吴阿小、沈金忠、张文忠、俞景兴、张龙明、吴家华、徐连均、杨仁龙、孙金华（女）、杨仁良、倪水华、张菊华（女）、金全林、宋秀龙、朱祥倬、戚奎余、姜伯余、华殊强、陆美华（女）、戚粉娟（女）、蒋为民、王永冲、杨菊仙（女）、韩纪元、吴永祥、顾忠林、张友良、王友宝（女）、吴志华、胡粉华（女）、杨正荣、吴傲伦、沈渊杰（女）、张引军、黄秀龙、周华（女）、郭寿良、周章云、张地忠

续表 4-1

届次	人大代表姓名
十三届 1993 年 4 月至 1996 年 3 月 （83 名）	范连华（女）、黄伯连、袁伯坤、顾粉华（女）、朱纪军、沈文军、张召良、熊仁龙、李华桂（女）、翁考忠、傅国民、沈金忠、吴水军、周国良、金连忠、杨士龙、沈永昌、孙金华（女）、王奎弟、俞景兴、周火明、方海忠、方菊芳（女）、姚仁龙、姚光辉、高仁方、戚连忠、周炳均、姚金源（女）、徐跃林、蒋兴观、林忠余、沈粉华（女）、陆大弟、施品强、倪召方、姜秀龙、宋明仁、李梦连、杨菊仙（女）、金聿明、朱仁娟（女）、蔡亚华（女）、张友连、盛继川、沈伯平、周秀忠、朱大宏、褚益忠、杨仁龙 、姜兴奎、王小明、金全林、宋彩花（女）、顾友明、沈初良、张友华（女）、张引军、宋秀龙、范雪君、吴粉连（女）、姚永明、吴宝根、朱分石、郑金明、张美华（女）、沈连忠、周章云、戚专华（女）、俞永花（女）、江新余、张火君、顾敏琪（女）、张菊华（女）、张善兴、史国英（女）、钟雪龙、胡粉华（女）、姚一君、孙明根、张国华、杨培军、张士娟（女）
十四届 1996 年 3 月至 1999 年 2 月 （64 名）	邬国良、邬德宝（女）、张萍（女）、陈惠良、汤仁良、姚金源（女）、姚仁龙、汪飞忠、夏效忠、刘兴妹（女）、戚连忠、潘平权、褚康龙、周章云、张寿余、吴仁龙、徐连均、朱进法、卫连观（女）、吴阿小、杨效生、陆粉娟（女）、朱纪军、盛继川、顾志云、吴美观、王敏、王勤良、张友连、沈伯平、李华桂（女）、黄华林、周福娟（女）、施玲华（女）、张志奎、陈炜、姜美平（女）、张友华（女）、王金英、沈益忠、杨海英（女）、姚永明、钟雪龙、周美华（女）、张菊华（女）、姜兴奎、徐跃林、倪召方、杨正云、杨士军、陆斌军、张纹（女)、张火君、奚士林、朱分石、朱龙明、杨仁龙、江士权、张引军、沈卫、夏云浦、何永铭、陈菊华（女）、黄忠贤
十五届 1999 年 2 月至 2002 年 1 月 （58 名）	杨仁龙、李梦连、张玉林、何永欣、杨效生、张引军、项娣英（女）、汪小权、吴卡 权、沈宝华（女）、张平（女）、管英（女）、谢国忠、盛继新、潘平权、吴瑞良、丁兴妹（女）、徐才均、朱建军、翁田华、李军华（女）、黄秀龙、沈卫、潘其飞、吴克源、周志梅、汤仁良、张伯华、姚金源（女）、胡仁忠、汪欢忠、宋明仁、沈杏芳（女）、张友良、杨海英（女）、陆英（女）、顾云仙（女）、方海忠、朱连华（女）、褚康龙、李桂元、朱分石、张菊华（女）、周美华（女）、何静怡（女）、钟雪龙、盛继川、杨士龙、沈海华（女）、翁进余、姚一君 、盛国华、周秀忠、张龙石、朱满怀（女）、袁伯坤、王斌、朱治军
十六届 2002 年 1 月至 2006 年 12 月 （63 名）	杨效生、陆海华（女）、何永欣、张引军、姚永明、盛国华、江士权、姚一君、朱兵英（女）、陶金林、王红兵、徐跃林、潘平权、徐善均、朱建军、顾关余、翁国琪、杨元龙、潘其飞、钟雪龙、吴连华（女）、陈美忠、张金华（女）吴克源、王强、孙美华（女）、吴士忠、陈龙明、姚金源（女）、马惠珍（女）、周美华（女）、金四军、戚继光、谢国忠、陆英（女）、马连君、王雪余、褚康龙、张友良、张菊华（女）、王念东、杨海英（女）、黄玉珍（女）、王连娟（女）、俞定辉（女)、朱连华（女）、金晋云、顾墨龙、王明龙、陶永林、张全华、胡爱东、张美华（女）、褚益忠、苏红梅（女）、朱龙明、顾仁忠、沈卫，补选夏杰、张权权、顾永良、王国强、鲁士希

续表 4-1

届次	人大代表姓名
十七届 2006 年 12 月— （64 名）	汤奇忠、孙建荣、周伟民、黄根法、沈初良、颜放、王念东、乔辉杰、吴锟、潘其飞、沈永斌、姚全林、陆春梅（女）、胡奎忠、沈雪芳（女）、邬永军、江英（女）、胡桂明、胡秀龙、邬海继、张纪军、陆海华（女）、何连欢、胡引仙（女）、盛程华（女）、吴国辉、黄辉云、杨德法、王强、张伯华、李军华（女）、王志兴、张权权、卢连观、陶金林、顾云仙（女）、杨元龙、刘仁根、沈权、徐连均、翁国锋、杨雪峰、张春松、周永超、孙美华（女）、褚康龙、翁进余、陶永林、张红芳（女）、顾永良、潘平权、柳召忠、杨海英（女）、张权、王祖华（女）、张龙石、张引军、高娣宝（女）、金四军、周仁红（女）、陈金国、张全华、张满红（女）、胡爱东

二、区（县）代表选举

山阳镇（乡）出席金山县第十届、第十一届和金山区第一届至第四届人民代表大会代表由选民直接选举产生。

金山县第十届人民代表大会山阳乡县人大代表选举 1989 年 12 月 30 日至翌年 3 月 25 日，在选举山阳乡第十二届人大代表的同时选举县人大代表 15 名。划分 13 个大选区，1990 年 3 月 20—21 日为选举日。全乡选民登记 25454 人，参加投票 23980 人，参选率 94.21%。选出代表 15 名：王志兴、陈殊、陈亚妹（女）、吴金龙、杨仁龙、杨雪龙、张铁平、范杰贤（女）、郁金龙、胡火根、徐仁娟（女）、盛永军、蔡之敏（女）、潘永华、潘龙清。其中县委副书记潘龙清、县人民法院党组书记陈殊参加山阳地区选举。

1993 年 1 月 19 日，在金山县第十届人民代表大会第四次会议上，顾友明当选为上海市第十届人民代表大会代表。

金山县第十一届人民代表大会山阳乡县人大代表选举 1992 年 12 月 14 日至翌年 3 月 17 日，在选举山阳乡第十三届人大代表的同时选举县人大代表 15 名。划分 13 个大选区，1993 年 3 月 12 日为选举日。全乡选民登记 25759 人，22754 人参加投票，参选率 88.33%。选出代表 15 名：方龙根、卢仁云、汤美娣（女）、汤奎章、朱雪忠、陈金龙、吴小坤、杨仁龙、周定元、姚善宝（女）、盛继川、盛程华（女）、潘永华、潘龙清、潘翠连（女）。其中县长潘龙清、县政府办公室主任陈金龙参加山阳地区选举。

1993 年 4 月 6—10 日，在金山县第十一届人民代表大会第一次会议上，山阳镇党委书记宋秀龙当选为县第十七届人民政府副县长。

1996 年 1 月 18 日，因潘龙清调离，补选县委书记叶维华为山阳镇出席县第十一届人民代表大会代表。

金山区第一届人民代表大会山阳镇区人大代表选举 1997 年 5 月，金山撤县建区。经金山县人民代表大会常务委员会决定，金山县第十一届人民代表大会的代表转为金山区第一届人民代表大会代表。山阳镇14名（叶维华调离）代表出席金山区第一届人民代表大会第一次会议。

金山区第二届人民代表大会山阳镇区人大代表选举 1997年11月25日至翌年3月10日完成。山阳镇区人大代表名额13名。划分9个大选区，1998年3月4日为选举日。全镇选民登记28829人，参加投票25157人，参选率87.26%。选出代表13人：王敏、王志兴、刘国胜、刘跃俊、邬德宝（女）、吴小坤、罗四良、周定元、姜兴奎、徐仁娟（女）、盛继川、雷粉华（女）、潘永华。其中区委书记刘国胜、区总工会主席刘跃俊参加山阳地区选举。

金山区第三届人民代表大会山阳镇区人大代表选举 2002年12月初至翌年3月中旬完成。山阳镇区人大代表名额14名。划分6个大选区，2003年3月6日为选举日。全镇选民登记30302人，参加投票28430人，参选率93.82%。选出代表14人：干维观（女）、王伟国、王志兴、王金英、王雪余、朱建军、李妹（女）、陆英（女）、吴小坤、吴克源、夏杰、徐仁娟（女）、戚同其、盛国华。其中区人大常委会代表工委副主任干维观参加山阳地区选举。

金山区第四届人民代表大会山阳镇区人大代表选举 2005年12月初至翌年2月20日完成。山阳镇区人大代表名额16名。划分10个大选区，2006年2月18日为选举日。全镇选民登记30851人，参加投票29812人，参选率96.63%。选出代表16人：王伟国、叶芬弟、汤林芳（女）、朱仙华（女）、李毓毅、沈伟、吴小坤、张红（女）、张权权、张志勇、周永超、周雪权、顾永良、陶乐慧（女）、徐仁娟（女）、戚同其。其中区委书记李毓毅、镇人大主席顾永良参加山阳地区选举。

2007年11月18日，因李毓毅调离金山，补选区委副书记、区长赵福禧为山阳镇出席金山区第四届人民代表大会代表 。

第二节　代表大会

一、山阳乡第十二届人民代表大会

第一次会议 1990年3月29—31日在乡影剧院举行。应到代表72名，实到70名。邀请、列席104人。会议听取和审议乡第十一届人民政府乡长杨仁龙作的《政府工作报告》、乡财政所所长姚仁龙作的《山阳乡1989年财政预算执行情况和1990年财政预算（草案）的报告》，并通过有关决议。会议选举产生乡长1人、副乡长3人；乡人大主席团常务主席1人。

第二次会议 1991年3月25—26日在乡影剧院举行。应到代表71名（1名调离），实到67名。邀请、列席114人。会议听取和审议乡长杨仁龙作的《振奋精神、艰苦奋斗，把山阳建设成为繁荣昌盛的社会主义新农村》工作报告、乡财政所所长姚仁龙作的《山阳乡1990年财政预算执行情况和1991年财政预算（草案）的报告》、乡人大主席团常务主席吴金富作的《人大主席团工作报告》、副乡长沈永昌作的《山阳乡国民经济和社会发展第八个五年计划（草案）》报告，并通过有关决议。

第三次会议 1992年3月20—21日在乡影剧院举行。应到代表71名，实到67名。邀请、列席136人。会议听取和审议乡长杨仁龙作的《解放思想、加快改革，全面实现我乡今年经济建设和各项社会事业的奋斗目标》工作报告、乡财政所所长姚仁龙作的《山阳乡1991年财政预算执行情况和1992年财政预算（草案）的报告》、乡人大主席团常务主席吴金富作的《人大主席团工作报告》，并通过有关决议。

二、山阳镇第十三届人民代表大会

第一次会议 1993年4月2—4日在镇机关大会议室举行。应到代表83名，实到80名。邀请、列席111人。会前在镇机关大门前举行山阳"撤乡建镇"挂牌仪式。经金山县人大常委会同意，山阳撤乡建镇后人民代表大会延续乡人民代表大会届次。会议听取和审议乡第十二届人民政府乡长杨仁龙作的《政府工作报告》、乡财政所所长姚仁龙作的《山阳乡1992年财政预算执行情况和1993年财政预算（草案）的报告》、盛继川受乡第十二届人大主席团委托作的《人大主席团工作报告》，并通过有关决议。会议选举产生镇长1人、副镇长3人；镇人大主席团常务主席1人。

第二次会议 1993年7月30日在镇机关大会议室举行。1名代表调离，应到代表82名，实到76名。会议接受和批准杨仁龙因工作岗位变动辞去镇长职务的请求，补选镇长1名。

第三次会议 1994年3月18—19日在镇机关大会议室举行。1名代表调离，应到代表81名，实到71名。邀请、列席149人。会议听取和审议镇长姜兴奎作的《政府工作报告》、镇财政所所长姚仁龙作的《山阳镇1993年财政预算执行情况和1994年财政预算（草案）的报告》、镇人大主席团常务主席盛继川作的《人大主席团工作报告》，并通过有关决议。会议接受和批准朱大宏因工作调离辞去副镇长职务的请求。补选副镇长1名。

第四次会议 1994年9月29日在镇机关大会议室举行。1名代表调离，应到代表80名，实到71名。山阳镇的县人大代表、不是代表的镇党政班子成员应邀列席会议。会议接受和批准倪召方因工作调离辞去副镇长职务的请求，补选副镇长1名。

第五次会议 1995年3月3—4日在镇机关大会议室举行。1名代表调离，应到代表79名，实到79名。邀请、列席159人。会议听取和审议镇长姜兴奎作的《政府工作报告》、镇财政所所长姚仁龙作的《山阳镇1994年财政预算执行情况和1995年财政预算（草案）的报告》、镇人大主席团常务主席盛继川作的《人大主席团工作报告》，并通过有关决议。

三、山阳镇第十四届人民代表大会

第一次会议 1996年3月7—9日在镇机关大会议室举行。应到代表64名，实到64名。邀请、列席166人。会议听取和审议镇第十三届人民政府镇长姜兴奎作的《政府工作报告》、镇财政助理姚仁龙作的《山阳镇1995年财政预算执行情况和1996年财政预算（草案）的报告》、镇第十三届人大主席团常务主席盛继川作的《人大主席团工作报告》，并通过有关决议。会议选举产生镇人大主席1人；镇长1人、副镇长4人。

第二次会议 1997年3月20—21日在镇机关大会议室举行（龙皓路28号）。1名代表调离，应到代表63名，实到63名。邀请、列席148人。会议听取和审议镇长姜兴奎作的《认清形势、振奋精神、脚踏实地、开拓向前，努力实现我镇经济和社会发展的新的奋斗目标》工作报告、镇财政助理姚仁龙作的《山阳镇1996年财政预算执行情况和1997年财政预算（草案）的报告》、镇人大主席盛继川作的《人大工作报告》，并通过有关决议。

第三次会议 1998年3月19—20日在镇机关大会议室举行。1名代表调离,1名代表病故，应到代表61名，实到61名。邀请、列席156人。会议听取和审议镇长姜兴奎作的《解放思想，把握机遇，真抓实干、再创辉煌，以两个文明建设的崭新成绩奔向二十一世纪》工作报告、镇财政助理朱连华作的《山阳镇1997年财政预算执行情况和1998年财政预算（草案）的报告》、镇人大主席盛继川作的《人大工作报告》，并通过有关决议。

第四次会议 1998年9月15日在镇机关大会议室举行。1名代表调离，应到代表60名，实到60名。邀请8名。会议接受和批准姜兴奎因工作调离辞去镇长职务的请求，补选镇长1名。

四、山阳镇第十五届人民代表大会

第一次会议 1999年2月5—7日在镇机关大会议室举行。应到代表58名，实到58名。邀请、列席118人。会议听取和审议镇第十四届人民政府镇长吴克源作的《解放思想、把握机遇，为实现我镇跨世纪的发展目标而奋斗》工作报告、镇财政所所长朱连华作的《山阳镇1998年财政预算执行情况和1999年财政预算（草案）的报告》、镇第十四届人大主席盛继川作的《人大工作报告》，并通过有关决议。会议选举产生镇人大主席1人；镇长1人、副镇长3人。

第二次会议 2000年3月1日在镇机关大会议室举行。应到代表58名，实到56名。邀请、列席121人。会议听取和审议镇长吴克源作的《振奋精神、真抓实干，以两个文明建设的崭新成绩奔向新世纪》工作报告、镇财政所所长朱连华作的《山阳镇1999年财政预算执行情况和2000年财政预算（草案）的报告》、镇人大主席盛继川作的《人大工作报告》，并通过有关决议。

第三次会议 2001年2月27—28日在镇机关大会议室举行。应到代表58名，实到54名。邀请、列席133人。会议听取和审议镇长吴克源作的《抓住机遇、负重奋进，努力实现新世纪发展的良好开局》工作报告、副镇长鲁士希作的《山阳镇国民经济和社会发展第十个五年计划（草案）的报告》、镇财政所所长朱连华作的《山阳镇2000年财政预算执行情况和2001年财政预算（草案）的报告》、镇人大主席盛继川作的《人大工作报告》，并通过有关决议。

五、山阳镇第十六届人民代表大会

第一次会议 2002年1月23—25日在镇机关大会议室举行。应到代表58名，实到58名。邀请、列席75人。会议听取和审议镇第十五届人民政府镇长吴克源作的《把握机遇、真抓实干，谱写我镇经济和社会发展的崭新篇章》工作报告、镇财政所所长朱连华作的《山阳镇2001年财政预算执行情况和2002年财政预算（草案）的报告》、镇第十五届人大主席盛继川作的《人大工作报告》，并通过有关决议。会议选举产生镇人大主席 1 人、副主席 1 人，镇长 1 人、副镇长 4 人。

第二次会议 2002 年 7 月 4—5 日在镇机关大会议室举行。1 名代表调离，应到代表 57 名，实到 52 名。邀请、列席 54 人。会议接受和批准顾仁忠因工作调离辞去镇人大主席职务的请求，补选镇人大主席 1 名。

第三次会议 2003 年 2 月 24—25 日在镇机关大会议室举行。1 名代表调离，应到代表 56 名，实到 54 名。邀请、列席 109 人。会议听取和审议镇长吴克源作的《抓住机遇、乘势而上，努力开创我镇跨越式发展的新局面》工作报告、镇财政所所长朱连华作的《山阳镇 2002 年财政预算执行情况和 2003 年财政预算（草案）的报告》、镇人大主席陆英作的《人大工作报告》，并通过有关决议。

第四次会议 2004 年 2 月 17 日在镇机关大会议室举行。1 名代表病故，应到代表 55 名，实到 47 名。邀请、列席 105 人。会议听取和审议镇长吴克源作的《解放思想、加快发展，为高质量实现“三年翻番”目标而奋斗》工作报告、镇财政所所长朱连华作的《山阳镇 2003 年财政预算执行情况和 2004 年财政预算（草案）的报告》、镇人大主席陆英作的《人大工作报告》，并通过有关决议。

第五次会议 2005 年 2 月 28—3 月 1 日在镇机关大会议室举行。1 人取消代表资格，应到代表 54 名，实到 54 名。邀请、列席 118 人。会议听取和审议镇长吴克源作的《增强创新能力、加快发展进程，全面实现“三年翻番”的奋斗目标》工作报告、镇财政所所长朱连华作的《山阳镇 2004 年财政预算执行情况和 2005 年财政预算（草案）的报告》、镇人大主席陆英作的《人大工作报告》，并通过有关决议。

第六次会议 2005 年 4 月 18—19 日在镇机关大会议室举行。2 名代表调离，该届至第五次会议后代表缺额 6 名，补选代表 5 名。应到代表 57 名，实到 53 名。邀请、列席 81 人。大会接受和批准陆英辞去镇人大主席、徐跃林辞去镇人大副主席职务的请求；接受和批准吴克源辞去镇长、鲁士希辞去副镇长职务的请求，补选镇人大主席 1 人、副主席 1 人，镇长 1 人、副镇长 2 人。

第七次会议 2006 年 2 月 7—8 日在镇机关大会议室举行。应到代表 57 名，实到 57 名。邀请、列席 125 人。会议听取和审议镇长张权权作的《关于山阳镇国民经济和社会发展第十一个五年规划（草案）》报告、镇财政所所长朱连华作的《山阳镇 2005 年财政预算执行情况和 2006 年财政预算（草案）的报告》、镇人大主席顾永良作的《人大工作报告》，并通过有关决议。

六、山阳镇第十七届人民代表大会

第一次会议 2006 年 12 月 28—30 日在镇机关大会议室举行。应到代表 64 名，实到 63 名。邀请、列席 106 人。会议听取和审议镇党委副书记、镇长人选周永超作的《政府工作报告》、镇财政所所长颜放作的《山阳镇 2006 年度财政预算执行情况和 2007 年度财政预算（草案）的报告》、镇第十六届人大主席顾永良作的《人大工作报告》，并通过有关决议。会议选举产生镇人大主席1名、副主席1名，镇长1名、副镇长3名。

山阳镇第十七届人民代表大会第一次会议（2006年摄，《山阳》社区报提供）

第二次会议　2008年1月23—24日在镇机关大会议室举行。应到代表64名，实到62名。邀请、列席114人。会议听取和审议镇长周永超作的《政府工作报告》、镇财经事务中心主任颜放作的《山阳镇2007年度财政预算执行情况和2008年度财政预算（草案）的报告》、镇人大主席顾永良作的《人大工作报告》，并通过有关决议。

第三次会议　2009年2月12—13日在镇机关大会议室举行。2名代表调离，应到代表62名，实到62名。邀请、列席112人。会议听取和审议副镇长杨军良作的《政府工作报告》、镇人大主席顾永良作的《人大工作报告》，审查和批准镇财经事务中心主任颜放提交的《山阳镇2008年度财政预算执行情况和2009年度财政预算（草案）的报告》，并通过有关决议。大会接受和批准周永超因工作调离，辞去镇长职务的请求。

第四次会议　2009年8月18—19日在镇机关大会议室举行。1名代表调离，应到代表61名，实到61名。邀请、列席99人。会议听取和审议副镇长杨军良作的《山阳镇上半年度工作情况及下半年工作打算》报告，补选镇长1名、副镇长1名。

第三节　人大主席团

镇（乡）人民代表大会选举产生的人大主席团，会议期间组织召开镇（乡）人大会议，闭会期间讨论相关工作。1987年12月，山阳乡人民代表大会设人大主席团常务主席，由党委书记兼任。1993年4月，山阳镇人民代表大会主席团设专职常务主席。1996年3月，人大主席团专职常务主席改称人大主席。2002年1月，根据《上海市人民代表大会常务委员会关于乡镇人民代表大会工作的若干规定》中“乡镇人民代表大会设主席，并可以设副主席一人至三人”的精神，山阳镇人民代表大会设主席1人、副主席1人。1993年，镇人大主席团设1名联络员。2002年6月，配备1名人大专职干部。2007年10月起，设镇人大办公室，配主任1人。镇（乡）人大主席、副主席由人民代表大会选举产生。

镇（乡）人大主席团注重制度建设，保证人大工作依法、有序开展。1992年，制定《山阳乡人大主席团工作暂行规定》。2002年，制定《山阳镇人大主席团成员会议制度》《山阳镇人大主席团成员联系代表、代表联系选民制度》。2004年，制定《工作联系制度》《代表学习、视察活动制度》《山阳镇人大议事制度》《评议工作制度》《信息交流制度》《代表向选民述职制度》等。2009年，制定《关于加强镇人大代表与人民群众联系的若干意见》。

山阳镇（乡）第十一届至第十七届人大主席、副主席一览表

表4–2

届次	职务	姓名	任期	备注
十一届 1987年4月至1990年3月	乡人大主席团常务主席	张兆林	1987年12月至1988年9月	乡党委书记
		宋秀龙	1988年10月至1990年3月	
十二届 1990年3月至1993年4月	乡人大主席团常务主席	吴金富	1990年3月至1993年4月	镇（乡）经济联合社董事长
十三届 1993年4月至1996年3月	镇人大主席团（专职）常务主席	盛继川	1993年4月至1996年3月	—
十四届 1996年3月至1999年2月	镇人大主席	盛继川	1996年3月至1999年2月	—
十五届 1999年2月至2002年1月	镇人大主席	盛继川	1999年2月至2002年1月	—
十六届 2002年1月至2006年12月	镇人大主席	顾仁忠	2002年1月至2002年7月	镇党委书记
		陆 英（女）	2002年7月至2005年4月	镇党委常务副书记
		顾永良	2005年4月至2006年12月	—
	镇人大副主席	徐跃林	2002年1月至2005年4月	—
		鲁士希	2005年4月至2006年12月	镇总工会主席
十七届 2006年12月—	镇人大主席	顾永良	2006年12月—	—
	镇人大副主席	汤奇忠	2006年12月—	镇总工会主席

第四节 主要工作

一、执法检查

1993年，镇人大组织代表检查《中华人民共和国食品卫生法》和《上海市河道管理条例》实施情况并进行评议。代表们针对一些商店环境卫生差，河道水质发臭等情况，建议政府及相关单位采取措施，加大宣传力度，进一步加强环境整治和河道治理，使卫生面貌有根本改观。1994年，镇人大先后4次组织代表对贯彻执行《中华人民共和国农业法》《中华人民共和国农业技术推广法》《中华人民共和国教师法》和《上海市青少年保护条例》情况进行检查评议。分别听取政府有关部门负责人的工作汇报。建议搞好农业集约化，规模经营和办好小农场，制止抛荒现象；积极创造条件，推动尊师重教，提高教师工作积极性。1995年，镇人大组织代表对《中华人民共和国土地管理法》贯彻执行情况进行检查评议。代表们听取镇分管领导的工作汇报，现场察看用地情况。建议政府加大对土地管理力度，严禁制止非法用地。

1996—2000年，镇人大先后10次组织代表对贯彻执行《中华人民共和国老年法》《上海市青少年保护条例》《上海市老年人保护条例》《中华人民共和国预防未成年人犯罪法》《中华人民共和国统计法》《中华人民共和国村民委员会组织法》《中华人民共和国科技进步法》等，以及“三五”普法工作实施情况分别进行检查评议。听取政府有关领导的工作汇报，提出相应的工作建议。2001年5—6月，镇人大组织代表对贯彻执行《上海市计划生育条例》《上海市外来流动人员管理条例》开展检查评议。代表们听取政府有关部门的工作汇报，现场查看有关单位。建议政府加大对两个条例的宣传力度、工作力度，坚持常抓不懈。2002年7月24—25日，结合学习贯彻《中华人民共和国工会法》《中华人民共和国劳动法》，镇人大组织代表对联合利华、申隆针织、向隆电子、系同电子4家企业进行检查评议。代表们听取企业负责人工作汇报，走访听取职工意见，建议政府采取有效措施，发挥工会作用，加强劳动保护，进一步维护职工权益。2003年5月，镇人大组织代表对贯彻执行《中华人民共和国环境保护法》进行检查评议。代表们听取分管副镇长的工作汇报，实地查看农贸市场、生活垃圾堆场、运石河金山嘴段等地环境卫生状况，提出加大环境整治的建议。10月，组织代表检查评议镇执行《中华人民共和国外资企业法》实施情况。代表们听取镇外经办负责人的工作汇报，经营者依法守法经营情况介绍，现场查看部分外资企业，并提出相关建议。2004年4月，镇人大组织部分区、镇人大代表对《中华人民共和国兵役法》贯彻落实情况进行检查评议。代表们听取镇武装部部长的工作汇报，检查内、外资2家企业贯彻落实兵役法情况，提出工作建议。2005年8月，镇人大组织代表对《中华人民共和国安全生产法》和《上海市安全生产条例》执行情况进行检查评议。代表们听取镇职能部门的工作汇报，查看企业和市场，建议深入宣传安全生产法律法规，落实安全生产责任制，加强指导和监管。2006年3月，镇人大组织部分区、镇人大代表对贯彻实施《中华人民共和国残疾人保障法》进行检查评议，查看镇“阳光之家”、观看智力残疾学员文艺表演，到福利企业了解残疾人生活工作情况，就进一步做好残疾人工作提出相关建议。2007年4月，镇人大组织人大代表对企业实施《中华人民共和国劳动合同法》和政府落实《中华人民共和国就业促进法》情况进行检查评议。听取镇职能部门的工作汇报，重点检查3家企业劳动合同签订、职工工资和社会保障落实情况。建议政府及有关部门大力开展劳动就业方面的法律宣传，拓宽就业渠道，创造就业机会，加强规范用工行为监察指导。5月，组织部分区、镇人大代表对贯彻实施《中华人民共和国治安管理处罚条例》和《上海市外来流动人口管理条例》执法检查。听取综治、公安等工作汇报，查看司法、信访、警务室等窗口工作，建议加强到沪流动人口管理。2008年6月，镇人大组织部分代表检查《中华人民共和国信访条例》实施情况。代表们听取汇报并实地检查，建议政府各部门增强责任意识，形成大信访格局，对村居加强指导，拓宽信访工作服务功能。

2009年7月，镇人大组织部分区、镇人大代表对贯彻实施《中华人民共和国土地承包法》

进行检查评议。代表们听取镇 经济管理所和农业技术推广站有关农村土地承包和流转情况汇报，察看种植大户和专业特色种植园，提出依法搞好土地承包管理和流转，确保农民利益不受损害等建议。

二、工作视察

镇（乡）人大每年不定期组织人大代表开展工作视察活动。1990—2009 年共组织代表视察 94 次，涉及政府实事项目、经济社会发展、城镇化建设以及与群众生活密切相关的民生工作等。

1990 年 10 月，乡人大主席团组织人大代表视察工业、农业、副业、文教卫生、干部廉政等工作。1991 年 7 月，组织代表视察经济工作以及乡村道路、村办自来水厂、学校、市政建设等实事项目进展情况。1992 年，组织代表先后视察山阳集镇农民街土建、龙泉港 0.45 千米石驳岸、山阳公路拓宽、21.6 千米乡村道路改造、500 门程控电话进展、广播线路维修、喇叭入户、村级自来水厂建设、中小幼校舍建造等实事工程建设情况。1993 年，组织代表视察山阳镇区建设、镇容镇貌、食品卫生、工业、农业、商业、科教等工作推进情况。1994 年，视察创建国家三级卫生镇、企业污水排放情况。1995 年 9 月，视察千头养猪场、奶牛场、“高优高”农田建设情况。1996 年，视察山阳老街翻建、金山嘴“海鲜一条街”、企业应收款和集体资产清理情况。1997 年，视察山龙新村（一期）和玉兰新村创文明小区情况。1998 年，视察村老年活动室、农村合作医疗保险情况。1999 年 6 月，视察村务公开情况。2000 年 5 月，视察社会治安和维稳队伍建设情况。2001 年，视察“家家富工程”“村务公开，民主监督”工作实施情况。2002 年 8、9、12 月，分别视察镇西北部农村水厂、马路菜场、出海闸工程征地安置、东门老街改造、工业区新落户企业、玉兰新村物业管理等工作落实情况。2003 年 6 月，视察防汛抗台准备情况。12 月，视察市公共卫生中心、工业园区、九龙中心村建设及运石河金山嘴段治理情况。2004 年，视察创建市二级卫生镇工作、农村危桥改造、金山嘴老街整治、公益性墓地建设等工作落实情况。2005 年，视察村级道路建设、危桥改造、居民新村平改坡等情况。2006 年，视察创建市一级卫生镇工作、敬老院建设、华江、向阳小区综合整治等工作落实情况。2007 年，视察“三创”（创建上海市文明镇、国家卫生镇、中国民间文化艺术之乡）工作、农业组织化和河道整治等工作落实情况。2008 年，视察居民区公共服务设施建设和农贸市场管理等工作落实情况，经区、镇人大监督，房地部门协调开发商，采取调剂、改造、回购等措施，两年内基本解决居民区“三室一点”（居委会办公室、老年活动室、文化活动室和健身点）配置不足问题。2009 年，视察民主示范村创建、村沟宅河整治、社区卫生服务和农村合作医疗工作情况。

三、审议督查

1990—2009 年，镇（乡）人大听取审议（查）政府工作报告和财政预算报告各 20 个。1995—2009 年，镇人大每年年中召开人大代表会议，听取审议上半年度政府工作和代表书面意见处理情况报告。每年 10 月或 11 月召开人大主席团会议，审议调整财政预算方案，对政府职能部门的工作和政风行风进行评议。

2001 年 6 月，镇人大试行政府职能部门向代表述职并接受评议活动。至 2004 年，先后听取工贸办、综治办、城建办、财政所、经管所、社保所、土地所、文广中心、农技中心等部门单位的工作汇报，实地进行检查，分别开展评议，提出审议监督意见。

2005 年 12 月起，镇人大会同镇纪委对政府职能部门和镇属公司的政风行风进行检查测评，提出针对性意见和建议。至 2008 年，镇劳保所、房地所、市容环境所、动迁办、企发公司等单位接受检查测评。

镇人大每年组织或会同镇重点工作督查小组，对重大项目和重要工作推进情况进行专项督查。2002 年 9 月，村撤并后首次（第七届）村委会换届选举，采取由村民直接提名候选人（海选），一次投票直接选举方法，镇人大全程监督。10 月，对镇工业区建设及招商引资工作进行检查，听取分管副镇长汇报，提出进一步发挥山阳优势、加大招商引资力度、抓紧在建项目竣工，实现早投产、早见效等建议。2003 年 9 月，镇人大组织代表，邀请部分区人大代表、政协委员，对中山工业区、宏山工业区、向阳农民居住小区、金山嘴建材市场及联合利华酿造车间的建设、生产情况进行实地检查，并提出意见和建议。2004 年 6、10、11 月，先后 3 次组织代表对招商引资、工业区建设工作督查。在听取汇报、实地察看、了解情况的同时，建议镇政府及相关单位，进一步拓宽思路，转换招商方式，完善园区基础设施，再创经济发展新优势。

2006 年，镇人大安排部分代表参与镇督查小组组织的对村级财务管理的督查，2007 年，参与招商引资、工业项目推进的督查，2008 年，参与创建国家卫生镇、工业项目推进工作的督查，2009 年，参与招商引资、工业项目推进及“二区一城”（金石湾功能区、卫清路商贸区、金山嘴海鲜城）建设的督查。

四、意见办理

镇（乡）人大主席团在第十二届人民代表大会至十七届第四次会议期间，共收到代表提交书面意见 292 件。其中，十二届 30 件，十三届 39 件，十四届 51 件，十五届 21 件，十六届 92 件，十七届 59 件。书面意见建议集中反映山阳地区政治、经济、文化、社会事业、人民生活等方面群众普遍关心的问题，反映人民群众的呼声。人大主席团每年将这些书面意见逐条审议归类，汇总后交政府及有关部门研究办理，督促政府在规定期限内落实，按已解决、正在解决、计划解决、难以解决、留作参考答复给人大代表，做到件件有答复、事事有着落。

镇人大围绕镇中心工作和重点任务，组织代表开展献计献策活动。2008 年 3 月，开展“我为山阳发展献一计”活动，代表共献计 22 条，内容涉及经济发展、村镇建设和社会管理等各个方面。2009 年 10 月，开展“迎世博，献一计”活动。代表通过明察暗访，接待选民等形式，深入了解市容环境等方面存在的问题，共提出 37 条处理意见、建议。

五、代表工作

镇（乡）人大制定和实施代表学习培训、信访接待和述职评议等代表工作制度，为代表履职创造条件。

学习培训 1990—2009 年，镇（乡）人大每年组织开展人大代表学习培训活动，学习党的路线、方针政策和宪法、地方组织法、代表法、选举法等法律法规。为每位代表订阅《上海人大》月刊；镇人大编写的《山阳人大简讯》和检查评议、视察报告等及时发放到代表手中。每届人大代表选举产生后，镇人大及时组织初任培训。2002 年 4 月，请区人大常委会代表工作委员会主任作镇人大代表的地位和作用、法律地位、基本权利和义务以及怎样当好人大代表等方面的辅导。2001 年，4 名代表参加“区纪念人民代表大会制度建立 20 周年知识竞赛”，获得好成绩。2003 年 5 月，请市社科院邓小平理论研究中心副主任为代表作题为《牢固树立和认真落实科学发展观》的报告。6 月，请区公安分局、区信访办领导为代表作法治讲座。2005 年 11 月，举行 3 次区、镇人大代表专题学习会。2007 年 3 月，请市人大常委会新闻发言人、办公厅副巡视员为代表作《中华人民共和国地方组织法》辅导报告。

信访接待 2004 年，探索建立人大代表参加镇司法、信访窗口接待群众来访制度。每逢周三或周四有一名区、镇人大代表与镇领导在司法、信访窗口值班接待群众，直接听取群众呼声，了解群众诉求，疏解群众情绪。此制度作为代表工作的一项基本制度，连续实施不间断。

述职评议 2004 年起，开展镇人大代表述职评议活动，接受选民监督，提高人大代表履职意识和能力。年初，镇人大主席团制定述职活动计划，确定述职代表名单。述职前，人大代表撰写履职情况报告并送镇人大审定。后在代表所在选区述职评议，有四五十名选民参加。述职评议会由镇人大主席或副主席主持，先由代表作履职情况报告，然后由参会选民填写测评表进行评议。评议包括选民对代表的意见建议，经镇人大办汇总后向述职代表反馈。2004—2009 年，共有 15 名镇人大代表参加述职评议。

调查研究 2005 年起，组织代表对群众普遍关注的突出问题进行调查研究。至 2009 年，主要对村级财务管理、社区管理、农民建房、集体资产管理、农业组织化、失地农民保障等方面进行深入调查研究，撰写 8 篇调研报告，为政府解决这些实际问题提供第一手资料和决策依据。

第五章 山阳镇人民政府

1990年3月至2009年12月，山阳镇（乡）人民政府的工作任务，每年提请镇（乡）人民代表大会审议通过后组织实施。1997年3月8日，山阳镇人民政府驻地由向阳路1号迁至龙皓路（红旗西路）28号。

1990—2009年，山阳镇（乡）人民政府以经济建设为中心，改革创新，适时修订各项政策措施，推进全镇（乡）经济、政治、文化、社会文明和各项事业发展。第十二届人民政府（1990年3月至1993年4月）在稳定和巩固农业基础地位的同时，规划200公顷工业开发区；发挥市政、房产、建筑业优势，经济在全县保持领先地位。第十三届人民政府（1993年4月至1996年3月）制定“自加压力，敢为龙头”“超常规”“跨越式”发展的措施，实施外向带动、集团和名牌三大经济发展战略，全镇综合经济实力显著增强。第十四届人民政府（1996年3月至1999年2月）实施“二三一”产业发展战略，推进企业改制，发展多种经济成分和经济小区。发挥外向型经济起步早、总量多的优势，加快“以外引外、以外促快”发展外向型经济。作出“立足浦东、重返石化、面向华东、辐射全国”的决策，发展和提升市政建筑业的特色优势，为全镇经济挑“大梁”。第十五届人民政府（1999年2月至2002年1月）贯彻“调整、充实、提高”的方针，制定全镇经济社会发展六大战略措施。鼓励优化产业和产品结构调整，非公经济与多种所有制经济共同发展，建立多渠道、多元化的筹资和投资机制，工业园区和商品房建设快速推进。扶持发展“家家富”工程。第十六届人民政府（2002年1月至2006年12月）围绕解放思想，抢抓机遇，突破瓶颈，聚焦发展总体思路，经济建设、城镇建设、文明建设、和谐社会建设和政府自身建设等各项工作跨上一个新台阶。第十七届人民政府（2006年12月至2009年12月）贯彻“保增长、惠民生、促和谐”的方针，着力采取“调结构、促转型、稳增长”各项措施，带领全镇人民发扬“矢志如山，胸怀朝阳，同舟共济，勇立潮头”新的山阳精神，落实把山阳建成“区内领先、上海知名的经济强镇、文化名镇、滨海新镇”的各项工作措施，促进经济社会又好又快发展。

历届政府注重和规范政府工作制度，加快转变政府职能，全镇（乡）经济和社会各项事业持续协调发展，综合经济实力保持在全区（县）名列前茅。2009年，实现地区生产总值23.5亿元，财政总收入3亿元，农村居民年人均收入11380元，分别是1990年的25.39倍、51.86倍和8.62倍。

1994—2006年，相继创建成县三级、市二级和市一级卫生城镇。1997—2003年，连续创建成区文明镇。2006—2009年，连续两届创建成上海市文明镇。2008年，成功创建国家卫生镇和中国民间文化艺术之乡。2009年，创建成上海市市容环境责任区管理达标镇。获2009—2011年度全国文明镇称号。

1990—2009年，政府提出148件实事项目，经人民代表大会审议通过，基本做到当年项目当年完成。

第一节　政府换届

1990年3月—2006年12月，山阳镇（乡）第十二届至第十七届人民代表大会的第一次会议分别选举产生同届人民政府领导人员。2001年前政府每届任期3年，之后每届任期5年。届中，镇（乡）长、副镇（乡）长工作岗位调动、调离，职数出现空缺，镇（乡）人大适时召开代表大会进行补选。

第十二届人民政府　1990年3月，山阳乡第十二届人民代表大会第一次会议选举产生乡长1人、副乡长3人。

第十三届人民政府　1993年2月山阳撤乡建镇。4月，山阳镇第十三届人民代表大会第一次会议选举产生镇长1人、副镇长3人。是年7月，镇长调动岗位，补选1名镇长。翌年3月，1名副镇长调离，补选副镇长1名；9月，1名副镇长调离，补选1名副镇长。

第十四届人民政府　1996年3月，山阳镇第十四届人民代表大会第一次会议选举产生镇长1名、副镇长4名。1998年9月，镇长调离，补选镇长1名。

第十五届人民政府　1999年2月，山阳镇第十五届人民代表大会第一次会议选举产生镇长1名、副镇长3名。

第十六届人民政府　2002年1月，山阳镇第十六届人民代表大会第一次会议选举产生镇长1名、副镇长4名。2005年4月，镇长调离，1名副镇长工作变动，补选镇长1名、副镇长2名。

第十七届人民政府　2006年12月，山阳镇第十七届人民代表大会第一次会议选举产生镇长1名、副镇长3名。2009年2月，镇长调离，1名副镇长主持政府工作。是年8月，补选镇长1名、副镇长1名。翌年9月，增补选副镇长1名。

山阳镇（乡）人民政府由镇（乡）长、副镇（乡）长和镇（乡）政府有关部门组成。依法行政，向区（县）人民政府和镇（乡）人民代表大会负责，并报告工作。

山阳镇（乡）第十二届至第十七届人民政府领导更迭情况表

表 5-1

届次	职务	姓名	籍贯	任期
十二届 1990 年 3 月至 1993 年 4 月	乡　长	杨仁龙	上海金山	1990 年 3 月至 1993 年 4 月
	副乡长	沈永昌	上海金山	1990 年 3 月至 1993 年 4 月
		倪召方	上海金山	1990 年 3 月至 1993 年 4 月
		徐跃林	上海金山	1990 年 3 月至 1993 年 4 月
十三届 1993 年 4 月至 1996 年 3 月	镇　长	杨仁龙	上海金山	1993 年 4 月至 1993 年 7 月
		姜兴奎	上海金山	1993 年 7 月至 1996 年 3 月
	副镇长	朱大宏	上海金山	1993 年 4 月至 1994 年 3 月
		倪召方	上海金山	1993 年 4 月至 1994 年 9 月
		徐跃林	上海金山	1993 年 4 月至 1996 年 3 月
		吴克源	上海金山	1994 年 3 月至 1996 年 3 月
		姚　辉	上海金山	1994 年 9 月至 1996 年 3 月
十四届 1996 年 3 月至 1999 年 2 月	镇　长	姜兴奎	上海金山	1996 年 3 月至 1998 年 9 月
		吴克源	上海金山	1998 年 9 月至 1999 年 2 月
	副镇长	徐跃林	上海金山	1996 年 3 月至 1999 年 2 月
		吴克源	上海金山	1996 年 3 月至 1998 年 9 月
		姚　辉	上海金山	1996 年 3 月至 1999 年 2 月
		鲁士希	上海金山	1996 年 3 月至 1999 年 2 月
十五届 1999 年 2 月至 2002 年 1 月	镇　长	吴克源	上海金山	1999 年 2 月至 2002 年 1 月
	副镇长	徐跃林	上海金山	1999 年 2 月至 2002 年 1 月
		鲁士希	上海金山	1999 年 2 月至 2002 年 1 月
		郭士超	上海金山	1999 年 2 月至 2002 年 1 月
十六届 2002 年 1 月至 2006 年 12 月	镇　长	吴克源	上海金山	2002 年 1 月至 2005 年 4 月
		张权权	上海金山	2005 年 4 月至 2006 年 12 月
	副镇长	周永超	上海金山	2002 年 1 月至 2006 年 12 月
		鲁士希	上海金山	2002 年 1 月至 2005 年 4 月
		赵　云	上海金山	2002 年 1 月至 2006 年 12 月
		黄辉云	上海金山	2002 年 1 月至 2006 年 12 月
		陆正华	上海金山	2005 年 4 月至 2006 年 12 月
		杨军良	上海金山	2005 年 4 月至 2006 年 12 月
十七届 2006 年 12 月—	镇　长	周永超	上海金山	2006 年 12 月至 2009 年 2 月
		黎连忠	上海金山	2009 年 8 月—
	副镇长	杨军良	上海金山	2006 年 12 月—
		陆才华	上海金山	2006 年 12 月—
		黎连忠	上海金山	2006 年 12 月至 2009 年 8 月
		陈　忠	上海奉贤	2009 年 8 月—

第二节　机构设置

一、政府职能部门

1990 年，乡政府设办公室、民政、司法、安全计划、村镇建设、文教卫生、计划生育、统计、科技、经营管理、财政、人民武装等职能部门，部门负责人为乡长助理设置。1991 年底，政府设人事专职干部 1 人（劳动人事助理）。1993 年，撤乡建镇，改乡长助理为镇长助理。

2001 年 11 月，党政机关机构改革，改助理制为部门制，设“七办一部”。即党委办公室、政府办公室、社会事业管理办公室、社会治安综合治理办公室、工业贸易办公室、村镇规划建设管理办公室、农业经济办公室、武装部。各办设主任 1 人或副主任 1 人。2005 年 6 月，设社区管理（服务）办公室。

2007 年 10 月，机构改革，镇党政机关设 7 个职能部门。即山阳镇办公室（党政两办合一）、党群工作办公室、经济发展办公室、社会稳定办公室（挂信访办公室、司法所牌子）、规划建设和环境保护办公室、社区管理办公室、社会事业发展办公室（挂人口与计划生育办公室牌子）。按有关规定，设置人大、纪检（监察）、人民武装等机构和工会、共青团、妇联等群团组织。原内设职能机构一并撤销。

二、政府隶属事业单位

1990 年，有财政所、农经管理站、法律服务所、劳动服务所、广播站、文化站、爱卫办、农机管理站、农科站、水产站、渔政站、兽医站、土地管理所和农业公司、工业公司、副业公司。1992 年，建立林业站。1994 年，增设企业管理站、审计室、农保所、市容监察队、电影放映队等。1995 年，建立征地养老所。

1991 年，农经管理站、财政所、农科站、兽医站、劳动服务所转为集体事业编制。1993 年，其他各站、所先后转为集体事业编制，财政所转为全民事业单位。

1993 年 7 月，撤销农业公司、副业公司，建立农副公司。2000 年 7 月，注销工业公司。

2001 年，事业单位机构改革，注销农副公司，将原 18 个事业单位撤并成“五所二中心”，即财政所、综合经济管理所（企业管理站、农经站、审计室）、社会保障管理所（征地养老所、农保所、劳动服务所）、城乡环境管理所（爱卫办、市容监察队）、土地管理所、文化广播影视服务中心（文化站、广播站、电影队）、农业技术推广服务中心（农科站、农机站、林业站、水产站、兽医站、渔政站）。法律服务所转为中介机构，房管所转为物业公司，不列入事业单位。机构精简 60%，人员从原定编 88 人（实有 78 人）、非编 16 人，共 104 人，减少到定编 55 人，其中正、副职干部 12 人，机构相当于行政正科级。剩余人员实行分流，其中至 2007 年到达法定退休年龄的依次分 3 年陆续退岗休养。2002 年 9 月，建立镇社会救助事务管理所。2003 年 4 月，恢复法律服务所事业单位建制。2005 年 7 月，经济管理所增挂审计室、统计站牌子；社会保障管理所增挂镇合作医疗基金管理站牌子；城乡环境管理所增挂镇爱国卫生运动委员会办公室牌子。至 2005 年 7 月，山阳镇有事业单位9个（增挂牌子4块），其中全民事业性质2个、集体事业性质7个，人员编制69人。

2007年10月，按照政事分开、事企分开的原则，改设事业单位7个。即财经事务中心、经济管理事务所（增挂安全生产事务所牌子）、劳动保障事务所（增挂合作医疗事务所牌子）、社区事务受理服务中心（增挂社会救助事务所牌子）、市容环境事务所、文化体育服务中心、农业技术推广服务站。原设事业单位机构一并撤销，精简事业单位22.2%。事业编制70人，其中正、副职干部14人。

第三节 政务工作制度

一、镇（乡）长负责制

政府实行镇（乡）长负责制，主持政府全面工作，副镇（乡）长协助镇（乡）长工作，按各自分工或受镇（乡）长委托开展工作。政府各部门实行行政领导负责制。政府工作实行首问责任制、责任追究制。

二、文件审批、传阅

政府各部门和基层单位向政府报送的各类重要资料及上级下发的各类文件，由政府办公室统一接收。上级文件送政府每位领导传阅。下属单位上报的请示或要求政府解决的事宜，办公室根据实际情况提出拟处理意见，分送镇（乡）长或主管副镇（乡）长；以镇（乡）政府名义向上级机关报告、请示，以及向并行机关发送公函或下发的公文，由镇（乡）长或授权主持工作的副镇（乡）长审签。办公室下发的文件，属分管副镇（乡）长职责范围的，由分管副镇（乡）长审签。如内容涉及其他分管副镇（乡）长的，送镇（乡）长或授权主持工作的副镇（乡）长审签。政府的会议纪要，由镇（乡）长或主持工作的副镇（乡）长审签。政府专题会议纪要，一般由分管副镇（乡）长审签。

三、会务制度

每届政府对镇（乡）长办公会议、政府工作会议、部门业务工作会议制度作出规定，并精简会议，能统一召开的不分别召开，能联合召开的不单独举行。

镇（乡）长办公会议，由正、副镇（乡）长、办公室主任参加。有时邀请党委、人大主要领导参加，需要时政府有关部门负责人列席会议。会议由镇（乡）长或受委托的副镇（乡）长主持召开，一般每周召开一次，遇特殊，临时决定召开。重要决策由集体讨论、研究决定。

政府工作会议，由镇（乡）长或分工职责范围的副镇（乡）长主持召开，出席对象按议题需要确定，议题一般由镇（乡）长或分管副镇（乡）长审定。

政府或政府部门召开的全镇（乡）性工作会议，一般由办公室安排会议地点等事务。政府领导集体参加的会议、活动，会务由办公室统一安排。政府领导分管范围内召开的业务会议，由分管领导确定议题并主持，出席对象按需要确定。有关部门召开会议请镇（乡）领导参加的，一般通过办公室安排或直接与相关领导联系。

四、政务公开

1990年以来，政府及政府各部门、村居、企事业单位，逐步推行办事公开制度。政府及有关部门的年度工作目标和重要工程项目；财政预决算执行和上级下拨的专项经费及使用情况；工程项目招投标、竣工审计及公益事业建设情况；养老金收缴、使用、发放情况；领导干部廉洁自律及个人重大事项报告执行情况；征地补偿、劳动力安置情况；招待费、通信费支出情况；干部提拔任免、外出考察情况；奖惩情况；社会救助审批程序和救助金发放情况等，都在一定范围内通过上墙、会议、网络等形式公开。

1994年，按照中共中央《关于加强农村基层组织建设的通知》精神，在各村开展“依法建制、民主管理”活动，形成村务公开制度。涉及村民利益的事，特别是财务开支、宅基地审批等事项都张榜公布。1997年9月，镇制定《关于推行政务、村务公开的实施意见》，规定政务、村务公开的范围和内容，并每年进行检查、审核，接受群众监督。2001年，实行联村会计代理记账制，推行统一的村务公开形式和内容。2004年，贯彻中共中央办公厅、国务院办公厅《关于健全完善村务公开和民主管理制度的意见》，把村级财务作为村务公开的重点。各村都建立由5人组成的财务监督（理财）小组，对村集体资产和财务收支情况加强监督。2005年，建立镇厂务公开领导小组，实行厂务公开。2009年，全面推行村务网上公开。

2007年，全镇9个村被评为市村务公开民主管理示范村，镇被评为市村务公开民主管理示范镇。2009年，东方村获评市财务规范化管理达标村。

五、信息平台

1990—1993年3月，政府按月编发《山阳情况》《情况参阅》，及时传递一段时期的主要工作、经济社会发展等重要信息。1993年4月至2005年12月，编发《山阳月报》，扩大信息量和发放范围，根据实际内容设多个栏目，共编发74期、5180份。2005年7月，根据《上海市政府信息公开规定》，推行电子政务信息公开，政府设立信息申请受理点，开辟信息公开查阅点，建立“山阳政府门户”网站（http://www.shanyang.jinshan.gov.cn），有关文件和重要信息通过政府内网发布，提高政务和社会信息传递时效。2006年1月起，创办《山阳》社区报（纸质和电子版），每月15日分发到全镇每个单位和家庭。是年4月，镇机关、村居、事业单位和镇属公司实行网络化办公制度。

第四节　重要施政

一、计划

年度计划　1990—2009年，政府每年制定镇（乡）国民经济和社会发展计划，并向镇（乡）人民代表大会报告，经审议通过后组织实施。

五年计划（规划）　1991—2006年，历届人民政府分别制定实施国民经济和社会发展“八五”“九五”“十五”“十一五”计划（规划）。每届政府对五年计划内的年度经济和社会发展作出具体部署，落实工作措施，全镇（乡）的经济和社会各项事业取得较快发展。“七五”期末，地区生产总值9255万元，财政收入578.5万元，人均收入1322元。“十一五”期末，全镇实现地区生产总值28.15亿元，财政收入3.47亿元，人均纯收入12348元，分别比1990年增长29.42倍、58.98倍和8.34倍。

“八五”计划（1991—1995）期间，规划工农业总产值和乡村企业利润分别达到7亿元和5500万元，比“七五”期末实现翻一番。至1992年，实现五年计划两年完成。政府接连三次修订“八五”计划，提出农副工三业总产值向10亿元、15亿元、20亿元的奋斗目标。建设占地面积200多公顷的（宏山）工业开发区，并列为县级工业开发区；实施外向带动战略、集团战略和名牌战略；组建三大市政建设集团，承接上海外滩改造、市区高架、浦东建设以及外省市重要工程；引进美国、日本、韩国、新加坡、马来西亚等国家及中国港澳台地区“三资”企业40余家；开发科技含量高的“奇安特”系列运动鞋、“老蔡”食品、“美国飞行者”箱包、“蔡玛莉”饰品等一批国内外知名品牌。

1995年，实现工农业总产值20.25亿元，完成“八五”原计划的337.50%；财政收入2050万元，比1990年增长2.54倍；人均收入3809元，比1990年增长1.88倍。

“九五”计划（1996—2000）期间，规划到2000年全镇实现地区生产总值10亿元，工农业总产值50亿元，企业利润2.65亿元，财政收入3975万元，城镇人口达到2万人。政府全面实施“二三一”产业发展战略，培育新的经济增长点；推进“以外引外，以外促快”，招引上规模、上等级、上水平、效益好的“三资”企业；发展以浦东为龙头，辐射全国的市政建筑业；开发以房地产为龙头的第三产业，经济比重占农副工三业总量的15%；转换经营机制，深化企业改制。其间，山阳镇的倪家、新江、卫东、海光4个村域380多公顷土地划入金山嘴工业区，克服“东南亚金融风暴”带来的严重困难，较好地完成“九五”计划各项奋斗目标。2000年财政收入4736.5万元，比1995年增加1.31倍；城乡居民储蓄存款3.3亿元，比1995年净增1.2亿元。

“十五”计划（2001—2005）期间，规划全镇实现地区生产总值5.4亿元，农副工三业总产值32亿元，财政收入4090万元，固定资产投入2.5亿元。政府主要采取：加强招商引资、改革招商方式；强化产业和产品结构调整；优化服务规范管理；发展私营经济；加快工业园区建设；坚持发展经济小区。2005年，完成地区生产总值16.8亿元，比2000年增加3.19倍；财政可支配收入1.72亿元，比2000年增加3.65倍。2004年，有6个村进入区村级经济可支配收入十强村，3个村工农业总产值、可支配收入、税收全区名列前茅。

“十一五”规划（2006—2010）期间，规划到2008年全镇主要经济指标实现三年翻一番，到2010年地区生产总值完成50亿元，三次产业比重达1∶74∶25，万元生产总值综合能耗降低15%左右，工业总产值200亿元，税收15.6亿元，财政总收入7.5亿元，农民人均收入13000元，城镇化率达到95%。政府实施招商引资量质并举；优先发展制造业、现代服务业、都市型农业；坚持鼓励村级招商引资、经济社会统筹发展；强化城镇建管并举；关注民生，构建和谐社会。“十一五”期末，完成地区生产总值28.15亿元，税收收入8.87亿元，财政决算收入3.47亿元，五年间年均增长分别为10.9%、10.4%、3.7%；

“二、三、一”产业比重由2005年的78∶19.5∶2.5优化为2010年的63.5∶34.9∶1.6；城镇化率达到89.15%；城乡居民人均收入12348元，年均增长10%以上。2007年，有5个村综合经济实力持续保持区前十名。镇的综合经济实力位居全区前茅。

二、政策措施

1988年，在乡办企业中始推三年一轮的经营承包责任制。1991年，在完善乡办企业第二轮经营承包的同时，全面推行村办企业第一轮一定三年经营承包制。是年有10家乡办企业利润超百万元，两个百万利润村。

1992年，制定《关于进一步发展乡村经济若干优惠政策的补充规定》，明确对引进外商（资）、招进人才、引进项目、企业上规模上等级上水平、转换经营机制和扶持贫困村等方面给予优惠奖励。优惠奖励由一级法人延伸到“母子企业”，即独立核算单位。按贡献大小分别给予相关人员奖励“农转非”名额或现金、液化气钢瓶等。

1993年5月，贯彻中央“要发展多样化的资金融通形式”的精神，率先在郊县乡镇中成立合作基金会，吸储社会闲散资金，用于发展经济。7月，成立市郊第一家农村经济研究所，不定期研讨深化农村改革中出现的新情况、新问题及其对策措施。1994年3月，为加强集体资产管理，避免集体资产流失，成立山阳镇集体资产管理所和应收销货款催收领导小组。同年，2家新企业建成和9家老企业改成股份合作制企业。全镇已有19家股份合作制企业。1996年，先后成立镇农工商发展有限公司、商业公司，推进第三产业发展。1999年3月，组建山阳镇集体资产管理委员会和资产经营公司，负责集体资产登记、申办权证和资产运作管理等工作。7月，贯彻中央和市农村工作会议有关精神，制定《关于开展延长土地承包期工作的实施意见》，全面落实延长土地承包期30年政策。2001年2月，镇成立信用担保基金组织，为具有一定规模的实业型企业提供固定资产投资贷款信用担保。2004年，制定《山阳镇重特大安全生产事故应急处理预案》，明确重特大安全生产事故的五大主要类型和应急预案启动标准。并细化事故上报、现场保护、处理程序、责任分工、抢救措施等各个主要环节的工作要求。2005年，建立山阳镇国有（集体）资产管理委员会，对国有（集体）经营、处置、收益分配的统一管理，确保其保值增值。2008年，先后制定《关于调整内资实业型企业扶持政策的若干意见》和《关于加强工程建设项目规范管理暂行规定》。扶持政策除对符合扶持条件的企业继续扶持外，对高耗能、高污染、安全隐患严重的企业，违反国家有关规定或发生重大安全事故、抽逃资金、转移税收的企业，欠缴土地款、转制款1年以上的企业等不予扶持。鼓励新企业早投入、早产出、早见效，老企业做强做大。暂行规定进一步规范政府投资建设项目立项审批、招投标、审计、验收等环节的管理。全年完成的50个基建项目，经审计核减158.2万元，核减率14.4%。

2009年4月，按照“做精一产”的农业发展方针，制定《关于推进建设高效生态示范农场的意见》。从原有29个农场中挑选培育建设高效生态示范农场5个。政府对基础设施、农业机械、产品营销、引进名特优品种等给予政策扶持，并对农业贷款和农业保险实行补贴。11月，启动农村集体经济组织清产核资工作，镇、村分别成立领导小组。全面摸清村集体经济组织的资金、资产和资源存量、结构、分布和运营效益情况，健全集体资产经营、管理、监督制度，推进农村集体经济组织产权制度改革。

三、社会事业发展

教育 1986年8月，山阳乡按照《金山县县、乡两级管理教育工作的暂行规定》，对普教、职教、成教事业发展作出规划，调整设点布局，统筹教育经费，改造危旧校舍，开展尊师重教等工作。

1990年，全乡有初级中学3所，小学12所，幼儿园23所，其中公办4所、民办19所，成人学校1所，老年学校1所。是年，全面贯彻《中共中央关于教育体制改革的决定》《中华人民共和国义务教育法》和市普及九年制义务教育条例。连续几年发动社会各界捐资助学改造和扩建中小幼学校，镇政府继续加大投入，改造危旧校舍，调整学校布局。投资800多万元（市教育局50万元，香港邵逸夫100万元港币），1996年，建成山阳小学新校舍。至1998年，全镇新建、扩建、改造中小幼校舍18690平方米，改变校舍紧缺、设施陈旧的状况，顺利度过了入学高峰。2003年，全面完成14所中小学校撤并。1992年山阳中心幼儿园迁居新址。2009年，镇政府投入520万元，建造早教中心、改扩建山阳幼儿园和山阳小学基础设施，创办接收到沪人员子女义务教育的上海金山区民办九阳小学和上海金山区民办金山嘴小学。

1993年8月，建立镇教育奖励基金。是年，筹资基金62万元，28名先进教师和100名好学生获奖。至1998年，教育奖励基金突破百万元，累计奖励教师167人次，奖励和助困学生632人次。2008年，镇财政出资43.2万元，294名优秀骨干教师和好学生受到奖励。1993年起，政府连续3年总投资298万元建造教师优惠住宅房80余套，104名教师入住。

文体 1990年，建成市郊一流的文化娱乐中心，总投资360多万元，建筑面积2550多平方米，内设图书馆、影剧院等。

2006年，投资869万元，全面修建和改造文化娱乐中心，增设数字影院、排练厅、健身房、东方信息苑等。是年，全镇有有线电视终端用户7886户。2006—2008年，全镇10个村先后建数字影院。2006年10月起，镇文体中心开放广场数字电影，供民众免费观看。1994年7月，建成镇体育中心（场），投资250万元，占地面积17598平方米。内设环形跑道、乒乓房、棋牌室、篮球场、溜冰场、足球场、门球场等。1994—1997年，每年举办一届镇运动会，之后每4年举办一届。1995年起，推行健身运动，镇、村居设健身点，配备多种健身器材。2005年起，每年端午节举行龙舟赛。

1994年12月，《山阳志》出版。2006年1月创办《山阳》社区报。是年3月，《杨家村志》问世。

卫生 1990—2009年，山阳镇（乡）开展卫生合格单位、卫生村、卫生镇创建活动。20年内投资6亿多元改善卫生环境，4次改造和扩建或搬迁卫生院；加强卫生和市容市貌建设，实施拆违、环境整治、防病除害、绿化布局、设施添置更新、河道治理、道路建设、医疗卫生机构标准化建设等举措，卫生和环境面貌显著改善。1992年，全乡人口全部饮用自来水。1993 年、1994 年，分别创建成一级甲等卫生院、县三级卫生城镇。1999 年全面完成农村改厕工作。2000 年，建立农村生活垃圾集中收集处理系统。2003 年起，严格防控“非典”、禽流感等传染性疾病，实现“0”病例。2004 年、2006 年，先后创建成市二级和市一级卫生镇。制定《山阳镇创建国家卫生镇 2007—2008 年实施意见》，投入 4.37 亿元，对镇域内的卫生软硬件和环境设施进行全面建设、改造和添置。2008—2009 年，镇社区卫生服务中心和村居社区卫生室全部实现合作医疗门诊处方网络化和标准化建设。2008 年 12 月，山阳镇创建成国家卫生镇。

四、城镇规划建设

1990 年以来，按照上海市委、市政府关于推进农村城镇化的要求，制定《山阳镇土地利用总体规划（1991—2000）》和《山阳镇村镇建设总体规划》。1995 年，根据城镇建设快速发展和城乡一体化的要求，重新编制《山阳镇村镇建设总体规划》。之后对《土地利用总体规划（1997—2010）》进行调整修订。2000 年 5 月，市房屋土地管理局批准山阳镇土地利用总体规划。1997 年，金山撤县建区后，山阳镇成为金山新城核心板块，镇党委、政府按照市委、市政府“三个集中”的要求，进一步对规划和村镇建设加强管理。根据金山区区域规划纲要和金山新城总体规划，山阳镇主动对接新城发展战略，镇区建设、中心村建设和工业园区发展规划都服从服务于金山新城建设规划。2008 年，根据《中华人民共和国环境保护法》《中华人民共和国城乡规划法》等法律法规，编制《山阳镇生态环境规划（2008—2020）》。以建设金山新城为己任，放大“同城效应”，优化城镇建设发展管理布局和环境质量。坚持城镇建设和管理并举，至 2009 年，建有 11 个居委会。2009 年，镇创建成上海市市容环境责任区管理达标镇。

第五节　实事项目

1990—2009 年，每届政府把与人民群众生产生活密切相关的建设工程列为实事项目，共 148 件，提交镇（乡）人民代表大会审议通过后实施，基本做到当年项目年内完成。

一、1990 年实事 12 件

开通山阳地区程控电话；新辟山阳镇一条农民街；新建农村水厂；拓宽一号桥至河缺口 1.7 千米公路；完成山阳镇至铁路道口、新江村至沪杭公路、进兴小学至亭卫公路道路铺设；完成全乡中小学 2000 平方米陈旧校舍改造和山阳中学教学实验楼配套及门卫、厕所建设；新建汀南小学；完成新建幼教中心征地工作；完成新建居民住宅 833 平方米；完成 66% 工作量的农村有线广播线路改造、维修及喇叭入户；建筑龙泉港山阳大桥西侧向南 0.45 千米石驳岸；乡村骨干道路改建为三级黑色路面。

二、1991 年实事 6 件

建成红旗、工农 2 个水厂；新建官桥小学，完成中兴中学、山阳中学实验楼及配套设施建设、乡幼教中心土建；完成 5 个村有线广播线路维修改造和喇叭改装；完成 15 千米乡村骨干道路黑色路面铺设和6条段支路与骨干公路的对接和铺设；建造金山嘴海塘公共厕所和山阳清洁所；完成新建居民住宅982平方米。

三、1992年实事12件

电话通信提前实现自动化；建成山阳镇到亭卫公路的道路达到国家二级白色公路标准；洙山公路部分改线全线拓宽；新建山阳敬老院；新建桥梁8座；骨干航道疏浚；新建、翻建和重新布点学校4所、幼儿园1所；新建居民住宅1815平方米；新建液化气供应站；扩建乡卫生院病房；乡体育中心兴建；全乡饮用自来水人口提前达到100%。

四、1993年实事9件

新建3.5万伏变电站；完成山阳卫生院建设工程框架结构；山阳体育中心建成启用；开通山阳镇区闭路电视并开播；迁建山阳农贸市场；山阳中学艺术教学楼竣工；新辟新江新村、向阳新村；完成2条骨干道路土路基和路面浇设；翻建3座农桥。

五、1994年实事6件

山阳小学迁址完成选址、围墙、下水道；全镇黑色道路主要路段维修；山阳镇至亭卫路1.2千米路灯架设；新建1座平桥、3座拱桥改涵洞；完成倪卫水厂南水北调；新建教工卫生住房32套、1632平方米。

六、1995年实事10件

开通万门程控电话；建设占地面积123.23公顷的宏山工业区；埋设1.2千米排污管道；新建新江、向阳、杨家、大兴、卫东小区和海浒新村、山龙新村，总投资1.23亿元；投资214万元兴建玉兰新村、山南新村共15200平方米；改建小商品市场；建成中山、七一、中心小学；完成山阳镇区街坊道板整修；改造山阳水厂；完成农村改厕。

七、1996年实事5件

建成党政机关新的办公用房；完成向阳村低压线改造；完成广电共缆年内工作量；完成红旗港以南、亭卫路东侧绿化工程前期工作；亭卫路等沿线建8个治安岗亭。

八、1997年实事5件

建成山阳中学饭厅；实施红旗港以南、亭卫路东侧绿化工程；完成七一、倪界2个村的低压线改造；镇区有线电视与市有线电视联网；完成新江小区配套设施年内工作量。

九、1998年实事8件

建成山龙新村一、二期；新辟东泉新村；新村管道煤气安装到户；成人学校迁入新址；完成卫生院迁建；完成10个村低压线改造；维修乡村黑色道路；超标准实现电话镇。

十、1999年实事4件

完成亭卫路拓宽（山阳段）和申甬路（松卫南路）山阳段土方工程；完成2个村电网改造；完成渔业村水厂改造；建成亭卫路红旗西路口（龙皓路）供销网点。

十一、2000年实事7件

完成中兴、大兴水厂并网改造；完成华新村至甸山村黑色路面工程；安装10个村4201户家用电表；完成亭卫路、红旗路口绿化工程并养护；红旗东路两侧人行道铺设彩道板；建成红旗路至金山大道灯箱广告；开发红旗东路三通段商住房 4368 平方米。

十二、2001 年实事 7 件

新建山阳派出所；新建山阳工商所；完成三峡移民安置房建设和接收安置；建成农桥 1 座；建成山阳中学 2400 平方米教学楼；全面完成农村电网改造；完成中兴、大兴、九龙、曙光等村自来水管网改造。

十三、2002 年实事 5 件

完成农村水网改造；新建农桥 6 座、修缮 2 座；启动中山路（南阳港路）扩建；实施镇区臭水浜整治；红旗东路、东门街、山阳老西街完成改造。

十四、2003 年实事 6 件

完成九龙、向阳、大兴 3 个中心村基础设施建设；新建和修缮农桥 8 座；完成中山路（南阳港路）拓宽工程；亭卫路东侧宏山工业区绿化带工程竣工；老镇区 15 幢老公房实施“平改坡”；完成体育北路新建工程。

向阳中心村（2005 年，王杏春摄）

十五、2004 年实事 5 件

完成 5 千米村级道路白色化升级；改造 4 座农村危桥；重建 3 座公路危桥；山阳幼儿园教学楼扩建竣工；投资 180 万元疏浚老镇区污水管道、铺设彩色道板、翻修山新路、架设路灯。

十六、2005 年实事 4 件

完成新建敬老院规划、设计和部分建设工作；完成 3 千米村级道路白色化升级；改建 4 座农村危桥；完成镇区 2.5 万平方米平改坡工程和松卫新村、玉兰新村综合整治。

十七、2006—2007 年实事 16 件

建成山阳敬老院；建设老镇区标准化菜场；完成镇社区文化活动中心改造；建成镇社区事务受理服务中心；完成“五一”广场建设；基本完成海欣家园安置房建设；完成城管分队办公用房和“残疾人之家”改造并投入使用；海趣幼儿园完成改造投入使用；13.4 千米村级道路完成改造；修建 4 座农村危桥；公交山阳一路通车；启动农村危房翻建；老镇区危房维修改造；疏浚河道 36 千米；完善农村“三室一点”服务功能；实施海浒、玉兰、宏阳、松卫、华江 5 个小区综合改造。

十八、2008 年实事 13 件

完成镇社区事务受理服务中心广场建设；建成 1.14 万平方米敬老院广场绿地；启动山阳幼儿园改建工程；完成海欣家园二、三期安置房建设并交付使用；建成 5 万平方米工

业园区职工生活基地；建安置基地商业配套设施；完成卫阳路、龙胜路、同凯路路灯和绿化建设；24.7 千米乡村道路白色化升级；建成 1.8 千米三级污水管网；改造 3 座危桥；实施 18300 平方米危旧公房维修改造；基本完成黑臭河道整治；建成老镇区标准化菜场。

十九、2009 年实事 8 件

完成镇老年人日间照料站建设并启用；实施九龙小区村庄改造；完成镇区老街旧宅老化电线改造；建成镇门球场；完成 35 千米乡村道路、65 千米村级道路改造；改造修建 14 座桥梁；开通山阳 2 路、金山 5 路公交线路；完成 15 条段 4.765 千米“村沟宅河”综合整治。

第六节 经济管理

一、合作经济联合社

1987 年 6 月 28 日，召开山阳乡合作经济联合社社员代表大会，选举产生 13 人为乡合作经济联合社董事会董事，吴金富任董事长，并通过《合作经济联合社章程》。乡合作经济联合社受乡政府领导，下有农业、副业、工业三大公司管理全乡农副工三业生产。乡合作经济联合社时有农副工企业 36 家，固定资产 1939 万元，职工 5086 人，占全乡总劳动力的 25%，经济占全乡经济总量近 50%。

1994 年后，随着深化企业产权制度改革，经济联合社的工作职能弱化，直至终止。

二、农村经济管理

1990—2001 年 6 月，山阳镇（乡）农村经济经营管理工作由农业经济经营管理站（以下简称经管站）负责。2001 年 6 月，镇经管站、企业管理站、统计站、审计室合并，成立山阳镇综合经济管理所（以下简称经管所），设所长 1 人、副所长 1 人，有工作人员 8 人。2005 年 7 月，经管所增挂审计室、统计站牌子，有工作人员 9 人。2007 年 10 月，撤销经管所、审计室、统计站，成立山阳镇经济管理事务所（以下简称经管所）。增挂山阳镇安全生产事务所牌子。设所长 1 人、副所长 1 人，有工作人员 14 人。2001 年，村不设总会计，实行代理记账制。由镇经管所通过考核招聘 4 名联村会计，负责村级财务。联村会计由镇经管所领导。

经管所（站）协助镇（乡）政府抓好国有（集体）资产管理，农村收益分配的指导；承担内部审计工作，监督政府管辖的经济组织、企事业单位财务收支及经济活动情况；按照“在地统计”要求，负责辖区内经济、社会发展综合统计工作；负责生产、消防、交通、食品、药品等安全监督、检查工作，督促完善安全管理制度和各种安全事故隐患整改。1991 年，经管站在全市乡基层经管站达标活动中被首批列为市级达标站。1992 年 5 月，经管站被市农业局评为农村合作经济经营管理工作先进集体；12 月，被农业部评为全国农村合作经济经营管理工作先进集体。1989 年 7 月，站长袁金林因长期从事农牧渔业（会计辅导）技术推广工作且成绩显著，获农业部颁发的荣誉证书和荣誉证章。1999 年，袁金林在金山区乡镇经管站中第一个被评为高级经济师。

1990—2002 年，经管站负责农村合作经济组织收益分配、经济管理、财务管理等方面的工作，审批镇（乡）办企业和各村、组、及集体企业年终分配方案。1990 年，审批年终分配方案单位 386 个（家），其中村民小组 196 个、企业 190 家。2002 年，有年终分配单位 138 个（家），其中村民小组 80 个、企业 58 家。2003 年后，逐渐取消年终分配方案审批。加强农村土地承包管理，依法保护农民的土地承包经营权。1991 年，指导各村对部分农户责任田作适当调整。1999 年，组织开展农民承包地延长 30 年确权签约工作，确权人数、户数达 100%。1988—1996 年，参与镇（乡）村企业厂长（经理、场长）经济目标承包责任制制定等。1994—2001 年，指导镇村企业开展转制工作。1990—2009 年，培训村、企事业单位财会人员 4000 余人次。

三、统计

1990 年，乡设统计助理，各村及企事业单位配专兼职统计员，形成统计网络。2001 年 6 月，统计工作归入镇经管所，配 1 名专职统计员，业务受区统计局指导。

1990 年以来，依法按时向上级有关部门报送统计资料；每年编印《山阳镇（乡）国民经济统计汇编》；参与全国、全市人口普查，经济普查，农业普查等。开展专题专项、农村专业户、农户收支和农产品成本核算调查统计等。

1995 年，镇工业公司统计员顾培根，获评全国乡镇企业系统优秀统计工作者。2004 年、2008 年，山阳镇两次获评上海市第一、第二次经济普查先进集体；镇专职统计员毛志辉两次获评全国经济普查先进个人。

四、审计

1990—1993 年，经管站内设专职审计员，负责全镇（乡）的内部审计。1994 年 1 月，成立上海金山审计师事务所山阳办事处。1995 年，成立审计室，与经管站合署办公。1997 年，审计职能从经管站划出，成立专门审计室，设主任 1 人。2001 年 6 月，审计室并入经管所，业务受区审计局指导。主要职责：宣传贯彻审计法、审计条例；监督镇（乡）企事业单位和村、组财务收支、资金使用情况；审计监督镇（乡）村集体企业的资产、负债、所有者权益合法性、真实性；对村、企业和农民负担情况与统筹和村提留资金筹集、使用情况进行审计监督；行政主要负责人（法定代表人）离任时进行离职审计；对镇（乡）村基本建设项目进行审计监督；对镇（乡）村范围内的集体单位和镇（乡）属事业单位的收益分配和遵守金融法规、政策及遵守财经纪律进行审计监督。

审计监督主要有年度决算审计，调查审计、专项审计、定期审计、经济效益审计、离任审计、社会审计，对财经事务进行审计监督。2007 年起，全镇 278 个工程项目经审计，核减工程款 2631 万元。

五、合作基金会

1993 年 5 月，经金农经〔93〕第 3 号《关于组建“上海山阳合作基金会”请示的批复》批准成立上海郊县首家合作基金会——上海山阳合作基金会。合作基金会是按照集体企业和农民自愿互利、有偿合作的原则，以资金入股组织起来的社区性互助的资金融通组织。

是年，筹集资金1100万元，融资978万元，投入1400万元，收益90万元，入股分红50多万元。到1995年，吸储社会闲散资金4000多万元，融资6500多万元。直至1998年3月，共吸储股金6340万元。

1999年8月，根据沪农委《关于下发〈上海市农村合作基金会清产核资工作实施意见〉的通知》精神，镇组建清理整顿合作基金会工作班子，停止吸储股金，清理退股兑付股金。到2000年10月底，合作基金会清理整顿工作结束。

第七节 档 案

1957年8月撤区并乡，山阳乡开始建立档案。之后，由政府办公室负责文书档案管理，组织人事部门负责干部人事档案管理。

一、文书档案

文书档案主要有政务活动中形成的各类文件、资料。文书档案管理实行镇（乡）领导分管下的专人负责制。由政府办公室主任负责，配备1名档案专管员进行收集、整理、装订管理。1987年起，各村居、政府各职能部门建立档案制度，落实专兼职人员负责档案工作，1999年，全镇有36个基层单位建立了档案室，形成两级档案管理网络。政府及相关部门所形成的文书、财会、照片等资料，按照《机关档案工作业务建设规范》要求，实行统一管理、统一要求、统一制度、统一整理、统一归档。档案室建立档案鉴定、管理、统计、保密、调阅、文书处理等制度和档案人员岗位责任制以及材料收集整理、立卷归档制度。

档案检索有案卷目录、全引目录、电脑检索3种方法。按照档案管理有关规定，整理立卷的文书档案分批分期送区（县）档案馆保存。1950—2006年，共进馆档案3850卷，其中永久档案1326卷、长期档案2524卷。

1950—1979年，文书档案共立卷归档960卷，其中永久档案337卷、长期档案623卷。1980—1991年，进馆文书档案1188卷，其中永久档案1440卷、长期档案748卷。1992—1997年，立卷归档进馆569卷，其中永久档案228卷、长期档案341卷。1998—2000年，立卷归档进馆604卷，其中永久档案111卷、长期档案493卷。2001—2003年，立卷归档进馆2260件共237卷，其中永久档案93卷、长期档案144卷。2004—2006年，进馆档案272卷，其中永久档案117卷、长期155卷。2007年后，未进馆的档案保存在镇档案室。

1999年12月，山阳镇机关档案工作被市档案局评为二级先进。2000年、2001年，中兴、东方、七一、汀南、红旗、九龙等村档案室分别创建成金山区合格档案室。2004年，山阳镇街道居委会被评为区档案管理合格达标单位。

二、人事档案

人事档案由党政机关（除区县管）干部、全镇（乡）共产党员、镇管干部、复员退伍军人等个人档案组成。人事档案由组织人事部门负责管理，配备管理员1人。

根据中共中央组织部《关于干部人事档案工作目标管理暂行办法》和上海市委组织

部及金山区委组织部有关要求，党委组织部门对干部人事档案工作进行制度化、规范化、科学化、系统化管理。制定人事档案材料收集补充、整理归档、检查核对、接收转递、借调查阅、保管保密制度和管理人员职责。建立干部人事档案总目录、人事档案名册，制订档案接收、转递、查（借）阅、销毁等制度，实行库房、阅档、办公室“三室”分离。2008 年 3 月至 2009 年 2 月，对干部人事档案进行审核、收集、补充，共收集补充学历材料 21 份，资格证书 3 份，荣誉证书 35 份，岗位培训材料 4 份，干部履历表 6 份，履历表 55 份，任免文件 35 份，干部任免审批表 186 份。至 2009 年 2 月底，山阳镇干部人事档案共计 2879 卷。其中，现职人员 900 卷，在职干部及在编人员人事档案 66 卷（公务员 13 卷，事业 53 卷），党员档案 834 卷，非现职人员档案 774 卷（机关、事业退休人员档案 69 卷，退休的党员档案 705 卷），其他档案 1183 卷，死亡党员档案 35 卷。上述档案均保存在镇组织人事档案室。

2002 年 4 月、11 月，山阳镇干部人事档案工作获中共中央组织部颁发的“干部人事档案工作目标管理达一级标准”“干部人事档案工作目标管理一级单位”荣誉牌。

戚家墩遗址出土的战国席纹灰陶盘

第六章 中国共产党山阳镇纪律检查委员会

1989年11月—2006年12月，山阳镇（乡）先后召开6届党代表大会，选举产生6届纪律检查委员会（以下简称纪委）。历届纪委从教育、制度、监督、惩处、纠风等入手，开展党风廉政建设和反腐败工作。至2009年，共查处党员干部违法违纪案件35件。

1991年，山阳乡纪委被评为上海市农口系统先进纪检组织。

第一节 机 构

1985年5月以前，公社（乡）纪律检查工作由1名党委委员负责。1985年6月，成立山阳乡纪委，由1名党委副书记兼任纪委书记，1名党委委员兼任纪委副书记，配备1名纪检干事。

1989年11月，乡第九次党代会选举产生纪委委员3人。纪委第一次全委会选举书记1人。基层党（总）支部配备专（兼）职纪检干部1人。2001年12月起，镇纪委增设1名副书记。纪委每届任期与党委相同，第九至届第十二届每届任期3年，之后每届任期5年。

1997年4月，山阳镇建立党风廉政监察站，聘请12名监察员，开展党内外监督。2003年，设立监察室，监察室主任由镇纪委副书记兼任。纪委和监察室合署办公，履行党的纪律检查和行政监察职能。

中共山阳镇（乡）第九至届第十四届纪委班子一览表

表6-1

<table>
<tr><th>届 次</th><th>书记、副书记</th><th>姓 名</th><th>任 期</th><th>委员 任期</th></tr>
<tr><td>九届
1989年11月至1993年2月</td><td>书记</td><td>盛继川</td><td>1989年11月至1993年2月</td><td>华木良 1989年11月至1993年2月
周章云 1989年11月至1993年2月</td></tr>
<tr><td rowspan="2">十届
1993年2月至1996年1月</td><td rowspan="2">书记</td><td>江仁贤</td><td>1993年2月至1995年11月</td><td rowspan="2">华木良 1993年2月至1996年1月
沈维国 1993年2月至1996年1月</td></tr>
<tr><td>盛继新</td><td>1995年11月至1996年1月</td></tr>
</table>

续表 6-1

<table>
<tr><th>届 次</th><th>书记、副书记</th><th>姓 名</th><th>任 期</th><th>委员 任期</th></tr>
<tr><td>十一届
1996 年1月至1999年1月</td><td>书记</td><td>盛继新</td><td>1996 年1月至1999年1月</td><td>华木良1996年1月至1997年5月
沈维国1996年1月至1999年1月
汪效弟1997年5月至1998年2月
周章云1998年2月至1999年1月</td></tr>
<tr><td>十二届
1999年1月至2001年12月</td><td>书记</td><td>盛继新</td><td>1999年1月至2001年12月</td><td>周章云1999年1月至2001年12月
沈维国1999年1月至2001年12月</td></tr>
<tr><td rowspan="6">十三届
2001年12月至2006年12月</td><td rowspan="4">书记</td><td>盛继新</td><td>2001年12月至2005年3月</td><td rowspan="6">朱连华2001年12月至2006年6月
沈初良2006年6月至2006年12月</td></tr>
<tr><td>于小粮</td><td>2005年4月至2006年2月</td></tr>
<tr><td>常 菁</td><td>2006年2月至2006年10月</td></tr>
<tr><td>黄文达</td><td>2006年10月至2006年12月</td></tr>
<tr><td rowspan="2">副书记</td><td>周章云</td><td>2001年12月至2005年6月</td></tr>
<tr><td>韩纪元</td><td>2005年6月至2006年12月</td></tr>
<tr><td rowspan="2">十四届
2006 年 12 月—</td><td>书记</td><td>黄文达</td><td>2006 年 12 月—</td><td rowspan="2">沈初良 2006 年 12 月—</td></tr>
<tr><td>副书记</td><td>韩纪元</td><td>2006 年 12 月—</td></tr>
</table>

第二节 党风廉政教育

1989—1990 年，纪委着重对党员干部开展党的基本路线、思想、宗旨和党章、准则、党纪等教育。举办 5 期培训班，700 多名党员干部受训。组织 3000 多人次党员干部观看《我心中的共产党员》《大地的希望》等教育录像。

1991—1992 年，着重开展理想、宗旨教育，正确处理好发展经济和反腐败的关系。以中国特色社会主义理论教育为重点，在坚持经济建设为中心的同时，加强廉洁自律教育。组织党员干部学习中央纪委《关于共产党员在经济方面违法违纪党纪处分的若干规定》和市委、市政府《关于党政领导干部保持廉洁自律的若干规定》。其间，领导干部在经济项目业务活动中，因无法拒绝而接受的照相机、金项链、金耳环、现金等礼品上缴纪委按规定处理。

1993 年，开展树形象、立威信教育。举办党员干部轮训班 5 期，组织 3600 多人次观看廉洁自律教育片。组织 3000 余人次观看廉政文艺专题演出。开展清理拖欠公款活动，党员干部归还 18134 元，群众归还 52.2 万元。

1994 年，贯彻“早教育、早预防、早纠正”方针，坚持教育为本、预防为主。组织 2800 余人次党员干部观看《斩断黑手——祝文清受贿案侦破与思考》电视录像。上街进行反腐败图片和黑板报展览，3200 多人次观看。举办勤政廉政演讲比赛，分发《反腐倡廉教育》《反腐倡廉教育领导干部读本》给基层党支部。50 多名党员干部参加市农村党委举办的“莱福杯”反腐知识征答，2人获奖。纪委对群众有呼声的20余名党员干部进行个别谈话，对他们“亮黄牌、敲木鱼”。

1995—1996年，开展“立党为公、从政为民、接受监督、做人民好公仆”教育。以孔繁森为榜样，深化“让人民高兴、使人民放心”主题教育活动。帮助亏损企业和后进单位理顺关系、建章立制、规范管理。

1997—1999年，学习贯彻《中国共产党党员领导干部廉洁从政若干准则（试行）》《中国共产党纪律处分条例（试行）》和中央八项规定及《关于党政机关厉行节约制止奢侈浪费行为的若干规定》，请市、区党校老师给党员干部作辅导报告，党委和基层党组织给党员上党课。着重抓各项制度建设；领导干部建房、购房、装潢申报登记；公费住宅电话和移动电话管理；精简会议，制止以会议名义发礼品、铺张浪费等行为；“企业廉洁”，政（村居）务公开；减轻农民负担；预算外资金和“小金库”规范管理；政风行风评议；违法违纪案件查处9个方面工作的落实。

2000—2002年，开展“三讲”和“三个代表”重要思想教育活动。教育党员干部坚持“立党为公、执政为民”思想，树立正确的世界观、人生观、价值观、权力观、地位观和利益观。结合镇“三年翻一番”的奋斗目标，加强学廉、思廉、著廉等警示教育。明确镇领导班子党风廉政建设和反腐败工作责任分工，开展处级和科级干部“廉内助”教育活动。

2003—2004年，结合学习贯彻《中国共产党党内监督条例（试行）》和《中国共产党纪律处分条例》，开展“三走三听三想”教育活动，即到困难群众家走一走，听一听群众的话语，想一想在岗位上为群众做点什么；到警示基地走一走，听一听他们如何走上犯罪之路的忏悔，想一想在岗位上如何掌好权、用好权；到革命圣地、烈士陵园走一走，听一听革命前辈的感人事迹，想一想如何为实现“三年翻一番”作贡献。领导干部查找、剖析自身存在的问题，开展述职述廉评廉活动。

2005年，党委和基层领导班子在坚持中心组理论学习的同时，发动全镇党员干部开展“党在我心中、让党旗更红，我在群众中、让党群更亲”主题教育实践活动。组织党员干部到周恩来和陈云故居、苏中七战七捷和沙家浜等纪念馆，接受革命传统教育。开展政风、行风社会化测评，聘请50名测评员和12名监督员，对相关职能部门政风行风和清正廉洁等工作进行检查测评，查找问题，提出整改意见。镇党政机关干部与50户贫困家庭结对帮扶，送去慰问金55400元，其中个人募捐11400元。

2006年，创新教育形式，突出教育重点，开展“六个一”教育活动。即对10名新任科级干部进行一次岗前廉政谈话，签订廉洁从政承诺书；每2个月在《山阳》社区报刊登一篇党风廉政建设文章；编排党风廉政建设一台戏下基层巡回宣传演出12场；进行一次党章知识测试；写好一篇读书思廉心得；开展一次村级财务管理督查。6月2日，市委副书记、纪委书记罗世谦到长兴村察看村务公开、党风廉政建设等情况，对工作给予充分肯定。

2007年，学习贯彻中纪委《关于严格禁止利用职务上的便利谋取不正当利益的若干规定》，开展“讲党性、重品行、做表率”主题教育活动。组织观看《贪欲之害》警示教育片和市、区反腐倡廉教育展示，并进行专题座谈、讨论。《山阳》社区报开辟“读书思廉”专栏，选登党员干部学廉、思廉、践廉文章5篇。编写《以案施教，警钟长鸣》案例读本分发给党员干部，创作上海说唱《当官莫沾、贪、赌、花》下乡巡回演出。

2008年起，贯彻中央《建立健全惩治和预防腐败体系2008—2012年工作规划》，落实党风廉政建设责任制。镇领导班子成员按照“一岗双责”的要求，明确分工、责任到人。镇党委与基层党组织及机关正科级干部签订廉洁从政承诺书，下发《山阳镇基层党组织党风廉政建设责任制实施意见与检查考核办法》，每年对基层党组织落实党风廉政建设责任制工作进行检查考核。纪委坚持“六个一”教育活动，从实际出发，创新教育载体，深化教育内容，干部作风讲评、“读书思廉”专栏、创作廉政节目下乡巡演、组织集中警示教育和岗前廉政谈话五项成为传统。在此基础上每年创新一项教育活动，形成“5+1”警示廉政教育工作机制。其间，镇干部作风讲评4次，“读书思廉”专栏刊登文章15篇，廉政教育文艺巡回演出50多场，受教2万余人次；请区纪委、检察院领导集中专题讲座3次，收看警示片5次，开展反腐知识测试3次。岗前集体廉政谈话30人；党员干部责任追究6人，诫勉谈话5人，免职2人。

1996—2009年，党政干部上缴“三礼”（礼金、礼品、礼券）折款61.1万元。

第三节　党风廉政制度建设

1989—2009年，镇（乡）党委、纪委先后制定一系列党风廉政建设的制度和规定。党员干部廉洁自律方面有《党政干部遵守纪律、保持廉洁和廉洁责任制的规定》《党政机关干部保持廉洁的“八条”规定》《党政领导干部装饰住房报告制度》《公车使用和管理的若干规定》等；领导班子自身建设方面有《党政干部中心组学习制度》《党政领导班子会议制度》《党政领导班子议事决策规则》《关于进一步加强领导班子建设的若干意见》《镇管正职干部廉政档案制度》《诫勉谈话制度》等；加强财经纪律方面有《严肃财经纪律，加强财务制度的规定》《加强建设项目规范管理的暂行规定》《加强预算外资金和“小金库”规范管理的规定》《关于进一步加强行政事业单位财务管理的若干规定》等。

第四节　案件查处

1990—2009年，共查处党员干部各类违法违纪案件35件。涉及党员34人，其中开除党籍12人，留党察看3人，严重警告3人，警告14人，取消党员预备期2人。

1990—1992年，查处党内各类违法违纪案件7件，涉及党员7人，其中开除党籍4人，警告2人，取消党员预备期1人。另外查处党外干部6人。

1993—1995年，查处党内各类违法违纪案件4件，涉及党员3人，其中警告2人，取消党员预备期1人。

1996—1998年，查处党内各类违法违纪案件4件，涉及党员4人，其中开除党籍1人，留党察看2年1人，严重警告1人，警告1人。

1999—2001年，查处党内各类违法违纪案件3件，涉及党员3人，其中开除党籍2人（1人免去行政职务），警告1人。

2002—2006年，累计受理来信35件，办结率100%。查处党内各类违法违纪案件11件，涉及党员11人，其中开除党籍3人，留党察看2人，严重警告1人，警告5人。

2007—2009年，累计受理来信、来访16件，查处党内各类违法违纪案件6件，涉及党员6人，其中开除党籍2人，1人同时给予行政开除处分，党内严重警告1人，警告3人。对6名党员干部责任追究。

2007—2009年，有1件案件查处被区纪委评为优质办案案件。

戚家墩遗址出土的战国灰陶双系罐

第七章 人民团体 社会团体

山阳镇（乡）人民团体、社会团体在党委、政府和区（县）主管部门领导、指导下，按照宪法、法律法规和团体章程、规定，加强组织建设，履行工作职能，发挥各自优势，团结动员各界群众，开展各项活动，参与社会公共事务，为山阳经济、政治、文化、社会诸方面建设作出贡献。

第一节 山阳镇（乡）工会

一、代表大会

山阳镇工会第一次代表大会 1999年7月21日召开，出席代表73名、特邀17名，汤美娣作题为《开拓新思路、开创新局面，团结带领全镇职工为实现山阳镇跨世纪发展目标而努力奋斗》的工作报告，选举产生山阳镇工会第一届委员会和经费审查委员会。汤美娣任工会主席，金叶华、陈永宽任副主席。金叶华（兼）任经费审查委员会主任。

山阳镇工会第二次代表大会 2002年7月26日召开，出席代表74名，特邀36名。蔡红梅作题为《振奋精神、与时俱进，努力开创山阳工会工作的新局面》的工作报告。选举产生山阳镇工会第二届委员会和经费审查委员会，蔡红梅任工会主席，陈士权、陈永宽任副主席。金叶华任经费审查委员会主任。根据金工总组〔2002〕87号文件《关于撤销金山区金山嘴工业区和新城区工会工作委员会的通知》，1999年12月成立的金山嘴工业区工会和2000年9月成立的金山新城区工会撤销，其所属基层工会隶属山阳镇工会，该届代表大会有“一镇两区”代表参加。

山阳镇总工会第一次代表大会 2006年5月19日召开，出席代表86名。会上举行山阳镇总工会揭牌仪式，鲁士希作题为《以人为本、与时俱进，全面推进山阳镇的工会工作》的报告，选举产生山阳镇总工会第一届委员会和经费审查委员会。鲁士希任镇总工会主席，陈士权、黄根法任副主席。陈士权（兼）任经费审查委员会主任。

二、工会组织

镇（总）工会 1989年4月，建立山阳乡工会工作委员会筹备组，由1名乡党委副书记兼任组长。1993 年 12 月，建立山阳镇工会工作委员会，由 1 名镇党委委员兼任主任。1999 年 7 月，建立山阳镇工会，由 1 名党委委员经选举任主席。2006 年，山阳镇总工会成立，经选举由镇人大副主席任总工会主席，下设办公室，配备工会干部 3—4 人。

镇（总）工会根据新世纪深化企业改革等新情况新特点，贯彻“组织起来、切实维权”的工作方针，建立镇工会与镇政府联席会议制度、推进基层工会组织建设。贯彻《中国工会章程》《上海市工会条例》，推进基层工会特别是非公企业工会的组织建设。坚持基层工会主席（干部）学习教育、工作交流例会制度，指导基层工会做好换届选举、建立工会内劳动争议调解、劳动安全监督检查、女职工等职能委员会。

基层工会 1988 年 11 月 22 日，山阳乡机关工会建立，会员 52 人。1989 年，建立山阳砖瓦厂、上海新建切纸机械厂 2 个工会，会员 685 人。是年，山阳地区隶属县局行系统联合工会有山阳小学、山阳中学、卫生院、银行信用社、供销社、粮管所、食品站、金山晒图机厂 8 个基层工会和邮电支局、水产门市部 2 个工会小组。

1990 年，有基层工会 5 个，会员 1024 人。1991 年，有基层工会 6 个，会员 1678 人。1994 年 6 月，上海强均纺织实业有限公司工会成立，是山阳首家成立工会的外商独资企业。1999 年，全镇有基层工会 16 个，其中“三资”企业 5 个、私营企业 4 个，会员 1182 人。2007 年，10 个村建立联合工会，村党总支书记兼任主席。2008 年，在原有 5 家基础上，新组建 5 家餐饮企业工会参加区总工会所属的“上海市金山区餐饮行业工会联合会”，成为该行业联合工会团体会员最多的镇。2009 年，全镇共有基层工会 68 个，其中独立工会 56 个、联合工会 12 个，会员 13410 人。

三、主要工作

学习培训 镇（总）工会组织和指导基层工会，开展“四有”“四德”“三观”和爱国主义、社会主义、集体主义等学习教育，结合工会实际，组织学习《中华人民共和国工会法》、《中华人民共和国劳动法》、《上海市劳动合同条例》及劳动与社会保障等法律法规，参加工会财务、经费审查、工会工作业务、食品安全卫生知识和科学、技术等岗位、技能、特殊工种培训。2002—2005 年，有 1000 多人次参加特殊工种、技术技能培训，6000 多人次参加工会法、劳动法等法律法规知识竞赛活动。2006—2009 年，组织工会干部 500 多人次参加市、区、镇总工会培训班。2009 年，开展农民工基本素质教育培训，550 人参加。

基层工会根据行业、企业特点，开展职工文化科学技术学习和岗位、技能培训。1999—2001 年，联合利华食品（中国）有限公司工会组织职工开展文化课、职业卫生、基础英语、交通安全等培训学习，731 人次参加。上海山青实业有限公司工会，举办和组织工程项目经理、质量员、安全员、质量内审员、专业技术职称以及电工、电焊工等培训，参加 200 多人次，职工持证上岗率和工程合格率均达 100%。

组织劳动竞赛 组织引导职工参与镇党委、政府举办的建功立业活动，市、区总工会组织的“职工大练兵”和行业操作技术比赛及岗位练兵、技术比武活动；开展献计献策、提合理化建议和科技项目攻关及小发明、小建议、小设计、小改进、小革新活动。2001 年，联合利华食品（中国）有限公司4名职工组成“2L桶装生产线项目”技术改造小组，奋战2周，使该流水线产量由42人班产1400箱产品提高到32人班产2100箱，取得“减员”“增产”、降低劳动强度的效能，还节省200平方米的生产场地。

1997年，上海申隆针织制衣有限公司成衣车间被评为上海市先进班组。1998年，镇工会、上海昆鹏化纤有限公司工会被评为金山区“10万职工大练兵”先进集体。上海镌美皮具服饰有限公司缝纫车间，1998年被评为上海市先进班组；2002年以“人人争当岗位能手”特色工作获评“上海市模范小家”。2008年，上海向隆电子科技有限公司背光板组等3个班组被评为金山区“工人先锋号”。2009年，上海华峰超纤材料股份有限公司无纺布车间丙班获评上海市“工人先锋号”，华峰公司基布车间减量丙班、上海泰胜风能设备有限公司电工组被评为上海市文明班组。

维护职工权益 贯彻执行国家有关劳动、社会保障、安全生产、食品安全等法律法规，依法维护职工合法权益。帮助指导企业建立并完善劳动工资集体协商、签订集体合同及到期续签、劳动保护、安全生产等制度。会同镇人大及政府相关部门监督检查企业职工工资、基建工程款清理特别是外来农民工工资发放、社会保障金缴纳、劳动争议调解处理、劳动保护与安全生产等情况，企业、工地食堂环境卫生与食品安全和餐饮服务工作人员持证上岗及健康体检工作。建立基层工会组织内劳动争议调处、安全生产监管和女职工3个工作小组并发挥作用。在企业推行厂务公开、职代会制度，推进企业民主管理。做好工会法律咨询、信访接待工作，及时化解、调处纠纷。2009年，有48家工会与企业签订集体劳动合同，48家企业建立工资集体协商制度，占企业工会总数的71%。

1995年5月起，根据上海市人民政府规定，向退休的市劳动模范发放劳模津贴，渔业村吴效良、向阳村黄炳忠、倪界村周伯英3人首批享受津贴补助。

关心职工生活 建立在职特困职工动态档案，会同区总工会、政府民政部门，开展帮困救助活动。1999—2009年，帮困救助1118人次，共计发放救助金328190元。会同劳动监察、社会保障部门，为企业职工办理、缴纳职工互助补充保险、特种重大病保险、意外事故保险等。1999—2005年，参保职工5581人次。2006年起，增加为来沪农民工办理、缴纳意外事故等保险。开展走访慰问、职工疗休和赈灾募捐、爱心捐款等送温暖活动。1999—2009年，节日、高温慰问21237人次，发放慰问金、慰问品共计185480元。利仁、向隆、申隆、金海、强均、华峰等工会，组织和发动会员为大病、受灾职工及家庭捐款帮扶，推荐、介绍135名失业人员就业上岗。

开展文体活动 镇、企事业单位工会组建文体业余团队，参加镇体育运动会、职工运动会、非公企业全民健身系列竞赛和镇“十月歌会”、文化艺术节、新山阳人才艺大赛等活动。举办企村联谊、相约青春、新山阳人卡拉OK、红歌竞赛、诗歌朗诵会、与春节留守农民工联欢等活动。参加区总工会职工冬季健身锻炼、运动会和文艺会演、金山读书节、书法绘画摄影及全国职工预防控制艾滋病、禁毒知识竞赛等活动。承办区总工会职工运动会“沙滩排球赛”等。1998年，镇工会被评为金山区职工冬季锻炼体育先进集体，获区首届职运会优秀组织奖。联合利华公司坚持每年举办一届运动会，华峰集团的读书竞赛活动和山鑫公司的“金手印”活动及职工之家健身运动等，成为山阳镇工会文体活动特色项目。2008 年，山阳小学教工龙舟队参加上海市科教工会“同舟共济、喜迎奥运”（西南块）龙舟赛获冠军。

职工之家建设 实施基层工会组织达标、职代会达标评优及开展“建文明班组、创文明岗位、做文明职工”活动，推进职工之家建设。上海新建切纸机械厂工会被评为金山区 2000—2001 年度合格职工之家。2004 年，全镇合格职工之家（含复检合格 3 家）28 家，占当年度金山区合格职工之家总数的 20.3%。2006 年，全镇有金山区合格职工之家 45 家，上海镌美皮具服饰有限公司工会被评为上海市先进职工之家。2009 年，上海金瑞建设工程有限公司和上海博海餐饮服务有限公司工会被评为上海市模范职工之家。

第二节 共青团山阳镇（乡）委员会

一、代表大会

1957 年 1 月召开共青团山阳乡第一次代表大会，至 1989 年，共召开代表大会 14 次。

第十五次代表大会 1991 年 1 月 22 日召开，代表 110 名。李华桂作题为《以创业和奉献的新干劲在振兴山阳的实践中建功立业》的工作报告。选举李华桂、吴克源、陶乐慧、杨海英、王宝中、陆永洲、吴建军 7 人为共青团山阳乡第十五届委员会委员。李华桂任书记，吴克源、陶乐慧任副书记。会议通过《共青团山阳乡第十五次代表大会代表常任制度》的决议。

第十六次代表大会 1993 年 4 月 28—29 日召开，代表 100 名。陶乐慧作题为《树雄心、献青春，为实现我镇经济健康高速发展而英勇奋斗》的工作报告。选举沈红、陈光辉、吴克源、杨文、杨海英、胡爱东、陶乐慧 7 人为共青团山阳镇第十六届委员会委员。陶乐慧任书记，吴克源、杨海英任副书记。翌年 8 月，召开共青团山阳镇十六届二次会议，选举出席共青团金山县第十三次代表大会代表 10 名。

第十七次代表大会 1995 年 10 月 26 日召开，代表 105 名。陶乐慧作题为《奋战新三年，迎接新世纪》的工作报告。选举陶乐慧、沈红、陈建昂、周国军、陈光辉、张剑红、吴锟 7 人为共青团山阳镇第十七届委员会委员。陶乐慧任书记，沈红、陈建昂任副书记。

第十八次代表大会 1999 年 4 月 16 日召开，代表 69 名。陶乐慧作题为《开拓新里程、迈向新世纪，用青春的智慧和汗水谱写跨世纪发展的新篇章》的工作报告。选举赵丹、姜丹红、姜益新、孙洪文、陆赵峰、张剑红、吴锟 7 人为共青团山阳镇第十八届委员会委员。赵丹任书记，姜丹红、姜益新任副书记。

第十九次代表大会 2002 年 4 月 24 日召开，代表 53 名。赵丹作题为《夯实基础、开拓创新，在全镇两个文明建设中再创新的业绩》的工作报告。选举王豪英、沈卫芳、张斌、陈平丽、赵丹、姜丹红、姜益新 7 人为共青团山阳镇第十九届委员会委员。赵丹任书记，姜丹红、姜益新任副书记。

第二十次代表大会 2005年5月26日召开，代表51名。赵丹作题为《立足岗位、务实创新，为推动山阳经济社会和谐发展奉献青春》的工作报告。选举王萍、朱安、江松友、陈平丽、罗君豪、胡妹、施慧7人为共青团山阳镇第二十届委员会委员。施慧任书记，江松友、陈平丽任副书记。选举出席共青团金山区第三次代表大会代表10名。

第二十一次代表大会 2008年1月21日召开，代表70名。施慧作题为《务实创新、开拓进取，为推动山阳经济社会又好又快发展奉献青春和力量》的工作报告。选举施慧、孙冬蕾、熊英、陆晓燕、罗君豪、姜益新、顾晓燕7人为共青团山阳镇第二十一届委员会委员。施慧任书记，熊英、孙冬蕾任副书记。选举出席共青团金山区第四次代表大会代表11名。

二、共青团组织

镇（乡）团委 是山阳基层团组织的领导机构，设办公室。配有专职团委书记1人，主持日常工作，兼职副书记2人、兼职委员4人。团委负责召开团委委员会议，制订工作计划，组织团的活动，领导基层团组织开展工作。2007年，镇团委获评上海市五四特色团委。

基层团组织 1989年，乡团委共有下属团总支2个、团支部51个，团员1505名。1999年，有团员1128名，其中乡镇企业110名、村53名、机关事业单位37名、学生团员928名。2009年，全镇共有团员2399名。有二级团委2个、团总支1个、联合团支部4个、团支部42个。在47家非公企业中建立独立或联合团组织。是年，山阳女子民兵哨所团支部获评上海市五四特色团组织。

三、团的建设

1989—1990年，60多位基层团干部离任，在换届选举时及时充实，并组建3个新办企业团支部。组织团干部参加县、乡团委举办的培训班，开展团员教育评议、颁发“团员证”1295人，发展团员385名，办理超龄团员离团手续352名。1991—1994年，21名团干部参加市、县团委培训班，100多人参加镇（乡）团委培训班。新建中外合资企业团支部5个，发展团员412名，其中来沪青年7名。1995—1998年，开展“让党和人民放心、做青年一代核心”教育实践活动，进行革命理想、传统教育，发展团员691名，建立外来青年教育基地。1999—2001年，开展讲学习、讲政治、讲正气的教育活动和21世纪金山青年新形象、团员素质与发展要求大讨论。建立新经济组织团支部2个，发展团员669名，其中学生团员621名。2002—2004年，组织团干部读书、学历进修、业务技能培训活动，开展团支部“争红旗、创特色、求合格”活动。尝试共青团员、少先队员“双重”（单位、学校与社区）管理模式。2005—2007年，举办各类培训班5期、165人次，探索和试行以团委班子建设为核心，带动团干部、团员、后进青年和流动团员4支队伍联动建设模式。2008年，在35家非公企业中组建20个团支部。开展“争红（旗）创特（色）”“一团（支部）一品”特色支部活动和农村团支部基础达标工程，建成山阳镇共青团基本信息管理系统、信息数据库，做好来沪务工团员登记管理工作。2009年，上海华峰超纤材料有限公司团委获评上海市非公企业团建工作示范单位。

四、主要工作

思想政治教育 1989—1994年，通过主题教育、演讲比赛、知识竞赛、观看录像片等活动，对广大团员青年进行党的基本路线、形势与任务和“三情三基本”、民主与法律和革命传统教育。发动和组织团员参加“一争三为三做”活动。1995—1999年，组织学习邓小平理论，围绕市场经济、“四有”、改革发展与稳定等主题，结合香港、澳门回归，国庆等重大庆典，“三年大变样”活动，进行爱国主义、集体主义和社会主义思想教育。

2000—2005年，学习“三个代表”重要思想，结合国际、国内重大事件、重大活动，教育团员青年增强民族自尊、自信和自强精神。学习贯彻《公民道德建设实施纲要》，教育团员青年敬业爱岗、自强不息、艰苦奋斗、乐于奉献。2006—2009年，组建32个“中特”理论学习小组学习社会主义和谐社会、新农村、“八荣八耻”、科学发展观等论述，采用主题活动、优秀青年座谈、先进事迹巡回演讲和迎办北京奥运会、上海世博会知识竞赛以及红色诗歌朗诵、观看红色经典电影等形式，进行爱党、爱国、爱社会主义教育，增强团员青年的历史使命感、责任感。

岗位建功成才 1990—1999年，举办企业青工实用技术培训班23个、1152人，有851人获等级证书。开展拜师、结对帮教、岗位练兵、技术比武等学技、用技、竞技活动。建立乡（镇）青年农科咨询服务站和帮困助耕、科技兴农服务队以及青年科技示范田、示范户，举办科技兴农、“绿色证书”等培训班。开展“争当新长征突击手、创建共青团号”活动。1人获全国青年星火带头人称号，1人获评上海市新长征突击手。1995年，21名青年被选送列入上海市农口系统青年人才库，其中1名被列为市级青年人才。

2000—2009年，深入开展以“岗位练兵、岗位成才、岗位奉献、岗位建功”的建功立业活动，召开优秀大学生座谈会、企业家与博士生面谈会，建立山阳镇在读大学生数据信息库、网上“信息交换站”，搭建企业招聘人才、大学生就业服务平台。推荐技能培训600多人次，帮助50多人就业上岗。与镇有关部门、企业联合建立10家青年就业见习基地，120名青年完成岗位见习。2人获评上海市新长征突击手。山阳女子民兵哨所获上海市“共青团号”荣誉称号。

社会志愿服务 1990—1999年，开展“学雷锋精神、做四有新人”“讲文明、树新风”活动，实施跨世纪“青年文明工程”等社会志愿服务。团员青年上街头、进社区，为烈军属、困难户、孤老做好事，提倡婚事新办、移风易俗、健康文明生活。参加爱国家、爱家乡、爱企业“三爱”储蓄9.99万元，“希望工程爱心储蓄”10.8万元，东亚运动会捐款2181元；982名团员参加“千名青年禁毒签名”；为患病儿童、大病户4人捐款8856元。组建村企为民服务、帮困助耕、生产突击等服务队伍，为民服务14800多人次，帮困助耕360多亩。

2000—2009年，深化青年志愿者行动，由上街设台咨询、义务植树、助老、帮困助耕等，拓展到村居社区、社会管理建设等方面。与4名特困学生结对助学，与孤老、独居高龄老人和敬老院老人“多助一”结对“阳光助老”，与9户独生子女死亡家庭“共享亲情”结对慰藉。为四川汶川特大地震、青海玉树地震、西南大旱等灾区捐赠26579.9元。

2001年始开展青年造血干细胞捐献行动，2005年23人、2008年60人，报名参加骨髓捐献血检。至2009年，中华骨髓库采血入库志愿者59人，成功配对并捐献骨髓2人。2005年，青年志愿者注册85名，2007年4月，成立山阳镇青年志愿者总队，13支分队、880人，2009年增加到23支、1500人。

文体活动 与镇文化、工会、妇联等联合举办“祖国颂”青年歌咏，五四青年文艺联欢晚会，“雷锋在我心中”故事会和“红色律动”系列以及新山阳人卡拉OK演唱、才艺大比拼、青春舞会等文化娱乐活动。组织开展征文演讲、知识竞赛、团干部论坛、论辩赛，“书香漂流”“相约青春”“缘定山阳”等青年交友系列活动。举办五四青年运动会、自行车环镇游、乒乓赛，组织团员青年参加镇运动会等体育、健身活动。

2008年，推进青年活动阵地建设。建立山阳镇社区青年中心，有摄影、汽修、餐饮、培训、美容美发、婚庆等15个加盟单位，举办交谊舞、形体，多媒体技术等8期培训班、500多人参加；培育、组建青年自助游、美食族、交友沙龙等社团。2009年，“缘定山阳”青年交友项目成功申报为上海市青年中心优秀项目。

少先队工作 贯彻“以团带队”方针，支持少先队组织开展活动。1990—1999年，开展“红旗（党旗、国旗、军旗、团旗、队旗）在万花丛中升起”系列教育，“学雷锋、学赖宁，争做党和人民的好孩子”“小手牵大手、文明路上齐步走”，奥运、世博知识竞赛，迎世博少儿情景口语对话大赛等主题教育活动。指导、协助中小学校及少先队组织举办学生文化艺术节、校园艺术节以及少儿爱国储蓄、队列歌曲演唱、红领巾读书读报活动。开展“雏鹰假日小队”“跨世纪雏鹰行动”“未来建设者争章”和为孤寡、敬老院老人及孤儿、贫困家庭学生结对帮助的“献爱心、做好事、送温暖”活动。1990年6月，金山县农村少先队工作研讨会在山阳召开。进兴小学被评为上海市银星大队。1993年，中山小学获金山县村校中唯一的“全国雏鹰大队”称号。

2000—2009年，以村居社区为基地，先后开展少年儿童寒暑假期间学电脑、明礼仪，“体育嘉年华”“爱心课堂”“珍爱生命、远离毒品”、防灾避险、“生命安全”以及以“服务社区、美化家园”为主题的“绿地 领养”、保洁护绿、“啄木鸟在行动”环境卫生、“七不”规范宣传、“低碳行动”等12个主题活动。

第三节　山阳镇（乡）妇女联合会

一、代表大会

1957年8月召开山阳乡第一次妇女代表大会，至1989年共召开7次代表大会。

第八次代表大会 1990年10月8—9日召开，代表110名，列席13名。金叶华作题为《自尊、自信、自立、自强，为建设和振兴山阳作出新的贡献》的工作报告。选举金叶华、李华桂、蒋月琴、朱仁娟、徐仁娟、徐月华、周宝英、戚粉娟、顾云仙9人为山阳乡第八届妇女联合会执委。金叶华任妇联主任，李华桂任副主任。

第九次代表大会 1994年4月26—27日召开，代表101名，列席12名。金叶华作题为《抓住机遇、奋发有为，团结全镇妇女为建设一流的社会主义现代化农村城镇建功立业》的工作报告。选举金叶华、徐仁娟、朱仁娟、戚粉娟、丁兴梅、顾玉英、顾云仙、蒋月琴、吴梅妹9人为山阳镇第九届妇女联合会执委。金叶华任妇联主席，徐仁娟、朱仁娟任副主席。

第十次代表大会 1997年10月21日召开，代表78名，列席9名。金叶华作题为《团结进取、奋发图强，为我镇的经济与社会发展作贡献》的工作报告。选举金叶华、汤美娣、卫连观、顾玉英、丁兴梅、姚金源、王婉君、顾云仙、蒋月琴9人为山阳镇第十届妇女联合会执委。金叶华任妇联主席，汤美娣、卫连观任副主席。

第十一次代表大会 2002年3月12日召开，代表63名。金叶华作题为《抓住机遇、开拓创新，为山阳两个文明建设再立新功》的工作报告。选举金叶华、吴丽华、卫连观、丁兴梅、姚金源、邱富英、顾云仙7人为山阳镇第十一届妇女联合会执委。金叶华任妇联主席，吴丽华、卫连观任副主席。

第十二次代表大会 2006年10月18日召开，代表60名。赵丹作题为《与时俱进、奋发有为，努力开拓新时期山阳妇女工作新局面》的工作报告。选举赵丹、王豪英、时瑾玮、周国妹、冯丹、周仁红、李琴7人为山阳镇第十二届妇女联合会执委。赵丹任妇联主席，王豪英、时瑾玮任副主席。

二、妇联组织

镇（乡）妇联 是镇（乡）妇女代表大会的常设机构，设办公室。妇联主席（主任）主持日常工作，兼职的妇联副主席（副主任）、执委分管宣传教育、“双学双比”“巾帼建功”、学少儿童、妇女维权、家庭与社区文化建设等项工作。

基层妇代会 各村、居，企事业单位建有妇女代表会（以下简称妇代会），设正、副主任及委员若干人。各村居民小组有妇代小组，设正、副组长及组员若干人。1990年，全乡有基层妇代会45个，其中村、居妇代会21个。2009年，全镇基层妇代会45个，其中村居社区妇代会21个、机关事业单位妇代会8个、非公有制经济组织妇代会16个。

三、主要工作

思想政治教育 1990—1993年，组织开展“谈乡情、看国情”等社会主义思想教育活动，通过“讲我家变化”“谈单位发展”“看山阳新貌”等方式，进行“三热爱”“四自”新女性理念教育，倡导文明新风，争创五好文明家庭、新风户。举办妇女干部学习培训班4期，238人参加。1994—1997年，组织学习婚姻法和妇女权益保障法、母婴保健法等法律。举办马克思主义妇女观、妇女运动发展史等专题讲座、培训班27期（次），3785人次参加。

1998年以来，开展形势任务教育，组织妇女学习新知识、掌握新技能、倡导新风尚。妇女干部参加市、区妇联“学礼仪、树新风”“新时期妇女思想政治工作”等培训班，举办“女性与成才”“怎样当好家长”等讲座，开展“百万家庭网上行”“白玉兰妇女远程教育”等学习培训，有2190多人参加，发送“礼仪大学堂VCD”3.6万盒。8100多人次参加“千村万户”农村信息化培训普及工程。落实中央领导“妇联应该把工作重点放在社区”的新要求，建立以妇女为主的文化活动团队，由 2006 年的 2 个增加到 2009 年的 12 个，计 240 人。有 3 支女性文艺团队登上上海世博会舞台表演。

“双学双比”“巾帼建功” 1989 年，妇联建立“双学双比”协调小组，在全乡劳动妇女中组织开展学技术、学文化、比成绩、比贡献的“双学双比”活动。对全乡 15—45 周岁、9685 名女性的文化程度、技术情况进行调查了解。至 1990 年，举办种植、养殖、服饰、针织等技术学习培训班 63 期，1858 人参加；选派 340 位女职工、女能手参加县妇联、镇举办的技术比武、操作比赛。1993 年，金山化纤厂操作工吴梅妹，获市“双学双比”竞赛活动女能手称号。

1991—1996 年，响应全国妇联“巾帼建功”号召，开展做“四有四自”女性、“为家乡建功立业”等活动。举办各类技术培训班 112 期，15637 人次参加；6420 名女职工参加手套等行业的技术比武、岗位操作竞赛；709 名务农妇女分别在 19 个农业村参加稻麦、油菜丰产方，庭院经济和科技兴农示范户等竞赛活动；开展“妇女爱山阳、献计为家乡”等活动，提出建议 161 条。260 多位妇女参加县妇联、县农校和镇举办的“双学双比”、种养业“绿色证书”培训学习，146 人获“绿色证书”。

1997—2001 年，225 人次参加计算机、财会、外语、营销管理等技能培训，37 人获 2 门以上合格证书。2138 人参加技术操作练兵活动。2002—2009 年，会同社区学校、劳动保障部门举办家政服务、绿化、保洁等职工技能等级、上岗培训，推进“千名妇女再上岗”工作。会同农技部门鼓励、扶持妇女创办或参与农业专业合作社 2 家，100 多位妇女在合作社工作。

2006年，镇妇联获金山区“千名妇女再上岗工程”和“迎世博、金山民间手工艺作品大赛”组织奖。1990年以来，累计有5人次被评为上海市三八红旗手，2人被评为上海市“双学双比”女能手，1 人被评为上海市十佳操作能手，1 人被评为上海市百万家庭学礼仪优秀工作者。山阳民兵哨所、山阳幼儿园分别获全国和上海市“巾帼文明示范岗”称号。

文明家庭建设 1990—1998 年，先后开展以“建文明家园、创文明新风”等为主题，家庭读书、家长学校、家庭纪实小品表演、演唱演讲和女子时装表演等形式的家庭文化建设系列活动。现代家庭纪实小品表演、家庭演唱会获县二等奖，女子时装表演获县一等奖。开办家长学校、家庭教育广播专题节目，举办妇女干部、幼儿教师家庭教育培训班，组建星期六家庭教育志愿者队伍，开展志愿服务 79 次，1500 多人次参与。1996 年，山阳中学家长学校经县妇联、教育局验收合格。

1999—2009 年，贯彻《公民道德建设实施纲要》，家庭传统美德教育与家庭文化、社区文化建设相结合，推进“五好”文明、平安、学习型家庭创建工作。进行学知识、学科学、学技术和树立科学文明健康生活方式教育、培训活动。创建社区妇女学校，组建 80 人的巾帼志愿者队伍。村、居妇代会组建以中老年妇女为主的“一村（居）一队”文化团队。山新居民区 12 名妇女组成的业余舞蹈队成立 11 年，不仅在镇里、区内外乡村舞台频频亮相，还登上上海电视台《百姓戏台》表演节目。

1990—2007年，获评金山区（县）“五好”文明家庭81户。1999—2009年，获评上海市“五好”文明家庭6户。2004年起，增加“学习型家庭”“平安家庭”“廉政家庭”评比活动，至2009年，获评上海市学习型家庭4户、上海市平安家庭示范户1户、金山区学习型家庭8户、平安家庭2户、廉政家庭2户。朱红家庭在2006首届“上海电信杯”中外家庭礼仪大赛中获评上海“百佳礼仪家庭”。

儿童工作 1990年以来，继续开展以“优生、优育、优教”为重点的教育活动。在中小学和幼儿园建立家长学校。举办“三优”、家庭教育讲座，开设专题广播节目，征订发送《为了孩子》、“三优”读本等刊物杂志。进行“三优”知识竞赛、评比“好妈妈”“好家长”等活动。2001年起，镇妇联与山阳中心幼儿园联办亲子俱乐部，对0—3岁散居儿童家长进行科学育儿知识指导，家长受教育率88%以上。

1990—1993年，组织3312名学龄前儿童健康体检，占学龄前儿童总数的91.16%。每年六一儿童节，举办家庭运动会、幼儿运动会、亲子联谊活动，组织“我与爸爸妈妈去寻根”等外出游览活动。举办学生暑期家庭读书演讲、“我爱我家”小故事征文竞赛。1995年，中小学生参加县家庭读书演讲赛获一等奖。山阳小学四(5)班学生刘一锦的《爸爸真辛苦》，获文化部中国儿童文学研究会、中国林业文联等单位联合举办的2006年第15届《小荷》全国中小学生征文一等奖。

镇（乡）妇联、基层妇代会关心孤儿、特困、缺损型家庭儿童，组织“自强中队”，开展“逆境奋起靠自己”等演讲、主题活动。1995年，1名学生在放学回家途中玩耍致重伤，镇妇联等发起捐款2.8万元。“六一”儿童节期间，走访慰问孤儿、贫困残疾人家庭学生、“留守”儿童等，开展“爱心妈妈阳光行动”捐赠。1999—2009年，与市妇联、慈善基金会和区、镇民政部门联合，给165人次家庭困难学生资助18.93万元，帮扶3名孤儿5000元、30户贫困家庭儿童1.1万元。

维权与帮困 宣传和组织妇女学习国家法律法规，增强自我保护、依法维权能力。健全镇、村居两级妇女儿童维权工作网络，发挥社区妇女儿童法律援助站、家庭暴力受理点、“110”司法联动等社区预警机制作用，保护妇女儿童的合法权益。1990—2009年，共接待、处置来访来信来电313起（件）。20世纪90年代初，21个村居组建186人的妇女宣传队，开展禁止赌博、反对封建迷信、移风易俗丧事简办等活动；配合镇老龄委、村老年协会签订老年人家庭赡养协议，全镇签约率达95%以上；镇妇联调查乡村企业生产一线女工收入低的情况，会同有关部门落实“男女同工同酬”政策。

检查督促和落实妇女“四期”保护措施，开展每两年一次的妇女常见病、多发病的普查工作，为农村户口生活困难妇女及退休、公益性岗位妇女提供免费普查。1990—2009年，妇科病普查27496人（次）。

发动妇女参加赈灾捐赠、帮困送温暖活动。1991年，抗洪救灾捐款4826元，捐赠“蛇皮袋”4896只、衣服5484件（条）。1992年，向中国妇女管理干部学院捐款10497元。

1999年，3000多人参加“上海百万母亲奉献爱心”活动捐款3.4万元，捐建“大地之爱·母亲水窖”15口。妇联、妇代会采用定人定片（组）、与贫困户结对等方式帮困，为遭受意外事故、重大病妇女捐款帮扶。2002—2009年，帮助征（失）地及“4050”妇女转移就业685人（次）。

第四节　山阳镇（乡）科学技术普及协会

一、代表大会

1983年7月，成立山阳公社科学技术普及协会。至1987年7月召开二次代表大会。

第三次代表大会 1990年10月5日召开，出席代表71人，特邀、列席54人。程宗耀作题为《团结和带领全乡科技工作者投身改革，为振兴山阳经济贡献才智》的工作报告。选举产生第三届乡科协委员11人。程宗耀当选为乡科协主席，吴长林、陶金林、王小明为副主席，翁友忠为秘书长。

第四次代表大会 1996年9月24日召开。徐元兴作题为《大力开展科普工作，促进经济发展和社会进步》的工作报告。选举产生第四届镇科协委员9人。徐元兴当选为主席，吴长林、焦效良、王小明为副主席，翁友忠为秘书长。

第五次代表大会 2003年10月16日召开，出席代表69人。马文奎作题为《立足服务、扎实工作，为科教兴镇做出贡献》的工作报告。选举产生第五届镇科协委员9人。马文奎当选为主席，李春梅、周伟民为副主席，顾晓东为秘书长。

第六次代表大会 2008年10月8日召开，出席代表40人。施慧作题为《求真务实、创新奋进，推动山阳经济社会又好又快发展》的工作报告。选举产生第六届镇科协委员7人。施慧当选为主席，周伟民为副主席，顾晓东为秘书长。

二、主要工作

科普宣传 科协及各学组围绕山阳经济和社会发展的目标任务，结合上海市、全国文明镇和市、国家卫生镇等文明创建活动的实际，通过《山阳》社区报、画廊、板报、“农信机”“联居通”等媒体传输，社区学校讲座，科技、文化、卫生“三下乡”等活动进村居社区宣讲，通过组织爱国卫生月、科技节、科技周及各类纪念日集中活动的专题宣讲等途径，宣传科学知识，传播科学技术，宣传科教兴镇的重要性，倡导科学文明、健康生活的社会风尚。

科技推广 科协及各学组贯彻“科教兴镇”“创新驱动、转型发展”的发展战略，开展各类科普活动，推广科学技术，促进科技产业化。调整农业结构，推广新品种、新技术、新农药，优化、做精“一产”，建设集生产、生态、休闲、观光、旅游于一体的现代都市型农业。发挥桥梁和纽带作用，引导、支持和推进工业企业科技创新，发展培育科技企业。在居民群众和中小学生中开展科教活动，增强居民群众科学文明健康生活理念和中小学生的创新意识及动手实践能力。

1990—2009年，全镇实施科技产业化项目85个，其中工业77个、农业8个。山阳中学学生刘越自主完成的花园袋（半圆形）获国家外观设计专利证书。

第五节 山阳镇（乡）残疾人联合会

一、代表大会

第一次代表大会 1992年7月9日召开，代表52名，特邀25名。顾永梅作题为《倡导良好社会风尚 扎扎实实为残疾人做好事、办实事》的报告，通过《山阳镇残疾人协会章程》，选举沈永昌为会长，周章云为副会长，顾永梅为秘书长，聘请李华桂为名誉会长。

第二次代表大会 1999年5月7日召开，代表60名，特邀10名。顾永梅作题为《满怀信心、知难而上，努力做好跨世纪的残疾人工作》的报告，选举镇残联第二届主席团委员13人。郭士超任主席，汤美娣、周志梅、郭寿良为副主席，顾永梅为理事长，聘请王勤良为名誉主席。

第三次代表大会 2002年8月9日召开，代表70名，特邀48名。顾永梅作题为《依靠社会力量，切实做好扶残助残工作》的报告，通过《山阳镇残疾人联合会章程》，选举镇残联第三届主席团委员13人。黄辉云任主席，蔡红梅、陶金林、张纪军、顾永梅为副主席，顾永梅兼任理事长，聘请陆英为名誉主席。

第四次代表大会 2007年12月30日召开，代表100名，特邀35名。顾永梅作题为《求实创新、与时俱进，努力开创山阳镇残疾人事业新局面》的报告。选举镇残联第四届主席团委员13名。彭雪华任主席，顾永梅、陈士权、张纪军为副主席，顾永梅兼任理事长，聘请黄辉云为名誉主席。选举产生出席金山区残联第三次代表大会代表13名。

二、残联组织

1992年7月，山阳乡残疾人协会成立，分管民政工作的副乡长任会长，民政助理任副会长，民政干事任秘书长。1993年，撤乡建镇，山阳乡残疾人协会更名为山阳镇残疾人联合会。1999年，《中国残疾人联合会章程》规定："按国家行政区划设立中国残联的各级地方组织""乡、镇、街道残疾人联合会，设主席、专职理事长，专职理事长负责日常工作"，镇残联设主席、副主席、理事长，聘请1名镇党委副书记或镇老领导为名誉主席。

1992年起，各村由1名村干部分管残疾人工作。2003年起，各村建立残疾人协会，民主产生协会名誉主席、主席、副主席。镇组建助残服务社。2004年4月，招聘社区残疾人工作助理员9人，2009年增至21人，其中残疾人16人。2003年，建立山阳镇社区康复服务指导站和以村卫生室为基础的11个社区康复服务站，配备康复指导医生16名、康复员11名。2007年，建立设施齐全的山阳镇残疾人之家。镇残联2名工作人员参加市精防中心精神病康复治疗师培训，获合格证书。2009年底，全镇形成镇、村居两级机构三级网络（延伸至村、居民小组），共计168人的残疾人工作队伍。

三、主要工作

普查评定 1998年，镇残联协助区残联进行残疾人普查评定，确认残疾对象、等级。之后每年对要求申报评残对象进行评审认定。1998年，全镇换发中国残疾人证592人，占全镇总人口的1.9%。其中，肢体残疾295人，言语残疾60人，视力残疾49人，智力残疾170人，精神残疾18人；重残无业17人。2004年，全镇残疾人816人，占全镇总人口的2.39%。其中，肢体残疾389人，言语残疾72人，视力残疾81人，智力残疾202人，精神残疾58人，听力残疾14人；重残无业56人。2009年，换发第二代中华人民共和国残疾人证744张，年末全镇共计有残疾人773人，占全镇总人口的1.98%。其中，肢体残疾274人，言语残疾57人，听力残疾29人，视力残疾92人，智力残疾222人，精神残疾99人；重残无业142人。

就业安置 1990—1998年，劳动年龄段的残疾人就业安置采取集中安置为主，分散安置、个体经营为辅的方式。1998年，镇、村福利企业集中安置残疾人477人。2002年，劳动年龄段残疾人607人，除救助重残无业61人外，集中安置429人，分散安置90人，个体25人，就业安置率99.67%。2004年起，领取镇保养老金的残疾人原则上不挂靠安置。是年，集中安置450人，分散安置（包括个体经营）126人，残疾人就业安置100%。2001—2006年，镇残联组织残疾人、社区残疾人工作助理员，参加机械维修、车工车技、电焊工、电脑操作、财会、保洁服务等岗位、技能培训165人次。2009年，劳动年龄段残疾人489人，除重残无业142人实行救助外，集中安置111人，分散安置119人，个体及其他经济组织安置117人，就业安置100%。

1998年起，根据法规、政策，向未按比例安排残疾人就业的机关、企事业单位和各类经济组织，征收残疾人就业保障金，用于残疾人就业培训、救济、扶持残疾人集体经济组织及个体经营等发展残疾人事业项目。2009年，征收残疾人就业保障金41万元，比上年增长7%。

扶残助残 每年全国特奥日、助残日、中秋、春节和国际盲人节、国际残疾人节、世界精神卫生日等，镇残联走访慰问困难残疾人，救助重大病、突发性事件致困的残疾人家庭。会同民政部门对贫困户、低保户、低收入残疾人家庭实施三级救助，为12户残疾人家庭危房翻建，发放重残无业人员生活保障金、粮油帮困补助卡、助医卡，缴纳“重残无业养老保险”“城镇职工社会保险”和“农村养老保险”“农村合作医疗保险”等。开展资助听障儿童少年就学、残疾人白内障手术、精神病就医治疗，配置残疾人用品用具等助残扶残工作。

1998年，全镇有城乡低保残疾人家庭23户，发放救助金3.1万元；全国助残日走访慰问5户，发放慰问金2000元；春节走访慰问47户，发放慰问金慰问品1万余元；向17名重残无业人员发放生活救助金2.93万元。5名白内障复明手术补助医药费1000元；19名精神病患者生活补助、医药补助共5.2万元。2009年，全镇有城乡低保残疾人家庭17户；

市、区、镇三级救助10万元；发放全国助残日、春节走访慰问金，重大病患者医药救助金，特殊困难家庭救助金和危房翻建补助金等302户，324人，共计发放16.8万元。向142名重残无业人员发放生活救助金93.04万元；扶残助学37户，发放助学金7.95万元。为350名肢体、视听等残疾人适配用品用具；帮助协调10多名精神病患者及智力重残人员送区相关养护机构养护。

康复服务 镇残联建立健康档案，掌握残疾人康复服务需求。组织残疾人体检，邀请专业医生对严重肢残、视残者进行诊断筛选，掌握可手术治疗、长期功能训练康复、安装假肢和施行白内障复明手术等情况，有的放矢地进行康复服务。2003年，镇残疾人社区康复指导站配置训练用阶梯、坐式踩踏器、活动手板、系列哑铃、液压式踏步器、偏瘫康复器、划船运动器、下肢功率车、双轮助行器、踝关节屈伸训练器等康复锻炼器具。镇残疾人之家，内有智力残疾人士阳光之家、阳光工场、残疾人辅助用具服务站、精神残疾人日间康复照料站、康复服务指导站、康复指导训练站。2009年，镇残疾人之家共有学员55人、工作人员7人、康复医生1人。杨家、东方、九龙3个村建成残疾人之家。残疾人享受每月一次的医疗康复、心理疏导、防病知识、健康教育等上门服务。

1998—2009年，残疾人免费体检1233人次；施行白内障复明手术156人，38名视障者享受信息沟通服务适配小灵通手机，训练“盲人定向行走”、办理“盲人免费乘车证”19张；适配助听器32人；给脑瘫、智力残疾儿童适配矫形器、送教上门；3名听障人士进辅读学校学习或上岗就业；13人安装假肢、矫形器和髋、膝关节置换，配送残疾人轮椅车9辆；实行精神疾病患者医疗分级负担；改建无障碍通道3处、坡道35处，盲道1500米，29名残疾人家庭建坡道，安装扶手、栏杆。

文体活动 组织残疾人听取教育讲座，观看市残联艺术团演出和残疾人藏品、书画展及用品用具展，到上海、枫泾古镇等地旅游。组建“阳光之家”、残疾人之家文艺、体育团队，开展文体活动。教智力残疾人学礼貌用语、绘画吹画、认识词汇、简单唐诗理解背诵、简易算术、识别人民币、打牌下棋等。残疾人工作助理员、志愿者和残疾人一起猜谜、听音乐、跳舞、排练节目，编排花篮舞《南泥湾》、手语演唱《感恩的心》、彩带舞《大中国》、舞蹈《花儿与少年》等节目，参与镇文化艺术节、“三下乡”、社区联欢和区“爱心传递”、其他镇演出等。残疾人助理员（视力残疾）朱福观参加市“音乐，让生活更美好”上海盲人民乐比赛，登台表演葫芦丝独奏《映山红》。

每周一次由残疾人工作助理员、学校体育教师（志愿者）组织、指导活动，坚持每年举办村、居社区小型特奥运动会。2005年，30名残疾人组团参加区首届特奥会，获12金、8银、19铜；4人参加市田径比赛获4金、4铜；12人与兄弟镇组成男、女手球队参加市比赛，分获男、女队第三名。2007年，山阳17名特奥运动员和11名融合伙伴组成“中国金山龙之队”“中国快乐龙狮队”，代表中国参加2007世界夏季特殊奥林匹克运动会舞龙舞狮比赛，获得规定套路、自选套路“1金、2银、1铜”4枚奖牌。特奥龙狮队还参加市残联“阳光——生命礼赞”庆祝国庆60周年文艺演出。三岛龙洲居民区智力残疾女青年何菁，参加2007年上海世界夏季特奥运动会马术比赛，获“速度与接力”“英式马术”“线路骑程”比赛3块金牌。2009年，20名残疾人组团参加区第2届特奥会，获单项比赛3金、14银、10铜和团体金、银、铜各1枚奖牌；2名特奥运动员参加市第7届特奥会田径比赛，分获男子（16—21岁）组800米跑步第三名、跳远第二名和女子（30岁以上）组100米跑步、铅球2个比赛的第二名。

镇残联被评为“上海市社区特奥工作先进集体”（2009年）“上海市残疾人工作先进单位”（2006—2010年度）。残联理事长顾永梅多次获评市“扶残助残”“创建全国残疾人工作示范城市”“残疾人社区文化艺术工作”等先进个人。

第六节　山阳镇工商业联合会

一、商会组织

1989年，建立金山县工商联山阳乡联络小组。1999年6月，成立金山县工商业联合会山阳镇分会（商会）。镇商会有团体会员、个人会员，团体会员包括股份制、中外合资、民（私）营、联营企业及其他经济类型的具有法人资格的企业，民间企业家与商会有工作联系的社会经济团体；与商会工作有联系的党委、政府工作人员，经济、法律工作者和港、澳、台同胞，海外侨胞等有关人士参加或被邀请为个人会员。山阳镇商会是山阳镇工商业界的民间组织，接受地方党委的领导和上级工商联组织的指导，按照宪法、法律规定和中国工商业联合会章程，结合山阳实际开展各项工作和活动。

二、会员（代表）大会

第一届会员（成立）大会 1999年6月22日召开，出席会员53人。选举陆英任会长，张仁观、盛国权、王桂遇任副会长，褚益忠任秘书长。聘请吴克源为名誉会长。

第二届会员大会 2002年10月31日召开，出席会员62人。选举戚国林任会长，张仁观、范平、朱龙明任副会长，褚益忠任秘书长。聘请陆英为名誉会长。

第三届会员大会 2005年11月6日召开，出席会员75人。戚国林作题为《与时俱进、继往开来、开创山阳的美好未来》的工作报告。通过大会《选举办法》和《山阳镇商会工作细则》。选举产生山阳镇商会第三届执委会12名执委。戚国林任会长，张仁观、王永法、吴振来、范平、姚一君任副会长，马文奎任秘书长。聘请王国强为名誉会长。

第四届会员大会 2009年3月18日召开，出席会员53人。叶芬弟作题为《团结奋进、开拓创新，努力开创山阳镇商会工作新局面》的工作报告。选举产生山阳镇商会第四届执委会14名执委。叶芬弟任会长，沈林君、吴振来、柳志成、姚一君、徐卫中任副会长，赵丹任秘书长。聘请孙美华为名誉会长。

三、主要工作

思想政治教育 镇商会组织执委、会员学习建设中国特色社会主义事业的理论，党和国家关于建立、建设社会主义市场经济，发展非公有制经济，扶持中小企业发展等路线方针政策及法律法规；选送非公经济人士、会员代表参加各级党校学习培训，其中2人参加中央党校培训。

联系服务会员 建立健全执委会例会、执委会班子分组联系会员、商会工作、会长办公、走访会员、会费收缴使用等制度，健全非公经济代表人士档案。召开中秋茶话会、迎春座谈会、招商引资恳谈会，举办联谊交流、行业例会，听取会员的意见、要求和建议，加强会员之间的信息沟通。发挥会员中人大代表、政协委员参政议政的作用，反映会员呼声，互通信息，解决困难，做好诚信服务。

光彩事业活动 2002—2009年，发动和组织会员，积极参与为对口支援地区、四川汶川特大地震、印度洋海啸、抗击“非典”、老年基金会、镇敬老院及村老年活动室、18户困难户翻建危房等募捐活动，捐赠615万元、衣被3万余件。

企村结对共建 2007年4月起，会员企业与10个村签订结对共建协议，为村牵线搭桥招商引资，解决村民、青年大学生就业，资助村老年事业，敬老节、春节给老年人送温暖，与结对村联办文体活动等。2007—2009年，资助村50多万元款物。

第七节 山阳镇红十字会

一、红十字会组织

1993年12月，建立山阳镇红十字会筹备领导小组。1994年11月29日，举行山阳镇红十字会成立大会，20个团体单位、个体单位会员代表参加。会上，通过山阳镇红十字会理事名单、红十字会章程。分管副镇长吴克源任镇红十字会会长，设副会长3人、秘书长1人、理事4人。

2007年1月23日，召开第一次会员代表大会，出席代表49名。徐振龙作题为《加快发展红十字事业，为构建和谐社会作贡献》的工作报告。选举山阳镇红十字会第一届理事会理事17名。彭雪华任会长，徐振龙、黄玉珍任副会长，高裕芳任秘书长。

2002年，建立新江村红十字卫生站，至2008年，建成21所镇和村、居社区红十字服务（卫生）站。各村居1名干部分管红十字会工作，村居民小组长兼红十字会小组长。建有镇专业救护、宣传服务、造血干细胞捐赠和村居救护、救灾联络员等志愿服务队伍43支、690人。是年，山阳镇创建成上海市红十字规范服务示范社区。

二、主要工作

秉承“人道、博爱、奉献”的红十字精神，坚持“救死扶伤、扶危济困、敬老助残、助人为乐”的工作方针，开展“救灾、救助、救护”等人道领域的社会救助、社区服务工作。

宣传教育 通过每年遗体捐献日、世界红十字日、世界急救日、中国红十字会法颁布实施纪念日和“庆百年博爱行——中国红十字会成立100周年”等活动，运用村居宣传栏、黑板报、画廊、楼道和《山阳》社区报、政府网站，编写“为了你的健康”小报，订阅张贴《人与健康》《上海红十字报》等报刊，宣传红十字会组织的性质、宗旨，国际红十字运动基本原则，中国红十字会的工作方针、目标，推进红十字会社会救助、社区服务、志愿活动。

1996年，6名孤儿在山阳镇红十字会“送温暖、献爱心”迎春座谈会上向全县孤儿发出要自尊自爱自强，要学会关心他人，要学会自理自律，做一个对社会有用的人才的倡议。1997年，山阳中学50多名红十字会会员编演的民乐合奏《抢运救灾粮》，代表金山参加上海市红十字会“5·8”世界红十字日文艺会演，获一等奖。

帮困救助 1994年11月以来，开展“万人帮千家”“千万人帮万家”募捐、扶贫帮困。为7名孤儿提供生活、学习、医疗救助，资助特困学生、遭受火灾、大病困难家庭。建立68名盲人、58名残疾儿童和血液病、恶性肿瘤、肾病等大病患者档案。镇社区卫生服务中心、文体中心、中小学和幼儿园红十字会与镇敬老院“文明结对”敬老护老。

1997年，1名中学生车祸伤重，山阳中学、昆鹏化纤厂红十字会会员捐款2万元。红旗5组1名张姓村民3次大手术，家庭经济困难，卫生院红十字会81名会员捐款4369元。东方村孤儿葛雄伟车祸动2次手术，东方村、上海亨井公司等红十字会捐款32560元。跃进村一学生患白血病住院，镇机关、化纤厂红十字会员捐款10900元。镇妇联发动妇女干部，编织价值8000元的毛衣，委托镇红十字会分送给贫困家庭孩子。

备灾救灾 1998年，抗洪救灾，全镇干群捐赠衣物17410件，被、毯43条；申隆针织、麦宝食品公司和东方村、向阳村捐赠针织衫裤87918件、饼干1498箱、绒布1787米、人造革皮夹克58件，价值22.03万元。2000年，申隆针织、宏泰制衣和麦宝食品3家公司捐赠备灾物资2.5万元。2002年，捐赠陕、鄂等省救灾物资（饼干）6000元。2003年，抗击“非典”，捐赠“未来1号”消毒液20箱、一次性塑料手套4箱，价值11000元。2004年，“情系灾区、奉献爱心”扶贫帮困捐款31685元，衣、被5643件。2005年，印度洋海啸，市民捐赠2000多元，机关、事业单位150多人捐款10万余元。2008年，四川汶川特大地震，镇红十字会募捐资金288.02万元，山阳镇被上海市红十字会评为抗震救灾先进集体。2009年，扶贫帮困募捐7万元。

培训救护 学校培训有的放矢，小学生侧重学习掌握红十字会知识、红十字会标志使用办法、自救、预防疾病知识；初中生每年暑期举办30—50人现场急救包扎、救灾救护、自救互救应急能力培训。2002年起，开展村居社区红十字会普法、会务知识、人道法“三位一体”的学习培训，2008年，举办2期63人参加的救护员培训，47个单位726人的普及培训。2009年，举办3期102人的救护员培训，20班720人的普及培训。居民区、中小学结合防空警报试鸣、“119”消防日等活动，举办消防知识培训，进行消防、地震及突发事件疏散、救护演练。

红十字青少年工作 1992年5月，山阳中学、山阳小学建立学校红十字会。红十字会工作与德育教育、素质教育、卫生保健工作相结合。每年举行新生入会宣誓、募捐、敬老助残活动。利用暑期举办防灾、救护培训夏令营。组织青少年会员上街宣传、社会服务。

1991 年、1993 年，“上海市中小学生、幼儿园儿童住院医疗保险”“上海市婴幼儿住院医疗保险”先后推出，1996 年，实施“上海市中小学生、婴幼儿住院医疗互助基金”（以下简称少儿住院基金）。1995—2009 年，全镇中小学生、婴幼儿参加住院医疗保险或少儿住院基金保持在总人数的 97.5% 以上。

志愿捐献 2004 年，26 名医护人员、团员青年等报名参加中华骨髓库，10 人采血入库。至 2009 年，有 44 人参加中华骨髓库。2009 年 6 月，山阳幼儿园教师刘晓薇的造血干细胞与患急性淋巴细胞白血病的 5 岁男童配对成功，8 月 13 日捐赠，成为上海市第 148 例、金山区第 10 例、上海市幼儿教师第一例造血干细胞成功配对的捐赠者。

2004 年起，镇红十字会先后在镇社区卫生服务中心（卫生院）、新江、向阳、中兴等村红十字卫生（服务）站设遗体捐献咨询台，有 7 名兼职服务人员。杨家村村民邱进根、九龙村村民周正荣自愿报名捐献遗体。至 2009 年，报名捐献遗体 11 人。2005 年 10 月，邱进根实现遗体捐献。

1995—2009 年，组织无偿献血 15 次，6116 人次献血。

团员青年报名捐献造血干细胞（2006 年摄，《山阳》社区报提供）

第八节 山阳镇（乡）计划生育协会

一、协会组织

山阳镇（乡）计划生育协会 1989 年建立，是协助镇（乡）人民政府开展人口与计划生育工作的社会团体。至 2008 年，先后召开过 4 次代表会议，选举产生理事会。由党委副书记任会长，分管副镇（乡）长任副会长，政府计生助理或专职计生干部任秘书长。

山阳镇企业计划生育协会联合会 2007 年 3 月 20 日成立，是参与和支持计划生育工作的群众团体。时有企业分会 16 个。成立大会上选举产生山阳镇企业计划生育协会联合会第一届理事会 12 位理事。会长黄辉云，常务副会长彭雪华，副会长陆巧云、陆春梅、程永兴，秘书长金叶华。

上海山阳镇计划生育协会 2009 年 8 月 26 日成立，召开第一次会员代表大会，出席代表 71 名。宣读准予成立社会团体决定书，听取上海山阳镇计划生育协会筹备报告、工作报告，审议和通过山阳镇计划生育协会章程。选举产生第一届理事会 11 位理事。会长孙美华，常务副会长陈忠，副会长顾永梅，秘书长李春梅。上海山阳镇计划生育协会是由计划生育事业单位和个人自愿组成的专业性的非营利性社会团体法人。

基层计划生育协会 1990年，山阳村居、企业基层计生协会有26个。20世纪末，企业计生协会工作停滞。1999年起，健全村（居）民小组计划生育信息员队伍，组建计划生育志愿者队伍；在卫生室配套建设计划生育咨询服务站（点），会同外来人口协管、房屋租赁服务、综治社保协管等队伍，加强外来流动人员计划生育属地管理和服务。2005年起，健全居民区计生协会，配备居民小组信息员。5家职工300人以上企业和11家100人以上企业先后组建计生协会，成立山阳镇企业计划生育协会联合会。2009年，全镇基层计生协会共43个，其中村居21个、企业17个、事业单位5个。

二、主要工作

宣传教育 镇（乡）和村居基层计划生育协会，通过“5·29”中国计划生育协会成立纪念日、“7·11”世界人口日、“9·25”公开信发表纪念日等活动和“三下乡”、设摊咨询服务、举办展览、分发资料、举办辅导讲座、新婚夫妇培训班等形式，宣传贯彻党和国家人口与计划生育方针政策，人口理论和法律、法规，传播和普及优生、优育、优教、避孕节育、生殖保健、预防艾滋病等知识。开展以青春期、婚恋期、新婚期、哺乳期、生育后期、围绝经期为主要内容的人口与计划生育重点教育。

服务群众 履行“带头、宣传、服务、监督”的职能，为群众提供生育、生产、生活服务。组织志愿者、信息员上门，走访育龄夫妇、新婚夫妇、孕妇产妇，提供避孕节育、优生优育优教、围产保健、产后母婴护理等服务。组织3年一轮的B超透视透环检查，请妇科专家进村、居和女职工集中的企业进行女性生殖健康咨询、义诊检查。设立社区计划生育综合服务站、咨询服务站（点），在重点企业、娱乐场所、公共厕所等场所，安放人口计生服务易得性柜与免费药具自取箱。办理女性安康保险等。2000—2009年，有3986人次接受计划生育免费技术服务，项目经费62.1万元；为1万多人次育龄妇女开展B超、体检服务，经复查确诊，患大小肌瘤、囊肿、畸胎瘤等妇科病的妇女得到及时治疗。

生育关怀行动 1995年，发动53个单位捐款28240.81元，资助重伤住院的独生子女。2007—2009年，镇计生协会与团委、民政、残联联合实施“生育关怀行动在山阳”活动。8家企业、10个村与18户计划生育家庭结对；与镇民政、残联共商，为15户父母患大病、50户父母残疾家庭的独生子女投保，对3户独生子女烫伤、伤残家庭帮困救助。2004—2009年，落实奖励扶助政策，做好农村计划生育对象扶助奖励金、独生子女父母退休一次性奖励补助金、计划生育特别扶助金、独生子女父母奖励和长效补助发放工作。

第九节 分 会

一、金山区劳动模范协会山阳镇分会

2007年9月，组建山阳镇劳模分会筹备组。10月25日，召开金山区劳动模范协会山阳镇分会第一次会员会，16名会员出席，其中劳模会员14名。审议和通过金山区劳模协会山阳镇分会工作条例、管理规定等，选举产生理事会3名理事。汤奇忠任会长。山阳镇劳模分会对劳模实行信息化管理，建立健全和实施劳模每半年一次的定期学习活动、生病住院必访、发生重大经济困难援助、健康状况档案、信访接待等制度，管理和使用好劳模基金。

二、金山区归国华侨联合会分会

2007年5月24日，召开山阳镇、金山工业区、漕泾镇侨联联合分会第一次代表大会，39名代表出席。选举产生侨联联合分会第一届委员会9名委员。第一届委员会召开第一次会议，选举正、副主席3人，正、副秘书长3人；聘请顾问4人，正、副名誉主席各3人。市侨联副主席张癸，区委常委、统战部部长刘其龙出席会议。阮焕昌任联合侨联分会主席。侨联分会贯彻中国共产党的一系列侨务政策，团结侨眷侨属，组织开展侨务侨法学习宣传、知识竞赛、文体联谊和观光考察等活动；为侨胞投资办企业、经商和观光旅游等提供便利；关心解决他们在生产生活中的实际困难；凝聚侨心侨智，维护侨益，参政议政，发挥其优势，鼓励引导为家乡经济社会发展作贡献。至2009年，侨联组织为14名患重大病和独居困难的侨居侨胞帮困。

三、金山区（县）个体劳动者协会山阳分会（工作委员会）

1984年12月，成立金山县个体劳动者协会山阳分会（以下简称山阳个协），1997年改名为金山区个体劳动者协会山阳工作委员会。2003年，漕泾个协划入山阳工作委员会，设干事1人，与区个协常务理事或副会长负责辖区个体劳动者事务。山阳个协（工委）在工商行政管理部门和区（县）个体劳动者协会领导、指导下，向会员、个体劳动者宣传党和政府的方针政策，进行爱国主义和职业道德教育，引导会员诚信自律，反映会员意见，为会员提供政策法规咨询、合作交流信息，维护会员合法权益。发动和组织会员、个体劳动者参加捐资助学，抗震、赈灾捐赠，敬老服务献爱心等慈善、社会公益活动。退伍军人、上海华林家具城经理黄华林2002年加入个协，先后任区个协理事、常务理事、副会长和市个协理事。2004—2006年，连续3年获评“上海市文明个体工商户”。2008年，被上海市个私协会评为抗震救灾先进个人。

第八章 人民武装

山阳镇（乡）坚持党管武装的原则，加强人民武装建设。山阳镇（乡）武装部设部长1人、副部长或干事1—2人。坚持党委、政府议军和“军营一日”活动，做好民兵整组、军事训练、兵役登记和预备役工作。加强民兵哨所建设和民兵武器管理，开展全民国防教育和民防工作。做好征兵工作。

1991年7月，乡党委被中共上海市委评为党管武装先进单位。

第一节 兵役工作

一、兵役登记

1990—2009年，根据《中华人民共和国兵役法》，每年8月对全镇（乡）常住户口中18—22周岁的男性适龄公民进行兵役登记，经兵役机关审定发放“上海市公民兵役证”。

二、兵员征集

每年征兵，通过宣传发动、体格检查、政治审查、家庭走访等程序，对体检、政审“双合格”者由区（县）征兵办公室批准，发放入伍通知书。强化依法服兵役，严把兵员质量关，杜绝责任退兵。2009年，山阳镇被区委、区政府评为兵役执法工作先进单位。1990—2009年，圆满完成新兵应征入伍计划。

1985年起，山阳乡实行入伍通知书、工作安置通知书一起发。1986年，中共上海市委办公厅发文推广山阳乡入伍、安置两张通知书一起发的做法。1989年起，为农村户籍入伍青年统一缴纳养老保险金。2000年起，逐步实施农村退伍军人“以资代安”，政府帮助推荐就业，鼓励自主择（创）业；城镇退伍军人仍由政府妥善安置。2003年起，农业户籍义务兵服役期满退役时，由本人申请，政府核准，可以办理农转非户口。加大“以资代安”力度，多次调整“以资代安”标准。2006年起，在城镇义务兵中推行“以资代安”，并逐年缩小农村和城镇退伍军人“以资代安”标准的差距。

1990年、1994年、2009年，山阳镇（乡）被上海市人民政府、上海警备区评为征兵工作先进单位。

三、预备役

1980 年 12 月起，按照国务院、中央军委规定，18—28 周岁户籍公民登记为一类预备役，29—35 周岁户籍公民登记为二类预备役。退伍军人办理报到手续时，同时予以预备役登记。

1993 年 10 月，金山陆军预备役步兵某连成立，由山阳、漕泾、金山卫镇区域士兵组成。山阳镇预备役编入某连一排。1996 年，金山预备役进行 11 个科目成建制训练，山阳镇预备役训练成绩 100% 合格。1997—2009 年，山阳镇预备役每次训练都取得好成绩。

第二节　民兵工作

一、民兵整组

1989 年，全乡建 40 个民兵连。按照“减少数量、提高质量、抓好重点、打好基础”的方针，武装部每年组织一次民兵整组时，办理入、出、转手续，并任命民兵连干部。

二、军事训练

武装部每年制定民兵军事训练年度计划，安排不少于 1 个月（哨所女性民兵 3 个月）的军事训练。针对山阳地处沿海特点，开展以应急救援、应急处置及军事基础理论等为主要科目的训练。1990 年 6 月，乡武装部干事汪效弟，在上海警备区军事比武中获投弹第三名，受到警备区奖励。1994 年，基干民兵分别到青浦、奉贤首次参加跨县联训，在训练中，获实弹射击、火炮操作、军政理论总分第一名。2003—2009 年，山阳镇先后 4 次被区委、区政府评为民兵军事训练先进单位。

三、武器管理

贯彻落实市民兵武器管理条例和警备区关于民兵武器管理规范的规定，抓好民兵武器安全管理，确保安全无事故。

1985—1999 年，山阳镇（乡）先后 6 次被上海市人民政府、上海警备区评为基层民兵武器管理先进单位。1998 年 2 月、2000 年 4 月，镇武装部干事潘伯方 2 次被上海警备区评为民兵武器装备管理先进个人。2001 年 9 月，镇武装部被上海市人民政府、上海警备区评为民兵武器装备十年安全管理工作先进基层单位。镇武装部部长胡长明被评为市民兵武器装备十年安全管理工作先进个人。

第三节　民兵哨所

位于山阳镇戚家墩海岸段的上海金山山阳民兵哨所，1993 年 3 月始建，1995 年 8 月 18 日落成并投入使用。1995 年 4 月 23 日，国防部原部长张爱萍将军，题写“上海金山山阳民兵哨所”。为继承和发扬 20 世纪 60 年代初金山嘴渔业队女子民兵班的光荣传统，1994 年 9 月，镇武装部组织 43 名女青年进行为期一个月特训，从中挑选 18 名，于 1995 年 8 月 18 日驻所执勤。女民兵们担负起对海对空观察、海防巡逻、哨所战备执勤等重要任务，平时开展队列、射击、识图、用图、擒拿、捕俘等军事技术和战术科目的严格训练。

2005 年，哨所全面实行正规化建设、军事化管理。并面向全区挑选 18—21 周岁（部队退役女兵适当放宽）、高中以上文化的哨员，参照义务兵 2—3 年轮换一次。提高女民兵的政治经济待遇，有 2 位哨员经组织推荐入选基层领导班子，报酬参照当年金山义务兵优待金标准。

2004 年，上海警备区、区武装部为哨所安装雷达、配备轻骑摩托车和海上巡逻艇等装备，并组织专业训练，提高哨所执勤能力。2006 年起，为保障上海合作组织峰会和上海世博会海上安全，哨所女民兵加强沿海巡逻、查滩及海空执勤观察，24 小时监测海岸线情况。2009 年，开通区人武部、民兵武器库、民防办、山阳民兵哨所间联网光缆，保持平战信息畅通。

哨所女民兵在执勤、训练之余，主动为驻地群众做好事，配合公安维护社会治安，积极参与防汛抗台、抢险救灾。1995—1997 年，哨所被上海市边防工作委员会、上海市人民政府和上海警备区评为边防管理先进集体、基层民兵参加社会主义精神文明建设先进集体。

1995—2009 年，哨所女民兵更替数批，但“爱党忠诚、爱国奉献、爱军精武、爱岗尽职、爱哨为家”的光荣传统依然得到传承发扬。她们的事迹在南京军区《人民前线》报发表。1997 年 3 月，上海警备区在山阳民兵哨所召开“上海海防民兵哨所现场观摩会”，警备区副司令员王金重少将等 50 多名与会领导观摩女子民兵的队列、拳操、轻武器实弹射击等军事表演。女民兵姚明华、彭美峰在轻武器实弹射击表演中，分别以 10 发子弹命中 96 环和 94 环的优良成绩，得到王金重等领导的称赞。2000 年 3 月、2005 年 8 月，上海警备区政治委员王传友少将、司令员江勤宏少将先后考察山阳民兵哨所，高度评价哨所工作。2001 年、2006 年哨所获上海市共青团号称号，2003 年，被命名为“全国巾帼文明示范岗”。

上海金山山阳民兵哨所（1995 年，胡长明摄）

第四节 驻镇军事单位

1949年秋至1986年，中国人民解放军第27军第80师第238团、中国人民解放军83318部队守备第3营2连、中国人民解放军海军航空兵某部、中国人民解放军空军某部地勤部队1个连先后入驻山阳金山嘴。1986年全部撤离。

中国人民武装警察部队金山嘴边防派出所 1998年2月8日组建，同年12月8日在山阳镇揭牌，是上海市第一个挂牌的边防派出所。1998年10月1日，承接西至浙江金丝娘桥、东至漕泾镇共32.8千米海岸线海边防管理任务。下设山阳金山嘴、漕泾警务区和卫三路海堤、蒙山路海堤、亭卫南路海堤及漕泾化学工业区执勤点。辖区概括为“一线、两块、三岛”。“一线”即金山海岸线，“两块”即山阳镇渔业村和漕泾镇海涯村，“三岛”即大金山岛、小金山岛、浮山岛。

上海市金山区人民武装部 2007年4月29日，由朱泾镇迁驻现址。新址于2006年5月动建。

第五节 国防教育

20世纪80年代中后期，山阳乡针对地处海防前哨的特点，利用民兵军事训练契机，加强民兵国防教育。之后，把国防教育推向学校、村居和企业，利用各种会议、宣传资料、广播、宣传栏、黑板报等途径，结合“双拥”、军民共建、征兵、军训等工作开展国防教育。1990年，乡建立国防教育领导小组，党委书记任组长，党委、政府发文在全乡深入开展全民国防教育。是年，山阳乡被上海市委、市政府评为国防教育先进单位。每年9月，党委、政府组织开展由党政领导、机关干部和基层党员干部参加的“军营一日”活动。每年举行一次“全民国防教育日”活动，增强干部、群众国防意识。1992年，乡武装部编写《国防现代化的精神基石》《应征服兵役是适龄公民的光荣义务》等5篇国防教育知识讲座材料，利用乡广播站进行宣传。1994年，金山嘴化纤实业总公司被评为金山县国防教育先进单位。1997年9月26日，杨家村党支部在区农村国防教育经验交流会上介绍经验。1998年6月，山阳中心小学创办少年军校，请部队官兵授课训练，第一期200多名学生受训。1999年，区教育局在金山嘴原陆军营房创办区少年军校。每年，5年级、初中预备班、初二年级学生到少年军校接受一周军训和国防教育。是年7月，山阳小学等校46名学生组团，代表上海市少年军校赴京参加全国第二届少年军校检阅活动，并取得队列评比、自选项目擒敌拳、徒手越野跑3项全国优胜奖。2003年7月，镇成立由9人组成的“社区国防教育讲师团”，深入社区居民、企业职工和学校师生中开展以《中华人民共和国国防法》《中华人民共和国国防教育法》《上海市国防教育条例》为主要内容的国防教育。2005年、2006年，镇武装部编写国防教育宣讲提纲，在工厂、社区、学校、商店宣传国防知识，并开展国防教育知识竞赛。2008 年 4 月，山阳镇与上海石化股份有限公司联合组织战时人口疏散演练。

第六节 民防工作

山阳镇重视防灾、减灾、救灾等民防工作。1994 年 5 月，山阳镇参与县人武部组织的在山阳、漕泾沿海进行海塘决口加固海堤抗灾救灾专业演练。2008 年 6 月 19 日，镇在华峰公司举行“急性化学中毒应急救援演练”。28 日，金豪居委会举行消防演练。2009 年 11 月，海趣居委会、山阳中学等单位组织开展消防灭火演练活动。根据市统一部署，从 2007 年起，每年 9 月第三个星期六中午试鸣防空警报，以唤起民众防灾救灾警觉。结合“5・12”防灾减灾日、国防教育日、“11・9”消防日等，每年组织企业职工、社区居民、学校师生开展消防灭火应急逃生、人口疏散、现场救援等民防演练，至 2009 年共组织 120 次逾万人参与。

2005—2009 年，山阳镇 5 个居委会被评为区民防先进单位，3 个居委会被评为区民防合格单位。

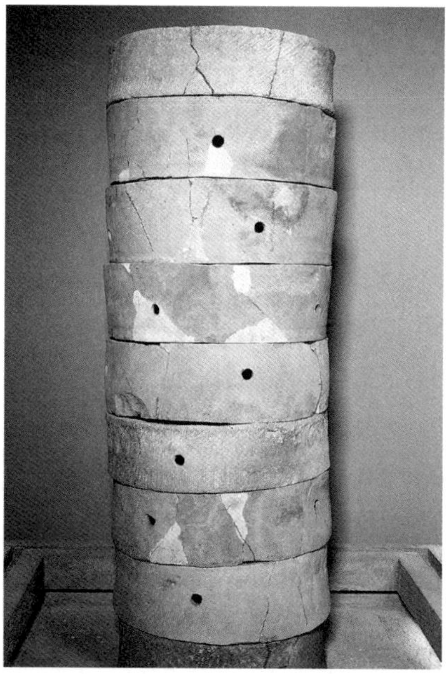

戚家墩遗址出土的汉陶井

第九章　精神文明建设

1982年3月，山阳开展第一个文明礼貌月活动，12月，公社武装部被上海警备区评为精神文明标兵单位。

1990年以来，山阳镇（乡）党委、政府坚持开展群众性社会主义精神文明创建活动。山阳镇获评1995—1996年度上海市农口系统文明单位。1997—2003年，5次被评为金山区文明镇。2006—2009年，连续2次获上海市文明镇荣誉称号。获2009—2011年度全国文明镇称号。

第一节　组织机构

1984年，山阳乡建立“五讲四美三热爱”活动领导小组，负责开展社会主义精神文明宣传教育和创建活动。1995年，建立山阳镇精神文明建设指导委员会，2002年，改为精神文明建设委员会，镇党委书记任主任。下设办公室，由党委宣传委员、镇精神文明建设委员会副主任兼办公室主任。各村居、企事业单位建立精神文明建设领导小组，由主要干部任组长。2006年12月，镇成立创建上海市文明镇领导小组，下设办公室，配联络员，成立镇市民巡访队。

山阳镇精神文明建设委员会贯彻落实中央、市、区（县）关于社会主义精神文明建设的文件及工作要求，制定和落实规划、计划，确定文明创建目标，领导组织活动，检查总结工作，推广交流典型经验。各基层单位联系实际开展形式多样的宣传教育和创建活动。

第二节 精神文明教育

一、文明市民教育

20世纪80年代，开展以“五讲四美三热爱”（讲文明、讲礼貌、讲卫生、讲秩序、讲道德；心灵美、语言美、行为美、环境美；热爱祖国、热爱社会主义、热爱中国共产党）为主要内容的讲文明礼貌、讲公共道德的教育活动。制定村规民约，规范村民行为。机关、学校、企事业单位制定文明守则、礼貌用语等规章制度，提倡尊老爱幼、尊师重教、互敬互爱、互相帮助等社会新风。

90年代，先后开展培养“四有”（有理想、有道德、有文化、有纪律）新人，恪守“三德”（社会公德、职业道德、家庭美德）、上海市民“七不”（不随地吐痰、不乱扔垃圾、不损坏公物、不破坏绿化、不乱穿马路、不在公共场所吸烟、不说脏话粗话）行为规范和“五爱”（爱祖国、爱人民、爱劳动、爱科学、爱社会主义）等宣传教育活动，提倡在社会上遵守公德、互相帮助，在工作中爱岗敬业、乐于奉献，在家庭里尊老爱幼、和睦相处。树立市场经济条件下的世界观、人生观、价值观，抵制拜金主义、享乐主义和极端个人主义。各村、单位制定文明村民、文明职工守则，提倡“从我做起，从小事做起，从现在做起”，与不文明行为告别。

1999年起，学习贯彻中共中央《公民道德建设实施纲要》，先后开展以“跨世纪金山人的新形象”大讨论（围绕思想观念、知识能力、行为习惯、精神风貌4个方面展开）、公民责任意识（我是家庭一员，应对家庭负责；我是单位一员，应对单位负责；我是社会一员，应对社会负责）、“八荣八耻”为主要内容的社会主义荣辱观和“四德”（社会公德、职业道德、家庭美德、个人品德）建设、“百万家庭学礼仪”、迎奥运讲文明等宣传教育。2007年，建立海趣、联江、康建、海云4个新市民教育中心，开展农民市民化的宣教活动。

二、爱国主义教育

坚持对共产党员、共青团员、干部群众和中小学生进行爱国主义、集体主义、社会主义教育。每年在重大节日、纪念日及庆祝香港、澳门回归祖国等重大活动中，举办报告会、演讲会、座谈会、图片展览、知识竞赛、文艺会演等，开展系列教育。

围绕经济社会发展规划、目标，组织开展“谈乡情、看国情”“讲道理、明目标，学先进、作贡献”“看八五、干九五”以及“看金山”“看上海”等主题宣传教育活动。1992年，开展破除以“条件差、基础弱”“干部无过就是功”“分配上的平均主义”为主要内容的解放思想、更新观念的讨论和社会主义、集体主义思想教育。1997年后，开展“把握历史机遇、加快山阳发展”“致富思源、富而思进”“看九五、干十五”以及迎接北京奥运会、上海世博会，讲文明、树新风，“做可爱的上海人”等宣教活动。

三、科学健康生活教育

20世纪90年代初，开展提倡婚事新办、勤俭节约，反对大操大办、铺张浪费；提倡相信科学，反对封建迷信；提倡文明健康娱乐，反对赌博恶习的宣传教育。1992年开展移风易俗、丧事简办专项教育。1998年后开展崇尚科学、反对邪教宣传教育。2004年起，开展崇尚科学、反对迷信，厚养薄葬、丧事简办树新风宣传教育，制订相应管理、奖励措施。

2000年起，通过区镇各项文明创建活动，科技文化卫生“三下乡”巡回演出、展览，《山阳》社区报、村居社区宣传栏、板报等宣传科学知识、健康城市建设、健康生活方式。发放健康知识手册、宣传资料和健康生活方式支持性工具。社区学校及村居班、新市民教育中心，举办疾病防控、科学膳食、保健养生、传染病防治等科普卫生、健康教育讲座和禁毒、反邪教等培训班，提高居民群众文化素养、生活质量和镇区文明程度。

第三节 精神文明创建

一、文明镇创建

1993年，山阳镇获得代表全县物质文明和精神文明建设最高荣誉的“金山杯”“新风杯”。被评为1995—1996年度上海市农口系统文明单位。1997—2003年，5次被评为金山区文明镇。

山阳镇创建上海市文明镇推进会暨表彰大会（2007年，王萍摄）

2005年7月，贯彻区委、区政府《创建上海市文明城区实施意见》，制定山阳镇参与区、镇联创的8项任务目标。2006年，镇创建上海市文明镇领导小组，制定创建计划、实施意见，根据“形态文明建设好，功能文明管理好，素质文明形象好”的标准、测评体系指标落实责任，推进创建上海市文明镇活动。2006—2009年，连续两届获评上海市文明镇。2008年，成功创建中国民间文化艺术之乡。获2009—2011年度全国文明镇称号。

二、文明单位、村、小区、家庭创建

山阳按照各个时期上级制定的社会主义精神文明创建活动标准和要求，作出自身创建文明工作的计划、步骤、目标任务，开展文明创建活动。

市、区（县）文明单位创建。1999—2010年，每两年创建1次，至2010年，成功创建市文明单位22个次、区（县）文明单位140个次。

市、区（县）文明村创建。1999—2004年，市文明村每年创建1次，2005年起每两年创建1次，至2010年，成功创建市文明村22个次。1989—1998年，区（县）文明村每两年创建1次；1999—2004年，每年创建1次；2005年起恢复每两年创建1次，至2010年成功创建区（县）文明村59个次。

市、区（县）文明小区（集镇）创建。2007—2010年，市文明小区创建每两年1次，有7个小区成功创建；1989—1992年，县文明集镇每两年创建1次，山阳集镇连续2次创建成功；1997—2004年，区文明小区每年创建1次，2005年起每两年创建1次，至2010年，创建成区文明小区45个次。

市、区(县)“五好”文明家庭创建评选。1999—2009年，市“五好”文明家庭每两年创建评选1次，共有6个家庭获市“五好”文明家庭称号；1990—2007年，区(县)“五好”文明家庭每两年创建评选1次，有81个次家庭成功获评。

三、创先争优活动

20世纪90年代，组织开展“爱我山阳、建设山阳”“自加压力、奋发向上，比贡献、争一流”“为20亿再作贡献，为山阳再创辉煌”“敬业爱岗比贡献，团结拼搏29亿”“迎接新世纪，争创新业绩”等主题的建功立业活动。评比红旗单位、文明单位、先进集体、金杯奖和最佳生产经营者、最佳班组长、最佳生产队长、最佳种植能手、最佳养殖能手、最佳供销员、最佳技术操作能手、最佳驾驶员、最佳德育工作者、最佳文卫工作者“十佳标兵”。工会、团委、妇联、武装部、科协等配合，并根据各自职能开展“学知识、学科学、学技术”“双学双比”等岗位练兵、技术比武等活动。

2000年后，参与、融入金山区开展的迎接建区10周年、世界沙排赛、北京奥运会、上海世博会等，创建上海市文明城区、国家卫生区、环保模范城区等活动，山阳镇开展各项“迎、创”活动。结合党建工作和主题教育，开展党组织和党员创先争优活动，以优良的党风促政风、带民风。深入开展群众性创先争优、讲文明树新风活动，评比先进集体、先进生产(工作)者、“五好”文明家庭、十佳好事、优秀志愿者、优秀村民组长、优秀居民小组长。

四、志愿服务活动

自1982年3月乡青妇兵等组织开展第一次文明礼貌月活动以来，上街宣传教育、咨询服务等学雷锋树新风成为传统。农村实行家庭联产承包责任制，团员、青年和镇、村企业职工坚持14年农忙帮助军属、困难户收种74.7公顷，向受灾、因病致困户送温暖、结对助学、慈善捐赠。

2000年以后，志愿者服务活动遵循“同创文明、共建和谐”的原则，由条线、单位为主转为条块结合、以块为主。在百万家庭学礼仪、建设新家园大行动、生育关怀行动、迎世博每月“三·五”(每月5日为规范服务、诚信服务的窗口服务日；15日为人人动手、清洁环境的清洁环境日；25日为文明出行、守序有礼的公共秩序日)和各项“迎、创”活动中，都有众多志愿者参与作奉献。开展“一日捐”、捐资助学、帮困、敬老等公益慈善捐赠，向灾区、边远地区、革命老区捐款赠物。

2005年9月起，开展“降事故、保安全”交通文明创建活动，志愿者每天7:30—8:30在2个主要路口执勤。2007年，志愿者执勤的亭卫公路、红旗路口被评为金山区交通文明岗。向阳、东方村被评为金山区交通文明村。2008年，山阳镇被评为金山区交通文明镇。2009年，海趣馨苑被评为上海市交通文明小区。

2009年底，山阳镇志愿服务总队有135个分队、3500多人，建有山阳镇群文志愿服务基地、山阳镇敬老院志愿服务基地等。

第四节 荣誉称号

一、上海市文明单位、村、小区、餐厅

上海市文明单位

1990—2010年获评上海市文明单位情况表

表9-1

年度	获评单位
1999—2000	联合利华食品（中国）有限公司
2001—2002	上海锦水工程建设有限公司、山阳派出所
2003—2004	上海锦水工程建设有限公司、上海山青实业有限公司、山阳中学、山阳派出所
2005—2006	上海锦水工程建设有限公司、山阳中学、山阳派出所、山阳镇文化广播影视服务中心
2007—2008	上海锦水建设（集团）有限公司、华峰集团上海有限公司、山阳中学、山阳派出所、山阳镇文化体育服务中心
2009—2010	上海锦水建设（集团）有限公司、上海华峰超纤材料股份有限公司、山阳镇文化体育服务中心、山阳中学、山阳镇社区卫生服务中心、山阳派出所

上海市文明村

1999—2010年获评上海市文明村情况表

表9-2

年度	获评村
1999	中兴村
2000	杨家村
2001	杨家村、东方村、中兴村
2003	东方村、中兴村、杨家村
2004	东方村、九龙村
2005—2006	东方村、九龙村、华新村、长兴村
2007—2008	长兴村、九龙村、东方村、中兴村
2009—2010	长兴村、华新村、九龙村、东方村、向阳村、新江村

上海市文明小区

2007—2010年获评上海市文明小区情况表

表9-3

年度	获评小区
2007—2008	金海岸花园
2009—2010	碧海云居、海上明珠园、金海岸花园、金浦苑、山鑫联城花苑、金山豪庭

上海市文明餐厅

2009 年度获评上海市文明餐厅情况表

表 9-4

年度	获评餐厅
2009	上海金山汇都餐饮管理有限公司汇都大酒楼、上海世安海昇大酒店有限公司绍兴饭店金山店

二、上海市“五好”文明家庭

1999—2009 年获评上海市“五好”文明家庭情况表

表 9-5

年度	获评家庭
1999—2000	王孝观家庭
2002—2003	邱仁其家庭
2004—2005	范连华家庭
2006—2007	姚国权家庭、王忠石家庭
2008—2009	蔡亚华家庭

三、上海市军民共建社会主义精神文明先进集体

2003—2008 年获评上海市军民共建社会主义精神文明先进集体情况表

表 9-6

年度	获评单位
2003—2004	山阳镇人民政府——上海公安边防总队金山嘴边防工作站
2005—2006	金山嘴边防派出所——山阳镇人民政府
2007—2008	渔业村党总支——金山嘴边防派出所

四、金山区（县）文明单位、村、小区、市场、机关、窗口

金山区（县）文明单位

1989—2010 年获评金山区（县）文明单位情况表

表 9-7

年度	获评单位
1989—1990	上海飞达羽绒服装厂山阳分厂、上海新建切纸机械厂、金山化纤厂、山阳中学、山阳中心小学、山阳粮油管理所、山阳派出所、山阳供销社、农业银行山阳营业所、信用社
1991—1992	金山化纤厂、上海飞达羽绒服装厂山阳分厂、上海金海鞋业有限公司、山阳粮管所、农行山阳营业所、山阳信用社、山阳派出所、山阳供销社、山阳中学
1993—1994	山阳中学、山阳中心小学、山阳供销社、农业银行山阳营业所、信用社、山阳派出所

续表 9–7

年度	获评单位
1995—1996	上海金海鞋业有限公司、上海建阳建设（集团）公司、上海振阳建设（集团）公司、上海三达服装有限公司、山阳工业公司、上海振金建筑装潢工程总公司、上海申隆针织制衣有限公司、山阳文化中心、山阳粮油管理所、农行山阳营业所、山阳镇卫生院、山阳派出所、山阳中学、山阳中心小学
1997—1998	上海申隆针织制衣有限公司、上海振阳建设（集团）公司、联合利华食品（中国）有限公司、山阳文化中心、山阳粮油管理所、山阳派出所、山阳镇卫生院、山阳中学、山阳中心小学
1999—2000	上海申隆针织制衣有限公司、上海山青实业有限公司、上海三达服装有限公司、联合利华食品（中国）有限公司、上海向隆电子科技有限公司、上海山阳工程建设（集团）公司八建有限公司、上海山阳房产开发有限公司、山阳文化中心、山阳派出所、山阳镇卫生院、山阳中学、山阳中心小学
2001—2002	上海锦水工程建设有限公司、联合利华食品（中国）有限公司、上海山青实业有限公司、山阳中学、山阳中心小学、山阳卫生院、山阳文广中心、上海侨茂综合工程有限公司、上海新阳市政建设工程有限公司、上海申隆针织制衣有限公司、山阳房产开发有限公司、上海永固塑料刀具有限公司、上海向隆电子科技有限公司、山阳派出所、金山电信局山阳分局
2003—2004	上海锦水工程建设有限公司、联合利华食品（中国）有限公司、上海山青实业有限公司、山阳中学、山阳中心小学、山阳卫生院、上海侨茂建筑防水材料有限公司、山阳镇文广中心、山阳房产开发有限公司、上海永固塑料刀具有限公司、上海金璐工程建设有限公司、上海雄建市政有限公司、山阳派出所、金山电信局山阳分局
2005—2006	上海锦水工程建设有限公司、上海山青实业有限公司、山阳中学、山阳中心小学、山阳镇社区卫生服务中心、上海侨茂建筑防水材料有限公司、山阳镇文广中心、山阳房产开发有限公司、上海永固塑料有限公司、上海雄建市政有限公司、华峰集团上海有限公司、山阳镇经济小区、山阳派出所、金山电信局山阳分局、上海申辉服装有限公司
2007—2008	山阳镇经济小区管理委员会、上海锦水建设（集团）有限公司、华峰集团上海有限公司、山阳镇文化体育服务中心、山阳房产开发有限公司、山阳镇社区卫生服务中心、上海侨茂建筑防水材料有限公司、上海金山嘴工业区投资咨询有限公司、山阳企业发展有限公司、山阳小学、山阳中学、山阳派出所、山阳房屋土地管理所
2009—2010	上海锦水建设（集团）有限公司、上海华峰超纤材料股份有限公司、山阳镇文化体育服务中心、山阳房产开发有限公司、山阳镇社区卫生服务中心、上海侨茂建筑防水材料有限公司、上海金山嘴工业区投资咨询有限公司、上海山阳企业发展有限公司、上海爱克斯尔轴承制造有限公司、山阳镇社区事务受理服务中心、上海南方寝饰用品有限公司、上海世安海昇大酒店有限公司、上海金山海鸥大厦酒店有限公司、上海雄建市政工程有限公司、上海瑞气气体设备有限公司、上海海光实业有限公司、上海金瑞建设工程有限公司、联合利华食品（中国）有限公司、上海向隆电子科技有限公司、山阳小学、山阳中学、山阳幼儿园、山阳派出所、金山规划和土地管理局山阳所

金山区(县)文明村

1989—2010 年获评金山区(县)文明村情况表

表 9-8

年度	获评村
1989—1990	中兴村
1991—1992	中兴村
1993—1994	杨家村、新江村、九龙村
1995—1996	杨家村、新江村、九龙村
1997—1998	新江村
1999	杨家村、中兴村、新江村
2000	杨家村、东方村、向阳村
2001	杨家村、东方村、中兴村、向阳村、红旗村、长兴村、七一村
2002	东方村、向阳村、九龙村、长兴村
2003	东方村、向阳村、九龙村、长兴村、中兴村、杨家村
2004	东方村、向阳村、九龙村、华新村
2005—2006	东方村、九龙村、华新村、长兴村、向阳村、中兴村
2007—2008	长兴村、华新村、九龙村、东方村、向阳村、中兴村、渔业村、杨家村、新江村
2009—2010	长兴村、华新村、九龙村、东方村、向阳村、渔业村、杨家村、新江村

金山区(县)文明小区

1989—2010 年获评金山区(县)文明小区情况表

表 9-9

年度	获评小区
1989—1990	山阳集镇
1991—1992	山阳集镇
1997	玉兰新村、山龙新村一期
1998	玉兰新村
1999	玉兰新村、山龙新村、东泉新村
2000	玉兰新村、山龙新村、山阳集镇
2001	山龙新村
2002	玉兰新村
2003	玉兰新村
2004	玉兰新村
2005—2006	玉兰新村、金海岸花园、海浒新村

续表 9–9

年度	获评小区
2007—2008	海辰馨苑、碧海云居、海浒新村、海上明珠园、山鑫康城、金海岸花园、山鑫联城、金天地、金山豪庭、金浦苑、玉兰新村、棕榈湾花园
2009—2010	海辰馨苑、碧海云居、海上明珠园、山鑫康城、金浦苑、金海岸花园、山鑫联城、金天地、金山豪庭、玉兰新村、世纪城、棕榈湾花园、三岛龙洲苑、海趣馨苑、蓝堡爱琴海、华江新村、海欣家园

金山区文明示范窗口文明市场

2001—2008 年获评金山区文明示范窗口文明市场情况表

表 9–10

年度	获评窗口 市场
2001—2002	山阳派出所户籍窗口
2003—2004	山阳农贸市场
2005—2006	上海金山市场有限公司山阳市场
2007—2008	上海金山市场有限公司山阳市场

金山区（县）文明机关

1991—2009 年获评金山区（县）文明机关情况表

表 9–11

年度	获评机关
1991—1992	山阳乡政府机关
1995—1996	山阳镇党政机关
2008—2009	山阳镇政府机关

五、金山区（县）“五好”文明家庭

1990—2007 年获评金山区（县）“五好”文明家庭情况表

表 9–12

年度	获评家庭
1990—1991	范瑞珍 陆天根 周金火 邹青宝 倪水华 姚善宝
1995—1996	杨水芳 杨木云 邱初章
1997—1998	倪士华 方永良 朱友明 刘兴妹 杨惠兰 汪飞忠 朱金翠 汤粉娟 朱永华 张进余
1999—2000	王孝观 吴金连 方亚云 何弟宝 张连华 高静娟 高雪芳 翁水珍 吴金福 吴明杰 陆仁明
2002—2003	徐召云 戚鑫官 杨士忠 黄叶忠 唐纪昌 钱金荣 李余良 张道良 黄志兴 潘效林 庄银娟
2004—2005	江菊旺 陈士权 俞永辉 吴明杰 沈国华 胡卫均 杨宝良 魏 兴 褚云华 周仁明 钱金荣 胡秀娣 俞金法 张正余 张金龙 朱连均

续表 9-12

年度	获评家庭
2006—2007	王品华 任敬堂 何新忠 张正余 张金云 李仁山 杨勤华 周　忠 周伯伦 周连观 金伯连 侯伯贤 姚水芳 姚雪峰 姜仁兴 姜敏英 倪召权 唐忠良 夏顺余 钱金荣 顾芬华 盛萍欢 盛余芳 蔡亚华

六、金山区（县）先进集体、先进个人

金山区（县）先进集体

1990—2010 年获评金山区（县）先进集体情况表

表 9-13

年度	获评单位
1990	上海金海鞋业有限公司
1993	上海金海鞋业有限公司缝纫车间、上海宏泰制衣有限公司、上海三达服装有限公司、上海建阳市政联合工程公司第一工程处、上海振阳市政工程总公司第八分公司、上海市政工程总公司第四分公司
1995	上海广阳市政公司、上海建阳（集团）公司第一工程公司、山阳溶剂厂、上海申隆针织制衣有限公司成衣车间、上海山阳市政建设（集团）十一分公司、山阳供销社生产资料门市部、金山嘴派出所
1997	上海雅诚物业发展公司、上海波力通金山节能灯厂 H 管车间、山阳卫生院住院部
1999	上海山阳工程建设（集团）公司八建项目部、上海向隆电子科技有限公司注塑部、山阳中学数学教研组、金山嘴工业区项目发展部
2001	联合利华食品（中国）有限公司制造车间、山阳经济小区管理委员会招商部、山阳房产开发公司工程部、山阳中心小学体育教研组、金山嘴工业区投资咨询有限公司咨询服务部
2002—2003	上海昆鹏化纤公司包覆丝车间、联合利华食品（中国）有限公司金山工厂工程部、上海山阳工程建设有限公司山阳工业园区项目部、山阳镇拆除违法违章建筑执法队
2004—2005	华峰集团上海有限公司技术部、山阳镇经济小区管理委员会招商服务部
2006—2007	山阳镇残联服务社、上海向隆电子科技有限公司塑胶部加工组
2008—2010	上海金山嘴工业区投资咨询有限公司招商管理部、上海泰胜风能装备股份有限公司电工组、山阳镇人民政府社会稳定办公室

金山区（县）社会主义精神文明建设“十佳”好事

1990—2002 年获评金山区（县）社会主义精神文明建设“十佳”好事情况表

表 9-14

年度	获评“十佳”好事名称	获评单位及个人
1990	艺术教育有特色，小乐队闻名全市	乡教委
	稳军心、固长城、办实事	乡武装部

续表 9-14

年度	获评“十佳”好事名称	获评单位及个人
1991	中学生尊老服务队受人夸	山阳中学初三（2）班
1993	赤手空拳斗窃贼，众志成城擒窃贼	山阳卫东村 10 组秦连军
	筹集教育基金，奖励育才功臣	山阳镇
1995	六旬老人迷路又摔伤，建阳公司救人又资助	上海建阳（集团）公司
	拾得巨款不动心，完璧归赵见真情	山阳卫生院姚婉芳
2002	少年游泳遇险，军民联手营救	社会群体

金山区（县）先进工作者

1990—2010 年获评金山区（县）先进生产（工作）者情况表

表 9-15

年度	获评名单
1990	雷国良 干玄林 钟雪龙 金全林 俞景兴 黄秀龙 周定元 吴秋根 汤奎章 郁国云 方龙根 周连观 吴阿小 徐四明 徐仁娟（女） 于长和
1991	吴辉云 汤奎章 周定元 钟雪龙 顾友明 周章云 王明龙 吴克源 黄秀龙 窦炳生 邬国娣 王永冲 姚永明 林中余 朱仁娟（女） 刘际明 潘永华
1993	钟雪龙 汤益章 杨效生 夏季康 褚连忠 吴小坤 张世梅（女） 沈杏芳（女） 顾玉英（女） 朱建华（女） 陈根龙 宋彩花（女）
1995	杨仁龙 高仁良 王志兴 汪权云 盛勤观 杨华龙 徐仁娟（女） 褚卫平 朱治军 吴木华（女） 俞雪龙 董云香（女） 吴国权 张永华（女） 谢桂平 姜美平 吴小坤 黄秀龙 汤庆伟
1997	蒋兴观 吴丽华（女） 周定元 朱建军 张引军 汤仁强 陈根龙 高仁良 王志兴 吴 斌 吴念时 吴小坤 杨效生
1999	俞景兴 徐仁娟（女） 黄秀龙 杨海英（女） 曹士云 吴振来 张玉林 陆汉明 褚连忠 汪效弟 陆培峰 戚同其 陈惠良
2001	王永法 徐仁娟（女） 徐金书（女） 潘建君 汪效弟 杨水贤 管 英（女） 朱卫红（女） 杨华龙 黄玉珍（女） 荀三妹（女） 朱仁余 周 珺
2002—2003	夏慧琍（女） 黄玉珍（女） 王建农 戚连中 赵小平 李秀华（女） 褚连忠 徐仁娟（女） 黄 芳（女） 王伟国 杨春芳
2004—2005	王志兴 姚光辉 叶芬弟 吴伟峰 高美丽（女） 陶乐慧（女） 卫连观（女） 顾永梅（女） 夏 杰 鲁士希
2006—2007	吴小坤 沈卫平 卫连观（女） 莫水龙 黄玉珍（女） 柳志成 李百生
2008—2010	褚金云 孔维军 戚惠平（女） 朱 燕（女） 谢婉贤（女） 姜春贤（女） 张连忠 姜国良 缪小迈 朱龙明 杨军良 阮永观

金山区精神文明建设优秀组织者

2002—2007 年获评金山区精神文明建设优秀组织者情况表

表 9-16

年度	获评名单
2002—2003	吴小坤
2004—2005	黄辉云
2006—2007	马琳联（女）

金山区志愿者活动优秀志愿者

2005 年度　钱金荣

金山区人民满意的公务员

2004—2005 年度　陶金林

第五节　山阳精神　山阳镇标

一、山阳精神

1993 年 2 月，山阳乡第十次党代会提出“自加压力、敢为龙头”的精神。1996 年 1 月，山阳镇第十一次党代会将“自加压力、敢为龙头”定为山阳精神。

2006 年 12 月，山阳镇第十四届一次党代会提出要培育、形成和发展“山阳精神”，把山阳建设成为区内领先、上海知名的经济强镇、文化名镇、滨海新镇，在全镇开展“山阳精神大讨论”活动。历时 8 个多月的讨论、提炼，总结山阳精神为“矢志如山、胸怀朝阳，同舟共济、勇立潮头”。翌年 12 月，由镇十四届二次党代会通过确认。

矢志如山：意为发誓立志，下定决心像大山一样坚定毫不动摇；特指山阳人民志向远大，认准方向全力以赴，不达目标誓不罢休。

胸怀朝阳：象征山阳人民胸襟宽广、朝气蓬勃的精神风貌，始终保持着奋发有为、开拓创新、积极向上的精神状态，在中国特色社会主义道路上行进。

同舟共济：龙舟之乡的山阳人血管中流淌着不甘人后、勇争第一的血性和豪迈。全镇人民荣辱与共、众志成城、团结奋进。铸就山阳辉煌，共创美好未来。

勇立潮头：地处东海之滨直面挑战，弄潮于时代，是山阳人民自古传承的传统特质。发展无止境，道路有曲折，山阳人顽强拼搏永远站在时代的前列。

“矢志如山、胸怀朝阳”将“山阳”两字嵌入其中，凸显出山阳的特质、个性和改革开放以来山阳人的大气、果敢，反映着山阳人民对美好未来的向往以及达观自信的精神风貌。“同舟共济、勇立潮头”结合山阳的地理特点和历史文化底蕴，既展示山阳人民团结奋进、创新发展的精神状态，又体现出山阳人民迎难而上、勇往直前的坚强意志和豪迈气概。

二、山阳“镇标”

2006年12月镇十四届一次党代会、镇十七届一次人民代表大会后，山阳“镇标”设计、评选工作启动。经过半年多的设计、修改，5套“镇标”初选方案公布。经全镇干部群众参与评选确定。2007年12月29日，山阳“镇标”揭启活动在镇社区文化活动中心举行。山阳“镇标”运用赏心悦目的设计语言，紧扣山阳“经济强镇、文化名镇、滨海新镇”的特色，将一块充满现代魅力、令人向往的乐土映入眼帘。“S”取意“Shanghai”(上海)和“Shanyang”（山阳）的首字母，图文点题“上海山阳”。“S”图形是海岸线蜿蜒伸展，流畅的线条设计给人一 种开阔的视觉冲击，更具魅力；“S”又恰似一条欢跃的五线谱，仿佛在嘹亮地唱响“崛起的滨海城市”的主旋律。银灰色的背景内敛含蓄，稳健之中渗透文化韵味；错落有致的城市高楼寓意经济指标不断上升，又点出“滨海城市”的形象内涵，与字母“SHANYANG TOWN”的组合，如同是城市群落蔓延，象征山阳不断向前发展的生机与活力。

“镇标”LOGO运用独具特色的创意元素，城市群又形似山峦起伏，印章宛如一轮朝阳冉冉升起，“S”的设计体现厚积而薄发，箭指前方，又点明“矢志如山、胸怀朝阳，同舟共济、勇立潮头”的山阳精神。

戚家墩遗址出土的战国陶罐

第十章 治安 司法 信访

1990—2009 年，山阳派出所依法打击各类严重危害社会治安的刑事犯罪活动，破获刑事案件 2184 件；加强交通、消防、户政等管理，维护整治社会秩序，查处社会治安案件 14017 件。司法信访等部门建立和依靠基层组织队伍，开展民事调解、法律咨询服务，组织实施五年一轮普法宣传教育。接待来访 3177 人次，处理来信 2139 件。

第一节 治 安

山阳派出所负责山阳地区的治安、刑事案件侦破及户籍管理等工作。1983 年 8 月 19 日，派出所由金山嘴迁驻山阳集镇。2001 年，迁至龙皓路（红旗西路）110 号。1990 年，有民警 21 人，其中合同制民警 12 人。1993 年，经县公安局批准，在戚家墩率先建立海光警务室，常驻民警 2 人、联防队员 6 人。2001 年 8 月、11 月，山阳派出所先后被上海市公安局命名为规范化建设示范派出所、上海公安青年民警锻炼基地。

1989—2010 年，派出所连续 11 次被评为区（县）文明单位；2001—2010 年，连续 5 次被评为上海市文明单位。2002 年，获评上海市政法系统“学习肖玉泉活动”先进集体。2003 年，被公安部命名为“全国公安优秀基层单位”和“一级派出所”。

2009 年，山阳派出所属二级建制镇户籍派出所。实行社区和治安联勤工作模式，建警务区 2 个、社区警务室 4 个。有所领导 4 名、治安民警 11 人、社区民警 10 人、场所民警 5 人、综合内勤 4 人。

一、治安组织

治安保卫委员会 20 世纪 90 年代，各村居企业建有治安保卫委员会（以下简称治保会），设有专职干部负责治保工作。1998 年，海光村治保会被评为上海市先进集体。2009 年，山阳建有 21 个治保会，81 名治保人员，负责山阳的治安、四防（防火、防盗、防破坏、防事故）工作和安全保卫，协助公安机关做好社区治安等工作。

治安联防队 1980 年 1 月组建，有执勤人员 10 人。1988 年起人员增加，至 2007 年有 70 人。治安联防队由派出所管理，配合协助派出所开展警民联防和地方治安及各类公共场所管理。2005年1月，组建36人村治安巡逻联防队。2006年1月，更名为山阳综合治理社区保安中队。2008年，综合治理社区保安中队办公室获评上海市先进集体。2009年，共有队员108名。

综合治理社区协管队 2006年组建，是政府出资组建的公益性群防群治组织，协助公安和综治部门工作。其工作职责是：在综治部门组织下，协助开展社会治安综合治理基层、基础工作，地区平安建设，安全防范；发动辖区社会力量参与社会治安综合治理，发现并收集社会治安信息。综合治理社区协管队是综治工作最基层的触角，分布在各村居基层第一线。2007年，搜集并上报各类社会治安重要信息98条，开展平安建设、安全防范宣传教育89次，分发各种宣传资料50498份；开展消防安全检查、摸排隐患、落实安全措施79项；协助并调解治安案件52件，调处成功44件，成功率85%。

20世纪90年代中期开始，山阳辖区内大型企事业单位和政府机关，先后聘用上海市保安服务总公司金山公司和其他保安公司保安人员，负责入驻单位的安全保卫工作。

二、打击刑事犯罪

集中打击行动 1990—1996年，先后开展“水上行动”，打击流氓违法犯罪，反盗窃、挖团伙、打流窜、反窃车、扫六害、禁赌等专项行动和“打击流窜犯罪、强化社区防范”春季战役，“打两流、扫六害、保综治”夏季战役，“打现行、破大案、抓基础、促防范”秋冬战役。抓获在逃犯罪嫌疑人7人，侦破“两拦”案3起，挖出犯罪团伙10个，查处各类违法犯罪368人，有7人投案自首。

1997—2009年，组织开展“打两拦（拦路抢劫、拦路强奸）、反盗窃（入室盗窃、盗窃机动车、扒窃）、抓现行、挖团伙、扫六害、追逃犯、捣窝点工作，开展打击暴力犯罪、多发性侵财、网络赌博等“春雷”“飓风”“金剑”专项斗争、行动、战役和“治顽扫丑”，攻积案、降（压）刑案等重点地区整治40多次。其中，2009年，“迎世博、保平安”打击、整治攻坚战，开展“金鹰”系列22个专项行动。设卡缉拿抢劫出租车系列案嫌疑人4人5起，破获晚间飞车抢劫案3起，抓获在逃犯罪嫌疑人10人，查处现行犯罪10起27人，破获卖淫嫖娼等“六害”93起、吸毒4起，排查涉黑团伙11个48人，查处各类违法犯罪行为人1438人。

刑事案件侦破 1990年，山阳地区刑事立案45起，其中大案10起，分别比1989年上升24.4%和100%；侦破34起，其中大案7起，破案率75.6%。年内，摧毁犯罪团伙10个，协助兄弟单位侦破凶杀、重大盗窃等刑案14起，抓获凶杀对象1名，协破杨浦区久侦未破的凶杀大案1起。1997年，立案94起，侦破59起，侦破率62.8%。其中大案53起、侦破28起。2002年，立案272起，其中八类案件16起，破案141起，侦破率51.8%。2009年，立案411起，侦破166起，侦破率为40.4%。1990—1999年，立案刑事案件1016件，侦破585件，侦破率57.58%。2000—2009年，立案刑事案件4030件，侦破1599件，侦破率39.68%。

1990—2009 年山阳地区刑事案件情况表

表 10-1

年份	立案（件）	侦破（件）	侦破（%）	年份	立案（件）	侦破（件）	侦破（%）
1990	45	34	75.6	2000	283	128	45.2
1991	46	37	80.4	2001	278	152	54.7
1992	36	27	75	2002	272	141	51.8
1993	40	34	85	2003	274	186	67.9
1994	75	56	74.7	2004	415	203	48.9
1995	68	68	100	2005	514	204	39.7
1996	131	101	77.1	2006	582	144	24.7
1997	94	59	62.8	2007	544	170	31.3
1998	242	85	35.1	2008	457	105	23
1999	239	84	35.1	2009	411	166	40.4

附：刑事案例选录

1990年6月4日深夜，倪家村4组养鸭专业户施某，被蒙面人施暴，劫走现金1280元。案发后，山阳派出所干警在12个小时内侦破，4名抢劫团伙就擒。后经金山县人民法院分别判处有期徒刑5—9年，剥夺政治权利1—2年。

1994年12月7日夜，渔业村3组曲某某家发生二死一伤重大凶杀案。上海石化腈纶厂职工吕某因家庭纠纷而发泄私恨，杀死59岁岳母梁某和7岁侄女曲某，将其妻梁某戳成重伤后潜逃。山阳派出所接警后，一方面组织开展救护工作，另一方面围捕案犯。在卢湾区公安分局协助下，于1995年8月30日将吕某抓捕归案，后吕某受到法律严惩。

1996年3月25日，山阳派出所截获周某、李某等7名案犯，由此破获山阳等地撬窃保险箱案9起、盗窃有色金属案5起，总案值20万余元。

2008年12月3日，注册落户在山阳经济小区的上海某房产公司董事长张某某，向上海市公安局刑侦总队报案，称其在2008年11月25日被人绑架，支付赎金580万元后被释放。金山公安分局接到案情通报后，即成立由山阳派出所干警参加专案组开展侦查。在市公安局协调及河南省警方协同下，抓获刘某某（男、27岁、河南新乡市人）等4名犯罪嫌疑人，并追回全部赃款赃物。该案的侦破工作获2008年度上海市刑侦系统“刑警803破案奖”银奖。

三、治安管理

禁赌 1990年，成立乡禁赌工作领导小组，开展制止搓麻将、禁止赌博专项治理，查处赌博案件并给予10多人行政处罚和党纪处分。有186名妇女组成21个禁赌宣传队，配合治保、民兵和民警一起宣传、巡逻，许多妇女积极劝阻丈夫赌博行为，对劝阻不听的主动配合公安部门帮助其改邪归正。1992—1994年，持续开展严禁赌博专项治理，发放禁赌宣传资料12000多份，查处赌博案件21起51人。2003年，山阳地区查获“洞子功”聚众赌博案件3起37人，罚款9.48万元，没收赌资6.8万元。是年，镇妇联、团委发动妇女、团员青年参加禁赌签名活动。2006 年 8 月 10 日，派出所在山富东路 365 号的厂房内查获参赌 29 人，收缴赌资 4 万余元。其中 25 人被处行政拘留，罚没款 11 万余元。

禁毒 每年结合"6·26"国际禁毒日，进农村、社区、企业、学校、公共场所、家庭等开展禁毒宣传教育，在中小学开展"远离毒品、珍爱人生、创建绿色校园"主题教育活动；在镇图书阅览室开辟"禁毒图书角"。1992 年，开展查禁植毒、贩毒、吸毒专项治理，在全乡范围内查处非法种植罂粟行为。1998 年，有 982 名团员参加"千名青年禁毒签名"。2002 年，成立镇禁毒工作领导小组。镇禁毒领导小组与 11 家公共娱乐场所法人签订禁毒责任书，派出所对植毒、贩毒、吸毒的人和事依法严查、严治、严管。2 名禁毒社工经常与吸毒备案人员联系，做思想工作，引导他（她）们健康生活。2005 年，上海市第一个青少年禁毒教育基地在山阳境内（区少年军校）建立。2008 年 6 月，金海岸居委会开展禁毒宣传，发放禁毒资料 1000 余份、宣传手册 500 份。

特种行业和公共场所管理 1990 年，清查旅馆、娱乐场所、美容按摩店、私房出租户等场所 13 个点（次），查处 7 人，收缴按摩床、椅 36 只（张），停业整顿 5 家，限期整改 8 家。2004 年，查处卖淫嫖娼窝点 2 个。2005 年 7—10 月，打击处理卖淫嫖娼 15 起、容留介绍卖淫嫖娼 2 起，取缔无证经营发廊 18 家，处罚场所 2 家；查处 31 人，其中 1 人刑拘、18 人劳教、10 人治安拘留、1 人治安罚款、1 人教育处理。12 月 20 日晚，捣毁一歌舞厅内淫秽表演，查处 9 人，其中 2 人刑拘、7 人治安拘留。

1996 年，在亭卫公路等主要路段，设立治安岗亭（点）8 个。至 2009 年，全镇在重点区域安装"智能探头"，并确保实时录像 24 小时有人监控。投入 500 多万元，改造三岛龙洲苑、碧海云居、海上明珠园等小区技防设施。另投入 100 多万元，为 4320 户农村家庭安装多户联防报警器。

治安案件查处 1990 年，治安案件立案 62 起，查处 56 起，查处率为 90.3%；1997 年，治安案件立案 198 起，查处 198 起，查处率 100%。1999 年起治安案件立案呈逐年上升趋势，派出所加大查处力度，其中 2004 年、2005 年和 2008 年查处率 100%。2008 年，山阳镇被上海市公安局评为"治安安全合格单位"。

1990—2009 年山阳地区治安案件情况表

表 10-2

年份	立案（件）	查处（件）	查处（%）	年份	立案（件）	查处（件）	查处（%）
1990	62	56	90.3	1996	203	188	92.6
1991	45	42	93.3	1997	198	198	100
1992	93	62	66.7	1998	162	162	100
1993	64	60	93.8	1999	439	398	90.7
1994	93	90	96.8	2000	555	513	92.4
1995	159	159	100	2001	661	656	99.2

续表 10-2

年份	立案（件）	查处（件）	查处（%）	年份	立案（件）	查处（件）	查处（%）
2002	809	751	92.8	2006	1892	1769	93.5
2003	558	544	97.5	2007	2586	2356	91.1
2004	751	751	100	2008	1985	1985	100
2005	942	942	100	2009	2897	2337	80.7

四、交通管理

1986 年，成立乡交通安全生产领导小组，1 名副乡长任组长，派出所所长、农副工公司及乡交通安全干部为成员，负责全乡交通安全工作。1995 年，镇与县铁路道口管理办公室签订铁路道口安全监护目标责任书，在金山支线铁路山阳段新建 11 个道班房，安排 54 人日夜守护，并进校园、进家庭、进村庄、进社区、进企业，开展“爱护铁路”宣传活动。1997 年 11 月，镇交通安全领导小组，由分管副镇长任组长，派出所所长、综治办副主任为副组长，镇属公司、镇安全干部及专职民警等为组员。2000 年起，交通安全生产实行行政首长负责制。派出所负责非道路（乡村道路）交通事故接报、处理、一般交通事故的认定调处、道路交通安全防范宣传、配合交警支队对轻便摩托车验车审证等工作。2002 年，补办 3257 辆轻便摩托车牌照，驾驶证 4585 人，整治无牌摩托车和非法接客摩托车 21 辆。七一村被评为上海市交通管理先进社区。2003 年，受理交通事故 427 起，调处 421 起，物损 434 万余元，轻重伤 116 人。2005 年 9 月，建立镇交通文明创建活动领导小组，开展交通安全文明镇、村居社区和文明路口等创建活动。2006 年，开展“平安铁路路段”创建，加强“防伤亡、治隐患、创平安”主题宣传教育活动。2007 年，镇获评金山区交通文明镇。2007—2008 年，整治摩托车非法接客、非机动车无证无照上路、街区路边乱停车等 150 余次。2009 年，接处各类交通事故 1431 起，其中 7 起死亡 9 人，物损 13 万元。是年，海趣馨苑获评上海市交通文明小区。

五、消防管理

消防管理着重抓防火监督检查、消防宣传、业务培训和重点场所消防安全。1983 年，建立乡防火安全领导小组，后改称为乡防火委员会，分管安全生产副乡长为主任，派出所所长、工业公司经理、安全助理为副主任，工业公司安全保卫干部负责日常工作。规模较大企事业单位建有义务消防队。1990 年，全乡义务消防队 31 支 785 人。每年开展 1—2 次训练，检修消防设备，举办消防知识讲座等活动。

2000 年以后，根据《中华人民共和国消防法》和《上海市消防条例》等法律、法规规定，强化依法消防，加大执法力度。2001 年，派出所由 1 位副所长分管、1 名民警负责消防工作。全年共处罚 20 人次，罚款 15800 元，送达消防监督检查整改通知书 56 份，收缴违规液化气钢瓶 95 只、氧气钢瓶 11 只。同年 11 月 9 日，在上海向隆电子科技有限公司举行消防灭火演练。2009 年，发生火警火灾 9 起、损失 23000 元，制发消防监督整改安全隐患意见书50份。受理审核营业性公共场所，使用面积超过100平方米的单位内部场所，计算机房、档案室、图书馆（室）或者设置精密仪器、重要设备的场所，市公安局规定的其他场所进行内装修前的消防设计图纸及有关资料。影剧院、歌舞厅、录像放映厅、夜总会、卡拉OK厅、保龄球馆、桑拿浴室、网吧、宾馆、饭店、商场、集贸市场等公众聚集场所，在使用或开业前6日内，经消防公安检查合格后方可使用开业。

村居社区、企事业单位设消防管理安全员、信息员，组建义务消防志愿者队伍，制定落实消防安全管理责任制等制度和预案，配置相应的消防器材设施。每年开展“119”消防日、安全生产周（月）等消防安全宣传、演练活动，将防火公约、厨房防火、燃气使用须知、消防隐患辨识和简易消防灭火技能传授给民众。学校夏令营活动时，举办防火安全、避险自救、火灾逃生等培训、演练。2008年，一户居民家燃气引发火灾，造成人伤物损，在全镇举一反三开展防控燃气事故的宣传教育。同年11月，海趣馨苑西区一户燃气表泄漏，异味浓烈，居民及时报警抢修，避免一灾。2009年8月，蓝色收获小区一“办事”人家液化气罐泄漏起火，过路人杨位灿迅速用灭火器扑火，并关闭罐阀，化险为夷。

1990—2009年，山阳辖区共处置火警火灾204起，物损158.82万元，死亡6人。

六、户政管理

户籍管理 1989年3月，推行公开办事制度，凡申请入户，分户立户，户口迁移等证明材料齐全，手续完备的，由派出所报县、市公安局审批。1990年，山阳乡总户数11545户，总人数35120人。其中，集镇人口2970人，农业人口31760人，未落实户口390人。1993年起，通过信息采集、填表、编码、资料录入等步骤，户籍（常住）人口实行计算机系统网络管理。1997年，办理常住人口户籍1789户2672人。2003年，办理户口4617人次，上报分局以上审批户口420份，其中蓝印户口124份、小城镇户口48份。2009年，山阳镇总户数14648户，总人数39013人，其中农业人口4584人、非农业34429人。

1997年，完成城镇居民新版户口簿换发和城镇门（弄）牌整顿补缺工作，同时在农村逐步推进门（弄）牌编制工作。至1998年底，全镇共核发新版户口簿11500本，编钉农村门（弄）牌10674块。1999年、2006年，先后2次对农村门（弄）牌进行整顿、补缺和更新。

2009年6月，成立山阳镇人口综合服务与管理领导小组。10月，完成“两个实有”（实有人口、房屋）的信息采集。

来沪人员管理 1986年，成立乡外来人口管理小组，由派出所负责，有关部门和村居、企业单位协助，进行暂（寄）住证办理、发放等管理。1990年，山阳流动人口3500人左右，其中办理暂住证1775人、寄住证743人。

1993年，成立山阳镇外来人口管理领导小组，成员11人，分管副镇长、派出所所长和综治办主任分别兼任正、副组长，下设办公室，外口管理纳入民警岗位责任制。组建镇外来人口管理服务队，村居、企业配备协管员，在外来人口较多的海光、新江、卫东、杨家、向阳等村设管理点，负责暂（寄）住证、安全许可证登记发放等。是年办证2943人，占外来人口总数的85%。1994年，制定《山阳镇外来人口管理实施办法》《外省市人员来山阳暂寄住守则》《房屋出租条件和责任》，房东与外来人口签订治安防范等协议。当年办证3232人，占总数的90.5%。1996年，外来暂（寄）住人口实行计算机管理，登记率、办证率分别达到96%和92%，山阳派出所获评市、区外来人口管理先进单位。1999年，在海光村建立由民警、镇联防队员和村居治保干部等5人组成的房屋租赁治安管理站，是年，501户居民出租房屋1917间，办证3660人。2003年，全镇来沪人员办证5120人，2006年13980人。

2007年3月，镇政府下发《加强来沪人员社区化管理，推进居住证工作的实施意见》。在镇劳动保障所设窗口，办理来沪人员登记、申办上海市临时居住证事务。年末，办证17042人，占总人数的79%。至2008年底，共办证22992人，占总人数的95.3%。2009年，新办证5195人，续签居住证13987人。

居民身份证管理 1985年，实行居民身份证制度。至1990年，全乡共制发居民身份证21020人，占符合发证人数的99.1%。凡年满16周岁以上的男女公民，公安部门按时制发居民身份证。居民身份证分10年、20年和长期3种，16岁至25岁10年有效期、26岁至45岁20年有效期、46岁以上长期有效。个别符合相关条件的发有效期3个月“临时居民身份证”。2005年，全镇制发第二代居民身份证38947人，办理率99.5%。

第二节 司 法

1984年，乡政府设司法助理，建司法办公室。1986年7月5日，建立山阳乡法律事（服）务所，司法助理兼所长（主任）。1990年，经县司法局考核验收，山阳法律服务所达一类所标准。1993年，法律服务所进行自收自支、自我管理、自我发展、自我约束体制改革，制定并实行主任聘任制、人员合同制、效益工资制和岗位考核制。1996年，改为集体事业单位，岗位编制3人。2001年，法律服务所转为中介机构，与司法办公室分离。2003年，撤销司法办公室，建立司法所，法律服务所恢复事业单位建制。2005年，司法所为区司法局派出机构。

1983年，金山县人民法院在山阳乡设山阳人民法庭。1990年，受理民事案件44件。1995年，受理278件，结案率98.7%，审执兼顾办理执行案件114起。1997年，石化法庭撤销，石化地区民事诉讼案件归山阳法庭审理，山阳人民法庭更名为金山卫人民法庭，2001年撤销。

一、人民调解

人民调解工作坚持“调防结合，以防为主”，发挥“第一道防线”的作用，把大量民间纠纷化解在基层和萌芽状态。各村、居建有3人组成的人民调解委员会（简称调委会），设主任1名。300人以上的企事业单位设立调委会，有调解员2—3名；300人以下单位设调解员 1 名。

1991—1997 年，共受理和调处各类民间纠纷 1460 起，调解成功率 97% 以上。其中，镇司法办会同土地所、老龄委、妇联、信访办、派出所、联防队等部门联合调处婚姻、恋爱、赡养、宅基地、损害赔偿、征地吸劳、劳资等纠纷 108 起；指导基层 300 多名调解员，调结纠纷 1100 起，占总纠纷的 75.34%。新江村被上海市司法局评为 1990—1992 年人民调解先进集体。1998 年，共受理和调处各类民间纠纷 266 起，调解纠纷 260 起，调解率 98%；调处预防激化纠纷 8 起，其中 4 起 3 名调解员受到市、区、镇“防激化”奖励。是年，山阳镇被评为上海市人民调解先进集体。1999—2000 年，共受理和调处各类民事纠纷 2168 件，调解纠纷 2124 件，调解率 98%。连续 10 年无一起因调解不力导致矛盾激化和“民转刑”案件。10 年里，调处难度较大的群体纠纷 130 件，群众满意率 100%。其中，调处 38 件防激化纠纷，调解员 50 人次分别受到市、区（县）镇的表彰奖励。山阳镇先后 6 次被市、区（县）评为人民调解先进集体。

2002 年，设立山阳镇司法信访综合服务窗口。2003 年 6 月，成立山阳镇人民调解委员会。指导调委会调处动拆迁等引发的各类新型纠纷。按照全国统一的一案一卷档案格式和《金山区人民调解工作登记本》，制发调解文书。2009 年，民事案件发生 204 件，调处 201 件。

1999 年 3 月 5 日，成立由山阳镇等为成员单位的金山卫区域民事纠纷调解协调小组。针对民间纠纷新特点，山阳镇探索形成六大颇具金山特点调解工作新模式，即山阳模式——“人民调解进家庭”。在调解中，根据纠纷类型、特点，采用不同方法进行调处，合法、合情、合理，提高成功率。经济纠纷采用“案例参照法”调解，引导当事人和解；婚姻纠纷采用“冷却择机法”调解；赡养、抚养等家庭纠纷采用“亲情感化法”调解；重大复杂矛盾纠纷采用“相关部门联动法”调解；人身伤害赔偿纠纷，采用“求同存异法”调解，促使双方互谅互让，达成协议。

2009 年山阳镇调解纠纷情况表

表 10-3

案件种类	案发（件）	调处（件）	案件种类	案发（件）	调处（件）
婚姻	6	6	邻里纠纷	45	45
婚约	5	5	动拆迁	29	29
宅基地	23	22	其他	65	64
赡养	31	30	合计	204	201

二、法律服务

1990 年，山阳法律服务所担任法律顾问单位共 29 家，民事诉讼代理案件 58 件，代理非诉讼案件 85 件，协办公证 69 起，代写法律文书 121 件，追回拖欠款 34.26 万元。1995 年，帮助企业催讨回应收款超 500 万元；协办公证款额超 10 万元。1997 年，帮助山阳服装厂催讨回应收款227732元，其中以货抵债202723元。1998年，山阳法律服务所被镇政府聘为常年法律顾问，参与党委、政府有关重要决策讨论，并提出法律意见建议。聘期内参与政府所作出的10余项行政处罚决定。法律服务所主动参与企业转制工作，帮助60多家企业5000多万元资产顺利转制。

1986—1999年，代理诉讼和非诉讼经济案件1975件，协办公证530件，见证751件，代写各类法律文书2317件，参与企业经济合同谈判155次，避免经济损失11772万元，受理经济案件总标的2.2亿元（含被诉），追回各类应收款3618多万元，免费解答法律咨询650次，涉及1000多人，提供免费法律援助9件。法律服务所被市司法局评为1997—1998年先进集体；所长盛雪良被评为上海市“十佳”基层法律工作者。1999年，被市司法局命名为“文明法律服务所”。2006年，山阳法律服务所积极开展法治宣传工作，着力提高农民工依法维权意识；畅通法律服务渠道，使农民工快速、便捷得到法律咨询服务。2008年，山阳司法所获评金山区“化解涉法涉诉信访调解先进集体”，所长钟仁观被评为区先进个人。

三、普法教育

1986年以来，贯彻全国人大常委会《关于在公民中基本普及法律常识的决定》，开展5年为一轮的普法教育。

“一五”普法（1986—1990年） 1986年起，组建80多名法制宣传员队伍，到工厂、企业、村、居分层次进行普法宣传教育活动。主要学习宪法等“十法一条例”，提高干部群众“法在我身边”的知晓觉悟。营造“家家都有法律书，人人都来学法律”的氛围。

“二五”普法（1991—1995年） 每年制订计划、培训骨干，采用“送法进村、带法回家、小手牵大手”的工作方法，分发法律知识资料、书籍等，用多种形式普及法律知识。重点对象是各级干部、执法人员、教育工作者、青少年学生，主要学习宪法、行政诉讼法等20多部法律法规。1995年10月，山阳镇“二五”普法工作，经县法制办、县司法局考核验收，总分居金山县乡镇之首。

“三五”普法（1996—2000年） 配备普法专职干部、法制宣传员，深入村、企、居进行法制宣传。举办法制宣传培训班、讲座25期，法制巡回演出28场；1000多名党员、干部，4000多名学校青少年参与学法；800多名来沪人员参加学法并普法考试；800多名财会、执法人员参加专业法律培训。下发法制宣传书籍1200本，参加法律考试有1800人次。请上海滑稽剧团到山阳演出法制宣传戏，有400多人观看。制定1999—2003年“依法治镇”规划。1999年，对企业经营管理人员进行法制培训并考试发证。

“四五”普法（2001—2005年） 制定实施第四个五年普法计划，开展普法宣传活动。2003年3月1日《中华人民共和国土地承包法》正式实施，组织为期一周的宣传教育活动。党委中心组专题学习土地承包法；各村以横幅、标语、板报等多种形式开展宣传。2005年，举办来沪人员法制培训班7期，1900人参加。

“五五”普法（2006—2010年） 组建普法宣传讲师团。2006年，张正余编写《醒了就好》故事，获金山区法制故事征集暨演讲比赛二等奖。是年，结合民主法治示范村和民主法治示范小区的创建，开展法律咨询活动23次，制作法制画廊和广告牌26个，展出法制版面200余个，播放法制影视36场，发放法律宣传资料1000余份。2008年5月，举办法制教育讲座，请专家讲解劳动法、物权法。2009年，举办大型法制宣传活动6次，法律咨询活动10次，法制讲座16场，悬挂横幅80余条，发放法制宣传资料20000余份。有7个村居获上海市民主法治示范村居。华新村成功创建全国民主法治示范村。

四、法律援助

1990年5月，山阳乡各村(居)企事业单位建立青少年保护领导小组，并正常开展工作。

2003年4月，山阳镇法律援助工作站挂牌成立，进社区为弱势群体开展法律援助。山阳镇做法在区法律援助进社区大会上作交流。2005年，村居设司法信访接待站。2007年，镇、村居建立妇女儿童维权中心。2003—2009年，镇法律援助工作站共受理法律援助案件48起，34人。2009年9月，21个村居与浦南律师事务所10名律师结对，律师担任村居法律顾问。

五、矫正安帮

1999年7月，镇成立刑释解教人员安置帮教办公室。2002年，对1998—2001年刑释、解教人员进行全面普查。2003年6月，成立镇刑释、解教人员安置帮教工作领导小组。2004年，建立社区矫正对象工作台账。2005年，社区矫正和安置帮教151人。2006年，山阳镇成为上海市第一批社区矫正达标镇。2007年5月24日，上海市司法局副局长刘忠定、市社区矫正办公室帮教处处长杨江到山阳，调研矫正和安置帮教工作。2009年，社区矫正56人，安置帮教151人。

2005—2009年山阳镇矫正安帮情况表

表10-4　　　　单位：人

年份	社区矫正（人数）	安置帮教（人数）
2005	39	112
2006	42	122
2007	41	116
2008	41	150
2009	56	151

第三节　信　　访

分级负责归口管理　1986—1989年，乡政府办公室负责信访工作。1990年，组建分别由1名党委副书记、分管副乡长为正、副组长的信访工作领导小组，下设信访办公室。各村（居）相继建立信访工作小组，接待来信来访52件。1993年10月，贯彻《上海市信访条例》，加强镇村两级信访工作。1995年9月起，根据县信访工作规范操作办法，建立台账和接待来访、办信、登记、查办、督办、复信回音、信息上报、领导接待、统计汇报、归档等工作制度。1997年起，实行周四镇领导来访接待日制度。1990—2002年，信访工作接处重点为就业、住房、农村建房、房改集资、征地工安排等问题，全镇（乡）群众来信共350件，办结350件，来访共456件、办结456件。信访干部（金山嘴工业区）杨华龙获评2001—2002年度上海市信访先进工作者。

设立综合服务窗口 2002年12月，镇设立司法信访综合服务窗口。2003年2月15日起，区司法局会同区信访办、公安分局在山阳司法信访综合服务窗口试行为期3个月驻警制，为全国首例，共受理各类案件27件。5月，在司法信访综合窗口设立劳动纠纷调解站。10月，公布信访工作制度、处理程序、工作机构、地址、邮编、电子信箱、接待时间、地点、值班电话等，实行信访干部挂牌上岗、首问责任制。2004年，山阳司法信访综合服务窗口经考评，获区"四星级"窗口。是年，建立周四人大代表在"窗口"接待来访，后调整为人大代表和镇领导共同接待来访。全年接待来访393次，办结或调解率95.40%。2005年4月，各村、居建立司法信访接待站，由专兼职干部负责接待，现场办结。至2007年6月，中兴村司法信访接待站共接待来访149人次，处理来电6件，受理群众纠纷3件，调处上级转交上访件3件。2000年起，来信来访主要集中反映农村征使用土地、城乡建设与管理、企业改制后职工待遇及就业和生活保障等。

处理信访突出问题 2007年，建立山阳镇处理信访突出问题及群体性事件联席会议制度，政法书记为召集人。实行区、镇领导信访接待"错时制"，周三为镇领导信访接待日。9月，向每家每户发放"信访便民联系卡"。2008年4月，组建重信重访问题专项治理工作小组。2009年，实行来信人与相关责任部门领导、承办人员"三见面"。6月、7月，镇举办2期有140多人参加的信访业务培训班。是年，采取镇领导包案接访、带案下访、集中会办等措施，4件信访积案和6件重信重访问题基本解决，1件信访积案和1件重信重访矛盾得到缓解，信访积案和重访积案矛盾化解分别达到80%和86%。2003年起，群众来信来访数量迅速上升。至2009年，群众来信共1809件、办结1789件，群众来访共2719件、办结2692件。

1990—2009年山阳镇（乡）办结来信来访情况表

表10-5 单位：件

年份	来信（含电子邮件）	办结	来访（含电话）	办结
1990	20	20	32	32
1991	22	22	35	35
1992	21	21	30	30
1993	25	25	34	34

续表 10-5

年份	来信（含电子邮件）	办结	来访（含电话）	办结
1994	27	27	32	32
1995	25	25	31	31
1996	23	23	35	35
1997	29	29	39	39
1998	27	27	36	36
1999	28	28	34	34
2000	30	30	36	36
2001	35	35	40	40
2002	38	38	42	42
2003	279	279	419	419
2004	262	249	393	375
2005	251	251	378	378
2006	252	252	379	379
2007	315	308	474	465
2008	147	147	221	221
2009	303	303	455	455
合计	2159	2139	3175	3148

第十一章 民 政

1984年4月，恢复山阳乡建制，11月，按生产大队辖区建立村委会，生产队为村民小组。1990年，全乡有20个村委会、208个村民小组、1个居委会，8个居民小组。1993年撤乡建镇，实行镇管村体制。2002年7月，全镇20个村撤并为10个，有村民小组103个。1995—2005年，有2个居委会。2006—2009年，先后成立9个居委会。2009年，全镇有10个村、11个居民区。

1990年，设民政办公室，配民政助理1名，由1名副乡长分管民政工作。1991年，增设民政干事1人。民政办公室主要负责村居民主自治建设、烈军属优抚、复员退伍军人安置、双拥、福利事业、困难救助、婚姻登记及残疾人、老龄等工作。2001年11月起，民政工作职能被纳入镇社会事业管理（发展）办公室。

1991—2008年，山阳镇（乡）先后5次被评为上海市拥军优属模范乡镇。2005年，获全国残疾人工作先进镇称号。2007年，获评上海市村务公开民主管理示范镇。获2006—2010年度全国特奥工作先进单位称号。

第一节 民主自治建设

一、设置

1990年，全乡设20个村委会、1个居委会。1995年，建立海浒新村居委会。2002年7月，除渔业村外，其余19个村撤并成9个。是年有10个村委会、2个居委会。2006年4月至2009年12月，先后建立9个居委会。2009年，全镇设10个村委会、103个村民小组、11个居委会408个居民小组。村委会设主任1人、副主任和委员2—3人；居委会设主任1人、副主任和委员3—4人。村居委会负责民事调解、治安保卫、文教卫生、妇代计生、民政老龄、社会事业等工作，并向镇（乡）人民政府反映群众意见、要求和建议。村委会还担负着发展经济和管好用好集体资源、资产和资金的职能。村居委会每届任期3年。

二、村委会选举

第一届村委会 1984年11月建立，与生产大队管理委员会并存，乡任命村委会主任

20 人，委员 56 人。

第二届村委会 1987 年 7 月，撤销生产大队管理委员会，经济工作由村委会管理。全乡 20 个村（海光村 10 月），经村民直接选举产生村委会干部 116 人。其中，村委会主任 20 人，副主任 39 人，委员 57 人；女性 18 人，占 15.52%。

第三届村委会 1991 年 11 月，全乡 20 个村，经村民直接选举产生村委会干部 113 人。其中，村主任 20 人，副主任 33 人，委员 60 人；女性 21 人，占 18.58%。

第四届村委会 1995 年 4 月，全镇 20 个村，经村民直接选举产生村委会干部 104 人。其中，村主任 20 人，副主任 30 人，委员 54 人；女性 19 人，占 19.76%。

第五届村委会 1997 年 9 月，经村民直接选举产生 20 个村委会干部 95 人。其中，村主任 20 人，副主任 26 人，委员 49 人；女性 18 人，占 18.95%。

第六届村委会 1999 年 9 月，除倪界、新江、卫东、海光 4 个村划归金山嘴工业区暂缓选举外，其余 16 个村经村民直接选举产生村委会干部 52 人。其中，村主任 16 人（女性 1 人），委员 36 人；女性 12 人，占 23.10%。

第七届村委会 2002 年 7 月，经区政府批准，除渔业村外，19 个村撤并为 9 个。9 月 20 日，除卫东村暂缓选举外， 9 个村首次全部实行不确定候选人（海选）的方式，由村民直接提名选举产生村委会干部 35 人。其中，村主任 9 人，委员 26 人；女性 6 人，占 17.14%。

第八届村委会 2006 年 6 月 16 日，9 个村（卫东村暂缓选举）采用海选方式，选举产生村委会干部 44 人。其中，村主任 9 人，委员 35 人；女性 12 人，占 22.72%。平均年龄 44.9 岁，比上届下降 3.6 岁；大专及以上文化 11 人，中专或高中文化 16 人，初中文化 17 人。

第九届村委会 2009 年 8 月 2 日，全镇 9 个村（卫东村暂缓选举），由村民直接提名选举产生村委会干部 33 人。其中，村主任 9 人，副主任 6 人，委员 18 人；女性 12 人，占 36.36%。

三、居委会选举

1994 年前，居委会干部由镇（公社、乡）任命。1995 年起实行换届选举。2006 年 4 月，经区政府批准，撤销山阳街道居委会、海浒新村居委会，新建山新、戚家墩、金海岸、海趣、三岛龙洲、联江居委会。是年 6 月 16 日，山新、戚家墩 2 个居委会与村委会同日进行换届选举。8 月 8 日，金海岸、海趣、三岛龙洲、联江居民区分别召开居委会成立大会暨第一届居民代表会议，选举产生居委会干部。至此，6 个居民区共选举产生居委会干部 32 人。其中，主任 6 人，委员 26 人；女性 10 人，占 31.25%。

2009 年 8 月 1 日，除蓝色收获尚未完成筹建外，全镇 10 个居委会有 4 个（金海岸、海趣、三岛龙洲、联江）直接选举，6 个（山新、戚家墩、金豪、康建、金世纪、海云）居民代表选举，其中金豪、康建、金世纪、海云为首届选举，共选举产生居委会干部 50 人。其中，居委会主任 10 人，副主任 3 人，委员 37 人；女性 27 人，占 54%。

四、民主自治

管理活动 1994 年 9 月，根据金山县人民政府关于开展村民自治示范村活动的精神，全镇 20 个村分别制定村民自治章程和村规民约等。1995 年 3 月，各村选举村民代表，召开村民代表会议，村主任向村民代表报告工作，听取意见，接受监督。村民代表会议每季度召开一次，遇重大事情由村民代表会议决定，村委会执行。1997 年全面推行村务公开，全镇 20 个村村务全部上墙公开。2001 年 1 月，镇建立村民自治工作领导小组，推进村民自治工作。2004 年，村级财务公开列为村务公开的重点，各村组建财务监督（理财）小组，每月或每季开展一次财务监督理财活动。2009 年 1 月起，村务实行网上公开。内容包括村概况、村规民约、社区服务、规划目标、财务状况等。

2006 年，杨家村获评上海市村务公开民主管理示范村。2007 年，又有 8 个村获此荣誉，镇被评为上海市村务公开民主管理示范镇。东方村在村务公开民主管理工作中，坚持实行“两承诺一公开三评议”和“四议两公开一表决”工作制度，并建立“民情沟通日”，主动接受村民监督，2009 年获上海市财务规范化管理示范村称号。村居推进民主法治建设，2007 年，中兴村、金海岸居委会，分获金山区民主法治示范村和示范居民小区荣誉称号。2009 年，获评上海市民主法治示范村居（小区）7 个，华新村获全国民主法治示范村荣誉称号。

2006 年起，各居委会先后制订居民守则、居民公约和居务公开等各项制度，实行居务上墙公布，接受居民监督。居委会开展达标升级创建活动。至 2009 年，获市一级居委会、市示范居委会各 5 个。

评选活动 1991 年，开展评选上海市先进村委会和先进村委会主任活动。是年 8 月，中兴村被评为上海市农村村级组织建设标兵村，11 月，俞景兴被评为上海市先进村委会主任。1994 年 12 月、2000 年 12 月、2004 年 2 月，杨家村周炳均、中兴村褚康龙、东方村张连忠先后被评为上海市先进村委会主任。

第二节　优抚　安置　双拥

一、优抚

1984 年起，现役军人优待金对照企业同等职工工资、奖金的 50%—80% 发放，并向农村烈属和现役军属发放助耕费。

1990 年，有烈属 4 户、革命伤残军人 10 人、在乡复员军人 56 人、在乡退伍军人 649 人。优待金由乡统筹发放，全年发放优待金 73800 元，抚恤金、定期定补金 28608 元，助耕费 8475 元。拨出 78 万块平价砖计划，解决现役军人住房困难，其中 2 户全部解决；优先安排 41 名军属进乡办企业工作。1986—1990 年，乡政府对在部队服役满 8 年、部分带病回乡、中越边境自卫还击战（出境）、立三等功者共 15 人，逐年安排进上海石油化工总厂工作。1991 年，现役军官家属每年一次赴部队探亲期间，工资由所在乡村办企业照发；国家征地安置劳动力，在同等条件下军属优先。是年，卫东村在征地安置劳动力时，优先安排退伍军人或家属进上海石油化工总厂工作。1995 年，全镇 3 户烈属及义务兵家属，共发放优待金277970元。1999年起，优待金由区统筹，按全区劳均收入标准发放。

1989年8月始，乡设立现役军人军功奖。获营以上嘉奖的奖50元，获一、二、三等功的分别奖500元、300元、200元不等。立功人员年终优待金按获奖等次分别增加30%、20%、10%。乡政府与入伍青年签订成才协议。是年，立三等功战士2人，团以上嘉奖8人，兑现奖金800元。此后，获优秀士官、士兵荣誉和其他奖项者也列入奖励范围。2006—2009年，共获奖38人，其中获三等功13人，优秀士官、士兵23人，其他2人，共发放奖金12400元。

2003年起加大优抚力度。农村户籍60周岁以上退伍军人，每人每月补助80元，农村复员军人遗孀每人每年参照农村低保标准，扣除农村养老金给予差额补助。为24名高龄重点优抚对象提供居家养老服务，帮助8户危旧房改造。2005年起，革命伤残军人无论在职与否，全部享受残疾抚恤补助。2007年8月1日起，根据有关规定，对1954年11月1日以后入伍的在乡参战退役军人、参加核试验军队退役人员，家庭生活困难的，给予生活补助，当年有2人享受。2009年，全镇有在乡复员军人多人、革命伤残军人15人、烈属2户3人、烈士子女2人、病故军人家属1人、参战参试人员3人，共发放各类补助金60万元。

二、安置

就业安置 1984年起，山阳乡实行农村义务兵入伍通知书和安置乡办企业工作“两张通知书”一起发，服役期满退伍后进企业工作。

货币安置 2000年起，因企业转制，农村退伍义务兵实行货币安置（以资代安）与推荐就业相结合，鼓励自主择业。镇政府给予一次性安置费基数每人3000元，军龄每年补贴1000元。2005年，山阳镇在全区率先调整安置费，基数为5000元，军龄每年补贴2000元，超期服役期间每年另加1000元。2003—2006年，发放安置费28.5万元，帮助推荐就业12人。2006年起，在城镇义务兵中推行“以资代安”，并逐年缩小农村与城镇义务兵安置费差距，由区统筹发放。

三、双拥

1990—2009年，山阳镇（乡）坚持每年“八一”、春节前夕，召开双拥工作座谈会和春节团拜会，党政领导走访慰问驻军单位和烈军属家庭，送去慰问金和慰问品等。2000年，从向阳村划出一块土地，配套2个塑料大棚，为武警边防部队建蔬菜种植基地，派专人技术指导；免费为部队安装有线电视和网络终端。2003年，赠送边防部队空调5台、电脑3台、洗衣机1台以及图书等。2002—2004年每年暑期，解放军某部到山阳进行为期15天的海训，山阳小学腾出校舍，为部队解决临时住所。镇党政领导多次前往部队驻地和训练现场看望慰问海训官兵，送去慰问金15000元。镇双拥工作领导小组，每年赴部队进行“故乡指导员”活动，鼓励山阳镇籍军人安心服役。一年一度的老兵退伍回乡，镇召开迎接老兵光荣退伍座谈会，介绍家乡经济社会发展情况，宣传安置政策，勉励他们发挥军地两用人才作用。

山阳镇党委、政府重视发挥退伍军人在经济和社会建设中的重要作用，对有突出才能的退伍军人委以重任。上海振阳建设（集团）公司总裁周定元被民政部评为全国优秀退伍军人企业家。1995 年 12 月 16 日，赴北京参加全国退伍军人建功立业成才报国颁奖活动，受到党和国家领导人的接见。1991 年、1994 年、1996 年、2003 年、2008 年，山阳镇（乡）先后 5 次获评上海市拥军优属模范单位，2007—2011 年度被评为上海市拥军优属拥政爱民模范先进集体。1991 年、2002 年、2007 年，山阳镇（乡）被评为金山区（县）拥军优属模范单位。2003 年，中兴村、山阳小学被评为上海市拥军优属模范单位。

第三节　福利事业

一、敬老院

山阳敬老院，建于 1958 年 10 月。1990 年，全乡有“五保”老人 30 人，入院 13 人，乡政府补贴每人每月伙食费 27 元、零用钱 10 元，配备护理、后勤等工作人员 4 人。入院“五保”老人吃、穿、住、医、葬由乡政府负担，粮油由老人所在村负担。未入院散居“五保户”17 人，医疗、粮油由所在村组负担，乡政府发给每人每月养老金 8 元。

位于向阳村 1 组的山阳敬老院（2007 年摄，《山阳》社区报提供）

1992 年，乡政府在山南路新建占地面积 3300 平方米、建筑面积 980 平方米、拥有 40 张床位的敬老院。原敬老院置换办企业。1993 年，30 位老人从原敬老院迁入山南路 99 号新址，其中“五保”25 人、寄养 5 人。每人每月伙食补贴 150 元、零用钱 30 元。敬老院配医务人员 1 人，护理员、炊事员等 6 人。

2006 年，镇政府在向阳村 1 组征地 1.9 公顷，总投资 1800 万元（含征地），建造 5080 平方米的二层楼敬老院，核定床位 212 张，其规模时为全区敬老院最大。2007 年 2 月，山南路 99 号 34 位老人迁入山倪路 1600 号新址，其中寄养 4 人。配备工作人员 11 人。敬老院每间居室备有空调、电话、网络电视、衣柜、饮水器、卫浴间、紧急呼叫器等新型设施。建有多功能活动室、健身房、会议室、食堂、餐厅、值班室、医务室等。2008 年，院内建成 1.14 万平方米休闲广场绿地。每年春节、中秋节、敬老节等，各级领导到敬老院看望慰问老人。区、镇领导与敬老院老人一起吃年夜饭，已成传统。敬老院推出面向社会接收独居、生活自理困难的老人入院寄养举措。2009 年，入院老人 113 人，其中农村“五保户”老人 13 人、社会孤老 17 人、社会寄养老人 83 人。配备工作人员 21 人。其中医生

2人，炊事员、护理员等19人。“五保”老人每月伙食补贴210元，每人每月零花钱70元，连逢年过节慰问金近100元。镇财政每年补贴敬老院30多万元。2010年4月，敬老院建立党支部，入院党员在院内参加组织生活。

1994年，山阳镇敬老院被评为上海市先进敬老院。2007—2010年，敬老院先后被评为2008年度市行检行评重点项目达标示范单位、金山区爱心助老先进集体（2次）、金山区孝亲敬老模范单位（2次）。院长顾云仙被评为区老龄工作先进个人和2009—2010年度区三八红旗手。

二、养老院

2007年，整合医务人员和医疗设施设备等资源，投资150多万元（市、区配套），将镇社区卫生服务中心病房和闲置房舍进行改造，创办集医疗、康复和养老于一体的养老院，共有床位152张。每间居室配有卫浴、空调、电视、无障碍等设施。面向社会接收生活自理有困难的病残老人，提供医疗、康复、养老护理服务。按老人健康状况区分护理等级，依据核价标准分级合理收费，日夜提供照料护理。护理费与医疗费分离，医疗费纳入医保范围。2008年3月，第一名老人入院。是年，共入院21人，2009年入院22人，最大年龄97岁。

三、居家养老服务

2004年，镇成立居家养老服务中心和助老服务社，配备10名服务员，首批40位城乡孤老等享受免费上门服务。居家养老服务员及服务对象逐年增加。2007年，服务老人160人，有服务员40人；2009年，有135名服务员，服务584人，服务对象中最大年龄为103岁。居家养老经费由市、区、镇三级承担。是年，三级政府共补贴208.97万元。山阳镇居家养老服务中心被评为2009年度上海市居家养老服务先进单位。

四、老年人日间服务

2003年，在镇老年活动中心创办老年人日间服务站。2009年8月，镇政府投资100多万元（含民政局补贴），将山阳镇体育路29号597平方米的房屋改建成镇老年人日间服务中心。配33张沙发床位，具有休息、棋牌、聊天、阅览、谈心、文体、健身、沐浴、网络终端、远程教育、医疗服务、食堂助餐等服务功能。享受服务的老人从10人增至33人。

五、福利企业

1984年起，山阳乡先后兴办一批福利企业，安置残疾人就业。1991年，有福利企业28家，职工1584人，其中残疾职工645人，年总产值2457万元，税利362万元。1994年，福利企业发展到32家，职工2485人，其中残疾职工997人，年总产值1.2亿元，税利1700多万元。根据有关规定，福利企业为残疾职工缴纳养老保险和医疗保险。

按国家有关规定，福利企业每年向区（县）民政局按销售（营业）收入的1%上缴管理费。2001年起取消上缴管理费。福利企业减免产品税、增值税、营业税和所得税，50%减免税留作企业发展基金，50%交镇（乡）用于社会福利事业。2003年，镇政府为减轻福利企业负担，上缴镇减免税减少到30%。2006年起取消上缴，减免税全部留作企业发展基金。经过转制和多次政策调整、整顿，福利企业每年减少。2004年有17家，安置残疾职工253人。2009年，有福利企业7家，安置残疾职工111人。福利企业由镇（乡）民政部门主管。

六、残疾人就业安置

1991年，有645名残疾人集中安置在28家福利企业工作，安置率98.02%。随着残疾人事业的发展和福利企业的变化，不断拓展残疾人就业安置渠道。2001年，有持证残疾人667人，安置就业和重残无业生活补助578人，其中集中安置或挂靠福利企业413人、分散安置81人、个体从业24人、其他安置33人。分散安置和其他安置中有机关、事业单位12人，“三资”企业21人，镇、村民营企业15人，绿化公司3人。2004—2009年，就业年龄段有劳动能力的残疾人安置率保持100%。

1998年6月起，执行按职工人数1.6%的比例安置残疾人就业或缴纳残疾人保障金的有关规定。至2001年，学校、“三资”企业、民营企业等主动接收安置残疾人就业51人。2001年起，镇机关、镇属事业单位按比例安置残疾人就业，至2009年共安置5人。

残疾人自主创业可享受减免税等优惠政策，山阳镇扶持鼓励残疾人自主创业。1999—2009年，残疾人开办综合商店、小微企业等10余家，平均每年安置10多名残疾人就业。

2000—2009年，山阳镇安置残疾人就业平均达99%，重残无业人员生活补助安置达100%。

1996—2009年山阳镇残疾人就业安置情况表

表11-1　　单位：人

年份	合计	集中安置	分散安置	其他安置	重残无业	个体从业
1996	742	702	40	—	—	—
1997	604	573	31	—	—	—
1998	502	477	25	—	—	—
1999	501	443	31	—	23	4
2000	514	453	31	—	26	4
2001	578	413	81	33	27	24
2002	605	429	90	—	61	25
2003	528	356	72	49	47	4
2004	681	450	120	49	56	6
2005	539	342	95	15	71	16
2006	513	314	81	19	83	16
2007	487	144	212	24	96	11
2008	502	113	122	127	130	10
2009	489	111	119	107	142	10

第四节 社会救助

山阳镇（乡）社会救助（以下简称社救）工作由民政部门具体负责。1996年4月，成立山阳镇扶贫帮困领导小组，协调全镇社救工作。1998年，建立山阳镇社会救助事务管理所（以下简称社救所），与民政合署办公。2006年9月，制定民政、社救所工作管理的若干意见，规范民政、社救工作。2008年1月，成立山阳镇社区市民综合帮扶工作领导小组，对有特殊困难的对象实施综合帮扶。

一、城镇社会救助

镇民政与社救所每年多次调查审核城镇社救对象，以户建立救助档案，按规定标准发放救助金。1990年，城镇社救对象8户，其中特困户5户、特赦人员2户、下放工人1户，全年发放救助金4480元。随着经济和社会发展，救助对象范围不断扩大，方式不断改变，标准不断提高。2000年，城镇低保10人、孤老1人、重残无业5人、传统救助5人，下发帮困粮油卡每人每月25元，15户16人，累计发放救助金2.13万元。2005年，城镇居民最低生活标准为每人每月290元，向符合条件的25户56人发放救助金5.5万元；向15人发放粮油帮困卡99张3960元。2008年起，对上海市支援外地建设退休（职）回沪、上山下乡知识青年退休返沪定居生活困难人员，按规定列为帮困对象，以其月养老金为依据，分8档按月补助。是年，36人补助6.6万元。2009年，城镇最低生活标准调整为每人每月400元，全镇有城镇低保58户112人，协保1人，“三无”人员2人，支边、支疆、支内、知青困难人员54人，全年发放救助金50多万元。

二、农村社会救助

1990年，农村家庭年人均收入低于300元的为贫困户。当年有10户，乡村两级共补助3770元。1993年，确定农村可扶贫困户标准为人均年收入500元，不可扶为人均年收入400元。1994年，农村贫困户标准调整为人均年收入低于750元。是年，全镇有农村贫困户17户，其中可扶11户。县、镇对农村贫困家庭实行“对口帮扶”，县级机关帮扶7户，镇机关帮扶5户（1户县、镇联合帮扶），每年不少于两次上门送去帮扶金和慰问品。镇合作基金会给每户救助1000元。1997年，镇机关干部结对帮扶24户，区、镇、村三级补助25户，全年补助总额36788元。2000年，农村贫困户标准调为人均年收入低于1500元。是年有35户，其中可扶4户、不可扶31户，年发放救助金64590元，区、镇各半承担。2003年，低保标准调整为人均年收入低于2240元。随着物价指数上涨，逐年调高低保救助标准。农村低保户每半年上门审核一次，建立进出机制，实行动态管理。社救对象进出的审核程序、救助金发放手续、救助名单等在所在村公示。2009年，全镇农村低保户15户23人，其中可扶4户、不可扶11户，帮助危旧房翻建4户，全年发放救助金16.4万元。

三、综合社会救助

每年对因病因灾或突发事故造成阶段性困难的群众，采取大病医疗救助、临时应急救助、慈善救助和助学、助医等综合帮扶措施。2002 年起，针对处于贫困线边缘困难家庭较多的实际，制定办法，实施救助。镇财政每年安排应急临时救助金 30 万—50 万元。至 2009 年，各类临时应急救助 2080 余人（户）次，发放救助金 800 余万元。

2004 年 2 月，结合金山区“千名机关干部帮万名困难群众”活动，全镇 122 户 405 人城乡低保，由区、镇、村三级干部 107 人结对帮扶。区府办、区机管局、区机关党工委、审计局、住宅局等科级以上干部 40 人结对帮扶 53 户。镇村干部 67 人结对帮扶 69 户。处级干部每人结对 2 户，科级干部每人结对 1 户。区委书记李毓毅结对帮扶 3 户农村贫困户，每年不少于 4 次给结对帮扶家庭送上政府和个人帮扶金。镇机关党员结对帮扶向阳村贫困户。至 2009 年，全镇帮扶脱贫户 40 多户，资助 20 多名贫困家庭大学生完成学业。

2008 年 1 月，镇建立社区市民帮扶综合基金，并成立综合帮扶工作领导小组，为年内医药费支出大，各项救助政策覆盖后仍困难较大和突发性事故造成特殊困难的城乡低收入居民，实行综合帮扶。至 2009 年，共帮扶 380 多人（户）次，发放帮扶款 186.02 万元。

2005 年起，杨家村建立助学金制度，每年 2 次为大学生及困难学生助学。至 2009 年，受助学生 405 人次，发放助学金 42.43 万元。新江村发动 140 余名党员干部及 28 家企业募集 37.90 万元，建立村帮扶专项资金，并每年募集增资，至 2008 年 3 月增资到 171 万元，受助困难村民 249 人（户）次，发放帮扶金 58.52 万元。2008 年，卫东、东方等村相继建立帮扶专项资金，为困难群众解困。

2009 年，贯彻中共中央《完善城市生活无着的流浪乞讨人员救助制度》的精神，救助管理进村居社区，在镇社区事务受理服务中心设立社会救助管理咨询服务站，帮助引导外来生活无着的流浪乞讨人员，到区社会救助管理所接受救助。

2004 年，山阳镇社救所被评为金山区“千人帮万人”先进单位。

第五节　募捐赈灾

1990—2009 年，每年开展不少于 1 次募捐及机关事业单位“一日捐”和“蓝天下的至爱”等募捐活动。遇国内外重大灾情或山阳镇个人及家庭重大灾难事故，及时发动募捐赈灾帮困。

1998 年，支援长江抗洪募集衣被 2 万余件，现金 10 万余元。2003 年，抗击“非典”镇企发公司募捐 49 万元。支援云南、安徽、江西灾区捐衣被 25900 件，现金 1.2 万元。2005 年，3 次发动募集活动。38 个单位和 300 多人捐款 10.79 万元，支援印度洋海啸灾区；向云南、四川、江西灾区募集 3.99 万元，衣被 13053 件；为上海市贫困户“冬衣暖人心”捐赠棉衣被 4005 件。2008 年，支援四川汶川特大地震抗震救灾，全镇募捐 420 多万元，山阳镇获评上海市红十字会“5・12”汶川地震抗震救灾先进集体。2008 年初，中国南方地区遭受特大雪灾，镇机关、事业和村居等 46 个单位及 1000 多人募捐 56.36 万元，支援灾区。2000—2009 年，全镇累计捐款 1000 多万元，衣被 20 多万件。

第六节 婚姻登记

1990—1995 年，办理结婚登记 1942 对，离婚登记 63 对，复婚登记 5 对。1995 年 7 月，保留山阳镇婚姻登记点，受理全县范围内婚姻登记，其余乡镇停止婚姻登记工作，集中县民政局婚姻登记点。是年，山阳镇婚姻登记点共办理结婚登记 217 对，占县民政局受理登记数的 14.9%。1996 年 2 月，成立山阳镇婚姻管理协调小组，协助县民政局开展婚姻管理工作。7 月撤销山阳镇婚姻登记点，婚姻登记全部集中县民政局。

1990—1995 年山阳镇（乡）婚姻登记情况表

表 11-2

年 份	结婚登记（对）	准予离婚（对）	复婚登记（对）
1990	362	12	2
1991	370	8	—
1992	333	8	1
1993	342	8	1
1994	318	21	1
1995	217	6	—

第七节 助残工作

1990—1992 年 6 月，残疾人工作由乡民政部门负责。1992 年 7 月，乡成立残疾人（协会）联合会，负责残疾人工作。

1996 年，制定镇残疾人事业五年计划，确定残疾人事业的发展框架，拟定康复、就业、教育、帮扶等改善残疾人状况的计划指标。2000 年建立镇助残志愿者联络站。2001 年 12 月，镇成立残疾人康复领导小组，下设残疾人社区康复指导站。镇卫生院医生和乡村医生为全镇需要康复服务的残疾人建立康复档案，定期上门服务。每年为残疾人健康体检 1 次。2003 年，镇建立助残服务社，各村居相继成立残疾人协会。2004 年，组建镇残疾人助理员队伍 9 人，2005 年发展到 17 人，并在村居联合设立助残服务工作室（点）13 个。2006 年 6 月，开展创建上海市残疾人康复示范镇活动。2009 年，全镇拥有助残工作队伍 168 人，形成镇、村居、组两级机构三级网络的残疾人工作组织服务体系，全镇 773 名持证残疾人享有助残服务。

2005 年 8 月，在山中路 15 号创办智力残疾人士“阳光之家”，首批吸纳 17 名智力残疾学员。2007 年 6 月，在山南路 99 号原敬老院，开办“残疾人之家”。除迁入“阳光之家”外，还开设智力残疾人士“阳光工场”、精神病人日间康复照料站、残疾人辅助用具服务社、康复服务指导站和康复指导训练站等助残服务机构。按功能设置配有教室、多功能室、康复指导室、特奥室、阅览室、淋浴室、储藏室、龙狮宫等，室外有特奥区、康复区、休闲区等活动区域，集教育、培训、文体、劳动和康复于一体。是年，杨家、东方、九龙3个村相继开设“残疾人之家”。“阳光之家”先后组建残疾人民乐队、龙狮队等。2009年，全镇有675名残疾人接受上门康复服务，占需求服务者的100%，占残疾人总数的87.32%。2010年，镇“残疾人之家”改称“阳光家园”，纳智力残疾、精神障碍等各类学员69人，配工作人员14人，其中聘请全日制志愿者老师4人、康复医生1人。

1990—2009年，为各类残疾人提供各种个性化服务，实施白内障复明手术347人，安装和更换假肢74人，配送、置换机动三轮车15辆、轮椅车50把和拐杖210根（付），帮助精神病人56人次到区（县）精防中心康复治疗或“解锁”，送6名智力残疾、听力残疾儿童进辅读学校就读，危房修缮、翻建68人（户），发放783人次残疾人子女及本人“扶贫助学春雨行动”助学金131.94万元。2009年帮助残疾人多渠道安置就业489人。

2006年、2007年10月，镇智力残疾人士龙狮队先后2次代表金山区、代表中国，参加特殊奥林匹克运动会上海国际邀请赛和在上海举行的第12届世界夏季特殊奥林匹克运动会舞龙舞狮比赛，获2块金牌、2块银牌和1块铜牌。

2005年、2010年，山阳镇获全国残疾人工作先进镇称号。2007年，创建成上海市残疾人社区康复示范镇。2008年，获上海市社区特奥工作先进集体称号。获2006—2010年度全国特奥工作先进单位称号。

第八节　老龄工作

1987年，山阳乡成立老龄问题委员会，由工、青、妇、民政、司法等部门负责人组成，分管副乡长任主任，下设办公室，配1名专职人员。2002年6月，镇成立老龄工作委员会（以下简称老龄委）。1991年，全乡20个村成立老年协会，入会老人达95%以上。2001年11月起，老龄工作归并镇社会事业管理办公室，社事办主任兼任老龄办主任，1名专兼职人员负责老龄办日常工作。

1990年，山阳乡老龄委被评为上海市老年事业先进集体。1991年、2002年、2005年镇（乡）3次被评为上海市开拓老年事业先进单位。镇老龄工作委员会办公室被评为2009—2010年度上海市老龄工作先进单位。

一、老年人口

分布 1990年，山阳乡60岁以上老年人口4148人，占全乡总人口的11.81%，全镇人口进入老龄化。2001年，全镇60岁以上老年人口5722人，占总人口的15.99%。2009年，60岁以上老年人7558人，占总人口的19.37%，其中男性3425人、女性4133人，分别占老年人口总数的45.32%、54.68%。

随着城镇化进程的加快，农村老年人口与城镇老年人口的分布发生很大变化。1997年，农村老年人4144人，占老年总人口的80.65%，城镇老年人994人，占19.35%。2009年，农村老年人940人，占12.44%，比1997年减少3204人；城镇老年人6618人，占87.56%，比1997年增加5624人，增长6.66倍。

1997—2009年山阳镇老年人口分布情况表

表11-3

年份	老年人口总数（人）	占总人口（%）	其中			
			男性（人）	女性（人）	农村老人数（人）	城镇老人数（人）
1997	5138	14.70	2180	2958	4144	994
1998	5325	15.34	2303	3022	4703	622
1999	5381	15.38	2371	3010	4863	518
2000	5420	15.38	2356	3064	4916	504
2001	5722	15.99	2436	3286	5184	538
2002	6246	16.91	2863	3383	5710	536
2003	6293	18.38	2820	3473	5753	540
2004	6137	17.94	2746	3391	4460	1677
2005	6041	17.31	2656	3385	1216	4825
2006	6616	18.65	3032	3584	889	5727
2007	7201	19.88	3308	3893	996	6205
2008	7085	18.98	3186	3899	967	6118
2009	7558	19.37	3425	4133	940	6618

年龄结构 1999年，全镇60岁以上老年人5381人，其中60—69岁2825人，占老年总人口的52.50%；70—79岁1822人，占33.86%；80—89岁662人，占12.30%；90—99岁72人，占1.34%。随着社会生活水平和医疗技术的提高，高龄老人的数量明显上升。80岁及以上老人1999年734人，占老年人总数的13.64%；2009年1094人，占老年人总数的14.47%。（详见本志第三章人口、第三节人口构成）

二、敬老工作

老年人维权 自1988年上海市首个敬老节（日）起，镇（乡）每年开展敬老日、敬老月活动，宣传贯彻老年法和老年人保障条例。以老年活动室（老年班）为阵地，运用文艺、讲课、发宣传资料等形式，开展孝亲敬老等宣传。1991年3月，县在中兴村开展签订老年人赡养协议试点工作，6月底在全县推开。是年，全乡有4075名老年人与子女签订赡养协议，占老年人总数的98.24%。1991—2000年，每年引导新增的老年人与子女签订赡养协议，占老年人总数的99%，为老有所养提供保证。2000年，镇开展敬老好儿女、好媳妇金榜奖活动，评选表彰20名孝亲敬老好儿女、好媳妇。2000—2003年，调处涉老纠纷48件。2006年4月，一名黄姓老人与儿媳发生房产纠纷，经调解未果涉讼取胜，儿媳拒不履行法院判决，镇人大、老龄办协助法院成功执行。2002年起，镇老龄委在全区率先每年组织百名老年人“看山阳、看金山、看上海”大变样一日游活动。1996—2009年，镇人大（主席团）先后8次组织人大代表视察、督查老年法贯彻落实情况，维护老年人合法权益。

老年基金 2000年9月，建立上海市老年基金会金山办事处山阳分部。是年，15个单位向基金会募捐2.3万元。老年基金会采用个人、单位捐款、财政拨款等途径筹款。每年基金利息增值部分主要用于老年人医疗救助、困难老人补助和助老服务等。2009年，老年基金总额112万元。

爱心助老 1989年1月始，乡政府对村、企业退休干部实行干龄补贴。1997年，调高干龄补贴标准。是年，13个企业经营者组成助老服务志愿者队伍，资助130.32万元，受助老人3048人。向194名70周岁以上老年人发放市敬老服务优待卡。2000年，48名生活困难退休干部分别由区、镇、村三级帮困，对5人实施助养。镇卫生院和乡村医生为高龄老人建立健康档案，免费上门康复服务1800多人次。2003年，对解放初期小乡干部和其他退休干部养老金、干龄补贴再次调高，按区统一标准发放。2008年起，对全镇65岁及以上农村老人每人每月增加养老金50元，400多人每年增加养老金28万余元。2008年，在全区率先建立农村老年人医疗救助制度。至2009年，向患重大病的136名农村老人，发放医疗救助金11.2万元。2004年起，发放60岁以上老人冬季免费助浴票，为孤老安装“安康通”紧急呼叫器，为70岁以上老人办理“银发无忧”保险，补贴生活困难老人白内障复明手术医疗费。全镇各村居及社会各界每逢敬老节、中秋节、春节等开展多种形式爱心助老活动。2005年，杨家村被评为市敬老村委会。2008年9月、12月，上海兴东市政建筑有限公司总经理、东方村经济党支部书记金四军先后在市和全国敬老、爱老、助老主题教育活动中获“上海市孝亲敬老之星”“中华孝亲敬老之星”称号。

老年人活动场所 1990年起，各村兴建老年活动室，提供老年人免费喝茶等服务。2000年，全镇21个村居老年活动室，每天有1000多位老人喝茶、看报、看电视、下棋打扑克、听课等。2002年，贯彻落实市、区“星光计划”。九龙村投资100多万元建造综合性社区活动中心，内设可容150人的茶室，并备有老年民乐室、图书阅览室、医疗卫生室、棋牌室、远程教育室、悄悄话室等，是全区第一个市标准化村老年活动室，区、镇先后在九龙村召开现场观摩会。中兴、东方、杨家、华新等村相继建成市、区标准化老年活动室。2009年，全镇有1个镇老年活动中心；1个老年人日间服务（照料）站；20个村居老年活动室，建筑面积7800平方米，其中市级标准化老年活动室15个，区级2个。每天有1700多位老年人在老年活动室开展活动。

三、老年学校

1987年4月，山阳乡在上海郊区农村率先创办老年班（学校），有34名学员。至1990年有2个班（1个村班），有178名学员，举办各类讲座41次，大型活动25次，兴趣组活动1176次。1996年7月，金山县老年学校山阳镇分校成立，成为金山县第一所乡镇老年学校。2002年，老年学校开办11个班（村居10个班），有学员797人，入学率占老年人总数的12.76%，高于市老龄委“十五”规划老年教育郊区入学率的0.76%。2004年10月，经区教育局批准，成立上海市金山区山阳镇老年学校。2009年，老年学校有21个班（村居20个），有1545名学员（村居班1308人）。学员人数是1990年的8.68倍，入学率占全镇老年人总数的20.44%。2000—2009年，镇财政投入老年学校累计200多万元。

老年学校的学习内容和形式主要有时事政治、文史地理、形势任务、国内外大事、老年保健等，采用讲座、报告会、远程教育、电视录像、座谈讨论、学习交流、小组活动、外出考察等形式。每年开班时请镇（乡）党委、政府主要领导上第一课。至2009年，先后请市、区、石化总厂、大学、机关、医院等63个单位的103位在职领导、退休干部、教授、医生、教师到校讲课。老年学校还根据老年人的爱好需求，先后组建花卉、书画、民乐、门球、骑游等10多个文体兴趣小组（队），聘请教师到校辅导。各兴趣组将自己的拿手节目参与社会展示竞赛活动。老年门球队自1998年成立以来，坚持训练，参与赛事活动。2004年，组队参加市第7届老年人运动会门球赛和区老年人拳操展示会演、区老年人门球赛。2006年，参加区第1届老年人运动会13个项目比赛，获3个一等奖、3个二等奖、2个三等奖。2008年，20人代表金山区参加市第8届老年人运动会龙舟赛2个项目比赛获1金1银，杨腾达获高尔夫健步球赛季军。是年敬老节，镇举办“欢乐山阳”——夕阳红文艺专场演出，130多名老年人登台表演。

2007年10月8日，举行校庆20周年活动，市老年教育工作小组办公室、市老年教育协会、区老年基金会、区民政局、区老龄办等领导及各界人士500多人参加。老年学校编写9万余字，总结办学20年成果的《龙泉港畔夕照明》一书集结成册。

办学20多年来，老年学校涌现一批发挥余热、老有所为的学员和老师。学员陈友法义务为群众修理家电5000多件，2005年、2006年分获市优秀志愿者、感动金山人物提名奖；钱金荣热心为5000多名患者提供导医服务，获评2005年度区优秀志愿者；90岁高龄的黄宗石乐于为老人量血压，自费印刷个人书画册，分获金山区首届健康老人、市跨世纪健康老人和全国健康老人称号。1987—2002年，办学教师吴家华，先后3次获区（县）成人教育先进工作者、老年教育先进个人和老有所为精英奖，4次获市开拓老年事业先进工作者等称号。2004年，办学教师朱仁法获区老年教育先进个人称号。2007年、2009年，办学教师张正余，先后获市老年教育先进个人和全国老年教育先进个人称号。

1987—2004年，老年学校4次获区（县）老年教育先进集体和开拓老年事业先进单位称号。1998—2002年，3次获市老年教育先进集体称号。2008年，获上海市示范性老年学校称号。

第九节　移民安置

2000 年 9 月，镇成立三峡库区移民安置工作领导小组，下设办公室，镇长任组长，分管副镇长任副组长，相关村委会主任及镇政府相关部门负责人为成员，镇民政助理兼任移民办主任。

2001 年 7 月 14 日，重庆市云阳县双江镇兴隆村 7 户 27 人落户山阳。其中，落户中兴村 2 组 4 户 14 人，大兴村 9 组 3 户 13 人。镇政府为移民建造安置房 882.4 平方米，办理宅基证、房产证，配置各类日常生活用品、液化气灶具等生活必需器具，落实责任田和自留地，帮助耕种好作物。为义务教育学生落实好就读学校，就业年龄段有劳动能力的 13 人全部安置企业工作。

山阳镇被评为上海市安置三峡库区移民工作先进集体。镇移民办主任周志梅、中兴村村委会主任褚康龙，被评为金山区安置三峡库区移民工作先进个人。

2001 年山阳镇三峡库区移民落户情况表

表 11-4

户主姓名	家庭人口（人）	迁出地	落户地
熊堂春	3	重庆市云阳县双江镇兴隆村	中兴村 2 组
温志良	3	重庆市云阳县双江镇兴隆村	中兴村 2 组
温　江	4	重庆市云阳县双江镇兴隆村	中兴村 2 组
熊堂中	4	重庆市云阳县双江镇兴隆村	中兴村 2 组
游之伍	4	重庆市云阳县双江镇兴隆村	大兴村 9 组
游之东	5	重庆市云阳县双江镇兴隆村	大兴村 9 组
熊堂平	4	重庆市云阳县双江镇兴隆村	大兴村 9 组

第十节　殡葬管理

20 世纪 60 年代后期，山阳全面推行遗体火化，彻底破除古老的土葬习俗。

1990 年起，山阳加大殡葬管理力度，大力倡导移风易俗，制止骨灰乱埋乱葬行为。2003 年，镇在九龙村曙光建近 2 公顷公益性墓地——九龙息苑。制定《墓地管理暂行办法》，配备墓地专管员，规范墓地运作。建有深埋墓 11200 穴，二层楼壁葬骨灰堂 1444 穴。新江公益性墓地占地 2.3 公顷，首批建有 7500 墓穴。2008 年，镇成立殡葬管理工作领导小组，建立墓地数据库，进一步规范墓地利用和管理。2009 年，2 个墓地已入葬 1.6 万穴。

2008 年 8 月，投资 60 多万元，在九龙息苑建占地面积 3000 多平方米、建筑面积 448 平方米、可容纳 300 余人进行悼念活动的殡仪服务社，提供丧事简办场所。

第十二章 劳动就业 安全生产

1990年以来，特别是实行市场化就业以来，山阳镇（乡）贯彻劳动者自主择业、市场调节就业、政府促进就业和鼓励创业的方针，建立和健全劳动就业服务机构，逐步形成和建立以市场为导向的就业机制，帮助弱势困难群体就业的托底机制和就业保障网络化管理的服务体系。加强劳动力（人才）资源管理，依法做好劳动保护、劳动保障监察、劳动争议调处、安全生产管理监督和检查等工作。2009年，山阳镇被评为上海市创建充分就业社区达标单位。至2009年，全镇无重特大安全生产事故发生。

第一节 就业服务

一、服务机构

山阳镇劳动服务所 1981年11月，山阳公社成立劳动服务所，开展劳动就业服务工作，办理城镇待业人员登记，介绍、安排就业；为国家企事业单位招收临时工、合同制工人等。1984年，更名为山阳乡劳动服务所。1991年，转为县属集体所有制单位。1993年，更名为山阳镇劳动服务所。工作范围调整，职能增加，主要有为农村富余劳动力登记造册，办理就业登记卡，并推荐就业；按政策规定为待（失）业人员办理、发放待（失）业救济金；提供就业信息及办理招工手续；办理“外省市来沪劳动力就业证”；协助有关部门调解劳动纠纷等。2001年7月，并入山阳镇社会保障管理所。

山阳镇劳动保障事务所 2001年7月，由劳动服务所、征地养老管理所、农村社会保险管理所等单位撤并成立山阳镇社会保障管理所。2007年10月更为现用名，主管劳动就业、社会保障事务。劳动就业方面的工作职责是促进就业、再就业工程，职业介绍、开业指导，职工职业技能培训，失业救助和劳动监察协管等。2006年6月，通过上海市劳动和社会保障局考核验收，被评为市级规范服务达标单位；2008年复审保持荣誉。该所“促进就业服务窗口”被评为上海市2007—2009年度模范集体。

2004年5月，成立山阳镇劳动保障监察协管服务队，时有劳动保障监察协管员7人，2007年增至11人。2009年8月，增设山阳镇劳动争议基层调解工作站。其工作职责是宣传劳动保障的法律、法规和规章，检查用人单位遵守、执行劳动保障法律、法规情况，受理违反劳动保障法律、法规的举报、投诉，并依法调解或查处，配合区劳动监察大队、劳动监察协管服务社工作，并受其业务指导。

2003年2月，组建上海阳升劳务有限公司，系山阳镇劳动保障事务所下属集体所有制企业。公司注册资金200万元，从事劳务中介、劳务派遣业务，与劳动中介机构建立交流平台，为企业用工提供服务。

2009年，山阳镇有民营劳务中介公司或分支机构12家。

2007年，成立山阳镇就业援助服务社，有16名就业援助员，2009年增至22人。就业援助员在村、居社区宣传劳动就业、社会保障等政策、法规，负责区域内劳动力资源动态调查，采集企业用工信息，为失业、无业、“双困”及农村富余劳动力推荐就业，做好大学毕业生就业指导、岗前职业技能培训等工作。业务归口区就业中心村居指导科。

二、服务举措

搭建就业服务平台 2006—2008年，举办各类招聘会6次，有238家企业参加，提供工作岗位5050个，劳动者求职登记4360人，录用上岗1541人。先后实施万人、千人、百人就业活动，消除零就业家庭，开展家庭2人就业、帮扶就业困难人员就业等工程，帮扶913名城镇失业、协保人员、农村失地农民、双困家庭人员、农村富余劳动力和“4050”人员就业上岗。2007年，推荐32人参加区职介所青年职业见习。2008—2009年，镇劳保所与规模型、科技型企业联合，创建青年、大学生科技岗位见习基地6个，360名“2030”人员上岗就业和参加职业见习。

建立信息网络 全镇村、居配备就业援助员，调查登记劳动力资源，维护、更新信息数据，听取求职者择岗需求，传递企业招工信息。就业援助员每2人一组，深入10个工作责任区、146家较大的实地型企业，采集企业用工信息，为劳动者就业牵线搭桥。2007—2009年，推荐就业685人。

2008年，建山阳镇劳动保障网。2009年，建成区、镇劳动力资源和就业岗位信息共享机制。宣传劳动保障政策法规，公布用工岗位、求职择岗信息，传递区和邻镇招聘会、招工信息。

扶持创业带动就业 2000年起，贯彻执行职业技术技能培训政府补贴，自主创业者享受开业指导、创业培训、开业贷款担保或贴息，非正规就业扶持，农村富余（含征地）劳动力跨区县就业补贴等政策规定。2007—2009年，全镇创办小型企业、个体工商户、农村专业合作社和非正规劳动组织89家，带动就业168人。2009年镇政府投入就业工作保障金103万元，各类就业性补贴160.5万元。是年，落实上海市政府扶持帮助困难企业补贴政策，有11家申报，认定批准9家，岗位补贴672人，时间为3个月，市、区、镇支出三级补贴96.8万元。

根据山阳城镇化率高、社区服务需求项目多、就业结构性矛盾突出的特点，举办电工、计算机、电子技术、电子仪表调试、保安保卫、仓库管理、护林保绿、建筑物保洁、会务接待、餐饮服务、超市营业员、家政服务、服饰缝制、水产养殖等职业岗位和技术技能培训班。2003—2006年，培训2454人。2007—2009年，职工技能等级工培训1432人，来沪人员（农民工）岗位培训650人，推荐上岗率达90%以上。2009年，山阳镇被评为金山区职业技能培训工作先进组织单位。

2006—2009年，累计新增就业岗位8805个，净增就业岗位2280个，每年超额完成区有关部门下达的指标任务。认定失地人员、“4050” 就业困难人员317人，安置就业311人。2009年，全镇劳动就业率为96.58%。

第二节 劳动力管理

20世纪70—80年代初，农村劳动力由公社、大队、生产队三级管理。之后，大力发展乡村工业，拓展市政建筑业和商贸服务业，转移大批农村富余劳动力。加强劳动力特别是乡村两级企业职工的管理。实行市场化就业后，镇政府及劳动保障职能部门依法、规范劳动力管理，促进就业、鼓励创业，构建和谐劳动关系。

一、劳动力资源

1990年，山阳乡共有农村（乡、村、组）劳动力20659人，其中乡村使用劳动力11604人（乡6280人、村5324人），占劳动力总数的56.2%。1999年，山阳镇农村劳动力总数18546人，其中镇村工业5540人、建筑业1905人、商贸服务业338人、交通运输206人、其他2017人，占劳动力总数53.95%。2009年，全镇农村劳动力总数17276人，其中从事非农劳动力15524人，占总数的89.86%。

2006年，对山阳镇户籍劳动年龄段18800人就业、无业状况及分布进行劳动力资源调查，建立信息数据库，并逐年调整、充实和维护。2009年，镇劳动保障监察协管队采集、更新880家企事业单位、个体工商户信息，比上年增加66家。

二、劳动力管理

劳动合同签订 宣传、执行《中华人民共和国劳动合同法》等法律法规，督促、检查用人单位与员工签订劳动合同。

2006—2009年山阳镇劳动合同签订情况表

表12-1

年份	企业家数（家）	职工人数（人）	签约人数（人）	占职工总数（%）
2006	276	13355	12215	91.5
2007	479	15224	14508	95.3
2008	791	17780	17296	97.3
2009	871	17326	17153	99.0

注：职工人数、签约人数，含来沪人员

求职登记 失业、协保人员和农村富余（包括征地）劳动力凭劳动手册、本人身份证（尚未领取劳动手册的应届毕业生，凭学校出具的"毕业生推荐表"和身份证），并提供证件照，学历或职业技能等级、技术职称证书办理登记；在"求职登记表"上，填写工作（学习）经历、所需岗位意向、特长及专业技术等级情况。

办理劳动手册 根据上海市劳动和社会保障局2001年下发的《关于本市实行劳动手册制度意见的通知》，法定劳动年龄内符合办理劳动手册的上海市常住户籍劳动者，可办理劳动手册申领。2006—2009年，办理劳动手册5688册。

失业登记 根据2004年《上海市失业登记办法》规定，具有上海市城镇户籍的劳动者，在法定劳动年龄内，有劳动能力、有就业要求，且本人自愿并符合条件的可进行失业登记。失业登记的有效期限为6个月，有效期满后仍未就业需办理续登手续。2006—2009年，共办理失业登记1333人。

失业保险 1993年起，山阳镇劳动服务所开始办理失业保险业务。对非农、农业人员在职时缴纳过城镇职工失业保险费，失业后进行失业保险登记，领取失业保险金，时限为2年。

根据1994年4月施行的《上海市失业保险办法》《上海市失业保险实施细则》，失业人员可进行失业保险登记，申领失业保险金、失业补助金。

此外，还有按规定申领失业人员医疗补助金、农村富余劳动力跨区县非农就业补贴等项目。

2006—2009年，审批申领失业保险金718人，延长申领7人，失业保险金发放6899人次、290.21万元；医疗补助金发放225人次、8.62万元；城镇失业补助金发放100人次、7.36万元；农村补助金发放194人次、6.24万元；协保、大龄人员社保缴费补贴1774人次、75.56万元；跨区（县）就业补贴95人、35.86万元；低收入农户家庭就业补贴22人、5.2万元，合计429.05万元。

第三节 劳动保障

劳动防护 1990—2009年，山阳镇（乡）企业根据行业、岗位、工种等不同情况，给职工发放工作服、工作（安全）帽、工作鞋、手套、袖套、围裙、毛巾、防护镜和夏季防暑药品等劳动防护用品；从事对人体有害工种的职工增发营养品、营养费，定期进行身体检查，防控职业病；按有关规定适当保护女职工，发放妇女卫生、保洁用品；对因工作造成身体致残致伤职工给予一定的照顾和经济补偿。除发放劳动防护用品外，在高温季节还发放冷饮食品及一定的高温补贴费。机关企事业单位按规定发放高温补贴费及冷饮费。

加强对电工、电焊工、锅炉工、架子工、各类机械设备操作工及食堂、工地炊事员等培训学习、考核合格后持证上岗。企业分管干部、安全专管员经常进车间、班组，到工地现场检查职工劳动防护情况，镇领导每年盛夏慰问高温、露天作业和重点企业、市政建筑工地的一线职工，送上防暑慰问品。

劳动监察 山阳镇劳动保障监察协管服务队（以下简称协管队）配合区劳动监察大队对重点企业进行监察。2006 年 10 月，1 家企业发生一起严重欠薪事件，引发劳动者堵亭卫公路，区、镇两级连续 3 天现场调解处理，使 752 人拿到 120 万元欠薪。2008—2009 年，有重点监察 40 户，日常监督、监察 3156 户次，对 84 家用工不规范、拖欠员工工资、拒交或少交外来从业人员综合保险企业发出整改通知书并按规定上报。督促未签订员工劳动合同的单位依法、尽快签订。对职工来访、反映和网格化巡查中发现的非正常生产经营单位及时预警、监控，保障员工合法权益。2007 年推行月工资制，有 28 家企业由年终结算劳动报酬制转为月工资制。

社会保险费缴纳 2004 年 5 月至 2005 年底，有 3500 多人参加外来劳动力综合保险。2006 年，在 254 家企业中，上海市户籍从业人员 8408 人，参加缴纳城保 2764 人、镇保（包括补充“小三金”）3307 人、农保 880 人，占从业人员总数的 82.7%；外来从业人员 5163 人、外劳综合保险参保 3689 人，占外劳总数的 71.5%，完成外劳综保 3390 人指标数的 108%。2007 年，外劳综保月均 4348 人，完成 3800 人指标数的 114.4%。2008 年 251 家企业，参加城保 2560 人、镇保 5406 人、农保 160 人；参加外劳综保月均 6200 人，完成 6000 人指标数的 103.3%。2009 年，宣传执行市人力资源和社会保障局《关于外来从业人员参加本市城镇职工基本养老保险若干问题的通知》，273 家企业中，参加城保 2641 人、镇保 4732 人、农保 207 人；外劳综保月均 5898 人，完成 5500 人指标数的 107.24%。

劳动争议调处 2004—2005 年，全镇调处外来劳动者欠薪 97 件、工资 101.1 万元。2006 年，调处劳资纠纷 64 件，涉及 915 人，解决 239.9 万元欠薪问题。2007 年，调处劳资纠纷 51 件，解决 212 人、48.3 万元的欠薪问题。2008 年，协管队接待来访 250 多人次，受理各类纠纷 52 件、涉及 135 人，成功调处纠纷 37 件，移送上级部门 15 件，补发拖欠工资 112 人、20.3 万元。

2009 年 8 月，挂牌成立山阳镇劳动争议基层调解工作站，协管队队长兼任站长。是年，接待来访 200 余人次，受理各类争议纠纷 62 件。其中，劳动报酬 40 件，工伤 5 件，解除劳动合同补偿金、社会保险费 12 件，集体工资 5 件，涉及 135 人。调处成功 46 件，移送区局仲裁科 16 件，追讨补发欠薪 85 人、236446.90 元。

第四节 安全生产

一、管理机构

山阳镇安全生产委员会 1987 年建立山阳乡安全生产领导小组，由分管工业的副乡长兼任组长，政府安全助理、农副工公司及相关部门负责人为组员，下设办公室，有 2

名专、兼职工作人员，2004 年增至 5 人。各企事业单位和村配有安全生产（工作）管理人员、分管干部，负责安全生产工作。

2005 年 6 月，山阳镇安全生产领导小组更名为山阳镇安全生产委员会（以下简称安委会）。镇安委会由 19 个镇属及驻镇单位、部门组成，主任由镇党委副书记、镇长担任。安委会下设办公室，承担日常工作，配备安全监管员、消防协管员、特种设备协管员等。镇安委会领导全镇安全生产工作。

山阳镇安全生产事务所 2007 年 10 月，增挂山阳镇安全生产事务所牌子和安委会办公室合署办公。

镇安全生产事务所在镇政府领导和上级安监部门指导下，根据区安监局的委托，组织、协调本镇辖区内的安全生产工作。

二、生产安全管理

健全管理制度 由镇安全生产管理部门指导、督促辖区内生产经营单位、建筑施工企业建立安全生产管理小组；配备分管安全生产的干部、安全管理员；制订、健全分管安全干部、安全管理员岗位职责和生产经营单位、建筑施工企业及村、居社区安全生产各项管理制度；签订安全生产责任书、安全生产承诺书；明确责任人工作职责、安全生产事故控制、安全生产工作情况报告和安全生产实绩考核等。如发生严重安全生产事故，在创先争优等文明创建活动中实行“一票否决制”。

开展教育培训 1980 年 5 月起，每年开展“安全生产周”活动。2002 年起每年开展“安全生产月”活动。在“安全生产周”“安全生产月”活动和安全生产专题会议、各项文明创建活动中，宣传安全生产、公共安全的法律法规、方针政策，普及“安全用电十不准”“安全生产隐患辨识”“公共场所发生火灾怎么办”等安全知识。2009 年 5 月 12 日，是我国法定的首个“防灾减灾日”，全镇开展“防灾减灾、人人有责”宣传教育活动，并在《山阳》社区报开辟专栏刊登“防范台风、注意安全”“户外避雷、保护生命”等安全常识。邀请区（县）安监部门、消防支队、质量技术监督局等单位专业技术人员作辅导报告、专题讲座，宣讲《中华人民共和国安全生产法》、《上海市安全生产条例》和消防安全、道路交通安全等法律法规及安全生产、职工职业卫生及职业病防控、应急救援等知识。每年组织电工、电焊工、锅炉工、起重工、电梯工、危险化学品运输驾驶员、特种车辆驾驶员、建筑工地架子工、高层作业保洁工等特殊工种、岗位操作人员参加业务学习、技术培训，考核发证、持证上岗、规范作业，从源头上防控安全生产事故的发生。

制定应急预案 根据国务院和市、区人民政府的有关规定，2004 年 12 月，制定《山阳镇重特大安全生产事故应急处理预案》。应急预案由镇安委会逐年修订、完善。2008 年，应急处理预案更新为应急救援预案。镇成立重特大安全生产事故应急救援指挥部，下设办公室和安全警戒、抢险救灾、医疗救护、物资供应、善后处理 5 个应急救援专业组。2006 年，制定《山阳镇防汛抗灾应急处置预案》。2008 年，制定《山阳镇危险化学品事故应急救援预案》。14 家生产、经营（储存）危险化学品企业各自制定本单位《危险化学品事故处理应急预案》，村居委会制定社区火灾防控方案等应急预案。

三、安全生产监督检查

20世纪90年代，安全生产监督检查重点是镇村工业企业、市政建筑施工企业。2005年，镇安全生产管理部门贯彻执行国务院《关于进一步加强安全生产工作的决定》和市、区政府要求，进一步加强检查监督与专项治理、确保企事业单位安全生产。

日常检查 1995年，全镇易燃易爆危险化学品企业仅2家，2005年增至44家。2008年，全镇危险化学品生产、经营单位5家，使用单位64家，运输经营单位1家（同时有经营行为），其他经营单位23家。安全生产监管范围大，重点单位增多，危化企业成为重中之重。

镇每年召开五六次安全生产专题会议，组织安全生产大检查四五次，对防火重点单位、生产经营使用危险化学品单位和建筑施工单位进行重点和地毯式检查。2005年，全镇企业219家，建筑工地20多个，全年检查700多家次，查出安全隐患800多处，发出整改通知书170多份，依法处罚10家单位，关闭不符合安全条件的商场、市场2家，关停不安全企业9家。

专项治理 1990—1999年，治理整顿规模小、厂房违章搭建、电线乱拉乱接、消防设施不完备、从业人员安全意识差、劳动防护差、安全生产投入不足的村域企业；重点治理铸造、热处理、冶金、锻造等特种行业；对废旧塑料、化工原料清洗企业进行环境整治。2000年以后，制定安全生产监督治理方案，分阶段、项目开展专项治理行动。集中开展冬春除火患保平安行动，危险化学品企业、使用液氨企业专项整治，特种设备维护运行整治，出租厂房隐患排查，商铺门店整治，餐饮场所燃气安全，汽车维修行业职业病防治等专项治理。

2007年，根据国务院办公厅《关于在重点行业和领域开展安全生产隐患排查治理专项行动的通知》精神和市、区政府实施方案，进行企业安全生产、建筑施工、道路交通运输、人员密集场所和消防安全、特种设备与压力容器运行、环境保护、农机作业和电力安全运行等多项整治行动。2008年，制定、实施《山阳镇关于深入开展安全生产隐患排查治理工作实施意见》，开展生产安全、建筑施工、交通运输、渔业农机、人员密集场所及消防安全、特种设备、电力安全运行、燃气安全和环境保护9项排查治理。按照《山阳镇关于开展安全生产百日督查专项行动的实施方案》，各村居对辖区内的生产经营单位进行综合督查。镇安委会成员单位和各相关安全监管部门对本系统生产经营单位实行专项督查，并增加水上交通运输安全一项。

第十三章 社会保障

1985年，山阳乡实行农村基层干部干龄补贴。1987年12月，乡建立社会保障工作委员会和社会福利基金会。1990年，在金山县率先建立乡合作经济养老基金管理委员会，实行乡合作经济养老基金统筹管理。1993年以来，山阳镇先后建立农村社会养老保险、征地养老基金管理所等社会保障机构，实施农村社会保障、城镇居民保险等各项社会保障制度。

第一节 管理机构

山阳乡合作经济养老基金管理委员会 1990年7月建立由1名副乡长分管，经管站、组织人事、民政等5人组成，下设办公室。制定《山阳乡合作经济养老基金会章程》，至1993年底，有725人享受合作经济组织退休养老金。

山阳镇农村社会养老保险基金管理所 1993年8月，建立由分管副镇长兼组长的山阳镇农村社会养老保险工作领导小组。翌年5月建立镇农村社会养老保险基金管理所，配备正、副所长和会计3人，承担农村社会养老保险（以下简称农保）和镇合作经济养老基金会“双轨运行”。1996年，根据《上海市农村社会养老保险办法》等规定，农村社会养老保险“统一纳轨”。镇农保所以1994年底为界，做好上海市农村社会养老保险与镇合作经济基金会参保人员新老衔接。

山阳镇征地养老基金管理所 1995年1月成立。负责征地农转非人员的调查统计核实，发放征地养老人员退休金、待业生活费补助；核查、督促征地单位、有关村征地农转非人员养老退休金、待业生活费补助的发放工作；办理征地农转非人员“以土为本”和货币安置补偿、参加社会养老保险等工作。1996年起，代发由镇财政负担的94位城镇户口在镇办企业工作退休职工每人每月195元退休金，代发160位属镇、村奖励优惠名额、未享受征地养老安置补偿的农转非人员津贴和24位教师家属津贴。

山阳镇社会保障管理所 2001年7月建立，2005年7月山阳镇农村合作医疗基金管理站并入。2007年10月更名为山阳镇劳动保障事务所，负责农村社会养老保险、农村合作医疗保险、上海市小城镇社会保险、城镇居民基本医疗保险等社会保障事务并设有服务窗口。办公地址在亭卫公路1500号山阳镇社区事务受理服务中心内。2007年度，被评为金山区农保扩覆优胜单位。

第二节 农村社会保障

乡合作经济养老保险 山阳乡合作经济养老基金制度，是以乡（镇）为单位，依靠合作经济的力量和农民个人投保，实行自我保障和集体保障相结合的养老保险制度。

1990年7月，先在乡办企事业单位干部、职工和村“两委”（党支部、村委会）干部中进行，统筹退休养老金。每人每月10元，其中2元由会员自费缴纳，8元由单位负担。由乡经管站牵头，企、村会计按会员数每月3日缴入基金会账户，每月10日发放退养金。山阳乡合作经济养老基金会章程规定“会员男性年满55周岁、女性年满50周岁享受退休待遇，主要干部和技术骨干可适当延长退休年龄”，并于1991年1月1日起执行。至1991年5月底，参保5737人，统筹资金44.54万元，占应缴数的92%。同年底，参保6041人，发放退养金501人、28.24万元。代发65周岁以上老年人养老补助金43万元。

1992年3月，扩大乡合作经济养老保险参保范围，村条线干部、联队会计、乡村医生、植保员和村办企业职工、生产队长（村民组长）等参加。统筹金标准不变，退休年龄比乡办企事业人员延长5年，男性60周岁、女性55周岁。工龄计算统一以1980年为上限，须达5年工龄。村级已退休人员按规定申报入会，享受同等退养待遇。生产队长凡是未进乡村企业工作的，工龄给予照顾。此外，乡政府给2989位65周岁以上务农人员发放每人每月12元养老补贴金，“五保”每人每月17元优待金，资金由乡财政支出。至此，山阳乡、村、组合作经济组织的干部、群众纳入乡管理退休养老范围。

退养金发放标准由每月基本生活费15元、按每年1元计算的工龄补贴、伙食补贴（城镇居民每人每月18元，农业户口8元）组成。

农村基层干部干龄补贴 1985年起，发放解放初至1958年前小乡干部生活补贴，正副职干部每月25—40元。1991年起实行的乡合作经济养老保险制度，对小乡和村、企农村基层退休干部给予干龄补贴。干龄补贴标准是：正职任职一年，每月补贴1元，副职每月补贴0.80元，“两委”委员（包括条线干部）、生产队长每月补贴0.50元。生产队长任职年份上溯至1962年，未进乡村企业、长期在农业一线的生产队长可照顾多享受5年干龄补贴。基层干部每月退养金为基本生活费加干龄补贴加伙食补贴费。以1991年5月为例，98位退休干部，月人均退养金62.10元。其中，44位正职干部月人均65.33元，31位副职干部月人均58.91元，23位委员月人均55.40元。1997年，正职干部干龄补贴增加到每任职一年，每月享受4元干龄补贴。

2001年1月起，农村基层在职正职干部参加上海市城镇职工养老保险（以下简称城保），保险费由单位、镇财政和个人三方承担。2002年1月起，村居“两委”在职干部统一办理城保。同年7月，山阳镇村域区划调整，干部职数减少。对精简或退居二线的原村“两委”干部发放3年（2002—2004）城保投保补贴。农村基层干部干龄补贴任职计算年份截止到2001年底。

2004年1月始，调整农村基层退休干部干龄补贴发放标准：解放初小乡干部每人每月320元，其他基层干部每月基数补贴80元加任职补贴。正职干部每任职一年，每月补贴12元，副职每月7元，委员每月5元。纳入征地农转非安置后，不再享受上述补贴，按新补贴标准执行，1958年以前任干部的每月50元；以后正职干部每任职一年，每月8元，副职每月2元，委员（包括条线干部、生产队长）每月1元。2006年，全镇享受干龄补贴的退休人员415人，发放干龄补贴36.39万元。2008年，原小乡其他干部（非农户口）补贴，由每月80元增加到每月120元。2009年，享受干龄补贴526人，发放补贴68.9万元。

农村社会养老保险 1993年5月20日，金山县人民政府发布《金山县农村社会养老保险暂行办法》。1996年1月15日，上海市人民政府颁发《上海市农村社会养老保险办法》。农村社会养老保险制度，是保障农村劳动者年老时的基本生活，坚持以农民自我保障为主，集体补助为辅，国家予以政策扶持的原则，实行自助与互济、社会保障和个人储备及家庭养老相结合的保险制度。农保投保对象为农村户口，以参加劳动获得收入年龄为起点，一般为18周岁。投保者年满60周岁终止交费，享受退休养老金。

农村社会养老保险分时段衔接。1994年底以前按规定办理退休手续的，仍按乡养老基金会标准发放。1995年1月1日起，已入会（包括关停并转企业）提前退休的职工，按每月基数20.50元及工龄补贴减半（一年0.50元）的标准发放，到达乡养老基金会退休年龄（男55、女50周岁）发足额工龄补贴。其间，按农保标准缴纳投保金，到达农保规定年龄享受农保退休待遇和农村基层干部干龄补贴。

1994年，山阳镇农村社会养老保险参保6287人；1997年9659人；2001年11482人；2007年1069人，有116人一次性补缴参保，投保扩覆95人，完成区有关部门下达指标的150.8%。2009年参保674人。

小城镇社会保险 2003年10月实施上海市小城镇社会保险（以下简称镇保），是社会统筹和个人账户相结合的社会保险基本制度，包括养老、医疗、失业、生育、工伤等基本社会保险和补充保险。

2004年3月，全镇参加镇保4767人，区、镇征地养老（参照镇保）4339人，货币安置953人。之后，51位获中级技术职称教师、医生和技术人员的家属（非征地户口农转非人员），由政府和个人出资参加镇保。2005年10月，渔业村等年满16周岁以上的“失水”渔民1437人，由市、区财政资金补贴参加镇保。至2009年末，全镇征地、户口农转非25111人，镇保或区、镇征地养老（参照镇保）安置21468人，其中享受镇保养老金5301人，货币安置967人。

农村合作医疗保险 农村合作医疗始于1969年。1997年全镇实行合作医疗保险。2000年起实行镇村医疗机构、人员、药品诸方面统一管理，资源合理配置。因城镇化率加快，纳入“城保”“镇保”推行“居保”，全镇农村合作医疗参保人数逐年减少，1997年24539人，2009年4265人。

外来从业人员综合保险 2002年9月1日起，贯彻《上海市外来从业人员综合保险暂行办法》，为年满16周岁以上符合条件的外来从业人员办理上海市外来从业人员综合保险（又称“外劳综保”）及劳动手册。

2004年5月至2005年底，有3500人参加“外劳综保”。2008年、2009年，月均分别为6200人、5898人。

第三节 城镇居民保险

城镇职工社会保险 1992年以前，国有（营）全民、县（区）属集体企事业单位按照政策规定，负责职工医疗、退休养老保障。1993年1月起，实施上海市城镇职工养老保险办法，由单位和职工个人按比例缴纳养老保险费。以后又增加缴纳基本医疗保险、失业保险、生育保险、工伤保险等费用，总称为“城保”。2001年、2002年，机关、事业和企业单位先后使用医疗保险专用的社会保障卡。

1997年，镇征地养老管理所向区“城保”部门申请代办“城保”缴费账号，同年11月1日起为大龄征地农转非人员代办参加“城保”事务，按规定自费缴纳“城保”费用后享受城镇职工待遇。是年，参保224人。2001—2002年，农村基层正职干部、村居“两委”干部先后参加“城保”。至2003年，参加“城保”2283人。

2009年，参加“城保”者由上海市从业人员扩大到外来（来沪）从业人员。

城镇高龄无保障老人社会保障 2006年，根据《上海市人民政府关于将本市城镇高龄无保障老人纳入社会保障的通知》，9月1日起，受理城镇高龄无保障老人纳保事务。9月27日，首批73位城镇高龄无保障老人，当月领取每人每月460元的养老金。

城镇高龄无保障老人，指年满70周岁，在上海居住、生活满30年，解放后户籍制度建立起为本市城镇户口，未纳入基本养老、医疗保险制度以及未享受征地养老待遇的老年人。纳保老人除享受每月基本养老金外，基本医疗保障实行定点医疗、按需就诊，门急诊医疗费用报销50%，住院报销70%。

2008年12月1日起，根据《关于完善本市城镇老年居民养老保障若干问题处理意见的通知》，城镇高龄无保障老人纳保政策调整：一是由原来年满70周岁调整为65周岁；原为在上海居住、生活满30年，改为在上海市城镇户籍且已满15年，未享受基本养老、医疗及征地养老待遇的老人；二是年满70周岁每人每月500元，年满65周岁至不满70周岁的每人每月400元；三是纳保老年人死亡后，补发丧葬补助。

城镇居民基本医疗保险 2008年，根据《上海市城镇居民基本医疗保险试行办法》，为符合条件的人员申办城镇居民基本医疗保险。

2009年，全镇城镇居民申办基本医疗保险2893人，其中区、镇征地养老人员2747人。

第四节　社保资金与卡证发放

2006年以来，政府加大社会保障资金投入，推进社会保障事业发展。

养老金、生活补贴 2006年，向未纳入市养老统筹的区、镇征地养老人员4093人、城镇退休居民56人、农保养老（含原参加乡合作经济基金养老保险已退休）人员424人和农业户籍65周岁以上老年人557人，发放养老金、生活补贴1620万元。2007年，给征地养老2928人、农保养老400人、城镇退休居民42人和65周岁以上农业户口老年人494人，发放1916.3万元。2008年，向3837人发放养老金、补贴2254.8万元，其中，征地养老2849人，农保养老463人，65周岁以上农村老年人451人，城镇退休居民37人。2009年，增加征地养老人员每人每月65元，农保退休每人每月35元、城镇居民每人每月25元和农村基层干部干龄补贴共计92.39万元。是年，发放征地养老2760人、2261万元，65周岁以上老年人430人、53.8万元，城镇居民23人、14.2万元，526名农村干部干龄补贴68.9万元，合计3739人、2397.9万元。

医疗费报销、丧葬补助 2007年，镇保、征地养老人员，城镇高龄无保障老人，老年遗属等各类医疗费报销和镇保人员死亡丧葬(一次性)补助494人次，镇级支出234.5万元。2008年，报销及补助596人次、281.6万元。2009年，医疗费报销115人次，丧葬补助94人，共109.8万元。是年，镇保人员参加城镇居民基本医疗保险，医疗费报销比上年减少。

农村合作医疗报销 2007年，农业户口65周岁以上老年人、残疾人、低保人员免缴农村合作医疗个人投保金，政府财政补贴847人、11.011万元；2008年、2009年分别为13万元、15万元。2006年，为住院、门诊大病523人次报销医药费180.9万元。2007年，住院、门诊大病报销275人次；村卫生室、镇社区卫生服务中心及转院门诊36315人次，报销医药费128.4万元。2008年，住院、门诊大病261人次、门诊45009人次，合计报销172.4万元。2009年，门诊56098人次、住院、门诊大病288人次，合计报销212.94万元。是年，为2512名农业户口人员免费体检。

卡证办理发放 2001年起办理社会保障卡（医疗保险专用），翌年1月1日起使用，同年发放7400张，为11348人提供申办拍摄点服务。2006—2009年，拍摄、发放各类卡证照片39659张，70周岁以上老年人“敬老服务卡”（非上、下班高峰时间、市内免费乘坐公交汽车）3151张。

2009年，镇社区事务受理服务中心“卡证受理服务窗口”被评为上海市社保协管员先进服务点。

第十四章 工 业

1990年以来，山阳镇（乡）深化企业改革，先后推进企业经营制度、所有制、产权制度改革，实施工业向园区集中、科技兴企、外向带动、品牌战略，企业调结构、促转型多元发展。

1990年，山阳乡工业企业91家，实现产值1.73亿元，利润1497.10万元。1989—1996年，山阳镇（乡）工业产值连续8年居全县乡镇之首，1991—1993年，工业企业利润连续3年位居全县第一。

工业行业由2004年的18个，增加到2008年的27个。2009年，全镇工业产值66.51亿元，其中民营企业44.79亿元、“三资”企业19.51亿元；实现利润3.82亿元，上缴税金2.20亿元。工业产值5000万元以上重点企业20家，占全镇工业总产值的45.3%。落户山阳工业园区企业176家，实现产值63.07亿元，分别占企业总数和工业总产值的80.37%、94.83%。1992—1997年，获评市郊标兵企业，市“百家”出口创汇企业，市“百强”私营企业，市、全国外商投资“双优”企业和全国最佳乡镇企业等15家（次）。1998—2009年，获市高新技术企业、市科技“小巨人”企业、市科技产业化“三上”企业、市先进私营企业和中国优秀民营科技企业称号34家次。

1997年，组建山阳经济小区和金山嘴经济小区，至2009年，累计税收入库32.47亿元。

第一节 工业构成

山阳镇（乡）工业主要有镇（乡）办工业、村办工业、联营企业、私营工业、“三资”企业、其他工业（校办、商办）等。2004年起，镇办、村办工业企业改称为镇、村属企业。

一、镇（乡）办工业

1990年，乡办工业企业24家，其中联营厂10家、沪港合资企业1家。占地面积209317平方米，建筑面积87433平方米。总产值1.28亿元，利润1009.5万元，缴税513.7万元；职工4821人。1992年，金海鞋业公司、服装厂、刀具厂、棉纺厂、针织厂、化纤厂、切纸机械厂、制药厂、手套厂、皮件厂10家企业被列为乡重点企业，其中4

家企业被列为金山县重点(年产值5000万元)骨干企业。1996年,38家镇办工业产值7.82亿元,固定资产原值3.36亿元。

1997年起,镇办工业企业产权制度改革,到1999年,镇办集体工业企业改制基本结束,大部分转为私营企业,部分以集体资产投资入股转为股份制企业。

2004年,山阳镇属工业总产值(现行价)19.55亿元,10家企业通过ISO 9000和ISO 14001国际质量体系认证。2006年,镇属工业企业218家,职工13798人,工业产值86.61亿元,主营业务税金及附加1988万元,应缴增值税1.95亿元,利润3.74亿元。

2009年,镇属工业企业总产值66.51亿元,其中82家规模企业产值42.04亿元,主营业务税金及附加578万元,应缴增值税1.13亿元,利润2.77亿元。产值5000万元以上重点骨干企业20家。

1990—2004年山阳镇(乡)办工业企业情况表

表14-1

年份	企业(家)	工业总产值(万元)	年末职工人数(人)	固定资产原价合计(万元)	产品销售收入(万元)	销售税金及附加(万元)	本年应缴增值税(万元)	利润总额(万元)
1990	24	12756.1	4821	4518.2	12293.6	513.7	—	1009.5
1991	22	17709.2	4813	5692.8	17221.7	626.6	—	1873.8
1992	28	28158.8	5081	7843.4	25646.0	926.9	—	1961.2
1993	25	54356.2	5028	9878	42980.8	1335.8	—	4323.3
1994	34	78203.1	6495	22986.9	50404.3	43.5	831.4	2176.9
1995	—	—	—	—	—	—	—	—
1996	38	78179.4	5919	33570.9	65558.0	—	1108.2	356.7
1997	39	91719.7	6081	40458.9	73514.6	—	1101.6	1691.3
1998	36	80709.7	5954	36502.4	54590.6	49.8	864.9	1213.3
1999	34	52447.6	5035	38607.5	50080.4	19.2	839.4	1004.8
2000	29	61598.3	5766	35616.6	58653.3	14.7	1915	902.2
2001	32	65372.3	6104	42133.0	64964.7	47.6	1235.2	-9636.4
2002	30	74996.4	6543	42602.2	75178.4	11.8	1540.7	-20478
2003	35	102844.4	6300	47907.2	96751.4	67.4	2877.5	-25801
2004	—	—	—	—	93115.0	—	—	4247(累计)

注:工业总产值为现行价

2005—2009年山阳镇属规模企业情况表

表14-2

年份	全镇工业产值(万元)	其中规模企业			全镇工业利润(万元)	其中规模企业	
		家数(家)	产值(万元)	占比(%)		利润(万元)	占比(%)
2005	621103	64	253862	40.87	25674	20343	79.24

续表 14-2

年份	全镇工业产值（万元）	其中规模企业			全镇工业利润（万元）	其中规模企业	
		家数（家）	产值(万元)	占比（%）		利润(万元)	占比（%）
2006	866110	86	511257	59.03	37427	25824	69.00
2007	1081097	89	652991	60.40	36984	26420	71.44
2008	911831	—	642642	70.48	32564	16851	51.75
2009	665127	82	420440	63.21	38241	27690	72.41

二、村办（属）工业

1990 年，全乡村（居）办厂 67 家，有五金、机械、搪瓷、塑料、毛纺、电讯、仪表、轴承、彩印、灯管、服装、化纤等行业。工厂总面积 105198 平方米、建筑面积 66065 平方米；职工 4406 人，年人均分配 1353 元；销售收入 4627.6 万元，纳税 245.7 万元，利润 487.6 万元。1992 年，中兴、新江、九龙和卫东 4 个村工业利润均超 80 万元，列为乡重点村。中兴村村办工业起步早、办得好，全村 1040 个劳动力有 769 人务工，占总劳动力的 73.9%，1986 年，工业利润超百万元，跻身金山县百万村行列，1989 年起，工业产值超千万元。1986 年时，新江村是金山县贫困村之一，之后 10 年村办工业发展迅速，1995 年，工业产值 5082.9 万元，成为金山县十强村之一，2006 年，工业产值 1.9 亿元。1996 年，全镇村办工业 51 家，工业总产值 1.49 亿元，利润 698.4 万元，上缴税金 659.5 万元，固定资产原值 5849.7 万元。

1994 年，部分村办企业试行股份合作制。1995 年起，全镇大多村办集体工业企业通过股份合作、厂房设备租赁、土地使用年限界定、资产置换等形式转换经营体制。1997 年，镇对村级工业企业的资产、负债、所有者权益三项经济情况进行核定公布。是年起，全镇村级集体企业除少数几家外，均转为私营企业。2000 年，有 5 个村工业利润超百万元，21 个实业型项目在村里落户。

1990—2004 年山阳镇（乡）村办工业企业情况表

表 14-3

年份	企业（家）	工业总产值（万元）	年末职工人数（人）	固定资产原价合计（万元）	产品销售收入（万元）	销售税金及附加（万元）	本年应缴增值税（万元）	利润总额（万元）
1990	67	4504.6	4406	2092.0	4627.6	245.7	所得税 33.7	487.6
1991	62	5571.4	4453	2331.6	5490.7	310.3	—	587.3
1992	63	7469.5	4159	2967.5	6798.4	368.1	—	581.0
1993	62	10724.3	3898	4095.4	10592.4	480.2	—	831.7
1994	66	17849.8	3552	6979.1	13282.4	68.9	507.9	988.0

续表 14-3

年份	企业（家）	工业总产值（万元）	年末职工人数（人）	固定资产原价合计（万元）	产品销售收入（万元）	销售税金及附加（万元）	本年应缴增值税（万元）	利润总额（万元）
1995	—	—	—	—	—	—	—	—
1996	51	14858.4	3060	5849.7	14377.0	—	659.5	698.4
1997	49	14907.5	2709	7016.9	13865.8	—	696.7	273.6
1998	37	13721.1	1905	6339.5	12611.6	17.9	614.2	646.1
1999	21	5736.5	1261	3082.8	5689.9	13.1	333.4	292.4
2000	17	5310.8	1096	2371.9	5274.6	12.1	299.7	363.2
2001	16	3710.0	721	2173.8	3666.4	34.6	262.3	321.2
2002	14	3282.0	540	2079.3	3500.5	24.2	252.9	330.3
2003	14	3847.9	530	2269.6	3889.5	6.9	269.5	432.9
2004	—	—	—	—	26117.0	—	—	1083

注：工业总产值为现行价

三、联营企业

20 世纪 80 年代中期，在城乡工业一体化方针推动下，乡村（社队）工业在长期为城市工业加工的基础上，工农双方以产品、技术、设备、劳动力等为纽带，在互利互惠的原则下实行经济联合。工方（城市工业企业）主要负责产品、技术和财务管理；农方（乡村工业企业）主要提供厂房、设备和劳动力；行政管理归属地方。

1990 年，山阳乡办联营厂 10 家，职工 2664 人，产值 9304.6 万元，比上年增加 83%；利润 795.1 万元，比上年增加 27.1%。上海飞达羽绒服装厂山阳分厂、上海针织厂山阳分厂、山阳棉纺织厂、上海打火机厂金山分厂 4 家联营企业利润均超百万元。10 家村办联营厂，职工 1107 人，产值 1160.6 万元，利润 176.9 万元。是年，乡村二级联营工业企业产值 1.05 亿元，占全乡工业总产值的 60.63%。

1988 年 4 月，山阳和上海石化总厂联营办化纤纺织、加弹一条龙上海金山化纤厂。1991 年，投资 490 万元，引进英国斯克拉格公司“SOS–700 型”加弹机成套设备，使涤纶弹力丝由年产 700 吨增加到 1800 吨。1992 年 5 月起，投资 3200 万元，建造厂房 4700 平方米，引进德国巴马格公司“POY”卷绕纺丝主设备，1993 年 5 月投产，年产“POY”原丝 2400 吨，形成纺丝、加弹“一条龙”生产。是年，部分产品获上海第二届科技博览会银奖。

中兴村联营企业上海特种灯泡二厂分厂生产的特种台灯、村五金厂与上海电讯器材厂联营生产的电话机等特种电讯器材，产销两旺。

1993 年，有联营企业 17 家，其中外资 6 家。职工 3207 人，收入 4.18 亿元，纳税 1393 万元，利润 4345 万元。联营工业企业的发展，畅通乡村工业企业产品供销渠道，培养管理和技术人员，提高企业管理水平和产品质量。1995 年，联营工业企业在深化改革中转换体制。

四、私营企业

1988年，金山县工商行政管理局开始受理私营工业注册登记。1990年2月，上海双峰机床附件有限公司是全乡首家注册登记的私营工业企业。

1998年，贯彻区政府关于《鼓励和引导非公有制经济健康发展的若干意见》，私营工业企业快速发展，规模不断扩大。1999年，上海炼阳化工有限公司获上海市先进私营企业。2000年，全镇私营工业企业60家，实现产值3亿元，比上年增加1.3亿元，增长76.47%。2006年，规模私营工业企业50家，实现产值51.13亿元，占全镇工业总产值的59%；其中产值超5000万元的有10家，实现产值15.28亿元。

2009年，全镇私营工业企业119家，其中私营独资企业21家；实现产值44.79亿元，占全镇工业总产值67.33%。

1990—2009年山阳镇（乡）私营工业企业情况表

表14-4

企业名称	经营地址	企业成立时间	主要产品
上海双峰机床附件有限公司	山德路28-8号	1990年2月4日	机床附件
上海金贵实业有限公司	进兴路3号	1990年6月24日	热处理
上海三乐高分子材料有限公司	浦卫公路16393号	1992年10月3日	聚丙烯涂塑料、中缝料
上海山阳化工设备有限公司	海光路18号	1992年11月11日	化工机械设备制造
上海华品服饰企业有限公司	南阳港东路158号	1992年11月23日	针织服饰
上海华宇塑钢门窗有限公司	卫东村555号	1994年3月23日	塑钢门
上海未来企业有限公司	汀南路3164号	1995年10月26日	水处理剂
上海银湾塑胶有限公司	汀南村3166号	1996年7月26日	塑料手套
上海福勤实业发展有限公司	山磊路8号	1997年5月8日	达克罗涂覆加工
上海老周红木家具有限公司	亭卫公路1909号	1997年6月19日	红木家具、沙发
上海珂基氟硅材料有限公司	海光路38号2幢	1997年10月14日	氟塑、有机硅制品
上海振清包装有限公司	长兴村4068号	1998年1月24日	纸箱纸盒
上海永球五金制造有限公司	山阳公路1182号	1998年2月12日	五金加工
上海爱福机电制造有限公司	南阳北路36号	1998年2月27日	铸造产品、管件
上海腾美化工有限公司	松卫街44弄6号	1998年9月24日	化工化纤原料及制品
上海镌美服饰皮具有限公司	板桥东路53号	1998年11月23日	服饰、鞋帽
上海古堡实业有限公司	卫昌路1565号	1999年8月9日	醇胺硫
上海良惠化纤有限公司	山阳公路1129号	1999年10月10日	塑料化纤
上海三牛工贸有限公司	海光路18号	1999年11月4日	化工原料、包装材料
上海仁思电讯电器有限公司	中兴村2056号	2000年2月29日	电话耳机

续表 14-4

企业名称	经营地址	企业成立时间	主要产品
上海欣阳塑料制品有限公司	东方村红旗 3030 号	2000 年 3 月 23 日	塑料制品
上海鑫石机电设备有限公司	杨家村 3008 号	2000 年 4 月 6 日	设备制造
上海山青塑钢门窗有限公司	亭卫公路 1066 号	2000 年 4 月 28 日	塑钢门窗
上海博卡化工有限责任公司	板桥东路 208 号	2000 年 6 月 7 日	碳黑
上海浩亮照明电器有限公司	阳乐路 366 号	2000 年 7 月 26 日	照明灯具
上海奇胜服饰有限公司	华山路 189 号	2001 年 2 月 6 日	手套、围巾、毯子
上海瑞丰实业有限公司	龙胜东路 188 号	2001 年 4 月 22 日	建筑机械
上海登群工贸有限公司	海利路 183 号	2001 年 4 月 23 日	塑胶制品
上海汉中涂料有限公司	山富西路 289 弄 1 号	2001 年 5 月 9 日	水性环氧
上海雷森传动链有限公司	工农村机耕路 1 号	2001 年 7 月 7 日	链条、链轮
上海唐佳制线有限公司	向阳村 4 组	2001 年 8 月 31 日	服装用线
上海福勤机械有限公司	山宁路 89 号	2001 年 11 月 15 日	锻造件加工
上海热兴机械设备有限公司	南阳北路 180 号	2001 年 11 月 18 日	五金加工、机械维修
上海科利盈塑胶有限公司	海光路 68 号	2002 年 2 月 5 日	珍珠棉
上海山建印刷包装机械有限公司	南阳北路 36 号	2002 年 4 月 9 日	切纸机
上海瑞莱克斯实业有限公司	山丰路 99 号	2002 年 6 月 7 日	大理石制品、洁具
上海双峰线带有限公司	渔业村 11 组 1041 号	2003 年 3 月 28 日	制线
上海名川高分子新材料科技有限公司	阳达路 228 号	2003 年 4 月 10 日	化工产品
上海欣网电力工程有限公司	九龙村洙山路 198 号	2003 年 4 月 14 日	门窗、电力设备安装
上海中鹏岳博实业发展有限公司	金康东路 3888 号	2003 年 4 月 16 日	转向器
上海星菲机械有限公司	亭卫南路 515 号	2003 年 4 月 22 日	五金加工
上海赛卓实业有限公司	板桥东路 428 号	2003 年 5 月 20 日	
上海瑞气气体设备有限公司	亭卫公路 2099 号	2003 年 5 月 29 日	气体设备、产品
上海纬美非织造布有限公司	亭卫公路 2285 号	2003 年 6 月 6 日	非织造布、服装及辅料
上海中织机织零部件制造有限公司	朱山路 363 号	2003 年 6 月 9 日	机械加工
上海星斯路特种泵有限公司	卫清东路 2000 号 2 栋	2003 年 6 月 10 日	各类泵生产
上海飞艇管业制造有限公司	山德路 85 号	2003 年 7 月 1 日	管件
上海贝尼汽车科技有限公司	山富东路 181 号	2003 年 7 月 21 日	发动机皮带、张紧轮
上海益奎五金厂	中兴村 2 组 1001 号	2003 年 8 月 24 日	铝头灯头
上海爱克斯轴承制造有限公司	山富西路 199 号	2003 年 9 月 18 日	轴承
上海冠卓企业发展有限公司	华康东路 8 号	2003 年 9 月 30 日	港口机械

续表 14–4

企业名称	经营地址	企业成立时间	主要产品
上海世盛汽车配件有限公司	东方村 7 组 2088 号	2003 年 10 月 28 日	
上海金树树脂粉末有限公司	海光路 18 号	2003 年 12 月 1 日	树脂粉末
上海豫宏建筑防水材料有限公司	山德路 28 号 –4	2004 年 3 月 18 日	防水材料
上海吉银工贸有限公司	亭卫南路 388 号 4 幢	2004 年 3 月 18 日	包装桶清洗加工
上海利物仓储物流设备制造有限公司	南阳港东路 358 号	2004 年 3 月 26 日	仓储物流设备
上海安耐建筑科技工程有限公司	山德路 28 号 –9	2004 年 5 月 28 日	工业地板材料
上海长能迪蓄能科技有限公司	山富西路 399 号	2004 年 7 月 7 日	锂电池模板
上海华欢服装辅料有限公司	东方村红旗 4 组 2094 号	2004 年 7 月 20 日	服装辅料加工
上海坤凯墙体材料有限公司	中兴村 4009 号	2004 年 7 月 26 日	水泥板块
上海上振振动电机有限公司	卫昌路 1385 号	2004 年 8 月 12 日	振动电机
上海大强新型建材有限公司	洙山路 258 号	2004 年 8 月 13 日	
上海利仁混凝土制品有限公司	洙山路 303 号	2004 年 12 月 13 日	混凝土
上海金日铝箔包装有限公司	山宁路 359 号	2005 年 3 月 1 日	食品包装封口膜
上海奇顺企业投资管理有限公司	山丰路 88 号	2005 年 4 月 28 日	投资咨询
上海威略五金设备有限公司	亭卫公路 2185 号 7 号厂房	2005 年 6 月 1 日	铝合金门窗把手
上海东大聚氨酯有限公司	山磊路 307 号	2005 年 8 月 1 日	组合聚醚
上海豪嘉特实业有限公司	山通路 666 号	2006 年 1 月 23 日	铝
上海科利盈实业有限公司	海光路 68 号	2006 年 2 月 28 日	珍珠棉
上海亿辉五金制造有限公司	中甸路 2080 号	2006 年 3 月 16 日	五金加工
上海昆力化纤有限公司	亭卫公路 2185 号 3 号楼	2006 年 7 月 27 日	纺丝、棉花长丝
上海艾录纸包装有限公司	南阳港西路 588 号	2006 年 8 月 14 日	纸包装
上海丰腾纺织品有限公司	南阳港西路 805 号	2006 年 9 月 11 日	服装、面料、印花
上海翠强精细化工有限公司	山富西路 289 弄 6 号	2006 年 9 月 27 日	清除剂
上海都灵工贸有限公司	南阳港西路 895 号	2007 年 4 月 3 日	塑料容器
上海华吕仪器设备有限公司	亭卫南路 1050 号 3 幢 2 层	2007 年 4 月 29 日	机电设备、仪器仪表
上海功合机械设备有限公司	山通路 566 号	2007 年 5 月 21 日	漆包机
上海春海实业发展有限公司	九龙村汀南支路 88 号	2007 年 6 月 6 日	箱包、服装
上海朝田实业有限公司	山丰路 88 号	2007 年 8 月 15 日	液压元件
上海菲卓工贸有限公司	山通路 88 号 15 幢 9 厂房	2007 年 9 月 14 日	聚氨酯黏合剂
上海恒锡复合制品有限公司	亭卫南路 388 号 6—7 幢	2007 年 9 月 24 日	即时贴
上海健源塑业有限公司	华新村 7100 号	2007 年 10 月 15 日	塑料制品

续表 14-4

企业名称	经营地址	企业成立时间	主要产品
上海微宏实业有限公司	朱山路 363 号 7 幢	2007 年 11 月 8 日	硫酸钙
上海雷阳机械设备制造有限公司	工农村机耕路 1 号 1 幢	2007 年 11 月 12 日	链条、链轮
上海明启照明电器有限公司	阳乐路 366 号	2008 年 1 月 9 日	汽摩配件加工、五金
上海鑫阳包装印刷有限公司	金康东路 3889 号 3 幢	2008 年 3 月 12 日	包装印刷
上海卓盛机械制造有限公司	山阳杨家村 3020 号	2008 年 4 月 3 日	
上海朝宏电子科技有限公司	洙山路 198 号	2008 年 4 月 28 日	硅橡胶制品
上海氟峰防腐设备有限公司	山富东路 365 号	2008 年 5 月 9 日	防腐设备、管道阀门
上海金山晒图机有限公司	亭卫公路 1888 号	1999 年 9 月 6 日	晒图机
上海盼达门业发展有限公司	金山大道 1308 号	2008 年 8 月 28 日	铝合金门窗、玻璃
上海合广物资有限公司	山阳公路 1182 号	2008 年 9 月 26 日	铁桶制造加工
景昌（上海）企业发展有限公司	山磊路 359 号	2008 年 11 月 3 日	金属日化包装封口膜
上海魔魔实业有限公司	山磊路 280 号	2008 年 11 月 19 日	活动房
上海歆潮服饰有限公司	金康东路 3985 号	2009 年 3 月 9 日	针织服装加工
上海两度环保科技有限公司	朱山公路 198 号	2009 年 6 月 18 日	水墨
上海瑞一新型包装材料有限公司	浦卫公路 236 号 5 幢 17 室	2009 年 9 月 21 日	新型包装材料
上海海创化学科技有限公司	山通路 88 号	2009 年 9 月 23 日	黏合剂

1990—2009 年山阳镇（乡）个人独资工业企业情况表

表 14-5

企业名称	经营地址	企业成立时间	主要产品
上海金山区合成大理石厂	山阳向阳村一组	1994 年 8 月 31 日	大理石
上海唐艺红木家具厂	亭卫中路 66 号	1995 年 12 月 1 日	家具
上海南亚化工有限公司	松卫南路 1150 号	1998 年 3 月 11 日	乳液、涂料
上海申远电光源厂	中兴村 2055 号	1998 年 3 月 24 日	电光源、灯头
上海金山区林发线带厂	山阳镇华新村	1998 年 3 月 31 日	线带
上海泰畅机械制造厂	石化纬一路 152 号	1998 年 12 月 14 日	机械设备加工
上海金山凯拓五金电镀厂	宏山路 185 号	1999 年 11 月 22 日	电镀加工
上海申开塑料厂	中兴村 5018 号 101 室	2000 年 2 月 18 日	塑料
上海金山杭州湾制筒管厂	山南路 409 号	2001 年 6 月 15 日	纸筒管生产加工
上海亨鑫电子元件厂	杨家村 1 组	2001 年 12 月 12 日	电子元件
上海邦中新材料有限公司	山丰路 193 号	2002 年 9 月 17 日	阻燃料
上海金贵螺钉厂	进兴路 9 号	2003 年 9 月 27 日	螺丝生产加工

续表 14-5

企业名称	经营地址	企业成立时间	主要产品
上海南方寝饰用品有限公司	松卫南路 1088 号 B 座	2005 年 10 月 11 日	床上用品
上海板换机械设备有限公司	山宁路 99 号	2005 年 11 月 30 日	板式换垫器
上海鑫妙纺织助剂有限公司	金康东路 3889 号	2007 年 7 月 16 日	纺织印染整理
上海泓邦机械制造有限公司	板桥东路 428 号 4 幢	2007 年 9 月 10 日	换热器框架
上海金典化工有限公司	大兴小区 152 号	2008 年 4 月 6 日	针织印染化剂
上海尧强容器制造有限公司	山阳公路 1182 号 2 幢	2008 年 6 月 2 日	铁桶制造整修
上海四维数字图文有限公司	亭卫公路 2588 号 1 幢 1 层	2008 年 11 月 10 日	图文设计制作
上海得裕塑料制品有限公司	山阳老西街 64 号	2003 年 7 月 21 日	发动机皮带紧张轮（一人有限责任公司）
上海盈傲机械设备有限公司	浦卫公路 236 号 4 幢 1 层	2008 年 9 月 20 日	机械设备，五金制造加工（一人有限责任公司）

2006 年山阳镇产值超 5000 万元私营工业企业情况表

表 14-6

企 业 名 称	产值（万元）
华峰集团（上海）有限公司	31612.9
上海三乐高分子有限公司	28450.7
上海泰胜电子工程机械有限公司	25100
上海诚臣钢结构有限公司	24159
上海福勤机械有限公司	12661.6
上海东大聚氨酯有限公司	8297.4
上海贝尼汽车配件有限公司	5956.9
上海南方寝饰用品有限公司	5880.2
上海未来企业发展有限公司	5626.8
上海美菱旗帜有限公司	5075.7

五、“三资”企业

1990 年，山阳乡有“三资”企业 1 家。1992 年起，实施外向带动战略、品牌战略，先后引进美国、意大利、日本、韩国、新加坡、菲律宾等 10 多个国家及中国香港、中国台湾等地区 60 多位客商，落户山阳投资办企业。

1993 年，外商投资企业（含增资、扩建项目）批准 20 家（个），投资金额 3998 万美元，合同外资 2661 万美元。是年，累计外商投资企业（项目）34 家（个），投资总额 6625.8 万美元，合同外资 3946.4 万美元。2008 年末，实有外商投资企业（项目）118 家（个），投资总额 5.41 亿美元；合同外资 3.49 亿美元，注册资本 3.38 亿美元，实际利用外资 3.02

亿美元。2009 年，外商投资企业（项目）批准 6 家（个），投资总额 1950.2 万美元，合同外资 1640.1 万美元，注册资本 1229.6 万美元，实际利用外资 1640.1 万美元。

1989—2009 年山阳镇（乡）外商投资企业情况表

表 14–7

年份	当年批准					年末累计（实有）					备注
	项目（个）	投资总额（万美元）	合同外资（万美元）	注册资本（万美元）	利用外资（万美元）	项目（个）	投资总额（万美元）	合同外资（万美元）	注册资本（万美元）	利用外资（万美元）	
1989	1	—	—	—	—	1	102	—	—	—	—
1990	0	—	—	—	—	1	—	—	—	—	—
1991	3	—	—	—	—	3	—	—	—	1036	—
1992	17	—	—	—	—	17	6223	—	—	1524.25	—
1993	20	3998	2661	—	—	34	6625.8	3946.4	—	—	—
1994	14	2333	1841.3	—	—	49	9453.8	6282.7	—	—	—
1995	9	740	501.1	—	—	57	10133.8	6765.8	—	—	迁出 1 家
1996	6	2336	1350.7	—	—	62	12269.8	8049.6	—	—	转入 1 家 终止 2 家
1997	5	666	287.7	550	228.7	55	11249.8	7616.9	8281.8	5475.9	—
1998	6	1515	1508.8	1184	1174	48	10547.8	7777.3	7786.9	5634.9	—
1999	1	1255	1255.7	1595	1595	39	10816	8516.4	8622.8	6819.9	此年起累计改为实有
2000	4	556	477.7	435	415	39	11029	8831.5	8792.8	7108.6	—
2001	3	655	652	607	604	42	11684	9484	9400	7712	—
2002	3	3835	2135	1715	1715	43	15319	11439	10970	9296	—
2003	5	1478	1213	1363	1232	44	16487	12577	12096	10412	—
2004	10	3457	1880	1945	1880	88	35356	25143	23415	20446	—
2005	6	2736	1799	1793	1799	94	38092	26942	25208	22245	—
2006	5	10712	5011	5055	5011	99	48804	31953	30263	27256	—
2007	11	4253	2202	2614	2202	110	53057	34155	32877	29458	—
2008	8	1063	763	922	763	118	54120	34918	33799	30221	—
2009	6	1950.2	1640.1	1229.6	1640.1	—	—	—	—	—	—

1989 年 10 月，山阳工业公司与香港云海鞋业有限公司在山阳创办第一家沪港合资企业——上海金海鞋业有限公司，翌年投产。生产的“奇安特”（GEANT）高级运动鞋，被列为在北京召开的第十一届亚运会仪仗队指定用鞋。1991 年 11 月，引进上海宏泰制衣有限公司，翌年 12 月投产，生产知名品牌“帝鱼”牌西裤出口。1993 年 8 月，山阳宏山工业区内 1 号地块 3344 平方米，“毛地批租”给中国台湾诚兴制衣有限公司，使

用期50年，该地块为金山县首个自主批租项目。是年11月成立的上海向隆电子科技有限公司，是美国线路板业出口公司创办的合资企业，外方注册资本400万美元，主要生产电脑高性能键盘产品。上海华南老蔡食品有限公司自1994年5月投产后，“老蔡”产品畅销全国。“老蔡”酱油、酱菜系列分别获亚太地区食品博览会金、银奖。上海麦宝食品有限公司生产的饼干食品被列为“备灾救灾”食品。上海南荣箱包有限公司的“美国飞行者”箱包、上海三达服装有限公司的“三达”服装，90%以上销往西欧、东南亚等10多个国家或地区。

1994年，全镇外贸出口拨交值3.47亿元，“三资”企业创汇3570万美元。10家“三资”企业产值7.17亿美元。上海金海鞋业、上海三达服装、上海宏泰制衣3家公司获评金山县“十佳三资企业”。向隆电子科技有限公司获金山县首批一级明星企业称号。

1991—2008年部分山阳镇“三资”企业基本情况表

表14-8

企业名称	主要经营范围	地址	企业性质	批准年月	注册资本(万美元)
上海宏泰制衣有限公司	服装系列	红旗东路318号	中外合资	1991年11月	740
上海三达服装有限公司	羽绒滑雪服装	红旗东路333号	中外合资	1992年1月	68.2
上海向隆电子科技有限公司	电脑配件	亭卫公路1468号	外商独资	1993年11月	2000
上海福光机械实业有限公司	机械配件加工	山阳工业区	中外合资	1993年3月	50
上海麦宝食品有限公司	饼干	亭卫公路1428号	中外合资	1994年7月	900
上海亨井电子实业有限公司	电脑配件	红旗东路321号	外商独资	1995年1月	400
上海桑普拉斯塑料有限公司	塑料薄膜	板桥东路585号	外商独资	1995年1月	225
上海金住色母料有限公司	色母料等	古城路100号	中外合资	1995年11月	526
上海利以德特种丝有限公司	氨纶包覆丝	卫清东路2311第2、第5幢	外商独资	1995年12月	300
上海亚福塑胶制品有限公司	塑料制品	华山路99弄8号	中外合资	1996年3月	128
联合利华食品(中国)有限公司	酱菜酱油系列	亭卫公路1068号	外商独资	1998年6月	3863.33
上海特洛伊化学品有限公司	防霉精细化学品	金山嘴工业区内	中外合资	1999年1月	17
上海樱辉服饰有限公司	针织服装	金康东路3889号	中外合资	2000年3月	30
上海东青服装有限公司	服装系列	卫昌路293号	中外合资	2001年1月	47
上海高必德防腐材料有限公司	防腐材料	山德路28-6号1号厂房	外商独资	2001年2月	40
上海康利特种丝有限公司	氨纶包芯纱线	卫清东路2311号	外商独资	2001年2月	690
上海相信电子有限公司	电子滤波器	卫昌路229号	外商独资	2001年6月	113.94
玛科比企业(上海)有限公司	旅游休闲用具	卫清东路1888号	外商独资	2001年7月	1050
海同高分子产业(上海)有限公司	光固化涂料设备	山德路28-7号	外商独资	2001年8月	70
上海高必德咨询有限公司	贸易信息咨询	隆安路347号405室	外商独资	2001年8月	15
新之味(上海)食品有限公司	糕点、食品	板桥东路589号	外商独资	2002年12月	73.8393

续表 14-8

企业名称	主要经营范围	地址	企业性质	批准年月	注册资本(万美元)
上海伟航电脑针织有限公司	针织服装服饰	卫清东路 1823 号	外商独资	2002 年 3 月	600
艾迪科精细化工(上海)有限公司	助剂添加剂等	板桥东路 228 号	外商独资	2002 年 7 月	2050
上海守强家饰有限公司	塑木制百叶窗	亭卫公路 1789 号	外商独资	2002 年 9 月	1200
伟亚(上海)时装有限公司	服装系列	卫清东路 1833 号	外商独资	2003 年 1 月	100
上海凯尔达散热器有限公司	暖通设备	山通路 588 号	中外合资	2003 年 3 月	300
鹤见真空工程(上海)有限公司	真空系统等	卫清东路 2000 号	中外合资	2003 年 11 月	300
上海日锻金属制品有限公司	托盘梯子等	卫清东路 2000 号	外商独资	2004 年 5 月	45
上海欧莱尔时装有限公司	时装	山通路 258 号	外商独资	2004 年 6 月	300
丸启水产品加工(上海)有限公司	水产品加工	卫清东路 1989 号 15 幢	外商独资	2004 年 9 月	115
圣东尼(上海)针织机器有限公司	针织机械	卫清东路 2000 号	外商独资	2005 年 1 月	925.6
上海颂健贸易有限公司	批发及进出口	亭卫公路 1398 号	外商独资	2005 年 1 月	14
清弘空调设备(上海)有限公司	空调设备	亭卫公路 1999 号 B	外商独资	2005 年 3 月	40
上海菁美服饰企业有限公司	服装	亭卫公路 1938 号	外商独资	2005 年 4 月	51
嘉拓(上海)化工贸易有限公司	橡胶用品销售	朱山公路 58 号 1380 室	外商独资	2005 年 11 月	30
上海固可曼旋流设备有限公司	旋流设备	山磊路 28 弄 8 号	外商独资	2005 年 12 月	105
沃法机械制造(上海)有限公司	机械制造	卫昌路 35 号	中外合资	2006 年 3 月	101.1
乐宜美清洁用品(上海)有限公司	清洁用具	亭卫公路 1999 号	外商独资	2006 年 9 月	30
翔壹商务咨询(上海)有限公司	商务咨询	板桥东路 777 号 101 室	外商独资	2007 年	3
可兹食品贸易(上海)有限公司	食品贸易	亭卫公路 1500 号 306 室	外商独资	2007 年 1 月	150
依工至优工具(上海)有限公司	合金工具	亭卫公路 2285-3 号	外商独资	2007 年 5 月	150
福广服饰(上海)有限公司	服装、箱包	山富西路 289 号 7 号 1 楼东侧	外商独资	2007 年 6 月	20
珑染(上海)化学工业有限公司	印染剂	山德路 28 号 5 号	外商独资	2007 年 11 月	20
上海特希科氟树脂表面处理有限公司	表面处理	亭卫南路 388 号 2 幢	外商独资	2007 年 11 月	150
上海明思服饰有限公司	服饰	华山路 189 号 1 幢	外商独资	2007 年 12 月	15
士仑货架制造(上海)有限公司	钢结构货架	板桥东路 168 号	外商独资	2007 年 7 月	50
雅妈吉(上海)商贸有限公司	水产品贸易	卫清东路 2828 号 103 室	外商独资	2008 年 3 月	30
上海铧锋化工科技有限公司	油墨助剂、绝缘胶	山通路 188 号 11 幢厂房	外商独资	2008 年 11 月	30

1996 年，全镇外贸出口拨交值 4.17 亿元，“三资”企业创汇 4259.6 万美元，22 家“三资”企业产值 8.34 亿元。1994—1997 年，全镇外贸出口拨交值连续 4 年居金山乡镇之首。2005 年，全镇外贸出口 12.04 亿元，其中直接出口 10.97 亿元；出口交货值 13.8 亿元，34 家“三资”企业产值 17.63 亿元，利润 1.29 亿元，出口交货值 13.31 亿元。2009 年，全镇外贸出口拨交值 11.36 亿元，38 家规模以上“三资”企业产值 19.51 亿元，利润 1 亿元。

1990—2009 年山阳镇（乡）工业外贸出口情况表

表 14-9

年份	工业总产值（万元）	外贸出口拨交值（万元）	出口交货值（万元）	其中："三资"企业				备注
				家数（家）	总产值（万元）	出口交货值（万元）	创汇（万美元）	
1990	17262	—	4825.8	1	2935	—	—	直接出口 344.8 万元，间接出口 4481 万元
1991	23281	3865	—	1	5670.95	—	—	—
1992	35628.3	6589.5	3604.2	2	10313.39	—	—	—
1993	65081	17204.72	21116.6	6	37877.76	—	—	—
1994	96053	34660	31560.7	10	71720	—	3570	—
1995	116896	36541	—	19	销售收入 49023.55	—	—	—
1996	96849	41653	28569.2	22	83415	—	4259.6	—
1997	111938	46559.2	41031.8	18	59459	—	1470.1	—
1998	110024	39275	41454.9	27	74356.4	41376.7	—	—
1999	81600	28229	31217.7	24	42478.9	31214	—	—
2000	89773	31040.9	35273.4	24	53959.1	35265.8	—	—
2001	69082.3	33512	32030.3	22	56677.4	32022.5	—	—
2002	78278.4	38321	36402.2	23	67506.7	36397.3	—	—
2003	106692.3	51118	51380	22	79027.9	45433.3	—	—
2004	221635	61636	—	13	83027.3	—	—	其中数为参加分配
2005	621103	117813	137964	34	176280	133066	—	外贸 120422 万元，直接出口 109657 万元
2006	866110	157138	157128	31	241001	131977	—	—
2007	1081097	215672	215565	32	256655	141212	—	—
2008	911831	150825	—	—	267732	—	—	外贸 157128 万元，直接出口 148114 万元
2009	665127	113554	—	38	规模以上 195141	—	—	—

第二节　工业行业与名优特产品

一、工业行业分类

1990 年，山阳乡办工业主要有化工轻纺、电子、机械制造（加工）3 大支柱产业。24 家乡办工业企业中，有机械修造、化工化纤、棉纺丝绸针织、服装皮具、食品药品、塑料制品、鞋业、刀具及其他 8 个行业。67 家村办企业中，有五金加工、机械维修制造、电气仪表、搪瓷木器、化工化纤、塑料制品、无纺毛纺、电器电信配件、彩印包装、食品、服装、灯饰、滚子轴承、体育用品及其他15个行业。随着联营企业、“三资”企业、私营企业的发展，行业不断增多。

2004年，全国第一次经济普查资料显示，山阳镇167家工业企业，按行业分有18个大类，其中主要行业的塑料制品业、纺织业、通用设备制造业、金属制品业、纺织服装鞋帽制造业分别有26家、21家、20家、16家和13家企业。2008年，全国第二次经济普查资料显示，山阳镇352家工业企业按行业分有27个大类，比第一次普查增加9个大类。其中主要行业为通用设备制造业、化学原料及化学制品制造业、塑料制品业、工艺品及其制造业、纺织服装鞋帽制造业，分别有47家、38家、36家、33家和31家企业。

全国经济普查山阳镇工业企业行业分类及法人单位情况表

表14-10

行业类别	2004年	2008年
农副产品加工业（家）	2	1
食品制造业（家）	3	5
饮料制造业（家）	—	—
纺织业（家）	21	19
纺织、服装、鞋帽制造业（家）	13	31
皮革、皮毛、羽毛（绒）及其制造业（家）	2	5
木材加工及木、竹、藤、棕、草制品（家）	—	2
家具制造业（家）	3	4
造纸及纸制品业（家）	6	10
印刷业和记录媒介的复制（家）	4	10
文教体育用品制造业（家）	—	1
石油加工、炼焦及核燃料加工业（家）	—	—
化学原料及化学制品制造业（家）	11	38
医药制造业（家）	—	—
化学纤维制造业（家）	—	3
橡胶制品业（家）	—	4
塑料制品业（家）	26	36
非金属矿物制品业（家）	10	12
黑色金属冶炼及压延加工业（家）	—	2
有色金属冶炼及压延加工业（家）	2	2
金属制品业（家）	16	29
通用设备制造业（家）	20	47
专用设备制造业（家）	10	12

续表 14-10

行业类别	2004 年	2008 年
交通运输设备制造业（家）	—	3
电气机械及器材制造业（家）	8	14
通信设备、计算机及其他电子设备制造业（家）	9	20
仪器仪表及文化、办公用品机械制造业（家）	—	6
工艺品及其制造品（家）	—	33
废弃资源和废旧材料回收加工业（家）	—	2
水的生产和供应业（家）	1	1
行业小计（个）	18	27
企业数（家）	167	352

二、名优特产品

1990—2009 年，山阳镇（乡）发展工业坚持品牌战略，形成一批有一定知名度和市场占有率高的名、优、特产品、专利产品和著名商标。21 家工业企业产品中，获市级奖项 20 个，国家级奖项 14 个，国际级奖项 3 个，获上海市著名商标 6 个，中国驰名商标 1 个，国家免检产品企业 2 家。

1990—2009 年山阳镇（乡）工业产品获奖情况表

表 14-11

年份	单位名称	产品	获奖（评）情况
1990	上海奇安特金海鞋业有限公司	奇安特运动鞋	中国鞋文化博览会质量奖金牌
1991	上海奇安特金海鞋业有限公司	奇安特运动鞋	第二届北京国际博览会银奖
	上海奇安特金海鞋业有限公司	奇安特运动鞋	首届上海科技博览会银奖
1992	上海奇安特金海鞋业有限公司	奇安特运动鞋	国家鞋文化博览会质量金牌；中华精品鞋第一名；商业部畅销产品“金桥”奖
	上海山阳包装材料厂（校办）	口服液方便铝盖	上海市新产品三等奖；国家发明专利
1993	上海金山化纤厂	“DOY”丝 75D、100D、150D 和“DTY”弹力丝	上海第二届科技博览会银奖
	上海山阳切纸机械厂	单刀切纸机、压痕切纸机	全国星火计划金银奖
	上海飞达羽绒服装厂	“查理牌”多功能服装	国家科委、全国星火计划组委会银奖
1994	上海华南食品有限公司	“老蔡”酱油和酱菜系列食品	第五届亚洲及太平洋国际博览会金奖；中国国际名牌博览会金奖；1995 年上海科技博览会金奖
1995	山阳中学粘合剂厂	“白胶”粘合剂	上海市优秀科技产品

续表 14–11

年份	单位名称	产品	获奖（评）情况
1997	上海金山嘴碳黑厂	计算机连锁自控生产碳黑	上海市科技协会 '97 推广项目；上海科技博览会银奖
	上海金山晒图机厂	SD1200 高速晒图机	上海科技博览会银奖
1999	上海昆鹏化纤有限公司	涤纶包覆丝	上海第五届科技博览会金奖
	上海金山侨茂有限公司	内墙彩色涂料	上海第五届科技博览会金奖
2002	联合利华食品（中国）有限公司金山工厂	“老蔡”牌 “家乐”牌酱油	国家质量监督检验检疫总局核准为“产品质量国家免检”
2003	上海侨茂建筑防水涂料有限公司	“侨茂”牌聚合物速效防水胶	上海市十七届发明产品推广实施金奖；十四届全国发明展览会银奖
	上海侨茂建筑防水涂料有限公司	“侨茂”牌 987 型内墙彩色墙饰料	上海市十六届发明产品推广实施金奖
2006	上海三乐高分子材料有限公司	“三乐牌”聚丙烯专用膜涂料	上海市高新技术成果特色“百佳”项目
	上海侨茂建筑防水材料有限公司	零 VOC 纳米涂料	第十六届全国发明展览会金奖
2007	上海侨茂建筑防水材料有限公司	防水涂料	上海市建筑材重点推荐品牌；金楹奖
	上海南方寝饰有限公司	“南方寝饰”配套床上用品	国家免检产品；中国驰名商标
2008	上海侨茂建筑防水材料有限公司	零 VOC 纳米涂料	法国巴黎国际发明展览会银奖
	上海三乐高分子材料有限公司	聚丙烯专用涂膜料	上海市名牌产品
	上海士仑货架制造有限公司	“士仑”金属支架	上海市名牌产品
2009	上海有嘉工贸有限公司	“十月妈咪”孕装	2009—2010 年中国杰出营销银奖
	上海中振有色金属建造有限公司	风力发电端盖	中国国际铸造博览会优质铸件金奖
	上海冠卓企业发展有限公司	智能快速脱缆钩；智能登船递钩	上海市创新资金项目、上海市高新技术成果转化项目
	上海篮景膜技术工程有限公司	UFH—PS 改性聚砜中空纤维膜及膜组件	上海市高新技术成果
	上海天强纺织有限公司	采用经轴预缩打卷机装置生产衬布	上海市高新技术成果

第三节　工业经济体制改革

20 世纪 80 年代以来，山阳镇（乡）坚持改革开放，对工业企业进行经营制度、所有制和产权制度改革。乡镇工业企业由政府包揽一切的指令性计划生产转变为根据市场需求决定生产经营，企业成为风险自担、自主经营、自负盈亏、自我约束、“责、权、利”清晰、多元产权结构的经营实体。

一、经营制度改革

企业承包经营责任制 1984年，全乡工业企业实施“五定一奖”（即定人员、定产值、定利润、定基建设备、定上交，超利润提成奖励）的承包经营责任制，以上年利润为基数，确定年递增率。在企业集体所有制基础上，按照所有权和经营权适当分离的原则，以承包合同形式，确定政府与企业责、权、利关系。企业实行干部聘任制、职工合同制、内部分工岗位责任制，也有部分企业职工固定工资改为浮动工资。改革财务审批制度，扩大企业生产、经营自主权；取消企业财产折旧全额上交统收统支办法，形成企业自主经营、自负盈亏的经营管理体制。

厂长（经理）承包经营责任制 1986年，乡办工业企业推行“四定一挂”（定基本利润和目标利润、定工资及奖金基数、工资奖金与利润挂钩浮动）的厂长（经理）承包经营责任制，并进行承包招聘。厂长（经理）与主管部门签订2—4年的承包合同，明确承包内容、条件、形式与奖惩办法和干部职责考核、报酬等。

1988年，贯彻县委、县政府完善厂长负责制及深化企业改革的精神，有21家企业实行厂长（经理）负责制，占全乡企业的23%。1990年，全乡工业企业全部实行厂长（经理）负责制和任期目标制，因企制宜地引入竞争机制，采用民主选举、推荐任命、招标竞聘等形式确定厂长（经理）人选。政府及有关部门每年对厂长（经理）任务完成情况在年中和年终进行2次考核。1994年，实施第三轮“一定三年”厂长（经理）承包经营责任制，在前二轮基础上，创新实行法定代表人考核制、分配自主制、资金上交定额制、效益审计制新办法。

二、所有制改革

1985年起，在新办集体所有制企业时，调整所有制结构，发展联营企业、外商和港澳台投资企业、个体私营企业等多种所有制成分企业，形成公有经济、非公有经济以及混合经济（联营、集团企业等）共同发展的局面。1988年4月，根据县政府发展横向联合经济的思路，依照互惠互利原则，共同投资，发展联营企业。企业所有权属于联营双方，打破国有、集体所有制的界限，形成城乡结合或条块结合型体制模式，联营工业企业发展迅速。1990年，全乡联营企业20家，有国集（国家企业与集体企业）联营、集集（集体企业与集体企业）联营和其他形式联营等，涉及纺织、服装、化纤、机械、化工、食品、医药7个行业。

1988年起，鼓励外商投资，引进“三资”企业落户，发展外向型经济。1992年，通过租、并、卖、转和入股等方式与外商合作或合资，有5家老企业调整内部所有制结构。1995年，山阳“三资”企业（项目）40家，实现产值8.22亿元，占全镇工业总产值的近70%。

1993年，贯彻县政府《关于加强发展个体、私营经济的若干意见》，山阳镇私营工业发展加快。1994年3月，成立山阳镇集体资产管理所，清理核定集体沉淀资产，至1996年，全镇沉淀资产共4000多万元。1997年，先后对帘子布厂、手套厂、毛纺厂、永宇服装厂、建发木材公司、蔡玛莉公司、倲伊特公司等8家企业沉淀资产采用买断、租赁等方式进行置换，盘活沉淀资产，引进外资或发展私营个体经济。上海山鑫置业有限公司将常年亏损企业上海建发木材制品有限公司700多万元沉淀资产买断；上海亨井电子实业公司租赁原福光、蔡玛莉、帘子布厂厂房进行生产经营，成为山阳“双创”（产值、税收）大户。

三、产权制度改革

股份合作 1992年起，在新办企业中试行股份合作制，形式有企业内部增量扩股型、企业资产折股转轨型、个人出资合股型、多元股份复合型等。1994年，在山阳刀具厂和渔业村企业进行股份合作制试点。是年，新办2家股份制企业，9家老企业改为股份制企业，全镇股份合作制企业19家，总股本值2500万元，吸纳社会闲散资金730万元，集体资产置换金额550万元。1996年9月，按照金山县委、县政府《关于完善、发展股份合作制企业的若干意见》，明确股份合作制企业的特征、完善发展的重点、改制的政策措施等。是年，2家集体企业改为股份合作制。

产权转让 1996年，在2家“三资”企业中开展经营机制转换改革试点。1997年上半年，完成25家小企业改制。9月，镇制定《关于镇、村集体企业改制中的若干具体规定》共18条。1998年底，全镇完成114家企业（镇办企业58家、村办企业56家）改制工作，改制面达83.8%；改制时集体资产置换额6638.46万元，现交款3837.12万元。1999年3月，山阳镇集体资产管理委员会加强对企业产权转让中集体资产管理，全镇通过包、租、转、卖、关等方式对企业进行改制。至2002年，镇属实业型企业完成改制。

改制企业必须接纳原企业的在册和退休职工，承担安置的义务，并且实行全员劳动合同制。

第四节　工业管理

一、管理机构

山阳工业公司 1983年4月组建，主要负责管理和服务社、队工业企业。下设办公室、财务科、镇办企业科、村办企业科、安全质检科等科室。2000年注销工业公司。

山阳对外经济发展总公司 1992年7月组建，负责外商到山阳投资和落户洽谈，并对“三资”企业进行管理和服务。设总经理1名，若干名工作成员。

山阳镇资产经营有限公司 1993年3月组建，主要负责集体资产登记、申办权证和资产运作管理。2001年11月，归口山阳镇工业贸易办公室。2007年，归口镇经济发展办公室。

山阳镇企业发展有限公司 2002年6月组建，主要负责全镇（镇属）工业实业（地）型内、外资企业的招商、项目申报、建设及投产后的协调和服务；工业园区的日常管理、产业指导；工业企业内、外资资金的到位；工业型投入、产出的统计、技改申报、高能耗有污染企业的淘汰及企业有其他需求的服务。公司设经理1名、副经理1—2名及相关科室。

二、管理体制与机制

企业体制 20世纪80年代初，由党支部统揽企业一切事务。80年代中期起，实行“党支部领导下的厂长（经理）负责制”。厂长（经理）负责企业经营管理，制定实施企业发展计划，接受政府、职工监督考核。企业所有权和经营权分离后，厂长（经理）由委派制改聘用制。股份制企业设立董事会，厂长（经理）由董事会聘任，对董事会负责，依法行使职权，并承担责任。非公企业的经营决策权、用工权、收益分配权等由企业法定代表人依法行使。

生产计划 20世纪90年代开始，扩大企业自主权，政府加强对企业的指导服务，企业面向市场，决定经营方针，根据市场需求制定和调整生产计划、实行以销定产，企业成为自产自销、风险自担的经济主体。

用工制度 企业用工制度随着经营机制、产权制度改革而变化。企业用工由政府安排分配，逐步过渡到企业自主招聘，实行合同制，形成管理人员能上能下、职工能进能出的企业用人双向选择机制，安置政府及企业征地农民工、协议安置复退军人。2000年起，企业用工全面走向市场，面向社会多渠道招聘。

分配制度 1986—1990年，乡村集体企业实行“定基数超利润分成”“利润大包干全奖全赔”等分配制度。1991年起，经营者和职工的报酬，根据厂长（经理）岗位责任制，按基本报酬，责任、效益、资产增值、社会贡献、精神文明建设等9项考核结果而定。这种分配模式一直持续到企业转制。1999年开始，企业实行自主分配，形成工资制、计件制、年薪制、保底工资加计件工资等分配制度。

第五节 山阳工业园区

一、概况

山阳工业园区由宏山工业区、中山工业区和金山嘴工业区（在本章第六节详述）组成。宏山工业区1992年始建，东至沪杭铁路金山卫支线，西至亭卫公路，南至老龙泉港，北至红旗港，区域面积2.45平方千米；中山工业区2002年始建，东至沪杭铁路金山卫支线，西至松卫南路，南至红旗港，北至S4高速公路控制带，区域面积4.55平方千米。1992年8月，全国人民代表大会常务委员会副委员长费孝通到山阳考察，并题名“山阳工业开发区”。1993年，市委副书记王力平、市农村党委书记范德官，在县委书记潘龙清陪同下，考察山阳工业园区。经过多年建设，园区基础设施基本完备，园区产业定位明确，发展势头稳定，进入收获期。2005年起，山阳工业园区成为上海市级工业区金山工业区南区。

至2009年，工业园区共有企业176家，其中外资企业44家、内资企业132家。固定资产投资额23.58亿元，其中外资8.57亿元，占36.34%；内资15亿元，占63.66%。占地面积278.46公顷，其中外资企业65.78公顷，占23.62%；内资212.68公顷，占76.38%。

二、产出

2005年，金山嘴工业区划归山阳镇。是年，工业园区实现总产值46.87亿元。其中“三资”企业36家，产值15.12亿元，外贸出口拨交值8.72亿元。2008年，全国经济普查资料显示，工业园区内共有规模企业115家，实现产值73.96亿元，其中内资企业49.86亿元、外资企业24.10亿元。

入驻工业园区的企业从源头把关，实行环保一票否决制，杜绝引进“高污染、高能耗”的项目。对以前存在的劣势企业、夕阳产业，予以关闭和淘汰。2008年，淘汰和关闭乔治食品、双通照明、卫东水洗厂、征宇服装、汇鑫毛纺5家企业。

2009年，工业园区内176家企业实现工业总产值63.07亿元，其中股份合作企业2.21亿元、私营企业41.35亿元、“三资”企业19.51亿元。税收超500万元企业9家，私营企业上海泰胜电力工程机械有限公司上缴税额3399.68万元，“三资”企业联合利华食品（中国）有限公司上缴税额2479.46万元。园区内高新技术企业14家，获“高新技术转化成果项目”称号企业6家。

第六节　上海金山嘴工业区

1992年5月、6月，金山县人民政府在山阳先后组建金山嘴综合开发办公室和金山嘴综合开发总公司。1993年3月，成立金山嘴出口加工工业区管理委员会，9月撤销金山嘴综合开发办公室，11月，金山嘴出口加工工业区管理委员会更名为上海金山嘴工业区管理委员会，直属金山县人民政府领导。同月，与香港招商局签署联合建设金山嘴工业区协议，成立招商局金山工业区（上海）联合发展有限公司。金山嘴工业区西邻上海石油化工股份有限公司，东毗上海化学工业区，南傍申甬车客渡码头。规划总面积为22.8平方千米，定位为多功能、综合性、外向型工业区。办公地址在金山大道（亭卫公路）1518号。是年12月31日，上海市人民政府同意金山嘴工业区列为上海市级工业区。1995年1月，金山嘴工业区被农业部命名为“全国乡镇企业示范区”。

1998年10月28日，经金山区人民政府批准，山阳镇倪家、新江、海光、卫东村和海浒居民区整建制划入金山嘴工业区。

2003年8月，金山区人民政府决定将上海金山嘴工业区北移至与山阳相邻的朱行镇域。2004年1月，经上海市人民政府批准，金山嘴工业区改名为金山工业区。原辖区回山阳镇。

一、机构设置

上海金山嘴工业区是金山区（县）的处级单位。1993年，组建金山嘴工业区领导小组，县长程志强兼任组长，副组长为宋秀龙、陈德昌、姚元熙、杨仁龙、姜兴奎5人，县有关局、委主要领导为成员。是年，建立上海金山嘴工业区管理委员会、上海金山嘴金飞实业总公司（后变更为上海金山嘴工业区企业发展有限公司），翌年8月，成立金山嘴工业区党工委，“三块牌子、一套班子”。设办公室、项目审批部、规划建设部、招商管理部和综合事务部，管理委员会副主任兼任各部部长。9月，开发区内设公安派出所。金山县工商行政管理局、财政局、建设局、外经贸委等均派2—5人常驻金山嘴工业区，处理所涉日常事务。

1995年9月，调整金山嘴工业区管理体制，工业区日常管理工作由山阳镇党委、政府负责。山阳镇党委书记杨仁龙兼任金山嘴工业区党工委书记、管理委员会主任和企发公司法人至1998年11月。

1997年，组建金山嘴工业区企业注册咨询部和金山嘴工业区投资咨询有限公司。1998年，组建上海滨海房地产有限公司和上海力卫拆迁有限公司。1999年，增设或组建金山嘴工业区工会、共青团、妇联、社会事业、财会（联村会计）等组织与机构。2003年，组建上海绿莱实业发展有限公司。

1994—2003年上海金山嘴工业区领导班子成员名录表

表14-12

任次	党工委书记、管理委员会主任	党工委副书记	党工委委员、管理委员会副主任
一	姚元熙（1994年8月至1995年9月）	—	倪召方、杨震、沈瑞忠
二	杨仁龙（1995年9月至1998年11月）	—	徐庆辉（主持）、戚学民 倪召方、杨震
三	夏杰（1998年11月至2003年8月）	倪召方、于小粮	程邦辉、陆正华、邱吉林

二、规划与建设

规划 金山嘴工业区总规划面积22.8平方千米，分山阳工业园区、香港招商局金山工业区和商住区。1998年12月，调整规划，首期开发8.5平方千米，东至铁路金山卫支线，北至老龙泉港，西至杭州湾大道，南至运石河北侧（市港区开发待用地）。其中亭卫南路西侧为商业用地，建造农民动迁安置房和商品房及商业经营房。

1993年起，先后规划宏山工业区内主干道，红旗路延伸至卫零路及给排水工程，二横二纵道路网格，及与之配套的绿化、亮化、美化设施项目；香港招商局在工业园区项目的规划设计；建设1万门程控电话和3.5万伏变电站等。

建设 金山嘴工业区从实际出发，按照“打好基础，有所突破”的工作要求进行建设。1993年12月，投资240万元，建成3.5万伏变电站。1994年，做好1.2平方千米范围内倪家、新江村442户农户动迁的前期准备工作。1995年，开通万门程控电话。1999年，建造6000平方米标准厂房，完成33.33公顷土地的“四通一平”工程，建设卫清东路、向新路（山倪路），铺设亭卫公路延伸段（亭卫南路）排污管道，动迁110户农户和8家村办企业，对外批租土地35.73公顷。2000年，投入6400多万元，全面启动3平方千米的土地平整及“四通”建设，开展3.1千米的“二横二纵”主干道路及管网等配套设施建设，200万平方米工业用地形成网格，2万平方米的标准厂房竣工，22万伏变电站破土动工，完成10个村民小组1600名劳动力动迁和安置。2001年，投入1.17亿元，完成上海石化水厂到工业园区自来水总管和7.69千米排污管道的铺设，协调完成3870千伏安的电力配置，修筑全长3.28千米厂区道路，平整65万平方米土地，建造标准厂房及辅助用房9.84万平方米，完成卫清路、板桥路全长1.85千米的道路延伸、老龙泉港疏浚工程（工业区段）前期配套工作。2002年，疏浚牌楼港及石驳岸加围栏工程，安装卫清路、板桥路190盏路灯及灯箱广告，新建的35千伏申甬变电站11月投入运行。

1994年起，新江村动迁户，在农户自愿的前提下，统一安排在原新江村8、9两个组的土地上，建造统一标准的小别墅。倪家村动迁户先后安排在倪家4组，沪杭铁路金山支线与龙泉港的中间地段(原倪家1组)，建房按人数配置建房面积，形成动迁户自建房小区。

1995年，金山嘴工业区规划建造6万平方米的多层商品住宅房，至1997年，由于资金等问题未完工。后全部转让给上海山鑫置业有限公司，竣工后有40%作为金山嘴工业区和山阳镇动迁户的安置房。其间，工业区为1009名征地农转非人员办理养老保险，支付土地及劳动力补偿费用476.6万元，安排就业500多人。

三、招商引资

1993年11月18日，金山县人民政府与香港招商局发展有限公司，签署联合开发金山嘴工业区协议书，拟成立招商局金山工业区（上海）联合发展有限公司。金山县以土地作价入股，占35%股份，招商局以现汇入股，占65%股份，协议开发面积为3.45平方千米。1994年9月15日，上海金飞实业总公司与香港招商局发展有限公司共同组建招商局金山工业区（上海）联合发展有限公司，注册资本1400万美元，先期投资2800万美元。主营市政基础设施建设和工业项目开发、标准厂房建造。1995年7月20日，金山嘴工业区举行招商洽谈会暨新闻发布会，有关国家、中国港澳驻沪机构代表应邀出席，县长程志强、县人大常委会副主任陆秋根出席并讲话。

1999年，引进内资项目2个，总投资5969万元；引进外资项目4个，合同引进外资1088万美元。有2个项目试生产、2个项目的厂房竣工。当年引进的上海诚臣钢结构有限公司，征地2.67公顷，具有钢结构制作、安装、施工二级资质，是金山土建和钢结构相配套的唯一企业。2000年，金山嘴工业区与上海石化股份有限公司合作的第一家企业上海博卡化工有限公司，总投资4000万元，主要生产新工艺炭黑，一期年产量1.5万吨。第一家外资企业华纪塑胶（上海）有限公司在工业区兴建，前期总投资350万美元，生产新型高级塑钢门窗等。公司拥有2套国际塑钢门窗行业中最先进的设备——德国耶鲁公司全自动加工生产线，年产量30万平方米。年内，共引进外资项目4个，总投资720万美元，合同利用外资681万美元，外商到位资金160.4万美元。2002年7月，外资企业上海康利特种丝有限公司建成投产，该公司由美国上市公司Worldtex集团下属的法国Filix . S . A与中国香港伟新集团共同经营，总投资2亿元，主要生产和销售各类优质弹性包覆纱，年生产包芯线500吨。

2000年5月，工业区在浙江温州瑞安设立招商办事处。10月，与温州市经济协作办在温州联合召开招商新闻发布会，宣传工业区的优越条件、优惠政策和优质服务。翌年5月，工业区经济工作会议在温州瑞安举行，特邀温州地区10多家知名企业法人恳谈交流、相互沟通和了解。至2002年，吴泰集团、吴泰建设、中瑞实业、泰胜风能、华峰集团等20多家大中型企业先后落户工业区。

金山嘴工业区根据规划和功能定位引进大型商贸市场。2002年，位于卫清东路北侧，建筑面积3万平方米的上海铭品汇建材装饰市场建成。2003年，位于亭卫南路西侧、铁路金卫支线北面、龙胜东路南，总投资1.5亿元，占地面积4.1公顷，建筑面积15万平方米上海亿丰建材市场落成，市场拥有五金、交电、建材、装饰等800多家商铺。两个大型市场吸引浙江、江苏、安徽、江西等省和上海客商购买、租赁商铺经营。

至2004年，金山嘴工业区共有企业250家，有金属制品业、化工原料及化学制品制造业、通用设备制造业等35个行业。从业人数6260人，营业收入15.37亿元，企业资产19.73亿元。

2004年金山嘴工业区行业分类与从业情况表

表14-13

行业类别	法人单位（家）	从业人数（人）
食品制造业	2	47
纺织业	5	578
服装、鞋、帽制造业	3	205
皮革、毛衣、羽毛（绒）及其制品	2	104
木材加工及木、竹、藤、槟、草制品	1	8
家具制造业	1	250
造纸及纸制品业	2	81
化学原液及化学制品制造业	9	333
化学纤维制造业	3	203
塑料制品业	4	518
非金属矿物制造业	1	7
金属制品业	12	341
通用设备制造业	5	168
专业设备制造业	1	50
电气机械及器材制造业	3	83
通信设备、计算机及其他电子设备制造业	3	708
工艺品及其他制造业	1	21
房屋及土木工程建筑业	6	806

续表 14-13

行业类别	法人单位（家）	从业人数（人）
建筑安装业	11	240
建筑装饰业	5	90
其他建筑业	2	120
道路运输业	1	18
装卸搬运和其他服务业	2	43
仓储业	1	10
计算机服务业	11	104
软件业	1	23
批发业	21	224
零售业	66	316
餐饮业	6	60
房地产业	10	203
租赁业	2	11
商业服务业	20	149
专业技术服务业	20	149
居民服务业	2	12
其他服务业	5	45

注：1. 全国第一次经济普查，标准时点为 2004 年 12 月 31 日；
2. 表中法人单位和从业数均有金山嘴经济小区注册的实地型企业

第七节　经济小区

1997—2009 年，山阳经济小区、金山嘴经济小区，累计税收 32.47 亿元。

一、山阳经济小区

1997 年初成立。1998 年 4 月，经上海市农业委员会批准，山阳经济小区管理委员会和山阳私营经济投资发展有限公司（以下简称经济小区）正式挂牌。经济小区管理委员会负责经济小区政策兑现、行政管理、统筹协调等工作。

1997—2009 年底，累计注册落户企业 3166 家，税收 17.59 亿元。2009 年，注册企业 722 家，税收入库 2.41 亿元。

2000 年起，多次前往福建、江苏、山东等地招商。2001 年，在区内率先设立外省市（泉州）招商办事处。2003 年，税收超亿元。2006 年 1 月，通过 ISO9001∶2000 国际管理体系认证。坚持为重点企业提供 VIP 咨询、办理纳税事务等，有上海至山阳班车接送、代理记账、企业客户生日友情提醒等特色服务。2005—2008 年，经济小区 2 次被评为金山区文明单位。2006—2009年，连续2次被金山区人民政府命名为示范经济小区，获评上海市2006—2007年治安安全管理合格单位。2008年，获金山区经济小区年终考核第一名。

经济小区设正、副经理，下设办公室、财务室、招商管理部，有职工31名。在上海黄浦区巨鹿路137号7楼B座、长宁区天山路1825号皇家酒店商务楼210室设办事处。2009年，办公地址为金山区亭卫公路1500号4楼。

1997—2009年山阳经济小区发展情况表

表14-14

年份	纳税（万元）					招商落户企业（家）	
	合计	增值税	营业额	所得税	其他税	当年	累计
1997	180	—	—	—	—	64	120
1998	927.1	296.7	312.4	263	55	72	192
1999	2707.8	961.1	861.8	734.4	150.5	108	300
2000	2351.3	1308.4	308.7	572.3	161.9	87	387
2001	6910.8	2636.5	1910.4	1857.9	506	143	530
2002	7672.9	3026.6	2152.2	1983.5	510.6	179	709
2003	10927.8	4596.2	2812.7	2733.5	785.4	232	941
2004	14618	5761.2	3902.9	3840.1	1114.1	313	1254
2005	23976	7360.0	7493	7009	2114	277	1531
2006	28274	8970	8112	10126	1066	349	1880
2007	26358	7354	7118	11189	697	259	2139
2008	26928	9308	7645	8859	1116	305	2444
2009	24111	7648.4	6917.7	8759.6	785.3	722	3166

二、金山嘴经济小区

始建于1997年初，前身为上海金山嘴工业区企业注册咨询部、上海金山嘴工业区投资咨询有限公司。是年，注册落户企业28家，实现税收1764万元。至2004年，累计注册落户企业600家；2005年，划归山阳镇管辖。2009年，注册企业656家，纳税1.96亿元。1997—2009年，累计招商落户企业2205家，纳税总额14.87亿元。

创办初期起，以自主招商为主、质优（税种好）为主、以大企业为主，不搞补贴招商，企业进得来、留得住、产得出、做得大，2003年，税收突破亿元。2001—2003年，工商、税务年检率、户均有税率、户均纳税率、财政实得率等方面连续3年位居金山区26个经济小区第一。2004年7月，通过ISO 9001:2000国际管理体系认证。2000—2005年，连续3届被金山区人民政府命名为“示范经济小区”。2002年被评为上海市三八红旗集体。2001年、2008—2010年度分别被评为金山区先进集体。

经济小区设经理，下设企业服务部、招商管理部、综合办公室，职工 27 名。在上海徐汇区南丹东路 238 号新东雅大酒店 2315 室和长宁区定西路 513 号 1232 室设办事处。2009 年，办公地址为金山区卫清东路 2828 号。

1997—2009 年金山嘴经济小区发展情况表

表 14-15

年份	纳税（万元）					招商落户企业（家）		备注
	合计	增值税	营业税	所得税	其他税	当年	累计	
1997	1764	283	1157	298	26	28	40	—
1998	2116	256	1168	653	39	76	116	—
1999	2700	504	964	1194	38	86	202	—
2000	3709	866	1576	1154	113	51	253	—
2001	4922	927	1966	1774	255	60	313	—
2002	7911	1495	2513	3513	390	121	434	—
2003	12289	2293	5777	3400	819	113	547	—
2004	16735	2721	7310	5516	1188	53	600	—
2005	16980	3595	8746	3064	1575	209	809	不包括 3 月转给山阳小区 6 家企业和 6573 万元税金
2006	21098	4699	8948	5734	1717	192	1001	—
2007	19421	3007	7456	8017	941	218	1219	不含已划出实业型企业税收 4005 万元
2008	19475	3092	8553	6790	1040	330	1549	不含已划出实业型企业税收 7082 万元
2009	19597	3671.4	9298.4	5254.2	1372.9	656	2205	不含已划出实业型企业税收 6889 万元

三、管理服务

1998—1999 年，落实金山区人民政府《关于鼓励区外投资者参与经济小区建设的若干规定》和《关于加强招商引资、促进经济小区发展》的 2 个文件精神，进一步明确经济小区招商引资、优惠政策、服务管理要求。2001 年，与金山区税务分局签订经济小区企业管理责任书，明确双方的管理职责。2004 年，根据金山税务分局《关于进一步加强经济小区管理的暂行办法》等税收征管文件，在分级管理中，对纳税异常户进行有效监控。2005 年，根据金山税务分局《关于经济小区实行企业登记注册辅导制的工作意见》，加强经济小区管理，提高招商运营质量，防范和化解注册型企业风险。对纳税大户、重点户进行跟踪服务、上门服务，每年召开 1—2 次重点纳税大户座谈会，听取意见，完善管理服务。运用现代化办公手段，逐步提升内部管理和对外服务水平，不断优化招商环境，使小区健康有序发展。

第八节 企业选介与获奖获评企业

一、企业选介

上海金海鞋业有限公司 坐落在汀南村，1988年8月动建，占地面积9887平方米，建筑面积4500平方米，1989年10月，核准注册登记并试生产。由山阳工业公司、县外经贸委与香港云海鞋业有限公司（台商）合资开办，共同投资102万美元。1990年，公司生产“奇安特”系列高级运动鞋，有高、中、低帮三大类，30多个品种。是年12月，被列为在北京召开的第11届亚运会4900人仪仗队指定用鞋。获首届中国鞋文化博览会“最杰出企业”质量奖金牌和“外国人最欢迎的中国鞋”奖杯。1992年，公司增资扩建，总投资增至250万美元，引进全套时装鞋和出口型室内工艺拖鞋生产流水线，年产运动鞋、时装鞋、工艺鞋440万双，实现产值1.18亿元，利润1287.77万元，成为金山县第一个产值超亿元、利润超千万元的“三资”企业。1992—1993年，连续2年列国家统计局利税统计排序皮革行业前十强，位居第二。1993年，位居中国500家最大乡镇企业第198位，缝纫车间被上海市人民政府评为模范集体。1994年，实现产值1.85亿元、利润1069万元，获“全国最佳乡镇企业”称号，公司在全国1000家最大经营规模乡镇企业中排名第605名。“奇安特”系列产品更新换代快、款式新颖且多，成为市场上的抢手货，产品畅销全国30多个大、中城市，还销往美国、英国、法国、日本、加拿大、新加坡等国家。1994年，公司总经理陈国英被评为金山县“十佳外商”。1999年，公司歇业。

上海三乐高分子材料有限公司 2005年，落户在山阳浦卫公路16393号。1992年10月创建，1996年，转制为私营企业。是全国最早研制聚丙烯编织袋专用涂膜料、中缝料的高科技企业之一。公司注册资本1000万元，占地面积31752平方米，建筑面积29015平方米，固定资产3643万元，职工60人。“三乐”牌专用涂膜料、中缝料是水泥袋、化肥袋、饲料袋、化工袋、雨篷布、彩条布等涂复、黏中缝不可缺少的一种特殊涂料，产品销往全国各地。1997年，被评为上海市百强私营企业；1998—1999年，被列为上海市星火项目科技企业；2006年，获评上海市高新技术企业。2009年，销售收入1.99亿元，创利1476万元，纳税762万元。是年，“三乐”牌专用涂膜料获评上海市名牌产品和著名商标。

上海宏泰制衣有限公司 是山阳与中国香港立泰有限公司组建的合资企业，位于山阳红旗东路318号。公司占地面积21280平方米，建筑面积19385平方米，总投资2906万元,1992年12月，建成投产，有职工495人。公司拥有电脑打板、自动拉布、自动裁剪及悬吊流水线作业等先进制衣设备900多台（套）。生产知名品牌“帝鱼”西裤和各类中高档系列休闲服，主要销往日本、西班牙、新加坡等地。1994年，实现销售收入1.22亿元，利润806.61万元。出口创汇超千万美元（全县仅3家）；1995年，列全国1000家最大经营规模乡镇企业第890名。2002年12月，变更为上腾煜制衣（上海）有限公司，为独资企业。

上海向隆电子科技有限公司 位于金山区亭卫公路1468号，公司占地面积37574平方米，建筑面积17343平方米。1993年11月，核准注册登记为合资企业，1997年，转为美商独资企业。2004年3月，注册资本增至1500万美元，总投资2500万美元。主要生产和销售电子钢模制品、电子接插件、计算机接口设备及导光板，产品主要销往美国、日本、韩国、英国和中国香港、台湾等地区。1995—1998年，被上海海关评为“信任管理企业”；1995年，被评为市“双优”企业；1998年，被评为“上海市高新技术企业”；1999年，被上海市科学技术委员会评为上海市科技产业化“三上”企业。2000年，总收入6644.32万元，利润921.97万元，税收177.78万元。2003—2006年，先后被上海市外国投资工作委员会、上海对外经济贸易委员会认定为“外商投资出口企业”和“外商投资先进技术企业”。2006年，公司生产的产品通过FCC、CE、UL、CSA等国际安全标准认证。2009年，产值2.2亿元，税收202万元。

联合利华食品（中国）有限公司 坐落在亭卫公路1068号，占地面积22000平方米，建筑面积62000平方米，系世界500强之一的荷兰企业联合利华旗下企业。前身是上海华南老蔡食品工业有限公司，建于1993年7月，1994年投产，主要产品有老蔡酱油、酱菜和调味品三大系列40多个品种。是年，“老蔡”牌酱菜酱油系列产品获亚太博览会金奖、中国国际名牌博览会金奖；1995年，获上海市科技产品博览会金奖；1996年，产值1.01亿元。

1998年7月，联合利华全资收购华南老蔡公司，成为联合利华在中国投资的唯一生产性独资工厂。公司注册资本2579万美元，职工300多人。主要生产“家乐”牌、“老蔡”牌酱油及酱类调味品，年产酱油15000吨、酱10000吨。2002年，“老蔡”“家乐”牌酱油，经国家质量监督检验检疫总局核准为“产品质量国家免检”。2003年，扩建酿造车间，完善食品生产基地设施，具有年产60000吨酱类调味品的生产能力。是年，工厂通过QS食品准入认证及HACCP食品安全认证。2005年，获“中国最具影响力跨国企业”称号。2009年，产值3.10亿元，税收1781万元。

上海未来企业发展有限公司 坐落在九龙村汀南3164号，占地面积1.33公顷，建筑面积4100平方米，是从事精细化工产品研发、生产、销售和技术服务的专业公司；注册资金1000万元；主要生产经营水处理剂和精细化工、缓蚀阻垢剂、杀生剂和清洗剂等产品。2001年，公司获评“上海市高新技术企业”。1995年10月创建，经过10多年的奋斗，公司规模不断扩大，固定资产1369万元，职工从10多人增加到90多人，其中专业科技管理人员占职工数的85%；销售渠道从上海地区石油化工企业，拓展到全国大部分的石油化工系统企业。第一年纳税221万元，以后逐年增加。2009年，纳税384.89万元，1995—2009年，累计纳税4175万元。

上海泰胜风能装备有限公司 2001年注册成立，注册资本3.24亿元。坐落在金山嘴工业区内卫清东路1988号，占地面积81252平方米，建筑面积117828平方米，固定资产原值 1.41 亿元，职工 331 人，其中各类技术人员 133 人。公司致力于专业化制造风机塔架，是国内率先生产风机塔架的企业之一，拥有 10 条生产流水线，能够生产 100 千瓦、850 千瓦、1.5 兆瓦、2 兆瓦、3 兆瓦、3.6 兆瓦等多种规格风机塔架，年生产能力 400 台（套）。2008 年 10 月，公司相继在江苏东台、内蒙古赤峰开设生产型分支机构。产品不仅畅销国内，还出口日本、美国、澳大利亚等国家，泰胜风能是全球风电龙头 VESTAS 在中国生产风机塔架 2 家指定企业之一。2009 年，销售收入 5.13 亿元，纳税 3399.68 万元。

华峰集团上海有限公司 2002 年 10 月成立，注册资金 1.08 亿元。坐落在上海金山嘴工业区内亭卫南路 888 号，占地面积 15 万平方米，建筑面积 73610 平方米，固定资产原值 3.1 亿元，职工 590 人，其中各类技术人员占 25%。华峰集团是国内最大的专业开发生产和销售聚氨酯超纤维合成革系列产品企业，年生产能力 900 万平方米合成革，国内市场占有率近 30%。2006 年，获评上海市高新技术企业、上海市综合实力百强企业、上海市科技“小巨人”（培育）企业；2008 年 8 月，中国聚氨酯超细纤维复合材料研发中心在公司成立。2007—2009 年，产品年销售量位居国内同行业首位。2009 年，纳税 2421.62 万元，被评为上海市高新技术企业、中国优秀民营企业。

圣东尼（上海）针织机械有限公司 2004 年 12 月，在金山嘴工业区卫清东路 2000 号落户，注册资金 925.6 万美元，为外商独资企业。其总公司 LONATI 集团是意大利知名的针织机械制造企业，有 60 多年的历史。公司租赁厂房 7300 平方米，员工 130 多人，其中有从事几十年纺织机械制造的工程师和专业技术人员 10 多名。主要生产、装配多种针对国外市场的不同机型——SMA-TR2 型四路单面电子提花圆机、SM8-TOPIMP、TOP、CHN、Vignoni 等用于生产无缝内衣、外衣、泳装、运动装、医用服装等国际无缝针织机器。2007 年，产值 4.6 亿元，纳税 1735.82 万元。2010 年，销售收入 10.20 亿元，缴税 8220 万元。

上海基越工业设备有限公司（简称 UNICUS） 成立于 1998 年 4 月，注册资金 680 万元。2002 年，落户山阳经济小区。是一家专业的国外流体控制供应商，UNICUS 提供从气动元件，流体控制阀门，电动及气动阀门执行机构，电器控制系统，传动装置以及各类工业缓冲器及真空输送等产品。把国外最好的流体控制产品和精细的最适合的产品带给客户，是 UNICUS 一贯的坚持。作为产品的代理公司，基越设备有限公司注重“UNICUS”品牌的建设，制定了清晰的品牌战略，将公司的销售和服务与代理产品的品质相结合，持之以恒地打造 UNICUS 品牌。2009 年，纳税 353.85 万元。

二、获奖获评企业

1990—2009 年，山阳镇（乡）有 45 家次工业企业的 62 个项目获上海市、国家级荣誉及市“高新技术企业”等称号。其中国家级 14 次、市级 48 次。

1990—2009 年山阳镇工业企业获市以上荣誉或称号情况表

表 14-16

年份	单位名称	荣誉或企业称号
1993	上海奇安特金海鞋业有限公司	1992 年度上海市郊标兵企业；中国 500 强，位 198 名；国家统计局利税前十强，第二名；全国外商投资企业协会“双优”企业（出口创汇 200 万元、创利 2000 万元）
	上海三达服装有限公司	全国外商投资企业协会“双优”企业；上海市百家创汇较多企业
	上海宏泰制衣有限公司	全国外商投资企业协会“双优”企业；上海市百家创汇较多企业
	上海南荣箱包有限公司	全国外商投资企业协会“双优”企业
1994	上海奇安特金海鞋业有限公司	农业部全国最佳乡镇企业；全国 1000 家最佳经济效益乡镇企业
	上海三达服装有限公司	农业部全国最佳乡镇企业；全国 1000 家最佳经济效益乡镇企业
1995	上海向隆电子科技有限公司	上海海关评为信任管理企业；上海市外商投资“双优”企业
1997	上海三乐高分子材料有限公司	上海市百强私营企业；上海市星火项目科技企业
1998	上海向隆电子科技有限公司	上海市高新技术企业
1999	上海向隆电子科技有限公司	上海市科技产业化“三上”企业
	上海昆鹏化纤有限公司	上海市科技企业
	上海炼阳化工有限公司	1999—2000 上海市先进私营企业
2001	上海未来企业有限公司	上海市高新技术企业
2003	上海向隆电子科技有限公司	上海市高新技术企业
2006	上海向隆电子科技有限公司	被上海市外国投资委员会、上海市外经贸易委员会定为“外商投资出口”企业、“外商投资先进”企业
	上海三乐高分子材料有限公司	上海市高新技术企业
	华峰集团上海有限公司	上海市高新技术企业；上海市科技小巨人（培育）企业；上海市综合实力“百强企业”40 名
2007	上海冠卓企业发展有限公司	上海市高新技术企业
	上海东云信息技术发展有限公司	上海市科技小巨人（培育）企业
	上海侨茂建筑防水材料有限公司	中国优秀民营科技企业
	上海三乐高分子材料有限公司	中国优秀民营科技企业
2008	上海华峰超纤维材料有限公司	第二届上海市最具活力科技企业；上海市高新技术企业
	上海东云信息技术发展有限公司	上海市重点新产品；上海市高新技术企业
	上海邦正科技发展有限公司	国家创新基金；上海市高新技术企业
	上海金树树脂粉末有限公司	上海市创新资金；上海市高新技术企业
	上海向隆电子科技有限公司	上海市高新技术企业
	上海新兆塑业有限公司	上海市高新技术企业

续表 14-16

年份	单位名称	荣誉或企业称号
2008	上海冠卓企业发展有限公司	上海市高新技术企业
	上海欣年石化助剂有限公司	上海市高新技术企业
	上海金熊造纸网毯有限公司	上海市高新技术企业
2009	华峰集团上海有限公司	中国塑料行业先进单位；第三届上海最具活力科技企业；中国优秀民营企业；上海市高新技术企业
	上海昆鹏化纤有限公司	上海市高新技术企业
	上海向隆电子科技有限公司	上海市高新技术企业
	上海金树树脂粉末有限公司	上海市高新技术企业
	上海新兆塑业有限公司	上海市高新技术企业
	上海冠卓企业发展有限公司	上海市高新技术企业
	上海欣年石化助剂有限公司	上海市高新技术企业
	上海瑞气气体设备有限公司	上海市高新技术企业
	上海扳换机械设备有限公司	上海市高新技术企业
	上海邦正科技发展有限公司	上海市高新技术企业
	上海东云信息技术发展有限公司	上海市高新技术企业
	上海金熊造纸网毯有限公司	上海市高新技术企业

戚家墩遗址出土的战国麻布纹陶钵

第十五章 建筑业

20世纪80年代中期起，山阳建筑业尤其是市政建筑业迅猛发展。1993年起，形成以上海山阳工程建设（集团）公司、上海振阳建设（集团）公司、上海建阳建设（集团）公司和上海振金建筑装潢工程公司为龙头，引领镇、村建筑企业共同发展，成为山阳镇经济发展的支柱。

1990年，乡办市政建筑业产值7019.84万元，占全乡社会总产值的22.43%，利润979.05万元。1995年，镇办市政建筑业总收入5.60亿元，利润5967.78万元。镇三大建设（集团）公司跻身上海市郊乡镇建筑企业“十强”，山阳工程建设（集团）公司位居“十强”榜首。1997年起，深化企业改革后，山阳建筑业向多门类、专业化发展。2009年，建筑业总收入29.74亿元，税收8223万元。

第一节 企业发展与经济效益

一、企业发展

1990年，乡办市政建筑企业有山阳市政工程公司、山阳综合工程公司、上海建阳市政联合工程公司、山阳建筑工程公司等10家。1995年，发展到30家，既有镇办集体企业，又有联营合作、股份制企业。由市政道路、桥梁、下水道和房屋建筑等土木工程类向综合性、多门类发展。1997年后，深化企业改革，镇、村集体企业转制，域内建筑企业呈门类众多、专业化发展态势。2004年，全国第一次经济普查时，山阳镇域有建筑法人单位79家。2008年，全国第二次经济普查时，增至188家，有房屋和土木工程建筑业、建筑安装业、建筑装饰业、其他建筑业4大类，分为市政道路、桥梁、土木工程、绿化园林施工、消防设施安装、电力、热力燃气工程、机电安装、化工设备机械安装及防腐保温、装潢、装饰、钢结构制作与安装、岩土勘察、管道非开挖、水务水利、建材、油漆涂料、建筑防水等25个门类。

二、组建集团

1993年底起，先后组建上海山阳工程建设（集团）公司、上海建阳建设（集团）公司、上海振阳建设（集团）公司三大集团企业，实行“服务石化、面向上海、参与浦东、辐射全国”

的经营方针。承接上海、石化、浦东等国家和市政府重点项目及市郊、外省市建设工程。

2005年8月，组建上海锦水（集团）建设有限公司。2008年10月，组建上海金瑞建设工程（集团）公司。其间，浙江世安建筑集团有限公司、浙江中联建设集团有限公司等先后落户山阳，注册上海分公司。

三、经济效益

1990年，乡办市政企业职工1648人，产值7019.84万元，利润979.05万元。分别占全乡社会总产值、总利润的22.43%、36.26%。其中，市政、综合、建阳三大公司总收入5057.40万元，利润738.38万元。

1995年，镇办市政建筑企业职工3303人，总收入5.60亿元，利润5967.78万元，税收1721.81万元，分别占全镇总收入、总利润和税收的35.99%、69.87%和44.12%。其中，镇三大集团公司实现总收入4.57亿元，利润4909.2万元，税收1365.35万元。跻身上海市郊乡镇市政建筑“十强”企业。其中，上海山阳工程建设（集团）以总收入2.22亿元，创利税2867万元居“十强”产值、利税榜首；上海振阳建设（集团）和上海建阳建设（集团）总收入分别居“十强”第8和第3位，利税分别居第3和第6位。

1996年，山阳镇三大集团公司获评金山县首批明星企业。上海山阳工程建设（集团）公司为二星级明星企业（年产值2亿元以上或利润2000万元以上）；上海建阳建设（集团）公司和上海振阳建设（集团）公司均为一星级明星企业（年产值1亿元以上或利润1000万元以上），占全县20家明星企业的15%。

1998年1月，山阳建筑企业开始转制，2001年结束。2004年，全国第一次经济普查时，山阳建筑业总收入10.79亿元，利润4941万元。2008年，全国第二次经济普查时，建筑业总收入27.26亿元，税收1.03亿元。2009年，建筑业职工3165人，总收入29.74亿元，税收8223万元，其中税收100万元以上的企业有18家。

1990年山阳乡建筑企业总收入、利润分配情况表

表15-1

单位名称	总收入（万元）	利润（万元）	实际劳动报酬		
			分配人数（人）	分配总额（万元）	人均分配（元）
小计	7019.84	979.05	1648	374.81	2274
市政公司	2326.95	258.04	670	143	2134
建筑公司	1043.53	95.29	499	106.09	2126
综合公司	1086.69	149.55	150	39	2600
第三公司	394.23	83.83	43	11.39	2649
第六公司	178.55	22.23	28	6.67	2382
建阳公司	1643.76	330.79	200	56.94	2846
综合队	126.17	19.95	20	4.94	2470

续表 15-1

单位名称	总收入（万元）	利润（万元）	实际劳动报酬		
			分配人数（人）	分配总额（万元）	人均分配（元）
水利工程队	119.23	8.58	16	2.79	1744
建安队	59.71	9.21	16	3.02	1887
水电工程队	41.02	1.58	6	0.97	1617

1994—2004 年山阳镇三大集团公司经济发展情况表

表 15-2　　单位：万元

年份	上海山阳工程建设（集团）				上海建阳建设（集团）				上海振阳建设（集团）			
	总收入	利润	税收	固定资产原值	总收入	利润	税收	固定资产原值	总收入	利润	税收	固定资产原值
1994	20891.38	1883.12	211.4	4535.31	11607.83	1236.57	471.95	1534.87	11256.6	1705.15	252.26	2668.45
1995	22187.56	2019.32	847.76	8486.89	11491.82	1381	242.54	1332.29	12011.47	1508.88	275.05	4598.17
1996	19918.99	1018	363.6	9350	7718.43	723.8	294.17	1729.63	11185.18	808.68	235.52	5599.77
1997	15684.23	1020.34	827	8973.79	5525.82	-332.36	134	2661.58	7792.22	358.55	340.68	5270.16
1998	12000.44	808.44	296.14	11118.5	1008.13	100.68	9.82	2099.18	3648.05	350	130.13	4618.69
1999	13420.49	650	323.05	8191.32	1078.05	91.65	7.08	1622.72	2516.26	164.34	131.66	2986.85
2000	18452	1019	275	7569	1890	71	113	1623	1084	11	83	4618
2001	17283.91	1028.59	709.16	4195.1	514.18	-32.75	1	1623	2018	302.7	81.33	4618
2002	18948	1280	777	4195	1915	25	1	1546	耿耿公司 1292	10	21	809
2003	7180	6	121	4195	690	—	10	1546	18226	755	237	809
2004	6474	62	209	4195	1400	30	14	1546	17259	586	314	809

注：1994—1998 年为销售收入。因上海振阳建设（集团）与上海耿耿建设（集团）联营，从 2002 年起，统计数据归耿耿公司名下

1990—2004 年山阳镇（乡）建筑企业经济发展情况表

表 15-3

年份	单位（个）	总收入（万元）	利润总额（万元）	国家税收（万元）	分配人数（人）	劳动报酬		固定资产原值（万元）
						总额（万元）	人均（元）	
1990	10	7019.84	979.05	—	1648	374.81	2274	—
1991	12	8866.16	1016.26	—	1780	487.86	2459	—
1992	—	16316	—	—	—	—	3606	—
1993	25	45510.77	4886.26	1094.17	2673	1790.01	6690	7368
1994	29	55749.17	6093.15	1239.79	3159	2280.83	7220	11463
1995	30	56986.27	5967.78	1721.81	3303	2555.80	7737.81	18161
1996	27	57934.69	3239.52	152.46	2616	1864.16	7126	23461

续表 15-3

年份	单位（个）	总收入（万元）	利润总额（万元）	国家税收（万元）	分配人数（人）	劳动报酬		固定资产原值（万元）
						总额（万元）	人均（元）	
1997	23	35169.14	1121.18	1499.79	2261	1359.04	6011	20645
1998	17	19852.53	1585.64	548.52	1482	1037.06	6998	20613
1999	12	21163.32	1078.3	591.09	1289	985.72	9647	14081
2000	18	26526	1090	633	957	948	9906	15080
2001	10	32788.69	1779.82	1104.34	1190	1278.89	10747	16618.29
2002	10	32785	1401	926.4	576	601.6	10444	12369
2003	9	47310	1063	1051	201	243	12089	12469
2004	9	49931	998.6	1495.3	691	1965	28437	12469

注：2004 年数据含经济小区所招实业型建筑市政装潢企业在内

2009 年山阳镇纳税 100 万元以上建筑企业情况表

表 15-4

序号	企业名称	纳税额（万元）
1	上海石化消防工程有限公司	614
2	上海金山园林工程有限公司	531
3	上海石化金艺工业建设有限公司	516
4	上海金璐工程建设有限公司	494.97
5	上海百资建设工程有限公司	461
6	上海埃金科工程建设有限公司	357.09
7	中国石化集团第十建设公司上海分公司	333
8	上海金建建设工程有限公司	264
9	上海荣世工程建设有限公司	221.75
10	上海思纳建筑设计有限公司	200
11	上海山阳工程建设有限公司	197.92
12	上海建惠建设工程造价咨询有限公司	191.31
13	上海浦华水务工程建设有限公司	185.15
14	浙江中联建设有限公司上海建设分公司	177.86
15	上海安泰钢结构有限公司	166.35
16	上海良逸建设工程有限公司	127
17	上海中外建建筑装饰有限公司	121.84
18	上海雄建市政工程有限公司	116.46

第二节　企业装备与资质等级

一、企业装备

1990年，山阳市政建筑业共有技术员以上专业人员200多名。拥有大小推土机10台、铲车10台、挖掘抓斗机12台、吊车9台以及100余辆大小运输车辆。固定资产2000多万元。1993年，有368人参加技术培训。翌年有技术人员776人，其中聘用高级工程师3名、工程师8名。

1994年，上海山阳工程建设（集团）公司有职工2880人（含季节工），其中各类技术人员368人。固定资产4535万元，各类大型机械设备287台（套）。1998年，固定资产原值1.11亿元。上海振阳建设（集团）公司，拥有职工1800人（含季节工），其中各类专业技术人员116名。固定资产2668万元，拥有各类大型机械设备256台（套）。1996年，固定资产原值5599万元。上海建阳建设（集团）公司，固定资产1534万元，各类动力设备总动力9850千瓦，其中各类机械设备215台（套）。有201人分别获得上岗证书和技术职称证书；引进和借调高级工程师3名、工程师8名。上海振金建筑装潢工程有限公司，拥有100米以上回转塔吊、8吨汽车吊、散装水泥汽车等车辆25辆，生活车15辆，各种建筑专用设备80多台（套）。1997年，公司固定资产原值938.1万元。

二、资质等级

1990年起，无资质等级的市政建筑企业，一律不准参与招投标，山阳加快市政建筑类企业申报资质等级。1994—1999年，有三级以上资质企业7家。2000年，装潢装饰（139家）、消防设备安装和钢结构建造安装企业开始注册落户，并评审企业资质等级，资质等级类企业又增加新行业。2004年，全国第一次经济普查时，有建筑总承包和专业承包资质企业12家，2008年，全国第二次经济普查时增至26家。

2009年，山阳有资质证书企业45家。按行业分有建筑、市政、园林绿化、装潢、消防、保温、安装、钢结构等设计与施工；按等级分有一级资质企业9家、二级资质企业21家、三级资质企业17家和总承包一级1家、二级4家、三级3家。

1994—2009年山阳镇建筑企业资质等级情况表

表15-5

企业名称	行业	资质等级
上海山阳工程建设（集团）有限公司	市政	市政工程施工一级
上海建阳建设（集团）有限公司	市政、建筑	市政工程施工二级、一级建筑工程施工三级
上海振阳建设（集团）有限公司	市政	市政工程施工一级

续表 15-5

企业名称	行业	资质等级
上海锦水建设（集团）有限公司	市政、建筑	市政公用施工总承包一级、水利、房屋工程施工总承包二级
上海金瑞建设工程（集团）有限公司	建筑	建筑工程施工一级、专业承包二级
浙江世安建筑集团有限公司上海分公司	建筑	建筑工程施工一级
上海金山园林绿化工程有限公司	园林绿化	园林绿化设计施工一级、市政工程施工总承包三级
上海思纳建筑设计有限公司	建筑设计	建筑设计甲级
上海石化消防工程有限公司	消防	消防设施安装工程一级
浙江中联建设集团有限公司上海分公司	市政建筑	房屋建筑施工特级、市政公用、地基与基础工程一级
上海天燃气有限公司	电力、热力、燃气	工程设施一级
上海金建建设工程有限公司	建筑	建筑工程施工二级
上海新阳市政建筑有限公司	市政	市政工程施工二级
上海石化金艺工业建设有限公司	机电安装、防腐	石油化工工程总承包二级、机电安装、防腐保温工程二级、房屋建筑总承包三级、电力电信钢结构专业承包三级
上海金山联合环境工程有限公司	环境保护	设计二级
上海开乐建设工程有限公司	机电安装	机电安装工程总承包二级
上海雄建市政工程有限公司	市政、土建	市政工程施工二级
上海金璐工程建设有限公司	市政	市政工程总承包二级、基础、建筑装修、装饰专业承包二级、机电、管道、保温专业承包三级、房屋建筑施工总承包三级
上海金盛市政工程有限公司	市政	市政工程施工二级
上海金石市政建设养护有限公司	市政	市政工程施工二级
上海景山园艺发展有限公司	园林绿化	园林绿化工程施工二级
上海山青实业有限公司	建筑装潢	建筑工程施工二级、装饰装潢工程施工二级
上海耿耿工程建设有限公司	市政建筑	市政工程施工二级、土建建筑工程施工二级
上海浦华水务工程建设有限公司	市政	市政工程施工二级
上海中外建筑装饰工程有限公司	装饰装潢	施工设计一体化工程二级
上海山阳工程建设有限公司	钢结构	钢结构施工二级
上海诚臣钢结构有限公司	钢结构	钢结构建造安装二级
上海安泰钢结构有限公司	钢结构	钢结构专业分包工程二级

续表 15-5

企业名称	行业	资质等级
上海金点工程建设服务有限公司	劳务	建筑工程劳务分包二级
上海金山侨茂综合工程有限公司	建筑	建筑防水工程专业承包二级
上海市民防基地勘察院有限公司	岩土勘察	甲级岩土工程勘察、岩土、地基、基础工程二级
上海振金建筑装潢有限公司	建筑装潢	建筑工程施工三级、装潢工程施工三级
上海海光实业有限公司	市政建筑	市政工程施工三级、建筑工程施工三级
上海良逸建设工程有限公司	市政	市政工程施工三级
上海海塘水利市政工程有限公司	水务	水务工程施工三级
上海山友建设机械工程有限公司	市政	无损探测三级
上海锦宏工程建设有限公司	建筑	建筑工程施工三级
上海荣欣安装工程有限公司	送变电	送变电工程专业承包三级、机电、工程三级
上海临海建筑市政工程有限公司	市政、建筑	市政工程施工三级、建筑工程施工三级
上海石化青松管道设备安装有限公司	管道安装	管道设备安装工程施工三级
上海益线通非开挖工程有限公司	市政	市政工程施工三级
上海博佳建设工程有限公司	市政	市政工程施工三级
上海鎏阳机电设备有限公司	机电安装	机电安装工程三级
上海才安消防设备工程有限公司	消防	消防设备安装工程三级
上海弘成市政工程有限公司	市政	市政工程施工三级

第三节 重大工程

石化纬零路顶管工程 1991年7月竣工。由上海山阳市政建设总公司承建的长4千米、直径1.5米的地下顶管工程，获上海市建筑联合会“顶管应用成果奖”。

星火开发区污水排海工程 1992年，由上海山阳市政建设总公司承建。在标的1000万元的（一标）工程建设中，公司技术人员首次采用自行研制的下水道“PVC”柔性接口施工技术获得成功，填补国内空白，获长春“火炬杯”科技成果金奖，并申请国家专利。1994年，该项目又获上海市星火科技成果三等奖，翌年被联合国中国分部授予“发明创新科技之星奖”。

上海浦东杨高路工程 1992年，由上海山阳工程建设（集团）公司承建，取得质量、施工期等方面优胜。

上海枫泾立交桥工程 1993年，在枫泾铁路与公路立交桥工程建设中，上海山阳工程建设（集团）公司及所属桥梁分厂，克服时间紧、要求高、难度大等困难，凭借公司技术力量和先进设备的优势，按期按质完成，得到市、县领导好评。

上海虹梅路拓宽工程 是1992年当年立项、当年设计、当年施工、当年竣工的上海市政府"零号工程"，上海建阳市政联合总公司承建的标段，夺得进度、质量、文明施工三个第一，获市重点工程立功竞赛领导小组和上海市政局记功嘉奖。

上海外滩二期改造工程 是1993年上海市重点工程，上海建阳建设（集团）公司承建。在施工现场上有高压线挡驾，下有人防工事拦路，恰逢东亚运动会期间，市里要求上不用吊车、下不用挖机，要确保安全，万无一失，但竣工仍按原计划不变的情况下，公司修订施工方案，精心组织施工，仍高标准、高质量提前完成任务，公司被评为上海市先进集体。

上海成都路高架工程 是1994年市重点工程，上海建阳建设（集团）公司参建，工程进度快、质量好，深受工程指挥部和上级主管部门的好评。高级工程师罗家瑜获"筑路明星"、集团公司下属第七工程公司获"开路先锋"称号。

上海交通大学闵行分校大礼堂工程 1994年，上海建阳建设（集团）公司承建，获上海市建筑工程质量"白玉兰"奖。

宁波甬江水底隧道南行道工程 1996年，由上海山阳工程建设（集团）公司与交通部公路局合作承建。在6个月工期内，清除10万立方米淤泥，回填5万立方米道碴，浇捣11米高的挡墙计33000立方米混凝土。

山阳中心小学教学楼工程 1996年，由上海振金建筑装潢工程公司承建。综合教学楼工程，获上海市建筑工程质量"白玉兰"奖，逸夫教学楼获上海市"十佳"工程大奖。

金山区兴塔海连电动工具有限公司工程 2005年，由上海金瑞建设有限公司承建。标的1800万元、建筑面积28600平方米。公司承揽项目后，与上海诚臣钢结构有限公司、上海琦诚混凝土有限公司3家企业（同一法人）联动，每道工序都严格按ISO管理体系的优质要求进行施工、选料、制作、安装、验收。2006年4月，竣工验收，获上海市金属结构协会优质结构奖"金钢奖"。

金山干巷哈润出口封管有限公司生产车间工程 2005年，由上海金瑞建设有限公司承建。建筑面积18000平方米，全部采用钢结构，高度12米，钢材用量达1500多吨，时为金山区内最大的单体车间，有5家公司参与竞标。公司中标后，严格按图施工，模板制作，严把预先检验，安装后检测和总工程师最后审定三道质量关，保证工程按时按质按量顺利竣工。

金山亭林"长三角"物流中心建筑工程 2006—2007年，由上海金瑞建设工程有限公司承建，建筑面积210000平方米，工程标的2.5亿元，施工期限为一年。有17家建筑企业竞标，公司凭"建筑产业链"优势中标。施工中，公司又凭借自己的实力，30多个单体工程同时开工，2500多名建筑工人参建，工程如期完成。

上海竹园污水二厂 uww4.4A 工程 2007年，由上海金璐工程建设有限公司承建，质量优胜。2008 年工程获上海市市政工程金奖。

金石湾上海国际化工生产性服务业功能区建筑工程 2007 年 12 月，由上海金瑞（集团）公司承建，首期建筑面积 87000 平方米，2009 年 11 月竣工，质量优良。

上海黄浦江南延伸段耀华路工程 2009 年，上海锦水建设（集团）有限公司承建，长 1.7 千米，工程标的 6000 多万元。在施工中遇一深 6.7 米、面积 2000 多平方米的大池，钢筋混凝土池壁厚度超过 1 米。如按原方案施工，要对钢筋混凝土池壁实施爆破，再往大池里填土，施工难度高，质量又难以保证。公司邀请上海市政设计院专家与公司技术人员现场研究，提出在大池上架设桥梁，解决通车；池顶加盖，池内改建地下商场的新施工方案。经专家论证，建设方获准后顺利施工，不仅解决了施工难题，为建设方节省了投资，还使黄金地段的土地资源得到科学利用。该路段被上海市建设工程安全质监总站评为上海市安全质量达标优良工地。

第四节 企业选介

上海山阳工程建设（集团）公司 原上海山阳市政工程总公司与 13 家分公司组成，于 1994 年 2 月组建成立，注册资金 6159 万元，坐落在沪杭公路 8484 弄 28 号。具有公路（高速）、铁路与公路立交桥、化工工程及管道安装、地下管道及各种规格房屋建筑、装潢等能力，企业资质由二级上升为一级。1990 年以来，公司连续 4 年被评为金山县文明单位。1994 年，总收入 2.09 亿元，利润 1883 万元，税收 211 万元，列农业部全国 1000 家最佳经济效益乡镇企业第 531 名。

1995 年，总收入 2.22 亿元，利润 2019.32 万元，纳税 847.76 万元，3 项指标均创历史新高。公司总裁潘永华获评 1995 年度上海市劳动模范。2000 年 6 月，公司转制为民营企业，为上海山阳工程建设有限公司。

上海振阳建设（集团）公司 前身是山阳劳动服务队、综合工程公司。1990 年 1 月，组建上海振阳市政工程总公司。先后与外商合资创办海港金城建设工程有限公司、南荣箱包有限公司，组建前哨工程公司、浦东广阳工程有限公司和海墩商行、同乐歌舞城、同乐酒家等企业。至 1994 年 1 月，组建既有国集联营、又有中外合资和沪台合资的 18 家跨行业、多门类的企业集团，注册资金 5825 万元。公司拥有市政建设国家一级资质。1995 年，总收入 1.20 亿元，利税 1783.93 万元。总经理周定元获评 1993 年度上海市劳动模范；1995 年 12 月 16 日，赴京参加全国退伍军人建功立业成才报国颁奖活动，获民政部“全国优秀退伍军人企业家”称号。

2000 年 5 月，组建上海耿耿市政金山有限公司，全国劳模张耿耿任董事长，市劳模周定元任总经理，是金山区首家“劳模帮劳模”公司。公司地址为沪杭公路 8484 弄 33 号。

上海建阳建设（集团）公司 前身是 1988 年创建的上海建阳联合市政工程公司。1993 年 12 月，由市政建筑、房地产、工业设备安装等 18 家跨地区、跨行业企业组成，具有市政建设国家二级资质（后为一级）、建筑安装三级资质，注册资金5482万元。在参与上海人民广场综合改造、罗山路立交桥、闵行子午线工程等市重点工程建设中，有“敢啃硬骨头、善于打硬仗”著称。还先后在浙江、江苏分别承建沪杭公路改道、日本松下电器厂建设等工程。1994年，总收入1.16亿元，创利润1236万元，税收471万元，公司被评为1993—1994年度上海市农口系统文明单位。公司总裁方龙根获评1993年度上海市劳动模范。2000年，转制为民营企业。公司地址为龙胜路688号。

上海振金建筑装潢工程有限公司 前身是山阳公社建筑队、金山县建筑工程总公司山阳分公司。1991年，变更组建上海振金建筑装潢工程有限公司，注册资金600万元，建筑、装潢三级资质企业，法定代表人朱分石。公司辖有混凝土结构预制厂、汽车维修厂及加油站等。1993年，总收入6931.95万元，占全镇市政建筑业总收入的13.3%；创利润773.11万元。1996年，公司开发建造1.87万平方米卫龙小区商品房；承建的山阳小学综合教学楼工程获上海市建筑工程质量“白玉兰”奖，逸夫教学楼获评上海市“十佳”工程大奖。1998年1月，转制为民营企业，为上海景华建筑装潢有限公司，地址为山阳南阳港路5006号。

上海金瑞建设工程（集团）公司 坐落在板桥东路777号，2008年10月组建，前身是2000年组建的上海金瑞建设工程有限公司。集团公司注册资金5080万元，法定代表人李百生。主要经营土建、市政公用工程、建筑装潢及钢结构制作安装、混凝土配送、建筑设备租赁等。是一家拥有建筑工程施工一级、专业承包二级资质的民营企业。辖有上海诚臣钢结构有限公司、上海诚邦建筑设备租赁有限公司和上海琦城混凝土配送有限公司，是金山区第一家形成建筑产业链、按照现代企业模式经营管理的集团公司。公司拥有较先进的施工机械和检测仪器；有154名各类专业技术人员，其中高级职称4名、中级职称25名、一级项目经理1名、二级项目经理12名。工程合格率100%，优质工程率达40%。2006年，承建的兴塔海连电动工具有限公司工程，被上海市金属结构协会授予金山区唯一“金钢奖”。

上海金璐工程建设有限公司 坐落在金山区杭州湾大道88号，前身是金山县劳动服务公司第六工程公司，1998年3月，改制为民营企业，注册资金2005万元，法定代表人王伟国。2002年3月，公司投资并控股成立上海金璐工程建设有限公司。公司有180名各类技术人员，其中高级职称8人、中级职称40人、国家注册二级建筑师15人、三级项目经理16人。拥有市政公用工程总承包二级、地基与基础工程、建筑装修装饰工程专业承包二级，机电设备安装工程、管道工程、防腐保温工程专业承包三级，房屋建筑工程施工总承包三级等资质。2004年，公司总收入1.66亿元，纳税720万元，固定资产2502万元。2003年，公司获中石化安全、环境与健康（HSE）管理体系认证证书，连续6年被上海石化股份有限公司评为安全先进施工企业。2008年，承建上海锦溪路市政工程，并获国家级市政金奖。2009年，纳税495万元。

上海锦水建设（集团）有限公司 前身是上海山阳工程建设（集团）八建分公司，1996

年3月变更为上海锦水工程建设有限公司（民营）。2005年8月，组建集团公司，注册资本6000万元，法定代表人姚一君。公司以工程建设总承包为龙头，城市基础设施、BT、BOT项目开发、投资、房地产开发经营为依托，商贸实业相配套的综合性集团企业。具有市政公用施工总承包一级，水利、公路、房建总承包二级资质。

20世纪90年代，先后参建、承建南浦、杨浦大桥配套工程，上海外环线道路建设工程，苏州河综合治理工程，上海浦东国际机场航站楼前景观水池（时为亚洲最大）工程等。2001年以来，公司在上海化学工业区、上海浦东国际机场、上海港城、上海国际汽车城和江苏、浙江、安徽等地承建、参建一批省市级重点工程。2008—2009年，上海浦东国际机场北通道新建工程（2标段）、黄浦江南延伸耀华路市政工程，分别获评上海市市政工程金奖、上海市安全质量标准化达标优良工地，被选登上海商务委员会、上海国际经济技术合作协会编印的《上海世博工程集锦》国际版。公司所承建的工程先后获得上海市建筑工程“白玉兰”奖、上海市建设工程“浦江杯”奖、上海市“水利建设质量金奖”、上海市“满意工程奖”和“全国市政金杯奖”等奖项。2001年起，连续五届被评为上海市文明单位。2004—2009年，被评为上海市、全国守合同重信用企业。2005年后，先后获评全国“安康杯”优胜企业、全国质量管理先进企业、上海市健康卫生先进单位、上海市平安示范单位等。1996—2009年，共纳税5624.56万元。公司地址为金山区杭州湾大道621弄60号。

上海金山园林工程有限公司 1992年组建，注册资本2000万元，是一家具有城市园林绿化国家一级资质，风景园林工程设计专项国家一级资质和市政工程施工总承包国家三级资质的国有企业。注册在金山嘴综合开发总公司（后变更为金山嘴经济小区）。公司在编职工79人，其中高级工程师2人、工程师16人、助理工程师9人、经济师3人、高级会计师1人、会计师2人，技术职称人员占41%。职工中有高级工17人、中级工17人；在岗人员中，有注册一级、三级建造师3名、19名。以绿化设计及工程施工为主，兼营苗木（苗木用地16公顷）、花卉、草坪和绿化养护、科技研究与开发于一体的综合性园林企业。2001年以来，一直为上海市、全国“守合同、重信用”单位、“五星诚信”企业。并以“绿色承诺”为主题，多项绿色精品获上海市及国家级园林工程金、银奖。其中：金山区政府办公地绿化，获上海市“浦江杯”奖；徐州市迎宾园园林、金山前京大道、张家港市小河坝路、金山枫塘路等景观绿化工程先后获中国风景园林学会“优秀园林工程”金奖；金华市人民广场景观改造工程、上海世博轴绿化景观工程获全国“优秀园林工程”银奖。滨海公园绿化改造工程获2010年度上海市用户满意工程；S4高速金山新城出口、市北工业区B-1地块、万科燕南园、朗润园、新里程等工程项目获上海市“园林杯”奖。2008年、2009年，连续2年跻身中国风景园林学会“全国城市绿化企业50强”。1992—2009年，纳税逾亿元。

上海石化金艺工业建设有限公司 组建于1988年8月，注册资本3018万元，是一家从事石油工程机电设备安装、管道安装和检测、消防设施安装、防腐保温、市政公用工程、房屋建筑、装饰装修、钢结构等工程施工的民营企业，法定代表人朱竹兴。公司拥有石油化工工程、机电安装工程、市政公用工程施工总承包二级，消防工程、建筑装修装饰工程、防腐保温工程专业承包二级，房屋建筑总承包三级，电力电信工程、钢结构专业承包三级等资质。有职工511名，工程技术职称和经济管理人员153名，其中一级注册建筑师10名。公司承建、参建上海浦东国际机场基建土建、上海赛科AN、苯乙烯装置、上海石化120万吨延迟焦化、上海石化环保中心污水处理装置安装、福州炼化80万吨乙烯项目机械安装工程、绍兴污水厂1—3期土建工程、宁波镇海炼化100万吨乙烯项目机械安装工程、安徽华谊60万吨甲醇机械安装工程等国家重点项目施工。公司多年被评为上海市“重合同、守信用”企业，列上海市设备维修安装50强。2003年起，年均纳税453.42万元。2009年，纳税516万元。

戚家墩遗址出土的春秋战国S把麻布纹陶罐

第十六章 农 业

1990年，全乡耕地面积2565.8公顷，农业总产值5019万元（90不变价）。其中，种植业2137万元，畜牧渔业2874万元。农村劳动力20659人，其中从事农业6592人，占劳动力总数31.91%。粮经比例80∶20。2006年，粮经比例调整为38∶62。2009年，全镇耕地面积1125公顷。农业总产值1.7亿元，其中种植业1.23亿元、畜牧渔业4660万元，林业149.8万元。农村劳动力17276人，从事农业1752人，占总劳动力10.14%。

山阳镇（乡）深化农业经营体制改革，按照“市场定向、科技推动、集约经营”方针，优化农业做精一产，发展“高优高”农业、都市型农业，使农业增效农民增收。

2002年，参加市农业创新工作现场会的区县干部，观看美阳农庄特色南瓜、西葫芦栽培和产品展示。2007年，《解放日报》《新民晚报》和《侨报》分别报道山阳田园、银桥园林的“创意农业”“艺术农业”和“创新农业”情况。

第一节 农业经营体制改革

一、完善家庭承包制

调整承包田 1983年，实行家庭联产承包责任制后，随着农村人口、劳动力变化，农户迫切要求适当调整承包田。1987年，山阳制定调整农户承包田实施意见，提出“大稳定、小调整”的方针。是年秋，在稳定承包田经营15年不变、土地所有权集体所有的前提下，由村委会负责在人（劳）地矛盾突出的村民小组农户之间调整承包田，先按农业人口人均0.033—0.040公顷标准为口粮田，再按劳动力计算责任田面积。口粮田加责任田面积，就是各农户承包田面积。责任田面积超过或不足部分予以调整。之后，每年有部分农户承包田做适当调整。

延长土地承包 1999年，根据中共中央办公厅、国务院办公厅土地承包期延长30年政策，镇政府制定《关于延长土地承包期工作的实施意见》，在全镇范围内开展延长土地承包期工作。全镇15个村、136个村民小组、5585家农户计1259公顷土地，延长承包期。各类建设、大农户、养殖等用地，由镇、村、组统一调整。经区政府同意，金山嘴工业区管辖的倪家、新江、海光和卫东4个村集体土地暂缓确权。2004年，进一步规范土地承包。原15个村、5342家农户与村委重新签订承包田确权合同，确权土地1000.57公顷。暂缓确权面积181.94公顷，机动田143.34公顷。

土地流转 1999年起，山阳镇规定征用和使用农民承包田，每亩每年补偿600元。2004年12月，根据区人民政府《关于规范土地承包行为，妥善处理土地延包纠纷的实施意见》，重申农户承包土地可依法自愿有偿流转，集体使用农户承包田应征得农户同意，并支付每年每亩不低于600元使用金；征用土地，及时安置失地农民。之前，全镇有1086家农户，流转土地112.92公顷。是年，7个村流转机动田和暂缓确权田面积325.95公顷。2006年，推行农业组织化，全镇土地流转有偿经营349.2公顷。2009年，根据区农委《关于稳定农村土地承包关系问题的处理意见》，清理核实1999年以来土地延包和流转遗留问题。有2347户农户确权流转，并发承包经营权证，其中转发120户、换发2227户，共确认流转土地411.66公顷。

2004年山阳镇原各村规范土地承包基本情况表

表16-1

村名	基本情况				确权情况			暂缓确权面积(公顷)	机动地面积(公顷)	附报资料			确权分布			流转情况	
	户数(户)	人口(人)	劳力(人)	耕地面积(公顷)	户数(户)	人口(人)	面积(公顷)			流转面积(公顷)	自留地(公顷)	宅基地(公顷)	可耕地(公顷)	养殖地(公顷)	林果地(公顷)	户数(户)	面积(公顷)
向阳	605	1850	1320	88.95	315	992	52.17	22.47	14.31	66.08	—	—	—	—	—	—	—
大兴	723	2043	1583	81.13	728	1960	51.89	—	29.24	41.39	—	—	—	—	—	—	—
九龙	257	872	3522	54.99	257	872	45.98	3.94	5.06	19.32	—	—	45.98	—	—	109	10.31
汀南	450	1529	—	78.91	450	1529	71	18.85	9.06	33.54	—	—	71	—	—	170	5.63
曙光	589	1712	—	162.65	589	1712	136.16	6.37	20.13	53.69	—	—	136.16	—	—	304	27.19
东方	329	1095	901	73.95	261	845	65.81	8.11	—	—	4.08	—	65.84	—	—	—	—
红旗	282	856	708	81.86	163	489	44.97	27.13	9.77	—	6.69	—	44.97	—	—	39	0.73
杨家	517	1817	1538	32.12	—	—	—	32.12	—	32.12	—	—	—	—	—	—	—
七一	391	1205	877	74.30	391	1205	66.02	5.73	2.55	8.28	5.99	9.12	66.02	—	—	—	—
中兴	472	1395	856	128.83	472	1395	94.02	28.35	6.44	10.47	12.57	8.98	93.03	—	—	73	10.47
跃进	319	965	578	104.19	319	965	84.54	14.44	5.21	7.17	2.41	7.83	84.54	—	—	52	7.17
华新	378	1114	837	55.21	378	1105	51.13	—	4.08	20.25	—	—	—	—	—	—	—
工农	407	1239	851	92.94	407	1239	78.97	2.70	10.60	33.27	—	—	—	—	—	—	—
长兴	209	596	369	70.74	209	596	52.54	3.41	14.78	47.82	5.62	6.97	37.07	4.67	10.81	178	29.63
甸山	403	1256	1016	125.80	403	1256	105.37	8.32	12.11	42.22	8.87	14.26	105.37	—	—	161	21.79
合计	6331	19544	14956	1326.57	5342	16160	1000.57	181.94	143.34	415.62	46.23	47.16	749.98	4.67	10.81	1086	112.92

2004 年山阳镇各村机动田、暂缓确认权地流转情况表

表 16–2

单位：公顷

村别	清理核实后面积			土地流转（流出）情况								
	合计	机动田	暂缓确权地	流出总面积	流转对象			流转土地用途				
					镇村	本村农户	外来户	种植业	养殖业	工业园区	道路建设	其他
向阳	66.03	43.56	22.47	66.02	31.58	28.91	5.53	28.12	3.27	26.90	4.56	3.17
九龙	63.41	34.24	29.17	63.41	22.83	3.30	37.18	58.87	2.94	—	0.59	1
东方	45	9.77	35.23	45	3.90	34.55	6.55	41.11	3.90	—	—	—
杨家	40.40	2.55	37.85	40.40	4.06	32.35	3.99	37.44	2.97	—	—	—
中兴	54.44	11.65	42.79	54.43	—	0.34	54.09	36.22	5.63	—	—	12.58
长兴	38.62	26.89	11.73	38.62	30.24	8.39	—	34.04	4.58	—	—	—
华新	18.05	15.35	2.7	18.05	2.7	4.08	11.27	18.05	—	—	—	—
总计	325.95	144.01	181.94	325.93	95.41	111.92	118.61	253.85	23.29	26.90	5.15	16.75

二、推行适度规模经营

发展大农户、专业户 1986 年，根据县人民政府《关于扶持种植业大户的十项规定》要求，乡人民政府下发《关于发展规模经营的意见》，要求各村结合实际，扩大家庭经营式种粮大户、种植专业户，创办合作农场。华新村 2 组周余章承包土地 1.27 公顷，1989 年、1990 年，共收获粮食 23071 千克，完成国家粮食定购 5652 千克、代市议价任务 1001 千克，又超额交售粮食 9218 千克，共交售 15871 千克。1990 年，被市农委、市财贸办公室授予“上海市优秀售粮大户”称号。

1995 年起，涌现一批种植专业户，除种植水稻外，还种植蔬菜、西甜瓜、葡萄、橘子、仙人掌、花卉、苗木等。2001 年，全镇培育种植专业户百余户。2002 年，全镇种植业大农户 31 户，耕作面积 105.33 公顷，投入资金 230 万元。2005 年，又培育一批示范种植专业户。2009 年，镇设农业专业技术培训项目 6 个，培训 655 人次。

2006 年，全镇种粮大户（6.67 公顷以上）13 户，承包土地 261.3 公顷。2009 年，种植水稻 2 公顷以上大农户 33 户，面积 357.71 公顷，平均亩产 590 千克，比分散种植户亩产高出 30 多千克，增产 16.1 万千克。其中百亩以上种粮大户 29 户，面积 338.75 公顷。九龙村吴雪云种植 19.49 公顷。华新村徐效忠、盛伯良水稻丰产示范方获金山区 2008—2009 年度高产竞赛二等奖和三等奖。

创办合作农场（社） 1991 年，海光村整合 1 组 15.3 公顷土地，在全县率先创办集体农场，2000 年，因土地被征用而停办。1992 年，建立华新村合作农场和乡合作农场，面积 59.8 公顷。1994 年起，合作农场尝试适度规模经营与基地建设项目相结合，建设“高优高”（高产、优质、高效）农业示范区和“三高”（高质量、高效益、高科技）粮田工程。示范区内沟、渠、路、林和库、场、农机等设施配套，生产条件得到进一步改善。1995 年，镇第一合作农场建仓库750平方米、晒场1350平方米、道路2.5千米和1.25千米地下渠道、排灌泵站及水泥明沟2000米。实行播种收割机械化和科技、生产、加工、销售“一条龙”，提高农产品附加值（亩产值比常规高出200—300元）。1998年，在中兴、红旗和汀南3个村农场联建三高粮田丰产示范方，在汀南、倪家、曙光、工农、跃进、长兴、甸山村组建7个合作农场。

2006年，实行农业组织化，32名种田能手经营349.2公顷土地。2008年，建成九龙村设施粮田126.67公顷，培育扶持新型专业农民23户，全镇创办农业专业合作社7个，农业企业1家，创农业品牌2个。2009年，有种植专业合作社（公司）13家，面积103.26公顷，主要种植水稻和果蔬，经营收入1580万元。

2009年山阳镇种植专业合作社情况表

表16–3

所在地	单位全称	负责人	种植面积（公顷）	成立时间
东方村3组	上海永贤果蔬种植专业合作社	朱永贤	2.33	2009年9月
长兴村5组	上海和洲果业专业合作社	沈梅均	8.67	2009年3月
中兴村8组	上海连明西甜瓜种植专业合作社	张连明	10.0	2008年3月
长兴村4组	上海果明果蔬种植专业合作社	张士益	1.93	2009年3月
长兴村7组	上海农欣果蔬种植专业合作社	时德龙	10.53	2009年3月
长兴村	上海银桥苗木种植专业合作社	高 明	10.7	2009年4月
长兴村7组	上海兴甸水稻种植专业合作社	吴秀龙	13.2	2008年4月
长兴村（华康东路8号）	上海冠卓果蔬种植专业合作社	盛立妹	6.07	2009年9月
华新村工农4组	上海益友水稻种植专业合作社	朱友华	15.35	2009年3月
华新村工农6组	上海金欣仙人掌种植专业合作社	朱培林	4.0	2007年12月
华新村工农7组	上海金山君作果蔬种植专业合作社	王明龙	9.41	2009年6月
九龙村	上海金山九丰水稻种植专业合作社	周仁云	9.0	2006年11月
长兴村	上海迪豪农业科技发展有限公司	周伟明	2.07	2006年2月

三、农业社会化服务

统筹服务 1983年，农村家庭联产承包责任制后，各村就实行机耕、排灌、植保、供种“四统”服务。“四统”服务以村民小组（生产队）为单位，村、组集体经济组织垫付资金，年终按村民小组、村民承包田面积，分摊结算到户。村植保农技室通过板报、分发资料、广播宣讲等形式，推介良种、栽培技术及管理措施，预报病虫害发生及防治时间、用药剂量，组织田间检查指导。排灌设施的建设、维修、养护由村出资或协调解决。中兴村建立化肥农药销售点、水稻育秧工厂，向村民提供就近购买化肥农药、移栽秧苗等“六统”服务。

创办实体 根据农村富余劳动力尤其是青壮年外出务工多和村组集体资金短缺困难等情况，工农村率先在全乡组建农业服务队，创办经济实体，包揽村农业基础设施建设项目，承接冶炼、钣金、五金加工、修理等业务，增加粮油出售、化肥运输、粮食加工等服务项目。探索“服务—创收—促服务”路子，工农村的做法在全县推广。1991年，全乡共有600多人的农业服务队伍，常年不散，忙时为农服务，闲时务工。既解除农户后顾之忧，又稳定服务队伍。特别是农机具集中维修、交流“会诊”，成本明显下降。

完善经营 1997年以后，村办集体企业转制，机耕、植保等农机具结价或承包经营，农业服务推向市场。镇制定实施强化服务、统中有包的管理服务措施，对农机服务队员实行“三定”，即定责任制度，定作业区域，定农机作业、维修费用或灌溉收费标准，落实防止私自转让农机、集体资产流失和农机不到位的制约措施，控制或缓解亩田分摊服务成本大、负担重问题。杨家、中兴等村在加强指导服务的同时，拨款补贴农业服务项目。

投资补贴 1990—1992年，乡财政拨款468万元“以工补农”资金。以后每年投入50万—100万元，改善水利、更新农机、售粮及种子补贴，建镇级都市型农业示范区、村级合作农场、设施粮田，改善农业生产条件。2002年、2003年起，金山区先后停征农林特产税和农业税后，全镇取消农民承包田公积金、公益金、管理费“三提留”及劳务积累、义务工分摊等费用，每亩减少150元成本。政府又出台种粮补贴等诸多哺农、扶农、惠农政策。2005年，水稻中后期生长稻飞虱大面积发生，镇突击拨款，购置工农36型植保喷雾机，免费发放防治农药，村组织劳力紧急防治、田间巡查，开展虫口夺粮行动。自此，山阳镇在每年水稻生长中后期或遇农作物病虫害预报大发生时，免费发放农药、组织劳动力用大型植保机防治。2009年，镇建立50万元水稻专用资金。实行参加农业保险按比例补贴。大农户、合作社购置农机具50%补贴。农机收割每亩10元补贴及稻、麦按实种面积免费供种。

第二节 耕地 农业劳动力

一、耕地

1990年，全镇农村户籍人口32526人。耕地面积2565.8公顷，其中集体耕地2358.5公顷、农民自留地207.3公顷。农村人均耕地0.07888公顷。

2009年，全镇农村户籍人口29640人。耕地面积1125公顷，其中集体耕地1030公顷、自留地95公顷。农村人均耕地面积0.03796公顷。

1990—2009年，由于各类建设征用和使用土地，全镇耕地面积减少1440.8公顷。

2007年11月，确定山阳镇基本农田保护面积792.49公顷，严格控制非农建设用地和占用基本农田。

1990—2009 年山阳镇（乡）耕地面积情况表

表 16-4

年份	年末耕地（公顷）			年份	年末耕地（公顷）		
	合计	集体	农民自留地		合计	集体	农民自留地
1990	2565.8	2358.5	207.3	2000	1880.81	1698.47	182.34
1991	2480.1	2275.2	204.9	2001	1727.39	1550.05	177.34
1992	2437.7	2236	201.7	2002	1595.2	1425.4	169.8
1993	2052.7	1853.1	199.6	2003	1572.4	1441.1	131.3
1994	1937	1737	200	2004	1489.1	1357.8	131.3
1995	1953.4	1754.1	199.3	2005	1402	1307	95
1996	1948.7	1749.5	199.2	2006	1378.4	1283.4	95
1997	1998.5	1799.2	199.3	2007	1265	1170	95
1998	1998.5	1799.2	199.3	2008	1211.9	1116.9	95
1999	1956.16	1768.9	187.26	2009	1125	1030	95

二、农业劳动力

1990 年，山阳农村劳动力 20659 人，从事农业 6592 人，占劳动力总数 31.91%。2005 年起，农村劳动力和从事农业劳动力逐年减少。至 2009 年，全镇农村劳动力 17276 人，从事农业 1752 人，占劳动力总数的 10.14%。

1990—2009 年山阳镇（乡）农业劳动力情况表

表 16-5　　单位：人

年份	劳动力	年份	劳动力	年份	劳动力
1990	6592	1997	5813	2004	6672
1991	6785	1998	7309	2005	4959
1992	6482	1999	8540	2006	3771
1993	5660	2000	7256	2007	2906
1994	5076	2001	7269	2008	1771
1995	6065	2002	7520	2009	1752
1996	6157	2003	6672	—	—

第三节　种植业

一、种植业结构调整

1990 年起，加快调整种植结构，发展多种经营，走粮经型发展之路。1993 年，全镇西甜瓜种植面积 125.9 公顷，蔬菜种植面积 71.9 公顷。2003 年，进一步扩种经济作物，全镇西甜瓜种植 174.67 公顷，产量 6537.8 吨；各类果树 38.36 公顷，年产各种水果 592.4 吨；蔬菜种植 260 公顷，总产 32468 吨。全镇农业收入 1.24 亿元，其中种植业收入 6527 万元。2006 年，粮经比例由 1990 年的 80∶20 调整为 38∶62。

随着农业结构不断优化调整，带动各类新型种植的发展。全镇种植瓜果蔬等，40 多个项目百余个种类。

2009 年，全镇种植业收入 1.23 亿元，亩均产值 7350.8 元，比上年增加 29%；与全区亩均产值 4887.9 元相比，高出 2462.9 元，高出 50.4%，为全区第一。

二、“家家富”工程

2000 年，实施和推进区“家家富”工程。政府财政补贴、扶持农户引进名特优种养项目和品种，发展管棚生产。镇成立“家家富”工程领导小组，下设办公室。8 月，山阳镇召开“家家富”工程管棚落实动员大会，组织镇村两级干部赴苏州参观并签订合同。部分机关干部同农户结对，指导“家家富”工程实施。当年 910 套管棚发放到农户。2002 年初，镇农业部门对 2001 年管棚种植面积 21.15 公顷进行测算，总收入 230.11 万元，净收入 97.39 万元，亩均净收入 3017 元。其中，蔬菜亩均净收入 4533 元，西甜瓜亩均净收入 2577 元，均比常规种植高出近 10 倍。2004 年，净收入超万元种养业户有 61 户，10 万元以上有 8 户。引进种养业户 9 户，招租面积 58 公顷。2009 年，有温室 7 座，7500 平方米；大棚 300 套，63000 平方米。

2000—2009 年山阳镇温室管棚情况表

表 16-6

年份	温室		管棚		年份	温室		管棚	
	座	平方米	套	平方米		座	平方米	套	平方米
2000	—	—	910	163800	2005	5	7500	2223	473280
2001	—	—	2359	424620	2006	6	12000	2223	473280
2002	—	—	3416	614800	2007	6	12000	1214	254940
2003	1	76	3416	614800	2008	6	12000	510	107100
2004	3	4608	3416	615000	2009	7	7500	300	63000

2001 年山阳镇“家家富”工程部分示范户种植效益情况表

表 16-7

单位	农户姓名	种植		大棚（套）	总收入			总支出（元）	净收入	
		面积(亩)	种类		产量(千克)	产值(元)	亩产值(元)		合计(元)	亩均(元)
合计		42.3	瓜蔬	138.5	93080	281372	6651.8	135161.8	146210.2	3456.5
向阳 5 组	高金龙	10	西瓜	32	25000	66300	6630	38409.8	27890.2	2789.02

续表 16-7

单位	农户姓名	种植		大棚（套）	总收入			总支出（元）	净收入	
		面积(亩)	种类		产量(千克)	产值(元)	亩产值(元)		合计(元)	亩均(元)
红旗 1 组	徐寿明	12	西瓜	35	17000	49300	4108	29960	19340	1611.7
甸山 6 组	徐国云	4.8	西瓜	15	14000	52800	11000	19430	33370	6952.1
甸山 4 组	沈伯良	2.1	西瓜	7.5	5000	14100	6714	5686	8414	4006.7
		0.6	番茄	2	2500	5000	2500	1550	3450	5750
甸山 8 组	郭培余	1.5	西瓜	5	3250	9300	6200	3500	5800	3866.7
		0.6	番茄	2	1750	3500	5833	1460	2040	3400
东方 2 组	徐金书	2.5	西瓜	8	6920	32000	12800	11385	20615	8246
		0.6	番茄	2	2250	10100	16833	1957	8143	13571.7
长兴 8 组	王权芳	4.5	西甜瓜	20	8760	24742	5498	15618	9124	2027.6
华新 7 组	盛平刚	3.1	西瓜	10	6650	14230	4590	6206	8024	2588.4

三、主要农作物

山阳地区主要农作物有水稻、二麦、棉花、油菜、西甜瓜、蔬菜等。粮食生产以种植水稻、大麦、小麦为主。1990 年，粮食总产量 19730 吨。2009 年，粮食总产量 8466 吨。

1990—2009 年山阳镇（乡）粮食总产量情况表

表 16-8

年份	总产量（吨）	年份	总产量（吨）	年份	总产量（吨）
1990	19730	1997	18911	2004	8160
1991	20425	1998	18390	2005	8892
1992	18316	1999	15919.9	2006	8464
1993	18799	2000	13411.1	2007	8206
1994	16267	2001	12186.2	2008	8049
1995	16194	2002	10855.5	2009	8466
1996	17457	2003	9583.6	—	—

水稻 1987 年，全乡全部恢复单季稻种植。水稻种植分单季稻和后作稻，种植晚粳稻和少量糯稻。单季稻的前茬是二麦或油菜，部分绿肥或休闲地。后作稻前茬种植西甜瓜和后作稻专用秧田。1990 年，全乡水稻种植面积 2248.5 公顷，其中，单季稻种植面积 2152.2 公顷，占水稻面积的 95.7%；后作稻种植面积 96.3 公顷，占 4.3%。全年水稻总产量 16054 吨，亩产 475.84 千克。1991 年，推广直播稻和抛秧栽培技术。1996 年，直播稻面积 1180.44 公顷，占水稻种植面积的 65%。水稻总产量 14849 吨，亩产 545.1 千

克。1998 年，夏熟作物遭受涝灾，二麦严重减收，农户在镇农业部门指导下，依靠科技，加强秋熟作物管理，“以秋补夏”，秋粮（水稻）平均每公顷比上年增产 0.1 吨。2005 年，九龙村 4 个组 100 多家农户联片种植 72.93 公顷“申优 4 号”杂交水稻，平均亩产 594.58 千克。2009 年，水稻种植面积 697.02 公顷，比 1990 年减少 1551.48 公顷，总产量减少 10146.9 吨，亩产比 1990 年增加 89.15 千克。是年，山阳田园“嘉禾 1 号”大米获金山区优质大米评比一等奖。

1990 年，水稻品种主要有 85–72、88–112、秀水 04 及杂交水稻寒优湘晴等。1993 年始推 87–10–19；1997 年引进闵优 128、95–22；1999 年推广种植五优 –192、93–31、93–63、95–22；2000 年再推 97–59、97–34、苏香粳 1 号品种；2001—2009 年，先后引进秀水 09、秀水 128、嘉花 1 号、申优 4 号、嘉禾 1 号等。上述品种特性稳定、抗倒伏较强，米质好，农户愿种，作为常规品种，推广种植。

1990—2009 年山阳镇（乡）水稻产量情况表

表 16–9

年份	单季稻			后作稻		
	面积（公顷）	亩产（千克）	总产（吨）	面积（公顷）	亩产（千克）	总产（吨）
1990	2152.2	482.3	15570	96.3	335.1	484
1991	2058.7	528.5	16322	121.5	340	621
1992	2012.7	490	14778	115.5	300.1	520
1993	2024	515.2	15643	118.8	400	713
1994	1761.7	549.1	14510	75.2	490.3	553
1995	1693.9	520	13217	92.7	484.7	674
1996	1681.8	547.1	13803	134.3	519.2	1046
1997	1843.3	568	15705	86.6	508	660
1998	1851.9	572.7	15909	96.7	555	805
1999	1682.5	529.7	13367.3	73.3	501.1	551.3
2000	1404.0	552.7	11640.1	67.3	505	510.1
2001	1286.6	563.5	10875.7	100	515	772
2002	1167.4	570	9981.5	66.7	520	520
2003	1100.7	542.6	8959.1	33.3	506	253
2004	827	559.1	6935.6	33.3	517.8	258.9
2005	916.5	538.9	7408.9	19.3	502.4	145.2
2006	814.7	569.3	6957.6	6.5	526.5	51.6
2007	760	559	6372	—	—	—
2008	720.4	561	6062.6	—	—	—
2009	696.9	565	5906.2	0.12	500	0.9

二麦 大麦优良品种有申麦1号、4号、花培94-30等，小麦品种以扬麦1号、5号、8号和嘉麦1号为主。1990年，全乡大麦种植面积961.7公顷，亩产255千克，总产量3676.3吨。是年，大兴村3.53公顷“申麦1号”丰产方平均亩产337.8千克，获全县第一。1993年起，大麦种植面积几乎逐年减少。

2009年，全镇二麦种植面积397.4公顷，总产量1854.4吨。是年，九龙村8.87公顷扬麦11号丰产方，亩产380千克，获金山区麦子高产创建示范方竞赛活动三等奖。

1990—2009年山阳镇（乡）二麦产量情况表

表16-10

年份	小麦			大麦		
	面积（公顷）	单产（千克）	总产（吨）	面积（公顷）	单产（千克）	总产（吨）
1990	—	—	—	961.7	3822.7	3676.3
1991	—	—	—	910	3826.4	3482
1992	—	—	—	796.1	3791	3018
1993	19	3631.5	69	599	3826.4	2292
1994	—	—	—	387.3	3075.1	1191
1995	54	4129.6	223	374	3975.9	1487
1996	128.9	5027.2	648	436.6	4349.5	1899
1997	97.5	5128.2	500	524.7	3899.4	2046
1998	275.3	3018.5	909	154.7	2624.4	406
1999	272	3886	1057	142.7	3798.2	542
2000	91.26	4339	396	110.17	3830	422
2001	24.63	4028	99.2	59.17	3158	208
2002	8	3300	26.4	46	3000	138
2003	6.7	3283.6	22	26.7	2996.3	80
2004	49.3	4576.1	225.6	22	3895.5	85.7
2005	32.7	4171.3	136.4	33.3	3714.7	123.7
2006	55.3	4276.7	236.5	30.8	3824.7	117.8
2007	229.9	4637.2	1066.1	12.5	4208	52.6
2008	240.3	5248.9	1261.3	24.9	4955.8	123.4
2009	301.9	4785	1444.6	95.5	4291.1	409.8

杂粮 主要有蚕豆、大豆、玉米、红薯、赤豆、绿豆、豌豆等。

棉花 原是山阳地区主要经济作物之一，品种以泗棉2号、盐棉48为主。1990年，全乡棉花面积90.2公顷，占全乡耕地面积3.52%。总产37.2吨。1996年起，承包田很少种植棉花，全镇种植面积在20公顷以内，部分农户在自留地上种植少量棉花自用。2009年，棉花种植5.9公顷，占全镇耕地面积0.52%，皮棉总产量7.6吨。

1990—2009年山阳镇（乡）棉花种植情况表

表16-11

年份	面积（公顷）	单产（千克）	总产量（吨）	年份	面积（公顷）	单产（千克）	总产量（吨）
1990	90.2	412.4	37.2	2000	15.3	902	13.8
1991	68.3	348.5	23.8	2001	15.33	9915	15.2
1992	46.3	382.3	17.7	2002	14	1050	14.7
1993	56.7	125.2	7.1	2003	14	1200	16.8
1994	56.8	51.1	2.9	2004	11.7	2529.9	29.6
1995	26.7	898.9	24	2005	11.7	1205.1	14.1
1996	20	720	14.4	2006	11.7	1205.1	14.1
1997	23.7	210.9	5	2007	11.7	1282.1	15
1998	23.7	210.9	5	2008	4.5	1266.7	5.7
1999	18.7	748.7	14	2009	5.9	1288.1	7.6

油菜 是山阳地区夏熟主要经济作物之一，品种以沪油15、汇油50、92-13系、平油为主。1987年，全乡油菜籽总产量和人均出售量获上海市农副业生产“十大”状元之一，是年起，连续11年总产量居市郊乡镇第一。1990—2001年，油菜种植面积较稳定。2002年起，种植面积减少。1992年，全乡油菜种植1367.7公顷，总产量4297吨，是总产量最高年份。1996年，全镇1289.7公顷油菜，总产3811吨，平均亩产197千克。至此，油菜籽总产和单产量连续5年名列上海市郊第一。2008年，中兴村获上海郊区油菜丰产方一等奖。

油菜花（2008年摄，镇文体中心提供）

1990—2009 年山阳镇（乡）油菜种植情况表

表 16–12

年份	面积(公顷)	单产(千克)	总产量(吨)	年份	面积(公顷)	单产(千克)	总产量(吨)
1990	1230.8	2471.6	3042	2000	1265.8	2699	3417
1991	1326.9	2525.4	3351	2001	1159.3	2145	2487
1992	1367.7	3141.8	4297	2002	972.4	1965	1910.8
1993	1503.2	2194.7	3299	2003	776.7	1439.9	1118.4
1994	1414.3	1621.3	2293	2004	634.1	2780.8	1763.3
1995	1336.3	2418.6	3232	2005	674	2385.3	1607.7
1996	1289.7	2955	3811	2006	590.3	2392.9	1412.5
1997	1256.7	2595	3261	2007	173.9	2569.3	446.8
1998	1437.3	1132.7	1628	2008	305.2	2925.3	892.8
1999	1311.4	2714.7	3560	2009	223.8	2475.9	554.1

蔬菜 山阳种植蔬菜主要有绿叶菜类、瓜菜类、块根茎菜类、茄果菜类、蒜葱菜类、豆菜类、水生菜类和菌菇类等。蔬菜生产根据市场需求进行品种搭配和安排茬口。1988 年，实施上海市“菜篮子”工程，全乡蔬菜种植面积逐年扩大。1990 年，种植蔬菜 72.2 公顷，上市蔬菜 4140 吨。1996 年，全镇上市蔬菜 14230 吨。2000 年，利用“家家富”工程 625 型管棚种植部分反季节蔬菜，保持蔬菜四季上市。是年 9 月，镇农副公司在中兴村农场大棚内，试种 2 亩美国 99 型库拉索芦荟 8000 株，年底育出健壮芦荟 25920 株，共移植 2 公顷，获得成功。同年，东方村蒋森林种植 7000 平方尺蘑菇，一季秋菇产量 7000 千克，净收入 5000 多元。2001 年，杨家村农户种植平菇 5000 平方尺，产值 23200 元。汀南村农户种植蘑菇 1500 平方尺，产值 43500 元。

2005 年起，镇农业部门与菜农签订安全用药承诺书，对上市蔬菜进行安全监管，每天抽检 20—30 个品种蔬菜。

2009 年，全镇常年菜田 305 公顷，年上市蔬菜 47835 吨，面积和总产属最多一年。

1990—2009 年山阳镇（乡）常年蔬菜种植情况表

表 16–13

年份	面积(公顷)	总产量(吨)	年份	面积(公顷)	总产量(吨)	年份	面积(公顷)	总产量(吨)
1990	72.2	4140	1997	64	13578	2004	260	32008
1991	72	3102	1998	64	13364	2005	260	32018
1992	72	3485	1999	64	13461	2006	260	32038
1993	72	4035	2000	103.6	29857	2007	260	34525
1994	65.5	10837	2001	103.6	30482	2008	288.7	36265
1995	65.5	10075	2002	136	31400	2009	305	47835
1996	64.3	14230	2003	260	32468	—	—	—

西（甜）瓜 西瓜小型优质品种有早春红玉、春光；中型优质品种有京欣1号、早佳、8424、申密948；大型优质品种有新红宝，新纯，浙密1号、2号，苏密等。1990年，从国外引进伊丽莎白、西卜落托、古拉巴甜瓜品种种植。

1985年，取消西瓜计划面积和上市任务，农贸市场开放，实行随行就市。

20世纪90年代起，改进西瓜栽培技术，从原露地插籽移栽改为地膜覆盖加小环棚栽培及西瓜嫁接苗移栽新技术。2000年起，使用625型管棚，采用双层环棚栽种西瓜，提高产量和抵御旱涝灾害能力，达到早熟、稳产、高产。用地膜覆盖加环棚栽培的西瓜，5月上旬上市，7月中下旬出田种后作稻。1997年，山阳种植西（甜）瓜114.6公顷，总产2678吨；2008年，面积234.9公顷，总产9327吨。

2000年后，引进皇冠、锦绣、橘灯、太阳瓜、栗子瓜等特色南瓜品种种植。

此外，农户还在自留地和杂边地上种植少量甜瓜、南瓜和生瓜，通常是自食，也到农贸市场出售。

1990—2009年山阳镇（乡）西（甜）瓜种植情况表

表16-14

年份	面积(公顷)	总产量(吨)	年份	面积(公顷)	总产量(吨)	年份	面积(公顷)	总产量(吨)
1990	93.3	3063	1997	114.6	2678	2004	174.7	6379
1991	97.3	1578	1998	100	1960	2005	161.3	5861
1992	120	3514	1999	80	1235	2006	112	4600
1993	125.9	2951	2000	93.3	2107	2007	168	6368
1994	32.3	620	2001	165.8	3868	2008	234.9	9327
1995	110	2588	2002	174	4427	2009	128	4608
1996	60	2271	2003	174.7	6538	—	—	—

四、种植典型户社选介

瓜蔬种植户 东方村2组徐金书，承包土地0.39公顷，1998年开始种蔬菜上市，1999年起种植西瓜。2000年，4个大棚种植0.09公顷“早春红玉”西瓜，采用立体架与平地栽培相结合，产出西瓜5.5吨，产值26000元；2个大棚种植0.6亩秋莴笋和“反季节”秋茄子，产出蔬菜2.4吨，产值6000元；全年合计收入32000元，亩均产值16842元，亩均净收入15000元。2001年，种植7套大棚西瓜、蔬菜，年收入超10万元。她科学种植，以“优”打品牌，以“早”争市场。西瓜早育苗，精管理，“五一”期间西瓜早上市；利用再生苗，10月再上市；番茄元月8日就上市，一直到6月初，既优质又丰收。她勤奋肯吃苦，白天田间管理，夜里注重瓜蔬保温，早晚两头找（跑）市场，采摘后打包装箱批发。亩均经济效益时属山阳地区最高。1994年起，徐金书多次被评为上海市三八红旗手、金山区先进女能手、家庭经济示范户。

水稻果蔬种植专业户 长兴村4组时德龙，1991年，与上海农学院合作，种植1.33

公顷特种稻，收入比普通稻高出 2 倍。2000 年，投入 60000 元，购置 60 套钢构件大棚，种植早春红玉西瓜、进口品种甜瓜，亩产值从原来的 1000 多元增加到 6000 多元。2001 年，又投资 20000 元，从浙江海盐购进 2 个优质葡萄新苗种，种植 0.53 公顷，2002 年葡萄总收入达 38000 元。2006 年，他流转土地 10.53 公顷，其中 7.2 公顷种植特种水稻，碾后有红米、黑米和香米，还有绿米及巨胚米等特色大米。种植西瓜、甜瓜、桃子、葡萄、蔬菜等经济作物 3.33 公顷。多年来，该户生产的特色米、西瓜和葡萄成为山阳镇特色产品。每年为上海交大农学院加工黑米素 500 多千克，出口到日本等国。2006 年，贷款 12 万元，购置一台久保田收割机，除自用外，廉价为当地农民收割稻麦。时德龙先后获评金山区科技致富带头人、水利工程优秀示范户、金山区科普惠农兴村计划优秀专家。2009 年 3 月，成立上海农欣果蔬种植专业合作社，时德龙任理事长。

粮食种植大户 华新村 7 组盛伯良，2006 年，承包分散在 3 个村民小组的 10.87 公顷耕地，成为种粮大户，当年售给国家 9.5 万千克粮食。8.87 公顷耕地，种植小麦—水稻二茬。小麦亩产稳定在 440 千克以上，水稻亩产保持在 575—600 千克。盛伯良种田讲科学、善管理。每天一清早兜田头、看苗头，并记好一本“田间台账”。他种植的水稻优良品种宝农 34 号加工的大米连续多年定销上海宝钢集团，试种的白糯新品种出米率高达 76%，坚持应用水稻直播、机插、栽培新技术，适时做好化学除草、防病治虫，粮食连年稳产高产，成为金山区科技示范户。2010 年，盛伯良种植的百亩水稻丰产方获市高产竞赛活动二等奖、区一等奖。

上海九丰水稻种植专业合作社 前身是 2005 年创办的合作农场，2006 年 11 月，成立合作社，流转土地 9 公顷。理事长周仁云（曾用名施品强），科学合理安排茬口，每年 30% 土地种植绿肥（蚕豆、紫云英）轮作，达到用田和养田相结合。2005 年起，农场被列为市农科院水稻品比和新农药推广应用试验基地之一及区稻麦病虫测报点。水稻种植品种由市农科院提供。苏鉴品种，5 月 15 日直播，9 月底收割，全生育期 135 天，早熟、米质佳，亩产 450 千克，因上市早，经济效益好。还种植老来青、花优 14 等优良品种。合作社是金山区水稻高产创建单位之一。2008 年，获金山区绿肥种植一等奖。

上海金欣仙人掌种植专业合作社 2007 年 12 月创办。理事长朱培林，2002 年 10 月，从宝山区到华新村，租田 1.2 公顷，种植从墨西哥引进的米邦塔仙人掌获得成功，翌年扩种到 2.67 公顷。2006 年，盛伯良加盟，种植 0.67 公顷仙人掌，种植面积发展到 3.34 公顷。仙人掌味淡性寒、行气活血、消肿止痛、健脾止泻、安神利尿，可食疗和外用，能辅助治疗多种疾病，是无病虫害、无公害的绿色保健食品，成为山阳镇种植业新兴品牌。2004 年，合作社生产的仙人掌食药农产品，以“仙赢”牌、“健力倍”牌在金山工商分局注册登记。新鲜仙人掌进餐馆及市场，深加工成干、粉和胶囊等 10 多个产品。合作社通过旅游服务公司组织参观、推介，产品进超市、社区销售，在成都、广州农业博览会展示，增加知名度。至 2009 年，已在家乐福徐汇店、浦东金桥店、农工商等 6 家超市设代销店、柜，年销售额 100 万元。

第四节 养殖业

一、结构调整

1990年，全乡有万头养猪场1家、千头养猪场1家、百头奶牛场2家、万羽养鸡场1家，年上市百头肉猪专业户41家，家禽饲养专业户18家。1993年起，集体养殖场逐步转制和停办，到1999年，集体养殖场拆除或转为私有。2009年，全镇有养殖专业合作社4家。

1989年，全乡共有精养塘45.4公顷，平均亩产鲜鱼760千克。全年上市217.88吨。1990年起，水产养殖结构调整。全乡23个水产养殖承包户受漕泾养对虾启发，改养鱼和部分养虾；后又从广西桂林引进罗氏沼虾养殖，经济效益明显高于单一养鱼。2009年，全镇水产养殖面积70公顷。其中，精养鱼塘100个，46公顷，年上市淡水鱼400吨；精养虾塘52个，24公顷，年上市虾280吨。

二、畜禽养殖

猪 1986年，乡制定扶持养猪专业户（时称百头户）的优惠政策和激励措施。凡年上市肉猪百头以上专业户可预借饲料票、资金困难可向银行贷款，并给予家电购买票证，鼓励养猪向专业化发展。1988年，由于饲料短缺、苗猪提价，饲养肉猪经济效益低，甚至亏本，全乡生猪饲养量大幅度减少。1989年，成立乡养猪公司。是年底，政府制定凡饲养5头母猪或出售肉猪50头户，奖给一名乡办企业职工年平均工资的规定。1990年，全乡生猪饲养量36727头，肉猪上市24085头，年末圈存量12642头，分别比1988年增加17686头、10520头和7166头，其中母猪1218头。1991年3月，取消养猪专业户、重点户优惠政策。

1992年4月1日，取消养猪饲料凭票政策，5月1日猪肉销售价格放开，生猪收购价从108元/担上升到180元/担。1993年，19个村集体养猪场停办或棚舍租赁给农户。是年，全镇生猪饲养量25662头，上市18349头。分别比上年减少18.58%和10.1%。2000年，原镇养猪场由七一村褚连忠买断，改建成标准化养猪场。2003年，全镇生猪饲养量35821头，上市24366头，年末圈存11455头。

2009年，全镇有48家养猪大户，其中百头以上养猪专业户39户。生猪上市量13490头，母猪534头，年末圈存6476头。

1990—2009年山阳镇（乡）生猪饲养情况表

表16–15

年份	全年饲养（头）	年末圈存量（头）		全年出栏数（头）
			母猪（头）	
1990	36727	12642	1218	24085
1991	33474	11712	1042	21762
1992	31506	11101	1113	20405

续表 16-15

年份	全年饲养（头）	年末圈存量（头）		全年出栏数（头）
			母猪（头）	
1993	25662	7313	653	18349
1994	30473	9313	1015	21160
1995	30465	9495	1000	20970
1996	35354	10508	1054	24846
1997	35104	12083	203	23021
1998	34387	11211	974	23176
1999	26926	9138	858	17788
2000	25832	8631	909	17201
2001	25913	8705	787	17208
2002	35131	11990	755	23141
2003	35821	11455	668	24366
2004	30764	9169	442	21595
2005	18459	4778	306	13681
2006	16722	4885	261	11837
2007	17653	5289	406	12364
2008	17470	5089	437	12381
2009	20236	6476	534	13490

牛 1990 年，全乡有耕牛 246 头，1993 年 168 头。2003 年，全镇剩 6 头耕牛，除 4 头淘汰外，能役用的 2 头卖给浙江。

1972 年，组建公社奶牛场，引进奶牛 26 头，逐年发展。1989 年，奶牛场年产鲜奶 1129 吨，平均每头成乳牛年产鲜奶 7331 千克，被列为市特级奶牛场。是年，获全国奶牛高产一等奖。1990 年，有奶牛 312 头，其中产奶牛 154 头（含不足全年产奶牛），年产鲜牛奶 1066 吨，平均每头成乳牛年产鲜奶 7511 千克。是年，山阳奶牛场奶牛高产技术获市星火计划一等奖。1991 年，年产鲜奶 1332 吨，成乳牛单产 7236.5 千克，名列全市前茅，全县第一。1996 年，山阳奶牛场停办，长兴村奶牛场改为镇奶牛场（1989 年长兴村在 4 组建奶牛场，占地 3.33 公顷，有奶牛 50 头）。2000 年，镇奶牛场转制。2002 年，奶牛增至 140 头。2003 年，因建造上海市公共卫生中心被停办、拆除。

1990—2003 年山阳镇（乡）奶牛与产奶量情况表

表 16-16

年份	年末头数（头）	牛奶产量（吨）	年份	年末头数（头）	牛奶产量（吨）
1990	312	1066	1992	285	1303
1991	314	1332	1993	289	1081.8

续表 16-16

年份	年末头数（头）	牛奶产量（吨）	年份	年末头数（头）	牛奶产量（吨）
1994	303	1166	1999	130	575
1995	301	1066.48	2000	128	528.63
1996	117	618	2001	138	558.2
1997	115	439	2002	140	510
1998	118	463	2003	140	263

羊 1989 年，全乡山羊饲养量 4559 只。1990 年，全乡羊圈存量 4378 只，1993 年，圈存量 3540 只，以后羊饲养量逐年减少。2005 年起，肉羊价格上涨，一些农户养羊形成一定规模。2009 年，全镇养羊 7725 只。上市肉羊 30 头以上有 6 户，最多户年上市 150 只。

鸡 1976 年，公社在大兴大队创办万羽半机械化蛋鸡场，1986 年，迁址与曙光养鸡场合并，规模扩至 1.5 万羽，1995 年转制。其间，各村（大队）集体养鸡场，饲养白洛克、罗思鸡和三黄鸡等肉鸡，发展一大批饲养肉鸡、种鸡种蛋户。

1990 年，全乡上市肉鸡 26 万羽，上市鲜蛋 367 吨。1995 年，曙光 2 组吴秋根个体养鸡场，年上市鸡超万羽。2002 年，全镇上市肉鸡逾 139500 羽，有上市 1000 羽以上专业户 9 户，超万羽有 3 户，其中 2 户年上市分别超 50000 羽、70000 羽。2004 年起，受禽流感影响，养鸡量下降。部分农户养殖少量乌骨鸡、珍珠鸡等。2009 年，全镇鸡圈存量 21675 羽。

1992 年，乡孵坊迁至曙光养鸡场，1996 年，迁至向阳村 3 组，1998 年转制，2001 年，因龙泉港拓宽而停办拆除。20 世纪 90 年代，工农村戚铁根、倪家村江国权等先后创办个体孵坊。

鸭 联产承包制后，集体养鸭开始实行个人承包。20 世纪 80 年代后期，金山县推广山阳东方村蛋鸭“三改”（放养改圈养、小群改大群、单一饲料改混合饲料）饲养方法。1989 年，有养鸭专业户 16 户，养鸭 1.8 万羽，上市鸭蛋 166.2 吨。1990 年，鲜鸭蛋上市 157 吨，年末圈存蛋鸭 1.3 万羽。2003 年上市 422 吨。2004 年，受禽流感的影响，全镇蛋鸭饲养量减少，上市鸭蛋 210 吨。2009 年，尚有蛋鸭养殖专业户 3 户，年产鲜鸭蛋 195 吨。部分农户家庭散养蛋鸭，产蛋以自食为主，少量上市交易。蛋鸭以绍鸭为主，其体形小、开蛋早、产蛋率高、耗料省、抗病力强。

山阳地区农户圈养和散养娄门、绍鸭为主，少量农户亦饲养北京白鸭和番鸭、野鸭。2001 年，九龙村 4 组外来户饲养 2000 余羽法国克利英瘤头鸭。2009 年，全镇饲养肉鸭专业户 3 户，年上市 2350 羽。

1990—2009 年山阳镇（乡）禽蛋生产情况表

表 16-17

年份	家禽（万羽）	鲜蛋（吨）	年份	家禽（万羽）	鲜蛋（吨）
1990	46.3	524	2000	39.1	1084
1991	48	542	2001	45.9	1195
1992	36.7	646	2002	49.5	1175
1993	12.2	492	2003	48.4	1083
1994	43.4	837	2004	50.8	768
1995	61.05	1113	2005	29.14	606
1996	75	1155	2006	8.4	215
1997	49.78	1218	2007	11.74	197.5
1998	40.8	1247	2008	10.15	233.3
1999	39.5	905	2009	13.08	200.5

鹅 山阳少数农户养白鹅和灰鹅，而以白鹅为常见，多以自食为主。

鸽 一些农户少量饲养肉鸽或兼养信鸽有较长的历史。1998 年，卫东村 4 组引进奉贤规模圈养肉鸽专业户，年上市 50000 多羽。甸山等村有少数农户批量养鸽。2009 年，全镇肉鸽上市 15250 羽。

兔 1990 年，全乡毛兔有 2754 只，产兔毛 155 千克。1993 年末，圈存毛兔 580 只，产兔毛 720 千克。1996 年，九龙村养兔能手潘龙妹饲养 10 对种兔，出售肉兔 178 只、种兔 50 只、收入 8334 元，盈余 6000 元。受兔毛价格变动影响，之后基本无饲养。少数农户养白兔和灰青兔、老鼠兔等，以自食为主。2009 年，全镇肉兔上市 4200 只。

水貂 1989 年，跃进村貂场饲养种貂 290 只、崽貂 500 只，出售貂皮 500 张，净利 14 万元。是年起因主饲料野生杂鱼价格高，貂皮收购价降低而亏本。1996 年，笼存的 262 只水貂剥皮后出售，停止饲养。

猕猴 1988 年 12 月，中科院上海生理所、上海科学院实验动物研究中心和山阳乡副业公司在大金山岛合办实验动物研究基地，先后 3 次从广东、浙江天潼和千岛湖引进猕猴 99 只，因放养后暴饮海水致死 6 只，93 只猕猴自然形成 3 个群体。猕猴是热带和亚热带动物，大脑发达，视觉、听觉、触觉敏锐，其生命期 25—30 年。根据猕猴群居和素食的生活习性及生理特点，结合海岛地理和资源，采取“自然分群、定点定量投料”方法饲养。猕猴栖宿活动在树枝、竹林和山坡石头上，群体内自然交配。1990 年，共有 174 只，到 1996 年，共产崽猴 257 只，出售 81 只，除出口美国 12 只外，其余均出售给国内院校用于动物实验和动物园观赏。1996 年，大金山岛上有猕猴 251 只，其中种猴 92 只、幼猴 159 只。2006 年，猴群有猕猴 105 只。2009 年，守岛人员称，尚有猕猴近百只。

蜂 1990 年，有蜜蜂 11 箱，产蜂皇浆 8 千克；1991 年，有蜜蜂 14 箱，产蜂蜜 1260 千克、蜂皇浆 12 千克；1994 年，产蜂蜜 1400 千克，蜂皇浆 20 千克。2009 年，全镇有 8 个村部分农户养蜂 55 箱，产蜂蜜 3780 千克。

三、水产养殖

根据山阳境内河道纵横、潮流缓慢、水资源丰富的特点，进行河（沟）大小包围放养。1986 年，河（沟）圈养水面 69.3 公顷，1990—1991 年，大包围圈养水面 56 公顷。

1982 年，海光村、工农村始挖精养塘 5 公顷。1990 年，全乡有精养塘 71.3 公顷，其中鱼种塘 6.53 公顷。精养塘养殖时间过长，有的已十多年，部分鱼塘老化，塘埂坍塌、淤泥结厚，有害物质和病菌累积，鱼发病率居高不下。工业及城乡建设发展占用土地，1996 年起，连续 4 年鱼塘面积减少，1999 年，只剩 27.7 公顷。2000 年起，又开挖一批新鱼塘。2009 年，全镇精养鱼塘面积增至 70 公顷，大小鱼塘 100 个、虾塘 52 个。

1990 年，全乡淡水养殖水产品 412 吨。1999 年 353 吨，2004 年 706 吨，为历史最高年份。2009 年 680 吨。

1990—2009 年山阳镇（乡）水产养殖情况表

表 16-18

年份	精养塘面积(公顷)	产量(吨)	年份	精养塘面积(公顷)	产量(吨)
1990	71.3	412	2000	33.9	386
1991	70.9	433	2001	54.8	503
1992	48.9	456	2002	71.6	601
1993	40	344	2003	68.5	657
1994	36	348	2004	75.7	706
1995	39	386	2005	75.9	691
1996	31.8	395	2006	75.2	634
1997	32.4	403	2007	76.9	704
1998	30.8	379	2008	69.7	622
1999	27.7	353	2009	70	680

鱼 精养塘投苗放养鱼的品种主要有青鱼、草鱼、鲢鱼、鳙鱼、鲤鱼、鲫鱼、鳊鱼等。1990 年，乡副业公司、县畜牧局等 7 个单位在推广实施精养塘多品种鱼苗放养技术基础上，总结经验形成的《金山县池塘养鱼高产技术大面积推广》项目课题，获市星火奖一等奖。1991 年，东方、七一等村试养淡水白鲳、鲇鱼、鳜鱼等，步入创汇养殖。

虾 20 世纪 80 年代末 90 年代初起，山阳先后发展罗氏沼虾、南美白对虾和河虾养殖。2001 年，全镇 11 个村精养鱼塘养虾 23.34 公顷，总产 116 吨。其中，养殖罗氏沼虾 13.67 公顷，总产 59 吨，每公顷产量 4317.1 千克；8 个村养殖南美白对虾 8.2 公顷，总产 54 吨，每公顷产量 6585.4 千克；1 个村养殖河虾 1.47 公顷，总产 3 吨，每公顷产量 2040.8 千克。

2005 年，镇农业部门与部分村建立 23 公顷南美白对虾养殖合作基地。

少数农户还养殖甲鱼、河蟹、牛蛙等。

四、养殖专业户选介

养殖大户 七一村褚连忠，担任过生产队长和村养鱼场场长。1982 年，试养肉鸡。1983 年，养殖 5 批 5000 多羽三黄肉鸡和少量蛋鸡。1985 年，转为养猪，从饲养 3 头母猪开始逐渐成为养猪专业户。1989—1990 年，获得乡政府规定的每年按 1 名乡办企业职工年平均工资的奖励。1990 年，承包村养鱼场试养罗氏沼虾。1991 年，试养淡水白鲳、鳜鱼。1993 年，养河蟹、甲鱼、鲈鱼等。1995 年，在塘边搭 2000 平方米铁环棚猪舍，饲养 80 多头母猪和多批肉猪，是年出售肉猪 800 头，成为山阳养猪大户。2000 年，他经营的 3.33 公顷精养塘，其中 1.93 公顷养殖罗氏沼虾，年上市 10.60 吨，亩产值 8551.7 元；1.4 公顷养鱼，上市鱼 17.50 吨，亩产值 5833.3 元。是年 6 月，他买断山阳镇养猪场，当年共上市生猪 4100 头，年产值 249.6 万元。2008 年，有生产母猪 386 头、公猪 13 头（有丹麦杜洛克和前苏联长白），出售生猪 3890 头，形成母猪配种、产仔、生猪上市“一条龙”。他养猪的做法和经验：一是选择“纯三元”品种，采用人工授精法，提高配种率（98%）和产仔率，每头母猪年均产 2.3 胎；二是做好苗猪防疫，每胎次成活 11 头，成活率 95%；三是注重棚舍卫生，经常消毒，冬夏季节做好保暖和降温，适宜生猪生长环境；四是科学配料，降低成本，饲料自己加工（从进料—配方—加工）“一条龙”。苗猪从饲养到出栏由 175 天缩短到 170 天。2008 年，养猪场定为上海市无公害农产品基地。2009 年，投资 400 万元，将养猪场改造成标准化万头养猪基地。占地面积 26664 平方米，建筑面积 11000 平方米，其中养殖生产区域 9000 多平方米。是年受棚舍改造的影响，全年还上市生猪 3900 头。褚连忠被评为金山区养殖业土专家，3 次评为金山区先进生产（工作）者、养殖业示范户、科技示范户；褚连忠经营的上海金阳养猪专业合作社被列为金山区养殖标准化示范基地。

水产养殖专业户 华新村朱仁官，2001 年起，从事淡水养殖，承包 1.67 公顷土地，投资 96000 元，开挖 4 个水面面积 1.2 公顷的虾塘，一年养两批虾，上半年产值 137700 元；下半年产值 72800 元，年产值 210500 元，亩均产值 11694.44 元，第一年饲养成功。2008 年，虾塘发展到 4.1 公顷。他根据鱼虾生活生长习性，探索“虾鱼混养”模式。在选好虾苗（海南第一代杂交虾苗）基础上，采取“四控”方法精细管理，每年成功放养 2 批（4 月中旬至 7 月中旬、7 月中旬至 10 月中旬）南美白对虾，不仅个体大，而且上市早、价格高。9 年来从未发生过“泛塘”和鱼虾大面积发病现象。年收入在 26 万元以上。白鲢、花鲢生活在塘水上层，喜食浮游生物、上层余饵，白对虾生活在中层，黑青鱼生活在下层，能吞食塘底贝壳类。虾鱼立体式混养能通过食物链达到稳产高产。“四控”方法即控水温、控水质、控饲料和控发病。他的虾鱼混养新模式在全区推广。

朱仁官先后被评为金山区家庭经营示范户、农民土专家、优秀农村科技志愿者和金山区“科普惠农兴村计划”科技致富带头人。2009 年 12 月，创办上海永超水产专业合作社，朱仁官为理事长，有社员 5 名。

第五节　林　　业

一、树草花卉

植树 山阳在每年的3月12日前后，开展植树植绿活动。四旁（路、河、宅、村）主要种植香樟、榉树、合欢、银杏、棕榈、水杉、白玉兰、广玉兰、雪松、红枫、垂丝海棠、紫薇、红叶李、花石榴、樱花、桂花、苏铁、五针松、黄杨、杜鹃、夹竹桃等。公路两侧、河道两岸分别种植草皮32万平方米、乔木2.81万平方米、其他树草57.89万平方米；农户家前屋后种植桃、梨、李、橘、桂花、月季等。1990年、1999年，分别植树3万株、6.35万株。2002年，实有造林面积163.2公顷，为历年最多。之后，随着土地被大面积征用，造林面积大幅减少。2009年，全镇实有造林面积61公顷。

苗木 1990年，乡有苗圃面积0.45公顷。2000年以后，部分农户和单位在拆除老屋的宅基地上、杂边高亢地和零星土地上，种植樟树、雪松、红叶石楠、广玉兰等树苗或移植童树，形成0.67公顷乃至1.33公顷以上的商品林。2003年，九龙村姚国建，租赁4.67公顷流转土地，培植香樟、桂花、红叶李、红叶石楠等苗木，对外销售；翌年，他又租赁2.1公顷土地，种植龙柏等苗木。2006年，卫东村在外镇租赁4公顷土地，种植香樟、榆树、樱花、桂花、紫薇、红叶李、红枫等树种销售。上海金山园林有限公司租赁东方村2.67公顷整理的土地，作为公司树苗（木）移植基地。2000—2004年，长兴、东方、九龙等村部分农户种植草皮27公顷。

花卉 1990年，不少村（居）民家庭室外种植腊梅、桂花、月季、凤仙花、美人蕉等，室内摆放有兰花、五针松、菊花、仙人球、红掌、发财树等盆景，品种繁多。2001年，汀南村吴国元购置钢管大棚，种植0.6公顷香石竹、康乃馨等，远销广州，成为种植花卉示范户。

2005年，向阳村戚旭旻，创办上海草香卉园艺有限公司，在180平方米土地上种植1800株的扶郎、菊花、玫瑰等切鲜花，并上市销售。2007年，山阳田园4990平方米温室大棚种植非洲菊、盆栽凤梨等鲜花；2009年增加立体盆栽，种植面积扩大至9000平方米。2009年2月，山阳镇老年花卉协会成立，30名成员经常展示切磋种养花卉盆景技艺。

1990—2009年山阳镇（乡）林业生产情况表

表16-19

年份	四旁植树 年末实有（万株）	造林面积 年末实有（公顷）	年份	四旁植树 年末实有（万株）	造林面积 年末实有（公顷）
1990	29	49.7	1994	85.8	100.1
1991	33	79.7	1995	86.83	105.2
1992	32	95.3	1996	88.43	41.6
1993	8.11	98	1997	91.63	—

续表 16-19

年份	四旁植树 年末实有（万株）	造林面积 年末实有（公顷）	年份	四旁植树 年末实有（万株）	造林面积 年末实有（公顷）
1998	97.73	—	2004	42.31	85.6
1999	104.08	1.1	2005	0.66	75.7
2000	104.18	16.4	2006	78.31	54.8
2001	35.82	78.6	2007	78.31	54.8
2002	42.31	163.2	2008	—	93
2003	42.31	89	2009	—	61

二、经济林

果树 1988年，中兴村在8个村民小组发展果树10多公顷。1990年，全乡有果树面积18公顷，产量20.1吨。之后，杨家、卫东、长兴等村先后扩种果树。1994年，全镇果树面积发展到84.2公顷，是历史最多年份，产量218.1吨。1996年起，因各类建设征地，果树面积大幅减少。2009年，全镇果树面积40.6公顷，产量625吨。果树种类主要有桃、梨、橘、葡萄等。

1990—2009年山阳镇（乡）果园情况表

表 16-20

年份	面积（公顷）	产量（吨）	年份	面积（公顷）	产量（吨）
1990	18	20.1	2000	21.4	316
1991	18	35.7	2001	30.6	337.3
1992	18.7	47.5	2002	26	235.3
1993	77.5	90.5	2003	38.36	592.4
1994	84.2	218.1	2004	34.98	434.5
1995	82	1379	2005	49	1060
1996	39.2	123.7	2006	27.63	563.2
1997	32.1	173	2007	27.63	563.2
1998	31.5	191.9	2008	39.9	630.9
1999	21.4	101.5	2009	40.6	625

桑树 1989年，全乡种植桑树6.9公顷，1992年，增至62公顷。1994年，全镇66.8公顷可用桑树（其中三年期桑树63.5公顷），春蚕收入65.9万元，张产茧38.1千克，张产值660.24元，养秋蚕1200张，张产茧32.5千克，全年蚕茧收入159万元，分别比上年增长7.8%和83.93%。1995年起，蚕茧收购价格暴跌，农民大面积砍桑，1996年，停止种桑养蚕。

竹 1990年，全乡有竹园面积33.3公顷，多为农家宅旁种植，品种有燕竹、篾竹、杜燕竹、乌竹、淡竹、黄金竹、桃子竹，河边有少量芦竹种植。竹笋农户自食，少有零售。1995年后，工业区及城区建设发展，征地动迁，农家竹园面积逐年减少。

三、都市林业

1997年后，山阳成为金山新城主城区，随着创建国家园林城区、环境保护模范城区等活动，生态环境防护林、园林绿地广场等都市林业建设加快发展（见本志第二十章第七节园林绿化）。

第六节　农业机械

一、种养业机械

山阳地区农业机械主要有耕作、种植、植保、收获、农产品加工、运输、畜牧、渔业、排灌等。1990年，农业机械总动力11752千瓦，其中种养业机械动力9567千瓦；2009年，总动力3331千瓦，其中种养业机械总动力3263千瓦。

耕作机械 主要有中型拖拉机上海50型、小型拖拉机工农11型、东风12型等。1990年，全乡拥有工农11型135台、东风12型263台、上海50型12台，总动力3891千瓦。随着耕作制度改革，小型拖拉机逐渐减少、淘汰。2000年，拥有上海50型33台、东风12型88台，机械总动力2013千瓦。2009年，拥有中拖上海55型15台、654型1台、小型东风12型72台，总动力1296千瓦。

种植机械 主要有水稻插秧机、水稻直播机。1990年，机动插秧机11台、24千瓦，工厂化育秧设备1套、66千瓦，共12台套，90千瓦。1995年起，推广水稻直播、抛秧等轻型栽培技术后，种植机械主要是水稻直播机。

植保机械 全部是工农36型机动喷雾机。1990年198台440千瓦，2009年减少到86台191千瓦。

收获机械 主要有电动脱粒机、收割机。1990年，有电动脱粒机1362台、3826千瓦。1992年，有桂林2号、上海Ⅱ型和上海AB型联合收割机3台，是年，大小麦机械收割率60%、单后作稻70%。2000年，拥有上海Ⅱ型和上海AB型、日本久保田、PB481-K型联合收割机4台，全镇大小麦机收率80%、水稻机收率90%。

农产品加工机械 主要有碾米机、磨面（粉）机。1992—1998年，有碾米机33台，磨面机27台，总动力507千瓦。

运输机械 1990年，全乡农业运输机械动力1138千瓦，其中机动船58艘，484吨、498千瓦，与大、中、小拖拉机承担装运稻、麦、柴草、买卖化肥、交售粮食油菜籽等运输任务。1993年起，机动船淘汰，水路农业运输基本停止。

畜牧机械 主要有饲料粉碎机、青饲料切割机。1991年，饲料粉碎机26台、550千瓦，青饲料切割机4台、60千瓦，共30台、610千瓦。

内河鱼塘机械 主要有机动渔船、增氧机和颗粒饲料机。1990年，有机动船9艘、77吨、92千瓦，增氧机178台、285千瓦，总共187台（船）377千瓦。1993—1998年，有机动渔船1艘、9吨、9千瓦，增氧机147台、258千瓦，颗粒饲料机3台、32千瓦，总动力299千瓦。2004年起，水产养殖面积增加，增氧机、小水泵等渔业机械增加。2009年，渔业机械总动力增加到1388千瓦。

2006—2009年，园艺、林业机械动力分别有24千瓦、14千瓦（排灌机械、海洋渔业机械见相关章）。

1990—2009年山阳镇（乡）主要农业（种养业）机械情况表

表16-21

年份	总动力(千瓦)	耕作		种植		植保		收获		产品加工		畜牧		渔业	
		中小拖台	千瓦	台	千瓦	台	千瓦	台	千瓦	台	千瓦	台	千瓦	台	千瓦
1990	9567	12/398	3891	12	90	198	440	1362	3826	58	456	24	487	187	377
1991	9630	16/355	3706	12	90	209	462	1397	3918	58	456	30	610	193	388
1992	10112	19/323	3559	12	90	205	453	1293	4661	60	507	29	489	174	353
1993	9874	25/286	3499	4	18	205	453	1362	4659	60	507	21	439	151	299
1994	—	11/186	2081	—	—	—	173	—	4659	—	—	—	—	—	—
1995	8982	10/176	2633	—	—	—	453	—	4649	—	507	—	441	—	299
1996	9178	246	2707	—	87	—	453	—	4684	—	507	—	441	—	299
1997	8891	229	2520	—	87	—	453	—	4584	—	507	—	441	—	299
1998	9188	—	2502	—	87	—	453	—	4584	—	507	—	756	—	299
1999	6704	—	1628	—	87	—	280	—	3741	—	397	—	353	—	218
2000	7120	33/88	2013	—	78	—	280	—	3776	—	402	—	353	—	218
2001	7788	21/165	2262	—	45	—	276	—	3969	—	402	—	360	—	474
2002	7995	23/204	2687	—	24	—	498	—	3646	—	306	—	360	—	474
2003	8179	16/186	2266	—	18	—	495	—	3729	—	841	—	356	—	474
2004	6301	11/186	2081	—	15	—	383	—	2467	—	397	—	—	—	958
2005	5899	10/176	1954	—	15	—	135	—	2470	—	397	—	—	—	928
2006	3424	11/148	1751	—	18	—	197	—	105	—	397	—	28	—	928
2007	2958	14/107	1502	—	18	—	249	—	105	—	228	—	28	—	828
2008	3222	16/81	1360	—	15	—	191	—	141	—	106	—	28	—	1381
2009	3263	16/72	1296	—	15	86	191	—	239	—	106	—	28	—	1388

二、农机服务合作社专业户

1997年以后，农业机械主要是中、小型拖拉机结价给农机手，实行市场化服务。2006年起，种粮大户、合作社购置农机具享受国家补贴，至2009年，有9家（户）购置各种农机具26台（套），补贴总额47.97万元。

2007年，九龙村组建农悦农机服务专业合作社，拥有联合收割机、中型拖拉机、开沟机和平田机等11台（套），固定资产71万元，其中享受国家农机补贴17万元。8名农机手持证上岗，其中1名持有4级证书。2年内，为该镇、邻镇耕田240公顷、收割360公顷，利用时间差，到安徽、黑龙江省收割70多公顷农作物“以机养机”。

向阳村11组焦士石，原是生产队拖拉机手，1996年，获中型拖拉机驾驶证。1997年，村农机服务队转制时，他买下2台上海50型中拖、1台向明联合收割机和2台小拖，成为农机服务专业户。2006年，他流转承包耕地13.33公顷。2006—2009年，又先后购置1台星火至尊多功能喂入式联合收割机、2台上海550型中拖及配套机具和1台日防治10公顷的机动喷雾机。除完成自己承包经营耕地作业外，为邻村农户耕田、收割20—30公顷，年净收入6万元左右。

第七节　都市型创意农业

1992年下半年起，山阳从本地实际出发，进行农业招商引资、引才。在实施农业组织化进程中，推进都市型创意农业建设，形成示范种植（区）基地和集生产、生态、观光、休闲于一体的农业园区、农庄。

一、示范基地

1994年，按照县建都市型“高产优质高效”农业示范区的要求，在工农、华新和长兴3个村交界区镇第一合作农场的基础上，创建20多公顷农业示范区和示范基地。1995年，工农村创建的“高优高”示范区，列为县农业示范区。翌年，该村41.6公顷示范区，以生产粮食为主，主攻粮食“高优高”。1998年，建成中兴、红旗和汀南北粮田丰产示范基地。2001年，农业示范区示范基地向多门类拓展。全镇初步形成农田养虾、草皮苗木、精品西瓜和外贸蔬菜等种养业特色，有示范点13个、示范户103户。2002年，华新村引进种植2.67公顷墨西哥米邦塔仙人掌，翌年基地发展到4公顷。2005年，建九龙村千亩杂交水稻丰产方示范基地。翌年，上海农科院在九龙村九丰水稻种植合作农场，定点为品比试验、病虫情报检测、新农药应用基地。2009年，东方村形成5.34公顷杭白菊基地。

二、创意园区

2001年12月，上海美阳咨询服务有限公司在长兴村租田2.67公顷，创办美阳农庄。是年，购置钢构塑料大棚60套，从事种植业新品种开发，引进南瓜、西葫芦、蔬菜、西甜瓜四大系列近百个国外珍稀品种。种植的“娇娇”南瓜、土耳其头巾南瓜、大南瓜和特大南瓜（最大60多公斤/个）等品种，通过艺术加工，深受市场欢迎。引进种植的墨西哥辣椒，美国系列甜椒、茄子、番茄成为上海市郊农产品新特色。2002年9月12日，市委常委、副市长冯国勤和市农委主任及各区（县）分管农业副区（县）长一行，观摩考察美阳农庄。冯国勤称：“山阳美阳农庄应用创造学的原理来发展农业，开辟了艺术农业之路。”

2004年，建成占地面积7公顷，集生产、生态、观光、休闲、商务于一体的山阳田园。田园有玻璃温室花卉种植区、果林休闲区、水生活动垂钓区、花卉瓜果艺术观赏区和农民画写生基地等。生产的新、奇、特南瓜、西葫芦享誉沪上。园区内有占地面积26640平方米，集客房、会务、餐饮、娱乐功能于一体。

2005年，山阳田园列入金山农业网的农业旅游网页。2009年，有农家乐专业合作社2家。

三、园林农庄

2005年，绍兴人高明在长兴村租田6.67公顷，创办“银桥园林苗木培育基地”。种植果树、各种名贵花卉苗木100余万株，配有田园式餐饮与住宿，有山石、洞穴、木桥、草顶木屋、湖心小亭等庭院建筑。后增加租田4公顷，更名为高佬庄。2009年4月，创办上海银桥苗木种植专业合作社，高明为理事长。

高佬庄结合生物、物理及食用性中草药原理，培育种植保健养生瓜果蔬菜农产品。有养生板蓝根、北欧雪山红莲、冰心紫罗兰、养生雪樱子、黑木瓜、白丝瓜、黑山药、人参菜、黑土豆、七彩番茄等10多个“新、奇、特、优”果蔬；新奇的“拇指”西瓜成为上海乃至全国的热门产品，销价高达160元/千克。高佬庄还开建农产品商务平台——“田头批”（电话订货、网上订购、直营直销、送货上门），每天90多份订单，年销售额540万元。高佬庄的新型农业结构高附加值的农产品和现代商业结合的园林农庄，先后评为全国休闲农业乡村旅游三星级示范基地、中国生态产业示范基地、上海百姓义工教育基地，成为上海旅游协会理事单位，每年接待游客上万人次，最多年份3.54万人次。

第八节 管理服务

一、机构

农业公司 1984年6月建立，专管种植业生产。农科站、1992年3月建立的林业站隶属该公司。农科站分设植保、农作物栽培、种子、土肥、瓜果蔬菜等条线。1993年7月撤销。

副业公司 1983年7月建立，专管畜牧水产等养殖业生产。1986年建立的渔政管理站、1992年建立的水产推广站隶属该公司。乡（公社）养猪场、养鸡场、奶牛场、鱼场、孵坊系公司直属单位，独立核算。1993年7月撤销。

农副公司 1993年7月，由农业公司、副业公司撤并而成。与农机站、兽医站协调沟通，服务指导全镇农副业生产。2001年7月撤销。

农机管理站 1973年3月建立，负责农机具推广及农业机械管理、维修保养等。2001年7月撤销。

兽医站 1958年10月建立，负责畜禽品种改良指导，防疫治病、检疫等。2001年7月撤销。

农业技术推广服务站 2001 年 7 月，建立镇农业技术推广服务中心，镇农副公司和农机管理站、兽医站职能，归并至该服务中心。2007 年 10 月，改用现名。

二、管理服务

新技术推广应用 举办农业新技术、新品种栽培，引进特色品种养殖等技术讲座和业务培训，推广应用油菜、二麦免耕，水稻轻型栽培，秸秆还田，绿肥轮作等农艺技术。开展丰产方创建、指导、评比活动，为蔬菜瓜果种植户提供技术指导服务，定点试种引进的新品种，进行鉴定、品种对比和推广，做好种子的筛选、留种和主栽品种的提纯复壮。1997 年起实行“镇级供种”工程，良种覆盖率达到 83% 以上。2009 年起，稻麦良种按实种面积免费供给。镇农技站（中心）“油菜三防高产稳产综合技术推广”获区科技兴农三等奖，“申优 4 号水稻新品种高产栽培技术”“大棚葡萄高产栽培技术”“芦荟引进大棚栽培研究”，被列为区科技创新资金项目。

管理和推广应用农业机械，进行农机维护保养、安全作业等业务技能培训。协办拖拉机手驾驶证、农田作业证、每年对农用拖拉机（含运输）进行审验监管，按规定分配农业燃油供应指标，落实、核发政府农机燃油、农机具购置等补贴，推行播种、收割等机械化作业。

动植物保护检疫，监测农作物病虫害发生情况，综合区（县）、镇村病虫害情报预测，提出防治策略和意见，对引进的稻麦、棉花等植物进行检疫、实验，推广应用高效低毒新农药，督导农户安全使用农药，签订安全使用农药责任书。发放蔬菜水果上市准入证，检测农产品农药残留。普查、编报林业、林草资源，协助制定林业（绿化）发展规划，查处林木乱砍滥伐、毁绿等行为，对花卉苗木、经济林、古树名木进行保护和指导管理，对林木病虫害进行检测、监测和强制性检测。1986 年，华新村引进种植的 4 万株柑橘溃疡病发病近 87%，2001 年，镇域里引进的发财树、巴西木发生蔗扁蛾危害，全部进行清除、烧毁处置。有效控制“一枝黄花”危害蔓延。

指导禽畜养殖户科学饲养管理，改良品种。开展禽畜防疫、疫情监测，诊断和治疗禽畜疫病，畜产品进农贸市场、动物卫生防疫等检验、检疫工作。培训和指导村兽医，做好预防狂犬病、禽流感等工作。保护辖区内水产资源，核发“精养塘”水面许可证，督促做好防病控疫工作。检查、督导渔（居）民遵守执行海洋“伏休期”、内河“禁捕期（每年 5 月 31 日至 8 月 31 日）”规定，并依法监管处理。

科技信息传输 编印农业信息、科技推广、植保防治、特种或引进养殖等简报、资料、板报等，报道农业情况、典型经验、先进事例，推介示范户、档案笔记等，组织“绿色证书”、科学管理、实用技术等培训。2009 年，镇农业技术推广站和华新、中兴、向阳等村安装“农民一点通”农业技术服务设备，农业科技服务逐渐实现网络化。

第十七章　海洋渔业

山阳海洋渔业生产主要集中在渔业村和汀南、倪界、新江村沿海的几个村民小组。1990年，有机帆船18对，总吨位2170吨，总机械功率3285.45千瓦，出海渔民463人，捕捞产量3413吨。1991年4135吨，创近10年来最高纪录。1983年起，渔业村（大队）实行渔船承包经营责任制。1994年1月起，实行股份合作制，规模再次扩大，被国家渔政总局东海渔政局评为1995年度东海渔区优秀渔业生产单位，是上海市郊唯一获此殊荣的群众渔业单位。

2000年以来，随着海洋渔业环境等不利因素继续加剧，海产品资源进一步匮乏，捕捞产量锐减。2005年，远洋生产停止，但近洋生产继续。2009年，有18艘小机船，近百人近洋捕捞，产量365吨。

第一节　经营体制改革

承包经营责任制　1983年起，渔业村（大队）实行对船承包经营责任制，13对渔船分三级：7对一级渔船年上交11.2万元（每对1.6万元），5对二级渔船上交7.25万元（每对1.45万元），1对三级渔船年上交1.3万元。实行承包后，集体提供一切生产资料，所有成本由承包体负担。是年产鱼2045.5吨，产值174万元，有417名渔民，劳均年收入1268元。1983年和1985年，国家先后实行渔民在完成海产品国家派购任务后可“自产自销”“渔油互换”政策，根据渔民向国家交售海产品的数量，兑换计划供应的柴油、木材、钢材等船用物资，进一步调动渔民生产积极性。1986—1990年，总产值2261万元，总产量16855吨。资料显示，以上海1000万人计算，为每人提供海产品1.5千克。

股份合作制　1993年，海洋捕捞比上年减产30.16%，大部分渔船亏损，160多名渔民离船上岸，5艘渔船停港。渔业村借鉴浙江、广东、福建等省海洋渔业转换经营机制、明晰产权制度、实行渔船股份合作制的经验和做法。村组建渔船资产评估工作小组；制定渔船股份合作制章程6章、22条；召开股民会议，通过章程，选举渔船公司董事会，决定实行村集体与渔民合作入股和渔民之间合伙入股两种股份制形式。

1994年1月，30艘评估后总股本427.13万元远洋渔船，全部实行股份制，渔民入股346.67万元，占总股本的81.2%。其中，7艘渔船总股本126.57万元，由村集体与渔民个人入股，集体股80.25万元，占63.4%，个人股46.32万元，占36.6%；23艘渔船总股本300.56万元，全部由渔民之间合伙入股。是年，对船年均大修理资金由前年的6万元节省到4万元；生产总成本比正常年份下降20个百分点，比上年下降36个百分点；捕捞航次比上年同期增加2—3个；全年渔业总收入1188万元，出海渔民人均年收入39165元。1995年，总收入1568万元，比上年增长32%。是年起，村集体股逐渐退股。

1995年下半年至1996年，渔民自筹资金700余万元，新购2艘150吨位的钢质渔船，单船功率110.25千瓦以上的有27艘；渔船总股价1116.87万元，渔民个人股扩大到1036.62万元，占总股本的92.8%。1998年、1999年，又先后购置4艘钢质渔船投入生产，其中2艘单船150吨，机器功率均为220.5千瓦，另2艘单船为180吨，功率均为257.25千瓦。

第二节　海洋捕捞

山阳金山嘴渔民习惯上将在杭州湾内、外捕捞作业称为“近洋”“远洋”生产。

一、近洋捕捞

山阳金山嘴沿海渔民在杭州湾近海沿岸水域捕捞海产品，使用载重量2吨—3吨，供5—6人作业的小划子（小木船），有桨、橹和风帆为动力，载重量15吨—20吨木帆船，有大小2道风帆，长16—18米，供12人作业。1987年后，吨位小的木帆船基本消失，吨位大的木帆船改装成机帆船或小机船。2009年，有近洋作业小机船18艘，总动力686.7千瓦，总吨位143吨。其中渔业村15艘、邻村托管3艘，近百位渔民从事捕捞作业。

近洋捕捞，渔区主要在杭州湾洋山西北和滩浒岛西南一带海域，分8个渔场：小门、对山渔场夏秋捕海蜇；高西南渔场10月始捕白虾；脚排身外、白山身里渔场农历四至七月捕马鲛鱼、鲳鱼等大鱼；汆前渔场春夏时期捕白虾、花鱼、鲚鱼；白山斗嘴、王盘身里渔场秋冬捕白虾、海鱼。1983年起，金山嘴沿岸海域从每年12月至翌年4月中旬鳗苗起汛，渔民在潮汐带打樁布网，潮退起网捕捉鳗苗。1996年，金山嘴和浙江等地的渔民218家，捕捉鳗苗358千克。

1986—1996年金山嘴近海捕捞鳗苗情况表

表17-1　　　　单位：千克

年份	产量	年份	产量	年份	产量	年份	产量
1986	456	1989	312	1992	264	1995	442
1987	392	1990	347	1993	237	1996	358
1988	373	1991	325	1994	233	—	—

无海上运载工具的渔民、沿海村民，在滩涂、沿岸捡拾黄泥螺（沙蜓）、石螺，挖蚬子，淘海瓜子，钩蛏子，摸海鳗，铲牡蛎（蛎婆），捉虱蟹和“掉海潭”（在海滩水潭周围筑坝舀去水）捕捉鱼虾类。使用插网、流网固定作业，推网、牵网流动作业方式捕捞杂鱼。

二、远洋生产

渔船。1958年，从安徽芜湖买回一对机帆船，开始远洋生产。1990年，远洋生产渔船36艘，总吨位2170吨，机械总功率3285.45千瓦，其中100吨级渔船3艘，463名渔民常年从事远洋作业。

1994年，渔船由承包制转为股份制，入股渔船30艘。1996—1999年，渔民自筹资金购买钢质渔船6艘，总吨位960吨，最大单船180吨，机械总功率1396.5千瓦，最大功率257.25千瓦。

渔船配备行船磁罗经、导航定位仪、起网机和测向仪、鱼探器、水深仪等。通信收发报机全部改为采用单边带747型对讲机，对船配有程控对讲设备。船上收音机每天收听4—5次天气预报和晚上10时专对渔场3天时间的气象预报，渔民人身安全得到保障。

渔网。远洋生产渔网主要有打（大）洋网、拖网、桁拖网，打（大）洋网由网囊、网翼组成，网口有3000目、3200目、3400目不等，网主尺寸在400×300米左右。拖网大小根据渔船功率大小决定，一般网口在500目左右，主尺寸在50×130米。桁拖网，网口宽一般在15米左右，高约2.5米，网身长5—6米，网囊长3米左右。

渔法。远洋作业主要有对船大打洋网围捕法，轻拖网底拖、单船桁拖网法。20世纪80年代起，大打洋网围捕法逐渐淘汰，80年代后期起，主要渔法是对船轻拖网底拖网法，原先的对船轻拖网底拖网法下网纲易着海底，且对海底幼鱼幼虾损伤大。渔业村杨效生针对这种情况研发了“变位底拖网法”，减少对海底幼鱼幼虾的损伤。1988年，“变位底拖网法”获上海市农委、市政府财贸办公室颁发的科技进步三等奖。“变位底拖网法”一直沿用至2005年，远洋生产结束。

渔场、渔汛。1980年，国家渔政划分渔区后，渔业村远洋捕捞主要在长江口渔场、舟山渔场、吕泗渔场、大沙渔场。经市渔场指挥部批准，时有北上黄海济州岛沙外渔场、南下大陈岛鱼山渔场等。

长江口渔场，每年2—3月，杂鱼汛期，主要品种有带鱼、鲳鱼、梅子鱼、虾及底层杂鱼。

舟山渔场，每年4—5月，转入舟山渔场捕捞小黄鱼、鲳鱼、梅子鱼，在小黄鱼资源减少的情况下，主要捕捞带鱼、梅子鱼。

浙南渔场，每年9月下旬至翌年1月，鱼类在舟山渔场的嵊泗、海礁起汛，随着海水水温下降，鱼群逐渐向南转移到浙南渔场，渔船追捕到的主要是带鱼、梅子鱼、墨鱼、小黄鱼、海鳗等。

吕泗、大沙渔场，吕泗渔场位于江苏省沿岸以东，大沙渔场位于长江口东北方，是全国著名的索饵、越冬渔场及大、小黄鱼和鲳鱼产卵的地方。1988年起，除每年6月15日至9月15日（后改为6月1日至9月15日）“休伏禁捕期”外，重点在169海区、170

海区捕捞鲳鱼、马鲛鱼、黄姑鱼、小黄鱼、梅童鱼、鲚鱼及虾蟹等。1996 年 4 月，渔业村在华东六省一市“1995 年度东海渔政工作总结表彰大会”上受表彰，获“休渔”先进集体。

产量。1990—1992 年，山阳海洋捕捞 3 年总产量 11364 吨，年均产量 3788 吨。由于受诸多海洋环境持续影响，海洋资源衰退。1993—1999 年，7 年总产量 16113 吨，年均产量下降到 2302 吨。2000 年起，捕捞产量加快下滑，2005 年，产量 743 吨，远洋捕捞生产停止。

1990—2009 年山阳海产品生产情况表

表 17–2

年份	海产品总量（吨）	年份	海产品总量(吨)	年份	海产品总量(吨)
1990	3413	1997	2102	2004	1092
1991	4135	1998	2313	2005	743
1992	3816	1999	2057	2006	368
1993	2665	2000	1662.2	2007	405
1994	2250	2001	1832	2008	346
1995	2730	2002	1464	2009	365
1996	1996	2003	1147	—	—

第三节　海产品选介

据 20 世纪 90 年代有关部门调查监测，杭州湾共有鱼类 81 种、贝类 31 种、蟹类 36 种、虾类 21 种。山阳从杭州湾内外捕捞的主要海产品有大黄鱼、小黄鱼、带鱼、鲳鱼、鲥鱼、马鲛鱼、比目鱼、鲚鱼、鳓鱼、米鱼、乌贼、海鲇、大银鱼、鲻鱼、鲈鱼、箬鳎鱼、海狗、海鳗、海蜇、梅童鱼和白虾、红壳虾、梭子蟹、虱蟹、蟛蜞、白蚬、歪蚬、牡蛎、黄泥螺等。

大黄鱼　体形长，侧扁，体长 40—50 厘米。金黄色。尾柄细长，鳞较小，背鳍起点至侧线间具 8—9 行鳞。平时栖息较深海区，4—6 月向近海洄游产卵，产卵后分散在沿岸索饵，以鱼虾等为食。秋冬季又向深海区迁移。鳔能发声，渔民常借此估测鱼群的大小。分布于南海、东海和黄海南部。为我国重要的经济鱼类。

带鱼　有裙带、肥带、油带、牙带鱼等，性凶猛。体型侧扁如带，呈银灰色，背鳍及胸鳍浅灰色，带有很细小的斑点，尾巴呈黑色，头尖口大，至尾部逐 渐变细，体长 1 米左右。主要以毛虾、乌贼为食，在黄海、东海、渤海一直到南海都有分布，是我国的四大海产之一。

乌贼　本名乌鲗，又称花枝、墨斗鱼或墨鱼。遇到攻击时以“喷墨”为逃生手段，因而有“乌贼”“墨鱼”之称。其皮肤中有色素小囊，会随“情绪”的变化而改变颜色和大小。乌贼能跃出海面空中飞行。

脊尾白虾 成虾体长 4—9 厘米。腹部第 3 节至第 6 节背面中央有明显的纵脊，故名。额角上缘基部鸡冠状隆脊短于末端尖细部分，末端有附加小齿。第 2 步足指节的长度约为掌部的两倍，掌部约与腕节等长。生活于泥沙底之浅海或河口附近，繁殖期为 3、4 月至 10 月。对环境适应能力强，生长和繁殖都快，渔民用拖网、张网等捕捞，产量可观。除供鲜食外，还可干制成虾米，卵可干制成虾子。

鳓鱼 体形侧扁，一般体长约 40 厘米，大者可达 49 厘米。头中等大，头上部通常有 2 条低隆的嵴。吻短，略上翘。眼大，脂眼睑发达，遮盖眼的 1/2。口小，口裂近垂直，上颌骨末端圆钝。下颌发达，上下颌、腭骨和舌上均具细牙。为近海洄游性中上层鱼类，主食桡足类、头足类及鱼类等小动物。每年春夏集群由外海游向近岸、河口一带泥沙底质的浅水产卵。中国从北到南沿海均有分布。

米鱼 俗称米鱼。形似鲈鱼，体色发暗，灰褐并带有紫绿色，腹部灰白。背鳍鳍棘上缘黑色，鳍条部中央有一纵行黑色条纹。胸鳍腋部上方有一晴斑。其余各鳍呈灰黑色。大米鱼体形为两侧扁平向后延长状，背、腹部浅弧形。中国的渤海、黄海及东海均有分布。每年农历 6—8 月为舟山群岛大米鱼的渔汛期，7 月为旺汛。

鲥鱼 别名油溅鱼、三黎鱼等。体长椭圆形，腹部侧扁，棱鳞锐利。平时分散栖息于近海中上层，以浮游动物为食。春末夏初溯河作生殖洄游，产卵后游归大海，幼鱼在淡水环境中索饵，9—10 月入海肥育，直至性成熟。

刀鲚 别名有毛花鱼、毛鲚鱼、野毛鱼等。体延长、身侧扁，头小而尖、尾尖而细，呈刀刃状。洄游性鱼类，平时生活在海里，以小鱼虾为食，产卵前进入江河湖泊。幼鱼以浮游动（生）物为食。富含脂肪，肉质细嫩鲜美。

鳗鲡 又名白鳝、日本鳗鲡。体延长，前圆后扁，背鳍、臀鳍、尾鳍连在一起。生活在淡水中，到海里产卵。供鲜食或制罐头品、鳗鲞，维生素 A 含量高。

中华海鲇 在海洋中成群时体色呈暗红色，故又名赤鱼。头大、口宽，体无鳞，皮肤光滑有黏液。卵大如葡萄，富营养，肉富脂肪。在海滩插网作业中常捕到。

大银鱼 别名银鱼、面条鱼、银条鱼等。体白色细长，半透明状，前部略呈圆筒形，后部侧扁，头宽而平扁，吻尖钝平扁，体无鳞，为肉食性鱼类。其肉味鲜美，晒制成干为外销上品。

鲻鱼 别名乌鲻、白眼等。体长纺锤形、稍侧扁，头部扁平，腹面隆凸。性活泼、善跳跃，对环境适应能力强，食性很广，生长快，肉细嫩富含脂肪。

龙头鱼 体长而侧扁，柔软，身体部分有鳞，口大有钩状犬牙。体乳白色，各鳍灰黑色，底栖性鱼类，以虾类和小鱼等为食。肉松软，故多作干制品。

蓝点马鲛 体长而侧扁，吻尖长，口大，牙强大而侧扁略呈三角形。游动敏捷，系典型的凶猛鱼类，性极贪食生长快，最大体长可达 1 米，其肉味鲜美，可制成干品、罐头品，肝可制鱼肝油。

小黄鱼 又称小黄花、小鲜、小黄瓜、黄花鱼。体形长、侧扁，体背侧为灰褐色，两侧及腹侧为黄色。在深海越冬，春季向沿岸洄游，以小鱼小虾为食。小黄鱼和大黄鱼为我国特有种类，其他国家发现不多。可供鲜食或制成咸干品，鳞可制成鱼鳞胶、珍珠素，鳔制鱼鳔胶，精巢制鱼精蛋白等。

鲳鱼 又称平鱼、镜鱼。体侧扁而高、卵圆形，体被小圆鳞，极易脱落。头小、吻圆，口小不能伸缩，无腹鳍。以甲壳类生物为食，其肉味鲜美，在杭州湾内同科鲳鱼有燕尾鲳、银鲳和刺鲳。

梅童鱼 又称梅子。体近长形而侧扁，尾柄长而细，头大而圆钝；体色上部灰褐，下腹侧艳黄色，尾鳍末呈黑色。平常喜生活在近岸浅海或咸淡水的河口近海，以小鱼、小虾为食，体长15厘米。有棘头、黑鳃两种梅童鱼。

鲈鱼 别名花鲈、牙鲈、鲈板等。体形长侧扁，嘴大、鳞细，银灰色，背部和背鳍上有黑斑，为近岸浅海鱼类。性凶猛，以鱼虾为食饵，生长较快，肉味鲜美。

箬鳎鱼 即窄体舌鳎，又名比目鱼、牛舌。体延长侧扁，形状像舌头（本地箬叶状），两眼都在身体的同一侧，有眼的一侧褐色，背鳍、臀鳍与尾鳍相连，无胸鳍。为近岸浅水鱼类，喜底栖生活，极不善于游泳。

附：渔村谚语

潮汐

初一、月半，子午潮。

初二、十六，昼过平。

初三、十七八，潮涨杀只鸭。

初四、十九，涨潮正好吃酒。

初五、二十，早夜是平潮。

初六、廿一最难算，潮涨等到二更二。

初七、廿二，等潮出海真心焦。

初八、廿三，半夜潮刚来。

廿五、六，潮涨早饭热。

十二、廿六，笃低慢潮。

十三、廿七，返早潮。

天气

天神未动，海神先知。

潮脚乱、网肚翻，大风马上来。

海上无风却有浪，明日大风准时到。

早西夜北晚东风，晒煞海底老蚌公。

西风压浪涛，东风兜底淘。

西北风挂龙，必有九级风。

春雾雨、夏雾火，秋雾生风冬雾雪。

三朝浓雾发西风。

东北风，雨祖宗。

东北风是鱼叉，西北风是冤家。

天上跑马云，台风要来到。

金山青，落雨精；金山黄，晒麦忙。

金山云戴帽，风雨马上到，雪上加霜连夜雨。

鱼 汛

过春风头步步紧，小黄鱼汛不等人。
岸上桃花开，杭州湾里旺汛来。
东北风过鱼内游，西北风停鱼逃走。
捕鳗拖着泥，勿深捕不起。
五月十三鳓鱼会，早晨不会夜头会。
立夏一个暴，乌贼抛牢锚。
南风转北风，鱼虾多得像毛毛虫。
二月清明鱼似草，三月清明鱼似宝。
初八、廿三，神仙出海空篮。
天气冷、晨见霜，带鱼一定旺。
细雨绵绵，一网二船。
立夏连日东南风，目鱼匆匆入山中。
过了五月五，黄鱼要上天。
北风转南风，赶海网网空。

鱼类习性

大黄鱼、咕咕叫，浑水摸鱼生产好，大水渔发满船摇。
小黄鱼、海底躲，春分起叫攻南头，清明北上吕泗洋。
鲳鱼扁、嘴巴圆，小满芒种鱼发好，捕到舱里蹦蹦跳。
大带鱼、发银光，贪嘴馋食易上钩，沙水不到捕勿光。
鲜鳓鱼、无肚肠，五月十三出个会，一日会游七爿洋。
大海鳗、象海龙，牙齿尖来嘴巴硬，咬紧东西不肯放。
小乌贼、白又胖。北面生来南面长，回到北面剖鱼鲞。
海蜇皮、随潮漂，稻草绳里出黄金， 制成蜇皮国外销。
米鱼姑，味道鲜，日里起叫夜里停，下午发在礁石边。
文鳐鱼、翅膀长，喜听音乐喜爱亮，跳出水面学飞翔。
橡皮鱼、造孽长，秋场六月来登场，捕来卖给鱼粉厂。
春雪不离山头，小黄鱼不离滩头。茉莉树花开，大黄鱼汛就来。
鳓鱼能进不进，鲳鱼能退不退。
马鲛鱼嘴硬骨头酥。
箬鳎鱼、着地游，眼睛生在两边头。
鯱鱼螫人甩尾巴，昂牛螫人背上刺。
青蟹咬人不松口，丢钳保命偷偷溜。
鳗鲡浑身滑溜溜，钻入涂泥难下手。
九月重阳，海蜇消烊。
蟹过立冬，影迹无踪。

第十八章 水 利

1988年起，山阳镇（乡）每年投资整治河道，并参与市、区级河道整治。至2004年，参与治理市级河道1条段，区级河道4条段，治理镇村河道12条段，延伸新开镇级河道2条段、1.4千米。经三河整治为镇样板河道。2005年起，实施镇村河道综合整治三年行动计划，建立河道保洁长效机制。2006年，建成现代农业园区农田水利示范区。2008年，启动第二轮镇村河道整治三年行动计划，至2009年，两轮“三年行动计划”共投资1700多万元，共整治镇村河道157条段（次）142.67千米。

1990—1996年，完成50座灌溉泵站标准化改造。之后，由于建设征用，至2009年，全镇标准化灌溉泵站减少到33座。

境内海塘，西接石化塘，东至荒墩及化工区塘，全长7.38千米，地处强潮顶冲，是杭州湾北岸险要地段之一。1990年后，岁修海塘、丁坝，1997—2002年，建设抗御百年一遇高潮位、12级台风标准的海塘达标工程。

第一节 河道治理

一、市、区（县）级河道治理

龙泉港（市级）。山阳段原为北起华新村南至河缺口折弯向西达金山卫城河。1977年，河缺口南改道抵运石河。1990年，建龙泉港山阳大桥西堍向南0.45千米石驳岸。2001年春，龙泉港航道全线治理工程列为上海市实事项目，标准为河底高程 -0.5—1米、底宽28—38米、面宽43—64米、边坡1:2.5，通航等级为5级，两岸均砌复合式浆砌块石护岸，河缺口至出海闸段河床排放石块。两岸扩建绿化带及防汛通道。南段河道疏拓工程，镇境内北起华新村、南至机房桥北侧改道折向东南打通沪杭公路一线海塘，在海塘北侧新建龙泉港出海闸，入杭州湾，长5.05千米，其中新开挖河道0.68千米，2003年初竣工。

运石河（区级）。紧靠海塘大堤，系筑海塘时为运石而开，故名。1986年，战斗港以西河道被填平，镇境内东起荒墩，西至战斗港，长5.53千米；2003年，东起戚家墩路，西至战斗港划归石化街道辖区。境内自戚家墩路至荒墩，长5.27千米。流经卫东、新江、渔业、九龙 4 个村。

1996 年，疏浚新江村至战斗港段 1.37 千米，完成土方 1.72 万立方米。2002 年，山阳公路 1 号桥至亭卫南路段 2.2 千米实施机械吹填，完成土方 3.1 万立方米。2005 年，实施运石河综合治理，东起荒墩，西至龙泉港出海闸 2.0 千米，完成土方 5.96 万立方米，是年 11 月 15 日开工，翌年 4 月 20 日竣工。治理后的河面宽 16—28 米，河底宽 3—6 米，河底高程 0 米至负 0.5 米，边坡 1∶2.5，并在河南岸种杨柳树和三叶草。2006 年 3—4 月，整治疏浚东起亭卫南路，西至杭州湾大道 1.49 千米河段，采用机械吹填、人工筑堤，完成土方 4.32 万立方米，清运建筑垃圾 0.23 万立方米，清除漂浮垃圾 38 吨。投放劳工 1016 日，投资 66.74 万元。

2008 年 11 月 5 日至 2009 年 5 月 30 日，疏浚龙泉港出海闸至戚家墩段，完成土方 44.71 万立方米。2008 年 6 月至 2009 年 7 月，完成运石河 2.73 千米 A1 型生态护岸、0.18 千米 A2 型石笼护岸、0.30 千米 B1 型 6 米钢筋混凝土桩基护岸、9.21 千米 B2 型生态护岸、0.10 千米 H 型浆砌块石护岸、7.47 千米透水砖通道工程。2009 年 3—7 月，运石河两岸种植地面植物 44210 平方米、斜坡植物 29200 平方米、湿地 86936 平方米。

红旗港（区级）。东西河道，东段至龙泉港原为南阳港，1958 年开。为打通龙泉港与张泾河通道，1979 年向西新开至金山卫镇张泾河，全长 6.32 千米。境内自龙泉港至旧港河长 4.37 千米，汇经二河、老红旗港、经三河、战斗港、旧港河。流经向阳、东方、中兴 3 个村。

2006 年 10 月至 2007 年 1 月，综合整治龙泉港至战斗港段 3.3 千米，完成土方 6.05 万立方米。加固边坡 0.59 千米，总投资 95.988 万元。2007 年，红旗港中段疏拓和生态型景观河道建设，山阳段涉战斗港至旧港河 1.07 千米。2008 年，疏浚红旗港东段 3 千米，并建木桩护岸。

老龙泉港（区级）。横贯镇中境。1977 年，龙泉港改道南抵运石河，东门到河缺口段改称老龙泉港，长 4.9 千米；2001 年，龙泉港南段改道东移，机房桥北至运石河段 0.87 千米改名老龙泉港；2009 年，由卫零路老龙泉港桥西，向西北新开至卫城河，长 0.495 千米；三段累计长 6.265 千米。汇龙泉港、牌楼港、战斗港。流经卫东、杨家、东方、向阳、九龙、新江 6 个村。

2001—2003 年，区政府将老龙泉港列为金山新城中心景观河道治理。一期工程西起卫零路、东至杭州湾大道，长 1.3 千米，完成土方 2.7 万立方米，总投资 850 万元。二期工程于 2003 年 2—8 月，疏浚卫零路桥至杭州湾大道桥，长 1.5 千米，总土方 6.11 万立方米。三期工程于 2006 年 4—5 月，疏浚亭卫南路至金山卫城河，长 3 千米，其中裁曲取直 0.13 千米，拆除违章建筑、机械整修坡岸，人工打捞水草等，整治后的河面最宽处 40 米。

金山卫城河（区级）。为金山卫镇、山阳镇界河。原为护城河，环绕金山卫城，故名。境内长 1.70 千米，纵流杨家、卫东 2 个村和东门镇。

2001年9—10月，实施城东北起北城河，南至南城河，长1.7千米疏浚工程。采用机吹清除淤泥，完成土方5.5万立方米，投资65.78万元，同时整理边坡3.4千米，清理水草水面28900平方米。

二、镇（乡）村级河道治理

1988—2004年，山阳每年投入40万—50万元，用于冬春水利建设，重点解决农业机口灌溉用水、河道淤积、水环境恶化等问题。1993年3月，冬春水利建设通过县验收，获二等奖。2002年治理集镇臭水浜。2003—2004年，新开河道2条段、1.4千米，疏浚河道12条段。

2005年8月，区政府与镇政府签署“镇村河道综合整治三年行动计划目标责任书”，加快河道治理进程。至2007年，累计治理河道138条段、132.75千米，开挖淤泥140.64万立方米，总投入1265.76万元。

2008年，启动新一轮镇村河道综合整治三年行动计划。至2009年，共治理“村沟宅河”15条段、4.77千米，臭水浜4条、5.15千米。

2005—2009年，总投入1700多万元，共治理镇村河道157条、段、次（部分条段治理多次），长142.67千米。

战斗港（镇级）。南北河。原为南起运石河，北至朝阳港，长7.52千米。流经卫东、杨家、中兴、长兴4个村。通朝阳港、红旗港、老红旗港、老龙泉港、运石河等。

1994年12月至1995年3月，机疏1.88千米。1996年11月至1997年2月，机疏老红旗港至朝阳港段2.95千米。1997年和1999年，疏浚铁路金山支线桥南北二段，两岸砌块石护岸。2000年9—12月，机疏老龙泉港北段1.15千米，拓宽浚深并人工筑圩，完成土方3.45万立方米。2001年1—2月，机疏运石河至老龙泉港段，完成土方3.68万立方米。2005年12月至2006年12月，金山大道以北至老红旗港1.2千米改道新开。完成疏拓开挖土方26.81万立方米，新建护岸6.5千米，防汛通道7258.6平方米，绿化面积6.35万平方米，建成金山新城景观河道，全部工程于2007年9月通过验收。2003年，卫清西路以南长1.13千米河段划为石化街道。2009年，卫清西路以北至朝阳港，长6.50千米。

老红旗港（镇级）。原为无名小河，1968年裁弯、拓宽、浚深、连接，定名红旗港，长3.48千米。1979年，开县级河道红旗港，为区别冠“老”字。1996年3月，机疏战斗港口至渡槽桥0.80千米。是年11—12月，机疏红旗港东接口至亭卫公路桥下0.98千米。1999年1月，机疏大兴村至红旗村1.72千米。2006—2009年，金山新城段部分河面裁弯取直拓宽。2009年，东起经二河，西讫旧港河，长3.35千米。横流杨家、东方、向阳3个村。

东青龙港（镇级）。纵贯镇北部。为古青龙港一支流，淤浅成田，1958年重开北段，仍称青龙港，为与吕巷青龙港区别，1990年命名为东青龙港。南起纬四河，向北流经向阳、中兴、华新、长兴4个村，连朱行界河，长3.44千米。通朝阳港、纬四河。

1992年11—12月，机疏柴场桥至纬四河1.9千米，完成土方3.8万立方米。1995

年 11—12 月，机疏纬四河至朝阳港口及青龙港支口 1.94 千米，完成土方 2.94 万立方米。1996 年底，新开青龙港东至凉亭小学段 0.33 千米。

铁店港（镇级）。原河口有铁店，故名。东起运石河，西讫龙泉港，长 3.8 千米。流经山阳、漕泾 2 个镇。山阳段长 1.83 千米，流经九龙村。1994 年 1—4 月，机疏 1.83 千米，完成土方 7.7 万立方米。

牌楼港（镇级）。南北河、在镇南境。河口原有牌楼，故名。南起运石河、北至老龙泉港，长 2.21 千米。流经新江、渔业 2 个村。

1993 年 1—3 月，全线及支河机疏 2.6 千米，完成土方 4.9 万立方米。1995 年 11 月至翌年 1 月底，机疏老龙泉港南口至金山嘴水厂及支河 2.70 千米，完成土方 3.4 万立方米。2001 年 1 月，机疏 2.65 千米，完成土方 3.68 万立方米。2002 年，全线完成块砌石驳岸及加围栏工程。

朝阳港（镇级）。在原长兴、甸山村境内。东西河。原为无名小河，1975 年疏浚。1990 年改名甸长河，后恢复原名。西起旧港河，东至东青龙港，长 2.76 千米。通东青龙港，纬四河、战斗港。1997 年 10—12 月，机疏战斗港至东青龙港 2.73 千米，完成土方 2.12 万立方米。1998 年 11—12 月，机疏朝阳港及支河段 2.80 千米，完成土方 4.39 万立方米。

旧港河（镇级）。为山阳镇西境与金山卫镇、张堰镇界河。原名运盐河，后新开运盐河（张泾河）冠上“旧”字，简称旧港。1990 年，山阳管理的河段南起金山卫城河，北达朝阳港，长 4.42 千米。1998 年 2—3 月，机疏红旗港至杨家村段，长 1.61 千米。2000 年后，龙皓路以南河道被城区建设占用，2009 年，朝阳港至龙皓路河段长 2.36 千米。流经长兴、中兴、杨家 3 个村。

经二河（镇级）。南北河，在向阳村（原大兴村）境内。1978 年新开时，以经纬编号名经二河，1990 年改名大兴河，后恢复原名。

1996 年 12 月，机疏 0.83 千米；1999 年 12 月至翌年 1 月，机疏 0.80 千米，完成土方 2.1 万立方米。2004 年，向北新开 0.90 千米，完成土方 3.15 万立方米。2009 年，南起红旗港，北至迎春河，长 1.88 千米。通纬四河，红旗港。

纬三河（镇级）。南北河，位于原大兴村和跃进村。原为无名小河，1978 年重开时以经纬编号为经三河，1990 年改名焦家河，后恢复原名。2000 年 12 月至 2001 年 2 月，机疏红旗港至纬四河及支河 1.55 千米，完成土方 2.99 万立方米，河岸种植黑麦草 9920 平方米，投资 17.98 万元。2003 年，向北新开 0.50 千米，完成土方 2 万立方米，并建成绿化景观样板河道。2004 年 5 月，区人大常委会组织部分人大代表视察经三河样板河道。2009 年，南起红旗港，北至狗头泾河，长 1.45 千米。

纬四河（镇级）。横贯镇北部，1977 年新开时，以经纬编号为纬四河，1990 年改名汇水河，后恢复原名。东起九龙村（原曙光村）陆家浜，西讫旧港河，长 4.64 千米。通龙泉港、经二河、东青龙港、经三河、战斗港。流经九龙、向阳、中兴、长兴 4 个村。

2000 年 10 月至 2001 年 3 月，挖泥船疏浚东西两段（陆家浜至经三河、经三河至甸山）共4.40千米，完成土方7.04万立方米。

旗杆港（镇级）。古河道。流经山阳、漕泾2个镇。山阳段原长1.76千米，1977年，龙泉港裁弯西延后，山阳段长1.95千米。流经九龙村。2007年2—5月，疏浚1.68千米，完成土方2.43万立方米，投入资金28.67万元。

2005—2006年，综合整治纬四河、旧港河、牌楼港、铁店港、朝阳港、青龙港6条（段）镇级河道，计20.02千米，完成土方19.06万立方米，总投资164.75万元。经区有关部门验收通过。

2005—2009年，山阳镇共治理村级河道144条段，103.41千米。

2005—2009年山阳镇村级河道治理情况表

表18-1

村名	条段	长度（千米）	村名	条段	长度（千米）
九龙村	34	24.90	卫东村	2	0.77
向阳村	24	15.24	杨家村	10	6.66
新江村	7	3.53	华新村	16	14.24
东方村	11	7.71	长兴村	21	13.64
中兴村	19	16.72	—	—	—

三、河道工程

龙泉港出海闸工程 位于金山嘴东侧，龙泉港南端。主要工程有10米3孔出海闸1座；排水涵闸、束水导堤、打通海塘实地开挖河道0.68千米，沿两岸有6米宽绿化防护带、千米防汛通道；跨度为150米、桥长89米、宽10米的沪杭公路桥。改道长1.04千米的山阳公路（含龙泉港疏拓）等，2001年4月4日开工，2003年11月竣工，总投资30937万元。

龙泉港出海闸是上海市浦南东片唯一的泄洪排海通道，也是一等水利工程，出海闸主体结构与海塘大堤均为一级水工建筑物。其主要功能是挡潮、排涝、水资源调度。该工程采用可编程序控制器PLC控制闸门封闭机，内、外河各设1台超声波水位计，在各闸门处设闸门开度计，将信号送到闸门操作台内的PLC控制台。闸门采用手、电两用螺杆式双吊启闭机启闭。出海闸设计挡潮标准为200年一遇高潮位加12级台风，24小时排水泄洪量大于1991.6万立方米。龙泉港河道防洪除涝标准为20年一遇24小时雨量196.6毫米不出险。

老龙泉港景观河道工程 东起杭州湾大道，西至卫零路，全长1.3千米。工程有2.60千米护岸工程（有直立式、踏步式、叠石式、仿木桩式、鹅卵石、太湖石式等）及2座亲水、观水平台，10400平方米防汛通道及站台，河道两侧绿化面积3万平方米。该工程被列入上海市水务局2001年度区管河道样板段工程，总投资678.36万元。2001年12月10日动工，2003年12月30日竣工。

战斗港景观河道工程 南起金山大道北至老红旗港，改道新开1.20千米。建绿化及亲水平台、亲水栈道、沿河步行道等景观工程，2005年底开工，翌年12月竣工。

第二节 灌溉设施

一、泵站改造与建设

1990年起，实施灌溉机泵综合改造，建设标准化泵站，推广应用300HW低扬程混流泵、新型350ZLK开敞式轴流泵，改进进出水流道等。1993年10月，山阳镇灌溉机泵综合改造通过水利部低扬程泵站技术改造试点成果鉴定。至1996年，全镇50座灌溉泵站全部改造完成，装机166台（套），动力1777千瓦。机泵综合装置效率由36%提高到52%，倪家泵站达59%。2006年起，随着金山新城和工业区建设，水稻面积和灌溉泵站锐减，但对部分年久老化泵站和调整新设泵站，均按标准化改造建设。2009年，全镇有灌溉机口33座，动力786千瓦，灌溉总控制面积697公顷。

1990—2009年山阳镇（乡）灌溉动力情况表

表18-2

年份	泵站（座）	电动机（台）	动力（千瓦）	灌溉总控制面积(公顷)	年份	泵站（座）	电动机（台）	动力（千瓦）	灌溉总控制面积(公顷)
1990	48	63	1874	2079.3	2000	54	169	1814	1949
1991	49	64	1624	2057.4	2001	53	170	1805	1907
1992	51	66	1706	2067.4	2002	52	164	1751	1524
1993	51	168	1869.5	2067.4	2003	46	143	1521	1510
1994	51	168	1871	1937	2004	42	140	1475	1007
1995	51	170	1872	1937	2005	42	140	1475	1007
1996	50	166	1777	1953.4	2006	28	119	1208	714
1997	51	167	1805	1948	2007	31	124	1279	714
1998	52	165	1830	1948	2008	34	43	748.5	700
1999	52	167	1800	1948.8	2009	33	41	786	697

二、渠道与渡槽建设

1989年，全乡有地下渠道180条（段），长82千米，有水泥渡槽163座。1990年起，缩小原有灌区，增加灌溉泵站。对原建的地下渠道全部改用灰土低压输水管（瓦筒管）。1997—2006年，建地下渠道56.20千米、明渠9.5千米；建混凝土大明沟3.35千米；新（改、修）建渡槽57座。2007—2009年，新建混凝土大明沟3.2千米，新（改、修）建渡槽23座。

三、农田水利示范区建设

2005年起，推进农田水利示范区建设，围绕农业生产结构调整，把农田水利示范区建设与中、低产田改造、现代化农业园区建设和现代化水利科技相结合。在华新、长兴、中兴3个村实施现代化水利示范区(园区)工程，涉耕地面积258.7公顷，总投资623.83万元，2006年，建成“农田成方、旱涝保收、排灌畅通、道路配套、设施齐全、水利创新”的农田水利示范区。

2005—2006年山阳镇农田水利示范区建设情况表

表18-3

耕地面积(公顷)	258.7	滴/喷灌(公顷)	63
新建排灌泵站(座)	1	暗排(公顷)	63
新建渡槽(座)	3	绿化(平方米)	10000
地下渠道(千米)	2.74	自动化测控系统(套)	1
水泥明渠(千米)	3.6	总投资(万元)	623.8326
护岸生态(千米)	2	—	—

第三节 海 塘

山阳境内海塘西接石化塘，东至荒墩及化工区塘，全长7.38千米。山阳海塘地处海潮顶冲，外塘已坍尽，仅存单塘一道，故历来为险工地段、修筑重点。

一、护岸丁坝勾坝工程

山阳段海塘，共有6号、5号、4号、3号、2号5个丁坝及金山车客渡码头。每年，市、区两级财政投入资金，整治维修护岸丁坝、勾坝、平台、护坡等，并抛放一定数量的翼形体，对海塘青坎进行整治，铺设彩色道板，种树植绿。

至2009年，山阳段海塘维修整治总投资5130.38万元。

1991—2000年海塘山阳段整治维修情况表

表18-4

年份	施工时间		工程量(立方米)						总投资(万元)	主要工程
	开工	竣工	土方	石方	混凝土	打桩	抛石	浆砌块石		
1991	1月18日	5月30日	6900	5912	809	—	—	—	289	3号丁坝勾坝加固，6号丁坝两侧干砌改为浆砌，6号丁坝延伸等工程
1992	2月27日	7月20日	—	8442	248	—	763	—	251	6号丁坝的西向勾坝延伸136米，西塘主塘脚抛石、平台挡浪墙翻建710米工程
1993	2月20日	8月15日	1465	15015	990	—	2350	3818	443	新江桥至金山车客渡东侧抛石、3号丁坝加固工程
1994	2月26日	7月5日	3000	10161	1408	—	—	—	325	5号、6号丁坝内主塘脚护岸抛石，2号、5号丁坝加固，荒墩西段护塘加固工程

续表 18-4

年份	施工时间		工程量（立方米）						总投资（万元）	主要工程
	开工	竣工	土方	石方	混凝土	打桩	抛石	浆砌块石		
1995	1994年12月3日	6月20日	8000	28700	2471	—	—	—	361	2号丁坝西勾坝抛石，新建5号丁坝东勾坝53米，4号丁坝土工网包石护脚与内青坎加固工程
1996	3月11日	7月10日	8000	—	180	1282（根）	12020	1867	415	西塘加固保滩工程，5号丁坝延伸加固工程，3号丁坝西勾坝加固工程
1997	1月3日	5月5日	800	8103	421	—	—	—	293	5号丁坝延伸加固和6号丁坝西勾坝延伸加固维修工程
1998	2月8日	6月10日	—	8065	567	—	—	—	184	2号丁坝头坝和西勾坝，3号丁坝的坝面，5号丁坝坝面加固维修工程
1999	4月1日	5月31日	—	5280	1222	—	—	—	183	2号丁坝西勾坝向西延伸，4号丁坝东护坡，5号、6号丁坝加固维修工程
2000	2月1日	4月20日	—	5280	1222	—	—	—	209.8	2号丁坝西勾坝，3号、5号丁坝东侧、头部加固维修工程

2001—2009 年海塘山阳段整治维修情况表

表 18-5

年份	施工时间		工程量（立方米）					其　他	总投资（万元）	主要工程
	开工	竣工	石方翼形体	混凝土	抛石	浆砌块石	护坡底基			
2001	4月5日	5月30日	—	—	205.5	141.75	405	—	142.48	4号丁坝安放翼型体，2号丁坝外侧护脚抛石，4号丁坝东台翻建工程
2002	5月10日	7月29日	184.3	129.7	719	2254.1	890.9	C25混凝土栅栏板护坡。灌砌块石护坡404.8立方米	369	4号丁坝东侧、勾坝各100米水磐维修、民兵哨所段维修等工程
2003	5月8日	5月30日	翼形体450只	—	2860	—	—	抛杩槎1800只	286.5	民兵哨所前485米抛石护坡、3号丁坝坝头维修、戚家墩段97米平台翻建整治工程
2004	4月25日	7月25日	—	1650	—	—	—	翻建平台473米	208	西塘上1+803—2+276段平台翻建，5号丁坝平台加固、戚家墩段平台整治，1+180—1+945段栅栏板下灌浆工程
2005	5月1日	7月1日	—	628	1050	1049	—	灌砌块石831立方米	224	西塘上2+975—3+571段护坡维修，5号丁坝西勾坝加固、98达标段平台翻建工程
2006	5月10日	6月30日	翼形体797只	200	3875	530	—	机织土工布1515平方米	305.9	5号丁坝西勾坝加固，3号丁坝坝头、坝根加固工程
2007	3月20日	6月30日	翼形体217只	—	4185	1970	混凝土路面1126.5平方米	块石理砌1659平方米	175.4	98标段平台1+600—1+803段翻建230米，3号丁坝西沟坝维修110米，4号丁坝维修244米，5号丁坝西沟坝延长100米工程

续表 18-5

年份	施工时间		工程量(立方米)					其　他	总投资(万元)	主要工程
	开工	竣工	石方翼形体	混凝土	抛石	浆砌块石	护坡底基			
2008	8月12日	11月20日	混凝土排水沟1047米	—	—	857.2	砼压顶119.3	钢筋混凝土基础644.8立方米 预制板防汛通道729米	230	杭州湾大道至亭卫南路之间青坎整治过程。堤基除草及绿化面积21964.2平方米，绿化种植7020平方米
2009	5月5日	7月16日	混凝土大方脚97.7	—	—	445.5	浆砌块石挡墙297	混凝土层808.2立方米 灌砌块石坝面195立方米	235.3	2号丁坝维护加固，民兵哨所停车场和防汛通道翻建和内青坎整治工程，种北美落羽杉2462株、麦冬10914.5平方米

二、申甬车客渡码头围堤工程

申甬车客渡码头围堤工程，是上海至宁波轮渡航线上海一端客轮码头的基础工程。工程位于西塘戚家墩以东0.50千米处。筑围滩涂堤长0.62千米，面积2.2公顷。工程于1991年4月23日开始抛石，1993年7月20日竣工。

三、海塘堤防达标工程

1997年起，山阳一线海塘实施达标工程建设，设计标准为抗御百年一遇高潮位(6.42米)加遇11级风力(28.6米/秒)，到2000年4月工程建成。总投资2973.32万元。

1997年，建设西起民兵哨所、东至新江桥，长1.08千米海塘达标工程。堤身为直立式钢筋混凝土挡浪墙，堤顶设顶面标高为9.7米的圆弧钢筋混凝土挡浪墙，护坡结构为栅栏板灌砌石，内坡比1:2.8，外坡比1:3，堤脚高程2米，反浪墙顶高程9.7米。堤顶高程8.21米，内青坎高程3.44米，堤顶宽度23.6米。是年2月25日开工，5月30日竣工，总投资940万元。

1998年，建设西起新江桥至金山嘴地段处，长2千米海塘达标工程，堤身为直立式钢筋混凝土挡浪墙，堤顶段面标高为9.7米的圆弧形钢筋混凝土挡浪墙，护坡结构为栅栏板干砌石和翼形体干砌石，内坡比为1:3.1，外坡比为1:4，堤脚高程3.5米，反浪墙顶高程9.7米，堤顶高程7.9—8.53米，内青坎高程3.66米，堤顶宽度13.3—18.6米。施工前拆除金山嘴、戚家墩地段塘面建筑164间、4673平方米。是年2月10日开工，4月30日竣工，总投资707万元。后经市水务局海塘达标工程验收，1、2标段均为优良工程。

1999年，建设荒墩桥、汀南村、海光村等处，长1.98千米海塘达标工程。堤身为直立式钢筋混凝土挡浪墙，堤顶设顶面标高为9.7米的圆弧钢筋混凝土挡浪墙，护坡结构形式为翼形体干砌石，内坡比为1:1.9，外坡比为1:3，堤脚高程4—5.4米，反浪墙高程9.4—9.6米，堤顶高程7.92—8.99米，内青坎高程3.42—5.72米，堤顶宽度16—25.3米。是年5月2日开工，6月30日竣工，总投资776.32万元。6月2日，水利部副部长周文智一行60余人实地查看金山海塘达标及绿化工程。

2000年，建海塘达标工程0.19千米，堤岸在西塘民兵哨所处，堤身为直立式钢筋混凝土挡浪墙，堤顶设顶面标高为9.7米的圆弧钢筋混凝土挡浪墙，护坡结构形式为栅栏板灌砌石，内坡比为1:1.8，外坡比为1:3，堤脚高程2.5—3米，反浪墙顶高程9.7米，堤顶高程8.02米，内青坎高程4.09米，堤顶宽度21—24.4米。是年1月15日开工，5月15日竣工，总投资549.9万元。2002年7月，完成山阳民兵哨所段32米海塘堤防达标工程建设，10月29日，通过市水务局验收，评为优良工程。至此，一线海塘全部达到防御12级台风标准。

金山嘴海塘（2000年摄，区海塘管理所提供）

四、上海化工区西部海堤工程

2003年7月28日开工，2005年2月5日竣工。工程位于东至化工塘，西至龙泉港出海闸，海堤全长5.74千米，围垦面积3平方千米。山阳段堤长1.80千米，围垦面积0.74平方千米。

五、海塘施工管理

海塘管理部门根据工程施工方案，编制计划任务书，报市水利局批准后，勘察设计工程地段。设计批准后，列入工程年度计划，组织施工。海塘修建工程凡超过50万元须经招投标程序，落实有资质资格企业进行设计、施工、工程监理。

岁修工程管理 每年汛期前后，将检查发现的海塘隐患和损坏情况逐级上报，经核准后，市、区（县）下拨专项资金，海塘管理所组织施工。

抢修工程管理 汛期中检查出的海塘险段进行紧急加固；台汛受损工程及时抢修，抢修工程经费分别由市和地方筹资。

海塘工程，由设立在金山嘴的金山区（县）海塘管理所管理。

第四节 防汛抗台

一、指挥机构

山阳防汛抗台指挥部由政府办公室、武装部、农业（排灌站、水务站）、工业、副业、车队、粮食、供销、用电办、派出所、卫生等部门组成。镇（乡）长或副镇（乡）长任指挥。

二、检查视察

每年汛期（台风季节），接上级指挥部指示后，由镇（乡）领导牵头，组织防汛抗台检查。主要检查海塘 、险工地段、在建工程、防汛抗台物资和通信测报、抢险队伍组织、排涝泵站设备运转情况及仓库、“三线”（电线、电话线、广播线）、行道树、危房、危桥等。重点加强对建筑工地临时工棚居住人员、危房居住人员、农业承包户田间棚舍居住人员、一线海塘堤外工作人员、船上渔民五大类人员的检查，发现险情，及时撤离。

每年的台风警报期间，山阳镇（乡）组织以民兵预备役（基干民兵）、志愿者为主的防汛抗台抢险队伍，集结待命，一旦出现险情，即赴现场抢险。

2008 年 6 月 10 日，市有关领导到山阳视察检查海塘防汛工作。

2009 年 8 月 8 日，区领导及有关部门领导到海塘 2 号丁坝等地检查防御台风“莫拉克”工作。

三、抢险救灾

1990—2009 年，山阳地区多次遭受台风、暴雨等袭击，全镇（乡）干部群众奋力抗灾、救灾，市、区（县）、镇（乡）主要领导和分管领导分赴受灾第一线。

1996 年 7 月 31 日至 8 月 1 日，受 9608 号台风和第七次天文高潮的影响，沿海地区风力 8 级，阵风 9 级，金山嘴海塘潮位高达 5.94 米，海浪冲击护岸工程，翻过挡浪墙，戚家墩至金山嘴 3 千多米长的海塘抛石，多处被海浪卷上 6 米线平台，最大石块重 1000 余千克；几乎所有丁坝、勾坝头部、坝基遭受不同程度损坏，3 号、5 号丁坝受损最为严重。山阳组织 1500 多人的抢险队伍及汽车等运输工具投入抢险救灾。

1997 年 8 月 18—20 日，受 9711 号台风影响，沿海风力达 28 米 / 秒（11 级），日降雨量 98.5 毫米。金山嘴海潮位高达 6.57 米，超历史最高潮位 0.6 米，海浪高达 10 多米，金山嘴、戚家墩海浪越过防汛墙直冲塘岸，塘顶积水 0.2—0.5 米，过水长度 2.3 千米，海塘护石被海浪卷至塘面，0.8 千米海塘防浪墙及 3、4、5 号丁坝坝头被风浪冲毁，23 处护堤护滩受损，民兵哨所、海塘内侧部分民宅受损，遇险人员紧急转移。灾情发生后，组织力量全面勘察抢险，及时从浙江湖州等地调运块石 2500 吨、黄沙 1500 吨、水泥 2000 吨，并组织 110 人投入抢险。

2005 年，分别遭受“海棠”“麦莎”和“卡努”3 次台风影响，以 0509 号台风“麦莎”影响最大。8 月 5—7 日，受台风“麦莎”影响，8 月 6 日 19 时 11 分，最大风速为 30.2 米 / 秒（11 级），风向东风，狂风暴雨时间长达 14 小时，过程降雨量为 222.1 毫米。金山嘴海潮位高达 5.69 米，超海潮位警戒线（5.4 米）2 次。损失严重，紧急转移沿海饭店员工、企业职工、建筑工地民工、各村居危房居民及来沪人员 2368 人。

8 月 5 日深夜，渔业村 7218 号渔船在奉贤金汇港外侧海面 500 米处搁浅进水遇险。金山区区长郝铁川得悉后，立即要求区防汛指挥部请求市防汛指挥部支持，力保 3 名渔民生命安全。区、镇、村和渔政站领导赴现场，指挥抢救受困渔民，在市海事、边防、渔政等部门支援下，8 月 6 日 6 时遇险渔民安全脱险。

8 月 7 日，龙泉港出海闸泄洪 691.38 万立方米。

第十九章 商　业

1989年，山阳乡有各类商业服务网点344家。1990年，社会消费品零售额5249万元。1992年，贯彻金山县委《关于进一步搞活商品流通的决定》，企业和农民进入流通领域，是年有经商农民224人，其中从事餐饮业的91人。1993年，生产、生活资料取消计划调拨，集贸市场、专业市场和连锁店开始发展。1994年，迁建山阳集贸市场，山阳小商品市场开张。1997年起，金山新城商业圈形成，以超市连锁经营为主的捷强、农工商、华联、联华、易初莲花超市和百联购物中心等大型现代商业先后落户山阳地域，并向乡村延伸。至2009年，山阳镇域内有集贸市场、专业市场、超市商场26个，其中金山新城商圈山阳镇域有12个；各类商贸服务网点2474个，是1989年的7.19倍，其中金山新城商圈山阳镇域822个、山阳老街区和农村1652个。社会消费品零售总额10.63亿元，是1990年的20.25倍。

1990—2009年山阳镇（乡）社会消费品零售额情况表

表19-1

年份	社会消费品零售额（万元）	年份	社会消费品零售额（万元）
1990	5249	2000	3710
1991	—	2001	3337
1992	5051	2002	30571
1993	8263	2003	43404
1994	10200	2004	44629
1995	11000	2005	56442
1996	10376	2006	66062
1997	7874	2007	78688
1998	4200	2008	98028
1999	6784	2009	106284

资料来源：1990—1995年数据，来自镇（乡）人民代表大会报告；1996—2009年数据，来自金山统计年鉴

注：1997—2004年数据不含金山嘴工业区

第一节 商业所有制构成

一、国有（营）商业

山阳粮管所 1958年7月成立。1991年，全国粮油统销价格调整，粮、油、饲料市场进一步放开，粮管所经营滑坡。1992年，转换经营机制，成立山阳粮油公司，隶属金山县粮油总公司。亭卫公路、红旗东路口南侧建山阳宾馆，占地3500平方米，建筑面积1997平方米。设有酒家、商场、客房3个部分，时为山阳地区综合商业服务企业，后因经营管理和市场原因而关闭，2005年拆除后土地另用。

1993年4月1日，国家取消粮油统销办法，取消居民粮油定量供应，价格放开，市场随后放开，根据粮食局统一部署，粮管所实行减员。1997年起，职工只出不进；1999年，村粮管员队伍解散；2000年，辞退合同制工人18人；2002年，签协议保留劳动关系22人；2003年6月，职工自动解除劳动关系12人。是年商铺、仓库、门店开始出租、转让（包括公建私住的职工住宅）。7月，组建上海靠海香粮油贸易有限公司，主要经营粮油及管理粮管所房屋财产的出租（让），留守5人。2009年，粮管所共有粮食仓库3处15幢，山阳粮管所名称保留不变。

山阳水产购销站 1978年7月成立，隶属金山县水产公司。1990年，购销各种鱼类27150千克。1993年歇业，人员分流。

山阳食品购销站 1978年7月，恢复山阳食品购销站，隶属金山县食品公司。1990年，收购生猪24085头。1993年，畜、禽市场放开，收购量减少，全年收购生猪13129头。1996年，收购生猪2835头。1997年，停止生猪收购，职工只退不进。2000年，购销站关闭，人员分流。

山阳药店 1963年，山阳供销社开办山阳医药中心商店（国有），下设东门、金山嘴分店，共有职工23人。批发零售500多味中药和300多味中西药（含兽药）。1996—2004年6月，山阳药店划归上海金山医药药材有限公司管理，成为连锁店。2004年7月，从医药药材公司分出，成为上海恒德大药房有限公司山阳药店（NO.22），后增设医保定点零售业务。坐落在山新路76—80号，有职工9人。

二、区（县）商业

山阳供销合作社 1989年1月，由全民所有制转为集体所有制，隶属于金山县供销合作联社。1990年，有职工214人，设有化肥农药、石油、五金交电、农机配件、棉布、百货、鞋帽、纺织品、国药、烟酒、南什、文具、饮食、贸易货栈、棉花收购、稻麦草收购、废品回收、竹木建材等门店。年销售总额2346.08万元，创利润60.18万元，税金50.1万元；有固定资产92.96万元，流动资金146.34万元。

1991年起，县供销合作联社加快经营体制改革，向市场经济转换。1993年，山阳供销社列入县供销合作联社第二批经营活动、商品定价、劳动用工、工资分配、投资发展、机构设置“六自主”改革试点单位。各营业门店实行“社有民营、双方承包”，按商品账面数折价转让，逐步抽回集体资金，让经营者以自有资金经营。对亏损门店实施转制；

对较大门店实行合伙承包经营，并为承包经营者申领工商营业执照。1997年，山阳供销社全部退还社员股金，兑现红利。2000年，所属各门店转为个体经营。

2003年7月，山阳供销社与漕泾供销社合并，名漕泾供销社。原山阳供销社符合置换身份的职工有38人，置换后自主择业8人、购置门店自行经营13人、租赁社有门店经营14人、去新企业2人、其他去向1人。

附：社员股金及红利

1957年，山阳供销社成立后吸纳社员股金，发展社员股，每户1股（个别困难户为半股），3元/股。1983年，社员股为8351股，占山阳总户数的87.2%，吸纳股金25053元。1992年，经社员代表大会通过，将原3元/股增至6元/股，半股扩增为1股，并兑现10%的红利。1997年，将社员股金全部退还，兑现15%的红利。

山阳城镇商业站 前身是1985年1月成立的山阳商业分公司，隶属金山县城镇集体商业公司，下设31个门市部。1989年，有职工182人，固定资产40.5万元，销售总额748.6万元，纳税19.33万元，亏损10.3万元。

1992年起，商业分公司开始实行“抽资承包”，门店“三定”（定上缴税金、定上缴利润、定费用），其余部分归承包者所有。1998年5月，山阳商业分公司更为现名。1999年起，精减人员，部分职工办理病退或“协议退职”，其余职工实行“双置换”（职工身份置换、门店资产置换），转为个体经营。2001年，转制全部结束。

代购代销店 1989年，17个村、1个厂有供销社代购代销店19家，职员57人，实行经营承包责任制。主要经营烟酒糖、南杂、百货、小五金、文具等220多个品种，代购金额4959元，代销金额360.88万元。1990年，有的继续实行经营承包责任制，有的转为个体经营户，有的在市场竞争中淘汰。1991年6月28日，山阳供销社在中兴村建立马棚综合服务站，为县供销合作社系统第一个村级综合服务站。1997年，“双代店”按营业额3.8%向区供销合作社收取手续费，1998年增至4%，并由山阳供销社、村、职工三方签订合同，核定报酬。

2003年起，由金山区供销合作社、基层供销社和经营者共同出资，改建农村代购代销店为农村综合便民店。至2009年，中兴、向阳、九龙、长兴、华新等村建有综合便民服务店。

三、镇（乡）商业

1982—1985年，乡劳动服务所、副业公司、电影队，先后开商店、饭店、门市部。之后工业公司、农业公司、文化站相继开办综合经销部、饭店、农资门市部。1988年6月，山阳乡成立上海新金山贸易中心，位于与上海石化相连的沪杭公路8484号，占地面积1784.9平方米，建筑面积2096平方米。是山阳首家乡直属集体商业企业，也是山阳乡在石化地区的商贸服务业窗口。1990年，上海新金山贸易中心更名为上海新金山商业公司，有职工84名，营业收入1131.04万元，利润20.46万元。1991年3月，上海新金山商业公司和上海石化粮油副食品公司联办上海新金山梅州副食品市场，位于石化隆安路梅州街口，经营面积800平方米，其中建筑面积300平方米、供个体设摊的玻璃钢棚屋500平方米。

主要经营山阳生产的农副产品。

1993 年，上海新金山商业公司更名为上海新金山商贸置业总公司。注册资本 258 万元，下辖上海科阳实业公司、上海杭州湾科技发展公司、上海天意广告公司、上海杭州湾工程公司 4 家法人企业和 13 家自负盈亏的分支机构。

1994 年 5 月，上海新金山商贸置业总公司与上海金阳腈纶厂、上海广发公司联营，将原新金山海味酒家改扩建成 1800 平方米的上海香港娱乐城，内设饭店、咖啡馆、保龄球馆、舞厅、KTV、健身房、美容美发店等服务项目，时为浦南地区最高档的一家集餐饮、娱乐、健身于一体的综合性休闲活动场所。1995 年初，香港娱乐城在总公司的 2—5 楼增设客房部和商务中心。10 月，上海新金山商贸置业总公司与菲律宾玛莉国际贸易有限公司，合资成立上海蔡玛莉饰品有限公司，生产的"玛莉"饰品，在出口的同时，在全国大部分城市的百货商场设专柜销售。是年，新金山商贸置业总公司实现销售收入 2419.97 万元，利润 105.7 万元，纳税 53.01 万元。翌年歇业。

1996 年 3 月，成立镇第三产业和私营经济办公室（以下简称三产办）、镇商业公司，主要负责镇、村集体和民营商贸服务企业的管理、指导服务及协调发展。1997 年，与金山区商业和旅游管理委员会共同编制《金山滨海旅游业规划》；并对金山嘴海鲜一条街的物价、排污、保洁、饮食卫生等加强管理。牵头协调海岸大酒店，在蒙山路隆安路口"石化三街坊"，总投资 8120 万元，占地面积 24795 平方米、建筑面积 34000 平方米，集超市、酒店、KTV、金融和商务办公功能于一体的新粤华多功能商贸区。于 1999 年 1 月 18 日奠基动工，2000 年 9 月落成。

1997 年 11 月，山阳镇商业公司撤销，其职能归镇三产办。1998 年，镇办和镇下属部门办的商业开始转制，翌年底全部转为民营商业。

2001 年，三产职能归镇工业贸易办公室。2007 年 1 月，建立山阳镇第三产业发展办公室（归镇经济发展办公室），推进金山嘴海鲜美食城、童博园、华府海景商住商务楼等现代商贸服务业的发展建设和改造。2009 年，全镇第三产业税收 6028 万元。

1990—1996 年山阳镇（乡）商业经营情况表

表 19-2

年份	营业额（万元）	年份	营业额（万元）
1990	1309	1994	4327
1991	1385	1995	4633
1992	2228	1996	4088
1993	2880	—	—

四、私营个体商业

1989年，山阳乡有个体商业252户，营业额173.28万元。1996年，山阳镇私营、个体商业发展到584户。其中，私营商业82户，营业收入1486万元、税收92万元；个体商业502户，营业收入2216万元，税收262万元。1999年后，私营、个体商业在信息传媒、计算机软件、商务中介、文教体育、医药保健、商务广告、家政服务、小超市等领域加快发展。至2009年，镇域内有私营、个体各类商贸服务业（网点）2474户。其中位于金山新城商业圈822户、农村和老镇区1652户。从事餐饮食品、南北杂货、烟酒茶叶、五金家电、服装百货、建材等商品流通1005户；理发美容、茶室娱乐、广告中介、住宿、旅游等服务业412户；商业运作的公司和其他商业服务业1057户。

第二节 市场 商场

一、集贸市场

山阳集贸市场 1986年，金山县工商局投资10万元，在市场路建山阳首个室内农贸市场，建筑面积500平方米，100多个摊位。1994年，投资120万元，迁址新建农贸路集贸市场，建筑面积1750平方米。2007年，山阳市场列为上海市“菜篮子”工程实事项目，按照市标准化市场要求，在体育路30号新建以农副产品交易为主的综合性集贸市场。市场占地面积16650平方米，建筑面积近万平方米。统一配置市场保鲜冷柜、电秤、垃圾桶、商品盛放盘。建成电子秤追溯系统和电子探头录像监控系统。市场易名为上海金源山阳市场，2008年1月开张。2009年，市场建筑面积增至11000平方米，有摊位125个、门店40间、固定经营户80家、自产自销摊位50个。分肉（禽）类、水产、蔬菜、南北杂货等12个大类，年交易额1000万元。山阳市场先后获评1994年县先进农贸市场；1995—1998年，连续2次获评上海市工商局系统文明市场；2003—2008年，连续3次获评金山区文明市场。

联城集贸市场 坐落在卫清东路2738号。2005年建，建筑面积1300平方米。以固定摊位为主，经营果蔬、水产、副食品及南北杂货等。年交易额在200万元上下。

戚家墩集贸市场 坐落在隆安东路338—358号。2007年建，建筑面积1579平方米。以固定摊位为主，经营果蔬、水产、副食品及南北杂货等。2008年10月，转让给上海海光实业有限公司。年交易额在100万元上下。

镇域里还有4个村内集贸市场。分别为金山嘴老街市场、卫零北路杨家市场、亭卫公路山丰路口工农市场和南阳港西路中兴市场，建筑面积均为300平方米左右。

二、专业市场

山阳毗邻上海石化总厂，地处金山新城，业态结构不断调整，专业市场择地而建。1994年，山阳小商品市场开业。2002年起，先后建成金山嘴建材批发市场、上海铭品汇建材批发市场、欧洲城商业广场、上海亿丰建材批发市场、老周红木家具市场、金山嘴水产批发市场等10个专业市场。至2009年，有11家专业市场，总建筑面积310839

平方米。

上海亿丰建材批发市场，有各类结构商铺54幢，主营建材、洁具、装潢装饰材料、五金电器等。市场内有供娱乐、购物休闲的童博园，售卖时尚物饰、轻纺小商品、园艺、土特产、夜市大排档的喜乐汇。年商品批零交易额在亿元上下。老周红木家具制造销售市场，总建筑面积23000平方米，其中工厂10800平方米，市场营业展厅12200平方米，共3层。采购泰国、缅甸等东南亚国家或地区的紫檀、酸枝、花梨等材质，制造有明、清代款式和现代新潮上百个品种家具，年销售额6000万元左右。金山嘴水产批发市场，主要经营黄鱼、米鱼、鲳鱼、目鱼等鲜活类，海鳗鲞、黄鱼鲞、虾米等干货类，海蜇、黄泥螺等咸货类及贝壳类海产品30多种。批零的海鲜产品除渔业村渔民自捕、自销外，部分产品来自浙江舟山地区。年批零额在800万元上下。

山阳镇辖区内商品专业市场情况表

表19-3

名称	地址	建(改)造年份	占地面积（平方米）	建筑面积（平方米）
金山嘴海鲜市场	金山嘴沪杭公路南侧	2003	—	400
山阳小商品市场	山阳镇市场路 2006年迁至山新路150弄	1994	600	500
上海今晨二手货交易市场	龙轩路3906号	2002	—	100
上海铭品汇建材批发市场	卫清东路2690号	2002	13289	30000
老周红木家具制造销售市场	亭卫公路（路西）1909	2002	123876	23000
金山嘴建材批发市场	金康东路3906号	2002	40100	16239
欧洲城商业广场	卫零路、卫清西路北口	2003	16683	83500
金山嘴水产批发市场	沪杭公路648号	2003	—	300
莘潮家具市场（原南荣箱包厂址）	亭卫公路（路东）1938	2005	—	15000
上海亿丰建材批发市场	龙胜东路亭卫南路	2006	108900	140000
山阳如海服饰购物中心	山阳红旗东路9弄2支弄19号	2009	—	1800

三、超市商场

1997年，山阳地域内第一家大型超市捷强超市开张营业。2001年起，农工商、易初莲花、好又多、百联金山购物中心等7家连锁超市、大型商场相继落户山阳。其中百联金山购物中心，总投资6亿元，2009年动建，建筑面积88000平方米，是金山新城单体建筑面积最大，集时尚购物、休闲餐饮、文化娱乐、社区服务于一体的现代商业领军企业。有“一站式”购物中心百货东方商厦、世纪联华大型超市、星美影城、好乐迪KTV、丰收日大酒店等各类主力业态。2010年，仅百联东方商厦营业额超亿元。

山阳镇辖区内超市商场情况表

表 19-4

名称	地址	备注
易初莲花金山店	卫清西路 858 号	—
农工商超市 NO.245	蒙山路 333 号	—
世纪联华石化店	板桥西路 189 号	—
华联超市	山新路 153—157 号	—
乐每家超市	龙皓路 300—302 号	—
好又多超市	山阳体育路 30 号 F1	—
捷强超市	戚家墩路 108 号	1999 年迁址
百联金山购物中心	卫清西路 188 号	—

第三节 农副产品购销

一、粮食

粮食收购 1985 年 4 月起，国家取消粮食统购，改为合同定购。合同定购内出售的粮食，实行平价化肥、柴油供应和价格补贴，发放大农户定金“三挂钩”优惠政策。完成合同定购任务外的粮食实行议购，价格随行就市。1988 年起，粮管所下乡收购粮食油菜籽。1990 年秋，粮食合同定购改为国家定购，全乡粮食定购 3470 吨。“七五”期间，全乡向国家超额交售商品粮 1 万多吨。1993 年起，国家取消粮食定购任务，实行指导性计划。1990—1997 年，山阳粮管所每年收购稻谷在 7000 吨、二麦在 2000 吨上下。2001 年起，粮食收购市场化，开放收购市场。

粮食销售 1990 年 5 月 1 日起，停止个体饮食店和外地民工的平价面粉复制品供应；6 月 1 日起，停止夜餐和干部劳动补助粮供应；9 月 1 日起，停止个体饮食店平价粮供应。1993 年 4 月 1 日起，取消实行 40 年的粮食统购办法，取消粮票和城镇居民、农村统销人口购粮证，粮食敞开供应，价格放开。2001 年 5 月 1 日起，取消城镇居民粮油供给转移证明。

饲料销售 1986—1990 年，有计划、议购饲料粮，平议差价由地方财政补贴。1991 年至 1993 年 3 月，饲料粮来源主要是议购粮和外采粮食。1986—1993 年，奶牛场以上市奶换饲料；种鱼、种禽饲料供应改平价为半议价；1989 年起，养禽户以上市蛋供料。1990 年，粮管所供应的饲料品种有粉状、颗粒状配合饲料 17 个品种。1993 年 4 月 1 日起，取消饲料凭票计划供应，销售渠道敞开。1996 年，饲料销售市场全面开放，粮管所饲料销售量明显下降。

二、油料

油菜籽收购 1983 年起，油菜籽统购改为计划收购。1987 年起，改计划收购为合同定购。油菜籽计划内收购按“倒四六”（40% 按牌价结算、60% 按市场价格结算）比例计价，计划外收购按统购价计价；合同定购外的油菜籽敞开收购，也可由农民自行处理。1990年，油菜籽收购价格提高到每50千克80.63元，是年起不再实行价格外补贴。1992年，收购4297吨，是油菜籽收购总量最多的年份。1993年起，油菜籽收购放开，全面走向市场。1990—1997年，山阳地区油菜籽每年收购在3200吨上下。

食油销售 1990年9月1日起，停止个体饮食店计划平价油供应。1993年1月起，停止农村统销人口口油计划平价供应；4月1日起，全面取消食油计划供应，价格放开。

三、棉花

山阳供销社设山阳和东门2处收购站。1989年，标准级皮棉收购牌价50千克236.32元。1990年，全乡皮棉总产37.2吨。1991年，价格增至每50千克391.38元。1994年，调高至541.7元。是年收购棉花2.9吨。1995年起，供销社停止收购棉花。

四、土副产品

1990年，供销社收购蚕茧2.53吨。1992年“减棉扩桑”，产蚕茧37.2吨。1995年，收购价格暴跌，1996年停止收购。

1972年起，金山县实行“以草调煤”，山阳供销社在工农、曙光、向阳和杨家村设稻麦草收购点。1992年，停止收购稻麦草。另外，还收购蜂蜜、蘑菇、榨菜、西瓜、兔毛、苎麻等。

2009年，全镇持有特种经营许可证废品收购企业18家，从业人数66人，其中10家回收废旧金属、8家回收废旧纸张。

第四节　生产资料销售

山阳供销社在山阳、东门等镇设销售门市部，主要有化肥、农药、农机及配件、小农具、农用薄膜、燃料、竹木建材等。1991年起，在长兴、中兴、七一村设化肥、农药经销供应点。1997年，化肥、农药由上海金山农业生产资料有限公司山阳经销部（2000年后改为第9经营部）经销。

一、化肥

山阳地区农用化肥主要有碳酸氢氨、氨水、过磷酸钙、复合肥、尿素等。1990年销售各类化肥9118吨（含氨水1263吨），1996年，销售化肥5624吨，2009年，销售化肥4510吨。

二、农药

1990年时，用于稻田农药有稻瘟净、速灭威、叶蝉散、呋喃丹、井冈霉素等；用于棉田农药有三硫磷、波尔多液、敌敌畏和杀灭菊酯等；马拉松、敌百虫、多菌灵、甲胺磷则稻棉均用，时供应农药221吨。之后杀草丹、农得乐、多来宝等10多个新农药相继投放市场。1998年，甲胺磷停止供应。农药销售一直实行统一定价、管理和销售，1993年，农药放开经销。2009年，共销售农药153吨。

三、农机具

主要供应拖拉机配件、喷雾机、农电用品及铁、木、竹制品农具、尼龙绳、桐油等。

四、燃料

1990年起，煤及煤制品供应量下降，1992年煤站关闭。2009年，镇域内有山阳、东方、板桥东路、松卫南路汽柴油加油站4家。

五、建材

主要供应杂竹、竹梢、毛茎竹及少量木材（计划供应），还供应黄沙、水泥（计划供应）、石料、纤维板、三夹板建筑装饰材料，同时代销（计划供应开票）砖瓦、石灰等。建筑材料取消计划供应后，经销网点迅速增加。2009年，域内有建材商业网点106家。

第五节　生活资料经营

一、纺织品 百货

1990年以前，主要有棉布、化纤布、呢绒、绸缎、床上用品、服装、棉（羊）毛衫、鞋帽、钟表等200多个规格品种。1990年后，羽绒服、被、皮革制品、运动服、鞋等进入服装百货市场。2009年，山阳地域内有服装、百货店铺80家。

二、五金交电家用电器

1990—1995年，五金类商品以圆钉、铅丝、玻璃、插销、木工工具等小五金为主，有百余个品种。之后，扩大到建筑工具、螺丝螺帽、日用五金等200多个规格品种。交电类商品分电料、灯具、电动车、自行车、缝纫机等近200个规格品种。

家用电器主要有电视机、收录机、电风扇、洗衣机等。1995年起，冰箱、计算机、影碟机、家用空调、冷热水机、脱排油烟机、热水淋浴器、微波炉、电磁炉等相继面市。

2009年，山阳区域内经营五金交电、家用电器大小商铺97家。

三、烟酒糖盐

烟 1990年，山阳供销社、商业分公司设有烟酒专卖商店（柜台）。沪产甲级烟（牡丹、上海、凤凰）节日组织供应，大前门凭票供应至1990年，其他卷烟敞开供应。中华、555烟在2009年前比较走俏。2001年，山阳地区有10家名烟（酒）专营店。

酒 1989年，名优特白酒供不应求，黄酒、啤酒畅销不衰，“花色酒”逐渐受青睐。1990年起，茅台、五粮液等名酒呈上升趋势。之后，进口葡萄酒、“XO”等洋酒相继应市。2009年，山阳辖区内专营烟酒商铺网点69家。

食糖 1991年起，食糖敞开供应。1992年，食糖多渠道销售。品种有红糖、黄糖、白砂糖、绵白糖、冰糖等。

食盐 山阳地区食盐销售以闽盐为主，浙盐为辅。1991年起，由散装称重改为塑封包装。

烟花爆竹 1988年前，烟花爆竹由山阳供销社设点经营。1992年2月起，供销社设销售点。2000年，按照一区一个专营点的原则，山阳销售点撤销，由区设烟花爆竹临时销售网点 1 个。

2009 年，山阳辖区有小超市网点共 167 家，其中村域 136 家，居民区周边 31 家。

第六节　餐饮与服务

一、餐饮业

1989 年，山阳餐饮业主要有饭店、酒家、熟食、面点等 20 余家。改革开放以来，粤、湘、川、徽、杭、京等地区各路不同口味菜肴（火锅）陆续进入山阳辖区。1994 年以餐饮为主的香港娱乐城开业。1995 年起，肯德基、麦当劳等国外餐饮业相继引进山阳。2009 年，镇域内有生熟食品店 202 家，餐饮酒店 250 家，其中 24 家兼营住宿，规模酒店 10 家。是年，纳税 20 万元以上 9 家，海鸥大厦酒店有限公司和汇都餐饮管理有限公司分别纳税 250.39 万元和 210 万元。

20 世纪 90 年代享誉沪上的金山嘴海鲜一条街，沿沪杭公路东西长 1.1 千米，有大金山酒店、天桥大酒店、古堡山庄、永乐大酒店、海岸酒家、金山嘴大酒店等私营、个体海鲜餐饮店 20 多家。每年有市区及周边顾客 20 万人次前往品海鲜、购海货、赏海景。2008 年，与海鲜一条街相连的西侧，亭卫南路东侧，始建金山嘴海鲜美食城，占地面积 3.34 公顷、建筑面积 5500 平方米。金海岸、三岛、金山码头等酒店相继开业迎客。金山嘴海鲜一条街和海鲜美食城连成一体，成为大众旅游休闲和餐饮一道新景观。

2003 年 3 月，上海世安海昇大酒店开张营业。酒店建筑面积 20000 平方米，有 18 层，是一家集餐饮、客房、会务、休闲、娱乐于一体的综合性“三星”级涉外酒店，上海绍兴饭店入驻经营。接待参加 2007 年世界夏季特奥运动会牙买加代表团 70 余人，每年的沙滩排球赛，外国代表团均下榻于此。年营业额在 2000 万元上下。上海金山海鸥大厦酒店，总投资 3.67 亿元，建筑面积 48500 平方米，高 98 米，共 24 层，2008 年竣工。大厦 2—3 层大餐厅可设 50 桌宴席，中餐厅能分设 28 桌和 8 桌，有部分包房。有能容纳 30—300 人的大小会议厅（室），219 间高级客房和 245 平方米豪华总统套房。2009 年，纳税 250.39 万元。

2009 年山阳镇规模酒店（住宿）情况表

表 19-5

酒店名称	地址	兼营
山阳田园	长兴村	会务、KTV
高佬庄	长兴村	—
上海金山海鸥大厦酒店有限公司	龙胜路 58 号	住宿、会务、KTV
上海天大酒店有限公司	沪杭公路 6412 号	—
上海世安海昇大酒店有限公司	杭州湾大道 128 弄 1 号	住宿、会务、KTV

续表 19-5

酒店名称	地址	兼营
上海九岛工贸有限公司（金海岸）	亭卫南路 88 弄 7 号楼	—
上海金山汇都餐饮管理有限公司	杨家村三组 3009 号	—
上海新博海快餐有限公司	亭卫公路	—
上海大金山餐饮有限公司	沪杭公路 6318 号	—
上海永乐大酒店有限公司	沪杭公路 6472 号	—

二、服务业

1990 年，山阳地区服务行业主要有理发、洗浴店、茶馆、旅馆、照相和修理钟表、皮（套）鞋、雨伞及配钥匙等。1999 年起，拓展信息传媒、家政、广告、投资咨询、计算机软件及中介服务行业，美容美发、足疗沐浴、茶室棋牌、娱乐休闲、旅游等。2009 年，辖区内有理发美容店 132 家，足、沐浴店 40 家，茶室 30 家，旅馆 24 家，棋牌室 30 家，娱乐休闲 19 家，文教服务 24 家，房产 、家政、劳务、婚姻等中介 96 家，旅游服务 17 家。有桶装饮用水、电动车、自行车、鞋伞修理等服务点和摊位。

2009 年山阳村域商业网点分类情况表

表 19-6

村名	种类	小计	餐饮	住宿	理发美容	足、沐浴	娱乐	棋牌	文教	医疗室、药店	文具	小超市	烟酒茶叶	五金交电	建材	中介服务	装潢	公司	生熟食品	金融	物流快递	服装百货	加油站	其他
向阳	单位(家)	229	1	1	—	—	1	—	—	3	—	—	2	10	9	1	8	159	6	1	2	1	1	23
	个体(户)	298	33	1	15	3	2	1	—	—	—	38	10	28	21	—	82	—	13	—	—	—	—	51
九龙	单位(家)	80	—	—	—	—	—	—	—	—	—	—	—	—	3	—	—	74	—	—	1	1	—	1
	个体(户)	52	3	—	3	1	—	—	—	—	—	17	—	—	5	—	—	—	3	—	—	—	—	20
东方	单位(家)	38	—	—	—	—	—	—	1	1	—	—	—	—	—	—	—	29	—	—	2	—	1	4
	个体(户)	9	1	—	1	—	—	—	—	—	—	3	—	—	—	—	—	—	—	—	—	—	—	4
杨家	单位(家)	222	9	1	—	—	—	—	4	3	1	2	1	—	—	—	—	54	1	2	—	—	—	144
	个体(户)	99	5	—	2	—	—	—	—	—	—	17	—	—	3	—	2	—	29	—	—	—	—	41
中兴	单位(家)	54	1	—	—	—	—	—	—	1	—	—	—	3	1	—	—	45	—	—	—	—	—	3
	个体(户)	34	8	—	1	—	—	1	—	—	—	16	—	—	—	—	—	—	2	—	—	—	—	6
华新	单位(家)	56	—	—	—	—	—	—	—	1	—	—	—	—	—	—	—	52	—	—	2	—	—	1
	个体(户)	42	1	—	—	—	—	—	—	—	—	8	—	—	4	—	—	—	9	—	1	—	—	19
渔业	单位(家)	28	13	—	—	—	—	—	1	2	—	—	—	—	—	—	—	10	—	—	—	—	—	2
	个体(户)	38	8	2	2	1	—	—	—	—	—	14	1	—	—	—	—	—	8	—	—	—	—	2
新江	单位(家)	80	1	—	—	—	1	—	—	—	—	—	—	—	—	—	—	78	—	—	—	—	—	—
	个体(户)	16	—	1	—	—	—	—	—	—	—	7	—	—	2	—	—	—	4	—	—	—	—	2
卫东	单位(家)	68	4	2	—	—	—	—	—	—	—	—	—	1	—	—	—	29	1	1	—	—	—	30
	个体(户)	30	7	—	2	2	—	—	—	—	—	6	4	—	1	—	—	—	2	—	—	—	—	6

续表 19-6

村名	种类	小计	餐饮	住宿	理发美容	足、沐浴	娱乐	棋牌	文教	医疗室、药店	文具	小超市	烟酒茶叶	五金交电	建材	中介服务	装潢	公司	生熟食品	金融	物流快递	服装百货	加油站	其他
长兴	单位（家）	44	2	1	—	—	—	—	—	2	—	—	—	—	—	—	—	35	—	—	—	1	—	3
	个体（户）	15	2	1	—	—	—	—	—	—	—	8	—	—	2	—	—	—		—	—	—	—	2
合计		1532	99	10	26	7	4	2	6	13	1	136	18	42	51	1	92	565	78	4	8	3	2	364

2009 年山阳居民区周边商业网点分类情况表

表 19-7　　单位：家

商业网点坐落地段		小计	餐饮	住宿	理发美容	足沐浴	娱乐	棋牌	茶室	文教	医药	文具	小超市	烟酒	五金家电	建材	中介服务	服装百货	装潢	公司	食品	金融	旅游	物流快递	其他
山阳老街		225	21	4	17	8	—	4	4	—	4	5	9	4	18	7	18	38	—	4	46	1	—	—	13
海辰（龙皓海丰）		47	6	1	3	—	—	1	1	—	1	1	5	2	2	—	6	2	—	1	10	2	—	—	3
棕榈湾（蒙山卫清前京）		75	29	—	17	1	1	—	3	2	—	—	2	3	1	—	—	7	1	2	4	2	—	—	—
三岛龙洲（蒙山板桥前京）		83	8	1	9	3	—	—	9	2	5	1	3	4	—	2	10	5	3	11	2	3	—	—	1
金豪	金天地	21	—	—	3	1	—	—	—	—	—	—	—	—	—	5	1	6	1	—	3	—	—	—	1
	豪庭	54	3	—	6	1	—	1	4	2	1	—	1	5	3	3	1	—	6	4	6	7	—	—	—
海趣（龙翔蒙山）		27	9	1	—	—	1	—	1	1	1	—	1	1	1	1	2	—	1	1	2	2	—	—	1
龙泽园		18	2	—	1	—	—	—	2	—	—	—	—	—	—	—	1	—	—	9	2	1	—	—	—
联江		62	5	—	4	—	1	—	—	1	2	1	2	3	7	19	1	3	2	1	7	2	—	—	1
金海岸	蓝堡	54	7	1	6	2	2	3	2	2	—	—	2	2	—	4	8	—	5	—	4	1	1	—	2
	金海岸	16	1	—	2	—	—	1	—	2	—	—	—	1	—	—	2	1	1	3	1	—	1	—	—
金世纪	世纪城	175	—	—	14	4	—	—	3	6	5	3	—	5	5	12	19	8	19	40	10	—	9	13	—
	欧洲城	122	18	3	17	8	5	16	—	—	4	2	—	6	6	—	7	2	—	13	6	3	6	—	—
	金浦苑	37	12	—	3	1	3	1	1	—	—	2	—	3	3	—	3	—	1	3	—	—	—	—	1
	东门	18	4	—	4	1	—	—	—	—	—	—	—	1	2	—	2	—	—	—	4	—	—	—	—
戚家墩	海浒	65	2	1	—	2	2	1	—	—	1	1	4	7	6	2	8	2	1	7	13	1（迁）	—	—	4
	海上明珠	12	—	—	—	—	—	—	—	—	—	—	—	—	—	—	3	1	6	1	1	—	—	—	—
海鸥大厦外围		22	—	2	—	1	—	—	—	—	1	1	2	3	1	—	3	2	—	1	3	1	—	—	—
合计		1133	127	14	106	33	15	28	30	18	25	17	31	51	55	55	95	77	47	101	124	26	17	13	27

第二十章 城区与镇村建设

1984年，山阳乡建立村镇基本建设管理机构，编制1984—1986年山阳乡乡域总体规划和乡镇区总体规划并实施。1988年以后，山阳镇（乡）总体规划、镇村建设融入城市（区）规划、建设，以道路为主的市政基础设施和公共服务设施建设加快。贯彻节约资源和保护环境的基本国策，加强土地管理、环境保护、绿化建设和市容管理监察。

第一节 规划编制与管理

一、镇（乡）建设规划

山阳乡域、镇区总体规划 1984—1986年，根据国家建设委员会和市农业委员会《村镇规划原则》，编制山阳乡乡域总体规划、山阳乡镇区总体规划。乡域规划重点是乡村道路建设、河道整治、水利建设及工业设点布局等；镇区规划主要确定全乡至2000年人口、用地规模及功能分区，镇区主要道路、老街改造、主要公建配置、供水、供电、排水等。1992年9月，根据上海市建设委员会"调整、充实、完善集镇规划"的要求和山阳乡大部分纳入金山卫中心城市规划范围的实际，由《金山卫城市总体规划》编制单位完成山阳乡乡域规划，规划期限与金山卫地区总体规划纲要相同，以统筹农村、城市建设。1993年通过评审的《金山县城镇体系规划》，金山嘴开发区被列为三个商业中心之一，山阳工业区被列为四个县级工业区之一。1997年后，先后编制的金山区城乡建设规划、城镇体系结构和产业布局规划及区域总体规划等，将山阳镇大部分区域纳入金山新城规划布局。

山阳镇土地利用总体规划 1994年1—4月，编制《金山县山阳镇土地利用总体规划（1991—2000年）》，是年通过专家组评审，并报金山县人民政府批准实施。

规划分前言、概况、土地利用现状及存在问题、土地利用总体规划、展望2010年和规划实施措施6个部分，并附图表。规划土地基准年为1981年。规划基础年为1990年，规划目标为2000年。

参照上海市城市规划设计院的卫星城总体规划，2000年，山阳镇按土地总面积4463.71公顷规划用地，分为城市规划用地2136公顷，农村用地2327.71公顷。

2000 年山阳镇土地利用现状平衡表

表 20-1

用地分类		基础年（1990 年）		占总面积（%）
		公 顷	市 亩	
耕 地	粮 田	2282.36	34235.4	51.13
	自 留 地	283.64	4254.6	6.35
	小 计	2566	38490	57.48
园 地		43	645	0.96
林 地		15	225	0.34
居民点及独立工矿	集 镇	56	840	1.25
	居 民 点	486	7290	10.89
	独立工矿	60	900	1.34
	其他用地	366.71	5500.65	8.22
	小 计	968.71	14530.65	21.70
交通用地	铁路	15	225	0.34
	国家公路	35.01	525.15	0.78
	乡村公路	14.83	222.45	0.33
	农村道路	248.16	3722.4	5.56
	小 计	313	4695	7.01
水 域	河 流	123.44	1851.6	2.77
	池 塘	264.53	3967.95	5.93
	沟 渠	170.03	2550.45	3.81
	小 计	558	8370	12.51
合 计		4463.71	66955.65	100

注：土地总面积以 1981 年为基准

2000 年山阳镇土地利用规划平衡表

表 20-2

用地性质	规划年（2000 年）			占总面积（%）
	用地分类	公 顷	市 亩	
城市用地	工业用地	127.4	1911	6
	仓 库	68.4	1026	3.2
	市 政	90.4	1356	4.2
	对外交通	449.7	6745.5	21.1
	公建设施	180.6	2709	8.5

续表 20-2

用地性质	规划年（2000年）			占总面积（%）
	用地分类	公 顷	市 亩	
城市用地	居 住	554.8	8322	25.9
	道 路	280.6	4209	13.1
	河 流	40.1	601.5	1.9
	绿 化	344	5160	16.1
	小 计	2136	32040	100
农村用地	招商局用地	1979.61	29694.15	85.05
	镇工业用地	133	1995	5.71
	粮仓用地	42.8	642	1.84
	蔬菜用地	172.3	2584.5	7.4
	小 计	2327.71	34915.65	100
总 计		4463.71	66955.65	100

山阳镇生态环境规划 2008年6月，根据《中华人民共和国环境保护法》，环保总局、建设部要求，制定并实施《上海市金山区山阳镇生态环境规划（2008—2020）》。以2007年为规划基准年，规划近期为2010年，远期2020年。

按照金山新城总体规划，对山阳镇的生态功能定位及用地类型和产业结构调整方向，山阳镇共分为农林绿地生态保护区、商贸生活生态维护区和工业仓储生态控制区三大生态功能区。

二、城市总体规划

山阳大部分区域纳入金山卫城市总体规划和金山新城总体规划。

金山卫城市总体规划 1988年7月，由上海市城市规划设计研究院编制《金山卫城市总体规划纲要》；1993年，根据规划纲要编制《金山卫城市总体规划》，1995年起实施。确定金山卫城市性质是以石油化工工业、港口为主的开放型、综合性、多功能现代化新城，是金山政治、经济、文化中心，是上海南片沿海地区经济活动、社会活动集聚地，也是杭州湾北岸城市发展带的核心部分。人口规模：2000年17万人，2010年30万人，远景45万—50万人。城市规划范围：西起省、市界，东至漕泾东海港，北起卫星河（计划新开挖），南至杭州湾岸线，陆域总用地81.5平方千米。用地布局西部为工业区，中部为城市生活区，东部为以港口为主的综合区。

金山新城总体规划 2000年3月，由上海市城市规划设计研究院、金山区规划管理局联合编制《金山新城中心城区总体规划（草案）》。

《金山新城总体规划（2004—2020年）》，由上海同济城市规划设计院、美国Gensler建筑设计事务所和金山区规划管理局编制，2006年10月，通过市政府审批。金山新城规划远期 2020 年，近期建设规划为 2010 年。

金山新城规划范围：东与上海市规划金山嘴备用港区相接，西至上海市市界，南临杭州湾，北至莘奉金（S4）高速公路。规划面积 80.66 平方千米。

金山新城城区规划范围：东至龙泉港，西至张泾河，南至金卫护城河、卫二路及杭州湾海岸线，北至莘奉金高速公路后退绿地与红旗港。规划面积 34.04 平方千米，其中城市建设用地 30.4 平方千米、河流水面非建设用地 3.64 平方千米。

金山新城定位为：金山区政治、经济、文化中心，国家重要的化工基地，环杭州湾产业带的重要节点，具有花园城特色的现代化滨海城市。新城规模，近期人口 23 万人，远期 38 万人；建设用地近期 20 平方千米，远期 30.4 平方千米。新城发展目标，建成滨河临海、生态平衡，具有稳固化工工业基础的杭州湾北岸综合性城市。

金山新城规划结构布局，沿海滨在莘奉金高速公路以南呈组团状发展，形成“一线”（沿杭州湾海岸线）、“两带”（沿杭州湾大道的南北都市带、沿金山大道的商务带）和“四团”（城区都市组团、金山第二工业区组团、上海石化工业组团、金山嘴港口及工业组团）的组团城市群结构。金山新城规划对戚家墩至龙泉港 4.1 千米海岸线进行生态化开发利用，东段填海成陆 300 公顷，其中居住面积 120 公顷，建成集旅游、度假、娱乐、会展、居住和交通集散等综合服务功能于一体的海滨生活区。

金山新城城区布局为“一个核心”（以行政中心为主，融合娱乐、文化、康乐、商务的核心区）、“三个景观轴”（沿杭州湾大道南北向的都市景观轴、沿金山大道的自然景观轴、东西向沿海滨岸线的海滨景观轴）、“三条绿带”（防护隔离林带、建设过渡带、都市森林带）、“六个城市片区”（产业功能为主的山阳工业片区、金山卫科研片区和石化街道、山阳、中心、海滨 4 个城市居住片区）。

三、区域分类规划

金山嘴工业区规划 规划总面积 22.8 平方千米，分招商局金山嘴工业区、山阳工业区、宏山工业区和居住生活区。为多功能、综合性、外向型工业区。

金山海岸线开发建设总体规划 规划控制和管理范围 6.42 平方千米，分东、西两个部分。东部以填海造地、人工运河、生态林带、生态公园为基础，配以商业、会展、体育、游艇、文化及高档住宅等设施；西部以增加绿化层面和居住层面为原则，隔离工业化工装置，改善城区景观。

农民小区、中心村规划 20 世纪 90 年代，镇、村规划并建设向阳、新江、杨家、倪界等农民住宅小区。2002 年，规划建设向阳农民小区和大兴、九龙农民中心村，规划面积 45.33 公顷。2006 年，编制长兴、华新、中兴 3 个中心村建设规划，分中心村村域规划、村民居住点规划 2 个部分，用地（含发展备用）67 公顷。

四、规划管理

建设项目审批管理 1990—2005 年，山阳镇（乡）先后建立村镇建设委员会、基本建设管理工作领导小组、建设项目规范管理领导小组等。建设项目由政府及规划建设部门依法审核、上报审批后实施。在项目建设中，会同区规划管理局监督检查队对各类建筑工程进行规划监督检查、规范管理。

附：金山规划展示馆

2005 年 10 月 8 日，金山区城市规划展示馆建成并对外开放，坐落在亭卫公路东侧 2258 号（原大兴村 5 组），占地面积 0.67 公顷，建筑总面积 2100 平方米。馆内设规划知识教育区、区卫星影像图展示区、规划演示厅、电子资料服务区、“三区一线”规划模型展示区、公共交流服务区、各类模板展示区、规划方案展示区 8 个展区。2007 年 3 月，区在金山大道北侧 1800 号（原东方村 5 组）建新馆，占地面积约 5 万平方米，建筑面积 6000 平方米，总投资 2.4 亿元。2011 年 4 月迁入，更为现名，有 11 个展示单元。

地名管理 按照《上海市地名管理办法》和地名序列化、规范化，与邻近群地名和融组词的要求，先后上报、批准和命名华江新村，海浒新村，山阳集镇街、巷、门牌号及桥梁（17 条道路、4 座桥），山阳工业园区 12 条道路和 22 条乡村公路。

2000 年，新城区道路名称，经区政府批准命名，道路命名总体布局是：东西向干道以杭州湾大道为分界线，道路路名统一加“东”“西”方位词（如卫清东路、卫清西路）；南北向干道以金山大道为分界线，向北延伸加入“北”字方位词（如卫零北路、蒙山北路）。

第二节　市政道路建设

1990 年以来，在改造集镇、完善设施的同时，加快以道路为主，供水用电、雨污分流纳管、植树绿化、路灯照明等配套的市政道路设施建设。

一、集镇主要街路

1990—2009 年，改造、新建集镇街路 12 条，总长 3.90 千米，铺建雨污水分流三级管网 2.65 千米，居民生活污水纳管处置，铺设人行道板、种植绿化、安装路灯，建龙泉港两侧防护栏杆及防汛通道。

山南路 山阳公路至沿铁路，1992 年建，砂石路面。2002 年，改建混凝土路面。长 0.58 千米，道路红线 16 米，车行道 7 米，人行道 4.5 米，污水管道 0.54 千米，道路等级支路，沿途有重要地物山阳小学。沿路有龙泉港山南路桥。

山新路 龙泉港路至铁路道口，1979 年建，砂石路面。1984 年东段改混凝土路面，1990 年，西段铺建至铁路道口。2004 年，铺建污水管道、沥青路面，安装路灯、铺彩道板。长 0.45 千米，道路红线 24 米，车行道 10 米，人行道 8.4 米，污水管道 0.45 千米，道路等级支路，沿路有龙泉港山新路（步行）桥，沿途有重要地物电信山阳支局、农商银行、农业银行山阳支行。

向阳西路 龙泉港至体育路，1955 年建，砖铺路面。1984 年，改混凝土路面。长 0.26 千米，宽 6.8 米，污水管道 0.25 千米，沿途有重要地物山阳镇社区卫生服务中心。

老西路 龙泉港至体育路，原为砖砌阴沟、条石路面。20 世纪 60、70 年代，改水泥瓦筒、混凝土或混凝土道板路面。2002 年改造路面。长 0.25 千米，宽 3 米，污水管道 0.25 千米。

农贸路 山南路至老西路，1984 年，北段老西街至山新路铺建混凝土路面。1993—1994 年，山新路向南延伸连接山南路。长 0.43 千米，宽 3—8 米，污水管道 0.35 千米，南北穿越山新路、向阳西路。

山中路 山新路至向阳西路，原名文化路，1980 年建，砂石路面。1984 年改混凝土路面。2004 年改沥青路面。长 0.07 千米，宽 5 米，污水管道 0.08 千米。沿途有重要地物山新居委会、山阳镇老年学校。

体育路 山南路至红旗港，原名向新路（向阳西路至山新路），1984 年改建混凝土路面。1994 年，山南路至山新路段改混凝土路面。2003 年，山新路至红旗港拓宽延伸。长 0.52 千米，车行道 7 米，人行道 1.3—6 米。道路等级支路，沿途有重要地物农贸市场、山阳镇文体中心。污水管道山南路至老西路 0.44 千米。红旗港体育路桥连接工大路。

沿铁路 山新路至山南路，原为农民街，1990 年动建，后向南延伸连接山南路。沥青路面，长 0.31 千米，宽 11 米，车行道 7.5 米，人行道 3.5 米。沿途有重要地物路北端东侧电信山阳支局。

储粮路 山阳公路至龙泉港，原为北阳桥（又称港监桥）东堍引桥坡路，砂石路面，1995 年改混凝土路面。长 0.09 千米，宽 5 米，沿途有重要地物山阳镇市容环境事务所。

南阳北街 龙泉港至工大路，原为红旗港北岸沿河砂石路。2001 年改建混凝土路面。长 0.24 千米，宽 3 米，沿途有重要地物山阳镇水务站。

松卫街 卫城河至卫零路，东西长 0.50 千米，宽 3 米。1989 年、2002 年 2 次改造，混凝土路面。

金山嘴老街 海塘至倪家村民宅，南北长 0.20 千米，宽 3—5 米，1989 年改建混凝土路面。

2001 年，龙泉港拓宽疏浚，山阳集镇龙泉港两侧的龙泉东路、西路拆毁改建为防汛通道。

二、乡村道路

1991 年，全乡 21.6 千米乡村主要道路浇筑沥青路面，成为金山县第一个黑色路面乡。之后，实施乡村道路新建、拓宽或升级改造工程，村级主干道、支路、入户路硬化（混凝土路面）建设。2009 年，全镇乡村道路共 22 条，总长 36.46 千米；硬化村际道路 65 千米，其中主干道 27.91 千米、支路 17 千米、入户路（混凝土路到宅基）20.09 千米。

1991—2009 年山阳镇（乡）乡村道路情况表

表 20-3

路名	长（千米）	宽（米）	起 讫	改建年份	路面结构等
邓曙路	1.68	5	南起山阳老汽车站，北至漕泾镇邓桥村界	2008	混凝土路面
金曙路	1.56	5	西起邓曙路，东至漕泾镇金光村界	2009	混凝土路面

续表 20–3

路名	长（千米）	宽（米）	起 讫	改建年份	路面结构等
曙中路	1.06	4	邓曙路—金曙路	2008	改混凝土路面
曙光南路	2.04	4	西起邓曙路，东至漕泾镇增丰村界	2007	改混凝土路面
九南路	2.75	4	山阳公路—浦卫公路—山阳公路	2008	改混凝土路面
九丰路	1.21	5	西起山阳公路，东至浦卫公路	2007	改混凝土路面
汀南路	1.22	5	山阳公路—汀南机耕路	2008	改混凝土路面
山倪路	2.20	4—6.8	北起山南路，南至卫清东路	2003 2006	建混凝土路面 铺设沥青
工大路	2.45	5—6.8	南起体育路红旗港桥，北至邓工路	2009	改沥青路面
向阳路	1.29	4	北起红旗东路，南至浦卫公路	2008	改混凝土路面
华山路	1.40	5	红旗东路—亭卫公路	2007	改混凝土路面
南阳港路	0.48	5.6	松卫南路—金山卫镇界	2004	改沥青路面
长兴路	2.80	4.5	亭卫公路—长兴村	2009	改沥青路面
长兴南路	2.11	4.5	长兴路—中甸路	2009	改沥青路面
中甸路	2.32	5	南阳港西路—金山体育馆	1991	铺沥青路面
长甸路	2.80	4	长兴南路—中甸路	2000	铺沥青路面
田园南路	1.44	5	华山路—中跃路	2007	改混凝土路面
田园路	0.84	4.5	长兴路—美阳田园	2007	改混凝土路面
中跃路	1.20	5	亭卫公路—田园路	2007	改混凝土路面
中杨路	1.10	4	南阳港西路—松卫南路	1991	铺沥青路面
工农路	2.13	5	亭卫公路至华新村办公室，向南接山丰路	2008	改混凝土路面
海光路	0.38	7	戚家墩路—杭州湾大道	1991	原为砂石路。西段 1.3 千米，1986—1990 年，上海石化总厂第三、四期生活区建设征用。1999 年后，东段原 1.5 千米因建杭州湾大道、海上明珠园等被征用。改建混凝土路面

三、工业园区与城区道路

新建道路 54 条段，总长 66.11 千米。雨、污水管道，绿化，照明等设施配套。

板桥东路 临桂北路（规划）至杭州湾大道，2000—2002 年建。混凝土路面，长 2.64 千米，车行道宽 10.5 米，人行道宽 5 米。雨、污水管线各长 2.44 千米，有桥 1 座，长 20 米，宽 30 米。

卫清东路 临桂北路（规划）至杭州湾大道，2000—2002 年建。混凝土路面，长 2.51 千米，车行道宽 15 米，人行道宽 5 米。雨、污水管线分别长 2.49 千米，2.43 千米。

龙胜东路 杭州湾大道至亭卫南路，2003年建。混凝土路面，长1.37千米，宽30米。

龙宇路 临桂北路(规划)至海利路，2003年建。混凝土路面，长0.90千米，宽10.5米。雨、污水管线各长0.95千米。

卫昌路 卫清东路至龙宇路，2000年建。混凝土路面，长0.92千米，宽10.5米。雨、污水管线各长0.92千米。

卫昌路 老龙泉港至浦卫公路，2007年建。沥青路面，长0.29千米，车行道宽16米，人行道宽5米。雨、污水管线各长0.29千米。

卫昌路 原名宏山路，金康东路至红旗东路，1995年建。砂石路，2004年改建混凝土路面，长0.48千米，车行道宽9米、人行道宽4米。雨、污水管线各长0.48千米。

海利路 临桂路至龙宇路，2000年建。混凝土路面，长0.84千米，宽10.5米。雨、污水管线分别长0.84千米、0.40千米。

南阳港东路 铁路金山支线至亭卫公路，2002—2003年拓宽改建。混凝土路面，长0.98千米，宽7米。污水管线长0.50千米。有桥1座，长26米。

南阳港西路 亭卫公路至松卫南路，2002—2003年拓宽改建。混凝土路面，长2.26千米，宽7米。污水管线长2.26千米。有桥2座，长60米。

南阳港东、西路以北，中山工业园区道路除阳达路南段外，其余皆在2004—2005年建成。

山富东路 铁路金山支线至亭卫公路，混凝土路面。长0.84千米，车行道宽16米，人行道宽3米。雨、污水管线分别长0.80千米、0.82千米。

山富西路 亭卫公路至阳乐路，混凝土路面。长1.12千米，车行道宽16米，人行道宽3米。雨、污水管线分别长1.10千米、1.12千米。

山通路 亭卫公路至山海路，混凝土路面。长1.79千米，车行道宽16米，人行道宽3米。雨、污水管线分别长1.79千米、1.70千米。

山磊路 铁路金山支线至亭卫公路，混凝土路面。长0.80千米，车行道宽9米，人行道宽4米。雨、污水管线各长0.80千米。

山德路 铁路金山支线至亭卫公路，混凝土路面。长0.83千米，车行道宽16米、人行道宽3米。雨、污水管线各长0.83千米。

山丰路 铁路金山支线至亭卫公路，混凝土路面。长0.88千米，车行道宽9米，人行道宽4米。雨、污水管线各长0.88千米。

山宁路 南阳港西路至山富西路，混凝土路面。长0.84千米，车行道宽9米，人行道宽4米。雨、污水管线分别长0.84千米、0.80千米。

阳达路 南阳港东路至山丰路，混凝土路面。长1.84千米，车行道宽16米，路中央有隔带、人行道宽3米。雨、污水管线各长1.80千米。

阳乐路 南阳港西路至山富西路，混凝土路面。长0.84千米，车行道宽16米，人行道宽3米。雨、污水管线分别长0.84千米、0.80千米。

山海路 南阳港西路至山通路，混凝土路面。长 0.34 千米，车行道宽 9 米，人行道宽 4 米。雨水管线长 0.32 千米。

红旗东路 铁路金山支线至亭卫公路，1992 年建成二级混凝土公路。长 1.18 千米，车行道宽 16 米，人行道宽 6 米。雨、污水管线各长 1.19 千米。有桥 1 座，长 15 米。连接山阳集镇山新路。1994—1995 年，安装路灯、铺建排污管道。2000—2002 年，改建拓宽，铺建人行道彩色道板。2002 年，部分路段改为沥青路面。

金康东路 卫昌路至亭卫公路，1995 年改建，混凝土路面。长 0.78 千米，车行道宽 16 米，有中央分隔带，人行道宽 3 米。雨、污水管线各长 0.78 千米。

待建的临桂北路、规划二路，分别铺建污水管线 1.14 千米、1.07 千米。

金山大道 亭卫南路至卫城河，原为亭卫公路东西段，2000 年更为现名。东接浦卫公路，西连新卫公路，山阳境内长 3.04 千米，宽 45 米，城市二级道路，有四快二慢共 6 条车道。2006 年，混凝土路面改沥青路面、置两侧景观灯光，沿途有重要地物金山区人民政府、法院等。

卫清西路 杭州湾大道至卫城河，混凝土路面。长 2.04 千米，宽 45 米，道路等级主干道。沿途有百联金山购物中心、海鸥大厦。

板桥西路 杭州湾大道至卫零路，混凝土路面。长 1.42 千米，宽 30 米，道路等级主干道。沿途有百联金山购物中心。有桥 1 座。

蒙山路 龙胜路至金山大道，1992 年建，混凝土路面。长 1.55 千米，宽 30 米，道路等级主干道。沿途有三岛龙洲苑、金山广场。有桥 1 座。

龙凯街 卫清西路至板桥西路，长 0.50 千米，宽 12 米。

龙胜西路 杭州湾大道至卫城河，混凝土路面。长 2.14 千米，宽 30 米，道路等级主干道。沿途有山阳广场（公园）。有桥 2 座。

东平南路 龙胜西路至卫清西路，长 0.43 千米，宽 30 米。三车道，2001 年 6—12 月建。沥青路面。

前京大道 金山大道至卫清西路，原名中央景观大道。全长 1.21 千米，卫清西路至老龙泉港段，宽 100 米。其中绿化景观带 61 米，两侧各为 8 米宽机动车道、2 米宽分隔带、3.5 米宽非机动车道和 6 米宽人行道。老龙泉港至金山大道段（西起蒙山路、东至杭州湾大道）为景观休闲区。2006 年 7 月动工，翌年 5 月竣工。沥青路面。获 2007 年上海市市政工程金奖。道路有老龙泉港桥 2 座。

卫零路 龙胜西路至金山大道，1990 年建混凝土路面，后改沥青路面，长 1.41 千米，宽 35 米。道路有老龙泉港桥 1 座。

卫零北路 金山大道至龙皓路，1994 年建沥青路面，2001 年改扩建。长 1.21 千米，宽 35 米，城市次干道二级标准。二快二慢机动车道，两侧非机动车道，中央绿化分隔带，两侧机非绿化分隔带、人行道、绿化带。

蒙山北路 金山大道至龙航路，长 1.70 千米，宽 35 米，建设标准同“卫零北路”。

老红旗港桥1座。2006年、2008年，先后向北延伸至龙皓路、龙航路。

龙山路 卫零北路至蒙山北路，原名龙山二路，长0.22千米，宽30米。

卫零北路、蒙山北路和龙山二路3条路段建设为金山新城区市政道路一期工程，沥青路面，配套工程包括电信、供电、广电、自来水、燃气、照明、绿化等，总投资8200万元，2000年8月动建，翌年12月竣工，获2002年上海市市政工程金奖。

蒙源路 蒙山北路至浩源路，长0.30千米，宽24米。2005年建。

浩源路 南阳湾路至金山大道，长0.31千米，宽24米。2007年2月建。

海盛路 龙航路至龙轩路南，原名海川路。长1.01千米，宽30米。2005年9月建。有桥1座。

海丰路 龙航路至龙轩路南，长1.01千米，宽30米。2006年12月建。有桥2座。

海凌路 金山大道至龙山路，原名东滨路，1999年建。长0.36千米，宽24米。有桥1座。

海云路 金山大道至龙山路，原名宁兴路，1999年建。长0.36千米，宽24米。有桥1座。

龙海路 海云路至战斗港，1999年建，长0.4千米，宽24米。

同凯路 龙宇路至铁路金山卫站，长1.93千米，宽7.9—16米。

卫阳南路 铁路金山卫站至龙宇路北，长2.08千米，宽18米。

龙轩路 亭卫公路至旧港河，原名金康路。2006年向西延伸至旧港河。长2.65千米，宽40米。有桥1座。

龙翔路 卫零北路至松卫南路，长1.12千米，宽35米，2001年建成。有桥1座。2009年安装路灯。

龙山路 蒙山北路至海盛路，长1.70千米，宽30米，2006年12月建。有桥1座。2007年路旁绿化面积3.2万平方米。

龙皓路 亭卫公路至旧港河，原名红旗西路，1994年建，沥青路面。2007—2008年改扩建，更为现名。长2.63千米，宽35米。有桥5座。2009年安装路灯。

龙航路 亭卫公路至旧港河，原名金航路。长2.79千米，宽40米，2007—2008年9月建。有桥2座。

海芙路 金山大道至龙航路，原名卫阳北路。长1.94千米，宽30米。有桥1座。2007年8月至2009年8月建。

南阳湾路 卫零北路至蒙山北路，长0.22千米，宽16米，2009年8月动建。

东平南路 卫清西路至金山大道，长0.98千米，宽30米，有桥2座。2008年8月至2009年5月建。

戚家墩路 隆平路至沪杭公路，长0.77千米，宽24米。1988年建，砂石路。1991年、2003年，先后改混凝土、沥青路面。

隆安路 戚家墩路至杭州湾大道，长0.45千米，宽22米。1991年建混凝土路面。2003年改建沥青路面。

战斗港路 卫清西路至临桂路，长0.79千米，宽16米，原为乡村道路海卫路，2000

年改建混凝土路面。

四、国家公路

沪杭公路 1932年建成。2009年，境内长5.58千米，路面宽7—10.5米，三级公路。2003年，在龙泉港出海闸处建沪杭公路桥1座。2009年，杭州湾大道至亭卫南路东0.20千米处、龙泉港出海闸至金山嘴海洋文化创意园2个路段安装单排单叉路灯117盏。

山阳公路 1962年建成简易公路，南接沪杭公路。1986年，部分路段改道东移。1990—1992年，海塘一号桥至河缺口、河缺口至山阳镇路段先后拓宽、改建混凝土路面。2001年，龙泉港疏浚拓宽建出海闸，从机房桥起向东南方向改道至沪杭公路段，长1.04千米。2009年路长3.48千米。有桥梁5座。

摊铺沥青道路（1999年摄，扩建亭卫公路，镇文体中心提供）

亭卫公路 1990年10月建成通车。车行道14米，混凝土路面，山阳境内9.6千米，沿线桥梁12座，板涵4座。1999年，拓宽为45米，为沥青路面，二级道路，四快二慢车行道，两侧绿化为机、非分隔带和行道树。红旗东路向南、往西安装城市式双面照明路灯，其余路段单面照明路灯。2006年，S4出口建景观灯光，红旗东路至漕廊公路改装双面照明路灯。2000年，东起亭卫南路，西至新卫公路3.04千米的路段改名为金山大道。

亭卫南路 1992年始建。长2.7千米、宽35米，混凝土路面。原称亭卫公路延伸段，南接沪杭公路，为金山嘴工业区道路，后改建。中央绿化分隔带，两侧为机、非绿化分隔带和行道树。有桥2座。

杭州湾大道 原名申甬南路，1999年9月至2000年12月建。北起金山大道，南至沪杭公路戚家墩车客渡码头，长2.86千米、宽45米，一级道路，四快二慢车道，混凝土路面，后改沥青路面。中央绿化隔离带宽2米，两侧各有8.5米宽机动车道、1.5米宽机非绿化隔离带、3.5米宽非机动车道、3.5米宽彩行道和4.5米绿化带。沿线建有运石河桥1座，长46米、宽33米，有老龙泉港公路桥1座和长15米，结构宽度29米，限高5米跨越该路的铁路下立交桥1座。2009年，完成3.6千米（含向西至戚家墩路）景观灯光工程。

松卫南路 原名申甬北路。南起金山大道，北至新松金公路，1999年土建，2002年建成，全长4.5千米，路宽45米，道路等级为城市一级、二级道路，四快二慢车道、沥青路面。中央为绿化分隔带，两侧为机非分隔带和行道树。有公路桥8座。其中1座为跨越S4、

G15 立交桥。2008 年，金山大道至体育场北环路 5.2 千米建成景观灯光工程。

漕廊公路 原为张漕公路，后延伸至廊下为现名。山阳境内长 2.64 千米。1992 年土建、1996 年主干道为混凝土路面，路宽 16 米。2003 年扩建，路宽 35 米，道路等级二级，四快二慢车行道，沥青路面，中央为绿化分隔带，两侧为行道树。

华康路 漕廊公路至上海市公共卫生中心，有华康一、二、三路，2004 年 3—11 月建。长 2.92 千米，宽 20—30 米，道路等级为城市二级，二慢四快车道，沥青路面，中央为绿化分隔带，两侧为行道树。

金山体育场环路 金山体育场环线至漕廊公路，2006 年 9 月—2007 年 3 月建。长 2.97 千米，宽 40 米，道路等级为城市次干路，四快二慢车道，沥青路面，中央为绿化分隔带，两侧为机非分隔带和行道树。

浦卫公路龙泉港大桥（2007 年，王杏春摄）

浦卫公路 金山大道至庄胡公路，2006 年 1—12 月建。途经山阳镇东方、向阳、九龙村，长 3.17 千米，跨越铁路金山支线、龙泉港桥长 950 米。路宽 40—45 米，二级道路，四快二慢车道，沥青路面，中央为绿化分隔带，两侧为机非分隔带和行道树。

五、高速公路

莘奉金（S4）高速公路 由奉贤区入境，向西途经漕泾、山阳、张堰、金山卫镇，与沪杭复线浙江段衔接。境内长 4.44 千米，途经华新、长兴 2 村，2000 年 12 月至 2002 年 12 月建。在亭卫公路设山阳出入口。

嘉金（G15）高速公路 由松江区入境，向南途经亭林、朱行、漕泾、山阳镇至莘奉金（S4）高速公路，境内长 4.48 千米，2003 年 12 月动工，2007 年 2 月竣工。在松卫南路设金山新城出入口。

六、铁路

沪杭铁路金山（卫）支线 1974 年 1 月建成，9 月通车。境内总长 10.5 千米，沿途有铁路桥梁 10 座。在工农村 1 组设山阳站（四等站），海光村设客运始发站，名金卫东站。

1992 年，分别拓宽山阳红旗东路、亭卫公路延伸段（现名亭卫南路）铁路道口。2000 年后，建设杭州湾大道、蒙山路铁路下立交。1995 年，山阳新建铁路道班房 11 个。

2009 年 8 月 12 日，铁道部、市政府立项的重大工程建设项目——铁路金山支线（又称轨道交通 22 号线）改建工程启动。自上海南站起至金山卫站，总长 56.4 千米，金山卫站位于山阳新江村 4 组。

第三节　公共服务设施

一、行政服务

金山区人民政府大楼（2018 年，王杏春摄）

山阳镇（乡）机关原驻山阳向阳路1号。1989—1991年，拆除广播站、山阳法庭、公社大礼堂等旧房，新建党委、政府2幢办公楼及食堂2679平方米，改造旧楼4578平方米，1992年3月10日启用。1997年3月8日，镇机关迁驻红旗西路（现名龙皓路）28号，占地23619平方米，建有党委、政府、综合办公楼（3层）3幢，会议接待、食堂餐厅服务楼（2层）各1幢，面积4573.4平方米。2006年，在西南隅建277.4平方米的信访接待室。总建筑面积4850.8平方米，绿化面积16170平方米。2006年，在亭卫公路东、红旗东路南动建，2008年，建成综合服务办公楼群，占地面积11255平方米，建筑面积14683.1平方米。镇社区事务受理服务中心及相关部门，使用底楼大厅及西楼一、二层办公，面积6000平方米。镇企发公司、山阳经济小区和规土所、房管所等驻镇单位先后入驻。1996—2001年，坐落在龙皓路（红旗西路）138号的山阳税务所，128号的山阳工商所及110号的山阳派出所办公楼先后建成入驻。1998年，金山嘴边防工作站（派出所）坐落在红旗东路218号。

金山撤县建区后，山阳成为区治中心所在地。区委、区政府机关办公楼群坐落在山阳镇杨家村原6、7、9组，1998年8月动建，2000年建成。占地面积8.12万平方米，建筑面积3.8万平方米。主体建筑最高47米，地下1层，地上10层。金山区行政服务中心2005年9月动建，2009年3月建成。建筑面积2.74万平方米。至2009年，先后有区委、区政府工作部门、直属机构统战部，区人武部、金山民兵高炮基地，公安金山分局、区国安局、出入境管理站，财政局、规土局及规划展示馆、水务（海洋）局、气象局、技监局、档案局（城投大厦内）和人民法院、税务分局以及邮政局，在山阳域内建行政办公、社会服务楼16幢（群），总建筑面积13.6万平方米。

二、供水

1991年，新建3个乡级联合水厂，撤并村办水厂、供水站。1992年，全乡全部使用自来水，提前3年实现“八五”计划农村改水目标。2001—2005年，全镇完成农村自来水管网改造和7.8平方千米的山阳工业园区22千米自来水管网建设。金山新城在以道路为主的市政基础设施建设中铺建自来水管网。2002年，山阳镇南部各个村由上海石化生活水厂供水，2006年，其余由金山一水厂供水。13个居民小区65座二次供水水箱，每年2次清洗、消毒，并抽取水样送区疾病预防控制中心进行水质监测。

山阳自来水厂 1988年下半年扩建，占地面积达2000平方米，新建400立方米水库1座，日供水能力4400立方米。1994年11月，与红旗自来水厂合并转让给县自来水公司。翌年1月扩建，6月竣工，日制水能力1.28万立方米。1996年，供水管道10.9千米，供水区域14.42平方千米，年供水211.34万立方米，2006年4月关厂。

红旗自来水厂 1991年兴建，1992年建成。1994年11月合并转让。2006年4月关厂。

工农联合水厂 1991年兴建，1992年建成。占地面积1333.3平方米，每小时制水能力60立方米。2006年7月关厂。

倪卫联合水厂 1991年兴建，1992年建成。占地面积2600平方米，每小时制水能力160立方米，供应汀南、倪界、新江、卫东、渔业等村及企业用户，1.2万人受益。2002年石化水厂供水后关厂。

三、用电

用电管理 国家农村电力体制改革前，农村用电实行区（县）、镇（乡）、村（大队）三级管理。城镇居民、机关事业单位用电由区（县）供电所（局）管理。农业生产和农民生活用电由农村集体电网供电，农村集体电网由村自筹、自建、自管，由区（县）农电管理所及镇（乡）用电管理站进行管理。镇（乡）用电管理站业务上接受区（县）农电管理所领导，负责本镇（乡）农村集体电网、农民用电管理和电工业务培训。

2001年，农村电力体制改革，实行城乡一体化管理，撤销镇用电管理站。2002年1月，建立金山供电分公司山阳供电营业站并挂牌营业，2004年10月撤销，业务划归张堰供电营业所。

电网建设改造 1961年在原九龙一队建变电站。1993年12月，占地2333.3平方米、投资240万元的山阳变电站（位于向阳村原9组）建成启用，电压等级（千伏）为35/10，主变压器容量20000×2千伏安。1994年5月和1996年8月，山龙小区、玉兰小区变电站先后建成，主变压器容量分别为1000×2千伏安、800×1千伏安。2002年10月，山阳申甬变电站建成使用，电压等级（千伏）35/10，主变压器容量10000×2千伏安，时为金山区35千伏变电站建设中投资最大、设备最先进，进出线全部采用电缆的变电站。2005年，山阳工业园区建成18.35千米、1万伏供电电网。

2008年12月，坐落在杨家村的110千伏龙湾变电站建成，总投资1.06亿元。建筑面积2480平方米，有40兆伏安主变压器2台，运行模式为二主变10千伏单母线四分段式。站内110千伏开关柜采用上海西门子8DN8型GIS开关柜，10千伏开关柜采用KYN28A-10型开关柜，并配置3AH2开关。二次保护采用AREVA保护装置，具备线路纵差、主变差动、主变过流、10千伏出线、10千伏自切、按周波等功能。

1994—1998年，汀南、中兴、向阳等10个村进行农村低压线改造。1998年，渔业村被列为金山区农村电网改造6个试点村之一。1999—2002年，完成农村电网改造，农村居民用电实现“一户一表”。2006年，完成城乡电网升级换代，城乡居民普遍使用分时电表。

2002年，全镇246家工业企业用电量2万千伏安。2004—2008年，新增用电企业109家，新增用电量66141千伏安。

金山电力大楼 坐落在杨家村（金山大道2522号）。2001年11月28日动建，2004年10月1日建成使用，占地面积26700平方米，建筑面积8509平方米，总造价7500万元。

四、燃气

沼气 1980年，推广农村沼气池建设，建造8立方米全球形水压式3口沼气池。1987年，有沼气用户408户。1996年后停用、报废。

液化石油气 1986年前，山阳乡上海石化总厂职工家庭率先使用。1987年9月，乡机关、事业单位干部30人使用液化石油气燃料。1990年，渔业村有465户渔民使用液化气燃料，成为金山县第一个“液化气村”。1991年11月起，金山液化气公司增加液化气用户，收取每户800元的“开户费”，1996年6月底停收。1992年5月，乡政府投资49万元，在亭卫公路西侧、大兴村七组动建山阳液化气供应站，翌年1月建成。1997年，山阳居民基本使用液化石油气。1998年11月，金山液化气公司对年初转入公司的山阳液化气供应站进行产权置换。2005年，山阳供应站迁至卫昌路1368号。

2000年，金山燃气公司投资60万元，在山阳宏阳小区建居民小区气化站。2006年，有320户居民使用管道液化石油气。1997年至2007年，上海石化液化气管理所先后在海浒新村、山龙新村、山鑫阳光城、东泉新村、金海岸、金浦苑、紫薇苑、玲桂花苑、蓝堡爱琴海、海上明珠园、世纪城、三岛龙洲苑、棕榈湾、康城、山鑫联城、金山豪庭等23个居民小区铺建液化石油气管道，用户达20661户。

天然气 2004年上半年，金山天然气公司建设山阳天然气门站和由该门站引出的高压天然气管道，为坐落在山阳镇长兴村的上海市公共卫生中心配套供应天然气，并延伸至金山工业区。2006年，在新城区敷设DN325高压天然气钢管2.77千米和大部分新建道路的中压天然气管道；建立1座每小时流量为20000立方米的高—中压调压站；改造、更换海趣馨苑、海辰馨苑2个小区原液化石油气用户的燃气器具、燃气表，1200户居民和6家单位率先用上天然气。2009年，山阳城区居民全部使用管道液化石油气或天然气。

1990—2009年，山阳镇域里公共服务资源整合优化，公共服务设施建设加快（教育卫生、文化体育、公用事业、公共交通等公共服务设施建设分别在本志相关章节中记述）。

第四节 城镇居民住房

一、集镇住房

1989—1991年，建松卫新村0.6万平方米。1990—1995年，山阳集镇建成山南新村、玉兰新村等居民住房1.88万平方米。2000年，在华山路、红旗东路“T”字路口处建住房0.44万平方米。2003—2009年，完成老镇区15幢单体公房及“房改房”2.5万平方米“平改坡”工程，综合整治、整体改造玉兰新村、松卫新村等老式住宅房，改造老镇区危旧公房3.33万平方米，更换老化电线，安装供水“一户一表”，29幢老式居民住宅楼楼梯加装不锈钢扶手等无障碍设施。位于红旗东路18号的玉兰新村，占地13500平方米，建筑面积1.44万平方米，居住158户。主体楼层6层，高度17米。

2007年8月至2009年1月，建成金山工业区南区职工生活基地（青年公寓一期）。基地位于红旗东路1号，占地面积30551平方米，建筑占地面积10121平方米，建筑面积3.8万平方米。其中职工宿舍8幢，建筑面积2.69万平方米。

二、城区住房

1990年起，山阳区域里（城区）先后建成36个住宅小区，其中东泉一村、东泉二村、玲桂花苑、山鑫阳光城、山龙新村、新山龙新村、书香门第、山鑫公寓、振阳新村、园中苑、新金山公寓、桥英馨苑、辰凯花苑、紫薇苑、卫龙新村等商住房群，2003年，划归石化街道管辖。2009年，已纳入镇社区管理的城区商住房小区有21个，建筑面积240.24万平方米。

海趣馨苑 龙翔路1128弄，东至蒙山北路、南至龙翔路、西至卫零北路、北至龙轩路，1999—2007年建。占地面积12.41万平方米，建筑面积11.42万平方米，1041套房。主体楼层11层，主体高度31米。

山鑫康城 卫阳南路118弄，东至同凯路、南至临桂路、西至卫阳南路、北至龙胜东路，2004—2006年建。占地面积12.3万平方米，建筑面积14.34万平方米，1295套房。主体楼层11层，主体高度32米。

三岛龙洲苑 蒙山路1498弄，东至前京大道、南至板桥西路、西至蒙山路、北至老龙泉港，2002—2007年建。占地面积10.47万平方米，建筑面积16.83万平方米，1542套房。最高楼层18层，高度54米。

棕榈湾花园 蒙山路1266弄，东至前京大道、南至卫清西路、西至蒙山路、北至板桥西路，2003—2009年建。占地面积10.68万平方米，建筑面积15.49万平方米，983套房。主体楼层11层，主体高度33米。

华江新村 东至亭卫南路、南至卫清东路、西至山鑫联城花苑、北至板桥东路，1994—2004年建。占地12.41万平方米，建筑面积10.18万平方米。有动迁易地自建小别墅310户，另有2幢6层48套商品房，建筑面积0.51万平方米。

山鑫联城花苑 卫清东路2860弄、卫阳南路460号，东至同凯路、南至卫清东路、西至卫阳南路、北至板桥东路，1995年始建，1997年停建，2000年复建，2002年建成。占地面积6.98万平方米，建筑面积7.89万平方米，790套房。主体楼层6层，主体高度18米。

海浒新村 东至杭州湾大道、南至隆安路、西至戚家墩路、北至海光路，1992—1995年建。占地面积7.98万平方米，建筑面积7.14万平方米，1048套房。主体楼层6层，主体高度 18.5 米。

海上明珠园 隆安东路 186 弄，南至隆安东路、东至卫阳南路，西至杭州湾大道、北至铁路金山支线，2002—2008 年建。占地面积 6.52 万平方米，建筑面积 9.34 万平方米，788 套房。主体楼层 17 层，主体高度 51 米。

金山豪庭 卫清东路 2988 弄，东至卫阳南路、南至卫清东路、西至杭州湾大道、北至板桥东路，2003—2006 年建。占地面积 18.9 万平方米，建筑面积 19.56 万平方米，1557 套房。主体楼层 14 层，主体高度 42 米。

金天地花园 卫清西路 88 弄，东至杭州湾大道、南至卫清西路、西至战斗港（百联金山购物中心）、北至板桥西路，2004—2006 年建。占地面积 14.8 万平方米，建筑面积 18.18 万平方米，1658 套房。主体楼层 18 层，主体高度 54 米。

金山世纪城 金山大道 2335 号。东至蒙山路、南至老龙泉港北绿地、西至卫零路、北至金山大道，2002—2007 年建。占地面积 8.05 万平方米，建筑面积 7.82 万平方米，830 套房。主体楼层 6 层，主体高度 17 米。

金浦苑 卫清西路 950 弄，东至欧洲城商业广场、南至卫清西路、西至东平路、北至卫东 9 组，2003—2006 年建。占地面积 3.25 万平方米，建筑面积 3.88 万平方米，住房 347 套。主体楼层 6 层，主体高度 17 米。

金海岸花园 龙胜东路 789 弄，东至卫阳南路、南至铁路金山支线、西至杭州湾大道、北至龙胜东路，2001—2003 年建。占地面积 16.2 万平方米，建筑面积 18.31 万平方米，1428 套房。主体楼层 16 层，主体高度 48 米。

韶盛杭州湾家园 曾用名蓝堡爱琴海。龙胜东路 828 弄，东至卫阳南路、南至龙胜东路、西至杭州湾大道、北至卫清东路。占地面积 11.24 万平方米。2003—2007 年，建一、二期住房 272 套 3 层别墅，建筑面积 6.52 万平方米。

宏阳新村 亭卫公路 1515 号，东至亭卫公路，南、西至碧海云居，北至龙皓路，1993—1995 年建。建筑面积 1.01 万平方米，144 套房。主体楼层 6 层，主体高度 18 米。

碧海云居 海丰路 112 弄，东至亭卫公路、南至龙轩路、西至海丰路、北至龙皓路，2004—2006 年建。占地面积 5.22 万平方米，建筑面积 7.34 万平方米，562 套房。主体楼层 11 层，主体高度 33 米。

海辰馨苑 海丰路 83 弄，东至海丰路、南至龙轩路、西至海盛路、北至龙皓路，2004—2006 年建。占地面积 15.6 万平方米，建筑面积 20.27 万平方米，1462 套房。主体楼层 11 层，主体高度 33 米。

海欣家园 龙皓路 398 弄，东至海丰路、南至龙皓路、西至海盛路、北至龙航路，2005—2010 年建。占地面积 17.58 万平方米，建筑面积 15.15 万平方米，1350 套房。主体楼层 11 层，主体高度 32 米。

蓝色收获家园 板桥东路 888 弄，东至亭卫南路、南至板桥东路、西至同凯路、北至龙宇路，2005—2007 年建。占地面积 21.9 万平方米，建筑面积 19.89 万平方米，共

2346套房。主体楼层18层，主体高度54米。

上海亿丰建材综合市场、欧洲城商业广场内分别建有108套、1.05万平方米的住房和268套、2.89万平方米住房。

2009年，龙泽园、清风别墅、宝华海湾城、红树林、水韵紫城、海尚馨苑、青年公寓、金域蔚蓝、华府海景等未完成建设的商住房群，尚未纳入山阳镇社区管理。

第五节　土地管理

一、管理机构

1988年下半年，山阳乡土地管理分所成立。翌年11月，乡建立村镇建设委员会。

1998年7月，山阳镇土地管理分所更名为山阳镇土地管理所。2006年11月，建立山阳镇房屋土地管理所，由金山区房屋土地管理局垂直管理。2009年2月，易名为金山区规划和土地管理局山阳分所。

1997年6月、2004年7月，先后建立山阳镇土地清查领导小组、山阳镇土地利用总体规划修编领导小组和山阳镇整治违法违章建筑工作领导小组，加强土地管理工作。

二、用地管理

农民建房用地 1987年起，农民建房使用非耕地由镇(乡)政府批准；同时使用非耕地、耕地报区(县)政府批准。1993年至2001年，两级政府审批农民建房(包括翻建、扩建)617户，其中以村为块建房220户。2002年10月起，建设向阳农民居住小区和大兴、九龙农民中心村，规划建房312户，共用地23.53公顷，至2003年建134户。

2007年，启动农村危房翻建、农民住房(农业户籍)解困项目。至2009年底，批准房屋维修91户，危房翻建4户，新建、扩建(主要增加卫生户厕间)27户。

动迁安置房用地 2003年5月1日起，动拆迁户统一实行货币补偿。2003年10月至2006年4月，山阳镇立项建设动拆迁安置和配套商品房基地项目6个，出让土地96.76公顷，占全区总数的28.1%。

建设项目用地 1987年时，建设征用耕地0.2公顷以下，使用耕地0.33公顷以下，由县人民政府批准，以上由市人民政府批准。1992年2月1日起，征用耕地0.33公顷以下，或规划区内使用耕地0.67公顷以下，由县政府审批，以上由市政府批准。1995年1月1日起，征用耕地3.33公顷或划拨国有土地6.67公顷以下，由区(县)政府批准，以上经市政府批准。1993—1996年，山阳镇报批建设项目102项。用地259.26公顷，土地批租3.791公顷。

1993—2009年，山阳镇内先后设有金山嘴工业区、金山新城区、海岸线开发管理委员会区(县)政府派出机构、直属机构行使辖区范围内规划控制、建设用地和管理职能。

基本农田保护 2007年11月，通过市评审的金山区基本农田保护方案，确定山阳镇基本农田保护有24个地块、792.49公顷，其中A类47.68公顷、B类744.81公顷。并登记造册、竖碑立标，明确三级保护责任人，签订责任书，严格控制非农建设用地占用基本农田。

三、地籍管理

1989—1991 年，开展非农建设用地使用权普查登记和发证，发放国有、集体非农用地证 143 份；19 个村（除海光村外）农村居民宅基地使用证 7683 份，确认使用土地 149.54 公顷。1991—1992 年，根据《上海市农村宅基地使用收费办法》收取农村宅基地使用费，1993 年，根据中办发〔1993〕10 号文《关于 1993 年农民负担检查情况的报告的通知》规定，停止收取。

1998 年，开展“房地产产权产籍”普查，登记“一丘、一图、一表”（地块、测绘图、统计表），归档立卷。2003 年，普查及逐年更新的资料输入数据库，实行信息化管理。2004 年，开展除卫东村外的农村宅基地普查，全镇农村宅基地使用土地 194.65 公顷，其中建筑占地 107.68 公顷。2005—2006 年，对各类土地用途清查成果进行复查，严格按照上海市土地清查“实施方案”“技术方案”，汇总输入市、区大机联网，纳入信息化动态管理。

四、土地复垦与整理

1987 年 1 月起，开展复垦“三废地”（农民老宅基地，集体报废的仓库、畜牧场地，闲散荒地）工作，至 1994 年，复垦“三废地”46.02 公顷。

1995—1996 年，开展金山县“吨粮田”示范点综合治理，对华新村的田、河、路、林等进行综治，共整理土地 41.33 公顷，新增耕地 5.36 公顷，经市土地局验收达标，每公顷补偿 9 万元。

1998—2009 年，山阳复垦与整理土地 693.76 公顷，净（新）增耕地 120.96 公顷。其中，复垦土地 375.89 公顷，净增耕田 90.36 公顷，整理土地 317.87 公顷，新增耕田 30.6 公顷。

五、土地监察

1987 年，聘用乡义务土地监察员 1 人。1988 年，乡土地管理分所所长或工作人员兼土地监察员，聘用村分管干部兼土地监察信息员，形成乡（镇）、村两级土地监察网络。

1990 年 1 月，乡纪委、乡土地管理分所对 1987—1989 年国家行政机关工作人员在农村建房情况进行检查监察。1996 年，整治个体工商户乱搭建 75 户，其中 15 户实行强拆。1997—2001 年，拆除违法占地乱搭建 163 户（处）、7111 平方米。

第六节 环境保护

1988 年 4 月，建立乡环保领导小组。2005 年起，镇长为镇环保工作第一责任人兼领导小组组长，设环保办公室。2007 年 10 月，镇设规划建设和环境保护办公室。组建多个创建工作领导小组，推进农村改厕、河道综合整治、村庄改造、污染防控、节能减排等环境保护和建设工作。

一、环境保护管理

创建活动 1995—1999 年，完成农村卫生户厕改造 7717 户，覆盖率 93.2%。2007 年，结合卫生村、镇创建，在城乡接合部、来沪人员聚居区新建农村公厕、垃圾容器间。2004 年，创建11平方千米的基本无燃煤区。2002年、2005年，先后创建2.4平方千米、覆盖全镇42.12平方千米的烟尘控制区。2007年，创建9平方千米的扬尘控制区和17.39平方千米的上海市噪声（控制）达标镇。

环保管理 20世纪90年代，环保监管重点放在化工、电镀、食品、碳黑生产等废水、烟尘排放企业，督促企业进行技改，增加处置设施、设备。工业区、新城开发建设，坚持环境保护、防治污染与经济建设，城镇建设规划、实施、发展“三同步”，控制不符合环保要求的企业落户。

2007年12月，组织68人，参加全国第一次污染源普查，翌年6月完成。全镇普查登记企业306家。其中，重点工业企业73家，一般工业企业127家，住宿、餐饮业75家，居民服务业31家。2008年，调查产生危险废弃物的企业。关闭4家能耗高、污染重、效益差的化工、洗染企业。据其中3家企业统计，年耗燃煤1万吨、焦油2.3万吨，用水40万立方米，关停后，减少废水排放30万吨、二氧化硫160多吨、氮氧化物125吨、COD（化学需氧量）26吨。2008—2009年，加强新项目环境影响评价审批和重点企业清洁生产审核，环境影响评价审批190个项目。其中，工业企业62个，餐饮服务业128个。督促重点企业进行工艺改革、技术创新。

二、环境质量

环境空气质量 1985年前保持在国家一级标准内，1986—1996年维持在二级标准。1997年后，以颗粒物为主污染空气质量，介于清洁级与轻污染级间。据金山区环境保护局2008年7月16日认定，山阳镇空气优良率（全年API指数<100的天数占全年天数的比例）达到92.5%。

水环境质量 1985年前，国家三级地面水标准。1986—1996年介于3、4类水体，1997—2003年介于4类、5类水体间。2004—2009年，辖区内河道无超五类黑臭水体。扣除河流上游来水污染物影响，水环境功能区水质达标率100%，饮用水源水质达标率97.4%。山阳镇区水清、面洁、有绿的河道逐步建成，水面基本无漂浮垃圾，大多河道岸坡整齐。水质基本保持在四级水状态，2008年1—6月，监测断面综合水质标识指数为4.710。

声环境质量 农村村落僻静，保持在一类标准。1990—2006年，环境和交通噪声分别为2、4类标准。1997年后，部分交通要道交通噪声为五类标准。2007年，上海市噪声（控制）达标创建区域100个网格点的监测数据显示，噪声平均值白天50.4分贝、夜间41.8分贝；对5个路段4459辆车次进行监测，鸣号221辆，鸣号率为5%，交通噪声平均值白天58.6分贝，夜间47.7分贝，通过市环保局验收评为优秀项目。2008年6月，抽查15个网格点监测，噪声平均值为白天52.29分贝，夜间41.46分贝，建成区噪声（控制）达标覆盖率达100%，每年通过考核复验。

三、环境监测

空气环境监测 山阳区域内无大气质量监察站（点）。1996年，县环保局在东方村顺大公司楼顶设降尘监测点，每月监测1次。

地面水质量监测 1980年8月，县水文站在金山嘴设水文测站，负责地区的水文测验和雨量观测。1986年起，市环境监测中心先后在山阳设龙泉港山阳断面、老龙泉港卫零路断面2处常年水质监测点，年监测4次，后改为每月1次。1999年4月，区水文站由张堰搬迁至山阳镇金山嘴西沪杭公路6488号，为上海市在杭州湾内唯一的国家专业水文站。2005年11月，与上海市水环境监测中心金山分中心合署办公。水文站主要进行水文监测、水文预报、水文信息管理、水文分析与计算、水资源调查评价、水文行业管理、水文研究、水文科技咨询等工作。水环境监测中心对全区主要河道进行水质实时监测及辖区海域海洋环境的监测和质量评价，配合水政执法对部分排污口进行排水监测以及水质分析和评价。2000年后，红旗港松卫南路断面设区监测点，年监测6—12次。

海洋环境监测 1977年，金山嘴国家海洋站开始观测采集海洋水文信息。1999年2月，金山嘴海洋水文监测站由原址西迁0.50千米，新建自立式通信铁塔，监测站配有自动测报及海水化验全套设备。2006年10月，增建申甬车客渡码头海洋水文测点。金山嘴站的海洋潮位测验，能全天候跟踪监测和显示潮汐的瞬时变化过程。2009年，区水文站增加海洋环境监测和质量评价工作职能。同年，区海洋管理办公室委托国家海洋局东海环境监测中心，开展包括海域环境趋势性、海洋生态自然保护区邻近海域、陆源排污口、近岸海洋垃圾以及近岸海产品污染物等监测。

环境噪声监测 2007年，在上海市噪声（控制）达标创建区设100个网格监测点；对镇域内35家餐饮服务、超市、公共活动场所固定噪声源，“三无”居民小区进行监测；在金康东路、卫清东路、板桥东路、龙胜东路、蒙山路5条主要道路设禁止鸣号率和交通噪声监测点；建筑工地加强噪声防治管理，防止夜间噪声扰民。镇区环境噪声和交通噪声维持在1、2类区标准。

污染行业监测 对化工、电镀、纺织印染、皮革制造企业以及畜禽养殖场粪便处置加强监管；通过污染源普查登记，掌握污染源重点与一般工业企业的污水、废气、降尘情况，监控和不定期检查“三废”（废水、废气、废渣）处理设施运行状况和治理能力、达标情况；对工业企业新建、扩建、改建项目，做好环境影响评价报告，环保处理设施设计、生产、投产使用“三同时”工作；监督、取缔辖区内无证照废品收购点、无证照或超经营范围的废旧塑料造粒点。2009年，对10家重污染企业监测4次，一般污染企业监测2次。2006年，某混凝土生产企业干粉砂浆拌和噪声大、扬尘多扰民严重，督促其加高围墙，安装消声设备，晚10时至翌晨6时停止生产，硬化场地安装洒水装置，采取保养除尘、脱硫设施等措施。

2006年，根据国家环境保护法律法规，制定并实施《金山区山阳镇处置环境污染事故应急预案》，建立事故应急处置组织体系，责成各企业制定相应的安全、消防等应急方案，落实日常管理预报、预警措施。

四、环境污染防治

水污染防治 1993年，金山污水排海工程动建，2006年，全线贯通。建有新江水质净化厂，1.3 千米的尾水出海排放口，山阳华新、老龙泉港等 7 座提升泵站。坐落在新江村（亭卫南路 208 号）的金山新江水质净化厂收集山阳、亭林、张堰、金山工业区和上海化学工业区金山分区的工业废水及生活污水，经处理达标后排放。2008 年，山阳镇 7.8 平方千米的工业园区、22 个居民小区铺建污水管网近 90 千米，工业废水、居民区生活污水纳管排放。2009 年，老镇区、山阳田园和 2 个农民中心村铺建污水管网 7.32 千米，年减少直排污水 10 万立方米，减排化学需氧量 20 吨。是年，10 家重点工业企业污水处理设施 7 套，年处理污水量 60 万吨，102 家一般企业废水排放量 30 万吨，污水纳管率、污水处理率 100%，达标率 98%。2006 年，投资 40 万元，建成社区卫生服务中心污水处理设施，医源性污水经处理达标后排放。

大气污染防治 2004 年，基本无燃煤创建区内 23 台锅炉有 21 台改为节能锅炉，清洁能源使用率 93.1%。2005 年，烟尘控制区创建，改造炉、灶 896 台（眼），减少用煤 3080 吨，烟尘排放量减少 103.14 吨。2007 年，对 5 条道路、码头和露土闲置空地，硬化场地、种植绿化、建砌围墙，控制扬尘。2008 年，改造 4 吨以上锅炉 11 台，减少年排放二氧化硫 100 余吨、烟尘 24 吨。2009 年，全镇有废气处理设施 15 台（套），废气处理率 100%，达标率 98%。

噪声污染治理 2007 年起，在居民区创建无小贩叫卖、无机动车鸣号、无固定源噪声超标的“三无”小区；加强施工工地噪声污染防治和管理；监控噪声敏感区、固定噪声源，及时处理噪声信访投诉；城区、镇区主要道路设噪声监测点，竖机动车禁鸣牌，建绿化带隔声降噪。

固体废物污染治理 2000 年，完成市府实事工程分解项目农村生活垃圾集中收集处置系统、建立农村保洁服务社后，城镇、农村生活垃圾无害化处理率达 100%。工业企业以煤渣为主的固体废弃物全部综合利用，工业危险废弃物（以电镀渣为主）和医源性废弃物分别由市、区环保部门认定的有资质的上海绿州、奉贤洁申和上海康环公司收集处置。

农村面源污染防治 发展绿色、设施农业和特色农业，实施化肥减量化和使用科学化，提倡推广使用高效、复合、缓释新品种化肥、有机复合肥，推广农药安全施用标准，减少农药化肥的污染。规模养猪场配备污水处理设施，污水处理达标后排放，固体废物作肥料使用。采取禁止焚烧农作物秸秆、沤制肥料、秸秆还田等方法，减少农村面源、空气污染。推进农村改厕、建厕，消除粪水外溢污染。2009 年起，实施村庄环境综合改造，农村居民的生活污水生化处置、纳管排放。

五、上海市金山三岛海洋生态自然保护区

1991 年 10 月，上海市人民政府批准成立上海市金山三岛海洋生态自然保护区（以下简称保护区），这是上海市第一个自然保护区，也是上海市唯一的一个海洋生态自然保护区。1993 年 6 月 5 日，在山阳举行揭碑仪式。1997 年 3 月，市政府出台保护区管理办法，保护区范围包括金山三岛陆域及周围 0.5 海里海域，主要保护对象为常绿阔叶林、常绿落叶阔叶混交林、昆虫、土壤有机物和潮间带生物群落。大金山岛数百年来孤悬海上，

受人类活动影响相对较少，岛上保存着60多种上海地区陆上早已绝迹的中亚热带地带性原始植被和珍稀植物。

1982年起，山阳安排人员护岛。2001年起，严格控制无关人员上岛。2007年，上海海事局对岛顶上导航灯塔进行修建，并增建风力发电设施。2008年11月、12月，市民政局、海洋局在金山三岛分别立镌有岛名和上海市人民政府的花岗石碑。大金山岛北坡建有科考码头。加强对无居民海岛管理，组织联合巡岛检查和执法，完善基础设施建设，实施生态修复工程，开展环境监测和资源调查等工作。

第七节 园林绿化

按照金山新城总体规划、国家园林城区和适应滨海新镇发展的思路，点、线、面结合推进镇域绿化建设。2003年，组建上海绿莱实业发展有限公司，负责绿化建设和养护管理。2009年，公司承担工业园区、老镇区和企事业单位68.45万平方米绿化养护管理。是年，全镇绿化覆盖率达34.24%，人均公共绿地面积15.17平方米。

一、绿化板块

工业园区绿化 在建设工业园区的同时，推进绿化建设。1996—1997年，镇投资53.83万元建设红旗港以南，宏山工业区西侧长1.06千米，总面积46667平方米的绿化工程。至2009年，工业园区绿化面积55万平方米。企业内栽有乔灌木，置有花坛，建有绿地草坪，绿化面积2.05万平方米。

住宅小区绿化 严格按照居民商住小区规划、建设标准落实绿化项目；加强农民动迁安置小区绿化建设，提升绿化品位，既有绿地草坪，又有花卉树木；对较早建成的居民小区因地制宜补绿增绿；结合农民集中建房小区综合改造、农村村庄改造，在农民住宅小区、中心村宅植树种草，美化居住环境。

老镇区绿化 在老镇区事业单位改建、扩建中抓好绿化项目建设；老镇区山倪路、沿铁路、山南路、红旗东路等道路两侧建设带状绿化景观；在居民住宅、广场、人行道旁栽树补绿、增建花坛。山阳中学绿化面积10161平方米，被评为上海市花园式单位。2009年，老镇区绿化面积增加到11.4万平方米。

金山新城绿化 2000—2009年，新城区16条主要道路两旁种植合欢、香樟、女贞、栾树、银杏、乐昌、含笑、马褂木等行道树5071株，灌木、草坪22.49万平方米。

二、景观绿化

主要公路景观绿化 2003—2009年，建成杭州湾大道东西两侧各20—60米，松卫南路东西两侧15—30米；亭卫公路东西两侧50—30米、亭卫南路东西两侧50—20米，金山大道西段南北两侧各80—20米、东段南北两侧各50米、北侧另有50米控制林带等道路绿化景观。莘奉金（S4）高速公路山阳出口有高大树木、南方棕榈、茵茵绿地，由北向南连接亭卫公路、亭卫南路，衔接金山大道、浦卫公路、沪杭公路，形成4千米之长的绿化景观线，至金山嘴渔村。松卫南路景观绿化带，成为金山新城区入口的又一标志性景观道路，连接杭州湾大道，至金山城市沙滩。

河道景观绿化 2001年，龙泉港建成河道两岸各有10米宽的景观绿化带。同年，老龙泉港西起卫零路、东至杭州湾大道，长1.3千米的河道建成景观绿化。2006—2007年，全线新建河岸绿化面积9.84万平方米。2003—2006年，经三河、经二河建成镇级景观绿化河道。2005年，建成战斗港卫清西路以北至老龙泉港绿化景观河道；2006年，建成老龙泉港至老红旗港长2.5千米的沿河绿化。

三、生态防护林

2003年起，上海市公共卫生临床中心四周建成生态环境防护林，栽种香樟、桂花、红叶李、枫杨等树木26.53公顷，中心内20公顷。

莘奉金（S4）高速公路南、北两侧建有50—60米宽的防护林，且南侧预留林地，列为金山新城的环城生态林地。

1998年，建成西起申甬车客渡码头，东至金山嘴娘娘庙，全长2.63千米，占地面积11.2万平方米的金山沿海海塘观赏型防护林，被列为上海市林业生态示范工程。海塘南侧沿防浪墙内种植中高档规格的乔灌木，配上适量的观花草本植物及地被植物，其中金山嘴海鲜街采用花坛式绿化、嵌草地坪、园林小品等设置景点；海塘南侧由不同树种组成色块，连接成绿带，清理整洁塘北坡水杉林。海塘两侧共种植各种适合沿海盐碱地生长的乔木9449株、灌木4.88万株、地被植物和草花2.15万平方米，新增绿地3.51万平方米，改造水杉林7.5万平方米。防护林里，铺设彩色道板4947.5平方米、卵石地坪195平方米、嵌草地坪2894平方米，设置仿石桌石凳6套，安装方形门柱灯16套，建造组合园亭12座、双排花架1座。

山阳段海塘（沪杭公路）除观赏防护林外，南、北两侧分别有宽10—30米的防护林带。

四、园林绿地

公共绿地 2000年，建成的区市民广场，即金山广场绿地，3.1万平方米，获上海市绿化园林工程浦江杯奖。2004年，建成戚家墩路以东、运石河以北、隆安路以南，至杭州湾大道以西4.93万平方米的戚家墩绿地。2006年，建成金山大道以南、卫零路以东、蒙山路以西3.18万平方米的世纪城开放绿地广场。2008年，建成山阳敬老院1.14万平方米的休闲广场，其中绿地8029平方米。

前京大道园林景观 2007年竣工。北起金山大道、南至卫清西路，总用地38万平方米。以老龙泉港为界分南、北2个区域，是集娱乐、休闲、绿化于一体的大型公共园林景观区。南至卫清西路、北临老龙泉港的临水生态区，占地面积12万平方米，利用区域里水资源，将河水引入景观区，形成长1.20千米、宽100米的内河绿化景观，大草坪、荷花湖、水栈道、水上表演舞台，临街共享空间，地绿、水清、境美、人乐，体现亲和之美。位于杨家村区域，南至老龙泉港、北至金山大道、东起杭州湾大道、西至蒙山路的大型音乐喷泉水景区，占地面积26万平方米。土墩、绕河人行道、木桥、咖啡屋周围各种树木浓郁葱翠，音乐喷泉湖、战斗港景观河道与草坪、花卉交相辉映，景致别具一格。

山阳公园 又名“五一”广场，2009年建成。位于海鸥大厦南侧，总面积3万平方米，其中绿地2.01万平方米，植栽170余种、20多万株苗木。红色走道、彩色雨花石、高大乔木、矮小灌木丛以及绿茵草地，构成一幅金山区版图，是山阳标志性景观园林。

位于前京大道的好人公园（2018年，王杏春摄）

第八节 市容管理监察

20世纪90年代，由镇（乡）村镇建设、房屋土地部门会同公安、工商等机构，对老街区、工业园区等建设开发区域进行市容环境和村镇建设监督，整顿市容市貌，对违法违章搭建予以拆除或清除的进行行政处罚处理。2001年6月，市容管理监察职能划归镇城乡环境管理所。

2002年9月，山阳镇人民政府和金山嘴工业区、新城区管理委员会联合组建山阳镇拆除违法违章建筑执法队。2003年建立山阳镇市容协管队。2007年5月，山阳镇拆除违法违章建筑执法队和山阳镇市容协管队合并，成立金山区城市管理监察大队山阳分队（简称山阳城管分队）。根据《上海市城市管理相对集中行政处罚暂行办法》之规定，行使市容环境卫生管理和市政工程、绿化、水务、环境保护、房地产、城市规划管理等方面的行政处罚权。是年12月，金山区城市网格化管理一期项目启动，中心城区网管6.4平方千米。涉及戚家墩、金山豪庭、三岛龙洲苑及周边1.5平方千米。至2009年末，山阳城管分队接受和处置城市网格化管理传输的各类任务单980件。2008年11月，山阳城管分队获评上海市城管执法系统规范化分队。

2002—2009年，拆除违法违章建筑1926户（处）、10.94万平方米，遏制、处置圈地面积2.05万平方米。

第二十一章 住房建设与管理

1989 年 2 月，山阳首个房地产公司——金山县房产经营公司山阳分公司成立。1997 年起，众多房产企业云集山阳，房产业发展加快，至 2009 年，有 46 家房产企业在山阳落户，其中 34 家在域内开发各类房产 568.79 万平方米。2003 年，157.30 万平方米建筑面积划入石化街道辖区。1989—2009 年，域内（除划入石化街道外）共建商品住宅房 315.54 万平方米。截至 2007 年，现房和期房交易 261 万平方米，成交额 80.01 亿元。1995 年，有 1 家物业公司实施物业管理，至 2009 年，发展到 20 家物业公司，覆盖域内 29 个建成或在建小区的物业管理服务。

1990 年，始辟农民集中建房点。1998 年，实施集镇老旧公房改造。2004 年、2006 年、2007 年，进行农村居民住房和街坊房屋普查。2009 年，实施自然村庄改造。

第一节 城镇房屋建设

一、房产开发建设

开发企业 1989—1996 年，山阳境内有房产开发企业 6 家。1997 年以后，房产开发企业增多，至 2009 年共有 46 家，其中 34 家先后在山阳地域内开发房产。

1989—2008 年山阳镇域房地产企业情况表

表 21-1

成立时间	公司名称	法定代表人	注册资本(万元)
1989 年 2 月	金山县房产经营公司山阳分公司	朱龙明	800
1993 年 1 月 12 日	上海山阳房产开发有限公司	朱龙明	2000
1993 年 5 月	上海联城房地产发展公司	孙　伟	1000
1993 年 7 月 1 日	上海金山嘴房地产开发有限公司	朱龙明	1500
1994 年 1 月 12 日	上海石化城市建设综合开发有限公司	周卫中	1000
1994 年 1 月 20 日	上海永恒房地产开发有限公司	顾永德	2000

续表 21-1

成立时间	公司名称	法定代表人	注册资本(万元)
1996 年 9 月 28 日	上海山鑫置业有限公司	吴振来	2000
1997 年 1 月 1 日	上海辰凯置业有限公司	李志均	800
1997 年 7 月 2 日	上海金山土地开发有限公司	吴巧龙	880
1997 年 9 月 12 日	上海新永置业有限公司	汪建国	500
1999 年 5 月 9 日	上海朋鑫置业有限公司	彭平观	800
1999 年 5 月 11 日	上海滨海房地产有限公司	邱吉林	800
1999 年 6 月 1 日	上海言青房地产开发有限公司	许成旺	1000
2000 年 1 月 8 日	上海新城建设发展有限公司	陈惠明	1100
2000 年 5 月 17 日	上海惠达置业有限公司	李昌祥	500
2000 年 9 月 19 日	上海宸星房地产开发有限公司	汪建丹	4000
2000 年 9 月 30 日	上海浦伟房地产开发有限公司	夏中兴	1000
2000 年 10 月 23 日	上海豪晟房地产有限公司	朱志豪	500
2001 年 8 月 18 日	上海莱茵达置业有限公司	韩　航	1000
2002 年 6 月 1 日	上海湖山房地产开发有限公司	周岩良	1000
2002 年 6 月 11 日	上海春满园房地产发展有限公司	邓　竖	1000
2002 年 6 月 13 日	上海松山房地产开发有限公司	张义才	10066
2002 年 7 月 2 日	上海绍盛房地产开发有限公司	娄冬虎	3000
2002 年 7 月 22 日	上海百倍置业有限公司	沈利冲	2400
2002 年 10 月 6 日	上海舜日房地产开发有限公司	孙干巷	1000
2003 年 1 月 6 日	上海上策置业有限公司	万国利	1500
2003 年 2 月 24 日	上海蒙山置业有限公司	许复根	2000
2003 年 3 月 21 日	上海思致置业有限公司	万思文	2500
2003 年 5 月 12 日	上海欧港置业有限公司	周仕供	1000
2003 年 6 月 19 日	上海融氏置业有限公司	柴　音	1000
2003 年 9 月 10 日	上海营泰房地产开发有限公司	杨冬梅	500
2003 年 10 月 11 日	上海上置房地产发展有限公司	马大愚	1000
2004 年 2 月 20 日	上海恒信源置业有限公司	顾仁源	2000
2004 年 3 月 25 日	上海耿耿房地产开发有限公司	张耿耿	5000
2004 年 5 月 16 日	上海浙联房地产开发有限公司	王迪海	1000
2005 年 1 月 6 日	上海金龙置业有限公司	李惠良	1000
2005 年 1 月 9 日	上海中锐置业有限公司	钱建蓉	5000
2005 年 2 月 21 日	上海博凡房地产发展有限公司	朱龙明	500
2005 年 5 月 16 日	上海金镇城镇建设开发有限公司	周永良	5000

续表 21-1

成立时间	公司名称	法定代表人	注册资本(万元)
2005 年 5 月 20 日	上海天谐置业有限公司	丁建华	1000
2005 年 6 月 9 日	上海哲佳实业有限公司	徐海涛	2000
2005 年 11 月 14 日	上海蔚蓝置业有限公司	封建良	5000
2006 年 4 月 24 日	上海达福置业有限公司	张冬冰	1000
2006 年 4 月 26 日	上海普惠投资服务有限公司	张　华	3000
2007 年 12 月 4 日	上海泉金房地产开发有限公司	陶基劲	9000
2008 年 3 月 1 日	上海振丰房地产开发有限公司	姚　正	3000

开发总量 1989 年起，山阳镇（乡）域内开始房地产开发，至 2009 年，共开发 568.79 万平方米。其中，2003 年，山阳镇与石化街道勘界时，157.30 万平方米建筑面积划归其管辖。山阳境内共开发房地产 411.49 万平方米。

1989—2009 年山阳镇域房产企业开发房产情况表

表 21-2

开发企业名称	开发小区及面积	合计（万平方米）
上海山阳房产开发有限公司	松卫新村 0.60 万平方米、山龙新村 9.81 万平方米、海浒新村 7.14 万平方米、东泉新村 15.68 万平方米、玲桂花园 7.74 万平方米、玉兰新村 1.01 万平方米、宏阳住宅小区 1.01 万平方米	42.99
上海金山嘴房地产开发有限公司	新山龙 9.40 万平方米、书香门第 28.90 万平方米	38.30
上海辰凯置业有限公司	辰凯花苑 17.70 万平方米、紫微苑 12.95 万平方米	30.65
上海山鑫置业有限公司	山鑫公寓 8.49 万平方米、工商银行 0.87 万平方米、东礁室内步行街 0.71 万平方米、山鑫阳光城 15.80 万平方米、永乐家电 0.19 万平方米、蒙山路沿街商铺 0.24 万平方米、山鑫大酒店 0.32 万平方米、阳光城幼托 0.45 万平方米、社区活动中心 0.28 万平方米、中保大楼 0.27 万平方米、农商行 0.54 万平方米、山鑫商务大楼 0.75 万平方米、北随塘河商业街 1.76 万平方米、东岭豪苑 1.66 万平方米、乐购 2.68 万平方米、金山卫商务大楼 1.15 万平方米、B1 商务楼 1.86 万平方米、维多利亚四期（C 区）2.94 万平方米、山鑫康城 14.30 万平方米、山鑫联城花苑 7.89 万平方米、联城商业街 5.26 万平方米、铭品汇市场 3 万平方米	71.41
上海绍盛房地产开发有限公司	蓝堡爱琴海（韶盛杭州湾家园）8.48 万平方米、商铺 3 万平方米	11.48
上海百倍置业有限公司	金天地 22.30 万平方米、商铺 5.87 万平方米	28.17
上海思致置业有限公司	棕榈湾 17.70 万平方米、商铺 3.50 万平方米、思致广场 3.70 万平方米	24.90
上海上策置业有限公司	三岛龙洲苑 16.83 万平方米、商铺 4 万平方米	20.83

续表 21-2

开发企业名称	开发小区及面积	合 计（万平方米）
上海浦卫房地产开发有限公司	金浦苑 4.03 万平方米、商铺 1.15 万平方米	5.18
上海言青房地产开发有限公司	东门苑 2.50 万平方米	2.50
上海浙联房地产开发有限公司	金山豪庭 21.30 万平方米、商铺 2.25 万平方米	23.55
上海新永置业有限公司	园中苑 4.49 万平方米、蒙山菜场 1.82 万平方米	6.31
上海宸星房地产开发有限公司	金海岸 19.42 万平方米、商铺 2.50 万平方米	21.92
上海舜日房地产开发有限公司	水韵紫城 4.60 万平方米	4.60
上海莱茵达置业有限公司	红树林家园 6.20 万平方米	6.20
上海耿耿房地产开发有限公司	桥英馨苑 3.05 万平方米	3.05
上海松山房地产开发有限公司	龙泽园 8.48 万平方米	8.48
上海金镇城镇建设发展有限公司	海欣家园 17.54 万平方米	17.54
上海振金建筑装潢有限公司	卫龙新村 1.87 万平方米、山鑫公寓 0.43 万平方米、三通 0.44 万平方米	2.74
上海普惠投资服务有限公司	金石湾 8.70 万平方米	8.70
上海营泰房地产有限公司	欧洲城商业广场 4.60 万平方米、商铺 3.75 万平方米	8.35
上海海光实业有限公司	南海浒小区 2.60 万平方米	2.60
上海共富经济发展有限公司	海上明珠 9.34 万平方米、商铺 0.44 万平方米	9.78
上海惠达置业有限公司	世纪城 8.05 万平方米、商铺 2.26 万平方米	10.31
上海欧港置业有限公司	亿丰市场 14 万平方米	14
金山新城建设发展有限公司	海趣馨苑 14.50 万平方米、商铺 1.67 万平方米	55.36
	海尚馨苑 16.62 万平方米、商铺 0.77 万平方米	
	海辰馨苑 20.10 万平方米、商铺 1.70 万平方米	
上海房业联合开发有限公司	碧海云居 7.34 万平方米	7.34
上海天谐置业有限公司	蓝色收获 19.89 万平方米、商铺 0.74 万平方米	20.63
上海海舜房产有限公司	宝华海湾城 20 万平方米	20
上海蔚蓝置业有限公司	金域蔚蓝 8.62 万平方米、商铺 3 万平方米	11.62
上海上置房地产发展有限公司	华府海景 7.15 万平方米、商铺 3.96 万平方米	11.11
上海哲佳实业有限公司	青年公寓 3.80 万平方米、商铺 1.02 万平方米	4.82
上海中锐置业有限公司	龙湾一号 6.22 万平方米	6.22
上海振阳市政工程有限公司	振阳小区 1.17 万平方米	1.17
其 他	清风别墅 5.02 万平方米、山南新村 0.45 万平方米、华江新村内商品住宅房 0.51 万平方米	5.98
总 计		568.79

住宅建设获奖 20 世纪 90 年代中期起，上海市建委、规划局、住宅局联合开展高起点规划、高水平设计、高质量施工（建设）、高标准管理（简称“四高”）优秀住宅小区创建活动。1997—1998 年，上海山阳房产开发有限公司开发建造的东泉新村，在首届上

海市优秀住宅评选中获完整街坊质量奖。至2009年，13家房地产企业开发的14个住宅小区18次获奖。其中，水韵紫城小区建设获上海市住宅金奖，列入国家AA级康居住宅示范工程，山鑫阳光城住宅小区获第二届上海市优秀规划设计奖。

1998—2009年获上海住宅建设奖情况表

表21-3

年份	单位	小区名称	获奖项目
1998	上海山阳房产开发有限公司	东泉新村	首届市完整街坊质量奖
2002	上海山鑫置业有限公司	山鑫阳光城	上海市第二届优秀规划设计奖
	上海耿耿房地产开发有限公司	桥英馨苑	上海市第二届优秀房型提名奖
2003	上海宸星房地产开发有限公司	金海岸	市“四高”优秀住宅小区
2004	上海上策置业有限公司	三岛龙洲苑（一期）	上海市示范居住区
	上海共富经济发展有限公司	海上明珠园（一期）	市“四高”优秀小区
	上海绍盛房地产开发有限公司	杭州湾家园	市“四高”优秀小区
2005	上海思致置业有限公司	棕榈湾花园	市新技术、新材料、新工艺、新设备技术银奖
2007	上海舜日房地产开发有限公司	水韵紫城	市住宅金奖，被列入国家AA级康居住宅示范工程
	上海莱茵达置业有限公司	红树林家园	市规划建筑、中小型设计奖
	上海上策置业有限公司	三岛龙洲苑（二期）	市“四高”优秀小区
	上海松山房地产开发有限公司	龙泽园	市住宅银奖
	上海浙联房地产开发有限公司	金山豪庭	市规划建筑、绿化环境奖
2008	上海莱茵达置业有限公司	红树林家园（一期）	市节能省地型“四高”优秀小区、第六届“上海市优秀住宅”银奖
2009	上海百倍置业有限公司	金天地花园（二期）	市节能省地型“四高”优秀小区
	上海共富经济发展有限公司	海上明珠园（二期）	市节能省地型“四高”优秀小区
	上海舜日房地产开发有限公司	水韵紫城	市节能省地型“四高”优秀小区
	上海松山房地产开发有限公司	龙泽园（一期）	市节能省地型“四高”优秀小区

二、商品住宅房建设

1989年，山阳乡在杨家村1组建首个商品住宅房小区松卫新村。之后，随着域内的“三区”（老街区、工业区、新城区）开发建设，加快商品住宅房建设。至1995年，相继在杨家、海光、向阳村域建成商品住宅房10.64万平方米。

1994年起，尤其是1997年金山撤县建区后，山阳成为金山新城腹地，在卫东村域首先掀起建设高潮。至2003年7月，建成或在建的14个住宅小区，即山龙新村、新山龙新村、辰凯花苑、卫龙新村、振阳新村、山鑫公寓、东泉一村、东泉二村、玲桂花苑、山鑫阳光城、园中苑、桥英馨苑、书香门第、紫薇苑，商品住宅房建筑面积共 137.97 万平方米，全部划入石化街道辖区。

1999 年起，在杨家、卫东、新江、东方、向阳等村域全面加快推进商品住宅房建设。至 2009 年，共建有 304.90 万平方米，其中动迁安置房 105.58 万平方米。是年，镇域内共有商品住宅房 315.54 万平方米。

2009 年山阳镇域商品住宅房情况表

表 21-4

名 称	建造年份	建筑面积（万平方米）	备注
松卫新村	1989—1991	0.60	—
山南新村	1992	0.45	—
海浒新村	1992—1995	7.14	—
玉兰新村	1993—1995	1.44	—
宏阳小区	1993—1995	1.01	—
海趣馨苑	1999—2007	11.42	区首个动迁安置小区
三 通	2000	0.44	红旗东路华山路口
山鑫联城花苑	2000—2002	7.89	区动迁安置小区
金海岸花园	2001—2003	18.31	—
金山世纪城	2002—2007	7.82	—
欧洲城商业广场内	2002—2007	2.89	—
三岛龙洲苑	2002—2007	16.83	—
海上明珠园	2002—2008	9.34	—
棕榈湾花园	2003—2009	15.49	—
韶盛杭州湾家园	2003—2007	6.52	—
亿丰建材市场内	2003—2005	1.05	—
金浦苑	2003—2006	3.88	—
金山豪庭	2003—2006	19.56	—
华江新村内	2004	0.51	—
山鑫康城	2004—2006	14.34	区动迁安置小区
金天地花园	2004—2006	18.18	—
海辰馨苑	2004—2006	20.27	区动迁安置小区
碧海云居	2004—2006	7.34	—
蓝色收获家园	2005—2007	19.89	区动迁安置小区
海欣家园	2005—	15.15	山阳镇首个动迁安置小区
南海浒	2006—2007	2.60	—
海尚馨苑	2006—2008	16.62	区动迁安置小区

续表 21-4

名 称	建造年份	建筑面积（万平方米）	备注
龙泽园	2007—	8.48	—
水韵紫城	2007—	4.60	—
宝华海湾城	2007—	19.58	—
青年公寓一期	2007—2009	2.69	—
龙湾一号	2007—	6.22	—
金域蔚蓝	2008—	8.62	—
华府海景	2008—	7.15	—
清风别墅	2008—	5.02	—
红树林家园	2008—	6.20	—
合 计	—	315.54	—

注：表中的建筑面积，是截至 2009 年已建造的建筑面积；
建造年份，如“2007—”等均为 2009 年以后完成建造的小区

三、房产交易

20 世纪 80 年代末，域内开始房产交易。1996 年起，房产交易量增多，至 2007 年，现房交易建筑面积共 229.66 万平方米，交易总金额 69.1 亿元。2006 年起，开始期房交易，至 2007 年共交易 31.35 万平方米，成交额 10.91 亿元。

1989—2007 年山阳域内商品住宅房产交易情况表

表 21-5

年份	现房销售		期房销售	
	面积（平方米）	金额（万元）	面积（平方米）	金额（万元）
1989	5081	—	—	—
1990	4921	—	—	—
1991	6064	—	—	—
1992	—	—	—	—
1993	—	—	—	—
1994	8000	—	—	—
1995	1000	—	—	—
1996	21460	4260	—	—
1997	117418	13296	—	—
1998	138571	17024	—	—
1999	47615	6674	—	—
2000	76407	15001	—	—

续表 21-5

年份	现房销售		期房销售	
	面积（平方米）	金额（万元）	面积（平方米）	金额（万元）
2001	105736	36276	—	—
2002	108380	21625	—	—
2003	412590	108994	—	—
2004	171540	57394	—	—
2005	352770	117197	—	—
2006	352790	140344	95914	38223
2007	366230	152900	217545	70924
合计	2296573	690985	313459	109147

四、老旧公房改造

1998 年，山阳镇老街区旧住房成套改造列为政府实事项目，山阳房管所在全区率先用 4 个月时间完成 1767 平方米的旧住房成套改造任务。2003 年和 2005 年，先后完成 15 幢老公房 2.5 万平方米平改坡改造。2008 年，镇拨出专款，维修 1.83 万平方米的危旧公房，更换安装电表、水表等。2009 年，镇又拨出专款，对 29 幢（山阳老街区 26 幢、东门街 3 幢）老公房，分 3 批全部安装楼梯不锈钢扶手。

第二节　农村住房建设

一、建房审批

1992 年到 1996 年，农村分散建房审批 839 户。1997 年起，控制农民自然宅基地建房审批。随着镇域内各类建设加快，农民住房成批动拆迁。2003 年 4 月 30 日前审批的安置房建设，大多在农民中心村建房。2004 年起，严格控制农村分散建房审批。2009 年，对规划控制区外的特殊户适度审批建房。

1992—2009 年山阳镇（乡）农村居民建房审批情况表

表 21-6　　单位：户

年份	户数	年份	户数	年份	户数	年份	户数
1992	330	1996	165	2000	5	2004—2006	—
1993	83	1997	53	2001	7	2007	1
1994	90	1998	75	2002	6	2008	4
1995	171	1999	4	2003	22	2009	18

二、住房普查

2004年，按照区统一部署，全镇（除卫东村）普查农村居民住房6036户，建筑面积194.65万平方米，占地面积107.68公顷。

2004年山阳镇农村居民住房普查情况表

表21-7

村名	户数（户）	建筑面积（平方米）	占地面积（公顷）
合计	6036	1946469.76	107.68
向阳	384	240402.86	14.29
九龙	1379	416971	23.32
杨家	488	184857.04	10.05
东方	494	156525.9	8.64
中兴	694	224739	12.18
长　兴	602	179603.67	9.82
新　江	1048	295186	16.25
华　新	488	146150.29	8.08
渔　业	459	102034	5.04

2006—2007年，根据区房屋土地管理局部署，对全镇村、街坊房屋进行普查，至2007年底，全镇农村居民住房面积185.1万平方米、街坊住房120.54万平方米。

三、集中建房

1990—2001年，镇（乡）、村联合先后开辟新江（华江）、向阳、杨家、大兴、卫东和倪家村等农民集中建房点。

2002年10月，为解决动拆迁户易地建房的突出矛盾，经金山区规划局、房地局同意，镇投入配套设施资金1248万元，建九龙农民中心村，在向阳、大兴农民集中建房点的基础上，建向阳农民小区和大兴农民中心村。按统一标准设计A、B、C三种房型，占地面积分别为111.5、118、103平方米，建筑面积分别为223、236、206平方米，前后房距15米、左右幢距3米，房型、高度、朝向一致。至2008年，有193户农民集中建房。

四、村庄改造

2008年，对建成的大兴、向阳、华江（新江）、杨家等农民居住小区和农民中心村进行改造，完善配套设施。2009年10月，山阳镇启动自然村庄改造，投入380万元改造九龙农民中心村，实施硬化道路、白化农房立面、污水纳管、修缮危桥、建活动场所等项目。

第三节 住房制度改革

1993—1995 年，山阳镇先后分 3 期优惠配售教师住房 82 套（山阳老镇区），按每平方米 800 元、880 元、968 元的基价配售。每套住房由镇财政补贴 50%，共拨资金 298 万元。另由镇提供土地，解决“三通一平”，建教师私建公助住房 14 幢，有 14 户、16 名教师住进新居。优惠配售医护人员住房 16 套。

1993 年，山阳镇根据《金山县已出租公有住房优惠价出售管理暂行办法》和实施细则，机关、事业、企业单位干部、职工由原单位计划分房改为货币分房。是年，开始出售公有住房，每平方米单价 440 元，1994 年，每平方米 902 元，1995 年，每平方米 1016 元，1996 年，每平方米 1198 元。其中，出售教职工（93 人）住房 80 套，供销、粮食系统 61 套。按市规定，公有住房分为成套公房、非成套公房、非居住房（店面房），租金按县级城镇房、乡级城镇房的建造年份、房型结构、面积计算，不等收取。1992—1995 年，经县政府批准，落实私房政策 1 户，货币结算归还面积 80 平方米。

1999 年 9 月，按照《金山区机关干部、职工购房补贴暂行办法》及相关实施细则，停止实物住房分配制度，改为住房分配货币化。按机关干部级别、职称享受住房面积补贴标准，正处级 100 平方米、副处级 90 平方米、正科级 80 平方米、副科级 70 平方米，科员 65 平方米、办事员 60 平方米，货币补贴标准每平方米 2000 元。未享受过住房分配，按级别补贴 2000 元 / 平方米 × 规定平方米；已享受过住房分配，补贴 2000 元 / 平方米 ×（规定平方米 - 已分配住房平方米）。2004 年 3 月，27 名机关干部住房货币分配补贴共 396.46 万元。2008 年，增补每平方米 800 元。

第四节 物业管理

1991 年 10 月，山阳房产管理组划归县房管局管理，由组改为所，主要管理和维修所属公房房产。机关企事业单位职工住房由所在单位负责管理、维修。1995 年 11 月，上海新阳物业发展有限公司组建，隶属山阳房管所，管理山阳老街直管公房和玉兰新村。1999 年 9 月，上海雅诚物业管理公司组建，先后管理松卫、海浒等小区。

2008 年经济普查时，山阳镇在管房屋建筑面积 51.78 万平方米，其中住宅 46.68 万平方米、办公用房 3300 平方米、商业用房 4.77 万平方米。是年 9 月，对部分居住小区出现的“群租房”进行整治。

2009 年，山阳镇辖区内有物业管理服务企业 20 家，物业管理覆盖 29 个小区，总面积 306.33 万平方米。由于房屋结构、楼层、用途和所处位置不同，物业公司所收取的物业管理费也有差别。

物业管理由山阳房管所指导、督促，每月召开一次工作例会，交流、探讨物业管理服务工作。

2009年山阳镇辖区内物业管理情况表

表 21-8

企业名称	资质	小区名称	建筑面积（万平方米）
上海新阳物业管理有限公司	3	山阳住宅区	4.0
		玉兰新村	1.2
上海雅城物业管理有限公司	3	松卫新村	0.61
		海趣馨苑	14.5
		华江小区	6.2
		海浒新村	7.14
		海欣家园	17.50
上海勇博物业管理有限公司	3	金天地花园	22.3
上海富绵物业管理有限公司	3	海上明珠园	9.34
上海棕榈湾物业管理有限公司	3	棕榈湾家园	17.69
上海求实物业管理有限公司	3	三岛龙洲苑	16.8
		世纪城	8.05
上海思清物业管理有限公司	3	海辰馨苑	15.94
上海海尚物业管理有限公司	3	碧海云居	6.37
		宏阳小区	1.01
上海天宸物业管理有限公司	3	金海岸花园	16.2
上海盛昂物业管理有限公司	3	蓝堡爱琴海	8.48
上海居逸源恒物业管理有限公司	3	山鑫联城花苑	7.97
		山鑫康城	14.19
上海兴虹物业管理有限公司	3	金山豪庭	21.3
上海今欧物业管理有限公司	3	金浦苑	4.03
		欧洲城商业广场	4.45
上海欧鼎物业管理有限公司	3	海尚馨苑	16.54
上海辰展物业管理有限公司	3	清风别墅	4.65
上海赞成物业管理有限公司	2	红树林家园	6.2
上海科瑞物业管理有限公司	1	水韵紫城	4.6
上海汇杰物业管理有限公司	3	蓝色收获家园	20.9
上海申能物业管理有限公司	3	龙泽园	14.17
上海亿丰物业管理有限公司	3	亿丰市场	14

第五节 房产企业选介

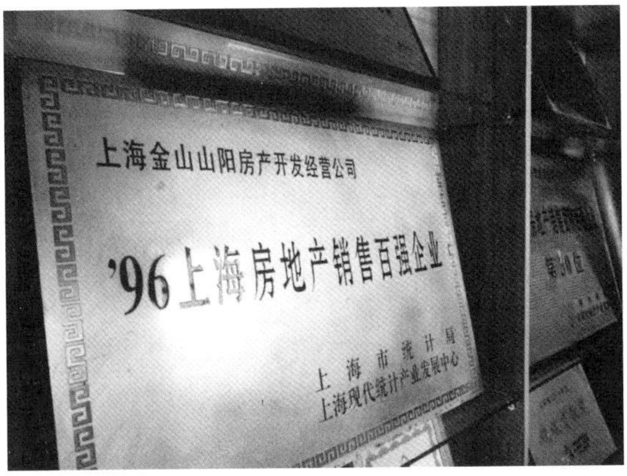

山阳房产公司名列“'96上海房地产销售百强企业”

上海山阳房产开发有限公司 前身是1989年2月组建的上海金山县房产经营公司山阳分公司，1990年，单列为上海山阳房产开发公司。是金山县乡镇房地产行业中最早成立的企业。1993年1月，变更为上海山阳房产开发有限公司，注册资本2000万元，具有房地产开发二级资质。公司法定代表人朱龙明，办公地址为金山区龙胜路145号5楼。1993年7月，与上海石化房产公司联合组建金山嘴房地产开发有限公司。2000年10月，独资组建豪晟房地产开发有限公司（民营企业）。2002年，通过ISO 9001国际质量管理体系认证。公司以50万元起家，20多年来不断发展壮大，先后开发建成松卫新村（最早推向石化地区市场的居民商住房）、海浒新村、山龙新村、玉兰新村、牡丹新村（张堰）、宏阳小区、东泉新村、玲桂花园、书香门第等楼盘和街坊。至2009年，仅上海山阳房产开发有限公司累计开发房产61.88万平方米，其中提供教育、卫生职工优惠房98套8000平方米及31套2100平方米廉租房。1989—2009年，共纳税1.72亿元。

1995—1999年，连续5年获“上海市住宅建设实事立功竞赛质量奖”。1996—1998年，连续3年跻身上海市房地产销售百强企业第30位。1997—1998年，建造的东泉新村，获首届上海市住宅建设完整街坊质量奖。

2000年，获评“上海市重点工程实事立功竞赛优秀集体”。2005年，被列为金山区50强企业。

1989—2009年山阳房产开发有限公司房产开发情况表

表21-9

年份	建筑面积（平方米）	产值（万元）	税收（万元）
1989—1990	9186	133.73	5.56
1991—1992	8045	373.25	17.82
1993—1994	40890	6449.74	485.65
1995—1996	69455	6493.47	440.89
1997—1998	80225	11962.21	858.02
1999—2000	59191	8288.35	663.05

续表 21-9

年份	建筑面积（平方米）	产值（万元）	税收（万元）
2001—2002	64966	11891.26	796.58
2003—2004	163903	38451.64	4001.22
2005—2006	36287	31024.56	5679.72
2007—2008	51865	9673.38	1753.2
2009	34800	18060	2537.2
合计	618813	142801.59	17238.91

上海山鑫置业有限公司 是具有二级开发资质的民营企业，注册资本2000万元，法定代表人吴振来。1996年成立后，年平均开发房产5万平方米。1997—2003年，公司连续7年被评为上海市房产百强企业。2002—2003年，入围上海市房地产开发企业50强。1996—2009年，公司共计上缴税金2.73亿元，连续7年为金山区（县）纳税大户。2002—2005年，是金山区经济50强企业之一。2002—2004年度，被评为上海市“守合同重信用”AAA级企业。2003年，获全国“守合同重信用”AAA级企业称号。2003年1月，公司通过ISO 9001国际质量管理体系认证。公司先后开发山鑫公寓、山鑫阳光城、山鑫联城花苑、东玲豪苑、山鑫康城等68万平方米住宅房及卫清路路南商业街、卫零路室内步行街、随塘河步行街商铺，山鑫商务大楼、中保金山支公司办公楼、工商银行金山支行大楼、金山区农村商业银行大楼、乐购和维多利亚购物中心等10多个大型办公用房和商务楼。2002年，公司开发的东港小区（山鑫阳光城）被评为上海市“四高”小区，并获得优秀规划设计奖，成为金山首个上海市示范居住区。公司办公地址为金山区蒙山路1111号4楼。

上海普惠投资服务有限公司 是上海复地（集团）股份有限公司下属子公司，注册资本3000万元，具有房地产开发三级资质企业。坐落在浦卫公路16299弄，法定代表人张华。2007年，公司在山阳工业园区内投资建设金石湾上海国际化工生产性服务业功能区，首期开发占地面积5.49公顷，总投资3亿元，建筑面积8.7万平方米，建有9幢单体2000—5000平方米的花园式独栋商务别墅，另有2幢17层双塔形标准办公楼，2009年11月全部竣工。

第二十二章　动迁安置

1990年后，山阳区域镇村工业、村镇建设和社会事业加快发展，特别是成为金山嘴工业区、金山新城区以及海岸线开发建设腹地后，征地面积大，征地农民多，住房动迁多，安置工作量大。镇（乡）党委、政府按照各个时期的政策规定，依法规范动迁安置。

第一节　建设动迁

建设用地　1990年以来，山阳境内建设用地项目，主要有上海石油化工总厂、龙泉港疏浚拓宽、S4、G15高速公路、上海市公共卫生中心、沪杭铁路金山支线改建、金山体育场、新城内机关及公用事业单位、以道路为主的市政基础设施、房地产开发建设以及金山嘴工业区、山阳工业园区等。

1990—2009年，各类建设用地1587.64公顷，动迁、户口“农转非”（农业户口转为非农业户口）农民24003人。其中，2003—2009年用地面积783.78公顷，征地户口“农转非”14105人。

规范动迁　2004年以前，山阳区域内开发建设单位以各自动迁安置为主。2005年，区重点开发建设“三区一线”，其中“二区一线”（金山工业区南区、金山新城区、金山海岸线）建设大多在山阳，近5000家农户及单位需要动迁。山阳镇和金山新城区、海岸线管委会联合组建动迁安置工作领导小组，下设办公室，具体负责动迁安置工作。贯彻执行沪府发〔2005〕7号文件《上海市人民政府关于进一步加强房屋拆迁管理工作的通知》精神，推行票决制、公示制、承诺制、首问制“四制”并举，依法、规范动拆迁工作。

第二节　住房安置

1986—1990年，上海石油化工总厂第三、四生活区建设，先后征用海光村6个、卫东村2个村民小组土地和房屋动迁，按人口数分配住房。1994年及撤县建区后建设征地，农民住房拆迁补偿后，先后实行分散易地建房、中心村集中建房和安置进商住小区。

分散安置 1990至2002年10月前，农民住房动迁安置大多在本村、组易地建造。其间，政府引导动迁农户集中建房，按统一规划先后建向阳、华江、杨家、大兴、卫东和倪界1、4组农民住宅小区。

集中安置 2002年10月后，撤销原规划的90个农民建房保留点，建设向阳农民居住小区和大兴、九龙农民中心村，规划安置312户。至2008年，建房193户，政府投入1248万元，用于改善农民中心村的水、电、道路等基础设施。符合建房条件的动迁户，安置到小区、中心村建房。

2009年4月后，上海化学工业区漕泾电厂高压输电线路建设，九龙农民中心村又向南扩建，集中安置动迁户。

城区安置 1999年，区在金山新城山阳境内始建动迁安置房。2003年5月1日起，征地拆迁农民住房，执行《上海市征用集体所有土地拆迁房屋补偿安置的规定》，实行货币补偿动迁安置。根据不同项目动迁，符合城区安置的，安置城区小区。是年，金山新城区的海趣馨苑、山鑫联城等动迁安置小区开始安置。此后，康城、海辰、蓝色收获和山阳镇的海欣家园等动迁安置小区先后安置。2003年5月至2004年底，山阳镇动迁547户，住房安置面积11.71万平方米。至2005年底，安置515户、面积9.18万平方米。至2009年海欣家园共安置1100多户。

1999—2009年，境内建区、镇两级动迁安置房小区7个，9832户（套）住房，105.58万平方米。至2009年，安置8850户（套）、90.50万平方米。

第三节 劳动力安置

征地单位安置 1997年以前，国有企业、县属集体企业、机关事业单位和乡镇集体企业征用农民承包土地，根据“谁征地、谁负责”的原则，由征地单位招工或安置征地农民，安置有困难的，由乡（镇）政府协调安置，或由相关单位发放待业生活费。安置征地农民工，按“土劳比例”确定名额。

以土为本补偿 1989年，建设亭卫公路时，国家根据“土劳比例”确定征地农民的户口“农转非”名额，按征地劳动力人数、每人6000元的补偿划拨给乡、村，作为发展、扩大乡村企业的资金，解决征地农民安置问题。从1999年起，山阳镇实施“以土为本”的补偿办法，按被征用承包田面积给予每年每亩600元的经济补偿。

劳动力安置补偿 2000年11月起，按照《金山区征（使）用土地劳动力安置、补偿暂行办法》，对2000年10月31日之前办理征地、户口“农转非”的农民实行安置补偿。以占用承包田为依据，以当年该组土劳比例为标准，确定安置补偿范围及对象，年龄以当年劳动力调配单和居民身份证为准。与安置补偿对象签订协议，每人一次性补偿1.5万—3万元，共安置5860人。所签协议由区公证处公证。符合养老年龄的征地农民当月起发放每人每月290元养老金。金山嘴工业区、金山新城区及房地产企业的征地劳动力安置补偿费与山阳镇略有不同。

对历年使用土地按每年每亩不低于500元补偿。

小城镇保险 2003年10月，按照“落实保障、市场就业”和“社会保障与土地处置、户籍转性联动”的原则，政府对征地农民一次性缴纳15年基本养老、医疗保险费，纳入上海市小城镇社会保险。达到养老年龄（男60周岁、女55周岁）的发放每人每月325元养老金（以后逐年增加）。同时，根据本人意愿，已参加城保且享受退休金的人员除外。2000年时，签订劳动力安置补偿协议的征地农民退还已领取的补偿款，统一办理参加镇保。

第四节 管理服务

1987年，山阳乡建立招工领导小组，下设办公室，负责乡办企业招工、协调用地单位安置失地农民就业。

1995年1月，由山阳镇征地养老管理所，具体负责办理征地养老人员养老金、待业人员生活费补贴发放和征（使）用土地农民“以土为本补偿”结算，征地农民劳力安置补偿协议等工作。2001年7月，归并镇劳动保障事务所负责。

2003年到2005年4月，山阳镇动迁安置工作领导小组、山阳镇新城开发拆迁领导小组与由山阳镇政府、新城区、海岸线管委会联合组建的山阳地区动迁安置工作领导小组及办公室，具体负责动迁安置工作。

2002年8月，金山嘴工业区建立上海力卫房屋拆迁有限公司，负责工业区及山阳镇农民房屋动迁安置工作。2004年4月起，归山阳镇。

2005年4月，建立山阳镇安置房建设办公室，5月组建上海金镇城镇建设发展有限公司，隶属山阳镇人民政府。公司开发建设山阳镇首个动迁安置小区海欣家园，至2009年建安置房1350套、建筑总面积15.15万平方米。

第二十三章 社区管理服务

1978 年 5 月起，山阳街道居委会管理山阳、金山嘴、东门居民区。1995 年，成立海浒新村居委会，管理海浒新村。2006 年 4 月，山阳街道居委会、海浒新村居委会分别易名山新、戚家墩居委会，新建立海趣、三岛龙洲、金海岸、联江 4 个居委会。2007 年 12 月、2009 年 12 月，先后建立康建、金豪、海云、金世纪、蓝色收获 5 个居委会。全镇共有 11 个居委会、408 个居民小组。

至 2009 年，成功创建市一级居委会 5 个，市社区建设示范居委会 5 个；市文明小区 7 个次、区文明小区 47 个次；市平安小区（居委会）10 个；市民主法治小区 1 个；市爱国卫生、健康先进单位 3 个；市交通文明小区、交通安全小区 2 个；市节水型小区 4 个。

第一节 管理机构

1978 年至 2005 年 3 月，由民政部门负责指导居委会工作。随着城市建设迅速发展，按照“建管并举”要求，建立健全镇管社区体制。2005 年 4 月、11 月，先后设立镇社区管理服务办公室(以下简称社区办)和社区工作指导中心，基政工作从民政部门转到社区办。承担社区组织建设、协调协助政府职能部门落实到社区的各项工作；组织开展社区服务和各项综合性管理活动；协调处理社区各类矛盾；负责和谐社区建设和创建文明小区等工作；帮助指导村居加强自治和制度建设等。2007 年 9 月，在全区率先建立镇党委下属的居民区党委，1 名镇党委委员任书记，分管副镇长、社区办主任任副书记。镇建立社区工作联席会议制度，由 1 名镇党委副书记牵头，不定期研究协调和处理社区管理中的突出问题。

第二节 居民区设置与治理组织

一、居民区设置

2004 年起，山阳镇对域内已建成的 20 多个居民小区的建设规模、入住情况等进行调查摸底，根据小区坐落和居民居住状况，按照“相邻、适度、便于管理”的原则，综合分析各类因素，合理划分和设置居民区，建立居委会筹建组。筹建组主要摸清居民小区基本情况和住户信息采集；落实公建配套用房并装修；划分居民小组，推选临时居民小组长；筹建业主委员会（以下简称业委会），组建志愿者队伍等；条件基本成熟后，向区政府报批成立居委会。

至2009年底，全镇26个居民小区划分为11个居民区，按居民区建立党支部、居委会、社区工作站（以下简称社工站）。

山新居民区 是山阳第一个居民区。1978年5月，建立山阳街道居委会，至2005年，辖山阳、东门、金山嘴集镇和松卫、玉兰新村及散居非农居民。2005年11月，建立社工站。同月，东门、松卫新村划归金世纪居民区（欧洲城居委会筹建组）。2006年4月，山阳街道居委会更名为山新居委会，居民区党支部等组织机构随之更名。2009年，辖山阳、金山嘴集镇和玉兰新村及部分散居居民，共有居民642户、1305人，划分9个居民小组。办公地址为山中路18号。

戚家墩居民区 原名海浒新村。1995年，建立海浒新村居委会。2005年4月、11月，相继建立戚家墩居民区党支部和社工站。2006年4月，海浒新村居委会更名为戚家墩居委会。2009年，辖海浒新村、海上明珠园2个小区，入住居民1766户、4466人，划分20个居民小组。办公地址为海光路77号。

金海岸居民区 2004年12月，建立金海岸花园居委会筹建组。2005年4月、11月，先后建立党支部和社工站。2006年4月，建立金海岸居委会。2008年7月，金海岸花园居民区党支部更名为金海岸居民区党支部。2009年7月，在全镇率先成立居民区团支部。是年，辖金海岸花园、杭州湾家园（蓝堡爱琴海）2个小区。入住居民1638户、4248人，划分32个居民小组。办公地址为金海岸花园45号102室。

三岛龙洲居民区 2005年4月，建立三岛龙洲苑居民区党支部、居委会筹建组，11月建立社工站。2006年4月，建立三岛龙洲居委会。2008年7月，三岛龙洲苑居民区党支部更名为三岛龙洲居民区党支部。2009年，辖三岛龙洲苑、棕榈湾花园2个小区。入住居民1870户、4670人，划分69个居民小组。办公地址为三岛龙洲苑41号101、102室。

海趣居民区 2005年4月，建立海趣居民区党支部、居委会筹建组，11月建立社工站。2006年4月，建立海趣居委会。2009年，辖海趣馨苑1个小区。是年，入住居民699户、2132人，划分39个居民小组。办公地址为海趣馨苑22号。

联江居民区 由山鑫联城花苑和华江小区组成。2005年11月，建立联江居民区党支部、居委会筹建组和社工站。2006年4月，建立联江居委会。2009年，入住居民1136户、3580人，分为56个居民小组。办公地址为山鑫联城花苑72号。

金世纪居民区 2005年11月，建立欧洲城居民区党支部、居委会筹建组和社工站，东门、松卫新村划归该居民区。2007年5月，欧洲城居委会筹建组和社工站变更为金世纪居委会筹建组和社工站，撤销欧洲城居民区党支部和卫东村党支部，合并建立金世纪居民区党总支部。12月，建立金世纪居委会。2009年3月，党总支撤销，恢复居村党支部。是年，辖金浦苑、欧洲城商业广场、松卫新村、东门老街、世纪城，入住居民996户、2388人，分为20个居民小组。办公地址为世纪城2335号402室。

金豪居民区 2006年4月，建立金天地花园居民区党支部和居委会筹建组。2007年12月，建立金豪居委会。2008年7月，金天地花园居民区党支部变更为金豪居民区党支部。2009年7月，建立社工站。是年，辖金天地花园、金山豪庭2个小区。入住居民1126户、3145人，分42个居民小组。办公地址为金山豪庭58号。

海云居民区 2006年4月，建立海辰馨苑居民区党支部和居委会筹建组。2007年12月，建立海云居委会。2008年7月，海辰馨苑居民区党支部更名为海云居民区党支部。2009年7月，建立社工站。是年辖宏阳、碧海云居、海辰馨苑、海欣家园（托管）4个小区，入住2143户、6429人，分37个居民小组。同年9月，办公地址由碧海云居88号2楼迁至海辰馨苑1号3楼。

康建居民区 由山鑫康城、亿丰综合建材市场组成。2006年4月，建立康城居民区党支部和居委会筹建组。2007年12月，建立康建居委会。2008年7月，康城居民区党支部更名为康建居民区党支部。2009年7月，建立社工站。是年，入住居民900户、1400人，分40个居民小组。办公地址为山鑫康城93号101室。

蓝色收获居民区 2009年1月、6月、7月，先后建立蓝色收获居委会筹建组、居民区党支部和社工站。是年12月，建立蓝色收获居委会。辖蓝色收获1个小区，入住居民1150户、3500人，划分44个居民小组。办公地址为板桥东路902弄48号303室。

2009年山阳镇各居民区基本情况表

表23-1

居民区名称	所辖小区	建居委会筹建组时间	居委会成立时间	居民小组数（个）	入住户数（户）	入住人数（人）	居委会达标升级	办公地址
山新	山阳老街、金山嘴、玉兰新村	—	1978年5月	9	642	1305	市示范居委会	山阳镇山中路18号
戚家墩	海浒新村、海上明珠园	—	1995年5月	20	1766	4466	市示范居委会	海光路77号
金海岸	金海岸花园、杭州湾家园	2004年12月	2006年4月	32	1638	4248	市示范居委会	金海岸花园45号102室
三岛龙洲	三岛龙洲苑、棕榈湾家园	2005年4月	2006年4月	69	1870	4670	市一级居委会	三岛龙洲苑41号101、102室
海趣	海趣馨苑	2005年4月	2006年4月	39	699	2132	市示范居委会	海趣馨苑22号
联江	山鑫联城花苑、华江小区	2005年11月	2006年4月	56	1136	3580	市示范居委会	山鑫联城花苑72号
金世纪	金浦苑、欧洲城商业广场、松卫新村、东门老街、金山世纪城	2005年11月	2007年12月	20	996	2388	市一级居委会	金山世纪城2335号402室
金豪	金山豪庭、金天地花园	2006年4月	2007年12月	42	1126	3145	市一级居委会	金山豪庭58号
海云	宏阳小区、碧海云居、海辰馨苑、海欣家园	2006年4月	2007年12月	37	2143	6429	市一级居委会	海辰馨苑1号3楼

续表 23-1

居民区名称	所辖小区	建居委会筹建组时间	居委会成立时间	居民小组数（个）	入住户数（户）	入住人数（人）	居委会达标升级	办公地址
康建	山鑫康城、亿丰建材市场	2006 年 4 月	2007 年 12 月	40	900	1400	市一级居委会	山鑫康城 93 号 101 室
蓝色收获	蓝色收获	2009 年 1 月	2009 年 12 月	44	1150	3500	—	板桥东路 902 弄 48 号 303 室

二、居民区治理组织

党组织 镇党委采用内部选拔调配、对外公开招聘等方式，配备建立居民区党支部。2005 年 4 月，山新居民区党支部由原党支部更名延续，新建戚家墩、金海岸（金海岸花园）、三岛龙洲（三岛龙洲苑）、海趣 4 个党支部。11 月，建立联江、金世纪（欧洲城）党支部。2006 年 4 月，建立金豪（金天地花园）、海云（海辰馨苑）、康建（康城）3 个党支部。2009 年 6 月，建立蓝色收获党支部。全镇 11 个居民区党支部，配备支部班子成员 35 人。2008 年 3 月，10 个居民区党支部分别与金山区 10 个区级单位党支部结对共建。按“优势互补，和谐共建”的总目标，每年开展不少于 4 次共建活动。

居委会 根据宪法、城市居民委员会组织法及市有关规定，按照“成熟一个建立一个”和居民自治的原则，在居民区建立居委会。2006 年 4 月，区政府批准建立金海岸、三岛龙洲、海趣、联江居委会。2007 年 12 月，批准建立金世纪、金豪、海云、康建居委会；2009 年 12 月，批准建立蓝色收获居委会。至此，连同山新、戚家墩 2 个原有居委会，全镇共有 11 个居委会。居委会班子由居民代表或居民直接选举产生。居委会负责办理本居民区的公共事务和公益事业，调处民间纠纷，协助维护社会治安，向镇人民政府反映居民群众的意见、建议和要求。居委会由主任或副主任和委员不少于 5 人组成。下设社会保障、市容卫生、民政老龄、治保调解、文体宣传、妇代计生等工作委员会。居委会在党支部的领导下接受镇人民政府的工作指导。按“就近、便利、适度”原则，设若干个居民小组，推选产生居民小组长、居民代表。居民代表、居委会成员、居民小组长每届任期 3 年，可连选连任。

2006年6月，山新、戚家墩 2 个居委会与村委会同时进行换届；8 月，金海岸、三岛龙洲、海趣、联江 4 个居委会进行首届（成立）选举。2009 年 8 月，10 个居委会同时进行选举，其中 6 个换届、4 个成立（蓝色收获未结束筹建不参加选举）。共选举产生居委会组成人员 50 人，居民代表 580 人，居民小组长 364 人。居委会有主任 10 人、副主任 3 人、委员 37 人，其中本科 8 人、大专 22 人、高中（中专）12 人、初中 8 人；女性 27 人，占总数的 54%。

社工站 2005 年 11 月，首批建立山新、戚家墩、金海岸、三岛龙洲、海趣、联江、金世纪 7 个居民区社工站。2009 年 7 月，建立金豪、海云、康建、蓝色收获 4 个社工站。全镇 11 个社工站有社工 46 人，居民区党支部书记兼社工站站长。社工在社区文化、创卫、维稳、文明建设等社区管理服务中发挥应有作用，通过走楼串户，联系沟通居民，倾听居民意见，为居民排忧解难，成为党和政府联系社区居民的桥梁与纽带。

业委会 镇政府根据物业管理相关法律、法规和规章规定，牵头协调房管、开发商和居委会（筹建组）等，指导帮助居民小区筹备成立业委会或换届。业委会由不少于5人单数组成，业委会成员由业主大会从业主中选举产生，业委会主任、副主任由业委会选举产生。

业委会代表业主与业主大会选聘的物业服务企业签订物业服务合同，管理物业维修资金，监督、协调物业服务行为，维护全体业主的合法权益。至2006年，玉兰新村、山阳老街住宅区、海浒新村、欧洲城商业广场、海趣馨苑、金海岸花园等先后成立业委会。2007年，山鑫联城，2008年，海辰馨苑、杭州湾家园、金浦苑、山鑫康城，2009年，金山世纪城、金山豪庭小区相继成立业委会。至2009年，共成立13个业委会，有成员65人。业委会依法履行职责，先后与业主大会选聘的17家物业企业签订物业服务合同，物业管理引入竞争机制和市场化运作。

第三节　管理服务

一、制度建设

考核制度 2005年，山阳镇制订社区工作“一年打基础，两年促提高，三年见成效，四年抓突破，五年出成果”的总体目标。制定社区工作考核意见、考核办法和考核细则。每年根据实际情况进行修订，提出新的工作目标和要求，明确考核对象、内容和方法步骤，对每个工作岗位实行量化考核。2005—2007年，年初设定正职干部年终考核奖。2008年起修改为年底综合各种因素确定年终奖；取消社区招商引资考核加分项目；改社区办牵头考核为镇社区工作考核领导小组组织考核；改指定居民参与考核为随机抽样不少于10名居民参与考核，占百分考核的15%。2009年起，分上下半年分别随机抽样不少于50名居民，采用问卷打分，考核分值上升到20%；副职、委员、社工的5%考核奖，交由居民区主要负责人掌握。结合实际，逐年增加社区干部工资福利待遇。

居务、党务公开制度 镇社区办和社区工作指导中心，多次组织社区干部赴石化街道、朱泾镇以及嘉定区、上海市区等先进社区学习取经，指导帮助居民区党支部、居委会（筹建组），结合自身实际，制定居务、党务公开制度。2005年，山新、金海岸、海趣等居民区率先实行居务、党务公开，并在全镇社区推广。至2009年，11个居民区都把主要工作、重要决策、重要活动、工作计划、任期目标、工作制度、办事指南、人员分工、联系方式等在公开栏内公布。居委会人员工作守则、工作职能和岗位职责等也上墙公开，接受居民监督。

日常工作制度 2005—2009年，各居民区联系实际，先后制定学习制度、民主生活会制度、民主评议制度、居委会工作职能（职责）、工作制度、会议制度、走访联系居民制度、学习培训制度、听证会制度、财务制度、廉政制度、述职评议制度等50多项，并汇编成册，作为管人、管事的依据。

二、队伍建设

社区干部见习培训 针对社区干部大多来自农村，缺乏管理城市社区经验的实际，2005年12月至2008年12月，镇社区办先后派出5批48名社区干部到石化街道见习培训。由街道社区干部帮助带教，双方居委会结对共建，每批见习培训一个月。2008年，镇社区办在金海岸小区建立“社区工作者培训基地”，每年开展2期业务培训，开设居委会组织法、《物业管理条例》、“怎样做好社区工作”、沟通技巧以及综治调解、民政老龄、文体宣传、妇代计生、爱国卫生等课程。选派社区干部参加市、区各类学习培训班，每人每年不少于2次学习培训，提高社区干部政治理论和工作业务水平。

志愿者队伍 2005年起，各居民区纷纷建立志愿者队伍，依靠居民自我管理、自我教育、自我服务来实现自我提高，构建和谐稳定社区。结合创建市文明城区、国家卫生区、国家环保模范城区、国家卫生镇和“迎世博600天行动计划”、APEC会议等重大活动，各居民区先后建立社区维稳、交通安全、创卫宣传、文明礼仪、物业管理、为老服务、社区文化、平安建设、迎世博等志愿者队伍。志愿者队伍主要由身体健康、热心公益事业、乐于奉献的退休人员、老党员干部组成，每支队伍推选1名负责人。按志愿服务的内容和区域分上午、下午、晚上3个时间段开展宣传、巡逻活动，并作好记录，发现问题能当场处理的及时处理，不能当场处理的及时汇报。2005—2009年，山阳社区累计建立各类志愿者队伍120多支、逾1200人。

三、社区文化建设

社区一台戏 是社区文化集中展示的重头戏。2005年起，先后组建山阳戏曲队、联江莲湘队、海趣老年民乐队、金海岸腰鼓队等32支社区文艺队伍、150多名文艺志愿者参加。举办“欢乐山阳，和谐社区”综合性群众文艺会演活动8场，与镇文明办多次联合举办“告别陋习、崇尚文明”文艺晚会。节目大多由社区居民自编、自导、自演。2006年，山阳镇抽调一批文艺骨干，任居委会文体干部。2007年，与上海东方国乐团合作，成立山阳社区分团，发挥其专业优势，培养社区文艺骨干，提升社区文化品位。2008年起，按照村居一台戏的要求，每个居委会每年自编自演贴近居民生活题材的文艺节目3—5个，镇统一组织到各村居巡回演出。至2009年，社区参与村、居一台戏演出40场，自编节目400多个。许多居民区还与其他街镇社区文艺团队进行交流演出。镇文体中心挑选好的节目参加“欢乐山阳”与“迎世博、乐万家”文化艺术节会演，推荐优秀节目参加区、市比赛。山新的健身操、戚家墩的西藏舞、海云的舞蹈等节目参加区演出比赛，并取得好成绩。

2007年7月起，10个居民区的50多位文艺骨干开展海派秧歌舞培训、排练。2008年11月，社区居民的海派秧歌舞和川剧《变脸》节目，与到山阳参加第十届上海国际艺术节群文活动“中外文化交流社区行”项目的俄罗斯亚历山大歌舞艺术团交流并同台演出。

新市民教育 动迁安置小区的居民大多来自农村。2007年4月起，海趣、联江、康建、海云居民区在全区动迁安置小区中率先创办新市民教育中心。聘请老师和专业人员进行每月 1 次讲课和开展 1 次公益性活动。开设文明礼仪、卫生保健、交通安全、法律道德、消防安全、时事政治、物业管理等课程，每班 40 名学员。启发引导居民摒弃陋习，崇尚科学和健康文明的生活方式，通过教育培训和参加社区文体、志愿服务、创建学习型社区、评选学习型家庭等系列活动，居民乱丢垃圾、乱种植、乱停车、乱堆物、乱晾晒等现象明显减少。2008 年起，社区办与镇成人学校、老年学校联手，在各居民区开设社区学校教学点、教学班，充分利用社区活动室、老年茶室、图书室等场所，开展社区教育、教学、宣传活动。将孝亲敬老、普法教育、疾病防治、科学生活、道德风尚、文明楼组、文体保健、形势任务等纳入教学内容。至 2009 年，社区开设 11 个教学点、班，开展各类教学活动 150 余次，近万人次接受教育。

广场舞 2005 年，山阳社区有三四个居民自发的广场舞点，且参与人数很少。2006 年起，各居民区因势利导，由文体干部帮助培训骨干，吸引更多的居民参与广场健身活动。居委会购买音箱设备等，每支队伍有召集人。广场舞很快发展到动迁安置小区，参加人数越来越多。广场舞主要有健身舞（操）、扇子舞、刀剑舞、太极拳等项目。镇社区办、文体中心鼓励和引导活动健康发展，将广场舞列为每年“村居一台戏”参加巡演和比赛。2009 年，全镇社区有 20 多个广场舞点，其中动迁安置小区有五六个点，每天晨晚有数千名居民自发参与广场健身活动。

接待牙买加特奥代表团 2007 年 10 月，第十二届世界夏季特殊奥林匹克运动会在上海举行，牙买加特奥代表团的社区接待任务下达到山阳镇，金海岸花园、杭州湾家园、海上明珠园 3 个居民小区、14 个特色家庭承担社区接待任务。金海岸、戚家墩 2 个居委会组建 200 人欢迎仪仗队、100 人手举火炬领跑队伍，迎接来宾。9 月 29 日，14 个家庭分别以舞蹈、钢琴、书法、民乐、武术、摄影、唱歌、烹饪等独特魅力接待 70 多名牙买加来宾，宾主亲切交谈，共进午餐，合影留念。

四、文明创建与达标升级

文明、平安小区创建 2005 年以来，发动和引导居民投身文明小区、平安小区等创建活动。先后建立有 1200 余人参加的 120 多支志愿者队伍，每天在社区宣传、巡逻，分发宣传资料到每家每户。创建工作从星级居委会、星级楼组、特色楼道、孝亲家庭等基础抓起，与创建市、区文明小区、平安小区等创建活动有机结合，对照各类创建指标体系，认真查漏补缺，加强软硬件建设，提升小区综合水准，先后成功创建市文明小区 7 个次，其中 2007—2008 年度 1 个、2009—2010 年度 6 个；区文明小区 32 个次，其中 2009—2010 年度 17 个。有市平安小区（居委会）10 个、市民主法治小区 1 个、市交通文明小区 1 个、市节水型小区 4 个、市燃气安全示范小区 1 个。

居委会达标升级 2006 年 11 月，镇建立居委会达标升级工作领导小组，下设办公室，帮助指导居委会按照市达标升级的细则要求，逐项对照，完善和加强居委会软硬件建设。至 2009 年，有 5 个居委会达标升级为市一级、5 个居委会为市社区建设示范居委会，基本实现社区工作“五年出成果”的总体目标。

第四节 特色工作

一、四民工作法

山阳镇不断探索社区管理服务的方式和途径，创新工作机制，总结工作经验，逐渐形成“察民情、听民意、解民忧、暖民心”的“四民”工作机制。镇党委、政府将此工作机制定名为“四民工作法”，并在全镇社区倡导和推广。四民工作法贴近居民，解决实际问题，深受居民拥护。2008 年，社区干部 2 人 1 组联系居民楼院、家庭，实行包楼、包户、定点联系服务，每月不少于走访 15 户居民。采用设意见箱、社情民意日志、送服务上门、征求意见建议、献计献策等形式，倾听居民诉求和呼声。至 2009 年，11 个居民区 40 个组，累计走访居民 6000 多户次，收到各类意见、建议和问题等 400 余条，梳理归纳成 6 大类 50 多个问题。经过反复协商协调，社区自身解决 36 个问题，10 多个涉及镇、区帮助协调解决的问题及时上报。小区技防设施、健身点、公建配套用房、老街区老小区路灯、信箱、维修资金、物业管理等问题，大多得到妥善解决。共落实居民区“三室一点”（居委会办公室、文化活动室、老年活动室、健身点）公建配套用房 9800 多平方米，建 11 个老年活动室、11 个图书室，藏书近 5 万册。2009 年 4 月，金世纪居民区党支部开展“四民工作法”的做法，在《金山报》《东方城乡报》先后作报道。

二、四位一体模式

居民区党支部领导牵头建立居委会、业委会、物业公司和社区民警“四位一体”联动机制的工作模式，坚持每月一次会议，对社区内的重点、难点工作统一研究部署，分工落实责任，既形成合力，又各司其职。有序推进小区文明创建、环境综合整治、物业管理服务等工作。老小区、动迁安置小区的物业管理和物业管理费的收取难度较大。2007 年起，社区利用“四位一体”这个平台，与房管部门联合，每年在居民小区开展物业管理宣传月、宣传周和市物业管理行业夏令便民服务等活动，印发宣传资料到每家每户，分工上门到重点户、难点户进行宣传教育，启发引导居民自觉交物业管理费。居民中的党员干部起带头引领作用，帮助和支持社区组织出谋划策。“四位一体”将物业管理区域划分为若干个责任区，经常组织检查评比，并让居民参与管理。多措并举，使物业管理服务的质量和水准有明显提升，得到大多数居民的认可，主动配合物业管理和交物业管理费的居民日益增多。动迁安置小区物业费收取率，从原来的不足 30% 上升到 70% 以上，物业管理步入正轨。

三、一居一品项目

“一居一品”是社区组织在践行为居民服务活动中，经过反复提炼，逐渐形成符合本社区居民需求、具有较高品位的特色项目。2006 年，镇社区办提出创建“一居一品”的工作计划，各居民区建立“一居一品”工作班子，在镇有关部门的指导下结合自身特点，发动居民，挖掘各类资源，集聚居民聪明才智，培育工作亮点，策划构思项目命题，逐渐形成山新的“社区大讲坛”、金海岸的“海宝宝俱乐部”、金世纪的“海文画”、戚家墩的“新山阳人加油站”、康建的“市民法苑”、三岛龙洲的“姚国权工作室”等13个反映各居民区特色的“一居一品”命题项目，并进行深化加工提炼，吸引更多的居民参与。镇社区办因势利导，及时召开现场观摩会、讲评会等进行推敲、完善，打造更贴近居民、贴近生活、彰显特色的独特品牌。

“海文画” 金世纪居委会组织居民中书画爱好者，借鉴农民画艺术形式，以海文化为背景特色，创作“海文画”，并聘请3位农民画老师作辅导。至2009年，创作数十幅“海文画”，其中《山阳精神》《警情民意》《勤政廉洁》《喜迎世博》等20多幅作品被区有关单位和部门选用；《居务公开》《富民工程》《倾听民声》《爱民出清廉》等6幅“海文画”入围区纪委、区文广影视管理局专题征集大赛。中央电视台教育频道《走进三农》栏目组记者，到金世纪居民绘画室，摄制居民创作“海文画”的现场情景，扩大“海文画”的影响力。

新山阳人“加油站” 戚家墩居委会针对辖区内有2000多来沪人员的特点，建立来沪人员信息库。2008年，组织来沪人员骨干，创办“新山阳人加油站”，从中挑选一名老党员干部负责。请有关部门每月开展1次方针政策、法律法规、安全防范、文明礼仪等知识讲座培训，并组织他们谈感受，为远离家乡的人们搭建学习交流沟通平台，“加油充电”，紧随时代步伐。居委会开展学雷锋活动时为他们免费理发、义诊、维修家电服务。居委会开展公益性活动他们主动参加，“5·12”汶川特大地震发生，新山阳人与小区居民一起募捐支援灾区。在创卫活动中，他们积极投身，大力宣传，还经常与小区居民一起开展志愿者服务、知识竞赛、文体等活动，与当地居民拉近距离。2009年4月30日，《东方城乡报》刊登《新山阳人有了温暖的家》文章。

姚国权工作室 1996年起，姚国权就义务为2100多户居民维修水电等服务，被居民称为“徐虎”式人物。2005年，姚国权入住三岛龙洲苑后仍坚持不计报酬，为居民疏通下水道、维修水龙头、卫浴设施等。2006年，姚国权开通个人服务热线，印发服务联系卡，求助者只要打个电话，他总是随叫随到或约定维修时间，从不失约。居委会将此典型进一步扶持和培育。2008年4月，居委会在办公用房十分紧缺的情况下，专门腾房装修，为其挂牌建立“金山民生服务社——姚国权工作室”，并重新安装公布服务热线电话。他义务服务范围很快扩展到邻近小区和农村居民。2006年，被评为“感动金山十大人物”之一。2007—2008年，获上海市“十佳”好人好事提名奖。2010年3月，获上海市优秀志愿者称号。

第二十四章　交通运输

山阳海上运输、内河运输、公路运输、铁路运输并存。

1990—1996 年，沪杭铁路金山卫支线山阳站发送旅客 23 万人次。

1994 年起，上海金马海船务公司经营的金山车客渡码头先后开通浙江镇海、舟山、象山、普陀山、定海 5 条海上客运航线。

2005 年，上海金仁花岗石有限公司开通金山嘴到舟山群岛海上货运航线，年运输砂石料 50 万吨。

2009 年，内河主要航道（龙泉港、红旗港）2 条，市级航道龙泉港可通航 300 吨级船只。码头 16 个，其中黄沙、石子、水泥等建材码头 14 个，年吞吐量 50 多万吨。2002 年、2007 年，莘奉金和沈海高速公路在境内贯通，并设 2 个进出口站。2009 年，公路 90 条，境内长 148.79 千米，平均每平方千米有公路 3.53 千米，是 1990 年的 6.33 倍。从事公路货运人员 457 人，是 1990 年的 3.31 倍。公路客运线路 34 条，是 1990 年的 6.8 倍。

第一节　内河运输

一、航道码头

航道　龙泉港。境内自龙泉港出海闸至华新村 3 组，长 5.05 千米。2001 年，疏浚拓宽后，由 6 级航道升为 5 级航道，可通航 300 吨级船舶。

红旗港。9 级航道。境内自龙泉港到旧港河，长 4.37 千米。

老龙泉港。8 级航道。主要通行段为东门至河缺口段长 4.9 千米。

运石河。9 级航道。境内自战斗港至九龙村度假村，长 5.27 千米。2001 年，建龙泉港出海闸，闸二侧航道阻断。

金山卫城河。7 级航道。起张泾河、讫张泾河，呈“口”字形，全长 7.5 千米，境内途经卫东、杨家两村，长 1.7 千米，东门南段航道不到 7 级。

境内 11 条镇级河道为 10 级以上航道，长 32.24 千米。2000 年后，基本无船只通航。

码头　红旗港沿河码头。20 世纪 90 年代起，红旗港沿河码头逐渐增多。2009 年，有10个，占地面积均在2000—3000平方米，码头备有装卸用吊车、输送机、铲车。以经营石灰、水泥、黄沙、石子为主，年均吞吐量2万吨。

桥梁厂码头。原为山阳砖瓦厂（轮窑）码头，1969年建。码头岸线长60米，石驳岸，备有吊车、铲车等，1992年，砖瓦厂关闭后改为桥梁厂码头，以卸生产桥梁用水泥、石子、黄沙为主，年吞吐量3万吨。2010年关闭。

粮管所码头。位于粮管所内，20世纪80年代建。码头有滑梯2台、土吊车1台。主要用于装卸稻谷、大米、油菜籽、麦等货物。1993年废弃。

煤厂码头。位于新江村老龙泉港边，1976年，由山阳供销社和新江大队共建。占地面积0.3公顷，主要用于装卸煤屑和煤饼。1992年，转让给上海东海市政工程有限公司，2006年废弃。

机房桥码头。位于九龙村4组（原汀南6组）龙泉港出海闸西北，机房桥东堍边。2005年建，码头占地0.5公顷。主要设备有铲车、搅拌机、传送机，经营黄沙、石子、混凝土，年吞吐量8万吨。

良民新型建材有限公司码头。位于山阳公路399号，2000年始建，2004年投入使用。码头岸线长120米，可同时泊300吨级船只4艘。码头有装卸用吊车、传送机、铲车，以卸公司生产用的石子、黄沙、水泥等原料，年吞吐量12万吨。

利仁混凝土制品有限公司码头。位于山阳公路303号，2000年始建，2004年投入使用。岸线长120米，可同时泊300吨级船只4艘。有装卸用抓吊1台、传送机1台、铲车2部，年吞吐黄沙、石子、水泥10万吨左右。

二、运输

集体装运 山阳运输站。1990年，有“金阳3号”至“金阳6号”拖轮4艘，总动力375千瓦，铁皮驳船21艘，载重量998吨，固定资产102万元，人员89人。年运输量3.4万吨，总收入79.31万元，人均收入1312元。1994年，有拖轮1艘，总动力88千瓦，运输量3.7万吨，总收入69.2万元，职工84人，人均收入4694元，固定资产86.8万元。1998年，船只变卖，运输站关闭。

砖瓦厂船队。1990年，拖轮1艘、动力29.4千瓦，驳船8艘，载重200吨、人员20—25人。年运输量1万吨。1992年停运。

山阳装卸队。1990年，有职工28人，总收入20.72万元，利润0.42万元，劳动报酬总金额5.36万元，人均收入1914元。1994年，有职工16人，总收入12.87万元，纳税0.74万元，劳动报酬总金额7.91万元，人均收入4945元，固定资产5.47万元。装卸工具从扁担、杠棒逐步改为滑梯、土吊车、劳动车、狗头车等。1995年，装卸队解散。

村组运输。1990年，全乡19个农业村有机动船58艘、484吨、498千瓦，非机动船604艘，主要装运农副产品和建筑材料。1993年，有机动船1艘、15吨、9千瓦。20世纪90年代中期起，汽车运输增多，船只运输减少，2009年，船只运输基本停止。

个体运输 20世纪80年代起，农村兴起建楼房热，建材需求量猛增。内河个体运输兴旺，2009年，全镇14个内河码头年吞吐水泥、黄沙、石子、石灰、砖瓦等50多万吨。

第二节　海上运输

货运　上海金仁花岗石有限公司，位于金山嘴东海滩边，占地2万平方米，公司备有码头1个，可泊2000吨级船只。2005年，开通金山嘴到舟山群岛航线，年运输石块、石子、石粉50万吨。至2009年，共运输200多万吨。

客运　上海金马海船务公司经营的金山车客渡码头，位于沪杭公路戚家墩南，码头占地2.2公顷。1994年7月9日，举行首航典礼，开通金山至镇海航线，每天往返4个航班。1995年，开通金山—舟山航线，每天往返1个航班。1996年3月，开通金山—象山航线，每天往返1个航班；同年10月，开通金山—普陀山航线，每天往返1个航班。是年，有金山—镇海、金山—舟山、金山—象山、金山—普陀山4条航线，日往返7个航班，年接送旅客33.84万人次，车辆7.8万辆次。1997年5月21日，新增金山—定海航线，每天往返1个航班。1998年，沪杭甬高速公路通车，航班载车、载客量下降。1999年1月，金山—镇海航线减少航班，2000年7月停运。1999年7月23日，金山—象山航线停运。之后金山到舟山、普陀山航线停运。2000年12月26日，金山—定海航线停运。至此，航线全部停运。

第三节　公路运输

一、公路

1990年，境内三级以上乡村公路、国家公路23.46千米，平均每平方千米有公路0.54千米。2009年，境内有镇村公路、工业区与城区公路、国家公路（含高速公路）90条段，长148.79千米，平均每平方千米拥有公路3.53千米，是1990年的6.54倍。

镇村公路　20世纪70—80年代，修明沟为暗渠，筑泥结碎石路。1990年，全乡有三级以上乡村公路4.8千米。1991年，在全县率先筑成沥青路面21.6千米。2009年，有三级以上镇村公路22条，长36.38千米，是1990年的7.58倍。

工业区与城区公路　20世纪90年代起，境内工业区、城区公路从无到有，快速发展。2009年，有公路54条段，长66.11千米。

国家公路　1990年，有沪杭公路、山阳公路、亭卫公路，3条国家公路，境内长18.66千米，2002年，莘奉金（S4）高速公路建成，2007年，沈海（G15）高速路在境内贯通。2009年，有14条国家公路跨越境内长46.3千米，分别是1990年的4.7倍，2.48倍。

二、运输

货运　集体货运。1990年，全乡有货运车94辆，其中4吨以下37辆、4吨以上40辆、运输拖拉机17辆。山阳车队有车辆17辆，人员19人。年运输量126.8万吨，总收入 32.05 万元，利润 4.9 万元，人均收入 2578 元。1991 年，个体运输增加，车队因业务减少解散。1998 年，因石化地区运输业务增加，3 月山阳车队重新开业，车辆 3 辆，载重 6 吨。后车队转东方村个体户。

个体货运。1985 年，工农村吴火林购一辆大卡车开始跑个体运输，为山阳首个汽车个体运输户。1990 年，从事个体货运人员 138 人，2009 年 457 人，是 1990 年的 3.31 倍。

1990—2009 年山阳镇（乡）公路个体货运从业人员情况表

表 24-1 单位：人

年份	从业人员	年份	从业人员	年份	从业人员	年份	从业人员
1990	138	1995	49	2000	232	2005	391
1991	125	1996	62	2001	316	2006	415
1992	131	1997	67	2002	304	2007	412
1993	79	1998	191	2003	317	2008	433
1994	57	1999	151	2004	507	2009	457

客运 境内客运单位主要有上海金山大众公共交通有限公司、上海锦山汽车客运有限公司、中国农牧渔业国际合作上海分公司京申汽车服务公司。1990 年，客运线路有朱山线、西乍线、西卫线、浦卫线、莲山专线 5 条。2009 年，客运线路有 34 条，其中镇村线路 4 条、城区线路 7 条、跨区线路 23 条，是 1990 年的 6.8 倍。

镇村线路 4 条。山阳工业区班车。2005 年 10 月 27 日开通戚家墩—山阳镇政府线路。途经主要站点有隆安路、沪杭公路、卫零路、卫清西路、卫清东路、卫昌路、板桥东路、金山大道，全程 12 千米。2008 年 1 月起，调整为石化汽车站到山阳电影院，2009 年，山阳二路开通后停运。

山阳一路。2007 年 12 月 18 日开通。途经主要站点有山阳小学、华山路、向阳村、山阳镇政府、亭卫公路、经三河桥、阳乐路、中兴村村委会、马棚、松卫南路、中甸路、沈家桥、储家宅、马家宅、长兴村委会。

山阳二路（沪杭路）。2009 年 11 月 27 日开通。途经主要站点有山阳小学、工大路港滥桥、朱山路粮仓桥、朱山路铁店港桥、朱山路山南路、朱山路九龙村社区活动中心、朱山路新黄泥沼桥、朱山路河缺口、朱山路九龙村部、朱山路吴家宅、朱山路沪杭公路、沪杭公路渔业村、沪杭公路亭卫南路、沪杭公路新江桥、沪杭公路杭州湾大道、沪杭公路戚家墩、沪杭公路富川路、沪杭公路蒙山路、石化汽车站。山阳二路开通当日，原卫山线停开。

山阳二路（工业区）。2009 年 11 月 27 日开通。途经主要站点有山阳小学、文广中心、红旗路华山路、卫昌路华山路、金康路卫昌路、金康路亭卫路、亭卫路金山大道、亭卫路龙泉港桥、板桥东路海利路、卫清东路亭卫南路、卫清东路同凯路、卫清东路卫阳路、卫清西路杭州湾大道、卫清西路前京大道、石化汽车站。

城区线路。2007—2009 年，先后开通 7 条。

2009 年途经山阳地区城区客运线路情况表

表 24-2

线路名	起讫站	开通时间
金山 1 路	石化汽车站—杭州湾大道	2008 年
金山 2 路	富川路—金山大道	2007 年
金山 3 路	富川路—金山大道	2008 年
金山 5 路	山阳镇政府—石化社区卫生服务中心	2009 年
金山 7 路	杭州湾大道—卫零路金一路	2008 年
金山 9 路	富川路—亭卫南路（板桥路）	2008 年
金山 9 路（区间）	富川路—市公共卫生临床中心	2009 年

跨区线路。1990 年，途经山阳公交线路有 5 条，至 2009 年，发展为 23 条。

2009 年途经山阳地区跨区客运线路情况表

表 24-3

线路名称	长度(千米)	起讫站	途经境内主要公路	停靠境内主要站点	开通时间	说明
西卫线	40.48	石化汽车站—西渡	沪杭公路	金山嘴、荒墩	1978 年	—
浦卫线	74	石化汽车站—浦东塘桥	沪杭公路	金山嘴	1980 年	—
石南专线	69	石化汽车站—南汇汽车站	沪杭公路	金山嘴	1993 年 3 月 25 日	—
石川专线	80	石化汽车站—川沙汽车站	沪杭公路	金山嘴	1993 年 3 月 25 日	—
奉卫线	43	石化汽车站—奉城汽车站	沪杭公路	金山嘴	1997 年 12 月 21 日	—
石胡专线	28	石化汽车站—胡桥	沪杭公路	金山嘴	1996 年 6 月 4 日	—
浦卫专线	83	石化—东方医院	沪杭公路 浦卫公路	浦卫公路 龙泉港桥	2007 年 10 月	—
石南线	68	石化汽车站—南汇汽车站	沪杭公路	金山嘴	1993 年 3 月 25 日	—
卫梅线	59.5	石化汽车站—上海梅陇站	金山大道、亭卫公路	山阳	1997 年 7 月 1 日	—
石漕线	18.5	石化汽车站—漕泾	亭卫公路	山阳	1992 年 1 月 4 日	原名卫漕专线 1999 年 12 月 25 日更名
石枫专线	56	石化—枫泾汽车站	蒙山北路、亭卫公路	山阳	2000 年	—
朱卫专线	42.7	石化汽车站—金山汽车站	亭卫公路	山阳	1997 年	—
金张卫支线	42.9	石化汽车站—朱泾汽车站	松卫南路	松卫南路、龙皓路	2004 年	2004 年调整走松卫南路

续表 24-3

线路名称	长度(千米)	起讫站	途经境内主要公路	停靠境内主要站点	开通时间	说明
上石线	62.7	石化汽车站—上海南站	蒙山北路、亭卫公路	金山大道亭卫公路山阳	2008 年	—
松卫专线	51.6	石化汽车站—松江乐都路	亭卫公路	山阳	2000 年 6 月	—
朱钱卫线	36.65	石化汽车站—朱泾汽车站	卫零路金山大道	金山大道	2007 年 3 月 1 日	—
金石线	34.49	石化汽车站—朱泾汽车站	杭州湾大道	金山大道	2004 年	原名朱山线 2004 年 11 月更名
朱石专线	38.5	石化大堤—朱泾汽车站	沪杭公路、戚家墩路	沪杭公路	1998 年	承运单位锦山公司
石青线	66.6	石化汽车站—青浦汽车站	亭卫公路	山阳	1996 年 7 月 1 日	承运单位锦山公司
石梅线	63	石化汽车站—梅陇站（经 A4 高速）	亭卫公路	山阳	2003 年 4 月 28 日	—
莲石专线	58.30	石化—莲花路地铁南广场	亭卫公路	金山区政府	1998 年	承运单位锦山公司
莲卫专线	60.30	石化—莲花路地铁南广场	松卫南路	松卫南路龙皓路	1998 年	承运单位锦山公司
枫戚专线	61.00	戚家墩—枫泾	沪杭公路、卫零路	金山卫站、戚家墩	1998 年	承运单位锦山公司

第四节　铁路运输

1990—1996 年，沪杭铁路金山卫支线山阳站发送旅客 23 万人次，营业收入 38.8 万元。1997 年，山阳站停止客运。

1990—1996 年铁路金山卫支线山阳站客运情况表

表 24-4

年份	发送旅客（万人次）	营业收入（万元）
1990	4.5	6.7
1991	4	6.7
1992	4	6.9
1993	3.6	6.2
1994	4.2	7.1
1995	2.2	3.9
1996	0.5	1.3

第五节　交通运输管理

1985 年起，金山县交通管理所将乡镇运输调配权下放至乡交通运输管理站，县航运管理所金卫港航监督站派员设山阳签证点，乡配备 1 名交通管理员协助，负责山阳地区运输船舶及辖区内停泊作业的外地船舶检查监督，健全乡村农副业营运船舶管理网。2001 年，山阳签证点撤销。1990 年，山阳交通运输管理站辖山阳车队、装卸队、运输站。1998 年，山阳交通运输管理站撤销。1986 年起，由乡交通安全领导小组负责山阳地区车辆检验、驾驶员培训考核，宣传水陆交通法规，协调处理交通事故、公路交通监理等工作。2004 年，配合协助区道路交通安全工作联席会议办公室工作，设交通安全联络员，负责山阳地区水陆交通安全管理。

1995 年，境内有铁路监护道口 12 个，至 2009 年有 9 个。隶属金山铁路道口管理办公室。

戚家墩遗址出土的战国原始瓷盅

第二十五章　邮政　通信　快递

1990 年，山阳地区邮政、电信合并运营。1998 年，邮电分营，设山阳邮政支局、山阳电信分局。1999 年，境内增设卫零电信分局。2002 年，上海移动公司金山分公司迁入境内卫零路 610 号，后在龙皓路 386 号设山阳营业厅。

1990 年起，开发邮政储蓄业务，1996 年起，受理国际特快专递业务，1997 年，开发广告信函业务，1999 年，开发代发养老金等业务，2000 年起，实行《新民晚报》当日投送。

1991 年，在全县率先开通 STO 模拟程控电话，实现电话自动传输。是年起，代办移动电话“大哥大”业务。1992 年起，开办无线寻呼 BP 机业务。1994 年起，开办移动业务。1998 年，开通窄带网，为用户提供网上传真、网上寻呼。1999 年，开通宽带网，实现上网。2003 年，推行“小灵通”业务。2008 年，承运 CDMA 移动业务。2009 年，全镇户均有手机 2 部以上。

第一节　邮　政

一、山阳邮政支局

前身为山阳邮电支局，1998 年，邮电分营后设立，隶属金山邮政局。职工 25 人，服务山阳 20 个村，3 个集镇。邮政编码 201508。2002 年，从山新路 169 号迁至红旗东路 179 号，新址占地面积 1080 平方米，建筑面积 807 平方米。

2009 年，有在职人员 27 人，其中正副支局长 2 人、投递员 13 人、网点服务员 1 人、综合管理员 1 人、营业员 10 人。分营业组、投递组、储蓄组，设山阳中学、山阳小学、市公共卫生临床中心、区人民武装部、海棠小学、金山初级中学、金山小学 7 个报刊发行站，6 个信箱。主要设备有 ATM 机 2 台、电脑 9 台、传真机 1 台、电子监控录像机 4 台、邮车 2 辆、摩托车 16 辆。服务山阳 8 个村（并村后新村）、2 个集镇。2003 年起，原服务区内的卫东村、杨家村（部分）和东门集镇划为石化邮政支局服务区。

邮路　邮运邮路。1990—2001 年 5 月 31 日，山阳支局进出邮件由市办汽车邮运邮路奉贤至石化线带运，每日进出 2 次。2001 年 6 月 1 日起，松隐二级邮件转运中心成立，市办汽车邮运邮路奉贤至石化线停运，山阳邮政支局进出邮件在石化邮政支局交接，由山阳线带运，每天发运2次。2005年起，山阳邮政支局进出邮件在松隐二级邮件转运中心交接，由金卫线带运，每天发运2次。

投递邮路。1990年6条。2009年10条：

1路，红旗路—玉兰新村—山阳街道—朱山路—曙光村—九龙村—汀南村—金山嘴—滨海—青年公寓。

2路，红树林—金悦华庭—卫零北路等。

3路，华山路—山阳中学—中山工业区—大兴村—华新村—长兴村—公共卫生临床中心—体育场—中兴村—跃进村。

4路，金海岸—海上明珠。

5路，东方村—金山豪庭—蓝堡爱琴海。

6路，工业区—新江村—倪界村—卫清东路—华江小区—山鑫联城—蓝色收获—艺术幼儿园。

7路，向阳村—红旗东路—社保中心—山阳政府—向隆公司—麦宝公司—宏阳小区—海丰路—碧海云居—海辰—龙航路—红旗村。

8路，工业区—亿丰—康城—新江村—金石湾。

9路，建材市场—工业区—御龙名邸—民兵哨所。

10路，海欣—海尚—区武装部—金山初级中学—国安—金山小学—新城幼儿园（注：上述村名仍用并村前老村名）。

业务 1990年，出口信函14.16万件，包裹0.73万件，汇票0.25万件；进口信函11.65万件，包裹0.64万件，汇票0.21万件，报纸181种、0.60万份，杂志389种、0.22万份，全年业务收入10.86万元。是年，新增集邮、储蓄业务。1993年起，受理国际快递业务。1996年，在全县率先开始国际、国内特快专递业务。1997年，开发广告信函业务，开通ATM机。1999年，开始代发养老金、工资、代收电费、手机费、保险费业务。2000年7月1日起，实行《新民晚报》当日投送，9月与电信局联手尝试网购业务。2001年，开展建党80周年、申奥成功、加入世贸组织、男足冲出亚洲、APEC会议等专题邮资封片销售。2008年，利用邮政数据库名址开发商业函件业务。2009年，进口函件33.49万件，包件1.83万件，汇兑0.61万件，出口函件40.7万件，包件2.09万件，汇兑、储蓄等0.73万件，集邮0.23万枚，报纸176种、0.58万份，杂志359种、0.81万份，业务收入520万元。

1990—2009年山阳邮政支局主要业务及人员情况表

表25-1

年份	进口			出口				人员(人)
	函件(万件)	包件(件)	汇兑(件数)	函件(万件)	包件（件）	汇兑(件数)	集邮(元)	
1990	11.65	6366	2119	14.16	7282	2535	800	12
1991	12.82	7003	2331	15.58	8010	2789	880	12

续表 25-1

年份	进口			出口				人员(人)
	函件(万件)	包件(件)	汇兑(件数)	函件(万件)	包件（件）	汇兑(件数)	集邮(元)	
1992	14.1	7703	2564	17.13	8811	3067	968	16
1993	15.51	8473	2820	18.85	9692	3374	1065	18
1994	17.06	9.2	3102	20.73	10662	3711	1171	20
1995	18.76	10253	3413	22.8	11728	4083	1288	20
1996	20.64	11278	3754	25.09	12901	4491	1417	20
1997	22.7	12406	4129	27.59	14191	4940	1559	20
1998	24.97	13646	4542	30.35	15610	5434	1715	25
1999	27.47	15011	4996	33.39	17171	5977	1886	25
2000	28.02	15311	5096	34.06	17514	6097	1924	25
2001	28.58	15617	5198	34.74	17864	6219	1963	25
2002	29.15	15929	5302	35.43	18222	6343	2002	27
2003	29.73	16248	5408	36.14	18586	6470	2042	27
2004	30.33	16573	5517	36.86	18958	6600	2083	27
2005	30.94	16904	5627	37.6	19337	6732	2124	27
2006	31.55	17243	5739	38.35	19724	6866	2167	27
2007	32.19	17587	5854	39.12	20118	7003	2210	27
2008	32.83	17939	5971	39.9	20520	7144	2254	27
2009	33.49	18298	6091	40.7	20931	7286	2299	27

二、东门、金山嘴邮政所

东门邮政所。前身为东门邮电所。1997 年 8 月 12 日，从东门镇迁驻山龙新村 112—113 号（后改在卫清西路 796 号）。1998 年，邮电分营改为现名，隶属山阳邮政支局，是年增开邮政储蓄业务。2003 年，划归石化地区，隶属石化邮政支局。邮政编码为 201511。

金山嘴邮政所。前身为金山嘴邮电所。1998 年，邮电分营改为现名，隶属山阳邮政支局。邮政编码 201509。1999 年 10 月 28 日，歇业停用。

附：金山邮政大楼

坐落在区政府东侧金山大道 1978 号，与区民防办共建一栋 5 层楼。邮政局使用建筑面积 3060 平方米，2005 年 4 月 18 日入驻。

第二节　电　信

一、山阳电信分局

前身为山阳邮电支局，1998 年邮电分营后设立。坐落于山阳镇山新街（路）169 号，占地面积3000平方米、建筑面积1080平方米。隶属金山电信局。1998年，有在职人员10人，其中分局长1人、机线员3人、测量员2人、机务员4人。设办公室、机线组、机务组、测量组。服务山阳20个村、3个集镇。

2009年，有在职人员15人，其中支局长1人、机务员2人、机线员5人、营业员3人、业务员4人。设办公室、业务组、机务组、机线组、营业组，营业和机线组外包。服务山阳亭卫公路以东，龙翔路以北，即山阳集镇、金山嘴集镇、渔业村、九龙村、向阳村、华新村、长兴村、中兴村和东方村部分等地区。

设施建设 局房建设。1990年，建成山新街169号电信楼，总投资96万元。

电话交换机建设。1990年，建成共电式交换机（手工接转电话机）4席、开通电话369户。1991年1月8日，开通STO模拟程控电话400门，在全县率先实现电话自动传输；12月，扩充为960门。1994年，开通10CN空分制模拟程控交换机800门。1996年，淘汰STO模拟程控交换机和10CN空分制模拟程控交换机，安装S1240型数字程控交换机，实现电话交换、传输数字化，电话交换容量达1.5万门，占全县总数21.43%。

住宅电话建设。1986年起，发展私人住宅电话，至1990年，安装私人住宅电话80多户。

电话号码升级建设。1989年11月12日，电话号码由6位数升为7位数，1995年11月25日，由7位数升为8位数，山阳支局局号为“5724”。

电话站建设。1995年，在戚家墩设立电话站，安装RASM远端数字交换模块。1997年，在工农村、山龙新村居民小区设立电话站，电话站接入网全部采用自动化交换。

电话村、镇建设。1995年初，渔业村、华新村、长兴村开始建电话村，1998年，完成电话村建设，全镇安装住宅电话7041户，超标准实现电话镇。1999年3月，山阳镇被评为金山区电话村建设先进集体。

多媒体通信网建设。1998年，建ISDN窄带网，为用户提供电话、传真、图像、数据服务。1999年建IP宽带多媒体通信骨干网，实现政府上网。2000年，建互联网。2001年，进行城镇光缆到楼，网线到户建设。2002年，为解决农村宽带网接入的需求，推出ADSL（非对称数字用户环路）宽带接入方式，是年开通200户，杨家村76户农户接入ADSL宽带网，成为上海郊区第一个信息化村。2003年，开通600户。2006年，建设POP接入点，提高上网质量。2009年后，实施FTTH光纤入户计划。

业务 1990年，发电报4185份、打长途电话11.50万次、接收长途电话2万次，业务收入20.74万元。

1991年起，代办移动电话“大哥大”业务。1992年起，开办无线寻呼“BP”机业务。1994年起，开办移动电话业务。1998年起，开发窄带数字网业务。2000年起，开发IP多媒体宽带网业务。2003年，推行“小灵通”业务。2006年，推行IPTV（网络电视）业务。2008年，承运CDMA移动业务，推行“天翼套餐”业务。

2009年，拥有宽带网用户0.5万户，固定电话用户0.8万户，移动电话用户0.6万户，年业务收入1700万元。

2001—2006年，3度被命名为区文明单位。

二、卫零电信分局

位于龙胜路636号，1999年11月设立，名为卫零路分局。是年12月，更名为卫零分局。2003年，归石化街道辖区。局占地面积1000平方米，建筑面积4807.39平方米。服务山阳亭卫南路以西、龙轩路以南，即山阳镇新江村、卫东村和杨家村、东方村部分等地区。

第三节 移 动

上海移动通信公司金山分公司 2002年7月，从朱泾迁到境内卫零路610号。

是年在山阳集镇设“移动电话”门市部。后在龙皓路386号设山阳营业厅。2009年，境内有网络标准化基站32座。

公司主营全球通、签约卡、易通卡、神州行SIM卡、来电显示、呼叫转移、呼叫限制、语音信箱、全球通移动秘书、全球呼、国际漫游、租机漫游、呼叫等待和保持、短信息、全球通手机银行、全球通手机证券、无线电子邮件、无线数据和传真、WAP、中国移动IP电话、CDRS。并为广大用户办理停/复机、补卡、过户、资费套餐、模转数、全球通转易通卡、账单收费、信息更改、销号等业务。

用户号有134—139、150—152、157—159、182—184、187—188等。

第四节 快 递

2005年后，网上购物崛起，快递行业随之形成并逐步发展。2009年，中通、申通、圆通、百世等快递公司先后在镇内设网点。

山阳地区的快递起始时业务量较少，每日仅数十单业务，快递公司二三天送一次货至网点。随着这一新兴行业的发展，尤其是快速、准确、安全、周到的服务，很快得到居民尤其是年轻居民的青睐，使快递业务量持续上升。快递物资由原先的以服装、书籍、食品等小件为主发展到冰箱、洗衣机、电视机、衣书柜等大件物资；递送方式由原先的用人工背、扛、拎发展为使用自行车、电瓶车、电动三轮车直至面包车等。2009年，快递网点日投送量上升到数百单，比2005年增加数十倍。

第二十六章 财政 税务 工商管理 金融

1990年，山阳乡财政收入575.97万元。1992年，财政收入1091.36万元。2003年，财政收入突破亿元。2009年3亿元，比1990年增长51倍。财政预算支出贯彻“确保重点，兼顾一般，量力而行”的原则，合理安排各项支出。1990年，山阳乡财政支出570.27万元，2009年，增加到2.99亿元。

1990年，全乡税收1195万元。1993年12月，山阳税务所成立。2009年，全镇税收6.85亿元，是1990年的57.32倍。

1990年，办理企业注册登记10户。1997年5月，山阳工商行政管理所成立，是年办理企业注册登记605户。2009年，山阳工商所共办理企业注册登记1899户。

1990年，山阳城乡居民在农业银行山阳支行及山阳信用合作社储蓄余额3450万元，2001年增至3.55亿元，是1990年的10.29倍。

第一节 财 政

一、管理机构

1986年9月，成立山阳乡财政所。财政所受乡人民政府和县财政局双重领导，设所长1人、会计1人、专管员3人。2000年起，财政所增设副所长1人。2007年10月，财政所改称财经事务中心。1993年，山阳财政所被上海市财政局授予“文明财政所”称号。

财政所每年编制财政收支预算，定期报告预算执行情况，确保收支平衡，略有结余；确保完成镇（乡）人民代表大会批准的预算业务，定额征收、按时完成税收任务；负责企事业单位财务人员及相关财务的监督管理；发挥财政信用资金，规避财政担保风险；负责“控制社会集团购买力”和做好预算外资金“收支两条线”管理；完成上级财政部门和镇政府交办的其他工作任务。

二、管理体制

1988年，县对乡镇实行“乡镇收入，递增包干上交”的收入管理体制。县财政局核定山阳乡财政收入年递增为5%。1989年起，实行财政支出包干，以1987年乡镇财政支出为基数，以年递增率 5.2%，确定乡镇 1989 年和 1990 年的财政支出包干数。

1991—1993 年，县对乡镇实施乡镇财政包干。收入以 1990 年为基数，超基数部分实行县乡镇两级财政 50∶50 分成。财政支出以年递增率 5.2% 确定。

1994—1997 年，实行分税制后，县对镇财政实行“核定收支基数，超收定比分成”的财政管理体制。财政收入以 1993 年为基数，增量县级地方收入县镇两级财政按 40∶60 分成（“三资”企业按 50∶50 分成）；财政支出以 1993 年为基数，从 1994 年起，镇级各种政策性等增支由镇财政负担。

1998—2000 年，镇财政主要是以 1997 年区级地方财政收入为基数，对乡镇承包企业增量部分实行区镇两级财政 20∶80 分成；对“三资”企业、经济小区外私营企业和农贸集市实行 50∶50 分成。

2001—2005 年，区对镇级财政实行“明确收入范围，核定上交基数，增量定比分成，支出分级负担”的新一轮财政管理体制。按区、镇 10∶90 分成，“三资”企业按区、镇 40∶60 分成。自 2001 年 1 月起，上级出台各种政策性增支、镇及镇管单位新进人员等经费均由镇财政负担。

2006—2010 年，镇级财政收入管理范围是：政府所属集体、联营、“三资”企业、个体、农贸市场，缴纳的消费税和增值税、所得税、城市维护建设税中的区实得部分，土地增值税、房产税、车船使用税以及相应的滞纳金等均属镇级财政管理的收入。支出范围是镇级农业事业和支农经费，小城镇建设和维护经费，民政抚恤，社会福利救济和社会保障经费，行政经费，偿债资金和用于镇区管理的其他经费；“九年制”义务教育经费（不包括基本建设等专项）改由区统筹。新一轮管理对镇财政管理收入（区实得财力），按区、镇 25∶75 分成。在区镇财政体制改革稳步推进的同时，区镇两级先后推进政府采购、部门预算、国库集中支付、政府收支分类、财务集中核算等财政支出管理制度改革。

2008 年起，全面实施“镇财区管”政策（预算统编、工资统发、账户统设、票据统管、采购统办），缓解镇级财政困难，保证了区镇财政体制的顺利实施，提高财政管理水平。

三、财政收支

财政收入主要来源为税收、企事业单位上缴、社会性收入、转移支付、专项补贴、其他等。

1990 年，山阳乡财政收入 575.97 万元。2009 年，山阳镇财政收入 3 亿元，比 1990 年增长 51 倍。

1990—2009 年山阳镇（乡）财政收入情况表

表 26-1　　单位：万元

年份	收入合计	分类											
		以工补农	教育附加	社会性收入	定额上缴	事业单位上缴	预算收入	税收返回	列收列支	转移支付	其他	专项补贴	上年结转
1990	575.97	148.05	32.73	95.81	46.37	3.3	144.56	64.66	—	5.0	35.49	—	—

续表 26-1

年份	收入合计	分类											
		以工补农	教育附加	社会性收入	定额上缴	事业单位上缴	预算收入	税收返回	列收列支	转移支付	其他	专项补贴	上年结转
1991	668.08	109.57	36.52	83.3	80.0	9.14	152.08	89.7	—	—	20.8	—	86.97
1992	1091.36	112.23	41.27	103.9	82.77	8.99	151.7	250.76	—	276.9	62.84	—	—
1993	2264.4	98.47	37.1	100.64	64.8	17.06	151.7	1327.73	—	—	167.6	49.7	249.6
1994	1978.01	60.42	—	182.79	101.4	—	1316.51	—	—	—	91.52	—	225.37
1995	2050.4	96.45	—	72.58	396.17	—	1425.77	—	—	—	9.92	—	49.51
1996	2112.5	105.04	—	83.1	242.13	—	1631.8	—	—	—	50.43	—	—
1997	2519.64	201.28	—	45.36	213.86	—	2038.62	—	—	—	20.52	—	—
1998	3098.82	91.38	28.4	12.21	81.86	—	1282.39	1586.97	—	—	15.61	—	—
1999	3460.65	84.75	39.57	38.7	20.0	—	1912.6	1160.83	—	—	4.2	金山嘴工业区补贴200	—
2000	4726.54	93.46	42.06	49.43	20.0	—	1441.56	781.78	2089.97	—	8.28	200	—
2001	7560.72	75.42	31.99	36.72	—	—	—	2211.01	4948.3	—	6.56	250	—
2002	8056.17	60.26	25.91	29.18	—	—	—	2761.39	4693.11	230	5.53	250	—
2003	10373.69	—	—	—	—	—	261.53	3961.74	5670.42	230	—	250	—
2004	21102.05	—	—	—	—	—	268.75	4753.1	6818.52	230	—	250	工业区划入 8781.48
2005	28587.96	336.66	98.66	—	—	—	80.19	16489.2	11350	230	3.25	—	—
2006	28788	—	—	—	—	—	669	27889	—	230	—	—	—
2007	28928.03	—	—	—	—	—	370.68	28255.77	—	301.58	—	—	—
2008	29506.39	—	—	—	—	—	438.95	28765.86	—	301.58	—	—	—
2009	29952.62	—	—	—	—	—	482.82	28791.22	—	301.58	—	377	—

财政支出的范围为镇管辖内的科、教、文、卫等各项社会事业发展经费；镇级农业事业和支农专项经费；小城镇建设、维护经费；民政抚恤、社会福利救济、社会保障经费；行政经费和用于镇区建设其他经费等。1990—2009 年，财政支出与财政收入同步增加，其中支农、文教卫生、民政抚恤、基本建设等增幅较大。2009 年，山阳镇财政总支出 2.99 亿元，是 1990 年的 52.51 倍。

1990—2009 年山阳镇（乡）财政支出情况表

表 26-2　　单位：万元

年份	总计	分类																
		基本建设	农业支出	水利和气象	文体广播事业费	教育支出	科学事业类	医疗卫生支出	其他部门事业费	抚恤和社会福利救济	离退休干部经费	社会保障补助	行政管理费	城市维护费	其他支出	上解支出	退税	结余
1990	570.27	9	186.21	—	文教卫生、广播、体育、计生共226.23				12.71	45	—	—	29.93	42.22	3.64	15.33	—	5.52
1991	648.36	27	155.69	—	文教卫生、广播、体育、计生共287.27				—	48.97	—	—	67.75	26.15	14.85	—	—	19.72
1992	841.7	—	299.65	17	10.35	250.89	0.4	60.14	10	61	10.83	—	75.02	9.5	20.61	16.33	—	249.66
1993	1782.82	160	388.18	16.8	24.65	432.11	0.75	108.84	14.99	81	—	—	143.6	38	60.75	333.49	—	481.58

续表 26-2

年份	总计	分类																
		基本建设	农业支出	水利和气象	文体广播事业费	教育支出	科学事业类	医疗卫生支出	其他部门事业费	抚恤和社会福利救济	离退休干部经费	社会保障补助	行政管理费	城市维护费	其他支出	上解支出	退税	结余
1994	1952.91	72.62	265	23	35	520.29	1	117.43	19.07	117.5	—	—	265.21	50	254.97	148.1	63.82	34.1
1995	2000.94	184.33	323.5	32	文教卫生825.01		1	142.4	59.36	252.47	—	—	279.62	30	40.35	—	10	49.06
1996	2088.2	200	216.17	36.6	文教卫生968.72		1	—	60	216.18	—	—	216.5	30	88.03	55	—	24.3
1997	2469.44	286.56	168.27	68.29	文教卫生1092.27		2	—	68.32	210.4	—	—	348.77	53	96.83	—	74.73	50.2
1998	2934.2	100	252.25	50	91.44	855.56	2	200	114.73	306.37	10.15	—	300	50	125.2	—	476.5	-164.3
1999	3571.1	80	153.8	48.2	54.3	954.97	1	168.2	103	341.04	10.5	—	320	—	150	—	—	-110.5
2000	4608.61	128	159.44	52.2	38	1068.38	1	160.8	99.17	328.7	—	—	349	—	133	—	—	117.93
2001	8466.9	142	238.97	113.06	47.1	1110.03	1	265.29	106.45	136.64	20	—	500	—	837.43	—	—	-906.18
2002	7990.2	52.4	175.71	176.54	51.23	1459.5	1	132.6	118.09	157.03	20	—	504.68	1	447.31	—	—	65.97
2003	9915.4	46.5	112.58	190.37	67.2	1453.89	3	196.86	229.56	170.64	20	—	625	1	709.88	—	—	458.29
2004	21631.44	1000	261.98	226.86	100.14	1710.76	2	230.79	260.79	219.44	20	—	730	1	1267.68	—	—	-529.39
2005	27796.51	1085	513.34	320.61	143.9	1876.56	2	420.21	550.8	4378.35	25	—	1270	1	5859.74	—	—	791.45
2006	28449.48	1505.46	868.53	508.4	232.44	202.79	4	249.74	929.74	170	35	5300.73	2080	200.3	3761.46	1629.99	—	217.88
2007	28906.07	公共服务4918.8	1728.5		229.21	218.46	—	252	—	10000	—	5872.22	—	503	3352.89	1629.99	—	21.96
2008	29287.12	4434.09	2573.27		256.86	227.65	—	378.75		8914.6	—	6399.53	—	586.96	3835.51	1629.99	—	219.27
2009	29942.24	3665.15	2274.34		172.81	247.04	36	602.94		12567.98	—	7209.01	节能环保63	1205.55	191.27	1729.15	—	10.38

注：2007 年起，不专设其他部门事业费项目，所涉资源勘查电子信息等各项事务费，分解到相关项目中列支

第二节　税　务

1977—1993 年 11 月，山阳税务组归金卫税务所管辖。1993 年 12 月，组建山阳税务所。2003 年 4 月，山阳税务所改为上海市金山区国家税务总局第十税务所。1996 年，办公地址龙皓路（红旗西路）138 号。2009 年，迁至金山税务分局总部，地址在浩源路 80 号 6 楼。

山阳税务所（组）负责征收山阳地区税收。

一、工商税

1986 年，国家征收的主要工商税中有流转税、所得税、行为目的税和财产税四大类 15 种，其中流转税类有产品税、增值税、营业税 3 种；所得税类有国营企业所得税、集体企业所得税、城乡个体所得税、个人所得税 4 种；行为目的税类有建筑税、国营企业

奖金税、事业单位奖金税、集体企业奖金税、城市维护建设税 5 种；财产税类有车船使用牌照税、屠宰税、牲畜交易税 3 种。财政部门征收的有农业税和契税。

1987 年，开征房产税、个人收入调节税。1988 年，开征印花税、私营企业所得税、酒产品税。1989 年，开征城镇土地使用税；恢复征收“三资”企业工商统一税。1991 年，废止中外合资经营所得税和外国企业所得税，开征外商投资企业和外国企业所得税；取消建筑税，国营企业奖金税、事业单位奖金税、集体企业奖金税归并为个人所得税征收。1994 年，开征特别消费税；取消产品税，归并为增值税征收；集体企业所得税、国营企业所得税归并为企业所得税；停征工商统一税。

1996 年，征收的工商税种为 18 种，其中流转税类有产品税、增值税、营业税、特种消费税和工商统一税 5 种；所得税类归并为企业所得税、个人所得税、外商投资企业和外国企业所得税 3 种；行为目的税增至个人收入调节税、城建维护建设税、建筑税、固定资产投资方向税、奖金税 5 种；财产税类增至车船使用牌照税、房产税、屠宰税、印花税和牲畜交易税 5 种。

1990 年，全乡实现税收 1195 万元。2001 年，突破亿元。2005 年，超过 5 亿元。2009 年，实现税收 6.85 亿元，是 1990 年的 57.32 倍。

1990—2009 年山阳镇（乡）上缴税收情况表

表 26-3　　单位：万元

年份	金额	年份	金额	年份	金额
1990	1195	1997	4175	2004	39788
1991	1490	1998	4273	2005	54000
1992	2206	1999	4994	2006	62029.5
1993	3738	2000	8046	2007	69866
1994	3340	2001	10871	2008	71343
1995	3903	2002	13367	2009	68528
1996	3834	2003	17243	—	—

二、农业税

1986 年，财政部门征收农业税和契税 2 种。1987 年，开征耕地占用税。1989 年，开征农林特种税。

农业税征收以粮食常年产量为计税依据。1985 年，金山农业税征收改实物征收、货币结算为折征代金，农业税由正税和附加税组成。正税按计税产量的平均税率征收，1986—1989 年为 4.72%；1990—2002 年为 4.73%。附加税按正税 15% 比例征收。1990 年和 2002 年农业税分别征收 65.01 万元和 89.44 万元。2003 年起，停征农业税。

1987 年 4 月起，占用耕地建住宅每平方米征收 2 元耕地占用税，非农业建设用地每平方米征税4元。

1989年1月，开征农林特产税。征收范围：园艺作物、食用菌、桑蚕茧、水果、果用瓜和水产品，其中水产品中对虾税率为7%，其余均为5%。西瓜按种植面积0.034公顷以上计征，在原征收农业税基础上，每公顷加征165元；草莓每公顷加征330元；苗木花卉实行定额征收，每公顷征收825元。1996年起，每公顷调高150元，逢灾年适当减免。2002年起，停征农林特产税。

1996年起，土地房屋买契税按买价征收6%；赠予契税按现实价征收6%；典契税按典价征收3%；交换土地房屋，以超额部分买契税率6%征收。1994年起，实施城镇居民住房制度改革、企业产权制度改革等，房产、土地交易增加，契税增长。

1990—2002年山阳镇（乡）农业税征收情况表

表26-4

年份	金额（万元）	年份	金额（万元）
1990	65.01	1997	155.96
1991	63.61	1998	156.09
1992	79.96	1999	122.12
1993	80.14	2000	127.19
1994	116.05	2001	111.88
1995	160.35	2002	89.44
1996	159.11	—	—

三、税务管理

税务登记 1998年起，实行税务登记年检制度。结合换证、年检与发票印制、换发发票购用证和户籍管理工作，采取发换证、发送限期改正通知书以及检查无证经营等方式，及时办理税务登记、年检和换证。

1993—2009年，山阳累计有4142家企业办理税务注册登记，其中正常经营户3620家，占87.4%。2009年，山阳税务所共办理税务登记1492家。

征收管理 主要是：重点税源户管理、个人所得税管理、“免、抵、退”税管理、纳税评估、税务约谈、福利企业管理、增值税专用发票管理以及税法宣传和纳税检查。

税务所对纳税非正常户进行监督管理，并经常进行检查和抽查，发现问题及时纠正，直至由金山税务查账所进行查账征收并处罚。2003年起，税务所列出100万—299万元年纳税企业清单，交镇企发公司、经济小区，落实相关人员，经常保持联系沟通；对年纳税300万元以上纳税重点大户企业，由税务所和相关部门共同落实专人，经常保持联系等。

四、重点纳税户

2000年起，对年纳税200万元以上企业，镇政府、上海金山嘴工业区管委会进行表彰奖励。2006 年，山阳镇年纳税 100 万元以上企业有 169 家。2007—2009 年，28 家企业获镇财税贡献奖。2008 年，镇表彰奖励年纳税 300 万元以上企业 43 家，其中纳税 1000 万元以上 10 家、500 万—999 万元 15 家、300 万—499 万元 18 家。2009 年，年纳税 100 万元以上企业 109 家，其中表彰奖励 300 万元以上 40 家、超 2000 万元 7 家。

2009 年山阳镇纳税 300 万元以上企业情况表

表 26-5

排序	企业名称	法定代表人	纳税（万元）
1	上海泰胜电力工程机械有限公司	柳志承	3399.68
2	上海山鑫置业有限公司	吴振来	3237.33
3	上海上置房地产发展有限公司	马大愚	2636
4	联合利华食品（中国）有限公司	李伟	2479.46
5	上海华峰超纤材料股份有限公司	尤小平	2421.62
6	上海金山嘴房地产开发有限公司	朱龙明	2049.02
7	上海海舜房地产开发有限公司	孙干尧	2015
8	上海浙联房地产开发有限公司	王迪海	1553.85
9	圣东尼（上海）针织机器有限公司	杰安彼得·柏罗第	1157.06
10	上海利仁混凝土制品有限公司	虞利民	1104.54
11	上海百倍置业有限公司	沈利冲	794
12	上海兴云医疗器械有限公司	陈政	765
13	上海惠达置业有限公司	李昌祥	635.06
14	上海石化消防工程有限公司	杨守贤	614
15	伟亚（上海）时装有限公司	朱可夫	610
16	上海三乐高分子材料有限公司	刘勤俭	599.22
17	鹤见真空工程（上海）有限公司	辻本治	579.98
18	艾迪科精细化工（上海）有限公司	史良田博史	560.84
19	上海东云信息技术发展有限公司	孙维宁	536
20	上海金山园林工程有限公司	侯仁均	531
21	上海石化金艺工业建设有限公司	朱竹兴	516
22	上海天谐置业有限公司	柴音	504.5
23	上海金璐工程建设有限公司	王伟国	494.97
24	上海新永置业发展有限公司	李永光	488.91
25	上海金住色母料有限公司	于康元	488.56
26	上海金啤商贸有限公司	姚文全	473.64
27	上海百姿建筑工程有限公司	陈海周	461

续表 26-5

排序	企业名称	法定代表人	纳税（万元）
28	上海比优特电气科技有限公司	朱淮北	456.23
29	上海金镇城镇建设发展有限公司	周永良	436
30	上海昱浩能源科技咨询有限公司	许进	384
31	上海未来企业有限公司	赵鸿钧	382.58
32	上海亨井电子实业有限公司	黄兆祥	380.38
33	上海网亿通信工程有限公司	孙京	377
34	上海埃金科工程建设服务有限公司	刘导平	357.09
35	上海基越工业设备有限公司	陈宏	353.85
36	上海欣年石化助剂有限公司	章真花	346.87
37	中国石化集团第十建设公司上海分公司	樊秀刚	333
38	上海上策置业有限公司	万国利	327
39	玛科比企业（上海）有限公司	郑世飞	318.86
40	上海行创金属材料经营厂	童志宏	300.18

第三节　工商行政管理

1987—1996年，山阳地区工商行政管理归属金卫工商行政管理所管理，山阳设管理组。

1997年5月，成立山阳工商行政管理所（以下简称山阳工商所），办公地址在亭卫公路1101号三楼。2001年，迁至龙皓路（红旗西路）128号。

2004年1月，山阳工商所与漕泾工商所合署办公，称上海市工商局金山分局山阳（漕泾）工商行政管理所。

一、工商注册登记

1990年，山阳地区核发工商企业营业执照10家，其中国有企业1家、集体企业7家、股份合作企业1家、私营企业1家。

1991年5月起，企业登记和管理分开，工商企业登记、企业注册实行“一条龙”服务。1993年，放宽企业申请条件和经营范围，简化登记手续。1994年，企业登记由原行政主管部门审批设立制，改为由工商行政管理部门依法独立核准注册制。1998年，规范市场准入，简化登记手续。1999年，按照规定为转制企业登记办证。2001年，执行市局“工商受理，抄告相关，并联审批，限时办理”企业登记并联审批制度。2002年，实行“首问负责”和“绿色通道”制度。2003年，开设网上登记、网上查询、网上服务快捷便利的“准入通道”。2004年，试行“一审一核”的企业注册登记模式，简化企业注册审批环节。2005年起，登记准入工作实行行政公开制、首问责任制、限时办结制和服务承诺制。

2009年3月起，凡经济小区注册型企业符合条件、材料齐全的申请件，直接由工商所注册窗口受理、审核发照。一般在3个工作日内可发照；紧急申请件可当天受理当天核发执照。毕业2年内的大学生，创办注册资本50万元以下的有限责任公司，可“零首付”注册，是年，共注册“零首付”大学生自主创业公司5家。2009年，山阳工商管理所共办理各类企业注册登记1899家。

1990—2009年山阳工商注册登记情况表

表26-6

年份	合计（家、户）	国有（家）	集体（家）	联营（家）	股份合作（家）	“三资”（家）	私营（家）	个体工商户（户）
1990	10	1	7	—	1	—	1	—
1991	33	2	24	1	2	1	3	—
1992	153	15	104	3	9	7	15	—
1993	436	32	312	6	18	27	41	—
1994	272	29	181	6	7	9	40	—
1995	167	14	78	1	2	18	54	—
1996	93	2	42	—	1	5	43	—
1997	605	2	53	2	1	5	258	284
1998	366	2	42	—	4	8	202	108
1999	583	6	6	—	3	4	321	243
2000	434	2	3	—	3	6	286	134
2001	609	—	1	—	—	11	488	109
2002	318	—	4	—	—	3	141	170
2003	1040	4	1	—	—	16	975	44
2004	1360	3	3	—	—	21	1148	185
2005	986	—	1	—	—	17	788	180
2006	875	2	—	—	—	8	770	95
2007	1030	1	—	—	—	10	554	465
2008	1158	—	2	—	—	13	862	281
2009	1899	—	—	—	2	6	1403	488

二、监督管理

年检验照 每年第一季度，对上年度注册登记的企业、个体工商户依法进行年检或验照，审核经营状况。2006年起，加强分类管理和年检，对食品生产经营、化学危险品、废旧金属收购等重点企业进行审核。

市场管理 1997年以来，着重对无证无照经营、农资产品、假冒伪劣产品、劳动力市场、文化娱乐场所、建材市场等加强管理。2007—2009年，整治无证无照食品加工场所6处，取缔无证经营桶装水加工点 1 个、无证照废品收购 113 处，没收销毁一批不洁食品和加工工具。2009 年，共查处不合格螺纹钢 34.72 吨，出动执法人员 120 人次，检查文化娱乐经营主体 20 家次，立案查处无证无照“黑网吧”4 家，没收经营的电脑 72 台（套）、电脑配件 20 件。专项整治乱贴广告和不规范广告，核对、更新辖区内 218 家广告经营企业信息，巡查走访 145 家。整治不规范的户外广告、牌匾广告及不良广告，发出整改建议书 33 份，并多次进行整改复查。

合同管理 1990 年起，工商行政管理部门向企业宣传《中华人民共和国合同法》，指导企业重视和规范合同管理，开展“重合同、守信用”创建企业诚信活动。1999 年，上海金山园林工程有限公司被评为上海市“重合同、守信用”百家优秀企业之一。2004 年，上海金山园林工程有限公司、上海山青实业有限公司，被认定为全国“重合同、守信用”企业。上海金山园林工程有限公司连续 10 年被评为上海市“重合同、守信用”单位；2003—2005 年，连续 3 年被认定为金山区信用 AAA 级企业。

商标管理 1998 年，开展商标咨询服务，宣传商标法律法规，教育和引导企业增强商标理念，重视商标作用。1991—2009 年，山阳地区核准注册商标 1736 件，其中 2009 年 524 件。

2009 年 10 月 25 日，上海三乐高分子材料有限公司“三乐”牌商标被认定为上海市著名商标。

1991—2009 年山阳地区注册商标情况表

表 26-7

年份	注册商标核准件数（件）	注册商标企业家数（家）	年份	注册商标核准件数（件）	注册商标企业家数（家）
1991	3	2	2001	44	27
1992	4	2	2002	79	57
1993	3	2	2003	87	52
1994	5	3	2004	151	57
1995	12	5	2005	129	38
1996	8	3	2006	103	47
1997	21	5	2007	259	108
1998	16	5	2008	220	93
1999	18	6	2009	524	179
2000	50	21	—	—	—

三、消费者权益保护

1997 年，建山阳消费者协会，设消费者投诉站，受理调解消费者投诉。每年开展“3·15”消费者权益保护日宣传活动和“红盾”护农、打假行动。2009 年，设立工商维权岗，在较大超市、卖场、商场出入口，公示工商责任人员姓名、照片、联系电话。是年，受理消费者投诉举报58起，为消费者挽回损失10余万元。

1998年，增设消费者申诉室。先在大商业单位设投诉点，后延伸到村、居、学校等，2009年底，共有投诉点44个。

第四节 金 融

一、机构

中国农业银行金山区（县）山阳支行 前身是中国农业银行山阳营业所。2003年，升格为中国农业银行山阳支行（以下简称农行山阳支行），坐落在山阳镇山新路149号。2009年，有职工22人（其中4名非编制），设正副行长各1人，并设有个人、企业客户经理、办事员等职位。2010年7月28日，迁至新址海丰路173—181号。

上海农村商业银行山阳支行 前身是山阳信用合作社（以下简称山阳信用社），2005年7月，改为现名（以下简称山阳农商银行）。是为农村、农业、农民提供存贷款服务为主的区域性股份合作制金融企业。办公地址为山新路141号。1993年，山阳信用社与农业银行山阳营业所合署办公，1996年12月起，分离成单独建制，内设信贷、财会、监审、保卫等组室。1985年1月，下设松卫、金山嘴信用分社，1995年撤销。1987年5月，在海光村设立网点，2009年停办。1998年，在金山大道558号金山嘴工业区内设网点。2005年，迁至卫清东路2784号。

20世纪90年代以来，山阳信用社吸纳、调整股金。1992年6月，运用LS-100型利息计算机核算存贷款利息。1993年，实现对公业务计算机处理。1996年8月，信用联社作为法人资格经营实体，正式对外服务。2005年初，信用社对原入股的股民股金进行清算，股金和股本分红一并按户结算退还股民。8月23日，农商银行进行首次吸股，每股股金为1元；每年股金分红按经营情况结算兑现。2006—2009年，股金分红分别为5%、7%、7%、8%。

二、业务

农行山阳支行、山阳农商银行（信用社）主要吸收存款、发放贷款、办理结算及其他代理业务。农行山阳支行主要服务对象是山阳地区的区（县）属企业、事业单位及镇（乡）办企事业单位和城镇居民。山阳农商银行侧重于村办企业核算单位及农村居民。

存款 1990年、1997年、2009年，农行山阳支行集体存款余额分别为2981万元、9439万元、6.49亿元。1990年，山阳信用社集体存款余额3016万元。城乡居民储蓄有整存整取、零存整取、存本取息定期储蓄、通兑储蓄存款、教育储蓄等业务；1989—1994年，开办3年期保值贴补定期储蓄。1990年，城乡居民储蓄余额3450万元。1991年，4863万元，比上年净增1413万元，增长40.96%，人均储蓄余额首次突破千元。1993年，山阳城乡居民储蓄突破亿元，全镇户均超万元，人均达3870元。2001年，存款3.55亿元，是1990年的10.29倍。

1990年，山阳邮政支局开展居民储蓄业务。

1999 年 11 月 1 日，国家恢复征收个人存款利息税，2008 年 10 月 9 日停征。

1990—2001 年山阳镇（乡）城乡居民储蓄存款情况表

表 26-8

年份	储蓄余额（万元）	年份	储蓄余额（万元）
1990	3450	1996	27400
1991	4863	1997	29000
1992	8721	1998	29300
1993	12600	1999	31600
1994	19600	2000	33000
1995	21000	2001	35500

注：2002 年后网点多，已无法统计

贷款 1990 年末，山阳 2 家金融机构的贷款余额为 4847 万元。2009 年，贷款余额 9.64 亿元。1990 年，农行山阳支行贷款余额 1866 万元，1997 年 8300 万元、2009 年 3.15 亿元。

1990—2009 年部分年份农行山阳支行存贷款情况表

表 26-9

年份	存款余额（万元）	贷款余额（万元）
1990	2981	1866
1997	9439	8300
1998	10569	7700
2002	20423	18818
2003	28289	20956
2004	33149	25415
2005	45115	19094
2006	53541	35144
2007	52399	40322
2008	57816	35167
2009	64883	31471

注：农行山阳支行资料空缺 9 年，山阳信用社未提供明细资料

代理 1994 年起，拓展现代业务技术，发展银行卡，1996 年，增设自行取款（ATM）机。代理业务有销售发行国库券、债券、基金，代收保险费业务，代发职工工资及退休职工养老金，代收农用电费及公共事业费；在农村分配、大宗农副产品收购时，派职工下乡、进站现场服务等。

三、网点

随着新城建设和城镇化速度的加快，坐落在山阳辖区内的金融机构（网点）增多。先后有农业、农商、建设、工商、中国、邮政、上海、农业发展8家银行，21个网点。2009年，调整为14个网点。至2008年，山阳地区的金融营业服务网点，全部安装紧急报警系统、自助银行ATM机和震动入侵探测器。

山阳地区金融服务网点情况表

表26-10

金融机构名称	开设起讫年	坐落地址
中国农业银行山阳支行（营业所）	1957—	山新路149号， 2010年初迁址至海丰路173—181号
中国农业银行新金山支行	1994—	沪杭公路8484弄28号
上海农商银行山阳支行（信用社）	1957—	山新路141号
上海农商银行戚家墩营业所	1987—2009	戚家墩路108号
上海农商银行金山嘴工业区营业所	1998—2005	金山大道1518号
上海农商银行卫清路营业所	2005—	卫清东路2784号
山阳信用社松卫分社	1985—1995	松卫（东门）集镇
山阳信用社金山嘴分社	1985—1995	金山嘴集镇
中国建设银行金山山阳营业所	1992—2003	山新路85—87号
中国工商银行金山嘴办事处	1994—2000	红旗路1号
中国工商银行卫清路支行	2009—	卫清西路96—114号
中国建设银行石化支行	1994—	卫清西路388号
中国农业发展银行（欧洲商业城内）	2003—	卫零路611弄112号
中国建设银行卫清路支行	1999—	卫清东路2958—2966号
上海银行金山支行营业部	1996—	卫清西路185—201号
上海农商银行蓝堡爱琴海小区分理处	2005—	龙胜路808—810号
中国银行金山嘴工业区分理处	1995—2005	金山大道1518号
中国邮政储蓄银行山阳镇支行	1990—	1998年由山新路169号迁址至红旗东路179号
上海恒通典当有限公司	1992—2003	戚家墩路238号
上海金山惠民村镇银行股份有限公司	2006—	卫清东路3010号
浙江泰隆商业银行上海金山支行	2007—	卫清东路2886号

附：上海恒通典当有限公司

1992年9月6日创办，是金山县第一家私营当铺。坐落在戚家墩路238号，注册资本2000万元。经营范围为质押典当业务及房地产抵押典当业务，限额内绝当物品的变卖，鉴定评估及咨询服务，国家经贸委依法批准的其他业务。年营业额在2000万元左右。2003年，迁至上海市长宁区茅台路。

第二十七章 教 育

1985年起，基础教育实施“地方负责、分级管理”。山阳乡人民政府加大资金投入，迁建山阳中心小学、中心幼儿园，翻建和扩建山阳中学，撤销设施简陋、师资薄弱的村校，学校的校舍场地、教学设施、师资队伍得到改善。学校先后实行校长负责制、聘用合同制、结构工资制和绩效工资制。在实现九年义务教育的基础上，全面推进素质教育，教育质量稳步提高，艺术教育逐步成为山阳教育特色。

第一节 管理体制

一、镇（乡）管理

1985年7月，成立山阳乡教育工作联席会，乡政府配备1名文教助理抓教育工作。1989年4月，山阳乡教育工作联席会更名山阳乡教育委员会，由政府分管领导任主任，下设办公室。1993年，山阳乡教育委员会更名为山阳镇教育委员会（以下简称教委）。

教委不定期召开中、小、幼、成校长联席会议，研究学校内部改革，落实“双基”教育（基本扫除文盲、基本普及九年义务教育），实施素质教育，编制年度财政预算，拟定镇（乡）内人才流动、新教师招聘，安排教师节庆祝活动，讨论学校设点布局、村校陈旧校舍改造、中小幼规模建设等重大问题。2001年底，教委职能归镇社会事业管理办公室。2006年起，教育经费纳入区财政，逐步结束分级管理的财政体制。

二、学校内部管理

校长负责制 1993年，贯彻执行《上海市中小学实行校长负责制若干（试行）意见》《金山县中小学校长负责制试行办法》，山阳中小学试行校长负责制。校长作为学校的法人代表，承担学校管理的全部责任，对学校的教育教学和行政管理全面负责。学校党支部发挥政治核心作用，工会参与民主监督。

教职工聘用合同制 是学校人事制度的重大改革。实行聘用合同制，变国家用工为单位用工，变固定工为合同工。

1997年11月起，山阳小学实行教职工聘用合同制。1999年6月起，山阳中学、山阳幼儿园、山阳成人学校实行教职工聘用合同制。聘用方案由学校根据《中华人民共和国教师法》《中华人民共和国劳动法》、市教委《关于市普教系统中小学和其他事业单位试行聘用合同制实施意见》等制定，经教代会通过，报教育局批准后实施。聘用合同在学校“三定”（定编制、定岗位、定任务）的基础上由校长与教职工个人签订。聘任合同，即岗位聘任合同，一学年签订1次，在学年开学前签订。聘任分一级聘任和二级聘任。一级聘任是校长直接聘任教职工；二级聘任是校长先聘任教导（教务）主任、事（总）务主任、小学还聘任完小校长，再由教导教务主任、事（总）务主任、完小校长聘教职工。山阳中学、山阳小学采用二级聘任，山阳幼儿园和山阳成人学校采用一级聘任。

1999年8月至2002年，对距退休年龄在5年内的教职工实行校内待退休。其间，山阳小学共有待退休教职工58人。

结构工资制 贯彻多劳多得、优劳优酬的分配原则。1992年，山阳中、小、幼试行校内结构工资制，1995年起，全面实行校内结构工资制。校内结构工资改革方案，由学校教职工反复酝酿讨论，经教职工代表大会通过后执行。结构工资由基本工资、课时工资、岗位职务工资、奖励工资4个部分组成。基本工资即国家规定发放的工资，课时工资以教师上课课时计算，岗位职务工资以校内不同岗位、不同职务给予，奖励工资以学校制定的奖励办法，经过考核，按标准计发。

绩效工资制 贯彻多劳多得、优绩优酬的原则。2009年起，山阳小学、山阳中学实行绩效工资制。绩效工资由考核合格基本奖、超课时超工作量补贴、教育教学成果奖等项组成。实施方案由学校依据《金山区义务教育学校实施绩效工资若干具体问题的处理办法》《金山区教育局关于做好义务教育学校教职工绩效考核工作的意见》《金山区教育学会小学教育专业委员会关于小学实施“绩效工资”的若干指导意见》《金山区教育学会中学教育专业委员会关于中学实施“绩效工资”的若干指导意见》等文件精神制定，经学校教职工代表大会通过，送区教育局审批通过后实施。

第二节 幼儿教育

一、规模

1990年，山阳乡有幼儿园23所，班级30个、幼儿873人，教师67人。其中公办幼儿园4所，10个班、289人，教师21人；村办幼儿园19所，20个班、584人，教师46人。

1992年起，幼儿园布局调整，至2008年撤点幼儿园22所，增设山阳幼儿园海趣分园。

2009年，幼儿园1所，班级14个、幼儿465人，教师39人。

1992—2008 年山阳镇（乡）撤点幼儿园情况表

表 27-1

幼儿园	性质	创办年份	1990 年情况			撤点时情况			
			班级数（个）	幼儿数（人）	教师数（人）	撤点年份	班级数（个）	幼儿数（人）	教师数（人）
金山嘴	公办	1950	2	39	3	1992	1	29	1
东门	公办	1950	1	35	2	2004	1	26	1
马棚	公办	1958	1	34	2	2002	1	27	1
七一	村办	1979	1	43	3	2002	1	18	1
红旗	村办	1977	1	21	1	2002	1	19	1
中兴	村办	1984	1	44	5	2008	2	70	3
汀南	村办	1977	2	51	3	2002	2	60	2
倪界	村办	1979	1	22	2	2002	1	25	1
渔业	村办	1974	1	23	2	2002	2	70	3
新江	村办	1974	1	50	2	2008	2	70	3
杨家	村办	1974	1	28	3	1998	2	60	2
卫东	村办	1979	1	27	1	1998	2	65	2
华新	村办	1976	1	29	2	2002	2	50	2
长兴	村办	1972	1	27	2	2002	1	20	1
跃进	村办	1978	1	28	2	2002	1	35	1
甸山	村办	1974	1	27	2	2002	1	20	1
工农	村办	1974	1	31	3	2002	1	25	1
向阳	村办	1974	1	29	3	1993	1	25	1
大兴	村办	1977	1	35	3	1998	1	37	2
九龙	村办	1979	1	20	3	1993	1	20	1
曙光	村办	1976	1	30	2	1993	1	29	1
东方	村办	1977	1	19	2	2002	1	20	1

二、幼儿保教

1990 年起，贯彻国家教委《幼儿园工作规程（试行）》和《幼儿园管理条例》，安排一日活动中的语言教育、德育教育、保育工作和游戏活动，制定结构紧凑、动静交替的科学作息制度，创设适合儿童身心健康的良好环境，开展寓教于游戏的基本活动。1993 年起，实施“上海市一期课程教材改革”，设生活、体育、歌舞、游戏、故事、讲讲做做等课程。1994 年起，实施《上海市中小学幼儿家庭教育指导大纲》，举办家庭教育讲座，建立家园联系手册，每周向家长开放“半日活动”。2004 年起，实施“上海市二期课程教材改革”，设学习、生活、游戏、运动等课程。2009 年，贯彻《中国儿童发展纲要（2001—2010）》和《上海市 0—3 岁婴儿教育方案》。在山阳幼儿园内建山阳早教中心，开展 0—3 岁婴幼儿早期教育。

三、幼教机构

山阳幼儿园。前身是山阳中心小学附设幼年级，1990 年，与中心小学分离，独立建制，名金山县山阳乡中心幼儿园。2006 年，易名为金山区山阳幼儿园。

1990 年，坐落于向阳街，有班级 6 个、幼儿 181 人、教师 14 人。其中，教师中中级职称 3 人、初级职称 9 人，大专学历 1 人、中专学历 10 人。园占地面积 2193 平方米、建筑面积 593 平方米。1992 年，迁至山新街 137 弄 1 号，2004 年，移门口至体育路 35 号。2009 年，有班级 14 个，幼儿 465 人。其中，小班 4 个，117 人；中班 5 个，172 人；大班 5 个，176 人。教师 39 人（含海趣分园），其中高级职称 2 人、中级职称 11 人、初级职称 26 人，本科学历 13 人、大专学历 7 人、中专学历 19 人。园占地面积 5568 平方米、建筑面积 4043 平方米（含早教中心）。

幼儿园以“艺体结合”、有农村特色幼儿园为目标，重视幼儿健康人格培养和教学科研。1991 年起，参加上海市农村艺术教育实验研究。2003 年 5 月，市级课题“发挥农村优势，开发利用户外体育器具研究”向全国推广；2004 年，“乡土化运动课程园本化研究”参与“上海市学前教育多元视角下”的课程专题交流，论文、案例编入由市教委主编、上海教育出版社出版的《幼儿园课程化理论与实践的研究》一书；2005 年，“农村自然物在幼儿区角活动中投放利用研究”成果向全区推广。2006 年 10 月，上海市幼儿园课改研讨会在山阳幼儿园首开。2008 年，被列为上海市心理健康教育研究和实践学校、上海市童谣创编实验学校、全国体育重点课题实验学校。

1991 年，被评为上海市幼儿教育先进集体。1993 年，被评为上海市办园成绩显著单位。1995 年，根据上海市幼儿园评估统一标准，被评为二级幼儿园。2006 年、2007 年，被评为上海市幼儿心理健康教育先进集体；2007—2009 年，连续被评为金山区 A 级学校，获上海市巾帼文明岗、金山区文明单位、市平安校园等称号。2000—2009 年，有 10 多位教师获市级以上荣誉称号。

1990—2009 年山阳幼儿园办学情况表

表 27-2

年份	小班		中班		大班		合计	
	班数（个）	人数（人）	班数（个）	人数（人）	班数（个）	人数（人）	班数（个）	人数（人）
1990	1	27	2	66	3	88	6	181
1991	1	29	2	63	3	99	6	191
1992	1	28	2	75	4	112	7	215
1993	1	27	3	80	4	117	8	224
1994	1	14	3	98	2	86	6	198

续表 27-2

年份	小班		中班		大班		合计	
	班数（个）	人数（人）	班数（个）	人数（人）	班数（个）	人数（人）	班数（个）	人数（人）
1995	1	17	3	93	2	83	6	193
1996	1	33	3	94	3	92	7	219
1997	1	31	3	102	3	102	7	235
1998	1	23	4	129	3	114	8	266
1999	1	29	4	132	3	111	8	272
2000	1	30	4	126	3	117	8	273
2001	1	28	4	122	3	112	8	262
2002	1	29	4	114	3	109	8	252
2003	1	31	3	104	3	110	7	245
2004	2	72	3	100	3	109	8	281
2005	3	114	3	113	3	115	9	342
2006	3	114	3	113	3	117	9	344
2007	3	111	3	104	3	133	9	348
2008	4	150	3	152	3	169	10	471
2009	4	117	5	172	5	176	14	465

幼儿滑梯（2009 年摄，《山阳》社区报提供）

山阳早教中心。位于山阳幼儿园教学区内，2009 年创建，为 0—3 岁婴幼儿开展教养活动的场所。总面积约 130 平方米，有早教指导专职老师 1 人。有培训室、咨询接待室、工作室等，有电教设备、优生教育、科学育儿指导书籍和教玩具等。

海趣分园。2008 年设，位于龙翔路 1108 号，占地面积 765.3 平方米，建筑面积 650 平方米。

第三节 中小学教育

一、规模

1986 年，学校 23 所，班级 145 个、学生 5177 人、教师 319 人。是年起，实施学校设点布局调整。至 2003 年，新建学校 4 所，撤点学校 25 所。2009 年，有学校 2 所，班级 49 个，学生 1806 人，教师 206 人。

1986—2003 年山阳镇（乡）中小学布局调整情况表

表 27-3

校名	创建年份	撤点年份	撤点时情况			备注
			班级数(个)	学生数(人)	教师数(人)	
长征小学	1964	1986	3	55	3	师生大部流向七一小学与山阳中心小学
红旗小学	1928	1986	1(复室班)	28	1	
曙光小学	1931	1988	2	55	3	师生大部分流向山阳中心小学
华新小学	1958	1988	6	177	10	建凉亭小学
长兴小学	1921	1988	3	65	4	
工农小学	1949	1988	3	72	4	
海光小学	清末	1988	6	168	10	师生由石化教育局安排
大兴小学	1952	1990	4	92	7	建进兴小学
跃进小学	1945	1990	6	200	11	
向阳小学	1937	1991	3	87	5	学生流向山阳中心小学
新江小学	1957	1991	6	213	11	建官桥小学
东方小学	1958	1991	5	124	10	
卫东小学	1950	1991	7	231	15	
中兴小学	1906	1993	8	313	17	建中山小学
甸山小学	1911	1993	5	87	10	
中兴中学	1967	1995	2	92	5	师生流向山阳中学
山阳二中（金山嘴中学）	1967	1995	2	66	4	
汀南小学	1910	1998	4	71	9	师生流向山阳中心小学
进兴小学	1990	1998	4	99	9	
七一小学	1935	1999	6	178	15	
凉亭小学	1988	2001	4	131	8	
金山嘴小学	1911	2000	6	232	14	师生流向山阳中心小学和官桥小学
东门小学	1910	2003	5	167	11	教师流向山阳中心小学，学生流向石化五小等
官桥小学	1991	2003	6	241	14	师生流向山阳中心小学
中山小学	1993	2003	3	68	6	

注：依据《山阳小学百年校志》记载，向阳小学为 1937 年创办

1990—2009 年山阳镇（乡）中小学办学规模情况表

表 27-4

年份	小学			中学			合计		
	学校数（所）	班级数（个）	学生数（人）	学校数（所）	班级数（个）	学生数（人）	学校数（所）	班级数（个）	学生数（人）
1990	13	108	3812	3	27	1319	16	135	5131
1991	10	96	3449	3	28	1358	13	124	4807
1992	10	91	3258	3	31	1570	13	122	4828
1993	9	88	3135	3	35	1686	12	123	4821
1994	9	84	2844	3	38	1824	12	122	4668
1995	9	82	2676	1	34	1744	10	116	4420
1996	9	82	2706	1	30	1440	10	112	4146
1997	9	76	2724	1	24	1072	10	100	3796
1998	7	67	2575	1	23	1029	8	90	3604
1999	6	60	2361	1	25	1185	7	85	3546
2000	5	47	1741	1	35	1672	6	82	3413
2001	4	41	1601	1	33	1579	5	74	3180
2002	4	38	1554	1	30	1471	5	68	3025
2003	1	32	1286	1	30	1410	2	62	2696
2004	1	30	1187	1	27	1220	2	57	2407
2005	1	28	1088	1	26	1079	2	54	2167
2006	1	27	1050	1	26	1035	2	53	2085
2007	1	27	1008	1	24	917	2	51	1925
2008	1	27	1055	1	23	867	2	50	1922
2009	1	27	1009	1	22	797	2	49	1806

二、教育教学

招生与考试 小学。1986—1990 年，入学年龄为 6 岁 3 个月；1991 年 9 月起，入学年龄提前到 6 周岁。1982 年起，小学毕业与升学 2 次考试改为毕业 1 次考试，由县统一命题与组织考试。1994 年起，山阳小学辅导区自行组织命题与考试。2001 年起，恢复小学毕业考试区统一命题、统一阅卷。考试科目均为语文、数学、英语。

中学。1982 年起，符合小学毕业的学生可就近升入初中。1989 年起，毕业考试，升学考试合并为 1 次考试，由市统一命题，县组织考试和阅卷，考试科目分语文、数学、英语。1995 年起，增加英语听力考试。1996 年起，增加物理、化学实验操作考试和历史、地理会考。2000 年起，实行“两考分离”多次分流的考试制度改革，初中毕业考试与升学考试分离，25% 学生自愿报考参加提前分流考试，替代毕业考试，其成绩作为提前录取中等职业学校的依据。2001 年起，体育测试成绩纳入升学考试总分。

学制 小学。1985—1999 年，学制为 6 年，2000 年起，为 5 年。中学。同年起学制由 3 年改为 4 年，分预备班、初一、初二与初三。

课程与课改 小学。1985 年起，按照《全日制小学六年制教学计划（试行）》规定，设思想品德、语文（含阅读、作文、写字）、数学、英语（五、六年级）、自然常识、地理（五年级）、历史（六年级）、体育、音乐、美术、手工劳动等课程。1993 年起，实施市一期课改，增加生活与劳动，改体育课为体育与保健，改音乐课为唱游课，英语提前到三年级开设，低年级数学与写字课由每节课 40 分钟改为每节课 20 分钟。1998 年 12 月 28 日，首开计算机课程，首学的 215 名学生经市计算机能力考试，165 名学生获证书。2000 年 9 月起，一年级开始试用“牛津英语”教材。2004 年 9 月起，从一年级开始全部试用市二期课改新教材。工具学科设语文、数学、英语（三至五年级），社会学科设社会（三、四年级），自然学科设自然常识（一至五年级），技艺学科设体育与保健、唱游、音乐、美术、生活与劳动，活动课程设体育锻炼、班队活动、兴趣活动、社会实践活动、阅读与自学。2005 年起，分基础课程、拓展课程和探究型课程。基础课程设语文、数学、英语、自然、品德与社会、唱游、音乐、美术、体育与保健、信息技术（三年级）、劳动技术（四、五年级）；拓展型课程设兴趣活动、社区服务和社区实践；探究型课程结合学校民乐、书法、科技教育以及学科教师特长，自主开设课目。周课时 32—34 节。

中学。1990 年起，设思想政治、语文、数学、英语、物理（初二年级起）、化学（初三年级）、历史（初一、初二年级）、地理、生物（初一、初二年级）、体育、音乐、形势教育、劳动技术等科目。1994 年秋起，语文、英语、物理、化学开始使用上海市一期课改新教材。1998 年起，开设计算机课程，2009 年，寻桂莲获 18 届中国青少年计算机表演赛全国总决赛优秀指导奖。2003 年 9 月起，初一年级开始使用牛津英语教材。2005 年起，全部使用上海市二期课改新教材，新教材有基础型课程、拓展型课程、探究型课程。基础型课程开设语文、数学、英语、思想政治、科学（六年级、七年级）、物理（八年级、九年级）、化学（九年级）、生命科学（八年级）、社会（九年级）、历史（七年级、八年级）、地理（六年级、七年级）、美术（六年级、七年级）、体育与健身（六年级至九年级）、劳动技术（六年级至八年级）、信息技术（六年级）。拓展型课程开设专题教育、社区服务、社区实践等课。探究型课程开设以体艺领域为主的课程。

义务教育与素质教育 1986 年起，山阳普及九年义务教育，1993 年，通过国家教委达标验收。1998 年 4 月 29 日，区第一次教育工作会议提出以“学生为本”作为基本教育思想，以改革课堂教学的模式和策略为重点，推行素质教育。10 月，山阳中学作为郊区唯一代表出席上海市中学素质教育座谈会。1999 年起，中小学启动学校标准化建设，实施素质教育。2003 年，山阳中学被命名为“上海市素质教育实验学校”。

德育教育 1990 年后，继续坚持每周一及重大节庆日，学校举行授旗、出旗、升旗、唱国歌及校长在国旗下讲话活动。每次讲话 3—5 分钟，讲话主要内容有中国近代史、中国现代史。1991年，贯彻国家“两史一情”教育纲要，组织学生看上海、看金山、看家乡活动。1993年，纪念毛泽东同志诞辰100周年，开展颂扬毛泽东丰功伟绩领袖风采教育。1994年，开展“爱国主义”主题中队活动。1995年，抗日战争暨世界反法西斯战争胜利50周年和红军长征胜利60周年，开展“勿忘国耻、爱我中华，继承长征精神、发扬革命传统”教育，组织学生观看电影、写读后感、进行演讲比赛。1997年、1999年，结合香港、澳门两个“回归”，举办图片展、征文、诗歌朗诵、文艺演出、篝火晚会等，进行爱国主义教育。1999年，中华人民共和国成立50周年，开展班班有歌声、班班有专刊活动，歌颂祖国50年来伟大成就。2005年，贯彻《上海市民族精神教育指导纲要》《上海市中小学生生命教育指导纲要》，通过班级活动，社会实践活动，清明祭扫，防地震、防火逃生演练，丰富学生民族教育和生命教育内容。2006年起，开展“知荣辱、学礼仪、讲文明”活动。2009年，开展“迎世博、行为习惯伴我行”活动。

山阳小学，1998年、2003年，被评为区德育工作先进集体。山阳中学，1999年、2000年、2007年，被评为区德育工作先进集体，2005年，被评为市普教系统德育工作先进集体。

行为规范教育 小学。1990年起，山阳中心小学制定和完善《小学行为规范十九条》。利用晨会课、班队活动课，开展行为规范宣传教育。建立日常行为规范检查制度，并做好记录，检查结果作为评选文明班级的重要依据。1998年，获评金山区四星级行为规范学校，2000年、2004年、2005年，3次被评为上海市中小学学生日常行为规范示范学校。2009年，被评为市文明安全校园。

中学。1990年起，继续利用晨会、班会、政治课、团队活动开展行为规范教育，要求学生熟记《中学生行为规范条例》，从小事做起、从身边的事做起、从一点一滴做起，养成良好的行为习惯。1995年起，学校实行“班值日周”制度，每周有一个班值日，建立行为规范岗，评选行为规范示范员，开展准时到校、文明用语等行为规范检查。1992年，被首批评为上海市中小学学生日常行为规范示范学校。1998年，被评为上海市中小学学生行为规范铜牌学校。2003年、2008年，被评为金山区安全文明校园。2009年，被评为上海市中小学学生行为规范示范学校。

家庭教育 1997年，中小学建立家长学校，通过讲座、报纸、信函、电话，向家长传递家庭教育经验、知识，推介先进教育理念，沟通学校、家庭对学生的教育情况。1998—2006年，举办讲座70多次、吸引家长1.7万人次。“九五”“十五”期间，小学家长学校被上海市家庭教育研究与指导中心列为研究基地，2003年3月，家庭教育经市教研所验收合格。2004年，被市家庭教育时报社评为2003—2004年读报用报先进学校。中学家长学校于2001年6月，被评为金山区1999—2000年度优秀家长学校，2003年，被市教科院命名为市家长学校心理教育实践基地。

军训 1998年6月1日，小学“少年军校”成立，吴美观任校长，金山嘴边防站于道理任指导员。7月1日—20日，举行第一期军训，四年级学生200多人参加。1999年起，区教育局在金山嘴原陆军营房创办的金山区少年军校，接受为期1周的军训。同年7月，小学19名学生代表上海赴京出席全国第二届少年军校检阅活动，取得队列评比、擒敌拳、徒手越野走3项全国优胜奖。

1996年8月11—14日，中学新生在校接受军训。1999年后，每届预备班新生和初二学生去军校接受为期1周的军训。至2009年，有2600多名预备班新生和3300多名初二学生接受军训。2000年、2003年，中学2次获金山区军训优秀组织奖。

智力残疾儿童教育 1987年，山阳中心小学在全县首办智力残疾儿童辅读班，学生7名，配特殊教育教师2人。之后辅导区各班经测试后的智力残疾儿童，实行随班就读。1996年停止。

三、学校简介

山阳小学 创办于1905年，100多年中，学校13次易名、3次易地。2003年，小学辅导区村校全部撤点，2006年，由山阳中心小学易名为山阳小学。

山阳小学历任校长（部分）合影（2005年摄，山阳小学提供）

1990年，学校位于山阳镇朱山路15号，占地面积9543平方米，建筑面积3916平方米。20个班级、826名学生、90位教师，其中中级职称8人、初级职称82人；大专学历5人、中专学历82人。辖12所村校，88个班级，2986名学生，176位教师。

1997年，学校迁至山南路85号的新校舍。国家教育总督学柳斌为学校书写校名——“金山区山阳中心小学”。2005年10月30日，举行100周年校庆，国家教委原主任朱开轩致贺信。

2009年，学校占地面积18972平方米，其中运动场7200平方米、绿化面积4020平方米。建筑面积8819平方米，其中普通教室3983平方米、实验室106平方米、图书室301平方米、微机房108平方米、办公用房1908平方米、食堂530平方米、厕所502平方米、体育馆807平方米、其他用房574平方米。计算机147台、图书45128册、电子图书1GB。固定资产总价值1499.75万元，其中仪器设备总值315.87万元、实验设备28.74万元。班级27个，学生1009人。教职工103人，教师中高级职称3人、中级职称80人；本科学历23人、大专学历53人，中专学历27人。

学校坚持全面发展争创一流的办学思想。1989—2010年，10次被命名为区（县）文明单位。20世纪90年代中期起，学生入学率、巩固率、毕业率保持100%，合格率达99%以上。在学校有特色、教学有特点、学生有特长方面成绩斐然。

体育教育。1995年起，被列为上海市体育传统项目学校（田径），先后获市级团体与个人奖 75 项，连续 13 年获上海市体锻达标优良学校称号，2005 年，被评为市贯彻学校体育工作条例优秀学校。

艺术教育。1991 年、1995 年，2 次被列为市艺术教育实验学校，市艺术教育实验单位窗口学校。2002 年被列为国家课题“农村学校艺术教育教学方法研究”布点学校。2008 年，被市教育学会书法专业委员会命名为书法教育实验学校。2005 年，被上海市教委命名为市艺术教育特色学校。至 2009 年，团体与个人获区、市、国家级奖项近 50 项，其中国家级 3 项。曾接待国家教委主任朱开轩，上海市副市长龚学平，国家艺术教育检查团（3 次），国外教育团，外省市与上海市各区县领导、同行对艺术教育的督导、检查或观摩近万人。

科技教育。1995 年，获市青少年创作设计竞赛优秀组织奖，1997 年，“导弹护卫艇”获全国青少年航海航模选拔赛一等奖，1994—2009 年，有 386 个项目在市、区级比赛中获奖。

1984 年，创办《小作家报》。至 2007 年，共出刊 176 期，每期 1000 份。1997 年，《小学生作文选》由新疆少年出版社出版，发行 1 万册。

1990—2009 年山阳（中心）小学办学情况表

表 27-5

年份	一年级		二年级		三年级		四年级		五年级		六年级		小计		教师（人）
	班级（个）	学生（人）	班级（个）	学生（人）	班级（个）	学生（人）	班级（个）	学生（人）	班级（个）	学生（人）	班级（个）	学生（人）	班级（个）	学生（人）	
1990	2	71	3	124	4	154	3	140	4	174	4	163	20	826	90
1991	2	84	2	73	4	156	4	189	4	170	4	165	20	837	79
1992	3	140	2	81	2	73	4	158	4	197	4	164	19	813	81
1993	4	124	3	140	2	84	2	75	4	157	4	200	19	780	76
1994	4	125	4	125	3	150	2	83	2	78	4	162	19	723	80
1995	3	103	4	119	4	129	4	146	2	85	2	78	19	660	86
1996	3	96	3	104	4	135	4	132	4	144	3	152	21	763	87
1997	3	135	3	101	3	106	3	147	5	215	6	275	23	979	88
1998	4	151	4	156	3	150	4	162	4	194	5	218	24	1031	95
1999	4	166	4	176	4	170	3	158	4	195	5	217	24	1082	111
2000	5	177	5	198	5	206	4	190	5	263	—	—	24	1034	89
2001	5	193	5	209	5	225	5	249	4	223	—	—	24	1099	92
2002	4	179	4	176	5	210	5	227	6	286	—	—	24	1078	145
2003	6	212	6	245	6	262	7	275	7	292	—	—	32	1286	148
2004	5	199	6	216	6	252	6	253	7	267	—	—	30	1187	154
2005	5	174	5	195	6	217	6	253	6	249	—	—	28	1088	141
2006	5	204	5	188	5	198	6	209	6	251	—	—	27	1050	127

续表 27–5

年份	一年级		二年级		三年级		四年级		五年级		六年级		小计		教师（人）
	班级（个）	学生（人）	班级（个）	学生（人）	班级（个）	学生（人）	班级（个）	学生（人）	班级（个）	学生（人）	班级（个）	学生（人）	班级（个）	学生（人）	
2007	6	222	5	208	5	186	5	191	6	201	—	—	27	1008	123
2008	6	244	6	223	5	214	5	183	5	191	—	—	27	1055	111
2009	5	181	6	228	6	214	5	209	5	177	—	—	27	1009	103

金山嘴小学 位于金山嘴集镇。1990年，有班级11个，学生400人，教师25人。学校占地面积1615平方米，建筑面积922平方米。

1990—1999年，学生入学率、巩固率、毕业率保持100%，合格率保持98%以上。1994年起，少先队中队主题活动多次在金山区（县）评优活动中得奖；竖笛、口风琴、学生书画作品在区（县）省市级比赛中多次得奖；“航天知识”“电子百拼知识”、滑坡车、风动车获区竞赛奖；以足球为特色，并为南光小足球队输送队员；有30余篇学生习作在《解放日报》《文汇报》《少年报》上刊登；在教学评优中，英语学科获1993年上海市中小学青年教师教学评优三等奖，教师黄红芳执教的《钟哥哥告诉我》获市思想品德课优秀奖，教师俞兴军撰写的《学学、做做、说说》《教学模式的研究》在《上海教学研究》上发表。

2000年，有班级6个，学生232人，教师14人。学校占地面积1467平方米，运动场地1033平方米，建筑面积480平方米。藏书2927册。是年秋，学校撤点，师生流向山阳中心小学和官桥小学。

凉亭小学 1988年，由工农、华新、长兴3所村校撤并易地新建，位于工农村7组。1990年，有班级11个、学生400人、教师21人。学校占地面积4000平方米，其中运动场2470平方米，建筑面积1166平方米。

1992年，20多篇红读文章获市县级红读征文奖，1人获优秀红读指导教师称号，学校被评为上海市“红读”先进集体。1997年，“红读”指导课代表金山区向全市各区县红读办公室负责人汇报展示。1998年，“爱心小队”被评为上海市优秀雏鹰假日小队，学校少先队辅导员事迹在上海教育台播放。1997年、1998年，科技作品获市中小学比赛团体等第奖7个；泥塑与篆刻作品获区（县）奖。有6篇教学论文在市、区级刊物上发表，1人在市教学评比中获优胜奖，1人获区教学评比二等奖。学校创办以来学生入学率、巩固率、毕业率保持100%，合格率保持99%以上，办学经验曾在县村校规范办学现场会上发言交流。

2001年，有班级4个、学生131人、教师8人。秋，学校撤点，师生流向山阳中心小学。

中山小学 1993年8月，由中兴、甸山2所村校撤并易地新建，位于中兴村8组。是年，有班级10个，学生339人，教师16人。学校占地面积5370平方米，运动场3210平方米，绿化面积140平方米，建筑面积1270平方米。

学生入学率、巩固率、毕业率保持100%，合格率保持在99%以上。1995年12月，“金山县村校规范办学现场会”在该校召开，学校的办学经验得到与会者的好评。少先队活动是学校的主要办学特色，1994年12月1日，“滨海雏鹰争章夺标”为主题的金山县少先队工作现场会在中山小学召开，市少工委主任沈功玲到会讲话并给予好评。1995年，学校被国家少工委授予全国雏鹰大队称号；同年5月，被团中央教育部授予全国优秀少先队集体称号。1998年，五年级中队主题会“滨海雏鹰起飞了”获县主题活动一等奖。

艺术教育。1994年，口琴班参加金山县少年宫举行的乐器比赛获二等奖；1995年，学校民乐队获上海市学生器乐比赛三等奖；1996年7月，获“‘96上海市学生艺术节器乐新作品比赛”三等奖。

劳技教育。1995年，打字班获金山县小学“雏鹰展翅”英文打字团体赛第三名；同年参加市级考级，6人获市C级证书。1997年5月，箭模小组获金山县箭模竞赛团体二等奖。1995—1997年，累计15人次在区（县）级比赛中获奖。

体育教育。1994年，建男女乒乓球队。1998年11月，女子乒乓球队在金山区乒乓球比赛中获第四名。

学校自创办以来，曾接待过国家教委、市政协、市教委、市艺术教育委员会、外国友人、上海市各区县领导、同行数百人视察、观摩。

2003年，有班级3个、学生68人、教师6人。秋，学校撤点，师生流向山阳中心小学。

七一小学 位于七一村3组。1993年，村校设点布局调整时，由山阳镇和县教育局共同投资30余万元在原校舍旁新建，占地面积3483平方米，其中运动场2952平方米。建筑面积1004平方米。是年，有班级6个、学生219人、教师15人。

1993—1998年，学生入学率、巩固率、毕业率保持100%，合格率保持在99%以上。体育教育是学校办学的特色，有田径队、跳踢队。跳踢队在区市级比赛中多次取得好成绩；曾为区（县）体校输送多名优秀学生。

艺术教育。剪纸、书法等作品多次参加区（县）少年宫书画作品展并获奖。至1998年，科技项目获市级团体等第奖3次、个人等第奖4次、区级团体等第奖8次。1名老师获区青年教师思想社会学科教学评优三等奖，1名老师获市自然学科教学评比二等奖。

1999年春，有班级6个、学生178人、教师15人。是年秋，学校撤点，师生流向山阳中心小学。

东门小学 位于松卫街73号。1990年，有班级11个、学生360人、教师25人。学校占地面积6212平方米，建筑面积1460平方米。1993年，陈旧校舍改造后，占地面积7026平方米，其中运动场面积3300平方米、绿化面积80平方米，建筑面积1242平方米。

学校坚持“严谨、求新、爱生、奉献”的教风，学生入学率、巩固率、毕业率保持100%，合格率保持在99%以上。1996年，获上海市“红读”先进集体称号。1997年起，先后获上海市优秀雏鹰中队称号、区小学生女子乒乓比赛团体第三名、上海市第三届箭模比赛金山赛区一等奖；教师获市、区（县）级荣誉10多人次，有5人在区（县）级刊物上发表教科研论文。20世纪90年代末，与上海市南市区梅溪小学结对，探讨以爱国主义教育为主题，以研究课堂模式为教学抓手的素质教学新路子。

2003年春，有班级5个、学生167人、教师11人。是年秋，学校撤点，教师流向山阳中心小学，学生流向石化五小等。

官桥小学 位于新江村7组，1991年，由卫东、新江、东方3所村校撤并易地新建。是年，有班级11个、学生475人、教师26人。学校占地面积5582平方米，其中运动场3200平方米、绿化面积160平方米，建筑面积1263平方米。

学校开办以来，学生入学率、巩固率、升学率、合格率保持100%。1996年，少先队大队部获市"雏鹰大队"称号；1997年，"啄木鸟"假日小队被评为"全国万支雏鹰假日小队"。1998年，获区绳毽跳踢比赛团体第一名。1997—1999年，有40人次获区级以上科技赛等第奖，其中1人获全国船模竞赛一等奖。学校合唱队、小乐队在区（县）比赛中多次获奖。1998年，获市作文竞赛二等奖1人，数学"方正杯"赛一等奖1人、二等奖2人。

2003年，有班级5个、学生167人、教师11人。是年，学校撤点，师生流向山阳中心小学。

进兴小学 1990年，由跃进小学、大兴小学撤并易地新建，位于跃进村1组。占地面积3280平方米，其中运动场2716平方米、绿化面积341平方米，建筑面积792平方米。有8个班级、269名学生、16名教师。

1990年，市农村小学语言文字教学工作现场会在进兴小学召开，市教育局副局长刘元璋高度评价学校的语言文字教学工作。

跃进小学是山阳艺术教育的创始单位，学校撤并后，仍保持艺术教育特色，鼓号队、腰鼓队、莲湘队等在区（县）比赛中多次得奖。1991年、1994年，先后接受市小学校长培训班校长、国家艺术教育督导团专家到校观摩、督导。1990年、1992年，少先队工作先后获市银星大队、市优秀小队称号。

1997年，有班级4个、学生115名、教师8名。1998年，学校撤点，师生流向山阳中心小学。

汀南小学 位于汀南村5组，占地面积2843平方米，其中运动场1036平方米、绿化面积442平方米，建筑面积534平方米。有班级6个、学生210人、教师12人。

1991年，创办民乐班，后增办书法班、写作班，多篇习作在省市级刊物上刊登。

1997学年度，有班级4个、学生71人、教师9人。1998年，学校撤点，师生流向山阳中心小学。

山阳中学 位于华山路106号，1958年创办。1990年，占地面积16650平方米、建筑面积5973平方米。有15班、745人。教师88人，其中高级职称1人、中级职称28人、初级职称59人，本科学历13人、大专学历55人、中专学历20人。2006年，绿化面积8332平方米。同年被评为上海市花园学校。2009年，22个班，797人。任教教师103人，其中高级职称11人、中级职称63人、初级职称29人；本科学历88人、大专学历11人、中专学历4人。市劳模2人、特级教师1人。学校占地面积27564平方米，其中运动场（馆）5680平方米。建筑面积9219平方米，其中教室5554平方米、图书室105平方米、实验室和专用教室631平方米、办公用房1071平方米、微机房240平方米、语音室120平方米、食堂960平方米、福利及其他用房538平方米。藏书32463册、电子图书566GB、计算机303台。固定资产1778.63万元。

20世纪90年代中期起，逐步形成“以德育为核心，以培养创新精神和实践能力为重点，具有体育、艺术教育特色的市郊一流学校”为办学目标。

学生入学率、巩固率、毕业率基本保持100%。2001年，461名考生，录取市重点中学26人，占考生总数的5.6%；录取区重点中学164人，占考生总数的35.6%。2007年，重点中学录取率40.3%。

1991年、1995年，两度被列为上海市艺术教育实验学校、窗口学校。2000年，被列为国家课题“农村学校艺术教育教学方法研究”的实验布点学校、上海师范大学艺术教育学院艺术教育实验基地。2002年，被列为全国中学校长培训中心定点考察学校。2004、2009年，被市教委命名为上海市艺术教育特色学校。1990—2009年，2次被评为上海市艺术教育先进单位，2次被评为全国学校艺术教育先进集体。获国家、市、区（县）级竞赛奖牌、奖杯、锦旗、证书41件。

继1980年被列为市体育传统项目学校之后，1995年、1999年、2001年、2009年，4次被列为上海市体育传统项目学校。1995年，获国家先进体育传统学校称号。2007年被列为北京奥林匹克教育示范学校。1999年、2009年，先后被评为金山区体育示范学校、金山区群众体育先进集体。1997年、2002年、2005年，先后被评为上海市中小学体育工作先进集体、上海市群众体育先进集体、上海市贯彻《学校体育工作条例》优秀学校。1990—2009年，获全国、上海市、金山区（县）奖牌、奖杯、锦旗、证书27件。其中国家级12件、市级6件、区级9件。

1989—2010年，山阳中学连续11次被命名为区（县）文明单位，4次被命名为市文明单位；1990年，获评市加强初中教育先进集体。2002年、2006年，获评金山区教育系统先进集体；2007年、2009年，分别获全国教育系统先进集体、全国创新管理改革品牌学校称号。

2008年，《素质教育在山阳》一书由上海教育出版社出版，《一束玫瑰花——中国故事之乡山阳中学生故事集》由作家出版社出版。

1990—2009年山阳中学办学情况表

表27-6

年份	预备班		初一		初二		初三		合计		教师数（人）
	班级数（个）	学生数（人）	班级数（个）	学生数（人）	班级数（个）	学生数（人）	班级数（个）	学生数（人）	班级数（个）	学生数（人）	
1990	—	—	5	256	5	230	5	259	15	745	88
1991	—	—	7	360	5	263	6	277	18	900	80
1992	—	—	8	423	9	454	6	298	23	1175	92

续表 27-6

年份	预备班		初一		初二		初三		合计		教师数(人)
	班级数(个)	学生数(人)	班级数(个)	学生数(人)	班级数(个)	学生数(人)	班级数(个)	学生数(人)	班级数(个)	学生数(人)	
1993	—	—	8	384	10	512	11	499	29	1395	100
1994	—	—	10	537	12	561	12	568	34	1666	91
1995	—	—	10	514	13	684	11	546	34	1744	118
1996	—	—	7	293	11	514	12	633	30	1440	124
1997	—	—	6	287	7	293	11	492	24	1072	119
1998	—	—	10	466	6	286	7	277	23	1029	117
1999	—	—	9	446	10	465	6	274	25	1185	123
2000	8	375	8	385	9	448	10	464	35	1672	130
2001	8	348	8	370	8	409	9	452	33	1579	123
2002	6	307	8	353	8	387	8	424	30	1471	135
2003	8	340	6	304	8	359	8	407	30	1410	131
2004	6	246	8	333	6	298	7	343	27	1220	128
2005	6	234	6	240	8	324	6	281	26	1079	124
2006	6	237	6	237	6	231	8	330	26	1035	119
2007	6	228	6	239	6	228	6	222	24	917	114
2008	6	198	6	224	6	229	5	216	23	867	103
2009	5	166	5	191	6	213	6	227	22	797	103

中兴中学 位于中兴村1组，1967年，在中兴小学附设初中班。1978年，与甸山、跃进、七一戴帽子初中合并成立中兴中学。

1990年，有6个班，333人。其中初一2个班、102人，初二2个班、103人，初三2个班、128人。教师18人。学校占地面积3333平方米，建筑面积640平方米。藏书3000册。从20世纪80年代起，中兴中学升学率名列金山县前茅。多次被评为县市先进单位。

1995年春，有初一2个班、92人，教师5人。是年秋，学校撤点，师生流入山阳中学。

山阳二中 1967年，为金山嘴小学附设初中班，1979年，与小学分设，名为山阳二中。位于金山嘴集镇，习惯称金山嘴中学。

1990年，有6个班，241人。其中初一2个班、88人，初二2个班、86人，初三2个班、67人。教师19人。学校占地面积1698平方米，建筑面积1119平方米。

1995年初，有初一2个班、66人，教师4人。是年秋，学校撤点，师生流入山阳中学。

第四节 艺术教育

1989 年，国家教育督导团到山阳督导，充分肯定山阳学校艺术教育，同年上海电视台到山阳拍摄《心曲回旋—山阳民乐队散记》专题片。1991 年，山阳乡被上海市艺术教育委员会定为市郊唯一的学校艺术教育实验乡，并定为艺术教育对外交流窗口。1994 年，经国家艺术教育委员会验收，山阳艺术教育高标准达到实验要求。1995 年 6 月 3—5 日，上海市教委、市艺术教育委员会在山阳召开艺术教育经验推广会，把山阳学校艺术教育经验向全市推广。2000 年、2002 年，中小学先后列为国家课题“农村学校艺术教育教学方法研究”布点学校，承担子课题“探索适应 21 世纪农村学校艺术教育发展需要的农村艺术教学方法”研究。2002 年，山阳中学被教育部定为中学校长培训中心定点考察学校。2008 年，山阳小学被命名为市书法教育实验学校。1991—2009 年，中小学共开设艺术教育科目 30 余个；受训学生 54000 余人次；获国家、市、区（县）参赛奖 100 多项；多次被教育部、上海市教委授予艺术教育特色学校和先进单位称号；接待美国、日本、德国、瑞士、澳大利亚等国访问团及国内各省、市、区县领导、同行上万人。

一、发展概况

1971—1989 年小乐队创办 1971 年，由公社党委委员黄萍牵头，在吴永祥等教师的带教下，建立跃进小学小乐队。1972 年，跃进小学小乐队在金山县“三级”干部会上成功演出，名声大振。1974 年，成立山阳公社“五七”文艺班，俗称山阳小乐队。是年，小乐队迁驻山阳镇，面向全公社中小学招生。1976 年，小乐队先后在市少年宫、大世界（青年宫）、上海音乐学院和上海体育馆作多场演出，精彩表演赢得全场观众的喝彩。1989 年，国家教育督导团到山阳督导，高度评价山阳艺术教育。是年，上海电视台到山阳拍摄反映山阳小乐队的电视片《心曲回旋—山阳民乐队散记》，在上海电视台播出。

1990—1994 年上海市第一轮艺术教育实验 1990 年 5 月 24 日，上海市教委在山阳召开“上海市郊县中小学艺术教育工作现场会”。1991 年，山阳乡列为上海市郊唯一的学校艺术教育实验单位。实验开始时，面临众多的困难，师资不足，全乡 16 所学校、130 多个班级、390 多名教师、5131 名学生，只有 3 个艺术教育专职教师；音美课被“占”、被“挤”、被“砍”的现象较普遍；学生课余兴趣活动参与率不高，且不平衡；艺术教育设备极其缺乏，16 所学校没有一间专用教室，除 6 所学校有一些破旧的民族乐器和几架破风琴外，其他学校别无音乐设备。依据实际，制定《学校艺术教育实验方案（1991—1994 年）》。经过 3 年的实验，1994 年，经国家教委艺术教育验收团验收，山阳在课程、教学、师资、设备等方面高标准完成实验要求。

1995—1997 年上海市第二轮艺术教育实验 1995 年 6 月 3—5 日，上海市教育委员会、上海市艺术教育委员会在山阳召开艺术教育实验经验推广会，向全市推广山阳学校艺术教育实验经验，并把山阳列入上海市第二轮学校艺术教育实验单位。是年，制定山阳《学校艺术教育实验规划（1995—1997 年）》。为巩固发展艺术教育成果形成具有艺术教育特点的特色学校，1995 年起，山阳中小学进行“办学目标”的探索。经过 3 年的酝酿、实践、修改，中小学各自孕育具有艺术教育特色的办学目标。

山阳中学的办学目标：坚持把学校办成以德育为核心，以创新精神和实践能力为重点，具有体育、艺术教育特色的上海市郊一流中学。

山阳小学的办学目标：坚持全面发展争创一流的办学思想，以德育教育为重点，全面提高教育质量，并逐步形成艺术、体育、科技教育为主要特色的一流农村小学。

与此同时，中小学对学生加强情感体验、情感欣赏能力培养，音美课增加艺术欣赏、艺术评价教育内容。

2000—2004 年实施国家课题探索研究 2000 年，山阳中学被列为国家课题“农村学校艺术教育教学方法研究”布点学校，承担子课题“探索适应 21 世纪农村学校艺术教育发展需要的农村艺术教学方法”的研究。该课题研究历时 5 年，至 2004 年，研究探索形成 12 种农村艺术教育方法，即“化难为易法”“观摩欣赏法”“作品简化法”“互帮互学法”“见缝插针法”“速成法”“滚雪球法”“平衡前进法”“局部带动法”“表演实践法”“反思评价法”“课内强化法”。课题获教育部一等奖。

2002 年，山阳小学被列为国家课题“农村学校艺术教育教学方法研究”的布点学校，承担子课题“探索适应 21 世纪农村学校艺术教育发展需要的农村艺术教学方法”的研究。该课题研究历时 3 年，至 2004 年，形成 5 种艺术教育教学方法，即“认同教学法”“品牌教学法”“走班教学法”“课外拓展教学法”“课外延伸教学法”。

二、主要成果

1990—2009 年，经过 20 年的艺术教育实践，在活动科目、办班规模、教师队伍、硬件建设、学生素质、教材科研、学校知名度等方面取得显著成果。

活动课程 中小学形成具有学校规模的艺术兴趣活动课目：民乐、鼓号、书法、舞蹈、合唱、篆刻、腰鼓、美术、小作家协会、绿化、科技制作、莲湘、电子琴、管乐、古筝、手风琴、马林巴、舞龙舞狮、葫芦丝、吉他、故事、国画、瓷盘画、口琴等 30 多个。从 2005 年起，这些科目作为拓展型课程，列入课程计划。

办学规模 小学共办班 900 多班，受训学生 33000 多人次，1994 年起，学生艺术兴趣活动参与率保持 100%。中学共办班 450 多班，受训学生 21000 多人次，1995 年起，学生艺术兴趣活动参与率保持 100%。

师资队伍 小学先后有艺术教育专职教师 14 人，其中本科学历 9 人、大专学历 5 人，小学高级教师 14 人、区级骨干教师 3 人、市级骨干教师 1 人，1 人曾获市优秀教育工作者、市园丁、市艺术教育先进个人称号。中学先后有艺术教育专职教师 11 人，其中本科学历 10 人、大专学历 1 人；中学高级教师 3 人、中学一级教师 3 人、中学二级教师 5 人；获上海市中小学特级教师称号 1 人，获全国中小学优秀教师称号 1 人，获全国优秀辅导员称号 1 人，获市劳模称号 1 人。

硬件建设 建造山阳小学艺术教室1592平方米。添置艺术教育器材总价28万元。建山阳中学“艺苑”908平方米。添置艺术教育器材总价41万元。

学生素质 在各级艺术比赛活动中，学生屡屡获奖。中小学生获区以上主要奖项100多项，其中国家级6项、市13项。

教学科研 山阳小学编写的《学校艺术教育》《学校艺术教育活动指导》，经上海市师资培训处审查通过，作为学校教师自培基地的教材。中学编写的《民乐分册》《声音分册》《管乐分册》《美术分册》作为校本教材。中小学完成艺术教育论文和课题10多个(篇)。中学课题“探索适应21世纪农村学校艺术教育发展需要的农村艺术教学方法”获教育部一等奖。

学校知名度 山阳小学。1994年，被评为上海市艺术教育先进集体；1996年，副市长龚学平视察学校艺术教育，并题词“积极开展艺术教育、全面提高学生素质”；2005年，被命名为上海市艺术教育特色学校；2008年，被命名为上海市书法教育实验学校。1991年起，学校先后接受国家督导团艺体卫司、市政协、市教委督导团、外省市单位以及日本、瑞士、德国、澳大利亚等国访华团，近万人对艺术教育的考察论坛。

山阳中学。1994年，被评为上海市艺术教育先进集体；1997年，经教育部批准列为香港中学校长会议考察点；2000年，被上海师范大学艺术教育学院定为艺术实验基地、被教育部评为全国学校艺术教育工作先进单位；2002年，被教育部定为中学校长培训中心定点考察学校；2004年，被命名为上海市艺术教育特色学校；2006年，被评为上海市艺术教育先进集体。1991—2009年，先后接待美国、德国、日本、澳大利亚等国家8批代表团，包括中国香港在内的20多个省市地区，300多名教育部门干部、重点中学校长，到校考察论坛。

中小学艺术教育取得的成果，得到国家教委的关注。1998年1月20日，国家教委主任朱开轩视察学校，对学校开展艺术教育作出很高评价。

1991—2009年山阳小学艺术教育获市以上奖情况表(部分)

表27-7

日期	内容	颁奖单位
1991年5月	1992上海市学生歌会二等奖	上海市教委、艺教委
1995年12月	1995上海市学生乐队比赛小学组三等奖	上海市教委、艺教委
1995年12月	1995上海市学生乐队比赛小学组三等奖	第二届学生艺术节组委会
1996年10月	1996市第二届学生艺术节(器乐)三等奖	第二届学生艺术节组委会
1996年10月	1996市第二届学生艺术节(合唱)三等奖	第二届学生艺术节组委会
2000年12月	全国红领巾迪斯科大赛团体三等奖	市少工委
2001年12月	上海市第三届学生艺术节中小学优秀节目调演三等奖(舞蹈)	市学生艺术节组委会
2002年6月	2002年全国中小学优秀美术书法作品大赛团体一等奖	大赛组委会

续表 27-7

日期	内 容	颁奖单位
2002年10月	2002年上海市布谷鸟学生音乐节中小学乐队比赛三等奖	学生音乐节组委会
2006年	全国中小学优秀美术书法作品大赛团体一等奖	大赛组委会
2009年6月	2009年度第十四届全国中小学生绘画、书法作品比赛组织工作先进集体奖	中华人民共和国教育部艺术教育委员会

1991—2009年部分山阳中学艺术教育获市以上奖情况表

表 27-8

日期	获奖内容	颁奖单位
1991年7月	上海市歌咏比赛三等奖	上海市教委 市艺教委
1991年10月	1991上海市首届学生艺术节中小学舞蹈专场比赛三等奖	市首届艺术节委员会
1991年10月	1991上海市首届学生艺术节中小学器乐专场比赛二等奖	市首届艺术节委员会
2001年12月	2001上海市第三届学生艺术节中小学艺术活动创新项目奖	市第三届学生艺术节组委会
2005年1月	龙狮舞第五届全国校园春节联欢会表演一等奖	活动组委会
2006年12月	全国第二届中小学生艺术展演上海市活动舞蹈专场三等奖	活动组委会
2006年12月	全国第二届中小学生艺术展演上海市活动民乐专场三等奖	活动组委会
2009年	市青少年特色乐队展演奖	活动组委会

第五节 社区（成人）教育

一、社区学校

山阳镇社区学校，原为山阳镇（乡）成人中等文化技术学校（简称山阳成校），1989年5月，经县教育局批准成立。2005年7月，更名为山阳镇社区学校。

1990年，学校位于山阳镇山中路15号，占地面积1005平方米，建筑面积858平方米，教职工11人。1997年4月，学校迁至朱山路441号。2009年，占地面积5799平方米，建筑面积2072平方米，教职工7人，有九龙、向阳、渔业、新江、卫东、杨家、东方、华新、长兴、中兴10个村教学点和金海岸、三岛龙洲、戚家墩、金世纪、海趣、海云、金豪、联江、山新、康建10个居民区教学点。

1990年，学校被评为上海市先进办学单位；1994年，被评为全国农村教育综合改革先进单位；1999年，被评为上海市示范性乡镇成人中等文化技术学校、实施燎原计划先进乡镇成人学校；2009年，被评为上海市标准化成人学校。

1990—2009年，共办1479个班，学员202241人次。

二、教育培训

学校坚持“与当地经济建设和社会实际贴近、贴紧；坚持与学习者的实际需求和学习需求贴近、贴紧的办学宗旨”，通过长班、短班、讲座等形式，开展扫盲教育、学历教育、岗位技术技能培训。

1990—2009年，开办学历班（长班）220班，学员9101人次；岗位培训和等级工培训（短班）396班，学员27197人次；讲座554期（班），学员106679人次。村居教育点124点次，学员47678人次。

扫盲教育 1990年，山阳乡15—40周岁青壮年总人口16818人，文盲、半文盲967人，非文盲率94.3%。根据国务院《扫除文盲条例》、上海市“高标准扫除青壮年文盲”的要求，成立扫盲工作领导小组，开展扫盲工作。全乡20个村、1个居委会、23家企业，统一部署、统一教时、统一教材、统一考试，经过2年多时间的教学，经县教育部门统一考试，到1993年春，非文盲率为99.4%。之后又通过补文化、补技术，巩固扫盲成果，是年10月，经国家教委验收团验收达标。1994年起，结合实用技术培训，妇女“双学双比”等补文化、补技术学习，1996年，15—40岁青壮年非文盲率达98%、巩固率达95%。

学历教育 20世纪90年代初，为缓冲高中阶段入学高峰，实行中学生分流，山阳成校与县食品中专、市电视中专、市农业广播学校等学校联合开班，先后开办财会班、市场营销班、文秘班。1991年起，学校与市教委、市教育学院等联合开办大专班。2006年起，与中国石油大学、中国地质大学、西安电子科技大学等联合开办大学本科班。

1990—2009年，共开办学历班220个班（即长班），学员9101人次。

岗位技术培训 20世纪90年代初，镇（乡）党委、政府作出重点主攻第二产业、加快发展第三产业、优化提高第一产业的决定，产业发展的突出矛盾是岗位劳动者、技术人员、管理人才的缺乏，学校联合乡工业公司、上海针织厂、金山化纤厂、宏泰制衣有限公司、市政公司、建阳公司、农技站等单位，开展缝纫工、车工、小型建筑机械工、钳工、电焊工、市政施工员、预结算员、材料员、安全员等等级工培训及养鱼养虾等农副业技术培训。

1997年起，随着电脑的普及、持证上岗和继续教育需求的增加，开展计算机应用能力、会计电算、百叶窗制作、会计继续教育、电工、电焊工、安全员及特殊工种岗位培训和回乡知识青年继续教育等培训。

2005年起，实施上海市郊劳动力职业教育3年行动计划，开展计算机操作、公共区域保洁员、保安护林员、家政服务员、河道保洁员等培训。2007年起开展百万家庭学礼仪培训。2008年起，开展红十字急救培训和千村万户信息员等培训。

1990—2009年，共开办各类培训396个班，培训27197人次。

其他教育 主要有法制教育、健康教育、家长教育、卫生教育等。1990—2009年，开办讲座554班，受教育106679人次。2002年，开启村居教学点。至2009年，受教育47678人次。同时开办素质教育185个班，受教育11586人次。

1990—2009 年山阳社区成人学校办学情况表

表 27-9

年份	合计		长班(学历班)		短班(岗位技术班)		讲座		村居教育点		素质教育	
	班(点)数(个)	人数(人)	班数(个)	人数(人)	班数(个)	人数(人)	班数(个)	人数(人)	点数(个)	人数(人)	班数(个)	人数(人)
1990	68	3755	14	637	5	261	49	2857	—	—	—	—
1991	68	4736	25	1199	15	1285	28	2252	—	—	—	—
1992	39	3802	9	447	9	441	21	2914	—	—	—	—
1993	43	3788	9	398	11	728	23	2662	—	—	—	—
1994	37	3743	10	440	5	275	22	3028	—	—	—	—
1995	30	5299	12	472	5	353	13	4474	—	—	—	—
1996	37	6194	12	530	10	614	15	5050	—	—	—	—
1997	47	7351	13	594	8	496	26	6261	—	—	—	—
1998	57	7070	15	644	12	490	30	5936	—	—	—	—
1999	43	6778	14	602	6	493	23	5683	—	—	—	—
2000	33	15380	8	270	6	742	19	14368	—	—	—	—
2001	45	10784	8	262	9	1455	28	9067	—	—	—	—
2002	134	14094	9	304	56	3453	34	8369	11	797	24	1171
2003	71	10882	10	369	16	2032	19	5351	11	822	15	2308
2004	137	12901	10	449	20	1341	44	7938	11	945	52	2228
2005	134	9504	9	387	17	1427	36	4400	12	965	60	2325
2006	137	13389	9	366	19	2262	66	7322	24	1304	19	2135
2007	57	2052	6	282	36	534	—	—	15	1236	—	—
2008	160	35623	9	279	80	5067	36	3470	20	25388	15	1419
2009	102	25116	9	170	51	3448	22	5277	20	16221	—	—
合计	1479	202241	220	9101	396	27197	554	106679	124	47678	185	11586

第六节 驻境学校

1998—2009 年，先后有 12 所学校驻境内，其中幼儿园 4 所、小学 4 所、初中 1 所、九年一贯制学校 2 所、少年军校 1 所。

驻境学校情况表

表 27-10

校名	校址	入驻年月	占地面积（平方米）	建筑面积（平方米）
康城幼儿园	同凯路 25 号	2001 年（迁入）	3330	2560

续表 27-10

校名	校址	入驻年月	占地面积（平方米）	建筑面积（平方米）
福尔优“双语”幼稚园	龙胜东路 789 弄 44 号	2003 年	3960	2300
新金山幼稚园	松卫南路 88 号	2006 年 9 月	37000	21000
新城幼儿园	龙轩路 708 号	2009 年 9 月	9983	5890
永昌学校分校	山富路 99 号	1998 年	37333	6700
海棠小学	卫阳南路 800 号	2007 年(迁入)	30000	12794
民办金山嘴小学（原名皖寿育才学校）	金山嘴集镇	2009 年 9 月	5228	2048
民办九阳小学	朱山路 441 号	2009 年 9 月	4080	1425
金山小学	龙轩路 750 号	2009 年 9 月	34110	11042
金山初级中学	龙皓路 821 号	2009 年 9 月	41824	21312
未来学校	东门集镇	2003 年	7000	1170
金山区少年军校	金山嘴原陆军营房	1999 年	14547	3130

第七节 教　师

一、教师队伍

1990 年，山阳中学、小学、公办幼儿园共有教师 412 人。其中，高级职称 1 人（中学），占教师总数的 0.24%；中级职称 49 人（中学 28 人、小学 18 人、幼儿园 3 人），占 11.89%。本科学历 13 人（中学），占 3.16%；大专学历 72 人（中学 62 人、小学 9 人、幼儿园 1 人），占 17.48%；中专学历 183 人（中学 20 人、小学 149 人、幼儿园 14 人），占 44.42%。

2009 年，山阳中学、小学、公办幼儿园共有教师 245 人。其中，高级职称 16 人（中学 11 人、小学 3 人、幼儿园 2 人），占教师总数的 6.53%；中级职称 154 人（中学 63 人、小学 80 人、幼儿园 11 人），占 62.86%；本科学历 124 人（中学 88 人、小学 23 人、幼儿园 13 人），占 50.61%；大专学历 71 人（中学 11 人、小学 53 人、幼儿园 7 人）占 28.98%；中专学历 50 人（中学 4 人、小学 27 人、幼儿园 19 人），占 20.41%。

1990—2009 年山阳中小幼教师情况表

表 27-11　　单位：人

年份	幼儿园	小学	中学	合计
1990	21	266	125	412
1991	21	239	110	370
1992	20	258	113	391

续表 27–11

年份	幼儿园	小学	中学	合计
1993	20	247	109	376
1994	24	217	100	341
1995	24	228	118	370
1996	21	241	124	386
1997	21	211	119	351
1998	18	203	117	338
1999	17	203	123	343
2000	22	139	130	291
2001	22	134	123	279
2002	20	176	135	331
2003	20	148	131	299
2004	21	154	128	303
2005	21	141	124	286
2006	24	127	119	270
2007	28	123	114	265
2008	33	111	103	247
2009	39	103	103	245

注：表中为公办幼儿园

二、进修与培训

学历进修 1980 年起，通过“三沟通”（自学、电视教学、面授辅导）、“三结合”（电视教育、业余面授、自学考试）等形式进行学习。至 2009 年，中、小、幼 300 多名教师参加各类学历进修。

职务培训 1990 年起，全体教师参加教师进修学院实施的“八五”“九五”“十五”教师职务培训。按规定每位教师每 5 年内完成 240 教时培训。培训的内容分公共课和自选课。公共课是市教委规定的 4 门课，即“新时期教师师德修养”“教育科研方法基础”“教育政策法律法规”“特殊教育概论”，通过收看录像学习。自选课由教师结合本人专业选择相关科目学习，可在全市、全区范围内选择所开培训科目，报名参加学习。培训实行学分制，学习一门取得相应学分，满 24 分为合格。中学高级教师须完成 540 学时培训，含课题研究、指导青年教师、论文写作等。1998 年，山阳小学被区教育局命名为“自培基地”，学校自行组织教师培训，认可学分。山阳小学编写的《学生艺术教育》《学校艺术教育活动指导》，经市教委师资处审核通过，作为学校自培基地教材。中小学教师的职务培训完成率达 100%。

三、师德教育

1990 年，开展向人民教育家陶行知先生学习活动，学习陶行知先生“捧着一颗心来，不带半根草去”的无私奉献精神和“爱满天下”的崇高师德，结合学校实际开展“把微笑带进课堂、把爱心献给学生”等活动。1993—1996 年，开展向山阳中学吴永祥、枫泾小学沈晓宏、朱泾小学颜力、新农中学戴绚学习活动。2002 年，开展向上海市优秀教师查文红学习活动，学习她敬岗爱业，热爱学生。2003 年，开展以“我是家庭一员，应对家庭负责；我是单位一员，应对单位负责；我是社会一员，应对社会负责”为主要内容的责任意识主题教育活动。2007 年，开展评“我心中的好老师”活动。1990—2009 年，中小幼成教师评为市级以上先进称号的有 40 余人次。1994 年，吴永祥被评为上海市中学特级教师。2001—2003 年，陈勔被评为上海市劳动模范，2005 年，获评上海市特级校长。

四、尊师重教

1985 年，设乡镇园丁奖。每年教师节山阳镇（乡）党委、政府都举行庆祝活动，表彰先进、慰问教师。1993 年，山阳镇建立教育奖励基金会。是年，筹建基金 62 万元，奖励 28 名先进教师、100 名好学生，其中为镇艺术教育作出贡献的山阳中学教师吴永祥奖金 1 万元。至 1998 年，奖励基金达 119 万元，奖励教师 167 人，奖励和助读贫困学生 632 人。1993—1995 年，山阳镇建教工优惠住房 82 套，以优惠 50%（每平方米 400 元、440 元、480 元）卖给教师。由政府供土地、解决“三通一平”私建公助教师住房 14 幢。2003 年起，学校每天租车接送住石化教师上下班。1993 年起，先后有 4 名教师进入镇领导岗位。1998—2003 年，吴永祥当选为上海市第九届政协委员。1991 年，乡长杨仁龙被评为上海市尊师重教先进个人。1992 年，山阳乡被评为上海市尊师重教先进集体。

五、教学科研

收集到 1993—2009 年，山阳中学、小学、幼儿园教师区（县）级以上论文、课题 32 篇（个）。其中，中学 13 篇（个），小学 12 篇（个），幼儿园 6 篇（个）。

1995—2009 年山阳中小幼教师教研课题情况表

表 27-12

	课题名称	级别	负责人	立项时间	结题时间
中学	与艺术教育相结合的语文活动课理论与实践的研究	市级	周国均	1998 年	2000 年
	农村家庭学校对素质教育的作用	市级	马惠珍	1996 年	1998 年
	农村家庭教育对学生实施素质教育的影响	市级	马惠珍	1999 年	2001 年
	探索适应 21 世纪农村学校艺术教育发展需要的农村艺术教学方法	国家级	陈　勔	2001 年	2004 年
	农村初级中学创建学习型家庭的指导策略研究	市级	马惠珍	2002 年	—
小学	发挥地区艺术教育特色，探索活动课程（艺类）的教学模式	县级	王念东	1995 年	1997 年
	农村小学自律教育的实践与探索	区级	吴美观	1999 年	—

续表 27-12

	课题名称	级别	负责人	立项时间	结题时间
小学	如何指导艺术特色班家长在家庭中营造艺术气氛	市级	吴美观	1999 年	—
	家庭教育指导现状的调查报告	市级	濮明君	1999 年	—
	小学高年级语文立体式、开放型阅读课型的研究与实践	市级	杨红妹	2001 年	2003 年
	创建学习型家庭的策略研究	市级	濮明君	2000 年	—
	小学劳技课中的开放式教学	区级	沈红	2002 年	—
	探索适应 21 世纪农村学校艺术教育发展需要的农村艺术教学方法	国家级	王念东等	2003 年	2004 年
幼儿园	发挥农村优势，开发利用户外体育器具研究	市级	沈渊洪	1999 年	2002 年
	乡土化运动课程园本化研究	市级	沈渊洪	2004 年	2005 年
	农村自然物在幼儿区角活动中投放和利用研究	区级	潘秋红	2003 年	2006 年
	以童谣为载体，提高幼儿道德启蒙教育有效性研究	市级	沈渊洪	2004 年	2007 年
	构建具有乡土特色的幼儿学习活动方案研究	区级	潘秋红	2005 年	2008 年
	以民俗节日为载体的幼儿文化教育研究	区级	陈未莘	2007 年	2009 年

1993—2003 年山阳中小学教师发表论文情况表

表 27-13

	论文题目	发表刊物	作者	年份
中学	建设艺术教育特色学校模式构想	《中学教育》	宋明仁	1993
	还课堂为学堂、还课堂于学生	《上海教育研究》	姚 戎	2000
	弘扬艺、体办学特色，创建城郊一流学校	《中学教育》	陈 勖	2003
	刍议农村艺术教学方法	《中学教育》	周国均	2003
	重视人文素养培养，营造诗一般的育人环境	《中学教育》	姚 戎	2003
	深化教学管理改革，全面提高教学质量	《中学教育》	乔辉杰	2003
	以特色艺术为载体，全面推进德育改革	《中学教育》	张忠余	2003
	培养学生提问能力刍议	《中学教育》	周美萍	2003
小学	探索艺术教育师资队伍的自培策略	《区特色教育系列丛书》	沈 红 袁卫杰	1997
	农村家庭生活环境、家长基本素质与家庭活力特征的调查研究报告	《市家庭教育论文集》	濮明君 蔡忠春	2000
	情绪教育中亲子沟通的问题和方法	《区首届中小学心理健康教育专职教师培训班论文集》	俞兴军	2002
	自然学科中渗透环境教育	《区科普论文集》	吴念时	2000

第八节　经费　校舍设备　校办企业

一、经费

财政拨款 1989年起，中学、小学、幼儿园（公办）、成人学校的教师工资、津贴以及其他公用费在镇（乡）财政包干经费中支付，不足部分由镇（乡）政府统筹解决。2003年3月起，中小学教师工资由区财政管理和发放，原有两级财政管理体制不变，公办幼儿园维持两级财政体制。2005年1月起，区财政将由乡镇管中小学的经费范围覆盖到全部人员经费。2006年起，中小学教育经费全部纳入区一级财政，结束自1989年起实行的分级管理财政体制，中小学校舍改建、翻建、迁建等基本建设仍需镇财政承担部分经费，幼儿园园舍新建、改建以镇财政为主，教育局适当补贴。

1990—2009年山阳镇（乡）教育经费拨款情况表

表27-14　　单位：万元

年份	教育经费	年份	教育经费	年份	教育经费	年份	教育经费
1990	209.23	1995	682.61	2000	1068.38	2005	1876.56
1991	229.27	1996	821.72	2001	1110.03	2006	202.74
1992	250.89	1997	922.27	2002	1459.5	2007	218.46
1993	432.11	1998	855.56	2003	1453.89	2008	277.76
1994	520.29	1999	954.97	2004	1710.76	2009	247.04

杂费收入 1988年，初中和小学免收学费。1989年9月起，初中、小学和幼儿园改收杂费，初中每生每学期20元、小学10元、幼儿园每月21元。1993年起，小学杂费30元、初中50元。1996年起，小学杂费50元、初中80元。2005年起，对九年义务教育阶段就读困难的学生实行“两免一补”政策，免杂费、课本费、补伙食费。2006年起，免收杂费。2007年起，免收课本费。

1998—2009年生均公用经费支出情况表

表27-15　　单位：元/人

年份	初中	小学	幼儿园	年份	初中	小学	幼儿园
1998	669.47	243.09	1325.12	2004	855.84	889.74	1236.18
1999	781.19	283.7	948.01	2005	1137.24	1116.31	1376.03
2000	787.86	302.12	1051.57	2006	1467.67	2428.44	1515.85
2001	752.46	459.82	1115.06	2007	2011.50	1989.65	1998.94
2002	459.86	566.04	1056.41	2008	—	—	—
2003	607.9	566.51	1081.53	2009	—	—	—

教育费附加 1985 年起，按照乡镇、村企业上年利润的 3% 开征农村教育费附加，后根据征收情况作几次调整。1993 年起，改为按销售收入或营业额的 2‰征收。1986 年起，按“产品税、增值税、营业税”税额的 1% 征收，1993 年，调整为按“增值税、营业税、消费税”的 3% 征收。

捐资助学（部分） 1985 年印刷机械厂捐资 1 万元，卫东村捐资 1 万元，海塘工程所等单位及潘文达等个人共捐 11 万元。1986 年，中兴村捐 3 万元，建中兴中学教学楼。1990 年，全乡捐 40 多万元筹建官桥小学。1991 年，捐 21.48 万元。1992 年，捐 43.98 万元。1994 年 12 月 8 日，日本国二元筑波株式会社社长富井义则捐 5 万美元。1997 年，香港知名人士邵逸夫捐 100 万港币建山阳小学。

二、校舍设备

校舍 1988—1998 年，学校布局调整和陈旧校舍改造，新建校舍 1.8 万平方米，改造陈旧校舍 0.42 万平方米。

1988 年，建凉亭小学 1166 平方米，投资 22 万元。1990 年，建进兴小学 792 平方米，投资 25 万元；汀南小学 534 平方米，投资 19 万元；山阳中心小学 2 号楼（老校舍）二层翻三层，增加面积 330 平方米，投资 15 万元。1991 年，建官桥小学 1263 平方米，投资 45 万元；建山阳中学“双修楼”1642 平方米，投资 80 万元。1992 年，建山新街 137 弄 1 号山阳中心幼儿园 1334 平方米，投资 60 万元。1993 年，建七一小学 1004 平方米，投资 30 余万元；建中山小学 1270 平方米，投资 80 万元；建山阳中学“葵园”615 平方米，投资 40 万元。1991—1993 年，改造金山嘴小学、东门小学陈旧校舍 1800 平方米；改造山阳二中、中兴中学陈旧校舍 2421 平方米。1995—1997 年，建山阳中心小学（山南路 85 号）1—4 号楼等 6147 平方米，投资 800 万元（其中区教育局 150 万元、邵逸夫 100 万元港币），新校舍被评为全国 50 所标准学校之一。1996 年，建山阳中学饭厅与多功能会议室 960 平方米，投资 90 余万元。1998 年，建山阳中学“艺苑”908 平方米，投资 100 万元。

1999—2004 年，实施市“中小幼标准化建设工程”。建筑面积 0.74 万平方米。其中 2000 年建山阳中学“弘毅楼”，2394 平方米，投资 468 万元。2003 年，建山阳小学五号楼和体育馆等，2672 平方米，投资 404.6 万元（区财政 174.5 万元、城市附加 230.1 万元）。2004 年，建山阳中学实验室和门卫室、扩建山阳镇中心幼儿园等共计 2373 平方米，投资 180 万元。

2007 年，改造山阳幼儿园海趣分园，建筑面积 650 平方米。2008 年，改扩建山阳幼儿园 1384 平方米，其中 636 平方米由镇农技中心划入。2009 年，投资 520 万元建来沪人员子女义务教育民办九阳小学、金山嘴小学和镇早教中心。

设备 20 世纪 90 年代起，为配合课程教材改革，市、区（县）教育局多次下拨农村中小学设备专用资金，用于专用教室建设和设备购置。1997 年起，中小学更新课桌椅、配备专用教室、多媒体教室、安装投影仪、音像设备、更新体育设施（是年 3 月山阳中心小学建塑胶跑道）。1998年，中小学配电脑58台。1999年，中小学开始建ISDN“一线通”电子信箱；2000年，接“互联网”，2001—2003年，接“宽带网”；2004年，建校园网站；2007年，配置教师计算机。

2009年，中小学拥有计算机房、实验室、劳技室、音乐室、美术室、多媒体教室、阶梯教室（多功能会议室）、体育房、阅览室和校园网体系、闭路电视体系、音控广播体系。教室都有“三机一幕”，即计算机、彩色电视机、投影仪、大屏幕。有汽车3辆（其中小学1辆、中学2辆）、计算机450台（中学303台、小学147台）、图书77591册（中学32463册、小学45128册）、电子图书467GB（中学466GB、小学1GB）。固定资产3278.39万元（中学1778.63万元、小学1499.76万元），其中仪器设备830.63万元（中学409.10万元、小学421.53万元）。

三、校办企业

小学 20世纪70年代中期，始办新江小学校办厂。之后有山阳塑料厂、进兴塑料厂、沪南电子厂、校办商店、银海塑料化纤厂、三通商场、中兴塑料厂、中山电讯厂、阳灵厂、汀南塑料厂、进兴食品厂、山华公司、新阳公司、桑普拉斯塑料有限公司（中日合资）、中兴电光源厂、卫东滚动体厂、东振市政公司等。1996年，中兴电光源厂产值374万元，利润32.57万元；卫东滚动体厂产值239.9万元，利润25.87万元；银海塑料化纤厂产值600万元，利润23.45万元。东振市政工程公司产值130万元，利润14.6万元；中山电讯厂产值126.4万元，利润13.30万元。是年，山华公司被评为市勤工俭学先进集体，银海塑料厂厂长朱金龙被评为上海市校办企业先进个人。

中学 1989年，创办山阳粘合剂厂，主要生产高分子合成的粘合剂（白胶）、地板胶、墙布胶、107胶水。是年盈利20余万元，位居金山县校办工业前列，厂长王敏被评为上海市勤工俭学先进个人；1994年，利润超50万元，被评为上海市勤工俭学先进集体；1996年，产值1311万元，利润119万元。“白胶”被评为市“优秀科技产品”。山阳中学电力安装公司，经理王庆慧1994年被评为市勤工俭学先进个人；1996年，产值781.55万元，利润50.09万元。

成校 20世纪80年代末，创办山阳包装材料厂，生产口服液瓶盖销往山东、云南。1992年、1993年，连续两年创利超60万元。1992年，厂长张友连被评为上海市勤工俭学先进个人。

1999年至2003年，山阳校办企业先后与学校脱钩，歇业或转制。

第二十八章 科学技术

1990—2009年，贯彻落实国家科学技术普及法等法规文件精神，围绕山阳经济和社会发展规划、目标，开展农村基层干部群众的科技素质培训，进行科学技术的普及和宣传活动，承担和实施科技产业化项目，探索科技型、市场型、高效型发展新路，促进全镇经济社会又好又快发展。1998年，山阳镇被市科委评为金山区唯一的“科技产业化密集型乡镇”。

第一节 机 构

1983年7月，公社管理委员会1名副主任分管科学技术工作，兼任新成立的科协主任。1985年，乡政府科技助理负责科技工作，任科协主任。1990年，科协主任改称科协主席。2001年，科技工作归口镇党委办公室（2007年为党群工作办公室）。

山阳镇（乡）科学技术工作以科协为工作、服务机构，以学组、研究会及企业科技团队活动为基础，开展群众性科技研究、试验、示范、普及和推广等活动，协助协调技改和各项新技术、新工艺、新产品、新项目的落实、初评上报及成果鉴定，科技新产品开发和科技产业化项目的申报、论证、实施等工作。

1983年，科协设13个学组。1987年，改设工业、农业、副业、文教、医卫5个学组和水产、养禽、养猪、西瓜、蚕桑、种子、果树7个专业研究会。1996年，调整为工业、农业、文化教育、医学卫生、科普宣传5大学组。2003年后，科协设工业、农业、文教、医卫、社区（村居）5大学组。2009年，镇科协共有会员120人。各学组按照科协章程、工作计划及重点等组织开展学术讨论、课题研究等活动。

第二节 科技活动

一、科技培训

依托镇成人中等文化技术学校、社区学校和区有关部门、培训机构，对干部群众进行科学技术、岗位技能等培训。

1990年起，每年举办电工、电焊工、司炉工、铲车工等技术培训班，办理专业合格证。每两年一次对获合格证书者进行复证（知识更新）培训。开展农村实用技术、岗位技术培训。1994—1996年，举办职业技术教育、培训130个班，培训12777人次。1995—2000年，举办党员干部经济、经营管理和农村实（适）用技术培训班。2001年后，根据山阳实际和市场、企业需求，举办电脑、电子仪表调试、电子操作工、保安（卫）、服饰缝制、护林、建筑物保洁、会务接待、超市营业员、家政服务、中式烹饪、仓库管理等各类技术、技能和上岗培训班。2005—2009年，职工岗位、技能（等级）培训2845人，2009年，培训来沪农民工200人。

二、科技实施

围绕"科技兴镇""品牌兴企""创新驱动转型发展"等目标任务，在工业企业中开展技术改造、技术创新、新产品开发等科技项目论证实施，组建发展本行业企业科技活动团队。1990—1995年，实施技改项目13个。1996—1998年，共向市、区申报科技产业化和技术改造项目27个，总投资1亿元。2000年，有17家企业技术改造，项目总投资1.1亿元，有15家企业通过技改项目验收。申报列入市星火、火炬等科技产业化项目5个。2002—2006年，有15家企业实施技术改造，项目投资3.16亿元，17个项目被评为市高新技术成果转化项目，12家企业获评市高新技术企业，6家企业、28个产品完成产品标准制定。联合利华公司生产的酱油被列为国家免检产品。2007年，投入技改资金1.43亿元，培育科技"小巨人"企业1家，申请专利32件。上海东大聚氨酯有限公司博士工作室研发团队有13人，其中博士生2人、硕士生4人、专业工程师7人，平均年龄28周岁。研制的普通型化学灌浆材料达到行业领先水平，应用于地铁隧道工程；低温加固和低温填充特殊化学灌浆材料应用于煤矿安全生产。2005年，华峰集团上海公司发起并参与制定的"聚氨酯束状超细纤维合成革""聚氨酯合成革"行业标准，被全国塑料制品标准化委员会审查通过。2006年8月，经中国塑料加工工业协会批准，在公司建立中国聚氨酯超细纤维复合材料研发中心。1995年8月，退伍军人、山阳纸箱机械厂分管技术、生产的副厂长曹雪云获共青团中央、科委授予全国星火青年带头人称号。

根据"二三一"产业序列调整、做精、优化一产的农业转型发展战略，在开展建设"三高"、标准化粮田及丰产方（片），指导大棚栽培、外贸蔬菜种植、特种养殖，引进和推广珍稀果蔬品种，试行蔬菜—玉米、西瓜—水稻"高优高"茬口搭配模式等科技活动中，推广应用农业新技术。1988年、1991年，先后推广应用水稻栽培底膜育秧、抛秧新技术。1994年，推广水稻轻型栽培533.33公顷。1996年，引进推广"93-31""93-63"水稻优良品种大面积种植，发展罗氏沼虾、肯德鸡等名特优产品。2004年，起重点研究实施南瓜、西葫芦、蔬菜、优质葡萄、食用仙人掌和南美白对虾等种养业新技术，对农户加强指导服务和培训，大棚种植产出比常规种植效益提高5—7倍。研究探索现代都市农业，增强农业服务城市、改善生态功能，使农业增效、农民增收的新路子。2008年，扶持新型专业农民23户、农业专业合作社6个、农业企业2家，培育农业品牌2个。

传播医学卫生科学知识，倡导科学健康生活方式。2003—2008年，设摊宣传80余次，健康咨询答疑服务1万多人，发现高血压、高血糖人群增多，且低龄化，为探索研究有效的防控措施免费测量血压、血糖4.3万人次；发放卫生健康科普资料4万多份，举办讲座50余次，受众3600余人，为80岁以上老年人免费体检1000余人次。2008年起，建立健康自我管理小组和全民健康生活方式示范场所。

将科技教育作为学校素质教育的重要内容，组织学生开展车模、船模、航模的小发明创造，动物标本制作等动手动脑的科技活动，培养学生的创新精神和动手、实践能力。2002年，山阳小学被评为金山区第一届青少年科技节先进学校。2003—2008年，山阳中学有5716人次学生参加市、区两级的各类科技竞赛，获3个市级团体奖项、1个区级团体奖项。学生刘越自主完成的半圆形花园袋获国家外观设计专利证书。山阳小学在航模、智力七巧板等竞赛中，获市级团体奖5次、区级团体奖11次。

第三节 科技项目及成果

一、科技项目

上海市高新技术成果转化项目 1996年以来，山阳先后有上海东云信息技术发展有限公司“电力市场电厂安全报价网关软件VI·O”，上海伟航电脑针织有限公司“电脑一次成型无缝内衣”，上海冠卓企业发展有限公司“冠卓智能登船海梯”，上海蓝景膜技术工程有限公司“UFH-PS改性聚砜中空纤维膜及膜组件”，上海天强纺织有限公司“采用经轴预缩打卷机装置生产衬布”和“污水絮凝剂”“电动后视镜”“电气石砂制品”等27个项目，列为市高新技术成果转化项目。

上海侨茂建筑防水材料有限公司的“聚合物速效防水胶实验室建设及关键技术研发”被列为市高新技术成果转化项目、市重点成果转化项目；“零挥发有机物水性涂料的研发及中试生产”被列为“世博科技专项”。上海向隆电子科技有限公司“植入式LED超低损耗导光板”被列为“国际合作项目”。

星火计划项目 1986年起，由科委组织实施。星火计划项目分国家级和市级、市级区（县）管，山阳共有18个。

国家级项目。上海新建切纸机械厂“QZ137D型全张高速切纸机”。

市级项目。山阳化工厂“二茂铁”、山阳飞新机械厂“MZ940型圆压平横切机”、山阳奶牛场“奶牛高产技术示范”、上海皮革手套厂金山分厂“MC-1不思议（袜船）系列产品”、上海飞达羽绒服装厂山阳分厂“查理牌多功能羽绒服”、上海新建切纸机械厂“QZ137B型/QZ202BR高速切纸机”、山阳市政工程公司“下水道聚氯乙烯柔性接口开发及应用”、上海华南“老蔡”食品公司“低盐度酱菜及调味品系列”、上海亨井电子实业有限公司“笔记本电脑连接器”和山阳纸箱机械厂“九龙牌ZXHG热风循环纸箱快速烘干机”等。

市级区（县）管项目。山阳纸箱机械厂“PYQ401 四开平压压痕切线机”、金山晒图机厂“医药用管制瓶系列生产工艺开发”、山阳飞新机械厂“QZ-2100 型单刀式切纸机”、上海电讯器材厂山阳分厂“EH- 型”头戴式送受话器、昆鹏化纤有限公司的“POY 超细弹纺线”和锦山食品公司的“盐渍品蔬菜等产加销一体化”等。

火炬计划项目 1992 年起，由科委组织实施的、以高新技术产业化、培育新的经济增长点为目的科技产业化计划。

上海向隆电子科技有限公司的“外接式磁碟机”“光盘驱动盒”“手提式远红外线遥控电脑键盘”“平台扫描仪”和上海系同电子工业有限公司的“游戏驾驶方向盘”、上海未来企业有限公司的“S-3022 密闭系统缓蚀剂”、上海鑫灵精细化工有限公司的“XLT-1808 柴油流动改进剂”等 14 个项目列为市科委火炬计划项目。

重点新产品计划项目 由科委组织实施。1992 年以来，山阳有上海新建切纸机械厂的“QZ137B 型全张高速切纸机”、上海金山侨茂综合工程公司的“987 内墙彩色墙饰料”等 3 个项目列为国家级重点新产品或新产品开发项目；上海圣尔诺电热材料有限公司的“碳晶电热板”、上海东云信息技术发展有限公司的“电力市场电厂安全报价网关软件 VI·O”等 4 个项目列为市重点新产品项目。

创新基（资）金项目 2000 年起，国家设立创新基金项目，市、区衔接配套，设市、区创新资金。

国家级项目。上海新兆塑业有限公司“利用再生聚苯乙烯生产 XPS 保温板技术和设备”、上海新伊维环境设备有限公司“使用 MCT 技术的新型空气净化设备”和上海邦正科技发展有限公司“基于 NCN 技术的物流 ASP 实时运行平台”3 项。

市级项目。山阳化工设备厂“危险化学品车用安全止流系统”、上海金树树脂粉末有限公司“环保冷溶型聚乙烯醇微细粉胶黏剂”和上海冠卓企业发展有限公司“冠卓智能快速脱缆钩”3 项。

区级项目。山阳农业技术推广服务站的“大棚葡萄高产栽培技术”“芦荟引进大棚栽培研究”“申优 4 号水稻新品种高产栽培技术应用推广”3 项。

2006 年，山阳化工设备厂的“内置式安全止流底阀”、上海向隆电子科技有限公司的“37 英寸高功率高亮度 LTD TV 背光模组”被列为市登山计划攻关项目。

二、科技成果奖

1988 年，渔业村杨效生主持的“变位底拖网研究”，获上海市农业委员会、市财贸办公室联合颁发的科技进步三等奖。

1990 年，山阳乡奶牛场“奶牛高产技术”获市星火计划一等奖；山阳市政工程公司“地下顶管工程”，获上海市建筑联合会“顶管应用成果奖”；山阳乡副业公司等 7 家单位的“金山县池塘养鱼高产技术大面积推广”、上海新建切纸机械厂的“QZ137D 型全张高速切纸机”分获上海市星火计划一、三等奖。

1992年，山阳市政工程公司的“下水道聚氯乙烯胶泥柔性接口施工技术研究”、山阳第一奶牛场的“奶牛高产技术示范”同获金山县科技进步一等奖，山阳蛋鸡场的“推广应用蛋鸡高产技术”获金山县科技兴农推广奖。

1993年，山阳纸箱机械厂的“九龙牌ZXHG热风循环纸箱快速烘干机”获上海市星火计划项目三等奖。

1994年，上海金海鞋业有限公司被评为市科技产业化经济效益最好的10家企业之一，该公司的“奇安特运动鞋”和上海飞达羽绒服装厂山阳分厂的“查理牌多功能羽绒服”、上海山阳建设（集团）公司的“下水道聚氯乙烯柔性接口开发应用”3项获上海市星火计划项目三等奖。

1997年，上海向隆电子科技有限公司的“高性能计算机键盘”、金山晒图机厂的“SD1200F型高速晒图机”分获金山区科技进步二、三等奖。1999年，上海金山侨茂综合工程公司的“987内墙彩色墙饰料”获金山区科技进步二等奖；上海向隆电子科技有限公司的“电脑外接式磁碟机”、上海三乐高分子材料有限公司的“聚丙烯专用涂膜料、中缝料”同获区科技进步三等奖；山阳镇农科站的“油菜‘三防’高产稳产综合技术推广”获区科技兴农推广三等奖。

2003—2008年，上海向隆电子科技有限公司的“笔记本电脑扫描仪”被评为上海市优秀火炬计划项目；上海三乐高分子材料有限公司的“聚丙烯彩印专用涂膜料（SLPP-200B）”、华峰集团上海公司的“超纤皮革（SFG、XG、RMG、JB）”等3个高新技术成果转化项目被上海市科委评为上海市高新技术成果转化“百佳”项目；上海东云信息技术有限公司的“华东电网广域动态实时监控系统WAMAP”获上海市科技进步二等奖；华峰集团上海公司的“聚氨酯超细纤维复合材料”获金山区科技进步一等奖。

2009年，上海新兆塑业有限公司的“利用再生聚苯乙烯生产XPS保温板的技术和设备”获市科技进步二等奖。华峰集团上海公司的“新型复合材料束状超细纤维聚氨酯高档仿真合成革的开发和应用”获上海市科技进步三等奖，公司获中国塑料行业先进单位和第二届“上海最具活力科技企业”称号。

上海冠卓企业发展有限公司的“冠卓智能快速脱缆钩”、上海东大聚氨酯有限公司的“年产5万吨聚氨酯及5万吨特种聚醚单体项目”和上海朝田实业有限公司的“CTU节能安全一体化液压泵站”分获2009—2010年度金山区科技进步一、二、三等奖；上海向隆电子科技有限公司的“LED灯管”获金山区发明创造实用新型专利奖。

三、展览评比奖

1990—1992年，上海金海鞋业有限公司的“奇安特运动鞋”先后获中国首届鞋文化博览会质量奖金奖、第二届北京国际博览会银奖、上海首届科技产品会银奖、全国大中型商场畅销产品奖、“中华精品鞋类”第一名和商业部最畅销产品“金桥奖”。

1993年，金山化纤厂的“POY和DTY弹力丝产品”获上海第二届科技博览会银奖。1997年，金山嘴碳黑厂的“计算机联锁自控生产碳黑”获上海第四届科技博览会银奖。

1999 年，上海昆鹏化纤有限公司的“涤纶包覆丝”、金山侨茂综合工程公司的“内墙彩色墙饰料”同获上海第五届科技博览会金奖。

1995 年，山阳工程建设（集团）公司自行研制成功的“PVC 柔性接口的开发与应用”，获联合国中国分部“发明创新科技之星奖”。

1996 年，上海华南食品有限公司生产的“老蔡”酱油和酱菜系列，分获第五届亚洲及太平洋国际贸易博览会金、银奖。

是年，由上海振金建筑装潢工程总公司承建的“山阳中心小学逸夫教学楼建筑工程”，获“上海市十佳工程”大奖和上海市建筑工程质量“白玉兰奖”。

2006 年，上海侨茂建筑防水材料有限公司的“零挥发有机物水性涂料”获市第 16 届发明展览会金奖；2007 年，“零 VOC 纳米涂料”以优异的环保性能，获法国巴黎国际发明展览会银奖，公司产品获上海市建设工程材料重点推荐品牌金楹奖 2007 综合实力奖。

2009 年，山阳田园“加禾 1 号大米”获金山区优质大米评比一等奖。

第四节　培育科技企业

1990—1995 年，完成企业技术改造项目 13 个。1996—2009 年，完成企业技术改造项目 43 个，投入技改等科技项目资金 8.68 亿元。

1990—2009 年，实施“星火计划”“火炬计划”“重点新产品计划”“高新技术成果转化”“创新基金”等科技产业化项目 85 个，推动地区经济可持续及转型发展。

增强企业商标注册、发明创造、专利申报、质量体系及环保体系认证的意识，发挥品牌效应。上海三乐高分子材料有限公司获上海市名牌企业称号；公司产品“三乐牌聚丙烯专用涂膜料”和上海士仓货架制造有限公司的“士仓金属支架”被评为上海市名牌产品。2003—2009 年，申报发明专利 40 件、实用新型专利 53 件、外观设计专利 1 件。15 家企业通过 IS0 9002 系列国际质量体系认证。

引导区域内企业争创、申报国家高新技术企业、市科技“小巨人”企业、创新型企业等，走自主创新集群发展之路。上海向隆电子科技有限公司 1998 年获“上海市高新技术企业”（全区共 2 家）称号，实现了金山区上海市高新技术企业“零”的突破；1999 年，被评为上海市“三上”（技术上水平、生产上规模、经济上效益）企业。2007 年，上海三乐高分子材料有限公司和上海侨茂建筑防水材料有限公司被评为中国优秀民营科技企业。2008 年，华峰集团上海公司列为上海市首批创新示范试点企业（全区 5 家），入选上海市民营科技企业“百强”企业（全区 4 家），入围第四届上海市创新型（全区 8 家）企业。

至 2009 年，全镇有 14 家企业 27 次获评上海市高新技术企业，2 家企业获上海市科技“小巨人”（培育）企业，77 个科技产业化项目成果转化为生产力。

第五节 专业技术职称评聘

1988 年 2 月，经县乡镇企业技术职称专业委员会批准，山阳乡首批 39 人评定企业技术职称。其中，助理工程师 3 人、技师 15 人、技术员 21 人。9 月，成立山阳乡职称改革领导小组。11 月，乡下发《关于开展农村集体单位专业技术职务聘任制工作》的通知，规定获专业技术职务任职资格证书的在岗人员，一般实行评聘结合。翌年 1 月，建立乡集体单位工程技术专业初级职务评审委员会，负责工程技术专业初级职务任职资格的评审及中级职务的评审推荐。农业、畜牧、水产、会计、经济等系列专业初级职称评审分别由县相关评审委员会评审。

1990 年，全乡工程、农副业、经济、会计、统计、图书和档案等系列，获专业技术职务任职资格证书 416 人，其中中级职称 9 人、初级职称 407 人。

1991 年起，乡初级评审委员会，只负责农村集体企事业单位申报评审专业技术职称的人员，进行初评并上报区（县）相关评审委员会评审。是年 5 月，申报政工干部职称评定，至 1993 年底，镇机关 7 人获评，其中政工师 3 人、助理政工师 3 人、政工员 1 人。

1989—2009 年，共评为初、中、高级专业技术职称 780 人，其中初级 703 人、中级 74 人、高级 3 人。

1989—2009 年山阳镇（乡）获评专业技术职称情况表

表 28-1　　单位：人

年份	职称人数	其中			年份	职称人数	其中		
		初级人数	中级人数	高级人数			初级人数	中级人数	高级人数
1989	39	24	15	—	2000	—	—	—	—
1990	416	407	9	—	2001	—	—	—	—
1991	—	—	—	—	2002	16	14	2	—
1992	2	1	1	—	2003	13	11	2	—
1993	102	90	12	—	2004	26	23	3	—
1994	5	—	5	—	2005	25	21	4	—
1995	2	—	2	—	2006	13	12	1	—
1996	1	1	—	—	2007	24	22	2	2
1997	4	4	—	—	2008	24	20	4	—
1998	1	1	—	—	2009	23	17	6	—
1999	42	35	6	1	—	—	—	—	—

注：表中不含教育系统

第二十九章 文 化

1990年以来，山阳镇（乡）加大文化设施建设和文化活动资金的投入，每年举办镇（乡）十月歌会或文艺会演、文化艺术节和下基层文艺巡演活动，抓好村居社区、校园文化建设，推出“一镇一品”“一村（居）一品”特色文化项目，形成以民乐为龙头以及故事、锣鼓等品牌文化。镇文艺团队经常参加区、市群众文化展演交流、赛事活动以及对外文化交流。1991年10月3日，《解放日报》一版头条刊登山阳“文化促进经济，经济反哺文化”的报道，并配发评论员文章。

2007年，山阳镇获“上海民间文化艺术之乡”称号。2008年，山阳镇被文化部命名为“中国民间文化艺术之乡”。

第一节 机 构

文化站 1958年9月成立。1990年5月，由山中路15号迁至体育路53号山阳文化中心二楼办公，有在编员工4人。2001年7月，撤并入山阳镇文化广播影视服务中心（以下简称文广中心）。1990年，获“全国先进文化站荣誉称号”。1992年，获评“上海市特级文化站”。

电影放映队 1958年7月成立。1990年5月，迁入新建的山阳影剧院（山新路127号），在编职工4人，2001年7月，撤并入文广中心。

广播（电视）站 广播站1958年成立，工作人员2人。1991年1月，由向阳西路49号迁至文化中心三楼办公。1993年6月，更名为山阳镇广播电视站，9月增加有线电视建设管理和线路维修等业务。1989年，有固定职工5人，2001年12人，是年7月撤并，并入文广中心。2010年6月，有线电视业务划归东方有线网。

山阳镇文化体育服务中心 2001年7月，由文化站、广播电视站、电影放映队、体育中心4个单位撤并为山阳镇文化广播影视服务中心，在编职工精减为10人。2007年10月，变更为山阳镇文化体育服务中心（以下简称文体中心）。负责全镇文化体育事业的规划建设和管理服务；组织和承办、开展全镇性群众文化、体育健身活动；负责镇社区文化活动中心的管理、有线电视的维护和镇、村数字影院的放映指导；指导和辅导、帮助村、居开展群众性文体活动。2008 年 3 月，中共中央宣传部、文化部、国家广电总局、国家新闻出版总署联合授予山阳镇文体中心“全国服务农民服务基层文化建设先进集体”称号。2009 年，被评为上海市群文工作先进集体。

第二节 文化设施

一、镇（乡）文化设施

1990 年 5 月，总投资 360 万元的山阳乡文化中心建成使用，建筑面积 2550 平方米。内有图书馆、影剧院、少年之家、老年之家、舞厅（简易舞厅、卡拉 OK 舞厅）等。2006 年 5—10 月，政府投资 869 万元，将原文化中心改建为山阳社区文化活动中心，成为全镇综合性文化活动场所。中心占地面积 4693.6 平方米，建筑面积 3616 平方米。

图书馆 1987 年 12 月 25 日，山阳乡图书室升级为全县第一个乡级图书馆。1989 年底，有藏书 13411 册，连环画册 25490 册，订有报纸 104 份、刊物杂志 98 份，外借证 1250 张。2008 年末，藏书 27 类、24216 册，其中少儿图书 3752 册，订有各类报纸杂志 105 份，外借证 1869 张。2006 年 10 月，馆内安装图书管理系统软件，实施计算机管理，与上海图书馆、各区（县）公共图书馆、各街道乡镇服务点联网，实现“一卡通”，可异地、网上借还图书，是上海市中心图书馆基层服务点之一。图书馆 764 平方米，其中藏书室、外借部 160 平方米，阅览室 70 座、65 平方米，少儿阅览室 15 座、35 平方米，电子阅览室 45 座、274 平方米，多功能讲座教室 4 间、195 平方米。每天 8:00—16:30 开放。

图书馆向社会开放，服务居民，组织开展读书（红领巾读书读报、家庭读书等）、征文（读后感、影评等）、展示、公共信息发布等活动。开设“新书介绍”“读书园地”等展示栏目。1993 年 7 月，与镇经营管理站联办“农村经济研究资料”专柜，订有农村经济报纸杂志 40 多份；1995 年起，编印《山阳文摘》，汇集中央、地方报纸杂志上报道山阳情况的文稿，分送镇党政部门、基层单位。20 世纪 90 年代，图书馆先后被评为上海市“红读”先进集体，文明图书馆、标定馆和上海市公共图书馆行业规范服务达标单位。2007 年 12 月，经上海市文化广播影视管理局评估为上海市一级图书馆。

影剧院 建筑面积 1042 平方米，有 786 座席。配置松花江 502 型（35 毫米单声道）座机放映电影，另有 16 毫米放映机 2 架，下乡巡回放映。接纳市、区县及外省市剧团演出。院内开设电视录像放映室、小电影放映室和康乐球、台球娱乐项目。

2006 年 10 月，改建成多功能活动厅，512 座席。配置舞台、灯光、音响、数码放映、大屏幕、投影机等设备。使用珠江牌 FG35-2 型（35 毫米立体声）座机、200 型移动式数字电影设备。

东方信息苑 2007 年，设于镇社区文化活动中心底楼，面积 282 平方米，内设电脑教室、多功能教室。电脑教室有 50 台电脑，宽带接入、远程流媒体互动的电脑配置系统。多功能教室有社区影吧。

排练厅 位于社区文化活动中心二楼，面积491平方米，内设器乐间、服装间。

展示厅 位于社区文化活动中心二楼，面积352平方米，主要展示群众性美术、书画、摄影创作评比优胜作品。

文化广场 2006年，改建成大理石地坪，面积1072.6平方米。每周2次晚上在广场放映数字电影。为全镇群众性文明创建活动、大型社区文体活动展示场所。

老年之家 1990年5月，在新建的山阳文化中心底楼开办。配有彩电和棋类、扑克等娱乐用具。1995年，迁入山阳体育中心。2000年，迁入镇老年学校。

二、社区文化设施

1990年末，山阳有村、企事业单位图书室18个，总面积528平方米，藏书24077册，订有报纸570份、杂志551份，发放借书证2713张。2007年，村、居、企业图书室4个，藏书5326册。

2006年启动“世纪东方村村建”数字电影放映点工程，中兴、长兴、华新3村配置200型移动式数字电影设备。2008年10月，东方、杨家、向阳、九龙、渔业、新江、卫东7村配置固定式300型数字电影设备，“村村建”数字影院。2009年，全镇10个数字影院共放映电影1200场，观众38600人次。

2003年，九龙村建成集文化娱乐、老年活动、医疗健身等综合性村社区活动中心。2007年3月，东方村建成村文化活动中心。2009年末，全镇10个村都建有文化活动中心或文化信息化服务点，总建筑面积3826平方米。10个农家书屋藏书12100册；年内举办展览106次、文艺活动386次、讲座79次，举办培训104班、4310人次参加。11个居民区有文化活动室、图书室，藏书近5万册。

第三节 群众文化

一、歌会 文艺会演 文化艺术节

1988—1990年，山阳连续举办3届十月歌会。1991年，举办“爱我山阳建设山阳”千人歌会，38个单位、1280人登台，演唱《山阳之歌》和村歌16首、企业歌18首、校歌3首。1992—2005年，先后举办以“向十亿元目标冲刺”“我为山阳添光彩”“锦绣前程”“文化之乡放异彩”“爱国荣镇”“与世纪同行”“同心奔小康”为主题的群众性文艺会演，优秀节目参加国庆文艺会演。2006年，镇文广中心与区文化馆在金海岸花园举办“相约金海岸、共度国庆节”—携手共建国庆文艺晚会，观众3000多人；举办镇社区文化活动中心落成典礼暨大型文艺会演。2007年，举办“爱我家园”新春文艺晚会和国庆文艺晚会。

2008年，“欢乐山阳”文化艺术节，先后举办校园文艺、企业、新农村、和谐社区4个专场文艺会演。9月28日，举行文化艺术节闭幕式暨国庆文艺晚会。其间排演节目250个、演出61场，2800人次参演。2009年，“迎世博、乐万家”文化艺术节，开展下乡文艺巡演、故事演讲66场，举办“丝竹乡音情义浓”民族音乐会、新山阳人才艺大赛和村、居一台戏共21台。9月29日，举行“龙狮戏珠迎国庆”庆祝中华人民共和国成立60周年文艺晚会，有合唱、独唱、表演唱、快板书、舞蹈、笛子独奏、双鼓表演等。

1997年9月29日，山阳镇演艺团队在石化工人影剧院单独承办以庆祝香港回归、迎接中共十五大召开、庆祝金山撤县建区为内容的“金山区庆祝中华人民共和国成立48周年文艺晚会”。1999年，举办2场“爱国荣镇”广场演出和既有节目演出、又有行街表演的国庆游园活动。

附：

山阳之歌

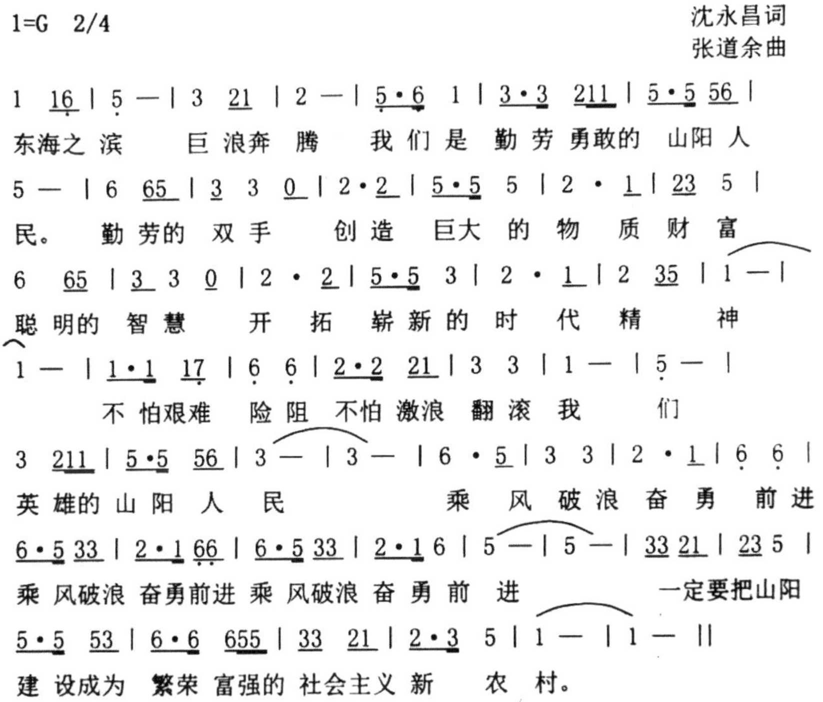

二、基层巡演 社区文化

基层巡演 1990年11月，由12家骨干企业组成山阳业余艺术团董事会，选拔有文艺特长的18名青年组成半工半文的业余艺术团。翌年，艺术团排练说唱《山阳处处春》、合唱《我们是山阳的主人》、民歌联唱《山阳面貌日日新》、表演唱《赌博害处多》等宣传“八五”规划、歌颂社会主义好、改革开放好的文艺节目，下村进企业工地巡演38场。1992—1994年，山阳业余艺术团配合镇有关部门和村、企业举办联谊会等演出380多场，来自美国、日本、新加坡等10多个国家和中国香港等地区以及外省市客商30多批观看。

1995—2006年，镇每年组织基层巡演12—20场。2007年起，基层巡演由每年1次增加到2—3次。2007年，开展基层巡演2次、40场，“爱我家园”24场，宣传贯彻中共十七大精神16场。2008年，开展巡演2次、60场，形势任务教育30场，“精彩世博、文明先行”30场。2009年，开展巡演3次、66场，形势任务教育24场，故事演讲20场，科学发展观教育22场。

社区文化 全镇社区文化、企业文化活跃。1993年，山阳镇的“奇安特彩车”在上海市首届乡镇文化艺术节开幕式上展示。山阳市政工程公司郇仙伟参加市乡镇企业礼仪小姐评选获二等奖。镇工会、团委、妇联及镇老年学校等联办文艺演出活动。2006年，社区文化活动中心增设戏曲大家唱、少儿民乐演奏等兴趣活动小组（室），开放排练房，为村、居文化活动解决服装、道具，提供节目策划、创作、辅导和舞台监督、灯光、音响等业务支持。

山阳镇业余文艺团下乡巡演（2009年，王萍摄）

2006年起，镇先后为11个居民区配备文体干部，根据社区实际，组建各类业余文化团队。2007年，推出“一村居一品”特色项目，各村、居至少培育1个业余文化活动品牌，镇和村、居社区文化活动团队有83支。2008年起，镇文化艺术节期间举办“村、居一台戏”活动，各村、居编排一台节目演出，遴选节目组成村、居专场会演，参加镇国庆文艺会演。2010年2月，由山新居民区12名妇女组成的山阳业余舞蹈队编排的表演唱《四个大嫂学报告》，在上海电视台《百姓戏台》播出。

三、摄影书画

1991年，山阳群众文艺业余骨干团队中，有摄影组8人、美术书画组10人。设有“大地”“山阳”摄影画廊，每月1期，展示山阳新貌，重大庆典、活动，先进模范人物，村居社区、企业风采等；在文化中心展示厅展出书画、摄影等优秀作品；与中小学、老年学校联合举办书画、摄影、篆刻等培训班；开展书画、摄影作品展示、评比活动。2006年与金山摄影协会联办“金山豪庭杯”山阳镇第二届龙舟邀请赛摄影比赛。陈建昂摄影照片1996年，获金山县总工会摄影比赛一等奖。王杏春摄影作品《奋力拼搏》获2008年金山区第二届全民学习节“学习·让生命更精彩”主题摄影比赛一等奖，《和谐》在2009年市农委、市文广局举办的“多彩农业·印象家园”摄影大赛中获入围奖。2009年，有摄影组12人、书法组12人、美术画作组10人。

原曙光村阮国强，2003年，成为上海市书法家协会会员，其书法作品在“2002上海市书法新人新作展”、“走向当代——2003年上海市书法篆刻大展”、2005年“上海青年书法篆刻大展”、“海派书法晋京展上海汇报展”、2009年“金秋颂歌——上海市第六届书法篆刻大展”中展出。

山阳渔民画（2005年摄，渔业村提供）

渔业村2组杨火根，自创线描漫画与水彩画结合的渔民画，展现童年趣事、海上见闻、渔村风俗、农村往事，装订成《自说自画50年》《历忆》《手册》（“才”字旁画作）等近20本画册。

2005年2月，九龙村出生、在上海卢湾辅读学校任美术教师的周宝妹设计的《眼神》，从1477件上海特奥会会标征稿中胜出，成为2007年在上海召开的第12届世界夏季特殊奥林匹克运动会会标。

第四节 特色文化

一、民乐

20世纪70年代初，尤其是改革开放以来，山阳在中小学开展以民乐为主的学校艺术教育，健全镇、村居、企业民乐队伍。2006年后，与上海东方国乐团、上海百合花艺术团联手创作、演出，提高演奏水平。上海音乐学院、市群艺馆教师和二胡演奏家闵惠芬、笛子演奏家陆春龄等先后到山阳指导、演奏，扶持山阳民乐的发展和繁荣。2009年，山阳有镇、中小学、老年、村居社区民乐队16支、700多人。

1982年，根据山阳民歌改编的民乐合奏《调龙》《小板艄》获市业余民乐会演一等奖，并参加第十届上海之春开幕式演出，乐曲在中央人民广播电台播放。1991年，民乐合奏《山阳新风》获上海市器乐比赛二等奖。1995年，山阳民乐等节目在日本第九届亚洲秧歌节上引起轰动。1998年，70人组成的琵琶齐奏《十面埋伏》应邀参加上海外滩国际艺术节演出。进入21世纪后，山阳民乐队多次参加上海世纪广场举行的国际文化艺术节天天演活动，在上海大剧院、上海音乐厅等剧场展演，应邀参加长三角地区民乐大赛多次获银奖。2006年，山阳民乐队被评为上海市非职业优秀团队，

山阳民乐队参加上海之春演出（1997年摄，镇文体中心提供）

是上海市郊唯一获此荣誉的乐队；与上海东方国乐团联合创作大型民乐合奏《金山战鼓》在区内巡演4场，以纪念抗战胜利61周年。2008年，参加上海市“五一奖”职工器乐比赛（60支队）得分第二名，获银奖。2009年，与上海百合花艺术团联办“丝竹乡音情义浓”民族音乐会。

二、故事

山阳历史源远流长，流传着许多传说、故事等。新中国成立后新故事创作与演讲在市郊闻名。20世纪五六十年代，一批农村知识青年活跃在茶馆、车站、田头、场边和会前会后，讲述《刘胡兰》《烈火金刚》《林海雪原》《血泪斑斑的罪证》等故事，用社会主义思想占领农村文化阵地，并由讲述“远在天边”的故事发展到自己动手编写“近在身边”的新故事。张道余的《说嘴媒人》、张玉林的《夜考红梅》先后在《文汇报》《萌芽》杂志发表。山阳新故事创作既有反映科学种田的《种子迷》，改革开放勤劳致富的《筒中缘》《田县长求仙》，又有描述党群关系情深义重的《弥留之际》，新时期动拆迁的《弯弯绕和铁算盘》；既有长篇故事，又有中小学生的短篇新作。1998年起，连续12年举办山阳中小学生“生肖杯”故事创作、演讲大赛。2004年9月起，在山阳中学开设“新故事创作和演讲”校本课程。2008年起，举办每年一届的山阳镇新故事大赛。

2006年，在山阳镇举行的第八届中国上海国际艺术节长三角地区“山阳杯”百区县故事邀请赛，苏、浙、沪、皖有70多个区县342篇故事参赛，38篇获奖，山阳故事《墙倒众人扶》《石榴花儿红》分获金、银奖，3篇获优秀奖，18位优秀故事员在颁奖典礼上演讲。张道余创作的故事多次在市、全国故事创作比赛中获一等奖、金奖和特别奖，他还热心辅导培养故事创作、演讲新人。2005年12月，被文化部授予“全国优秀社区文化辅导员”称号。

附：部分作品

1994年，沈永昌个人专集《世象杂议》出版，分廉政、修养、法制、科技、家庭5个部分，收杂谈、随笔128篇。社会学家邓伟志作序。

2003年11月，上海文艺出版社出版的《第九个应聘者—中国故事之乡山阳故事集》，收录张道余、张正余等16位作者的63篇故事，27.1万字。

2005年，中共山阳镇委员会保持共产党员先进性教育活动领导小组、办公室编印《先锋—山阳镇共产党员风采》，用故事记叙13位共产党员的事迹。

2006年，长三角地区“山阳杯”百区县故事邀请赛组委会编印的《相约在金山》，收录第八届中国上海国际艺术节长三角地区“山阳杯”百区县故事邀请赛获奖作品38篇。

2007年，山阳镇老龄委员会办公室、山阳镇老年学校编印《龙泉港畔夕照明》一书，纪念山阳镇老年学校建校20周年（1987—2007），记叙老年学校里的故事。

2008年1月，作家出版社出版的《一束玫瑰花—中国故事之乡山阳中学生故事集》，分“欢愉的校园”“难忘的童年”“温馨的家庭”“多彩的社会”“惊世的传奇”5编，从山阳中学第一期“新故事创作和演讲班”2300多篇学生习作中精选123篇结集而成，26万字。

2009 年 12 月，《山阳群文创作成果集》出版，共 4 册。

《山阳民风》，华艺出版社出版。分山阳婚俗、寿诞、祭礼、节庆、民艺、方言、遗迹、奇观、童玩、传说、民间故事、歌谣 12 辑，25 万字。

《村落里的容颜—中国民间文化艺术之乡山阳散文集》，作家出版社出版。分“操场上，曾飞过水鸟”“风里，传来年糕的香味”2 辑，收录 20 位作者的 111 篇散文，18 万字。

《龙泉港畔的笑声—中国民间文化艺术之乡山阳戏曲小品集》，中国戏剧出版社出版。收录戏剧小品 13 篇、戏曲 20 篇、表演唱 13 篇。

《子丑寅卯辰—中国故事之乡山阳中小学生“生肖杯”获奖故事集》，作家出版社出版。由 1998—2009 年共 158 篇获奖作品结集成册，28 万字。

三、锣鼓

2004 年春，山阳文广中心人员二上舟山，学习并取回舟山老艺人祖传、海派文化的锣鼓经。当年 7 月，抽调 27 人组建锣鼓队进行集训、排练。9 月 29 日，在山阳镇庆祝中华人民共和国成立 55 周年“花好月圆”文艺会演上首次登台表演。“锣鼓”由此成为山阳镇群众文化新的“一镇一品”特色项目。2007 年夏，组建村居、企业“女子红鼓队”。镇锣鼓队、女子红鼓队先后自创、编排《腾飞・山阳》《欢腾的金山湾》《激情飞扬》《牛斗虎》《盛世龙腾》《鼓舞飞天》等锣鼓曲，在山阳重大庆典、活动中频频亮相，应邀在区内机关、局委、乡镇大型活动中展示，多次参加上海国际艺术节、上海世纪广场、上海世博会市民广场的展演和上海各区、县的广场巡演。2007 年，山阳镇大型锣鼓获上海市群众文化新人新作奖。

山阳锣鼓队与德国艺团友好交流演出（2007 年，王杏春摄）

四、文化交流

1995 年 6 月 23—29 日，应日本国佐贺县西有田町政府邀请，以山阳镇群众文艺骨干为主体的中国上海农民文化交流团一行 10 人，赴日本参加该政府举办的第九届亚洲秧歌节，与来自韩国、印度尼西亚、尼泊尔、斯里兰卡、泰国等 7 个国家的代表团，进行民间文艺、食文化、稻文化的交流演出等活动。代表团制作的“和合八宝饭”“鸳鸯元宵”“龙凤百宝丁”等在食文化交流中引起轰动；在稻文化交流团体中插秧比赛获得第一名；民乐合奏《欢乐颂》，二胡独奏《二泉映月》，双人舞《秧苗青青》《金鸡报晓》及三人舞《敦煌彩塑》和越剧清唱、民歌等富有浓郁民族、民间特色的文艺节目，受到当地日本观众和参赛代表团的好评。

1996 年 7 月 30 日，云南省沧源县民族教育艺术团一行 35 人，与山阳中小学师生进行交流，并共同登台表演文艺节目。

2008 年 10 月，第十届中国上海国际艺术节群文活动的品牌项目“中外文化交流社区行”在山阳举行。山阳社区居民和 18 位俄罗斯亚历山大歌舞团演员同台交流、演出。俄罗斯舞蹈《快乐的士兵》、手风琴演唱《快乐的乡村姑娘》和山阳居民的海派秧歌、川剧《变脸》等节目精彩纷呈、交相辉映。

第五节　有线广播电视　报纸

一、有线广播

线路设备　1989 年末，山阳乡广播站有楼房 1 幢、扩音机 11 架、录音机 8 台及机房仪器设备等固定资产 8 万元。广播主干线 123 千米，水泥杆 1829 根，单线总长 256 千米，地下电缆 2 千米，用户喇叭附挂线 624 千米；喇叭总数 7896 只，其中农户喇叭 7456 只，喇叭入户率为 76.62%，正常通响率 95.24%，公共喇叭 344 只、高音喇叭 96 只；用户喇叭中，8 英寸舌簧喇叭 4317 只，4 英寸动圈喇叭 299 只，6.5 英寸喇叭 2840 只。1991 年、2006 年，有线广播机器设备更新 2 次。

1990—1992 年，山阳实施广播线路、用户设备“三年更新计划”，广播专用线路 248 杆千米，6.5 英寸动圈喇叭替代 8 英寸舌簧喇叭，高音、公共喇叭缩减。喇叭总数 8489 只，其中农户喇叭 8405 只，喇叭入户率和正常通响率分别为 85.2% 和 98.6%；公共高音喇叭 84 只。20 世纪 90 年代末，环保减噪、电视普及发展，高音、公共喇叭逐渐消失。1996 年后，实行“广电共缆、双向传输”，1997 年后，采用光缆传输，有线广播线路逐渐淘汰。

广播节目　1990—2005 年，镇（乡）有线广播除转播区（县）广播电台节目外，自办新闻和专题节目，有“本镇（乡）新闻”“科技之窗”“法制园地”“祝您健康”“生活之友”“家常话”“农业科技”“星期文艺”等，配合镇（乡）中心工作，开辟广播讲座，举办征文活动，开展宣传报道。镇有专职采编，村、企业通讯员每年采写新闻稿件 600 余篇，除在自办新闻节目中播出外，向区（县）、市新闻媒体投稿。《台风或来紧急行动、渔民及时加固船只》《学子重回母校、接力传承民乐教育》《新年首场招聘会、求职者期待第一缕阳光》《大雨致隧桥严重积水、消防官兵连夜排水》等报道，分别在中央电视台、上海电视台播放。

村广播室　1982 年，长兴大队在山阳第一个建立大队广播室，至 1993 年末，全镇除跃进、渔业村外共有 18 个村广播室。村广播室配备兼职的维修员、播音员、通讯员，由广播站召开例会交流，组织学习、培训；配置 CY、上海 301、庐山牌等型号扩音机和录音设备、电唱机等。村广播室一般设有本村新闻、学习、科技知识 3 个专题节目，每天播出 2 次、每次半小时，安排在镇（乡）广播站和转播区（县）广播台（站）节目之前或之后。20 世纪 90 年代中后期，村广播室先后停办。

二、有线电视

1993年6月，投资45万元建设卫星接收传输系统的山阳镇区闭路电视网，当年国庆节前150户居民开通闭路电视，年末用户近500户。1994年年初开始，镇广播电视站每周二、四、六、日在闭路电视网络上播放录像片。1996年，在向阳村三组、五组进行“广电共缆、双向传输”试点建设，有87户村民收看电视、收听广播。同年发展渔业村包括金山嘴海鲜一条街用户250户，全镇闭路电视用户增加到800多户。1997—1999年，市、区、镇有线电视三级联网，山阳镇闭路电视系统改造、光缆传输网络及中继线路传输设备配套工程完成，电视节目频道由12个增至21个。其中，中央台4个，上海台10个，外省市台5个，金山台无线、有线各1个。2009年前，能收看除港、澳、台外的全国省、自治区、直辖市“卫视”节目。

九龙村开通IPTV有线电视。图为安装人员指导居民操作（2008年，王萍摄）

2000年起，实施有线电视村村通工程，翌年春，中兴、杨家、七一、红旗4个村率先完成，安装1071户，占4村总户数的70.65%。至2004年，基本完成全镇有线电视村村通工程；新建大兴、向阳、九龙3个农民中心村有线电视网，安装205户。2009年，山阳有线电视网络终端户9600户（不包括山阳镇区域内上海石化、金山区电视台网络的用户）。镇至村光缆总线长120千米，有光点108个。有线电视网络连接山阳镇区、10个村、5个农民中心村（小区）和16个城区居民小区以及上海市公共卫生中心、亚龙集团等。

三、《山阳》社区报

1990年至1993年3月，山阳乡党委、政府按月编印《山阳情况》和《山阳参阅》。1993年4月至2005年12月，山阳镇党委、政府编印《山阳月报》，分发机关各部门和基层单位。

2006年1月起，由山阳镇党委、政府主办的《山阳》社区报，免费向全镇居民和单位赠阅。《山阳》社区报8开8版，月报，每月15日编印发送。创刊号印数14000份。2009年10月，该报编辑采写的《金山农民30年生活变化大》获《新民晚报（美国版）》新闻奖好稿三等奖。

第六节 文物 史志

一、文物遗址

据史书和《山阳志》记载，山阳有戚家墩古文化遗址、南阳港古文化遗址、柘山遗址，大金山岛上忠烈昭应庙和慈济院，金山卫城东门河北昭勇将军墓，原大兴、工农村的大凉亭和小凉亭等。

2007年4月起，开展第三次全国文物普查，山阳镇普查后申报文物遗址10处。2008年，经金山区博物馆等文物普查机构审核，确认7处，其中新申报确认3处（老敬老院、警示碑、李池华宅），复审确认4处（南阳港古文化遗址、海岸瞭望台、万安桥、金山海塘运石河）。

山阳老敬老院 位于华山路158号，1958年10月建。1990年，由上海华品服饰企业有限公司修缮。占地面积2592平方米，由正房、左右耳房、亭子及门房间组成，四周是围墙，主体建筑呈品字形布局。正房坐北朝南，歇山顶形式。有水泥外廊柱8根，窗为八角形、门为落地格栅门。正脊两端有龙形吻兽各一，正脊阳面正中饰有云龙图案，东西有松鼠葡萄、蝶恋花、鸳鸯戏莲、折枝桃等图案。耳房为卷棚歇山混合顶，外廊各有水泥廊柱4根。另有六角攒尖顶亭子、八角攒尖顶门房各一座及假山喷水池一处。正房面宽30米，进深10.1米，建筑面积为303平方米；东、西耳房均为面宽12米，进深7.7米，建筑面积184.8平方米，加上亭子、门房间，总建筑面积538平方米。

警示碑 为教育子孙后代勿忘遭受日军侵略的苦难历史，1971年1月，山阳人民公社革命委员会在渔业村沪杭公路南侧立警示碑。碑水泥质，高1.10米，宽2.10米，厚0.11米。碑镌楷书，共373字。首行书“民族深仇、永志不忘”。

附：警示碑正文

一九三七年农历十月初三凌晨，由于国民党反动政府实行不抵抗主义，日本帝国主义侵略强盗就在此一带入侵。实行惨无人道的烧光、杀光、抢光的“三光”政策。仅这里的倪家村，被日寇残杀四十九人，烧毁四百六十间房屋，整个村子成了一片废墟。农民姜连生、江阿火、江继根、黄阿大、李阿四、周阿生被日本鬼子集体惨杀。江阿火、黄阿大二人被开膛剖肚，姜连生身上被戳七个洞，日本强盗的滔天罪行罄竹难书。

哪里有压迫，哪里就有反抗。英雄的中国人民在伟大的中国共产党和毛主席的英明领导下，进行了不屈不挠的斗争，终于打败了企图灭亡中国、吞并亚洲的日本帝国主义，取得了抗日战争的最后胜利。

今天，美帝、苏修和各国反动派正在世界范围内重复着当年日本帝国主义在中国和亚洲所做的事情。为了教育后代，牢记民族的深仇大恨，提高警惕、保卫祖国，彻底埋葬帝、修、反，特立此碑。

李池华宅 位于山阳镇向阳东路28号，由李孔琴于二十世纪三四十年代建造。解放初，曾先后被漕泾区政府、山阳卫生院作办公、医疗场所使用。该宅原四合院式布局，后仅存正房及两厢房；硬山顶、砖木结构，二层楼房，上下层有宽0.85米的外廊相通，支撑外廊的16根木柱较小，柱上浅雕花草纹。建筑坐北朝南，东西长13.3米，南北长13.5米，总计14间。

南阳港古文化遗址 1960年，在南阳港和青龙港汇合处农田中发现。经考古专家发掘、采集的遗物有春秋战国时期的回字纹、米字纹、网格纹等印纹硬陶片及夹绳纹陶釜和扁足鼎等残器。2005年，金山区人民政府公布为区级文物保护地点。

海岸瞭望台 位于渔业村7组、沪杭公路北侧。1952年，海军航空兵某部在金山嘴海塘上建瞭望台架设电台。1955年，在小金山岛上建飞机投弹靶场，在该台观察靶场、瞭望周边海域，1972年，底靶场撤销，1986年，海军驻防部队撤离。海岸瞭望台砖混结构，圆柱形，高6米，直径2.23米，共3层、内有梯级，底、顶层各有瞭望孔4个，中层瞭望孔1个。

万安桥 位于九龙村曙光4组，系单跨梁桥，始建年代不详，花岗石质，东西走向，跨盘厍港。全长7.5米，宽1.4米，净跨3.2米，桥高1.8米。桥面由3块长条石拼建，桥身两侧刻有正楷阳文“万安桥”。

金山海塘运石河 位于杭州湾北岸的山阳段海塘运石河，东起荒墩西至戚家墩路（详见本志地理、水利章等）。

二、民间收藏

山阳乡里坊间收藏文物者不多，收集（藏）物有烟标、火柴盒（标）、糖果纸、票证、邮票等数量较少，仅供自己、亲友欣赏。

向阳村5组胡学军，1997年开始收藏，先收藏在家里，后在金山嘴渔村景区开设收藏馆。至2009年，共收藏有30多种材质制作，不同时期的毛泽东主席像章11000余枚；盲文版、少数民族文字版和14种外文版的毛泽东主席语录、著作、诗词集，以及反映党史、军史、国史的红色文献近千本；中华苏维埃等时期各类钱币等文物500多件。此外，收藏《三国演义》《水浒传》等连环画1000余册，各种喜庆、吉祥和材质不同、形状各异、图案多样的笔筒等木雕物品近500件。2009年，胡学军先后加入上海市收藏协会、中国收藏家协会。

三、史志

《山阳志》 1983年，成立编写组，收集资料120余万字，整理成编、征求意见、修改定稿、三次送审，历时11年。《山阳志》上溯公元前221年，下限至1989年。设地理、经济、政治、文化、社会5编，30章138节，48.1万字。是山阳第一部地方志书。1994年12月，由上海社会科学院出版社出版，印数1000册。

村志 2003年12月，中兴村党总支、村委会编印的《中兴马棚村志》，下限为2000年底。分地理位置、历史纵观、大事记、社会风云、农业经济、福利事业的发展（人民生活）、人物春秋、古今文化及民情风俗、附表9章，5万余字。

2006年1月，杨家村党总支、村委会编印的《杨家村志》，下限至2005年。分地理位置、历史沿革、中共杨家村基层组织、村民自治组织村委会、农业生产、村办工业、社会事业、精神文明建设、民风民俗、方言谚语歇后语、警世格言、人物传记12章及附录，26万字。

第三十章 体　育

1990年以来，山阳镇（乡）不断完善体育设施，积极开展群众体育、全民健身活动蓬勃兴起。先后建成镇体育中心1个，新建村、居社区全民健身点（苑）21个，村级农民篮球场7块，镇文体广场和社区公共运动场各1块及学校体育馆、运动场。传承和推出舞龙舞狮、龙舟等体育健身特色项目，组建镇和村、居体育健身团队162个、1722人。全镇参加群众体育健身活动人数占总人口45%以上。1990—2009年，共举办镇（乡）体育运动会、职工运动会、学校运动会20次。

1993年、1997年，被国家体委评为全国群众体育先进单位（集体）。1996年，被农业部、国家体委和中国农民体育协会授予全国亿万农民健身活动先进乡镇称号。2005年，被评为全国全民健身活动周先进单位。先后被评为上海市群体工作“十佳”明星乡镇、上海市老年体育先进集体、上海市体育明星乡镇和上海市群众体育先进乡镇。

第一节　机　　构

山阳镇（乡）体育运动委员会　1975年12月，山阳公社体育运动委员会（以下简称体委）成立。1993年4月，更名为镇体委。2001年11月，镇体委撤销。

山阳镇全民健身活动工作领导小组　1996年3月成立，成员12名，分管副镇长任组长。下设办公室，镇专职体育干事任主任，办公室在山阳镇体育路30号体育中心内。

山阳镇（乡）农民体育协会　1987年6月成立，1993年4月，更名为山阳镇农民体育协会。1999年8月4日注销。

山阳镇社会体育指导站　1996年建立。2005年11月，上海市社会体育指导员协会统一授牌，更名为“上海市社会体育指导员社区指导站”。2009年，全镇有社会体育指导员75人，其中二级指导员12人、三级指导员63人。

第二节 体育健身设施

一、镇（乡）设施

1989年，乡级体育设施主要有占地面积1316平方米，设有6盏吊灯、看台1座，可容观众近千人的灯光篮球场；40平方米以上的乒乓室、棋牌活动室各1间。1994年前，镇(乡)运动会在山阳中学运动场举行。

1990年5月，建成山阳文化中心，内有桌球室、乒乓室、棋艺室、儿童游乐场、电子游艺室。2006年，中心改造后，增加健身房、文体广场。

1994年7月，投资250多万元、建成占地面积1.76公顷的山阳体育中心，内有200米环形跑道、足球场、灯光篮球场、乒乓房、棋牌室等设施。1997年，设成年体质测试站。1999年后，增建全民健身苑、健身路和门球场。2007年末，体育中心改建山阳农贸市场。

二、村居设施

1989年，全乡20个村有篮球场2块、青年民兵活动之家8个、企业排球场2块。1996年，20个村、2个居民区有篮球场2个、乒乓室6间，17个老年活动室。

九龙村健身器材（2007年摄，《山阳》社区报提供）

1999年起，实施市政府全民健身点实事项目和农民健身工程项目，至2009年，9个村、11个居民区建有全民健身点，健身活动器材199件；村农民篮球场7个、全民健身路20条和25个老年活动室。金豪居民区公共运动场1个，内有网球场2个，篮球场、场地高尔夫球场各1个。

三、学校设施

1989年，山阳中小学共有200米、150米煤渣跑道的小田径场2个、篮球场10个、排球场2个、足球场1个。各村小学以小块场地或简易篮球场为体育活动场所。

山阳中学2002年建塑胶跑道，改建足球场、排球场，扩建田径运动场到5060平方米。2003年，建毽球训练活动房1座、176平方米；建标准篮球场2个、1640平方米；体锻健身草坪1044平方米，安有单、双杠，吊环等器材。

山阳中心小学1997年迁址，建有200米塑胶跑道、足球场、排球场等设施，4800平方米田径运动场。简易乒乓房安置6张乒乓台，排球、羽毛球场各1个，篮球场2个。

2003 年，新建 807 平方米的体育馆，配有可移动的篮球架、乒乓台等体育器材（具）。

2008 年始，逢周日、节假日，学校体育场所向社会开放。山阳小学教师顾聿农获评 2007—2010 年度上海市学校体育先进个人。

山阳幼儿园 1992 年迁至新园，活动场地 600 平方米，有吊环、秋千、滑梯、荡椅、荡船等。2004 年、2008 年，改扩建后，室内活动室面积 918 平方米，户外活动场面积 2034 平方米，配有多功能滑梯、跷跷板等大型活动器具 8 件。园里还有用竹子、稻草秸秆、布块、废旧材料制作的 70 多类、2000 多件幼儿户外活动器具。

附：上海金山体育中心

坐落在山阳镇长兴村，又称金山区体育场（馆）。西临松卫南路，南邻 S4、G15 高速公路，东靠上海市公共卫生（临床）中心，北毗曹廊公路，占地 24 公顷，建筑面积逾 5 万平方米，总投资 4 亿元。2005 年 12 月 31 日奠基，2006 年 2 月 18 日动建，2007 年 5 月竣工。该中心主体为可容纳 3 万名观众席的足球场，是继上海虹口足球场、天津泰达足球场后国内第三座专用足球场。中心内还建有足球训练场 1 个、400 米标准田径场 1 个、灯光网球场 7 个、1200 平方米健身房 1 座、126 套四星级标准客房及 3000 平方米商务用房等。

2007 年 8 月 23 日，举办上海金山体育场落成暨上海市足球协会足球训练基地揭牌仪式新闻发布会。8 月 28 日，举行中越女子足球友谊赛。10 月 20 日，上海市第 6 届农民运动会开幕式在该中心举行。

第三节　体育活动　全民健身

1975 年起，山阳每年举办一届体育运动会。至 1989 年，已举办 15 届。1998 年后，改为每 4 年举办一届镇体育运动会。根据体育健身计划，举办职工运动会和全民健身活动、竞赛等，选拔、组队参加区、市体育赛事。

一、镇（乡）运动会、职工运动会

1990—2009 年，山阳镇（乡）举办体育运动会 10 届，职工运动会 2 届，共设竞赛项目 108 个，1455 支队伍 15797 人参赛。

1990 年，第 16 届运动会，有中国象棋、桥牌、游泳、乒乓球（农民、职工）、射击、篮球、跳绳、拔河、田径等 10 个项目，195 队、1100 人参赛。1991 年，第 17 届运动会，有 7 个项目，176 队、1801 人参赛。1992 年，第 18 届运动会，有田径、游泳、自行车慢骑、射击、拔河等 14 个项目，195 队、1400 多人参赛。

1994 年 7 月 14 日，举行山阳镇第 19 届运动会开幕式暨体育中心落成典礼。开幕式有 11 个表演方队和 50 个村、企事业单位 2500 人的运动方队入场。该届运动会设田径、篮球、乒乓、中国象棋、实弹射击、定点投篮、扑克红星等 10 个比赛项目，203 队、3488 人参加。向阳村姜兰以 28″88 成绩打破镇女子 200 米跑步 30″3 的最高纪录。

1995 年，第 20 届运动会，有 7 个项目，44 队、660 人参赛。是年 10 月 22 日，举办山阳镇第1届职工运动会，镇“三资”企业、市政建筑企业共16家企业运动队参加县城朱泾和山阳两地同时举行“锦绣山阳”全民健身长跑，并举行篮球、足球、乒乓、拔河等比赛。宏泰制衣、徕依特五金制造、华南食品公司获团体总分前三名。

1996年，第21届运动会，设成年人6项，老年人中国象棋、乒乓、定点投篮、红星扑克、拳操等5项，105队、1800人参赛。是年10月18日，山阳镇第2届职工运动会与镇第21届体育运动会联办开幕式，10个表演方队和37个运动方队入场。设“迎农运、奔小康”环镇全民健身长跑活动和职工运动会乒乓、篮球、足球、拔河等项目比赛。

1997年，“迎八运（第8届全运会）、促健身”第22届运动会，有田径、足球、篮球、乒乓、射击等9项，分必参项目和加分项目。135队、2060人参赛。

2001年，第23届运动会，8个项目，85队、558人参赛。

2005年，第24届运动会，设龙舟、田径、跳踢、嗒嗒球、滚铁环接力等12项，131队、1330人参赛。

2009年，举办“迎世博、乐万家”第25届运动会，有跳绳、踢毽子、龙舟赛、球类等11个项目，27个村、居和企事业单位170支队、1600多人参赛。

二、村企单位体育活动

山阳市政工程公司自1982年起，连续14年举办每年一次公司运动会，因地制宜、因陋就简设8—10个项目，有乒乓、中国象棋、自行车慢赛、拔河、拔钢筋、桌球、气枪射击、砌墙、抄石子、铅球、羽毛球等。参赛人员165—320人，占公司职工人数60%以上。

中兴村自1988年起，连续5年举办“中兴杯”篮球邀请赛，每年出资3000—5000元，用于赛事。新建切纸机械厂、总场、山阳中学举办职工、教工运动会，建阳公司、扎染站、手套厂、化纤厂、九龙、向阳、杨家、山阳小学等村、企事业单位举办小型多样的群体活动或选拔赛，参与镇（乡）、县运动会赛事。

1995年，上海宏泰制衣有限公司厂庆三周年举行职工运动会。台商董事长、沪方总经理带队，近800名职工参加健身长跑。运动会项目有篮球、乒乓、中国象棋、羽毛球、拔河、跳绳、跳跃前进、百米赛跑等20多个，其中男、女拔河比赛共进行23场。

三、全民健身活动

1995年起，贯彻体育法、全民健身计划纲要，实施“全民健身一二一”工程计划，推动体育社会化。

1996年，镇第21届体育运动会增设老年人中国象棋、乒乓、定点篮球、红星扑克、拳操比赛项目。1997年，第8届全国运动会在上海召开前，举行“奔向新世纪”火炬接力传递活动金山区山阳镇起跑仪式，400多人组成活动方队，助威火炬接力传递。1999年12月19日，举办山阳镇“迎澳门回归、奔向新世纪”全民健身长跑活动，镇工农商学等8支队伍、250人，职工、学生广播操及文体表演团队200人以及镇机关、各村、单位领导160多人参加活动。2002年6月10日，举办纪念毛泽东“发展体育运动，增强人民体质”题词50周年全民健身长跑活动，工农商学等代表400多人参加。先后举办“人人运动、公务员带头”机关事业单位干部，“迎沙排、促健康”门球邀请赛，校园体育活动，“全民健身与奥运同行”“喜迎奥运、欢乐山阳”“迎世博、庆重阳”老年人健身操等系列活动。

2009年，镇有业余运动队20个、332人，村、居社区和企事业单位体育健身团队142个、1390人。

四、参与区市运动会

1989年，获金山县第六届运动会田径团体第一名。1991—1995年，连续3届参加金山县乡镇领导干部运动会，获广播操一等奖1次，拔河一等奖2次、二等奖1次，红星扑克二等奖1次。1991年，县三八运动会获跳绳女团总分第二名。1992年，由山阳镇农民组成的滚灯、打莲湘体育技艺表演队应邀参加上海市第八届运动会开幕式，获表演一等奖。1994年，县第7届运动会，获团体总分第六，开幕式入场一等奖，其中获田径团体总分第一，12人、17项第一名，6人、8项第二名，田径成年组总分第一名，男子4×100米接力第一名，女子4×100米接力第三名，足球第一名，男篮第二名。1995年，12人参加市第10届运动会获5金、2银、1铜，居金山县乡镇之首。2001年，金山区首届运动会获5金、3银、6铜，奖牌总数第三，团体总分第四。2006年，区第1届老年人运动会，获一等奖3个、二等奖3个、三等奖2个。2009年，区第4届运动会上，获2金、4银、6铜。

附：皮划艇赛获奖运动员

1968年，出生于杨家村5组的窦振华，曾获上海市第八届运动会皮划艇赛2枚金牌。1988年11月，进入国家皮划艇队。1989年11月，在印度尼西亚第3届亚洲皮划艇锦标赛中，与队友们获4人皮划艇比赛金牌。1990年4月，她在杭州举行的全国皮划艇冠军赛暨亚运会选拔赛时，正感冒发热，但仍获冠军。

窦振华

1972年，出生于七一村7组的张红梅，1986年，进金山少体校，1989年9月，入选市体工队皮划艇运动员。1990年4月，获市第9届运动会双人皮划艇赛第一名。1991年6月，获华东赛区双人皮划艇赛第一名，是年，获全国皮划艇锦标赛4人500米第一名。1992年，获全国皮划艇锦标赛4人艇冠军、双人艇亚军。1993年9月，获全国第7届运动会女子500米双人皮划艇赛金牌，同年10月，获在日本广岛举行的第5届亚洲皮划艇锦标赛女子4人艇金牌。

张红梅

第四节 学校体育

中学体育 坚持“四课三操一活动”（每周4节体育课、1节活动课，每天1次广播操、2次眼保健操），确保学生每天有1小时以上的体育锻炼活动。在每年开好一次学校运动会基础上，举办初一新生田径素质测试赛、体锻达标运动会、迎春长跑等综合性活动，学校田径、跳踢、毽球、舞龙舞狮等成为传统、特色项目。1990—2005年，学生体锻达标率保持在94%上下，2006—2009年，学生体质健康达标率在96%上下。自1980年起，先后有排球、田径、毽球项目被列为上海市体育传统项目学校，1995年被国家体委、国家教委评为全国先进体育传统项目学校。1997—2005年，先后获评上海市中学生体育工作先进单位、贯彻学校体育工作条例优秀学校和群众体育先进集体等。中学生运动队连续14年蝉联区（县）中学生运动会田径赛男、女团体总分第一名，2006年起，连续4年获区学生阳光大联赛初中组团体总分第一名。2007年，毽球队代表金山区参加市第6届农运会毽球比赛，包揽8个项目的金、银奖牌。

小学体育 坚持“三课四操二活动”（每周3节体育课、2节活动课，每天广播操、室内操，2次眼保健操），抓好学校体育课教学、课外活动和业余运动队训练，每年举办春、秋季学生运动会。学生体锻达标率92.93%，1997—2005年，连续9年被评为市体锻达标学校;2006年以来，学生体质健康达标率在95%左右。在区小学生田径运动会、跳踢比赛、学生阳光体育大联赛中团体总分名列前茅，连续10多年雄踞冠军宝座。1991—2005年间，参加市级比赛获奖52项，其中团体奖28项，计第一名10项、第二名8项、第三名4项；区级比赛团体获奖18项，计第一名9项、第二名6项、第三名2项。1986—1996年，山阳小学被列为“上海市体育传统项目（田径）学校”。2000年，被市教委、市体委评为小学体育工作先进集体。2002年，成为金山区学校体育教育实验基地。

幼儿运动 山阳（中心）幼儿园坚持“快乐运动、健康成长”的理念，开展幼儿体育游戏活动。每年举办2次以班为单位的幼儿（亲子、迎新、师生）运动会。创编设计集安全科学、童趣游戏、活动健身于一体的运动方案和游戏项目，有“野趣乐”“稻草乐”“布艺乐”和“跳房子”、舞龙、划船、扳罾捕鱼、打“怪兽”、掏“鸟蛋”、走独木桥、爬竹梯、探险寻宝吊索桥、抬花轿民间、民俗、海渔文化等20多个游戏活动。通过跨、跑、跳、投、钻、爬、登、抬等动作，增强幼儿手、腿、腰、肩部力量和体质。

1991年，山阳中心幼儿园被评为“上海市体育先进集体”。

第五节 特色项目

一、龙舟

2005年，山阳镇购置4艘木质龙舟（2006年又购置4艘），在当年举办的镇第24届体育运动会上增设龙舟赛项目。至2009年，举办4届龙舟赛。

山阳镇第一届龙舟赛暨招商说明会 2005年6月9日举行，全镇13队、156人参赛。100多位中外客商及配偶和群众13000多人观看。8家中外企业签约，合同总投资5.8亿元、1000万美元。镇机关队、九龙村和向阳村队分获前三名。

“金山豪庭杯”山阳镇第二届龙舟邀请赛 2006年5月28日举行，金山区34队、408人参赛。中国乒协主席、体育总局原副局长徐寅生和区、镇领导及群众2万多人观看。山阳房产公司、联合利华公司、金山工业区队分获前三名。

“与奥运同行、迎六届农运”——“金瑞杯”第三届山阳龙舟邀请赛 2007年6月9日，举行预赛，40支队参加。6月16日，举行决赛，分基层组、邀请组、混合组进行，区内外27队、324人参赛，近3万名群众观看。

金山区第三届运动会龙舟赛暨“金瑞杯”第四届山阳龙舟赛 2009年5月28日举行，32支队参赛，其中本镇22支队。市体育局、市龙舟协会，区、镇领导和群众近2万人观看。九龙村、金山保安公司、杨家村分获前三名。

2006年5月28日，山阳镇机关龙舟队参加“绿地集团杯”2006上海苏州河城市龙舟邀请赛，获公开组第五名；同年，获市13届运动会体育优秀团队奖。

2007年4月22日，山阳镇龙舟队参加“亚龙工业杯”上海苏州河城市龙舟邀请赛暨同济大学百年校庆海峡两岸及港澳地区大学生龙舟赛，获区县组冠军。同年9月1日，山阳镇龙舟队参加上海市第6届农民运动会龙舟赛男子组、男女混合组250米、500米直道竞速4项比赛，获3金、1银。

2008年5月10日，山阳镇老年龙舟队参加市第8届老年人运动会龙舟赛250米、500米直道竞速2项比赛，获1金、1银。同日，山阳小学教工龙舟队参加上海市科教工会“同舟共济、喜迎奥运”（西南块）龙舟赛获冠军。

2009年，九龙村龙舟队参加第6届上海苏州河城市龙舟邀请赛，获区县组第一名。

九龙村龙舟队（2009年摄，镇文体中心提供）

二、毽球

2004年4月，参加全国中学生毽球锦标赛获女子双打第三名、团体第六名。同年9月，与枫泾中学组队代表上海市参加全国第5届农民运动会毽球比赛获女团第六名、女单第七名。

2005年，分获上海市第9届中学生运动会毽球赛女团第一名、全国中学生毽球锦标赛女双第四名。

2007 年 11 月 23 日，在上海市第 6 届农民运动会上包揽毽球赛 8 个项目的金、银奖牌 16 枚和铜牌 2 枚。

2008 年获全国第 6 届农民运动会毽球赛女团、混双 2 枚铜牌和女单、男团第五名。

三、龙狮

山阳镇“阳光之家”龙狮队队员合影（2007 年，王萍摄）

1991 年，山阳中学狮子舞获上海市首届学生艺术节演出一等奖。2005 年 1 月，山阳中学龙狮舞队赴京参加第 5 届全国校园春节联欢会获表演一等奖。镇智力残疾人士“阳光之家”快乐龙狮队，参加 2006 年特殊奥林匹克运动会上海国际邀请赛获龙狮比赛金牌。山阳中学舞狮队参加 2007 年上海欧美同学会迎春招待会，表演“双狮戏猪”并赢得好评。是年 10 月 12 日，由山阳镇“阳光之家”学员组成的“中国金山龙之队”“中国快乐龙狮队”，参加 2007 世界夏季特殊奥林匹克运动会舞龙舞狮 4 个项目比赛，获舞龙规定套路金、铜奖牌和自选套路 2 枚银牌。

第三十一章 卫 生

1989 年 8 月，建立山阳乡初级卫生保健委员会，按照上海市政府“2000 年人人享有初级卫生保健”要求，投入经费，开展工作。1993 年，通过金山县达标验收。

20 世纪 90 年代初，农村合作医疗制度改革加快。1992 年，建立山阳乡合作医疗管理站。1993 年起，实行镇办镇管的合作医疗制度。1997 年，引进合作医疗保险机制。2005 年，实施医疗大病救助制度。2007 年，山阳镇被列为金山区可报销医药费 5001 元以上大病统筹支付合作医疗制度的实验单位，当年医疗费报销范围扩大到参照城保报销范围，报销金额达 122.54 万元。2001 年，实施《上海市城镇职工基本医疗保险办法》。2004 年，实施《金山区小城镇门急诊补充医疗保险实施办法》。2008 年，实施《上海市居民基本医疗保险办法》。2009 年，农村合作医疗参保率 95.5%，529 家单位、13478 人参加城保。

2001 年 6 月，设山阳镇城乡环境管理所。2006 年 8 月，设山阳镇健康促进委员会，全面推进卫生单位及健康村居创建。至 2008 年，山阳镇成功创建“国家卫生镇”，各村成功创建上海市整洁村、健康村。2009 年，康建、金海岸、山新居委会获市爱国卫生、健康先进单位称号。

第一节 管理机构

一、山阳镇（乡）爱国卫生运动委员会

简称“爱卫会”，1953 年成立。1990—2000 年，主任由分管卫生的副镇（乡）长兼任。下设办公室（以下简称爱卫办），有工作人员 2—3 人。主要工作是开展创建卫生单位、除“四害”、灭钉螺、粪便管理、环境整治、献血管理和每年 4 月开展“爱国卫生月”活动。2001 年 6 月，机构改革，爱卫办主任由城乡环境管理所所长兼任。2009 年，爱卫办工作人员 3 人。

二、山阳镇（乡）初级卫生保健委员会

1989 年成立（以下简称初保委），主任由分管卫生的副乡长兼任，下设办公室（以下简称初保办）。各村建立保健工作领导小组，同时建立乡村医疗预防保健网络。按照上

海市人民政府“2000年人人享有初级卫生保健”的要求，从经费投入、健康教育、儿童保健、孕妇保健、计划免疫、传染病防治、地方病防治、卫生室覆盖、合作医疗参保、安全用水、卫生厕所、食品卫生等方面加强管理，开展工作。1993年，山阳镇初级卫生保健工作通过县达标验收。1996年起，初保办与合作医疗管理站合署办公。2000年，实行镇村卫生机构一体化管理。

三、山阳镇合作医疗事务所

1992年，建山阳乡合作医疗管理站（简称医管站）。1997年，成立山阳镇农村合作医疗保险管理委员会，主任由镇长兼任。2003年、2006年，分别更名为山阳镇合作医疗基金管理委员会、山阳镇合作医疗管理站，2007年9月更为现名，并在山阳镇劳动保障事务所增挂其牌子，业务、基金由区医管站统管。设服务窗口2个，工作人员3人。负责办理合作医疗个人投保及资金筹集、管理、使用、医药费补偿、门诊大病登记、保障卡办理等工作。办公地址：1992—2007年，在山阳镇社区卫生服务中心（卫生院），2008年起，在亭卫公路1500号山阳镇社区事务受理服务中心。

四、山阳镇市容环境事务所

2001年6月，设山阳镇城乡环境管理所，2007年10月改用现名。下设环境保洁服务有限公司、市容环境协管服务社、爱国卫生运动委员会办公室、公益卫生保洁服务社、农村环境卫生保洁服务社等。负责镇环卫保洁、垃圾清运、农村生活垃圾收集、公共环卫设施管理、爱国卫生、病媒生物防制、市容环境执法管理等工作。2009年，有人员6人，办公地址在山阳镇朱山路449号。2003—2004年，被评为市爱国卫生先进集体，2009年，被市绿化市容管理局授予世博环境整治贡献奖。

五、山阳镇健康促进委员会

2006年8月1日成立，由镇长任主任，下设办公室，和镇爱卫办合署办公。主要职能是制定镇健康教育与健康促进工作规划，开展健康教育，推进健康村居建设，提高居民健康水平。

第二节 医疗单位

一、山阳镇社区卫生服务中心

前身为山阳乡卫生院，1993年，被卫生部评为一级甲等医院。2005年改用现名。

1990年，山阳卫生院坐落于山阳镇九港路12号。建筑面积2266平方米，房屋46间。有30毫安、50毫安X光透视机各1架，高倍显微镜2架，电泳仪1具，581型光电变色器1台，电动离心器1台，万能手术床1张，手术包2套，无影灯1组，XDH–3心电图机1台和血压机、恒温干燥箱、水温箱、培养箱、水浴锅、消毒器、粉碎机、压片机、电热蒸馏水器、冰箱等器械。职工71人，其中医技人员56人、其他人员15人。分医疗组、卫生防疫组、后勤组、门诊和住院部。设内科、外科、妇科、中医科、儿科、耳鼻咽喉科、放射科、化

山阳卫生院争创“一甲”医院(1992年摄，卫生院提供)

验室、心电图室等。病房11间，核定床位45张，全乡平均每千人拥有病床1.28张。

1998年8月，迁至向阳西路88号镇机关原大院。经改扩建后，医院占地面积8190平方米，其中绿化面积1668平方米，有10幢医疗用房和辅助用房，建筑面积6158平方米。是年起，聘请金山医院、金山区中心医院等专家定期开设妇科、骨科、心血管科、口腔科等专家门诊。1999年起，深化医院内部改革。是年，实行院长聘任制，首聘王玉珍为院长；2001年6月，实行劳动人事制度改革，在编人员由90人缩减到67人，8月，实行医务人员聘用合同制；2003年，实行档案工资与实际工资分离的分配制度改革。2004年，卫生院标准化建设列为上海市政府实事建设项目，是年通过验收，翌年更名为上海市金山区山阳镇社区卫生服务中心。功能提升，承担全镇5万多名居民和外来人员的预防、医疗、保健、健康教育、康复、计划生育技术指导和指导村卫生服务站的职能。2006年，区民政局批准在社区卫生服务中心内建山阳镇养老院，核定床位152张，为老人提供医养服务。2007年2月1日起，上海市户籍居民，持社会保障卡或镇保、合作医疗卡，到社区卫生服务中心就诊，免挂号诊查费7元。2008年，中心和村卫生服务站实现合作医疗门诊处方网络化。

2009年，山阳镇社区卫生服务中心有医务人员59人。其中全科医生14人；中级职称12人、初级职称31人。内设门诊、病房2个部分，分全科门诊、中医科、妇产科、口腔科、计划免疫、儿童保健、健康教育、放射科、体检科9个功能科室，外设海趣、三岛龙洲、山鑫康城、海云、卫东、金海岸6个村居社区医疗服务点，配5支全科医疗流动团队。主要设备有500毫安遥控自动X光透视机、牙片机、自动洗片机、24小时动态心电图机、阿洛克1100、110B超机、心电图机、心电监护仪、全自动血液生化仪、尿+联血常规分析仪等；核定病床40张。

1995—2010年，8度蝉联金山区(县)文明单位，2007年获评金山区同类单位医改、医防考核第一名、医疗单位考核A级。2009年，评为上海市平安单位，被命名为2009—2010年度上海市文明单位。

二、村社区卫生服务站

1990年，山阳乡有村卫生室20个。是年起继续开展甲级卫生室创建(原称文明卫生室)，至1994年，20个村卫生室全部创建成县甲级卫生室。2000年，执行机构设置、组织管理、人员配置、财务管理、药品管理、劳动报酬6个方面镇村一体化管理，是年村卫生室易名村社区卫生服务站（简称卫生服务站）。2002年，随同并村，20个卫生服务站撤并为10个。2003年，服务站标准化建设纳入区实事项目，至2006年，建成市标准化服务站2个、区标准化服务站5个。2008年，服务站实行HIS（电子挂号），村民看病刷卡实时即报。同年九龙、杨家、中兴、向阳、新江村服务站评为市中心卫生服务站，长兴、渔业、华新村卫生服务站评为市普通卫生服务站。

1986年起，卫生保健员改称乡村医生。1990年，全乡有乡村医生61人。1997年起实行乡村医生职称评定；2001年起，实行聘任制；2004年，实行执业证书制度；2007年，实施市乡村医生纳入基本社会保障制度指导意见，乡村医生纳入社保。2009年，全镇有乡村医生25人。其中，执业助理医师23人、执业乡村医生1人；学历为大专1人、中专6人。

2009年山阳镇村卫生服务站情况表

表31-1

名 称	地 址	建筑面积（平方米）	乡村医生（人）	等 级
九龙村卫生服务站	朱山路368号	120	4	市中心卫生服务站
杨家村卫生服务站	龙皓路3192号	100	4	市中心卫生服务站
中兴村卫生服务站	中甸路8055号	126	3	市中心卫生服务站
向阳村卫生服务站	红旗东路232弄51支弄	80	3	市中心卫生服务站
长兴村卫生服务站	长兴村2009号	80	3	市普通卫生服务站
渔业村卫生服务站	金山嘴镇6406号	60	2	市普通卫生服务站
华新村卫生服务站	工农路4015号	60	3	市普通卫生服务站
新江村卫生服务站	华江新村46号	200	3	市中心卫生服务站

三、单位医务室

1990—2009年，山阳小学、山阳中学、山阳敬老院和部分企业有医务室，配备卫生员。

四、驻镇医疗单位

上海市公共卫生临床中心 简称公卫中心。坐落于漕廊公路2901号长兴村境内，占地33.3公顷，建筑面积90228平方米。2004年，上海市人民政府投资建设，是复旦大学第九所附属医院，集临床、教学、研究于一体的三级甲等医院；全国传染病医师进修教育培训基地；中国疾病预防控制中心艾滋病临床进修教育基地；上海疾控中心临床基地；上海市产科肝病监护中心和上海市传染科临床质量控制中心挂靠单位；上海市传染病重点学科建设单位之一。主要治疗病毒性肝炎、妊娠肝炎、重症肝炎、肝硬化、伤寒、乙型脑炎、流行性出血热、流行性脑脊髓膜炎、化脓性及结核性脑膜炎、肠道传染病、艾滋病、破伤风、狂犬病、性病、肺结核、传染性非典型肺炎等各种法定传染病。在重症肝炎、妊娠肝炎、中枢神经系统感染和艾滋病治疗等方面颇有特色。

金山爱幼中心(合资医院) 是加拿大中国儿童健康基金会、中福会宋庆龄基金会和上海国际和平妇幼保健院，在金山为妇女儿童保健及诊治妇科疑难杂症开设的服务窗口。坐落于沪杭公路戚家墩车站北，建筑面积800平方米。1997年6月28日开张。2000年关闭。

私人诊所 徐雯诊所。位于海浒新村109号102室，负责人徐雯，开设时间2000年，诊疗科目为内科。

第三节 医疗 保健 健康教育

一、医疗

山阳镇社区卫生服务中心(卫生院)。内科能诊治常见病、慢性病、多发病；肠道门诊能治夏秋季肠道疾病；妇科能诊疗妇女常见病，能实施人工流产、放环、宫颈电灼、阴道息肉摘除、接产(2001年因医疗体制改革被政策性停止)；放射科能做胸透、胸片、骨片和肠胃、胆管、胆道造影；化验科能做三大常规及尿三胆、妊娠、血小板、肝、肾功能等测试；心电图、B超能迅速配合临床做各种检测；中医科能诊治常见病、慢性病，针灸头痛、腰痛、肩周炎、肱骨外上髁炎、颈椎炎、关节炎等；体检科能做食品、公共场所从业人员预防性体检和企业招工等其他体检；专家门诊主治骨质增生、颈椎病、腰椎病、心血管病、皮肤病、慢性肝病等。1994年起，在二、三级医院专业人员带领下，开展上腹部急诊择期手术、纤维胃镜检查。2000年9月，批准开展部分上腹部手术。2002年2月起，可开展上腹部各种手术。

社区服务点定期为居民量血压、测血糖、代配药。2005—2009年，海趣、三岛龙洲、山鑫康城、金海岸、海云居民区和卫东村6个社区服务点为居民测血糖、量血压5.5万人次，配送药5000多人次。全科医疗流动团队开展慢性病随访，传染病流调及消毒，孕产妇保健，为80岁以上老人上门服务等工作。

1990—2009年山阳镇社区卫生服务中心(卫生院)诊疗病人情况表

表31-2 单位：人次

年份	总计	门急诊	住院	年份	总计	门急诊	住院
1990	44931	43911	1020	2000	33177	31843	1334
1991	—	—	—	2001	33476	32130	1346
1992	—	—	—	2002	37986	36782	1204
1993	43606	42594	1012	2003	41782	40577	1205
1994	46716	45680	1036	2004	38728	37648	1080
1995	38256	37352	904	2005	51621	49815	1806
1996	41092	40157	935	2006	55731	54588	1143
1997	41646	40703	943	2007	90815	89761	1054
1998	35808	34754	1054	2008	83366	82320	1046
1999	31841	30738	1103	2009	104972	103678	1294

村卫生服务站（村卫生室）。20 世纪 90 年代，医疗形式以门诊为主。2006 年，向阳村卫生服务站首先开通“医疗服务热线”，安排专人接听电话并出诊。村卫生服务站主要诊治常见病、多发病，量血压、测血糖和配药、补液等，2008 年起，停止补液业务。2009 年，8 个村卫生服务站年诊疗量在 3500—8500 人次。

二、保健

妇女保健 孕妇保健。1985 年起，村卫生室停止接生，产妇去卫生院住院分娩；2001 年 1 月起，山阳卫生院停止接生业务，产妇转到二级及以上医院接产。1990—2009 年，实行受孕 3 个月后，到镇社区卫生服务中心（卫生院）建孕卡，定期进行检查。产后做好“三访”（访产妇、访婴儿、访产后保健）工作。

妇女病普查。1972 年起，山阳开始妇女病普查；1985 年起，每隔 3—5 年进行一次妇女病普查；2000 年起，每隔 2 年进行一次妇女病普查。普查内容包括尿瘘、霉菌性阴道炎、滴虫性阴道炎、宫颈糜烂、宫颈息肉、宫颈上皮肉瘤、宫颈癌、子宫肌瘤、子宫内膜移位、子宫脱垂、子宫内膜癌、盆腔炎、卵巢肿块、卵巢癌、乳房肿块、乳腺癌、淋病、尖锐湿疣以及其他妇科病。1990—2008 年共普查 8 次，普查 22500 人次，占应查人数的 90.60%；查出患有霉菌、滴虫、子宫肌瘤、卵巢囊肿、乳腺癌等 9881 人，占普查人数的 43.92%；治疗 9090 人，占患者总数的 91.38%。

1990—2008 年山阳镇（乡）妇科疾病普查情况表

表 31-3

年份	应查人数（人）	实查人数（人）	其中（人）		治疗人数（人）
			轻度患者	重度患者	
1990	2320	2210	985	—	865
1993	2385	2135	1105	—	1080
1996	2400	2230	1305	—	1210
1999	2400	2100	1211	—	1120
2002	2500	2085	1314	—	1130
2004	4500	4317	1767	1（乳腺癌）	1737
2006	4330	4117	1567	2（乳腺癌）	1337
2008	4000	3306	627	64（宫颈癌、乳腺癌）	611
合 计	24835	22500	9881		9090
占比（%）	90.60		43.92		92.00

婴幼儿保健 预防接种。1990 年后，山阳对 6 周岁以下婴幼儿继续进行“4 苗 6 病”基础免疫（计划免疫）：出生 24 小时婴儿接种卡介苗，预防肺结核；2—4 个月婴儿，每月吃 1 粒小儿麻痹糖丸，预防脊髓灰质炎；3—5 个月婴儿，接种百、白、破混合制剂，每月 1 针，连

续打3针，预防百日咳、白喉、破伤风；8个月足月幼儿接种麻疹活苗，预防小儿麻疹病，1岁半以上幼儿再接种百、白、破混合制剂，加强预防百日咳、白喉、破伤风。1990年起，婴幼儿预防接种工作纳入镇“初级卫生保健”系统工程。2000年起，增加乙肝疫苗接种，2004年起，外来流动幼儿纳入接种范围。2005—2009年，婴幼儿年预防接种率97%以上。

健康检查。1998年起，山阳卫生院对0—6周岁婴幼儿身高、体重、胸围、头围等生长发育体格检查延伸为健康检查、作健康评定，设婴幼儿健康“保健卡”。

2005—2009年山阳镇婴幼儿计划免疫情况表

表31-4

年份	建卡人数（人）		卡介苗（人）		麻疹疫苗（人）		脊灰疫苗（人）		百白破疫苗（人）	
	应建卡人数	实建卡人数	应种人数	接种人数	应种人数	接种人数	应种人数	接种人数	应种人数	接种人数
2005	435	435	454	437	517	517	3705	3609	2034	2030
2006	390	390	348	344	1045	1009	2502	2460	1483	1456
2007	414	414	326	313	667	650	2725	2676	1487	1453
2008	400	400	325	313	2132	2095	2198	2164	1398	1376
2009	415	415	400	398	1945	1931	2356	2349	2786	2753
合 计	2054	2054	1853	1805	6306	6202	13486	13258	9188	9068
占比（%）	100		97.41		98.35		98.31		98.69	

学生保健 1990—2009年，山阳中学、小学、幼儿园贯彻《学校卫生工作条例》，建立学生体质“健康卡”，并纳入学生档案。学校建立医务室，配备卫生老师，重点抓饮水卫生、灭虱、防近视、蛀牙、预防接种等。社区卫生服务中心（卫生院）医务人员，每年到学校开展“爱眼周”“爱牙周”等宣传活动。

三、健康教育

2006年，成立山阳镇健康促进委员会。是年至2009年，镇健康促进委员会联合镇社区学校、老年学校、社区卫生服务中心、村居教学点等，举办高血压、糖尿病、肿瘤等常见病防治，禽流感、手足口病、艾滋病等传染病防控，职业病、妇女病，食品卫生，康复急救等知识讲座147次，参听7419人次；开展“四控一动”：控油、控盐、控烟（含禁毒）、控体重和适量运动教育活动104次，11240人次参加。分发BMI体质指数测算器、盐勺（2008年）、油壶（2009年），每户一份。2009年起，镇社区卫生服务中心按每2000人设1名社区医生，从急性传染病防控，结核病、性病、艾滋病防治，老年保健，妇幼保健等14个方面，开展户籍制预防保健服务与指导。

至2008年，全镇各村被评为市健康村。2009年，康建、金海岸、山新居委会被评为市爱国卫生、健康先进单位。

第四节 疫病防控

一、血吸虫病

1982年，山阳达到消灭血吸虫病和钉螺标准，进入监察巩固阶段。每5年进行一次监察检疫，对外来水生物环卵检查、对外来人员（主要疫区）抽查，防止病源输入。每年春季进行查螺，对可疑地进行实地复查。1990—2009年，山阳未发现新的血吸虫病患者。

二、狂犬病

1993年起，执行《上海市犬类管理办法》。每年春天，由政府牵头、公安为主、各方配合，组织治保主任、兽医等，对家犬注射“防狂犬疫苗”，并发证、挂牌，未注射的捕杀。1993—2009年，共注射家犬1.6万条，免疫率在99%以上。其间，山阳未发现狂犬病病例。

三、传染病

镇卫生服务中心（卫生院）设防疫组、各村居企事业单位建立传染病报告制度和严格消毒制度。按照规定对相关人员做好预防接种免疫工作。1990—2009年，山阳未发现列为传染病的伤寒、副伤寒、菌痢、霍乱、天花、百日咳、白喉、乙型脑炎、疟疾等新病人。肺结核、肝炎等传染病得到有效控制。1989年，山阳卫生院肝炎病房撤销。

四、“非典”防控

“非典”即非典型性肺炎。2003年，“非典”疫病蔓延，4月22日，镇成立抗“非典”领导小组。29日，成立抗“非典”指挥部，由镇长任指挥，下设办公室，同时成立由乡村医生、村居民组长、镇市容专管员、卫生院医生、企事业单位有关人员160余人组成的“防非”监督员队伍。每天上午各单位进行晨检，检查有无发热病人，下午2点，向镇抗“非典”办公室报告晨检情况；张贴抗“非典”知识宣传画480套，发宣传资料14350份；出动5000多人次，整洁环境23960平方米，清扫垃圾61.5吨；在卫生院设隔离观察病房6间、病床24张。

是年起，对不明原因的发热且体温超38.5°C者转送二、三级医院观察。

五、禽流感防控

2004年，暴发人感染高致病性禽流感。是年春，镇成立“预防禽流感领导小组”。分别召开各村党支部书记、村主任，农副业负责人，兽医和技术人员专题会议。镇农业技术推广中心具体负责打预防疫苗H1N1、H5N8工作，做到镇不漏村、村不漏户、户不漏禽、禽不漏针。是年强制免疫鸡、鸭、鹅、鸽等禽415200羽，收购并扑杀中兴、向阳等村专业养禽场所有禽。之后，镇每年2次组织兽医进行禽流感疫苗接种。2009年，共接种鸡、鸭、鹅、鸽38447羽，涉及2183户。

2004—2009年，山阳镇未发生人感染高致病性禽流感病例。

第五节 医疗保障

一、公费医疗

1990年，公费医疗继续执行《上海市公费医疗管理改革暂行办法》。医疗费与医疗单位、享受单位、个人的利益适当挂钩，按年龄段发给每人每年医疗备用金，每次就诊门诊费自付10%，药品费超过200元的自付部分，由享受单位在集体福利基金中报销。是年，山阳地区党政机关、文教卫生及其他企事业单位，核定编制内的工作人员515人享受公费医疗，医疗费用7.98万元。1991年，538人享受公费医疗，医疗费10.12万元。1993年10月21日起，实施《金山县公费医疗管理改革实施办法》。经费由原医院代管改由享受单位统管，县公费办预拨部分专款给享受单位，年终结账，余额留作下年专用，超支部分由享受单位与县公费办按2:8分担，职工凭卡在指定医院就医，费用先由个人垫付后向单位报销，职工个人按不同年龄段自负部分费用。1996年11月起，执行《上海市公费医疗实施办法》，按年龄段确定医疗人员门诊、住院自费比例，退休人员比在职人员自负费低50%。

2001年3月19日起，实施《上海市城镇职工基本医疗保险办法》，执行近50年的公费医疗制度结束。

二、劳保医疗

1990年，全乡实行劳保医疗单位13家，享受劳保待遇职工790人。1996年5月起，执行《上海市城镇企业职工住院医疗保险暂行办法》。保险基金由各企业统筹，缴县医保办统管，互助互济，职工大病高额费用超过单位支付封顶线部分，由县医保基金支付50%。1997年4月起，城镇私营企业、个体工商户、合作社职工和未纳入公费医疗的事业单位职工参加城镇企业职工住院医疗保险。2001年3月19日起，纳入市城镇职工基本医疗保险，劳保医疗制度终止。

三、城镇居民医疗保险

2001年3月19日起，实施《上海市城镇职工基本医疗保险办法》，简称“城保”。参保对象为城镇企业、机关、事业单位、社会团体和民办非企业单位及其职工，包括在职职工和退休职工。2003年9月15日起，参保人员门急诊使用统一“就医记录册”。

2004年，实施《金山区小城镇门急诊补充医疗保险实施办法》，是年参保7334人，2006年，贯彻落实市城镇老年遗属、高龄无保障老人纳入医保文件精神，67位老人纳保。2008年，实施《上海市居民基本医疗保险办法》，2009年2893人纳保。是年全镇除城镇企业、机关、事业单位外的529个单位13478人参加城保。

四、农村合作医疗保险

山阳各村合作医疗始于1969年，经历了1970年起的队办队管，1993年起的镇办镇管，1997年，引进保险机制，出台《山阳镇农村合作医疗保险试行办法》，实施（区、镇、村）“三级基金、二级管理、三级核算”，是年参保24539人，占应参人数的92.7%。2003

年，实行参加合作医疗的60周岁以上老人住院费补贴。2004年，实行合作医疗基金和药品价格公示制度。2005年，实施区“合作医疗投保农民大病医疗救助”制度。2007年，山阳镇被列为金山区可报销医药费5001元以上的大病统筹支付制度的实验单位，合作医疗报销范围扩大到参照城保医疗费报销范围。1997—2008年，患者医药费报销比例作多次调整。其中1997年，门急诊报销标准：村卫生室报60%、镇卫生院报40%、区级及以上医院报30%。住院报销标准：符合转诊手续的1000元以下报40%、1001—3000元报50%、3001—5000元报60%。大病报销标准：5001—10000元报65%、10001—15000元报70%、15001—20000元报75%。全年累计不超1万元。

2008年门急诊报销标准：村卫生服务站报75%；镇社区卫生服务中心报60%；区级医院（含市公共卫生中心）报50%；市级医院报40%。住院大病报销标准：镇社区卫生服务中心报70%；区级医院（含市公共卫生中心）报60%；市级医院报50%。大病医疗救助：农村最低生活保障对象、五保户、贫困户，自负医药费用超过5000元，救助60%，全年累计不超8万元；对当年进行肝、肾、骨髓移植的救助对象，自负部分超过5000元的，救助50%，累计不超过10万元。

2009年，4265人参加农村合作医疗保险，占应参人口的95.5%，比1997年增2.8个百分点。1997—2009年，累计参保170565人次，报销医药费1491.23万元。

1997—2009年山阳镇农村合作医疗保险情况表

表31–5

年份	参保人数（人）	参保率（%）	个人基金（元）	筹集资金（万元）				基金合计（万元）	报销（万元）	基金盈亏（万元）
				个人缴纳	村扶持	企业扶持	政府扶持			
1997	24539	92.7	70	61.35	—	25.09	23	109.44	89.46	19.98
1998	23307	88	80	72.31	—	37.26	20	129.57	87.65	41.92
1999	17137	67.6	80	59.98	—	20	10	89.98	87.65	2.33
2000	18272	74.26	80	62.5	—	54.6	10	127.1	92.5	34.6
2001	16848	73.18	80	51.8	—	89.33	10	151.13	107.87	43.26
2002	16762	74.48	80	54.96	—	84.22	10	149.18	132.15	17.03
2003	15121	71.6	100	68.04	—	154.08	13	235.12	114.1	121.02
2004	13969	88.4	100	121.05	3.8	116.78	10	251.63	181.55	70.08
2005	6375	76.5	100	62.19	3.18	65.3	23	153.67	123.51	30.16
2006	5065	90.79	110	55.72	4.99	1.75	32	94.46	90.44	4.02
2007	4449	73.96	130	57.84	4.23	6.24	35.55	103.86	122.54	18.68
2008	4456	78.84	140	57.86	6.68	54	1.15	119.69	123.1	–3.41
2009	4265	95.5	150	64.6	—	0.55	63	128.15	138.71	–10.56

五、少儿住院互助基金

1996 年，建立少儿住院互助基金，是上海市红十字会、上海市教育局、上海市卫生局联合创办的一项非盈利性的互助共济、节余滚存的社会公益性事业。是少年儿童医疗保险补充保障。当年投保对象为在册中小学生、幼托机构在园（所）儿童、学龄前幼儿及本市婴幼儿。2006 年，投保对象扩大到在沪流动人口夫妇子女、未入学残疾少年、高中复读生等。基金按学年度收取。1996 年，0—5 岁儿童每学年度交 60 元，6—18 岁交 50 元。1997 年后，每学年度统一交 60 元。参加者一旦生病住院所发生的医疗费用，少儿基金可按 60%—90% 比例支付。山阳中小幼学生参加率为 100%。此外，学生还可参加“住院医疗保险”和“意外伤害平安保险”。

第六节　公共卫生

一、饮水卫生

井水 1990 年，全乡有井 5853 口。2009 年，全镇有井近 5000 口，卫生员定期给井投放漂白粉消毒，井水有效含氯在 80%—90%。

自来水 1981 年，山阳集镇居民开始饮用自来水。至 1989 年，有九龙、中兴、渔业、长兴、大兴、中兴等村民饮用自来水。1992 年，工农、红旗、倪卫水厂建成，全乡自来水饮用普及率 100%。2001 年，出厂水质标准值：色度 < 15°、浊度 < 3°、游离性余氯 > 0.3 毫克 / 升、细菌 < 100 只 / 毫升、大肠菌群 < 3 只 / 升。2002 年，新江、渔业、卫东和原汀南村等南片居民饮用石化生活水厂自来水。2006 年，实施区集约化供水，接轨金山一水厂自来水。2009 年，海上明珠园、三岛龙洲苑、蓝色收获、山鑫康城、水韵紫城、龙湾一号、金海岸花园、海欣家园、海趣馨苑、金天地等小区有 2 次供水水箱 102 个，专人负责，保证水质。

桶装水 20 世纪 90 年代中后期起，机关、企事业单位开始饮用桶装水，之后普及居民家庭。2006 年起，山阳中小学学生免费饮用桶装水，费用由区教育局承担。

二、食品安全

1990—2001 年，卫生院防疫组，负责食品卫生监管，2001 年起，镇社事办设食品卫生监督员，负责食品卫生监督。1990—2008 年，监测检查食堂 436 次、饮食门店 2403 次、食品销售批发店 4305 次、生产加工单位 64 次，农贸市场 3 家。2009 年，贯彻食品安全法，成立镇创建上海市食品卫生安全示范镇领导小组，下设办公室，负责山阳地区食品安全监管工作。抽检蔬菜样本 6000 件，与养殖户、种植户签订安全承诺书 385 份，检查指导养殖场、种植场 4296 户次；处理无证无照饮食经营户、加工窝点 32 户，依法收缴非法经营用品 300 件、无证摊贩车 11 辆，不洁食品、问题猪肉 140 余千克；培训 38 名农村厨师、3 家办酒固定场所负责人，上门指导上报办家庭酒席 256 户，对 709 户（其中食堂 11 家）餐饮业 2600 多名相关人员进行食品安全法知识培训、宣传，并与各业主签订《山阳镇 2009 年食品安全责任书》；指导中兴、向阳、九龙、长兴、华新 5 个村便民店落实区食监所2009年“九统一”（店名、管理制度、进货渠道、食品销售标识、牌匾、持证上岗、进货台账、货架、服务用语）要求，指导建设卫清西路食品安全示范街。

是年山阳镇被评为上海市食品安全宣传示范镇。

1990—2009年，配合区（县）食品卫生监管部门核发卫生许可证7000多份，健康证16555份。

三、公共场所卫生

2002年起，设公共场所卫生监督协管员。2003—2009年，配合区相关部门核发理发、浴室、旅馆、舞厅、商场、棋牌室、足浴店等公共场所卫生许可证130件。

四、环境卫生

街区垃圾处理 1990—2003年，街区设果壳箱60个，配垃圾车3辆、手推车12辆，人员18—26人，年处理垃圾80—14000吨。2004年起，实施生活垃圾与工业垃圾分开处置。2007—2008年，创建国家卫生镇，街区新增保洁员28人，落实12小时、16小时保洁制度，沿街每店配置小型垃圾桶1个、更新街区果壳箱100个，添置环卫车4辆。垃圾日产日清，密闭储存运输，纳入区生活垃圾处置系统无害化处理。2009年，街区有果壳箱120个、垃圾箱7个、垃圾中转房7座、机动垃圾清运车3辆、人力车20辆、冲洗车1辆、洒水车1辆，人员76人。年处理垃圾29200吨。

农村垃圾处理 2000年，完成市政府实事分解项目“农村生活垃圾收运处置工程”，是年通过市爱卫办验收。2001年，农村生活垃圾开始集中收集处理，各村组建垃圾收集队伍（每村民小组配1名保洁员）；镇政府投资110万元，在村设垃圾桶300个，建垃圾中转房32座。2005年，建立山阳垃圾收集保洁社，人员96人，配垃圾车96辆，负责农村生活垃圾收集处置。2007—2008年，建垃圾容器间48座，添置垃圾桶331个。2004—2009年，年处置生活垃圾1890—3650吨。

道路保洁 域内城区道路由区保洁；镇级道路和工业区道路由上海绿莱公司保洁；村级道路由所在村保洁。

河道保洁 2004年，成立山阳镇河道保洁服务社，人员32人，镇级河道开始保洁，受市、区河道保洁服务社委托，境内市、区级河道同时开始保洁。2006年，区河道保洁服务社在山阳设龙泉港、运石河保洁点，镇级河道与市、区级河道分开保洁。2007年起，村级河道开始保洁，是年有保洁人员74人，2008年增至89人。2009年，全镇有河道保洁人员125人，其中镇级保洁员36人。保洁河道155条（段），长135.78千米，年清理垃圾4200吨。

2004—2009年山阳镇垃圾处置情况表

表31-6

年份	街区		农村		河道	
	保洁人员（人）	清理垃圾（吨）	保洁人员（人）	清理垃圾（吨）	保洁人员（人）	清理垃圾（吨）
2004	26	15000	106	1890	32	810

续表 31-6

年份	街区		农村		河道	
	保洁人员（人）	清理垃圾（吨）	保洁人员（人）	清理垃圾（吨）	保洁人员（人）	清理垃圾（吨）
2005	36	16000	96	1800	32	650
2006	48	17000	96	3000	36	4100
2007	76	18250	96	3600	110	4350
2008	76	27000	96	3650	125	4300
2009	76	29200	96	3650	125	4200

粪便管理 1991 年，山阳、金山嘴、东门 3 个集镇有公厕 14 座，农村有公厕 100 多座，农户粪缸 1 万多只，由集体统一加盖。1993 年，农村开始安装抽水马桶，建无害化粪池 428 只，1997 年，建 2500 只，至 1999 年，建成 7717 只，2000 年，通过市验收，粪便无害化处理率 93.2%。

2006 年，新江污水厂竣工，粪便开始纳管处理。2007—2008 年，建街区厕所 10 座，其中 2 座一级厕所，每天 16 小时保洁。农村建冲水式厕所 61 座。2009 年，农村无害化粪池 4120 只，居民小区粪便纳管处理，无害化处理率 95.5%。

1993 年、2009 年山阳镇各村无害化粪池情况表

表 31-7

1993 年				2009 年	
村名（并村前）	池数（只）	村名（并村前）	池数（只）	村名（并村后）	池数（只）
大兴	42	杨家	38	杨家	165
向阳	24	东方	4	中兴	500
曙光	9	七一	14	华新	450
工农	8	中兴	15	东方	110
九龙	15	红旗	14	九龙	1400
汀南	12	甸山	12	向阳	525
新江	24	长兴	16	卫东	120
倪界	18	跃进	12	渔业	250
海光	70	华新	5	新江	200
卫东	65	渔业	11	长兴	400
合计	428			合计	4120

病媒生物防制 坚持以防为主、坚持科学合理用药。爱卫会根据老鼠、苍蝇、蚊子、蟑螂生长繁殖特点，每年 3—11 月设毒蚊缸、捕蝇笼，在蚊子、苍蝇孳生地喷洒药水。

春秋两季投灭鼠器、灭鼠饵。7 月投蟑螂药。2008 年，病媒生物防制通过验收达到国家卫生镇标准。2009 年，有镇病媒生物防制人员 7 人，各村居有 1 名兼职人员。

第七节 献血 捐献遗体

1990—2009 年，山阳镇（乡）组织献血 20 次。2000—2009 年，共完成献血 3578 袋。2009 年，山阳镇被评为金山区献血工作先进单位。

2009 年 8 月 13 日，山阳幼儿园刘晓薇成功捐献造血干细胞，为上海市第 148 例、金山区第 10 例、上海市幼儿园教师第 1 例。

2005 年 10 月，杨家村村民邱进根遗体捐献给上海复旦大学医学院，为山阳镇首例。

2000—2009 年部分年份山阳镇献血情况表

表 31-8

年份	任务数（袋）	完成数（袋）	年份	任务数（袋）	完成数（袋）
2000	820	865	2005	300	322
2002	700	706	2006	300	317
2003	340	359	2008	330	372
2004	295	307	2009	330	330

第八节 卫生镇村创建

1994 年，山阳镇创建成金山县三级卫生镇；2004 年，创建成上海市二级卫生镇；2006 年，创建成上海市一级卫生镇；2008 年，创建成国家卫生镇；2009 年，创建成市市容环境责任区管理达标镇。

1996—2006 年，九龙、向阳、东方、长兴、新江、华新、中兴、杨家、渔业 9 个村创建成上海市卫生村。

2006—2008 年，全镇各村创建成市整洁村。

第九节 卫生事业费

1989 年 1 月起，乡镇卫生院实行乡镇领导、条块结合、分级管理。山阳镇（乡）人民政府除对卫生院定额拨款外，还加大公共卫生、环境卫生方面的投入。卫生事业费列入每年镇（乡）财政预算。1990—2009 年，共投入卫生事业费 4118.99 万元。

1990—2009 年山阳镇公共卫生事业费投入情况表

表 31-9

年份	金额（万元）	年份	金额（万元）	年份	金额（万元）
1990	57	1997	170	2004	230.79
1991	58	1998	200	2005	420.21
1992	60.14	1999	168.2	2006	249.74
1993	108.84	2000	160.8	2007	252
1994	117.43	2001	265.29	2008	378.75
1995	142.4	2002	132.6	2009	602.94
1996	147	2003	196.86	—	—

1992—2009 年山阳镇社区卫生服务中心（卫生院）经费情况表

表 31-10

年份	合计（元）	收入			支出（元）	余额（元）
		业务收入（元）	上级拨款（元）	专项资金（元）		
1992	1570026	1430026	140000	—	1327668	242358
1993	2121017	1872617	248400	—	1855459	265558
1994	3103043	2685423	417620	—	2480165	622878
1995	3661478	3179078	482400	—	3172671	488807
1996	4432019	3922019	510000	—	3632450	799569
1997	5113703	4588321	525382	—	4301409	812294
1998	5448465	4748465	700000	—	4743912	704553
1999	5458202	4858202	600000	—	5806536	-348334
2000	6059226	5559226	500000	—	5455940	603286
2001	6398602	5998602	400000	—	5803255	595347
2002	6743319	6443319	300000	—	6494533	248786
2003	7549203	6949203	600000	—	7434938	114265
2004	7247672	6647672	600000	—	7147219	100453
2005	10548029	8568029	940000	1040000	10366657	181372
2006	10390470	8643115	1200000	547355	10305234	85236
2007	10645840	8618840	2027000	—	11146870	-501030
2008	14261066	9953471	4307595	—	14196326	64740
2009	18785341	13882790	4902551	—	18410753	374588

第三十二章 社会生活

第一节 人民生活

一、收入

改革开放后，农村居民依靠种承包田、发展家庭经营和务工、经商等增加收入，2009年人均收入比1990年增加7.62倍。

1990—2009年山阳镇（乡）农村居民年人均收入情况表

表32-1

年份	人均年收入(元)	比上年增长(%)	年份	人均年收入(元)	比上年增长(%)
1990	1320	6.97	2000	4491	8.32
1991	1461	10.68	2001	5147	14.61
1992	1876	28.41	2002	5248	1.96
1993	2642	40.83	2003	5772	9.98
1994	3303	25.02	2004	6380	10.54
1995	3809	15.32	2005	7260	13.79
1996	4038	6.01	2006	8700	19.84
1997	3967	-1.79	2007	9901	13.81
1998	3996	0.73	2008	10503	6.08
1999	4146	3.75	2009	11380	8.35

二、储蓄

1990年，全乡居民储蓄3450万元，2001年，3.55亿元，平均每年递增26.82个百分点。

1990—2001年山阳镇居民储蓄情况表

表32-2

年份	储蓄金额(万元)	比上年增长(%)	年份	储蓄金额(万元)	比上年增长(%)
1990	3450	37.12	1996	27400	30.48

续表 32-2

年份	储蓄金额(万元)	比上年增长(%)	年份	储蓄金额(万元)	比上年增长(%)
1991	4863	40.96	1997	29000	5.84
1992	8721	79.33	1998	29300	1.03
1993	12600	44.48	1999	31600	7.85
1994	19600	55.56	2000	33000	4.43
1995	21000	7.14	2001	35500	7.58

三、城镇化

1990年，卫东村第11、13组，海光村7组撤制，1993年，新江村第1、2、13组撤制，村民户口农转非。之后农转非人口逐年增加。2002年，城镇化率达42.32%，2009年，88.25%，平均每年递增12.02个百分点。

2002—2009年山阳镇城镇化率情况表

表 32-3

年份	城镇化率（%）	比上年增长（%）	年份	城镇化率（%）	比上年增长（%）
2002	42.32	—	2006	82.98	3.17
2003	44.02	4.02	2007	84.38	1.69
2004	56.53	28.42	2008	85.82	1.71
2005	80.43	42.28	2009	88.25	2.83

四、衣食住行用

衣 1984年3月起，取消棉布凭票供应，农民自制的土布逐渐被收藏，衣着面料发展为各种化纤、毛料织品、涤棉、中长纤维等。穿大襟衣少见，流行西装、夹克衫、牛仔衣、滑雪衫等；童装各式各样，高档、时尚服装进入普通百姓家，穿名牌、品牌衣服的人较普遍。

食 1993年4月1日起，取消粮油定量供应，市场放开，食品供应充裕，鸡鸭鱼肉蛋、海鲜、蔬菜等副食品应有尽有。人们的饮食结构发生变化，饮食观念悄然改变，20世纪80年代，人们追求填饱肚子；90年代，追求吃饱吃好；进入21世纪，人们追求饮食健康，讲究荤素、粗细粮搭配。喜庆筵席日趋高档：20世纪80年代时兴“蹄子托脚8样头”；90年代时兴“全鸡全鸭，冷盆热炒”“16碗餐”“24碗餐”；进入21世纪时兴甲鱼、大龙虾、大闸蟹等。婚丧筵席时兴买办、烧菜、发桌“一条龙”服务。办酒席、吃年夜饭上餐馆的人家趋多。

住 1992年起，新建新江、向阳、杨家、倪界、大兴、卫东、海浒等住宅小区；2001年起，金海岸花园、棕榈湾花园、三岛龙洲苑等一批商品房陆续上市；2002年，九龙农民中心村动建，2004年后，海趣、海辰、康城、海欣等动迁安置房屋相继竣工。

山阳城乡居民住房面积、结构、设施等发生明显改变。1989 年，人均住房 39.2 平方米；2000 年，40.78 平方米；2010 年，40.68 平方米。楼房层数明显增高，1989 年，家庭户 11512 户，2—3 层楼户占 58%，4—5 层楼户占 0.03%；2010 年，家庭户 28255 户，2—3 层楼户占 33.6%，4 层及 4 层以上楼户占 52%，与 1989 年相比，住 4 层及 4 层以上楼户新增 52%，其中 4—6 层楼户增 33.7%，7 层以上电梯房户增 18.3%。墙体结构提质，2000 年，钢筋混凝土结构墙体占总墙体 33%；2010 年占 47%。卫浴设施快速普及，1993 年，农村居民开始安装卫浴设施，2000 年 89.93% 居民家中安装卫浴设施，2010 年 91.27% 居民家中配备卫浴设施。房屋来源趋向商品化，1990 年前房屋以自建为主；2000 年，自建房户占 62.7%，购买商品房户占 20%；2010 年，自建房户占 19%，购买商品房户占 49.3%。

行 自行车。1985 年，取消计划购买票证。1990 年，全乡户均有自行车 0.38 辆。2000 年以后，电动自行车、汽车快速普及，2007 年，调查全镇 8 个村、7868 户，户均有自行车、电动自行车 2.34 辆，汽车 0.096 辆。2009 年，抽样调查原七一村 4 组、曙光村 8 组、向阳村 3 组 142 户，有汽车 118 辆，户均有汽车 0.83 辆。2007 年，山阳一路镇村公交开通，2008 年起，70 岁以上老人凭敬老卡免费乘车，2009 年，山阳二路镇村公交开通，镇域内实现“公交村村通”。

用 水。1981 年，山阳集镇始饮自来水，1992 年，全乡普及自来水饮用，2002 年，南部各村居饮用石化生活水厂自来水，2006 年，其余村居全部饮用金山一水厂自来水。

燃气。1992 年，建山阳液化气供应站。1997 年，居民区开始安装管道液化气。2004 年，建山阳天然气门站。2010 年，液化气、天然气用户占家庭户总数的 95%。

家电。1995 年，取消购买家电票证。2007 年，调查 8 个村、7868 户，拥有空调 3676 台、彩电 12606 台、电脑 3008 台、冰箱 6869 台、音箱 1267 台、微波炉 3939 台，分别占调查户数的 46.72%、160.22%、38.23%、87.30%、16.10%、50.06%。

通信。1986 年，开始安装私人住宅电话，1998 年，电话用户 7041 户，山阳超标准实现电话镇。1999 年，开通 IP 宽带多媒体接入网；2002 年，杨家村 76 家农户接入宽带网，成为市郊首个信息化村。2009 年，全镇户均拥有中国电信、中国移动、中国联通各种手机 2 部以上。

第二节 风 俗

婚丧风俗继续演变。

一、婚俗

定亲 20 世纪 90 年代初，一般仍有男方托媒人到女方家提亲（旧时叫请“八字”），然后约定时间，由姑娘和姑娘家亲属到男方“认门头”，当面了解男方的人品和家底。90 年代中后期起，农村男女自由恋爱的逐渐增多，在相处、相知中深入了解对方。如双方中意，约定时间，男方办“定亲酒”，女方办“受茶酒”。

结婚 20世纪90年代初，大多人家择春节、“五一”、国庆节假日定为结婚日子；1995年起，择双休日作为结婚良辰为多。农村大多在家里举行结婚仪式，酒席中婆婆带着媳妇与长辈见面，接受“见面钿”（又叫叫应钿）；进入21世纪，有的人家结婚仪式到酒店举行，仪式由婚庆公司主持。迎新娘普遍用轿车，车队日趋豪华。

嫁妆 20世纪90年代，以缝纫机、自行车、家电、被褥、衣服、家具等为主；进入21世纪，发展为银行卡、存单、汽车、房子等。

通婚 20世纪90年代初，以男娶女嫁为主；90年代中后期起，因独生子女到达婚龄增多，不唯男娶女嫁，多半以男女双方两边做“房间”。通婚范围扩大，从本村、本乡、本县发展到外省市。2010年，山阳地区与外省市结婚的有510人，其中男77人、女433人。

二、殡葬

殡仪 20世纪60年代，移风易俗，纪念死者佩戴黑纱，废止穿白戴孝、烧回堂香、吹打、放铳、念经、开路。90年代，黑白兼用，既佩黑纱又穿白衣裳，儿女等还披麻戴孝；烧回堂香、吹打、放铳、开路、念经又逐渐复原；亲戚吊唁送糖果、糕点、纸马、香烛、着肉相、被面、花圈、肉。进入21世纪，送肉改为送钱；子女不会哭丧的请人代哭；有的人家还为死者开追悼会，追悼会大多在殡仪馆举行。

葬式 20世纪60年代末，山阳地区推行遗体火化，火化地点先在奉贤或金山殡仪馆，以后逐渐统一到金山殡仪馆。1997年前，仙逝者骨灰大多葬在老坟地或自留地。1997年，在倪界村4组建公益性墓地。2003年，在九龙村曙光4组、5组建九龙息苑。之后，仙逝者骨灰逐渐葬于公墓地。至2009年，两座公墓已葬骨灰1.6万余具。传统落葬时间一般在人死后3周年的清明或冬至择时举行；后有的人家在死者火化后就落葬（称热葬），也有在“五七”时落葬。

吊唁 亲朋好友前往祭奠亡者，慰问亲属，送祭品或人情钿，山阳地区又叫吃豆腐饭。豆腐饭日趋丰盛，除必备豆腐外，其余菜肴与喜庆宴席没有多大区别。

第三节 宗 教

“文化大革命”期间，宗教活动停止。中共十一届三中全会后，落实党的宗教政策，合法的宗教信仰重新得到尊重和保护。

一、佛教

宋代传入山阳地区。曾有寺庵30多座，后全废。

佛教活动主要有节日活动和法事活动。

节日活动有释迦牟尼佛出家日、涅槃日、圣诞日、成道日。这四大斋期，山阳地区的善男信女大多结伴去金山卫万寿寺拈香祈祷、购鱼放生，参加活动。

法事活动主要是通过诵经设斋、礼佛拜忏、追荐亡灵。山阳有少数办丧事人家去万寿寺做水陆法事。

1990 年后，去寺庙除夕撞钟祈福和春节烧“头香”的人渐渐增多。

二、道教

三国时在大金山北麓建霍光庙（忠烈昭应庙），大金山沦海后，霍光神主分灵至上海城隍庙。据前志记载，山阳地区曾有神庙 10 座。今尚剩翁家庙。初一、月半香客甚多。

诵经活动有法符、地灯、五方、告斗、走渡桥、十五、祭殿等。活动一般在人死后“五七”时举行，通常有道士 6—10 人。山阳地区时有丧事人家为死者举行诵经法事活动，活动通常在家里举行。

2009 年，山阳地区有道士 14 人，在九龙、长兴、华新、中兴、向阳等村。

三、天主教

18 世纪传入山阳地区。

1889 年，在原跃进村 5 组建天主教潘家堂。20 世纪 30 年代，在金山嘴集镇建金山嘴天主堂。1970 年，潘家堂部分被拆除，1980 年后，金山嘴天主堂被拆除。2008 年，在潘家堂原址重建潘家堂，4 间、250 平方米，属亭林 13 保天主堂分堂，是年 12 月 13 日开教。

弥撒是天主教活动的主要形式。每年四大瞻礼（耶稣圣诞、耶稣复活、圣母降临、圣母升天）教徒都去参加弥撒活动。平时星期天教徒会到教堂望弥撒，其他活动有“告解”“终缚”“追思”“坚振”“婚配”。潘家堂每月举行一次弥撒活动，由亭林 13 保天主教牧师主持。有信徒 30 余人。

四、耶稣教

山阳地区有聚会点 2 个，信徒 80 余人。

金山嘴聚会点，位于渔业村 4 组，1984 年圣诞节开始，借用金山嘴公路道班房子做礼拜。1986 年 12 月，批准为宗教活动点。1994 年 3 月起，由信徒把自己的房子提供给信徒聚会用。1995 年 6 月 30 日，登记为宗教活动场所。2009 年，有信徒近 50 人。属石化临恩堂管辖。

高桥聚会点，位于工农村 3 组 3074 号，1987 年，借用信徒房子作为聚会点。1989 年 9 月，批准设立宗教活动点。1995 年 6 月 30 日，登记为宗教活动场所。2009 年有信徒 38 人。

耶稣教主要活动有礼拜活动和节日活动，活动通常由牧师或长老主持。礼拜活动有祈祷、读经、唱诗、讲道、祝福等。节日活动每年有 5 次，圣诞节、受难节、复活节、圣灵降临节、感恩节。节日期间，信徒们都要聚会参加活动。

第四节 渔家传统菜肴

一、渔家老八样

白煮烤子鱼 将新鲜鲚鱼（俗称烤子鱼）摘去头及内脏，洗净、沥干水分。根据鱼的数量，先在锅中放入水、盐、姜片烧开，再把烤子鱼放入锅中，旺火烧 2—3 分钟，倒入适量白酒，不要盖锅盖，半分钟即可。

盐水小米虾 取用新鲜小米虾，洗净沥干，锅中放入适量的水，加入盐、姜片，水烧开之后，将小米虾倒入锅中，加少许白酒。旺火烧1至1分半钟即可。

清蒸暴腌马鲛鱼 取用新鲜马鲛鱼去除鱼肠鱼鳃后洗净暴腌，加入生姜片或姜汁水，然后用重物压4—5个小时后，看鱼肉肉质是否紧实。随后，稍作冲洗，将鱼切成龙牌块或条状，排列盘中，放上适量的姜片、白酒，放在饭镬头上旺火蒸8分钟，再加入适量生抽即可。

银鱼炒蛋 用新鲜银鱼，取一部分银鱼剁成鱼末儿，放入蛋液中打匀，待油锅烧至七八十度时倒入，至一面合成，将其翻面，等到全部合拢，在锅内将蛋面切成条状或块状。随后，放入料酒、盐、适量的水，再将其余的银鱼一起倒入锅中旺火煮3—4分钟，起锅，撒上葱花即可。

韭菜炒蚬肉 选用新鲜韭菜、蚬子，将蚬子在盐水里煮开，剥出蚬肉，去掉泥沙和蚬肉边上的黑衣，把煮过蚬子的汤过滤后备用；将韭菜切成段，洗净沥干。油锅烧至8成烫时，先将韭菜倒入煸炒，同时加盐，炒至七分熟时，放入蚬肉，加入煮蚬汤，旺火烧开即可。

葱油炒海瓜子 选用新鲜海瓜子用盐水或米泔水漂养，除尽泥沙，沥干水分。起油锅，放入葱、姜煸炒，再将海瓜子放入锅中一起炒2分钟即可。

红烧小黄鱼 选用3—4两的新鲜小黄鱼，刮去鱼鳞，除肠摘鳃、去黑衣，洗净沥干，用盐在鱼身上、肚里薄薄抹一层，腌制5分钟左右，冲洗后放入7—8成烫油锅中，两面煎至微黄，加姜片、料酒、生抽、适量的水，旺火烧4—5分钟，出锅前，撒上蒜叶或葱花即可。

紫菜虾米汤 选用紫菜（干），金山嘴特色米虾干或米虾仁，加入适量盐、少许猪油、葱花，直接用开水冲泡即可食用。

二、渔家十大特色菜

除了“渔家老八样”，金山嘴渔民还自创“十大特色菜”，用近海特色海鲜烹饪而成，色香味俱全。

雪菜蛎婆汤 选用剥壳养清的牡蛎半斤、暴腌的雪菜二两，切成细丝。锅内放500毫升水烧开，加入少许姜丝、盐、料酒，放入牡蛎，再次烧开后加入雪菜，至第三次烧开汤呈微绿色即可。

盐水白虾 选用2—3两白虾，锅内放250毫升水，加入盐、姜片、白酒，烧开后将白虾倒入锅内，上锅盖，烧开半分钟即可。

红烧闸网鱼 选用闸网捕捉的新鲜鲚鱼、梅童鱼、箬鳎鱼、白虾等什鱼，将小鱼刮鳞、去肠摘鳃洗净。油锅7成热后放入姜片，再将什鱼倒入锅内煎制稍许，加入料酒和水，烧开再放入老抽、生抽、蚝油，2—3分钟收汁即可。

鳗鱼干烧肉 选用直径2—3厘米的筒子鳗鲞淡干、五花猪肉。将鳗鲞淡干切成5厘米左右长的段，用开水冲泡；五花肉切块放入锅内加水烧开后洗净。把五花肉和鳗鲞一起放入锅中，加水浸没，大火烧开放入料酒、姜片、生抽、蚝油、老抽烧煮 1 小时，再文火闷烧 1 小时即可。

咸鳓鱼炖蛋 选用咸鳓鱼一条，处理干净放盆中，新鲜鸡、鸭蛋各一枚，去壳后置咸鳓鱼两侧，再加入姜丝、料酒，入锅蒸 8 分钟即可。

清蒸梅童鱼 选用一两左右的梅童鱼 10 条，去肠摘鳃洗净，排放盆中，加料酒、姜丝，放入蒸箱大火蒸 8 分钟后出锅，淋上蒸鱼豉油、爆三丝即可。

红烧海鳗鲡 选用鲜活海鳗鲡一条，取出内脏，切成 5 厘米左右的小段，用 80 度左右的热水冲泡掉海鳗鲡表面的黏液。锅内加入 500 毫升水，将洗净的鳗鲡段放入，再加料酒、姜片、精制猪油，大火烧开，待汤变成乳白色时加入老抽、生抽、蚝油和少许红糖，收汤即可。

清蒸带鱼 选用三指宽近洋新鲜带鱼 1 条，挖出鱼肠、鱼鳃，洗净后切成 5 厘米左右长的段，排列盆中，放上适量的盐、料酒、生抽、姜片、姜汁水，入蒸箱蒸 8 分钟，待鱼眼泛白且突出即可。

红烧鲳鱼 选新鲜鲳鱼二、三条。挖鳃、摘肠，切成 4 厘米左右的方块洗净。油锅 8 成热时先把姜片放入锅内，然后将鱼块倒入、翻炒拌匀后倒入料酒、放入大蒜粒、加水至鱼淹没，盖上锅盖大火烧约 5 分钟，汤呈乳白色后，加老抽、生抽、蚝油，再焖烧 3 分钟，收汁即可。

葱油梭子蟹 选用活梭子蟹 2—3 只。剥开外壳，挖去肚盖、稣衣、蟹蒂，洗净，并剪去蟹脚尖，切成块。将蟹块排放在浅式盆内，放上料酒、姜片、葱段，入蒸箱蒸 10 分钟，出锅。淋上豉油、爆葱油即可。

第五节 奇闻逸事

1977 年 3 月 17 日，渔业村顾金龙等驾驶的沪金机 707 号、沪金机 723 号渔船，在浙江大陈岛东南 18 海里水深 32 米处探到鱼群。下午 3 时 30 分下网捕捞，共捕到黄鱼 125000 千克（2500 担）。

1996 年，长兴村 10 组黄华强屋顶上一赤眼蜂窝呈宝塔形、7 层，高 38 厘米，直径 12 厘米。

1998 年 8 月 16 日傍晚，卫东村 13 组地段千万只蜻蜓在离地面 1 米左右低空飞舞，黑压压一片。遮挡行人视线，骑车人纷纷下车推行。

2003 年，山阳美阳田园产一南瓜重 50 多千克。

2006 年 11 月 14 日，渔业村渔民在金山嘴海滩上捕到 1 条花鳗鲡，长 1.11 米，重 4.24 千克，全身黑褐色，经鉴定为国家二级保护动物鲈鳗。后由区渔政部门送上海动物园。

2007 年 7 月 17 日，渔业村 7435 号渔船在北纬 30° 40′ 200″、东经 121° 31′ 600″ 处

水域捕到误入海蜇网中的巨型中华鲟，雌性，长 3.37 米、体重约 230 千克、25 龄左右，腹部红肿、有内伤。区渔政管理站立即启动水生野生动物救护预案，赶赴现场救护，并送长江口中华鲟自然保护区。

2007 年 8 月 20 日 9 时，原汀南村一村民报告，在杭州湾海域钓虾时捕获一“怪鱼”。经区渔政站现场勘验，确认为国家二级保护水生野生动物——中华鳖。14 时 30 分，在金山嘴大堤外放生大海。

2009 年 10 月 17 日，山新居民区一居民收获 1 只山芋重 3.4 千克。

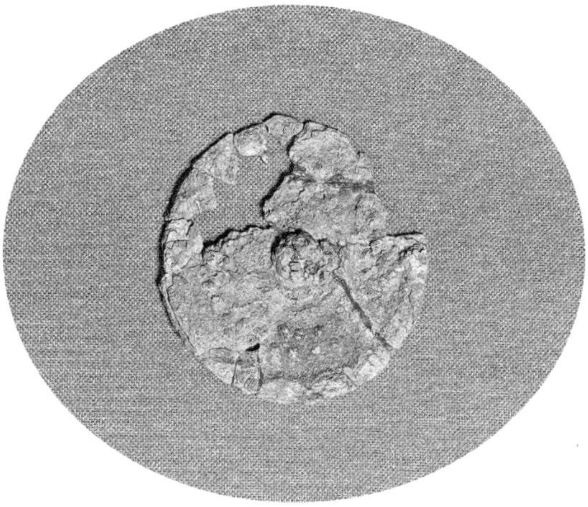

戚家墩遗址出土的汉铜镜

第三十三章 人 物

山阳人杰地灵，名人辈出。前志至1989年，已载人物传记，上海市劳动模范、县团级以上干部、高级知识分子和革命烈士共54人。前志遗漏未记的周锡琏、李新民、李师白、吴锦明有名人物，本志作补记。1990—2009年，从谢世人物中择成就突出者范剑涯、周富明、黄炳忠、吴长林、邱进根、李忠、翟振昆，列入人物传略。1990—2009年，获得上海市劳动模范（上海市先进工作者）、高级职称（学位）、处级以上干部以及市级以上各系统先进人物等列表辑录。因人事变动，人才流动频繁，虽尽搜索仍恐遗漏。

第一节 人物传略

周锡琏（1894—1956）

号孝泉，俗称“小相”。原籍浙江岱山，祖辈于清末定居山阳。其伯父西亭、堂兄锡莼均业医，幼承家学，研读医药经典。后又受业于奉贤名医刁谦伯，专攻儿科。学成后开业于山阳，驰誉浦南及浙江平湖一带。他临床辨证缜密，立方严谨，凡药力有不逮之症，常合以针灸推拿，以增强疗效。对儿科急症，尤有经验。尝以甘遂、扫盆、辰砂等药制成“油朱丹”，对肺风痰喘而致痰厥之症疗效显著。又如小儿风热食积壅滞酿成食厥一症，以香油为材，辅之以推拿针刺之术，亦多良效。其徒张堰俞古心、漕泾陈之宜、奉贤胡亚文等10余人都成名。1944年，促其子报考上海东南医药院学习西医，毕业后服务家乡人民。

李新民（1900—1967）

又名新铭，原名世勋，号守恒，乳名德元，李一谔烈士的胞弟，金山卫镇原长春村人。幼年时过继到山阳甸山，为叔父李修凝嗣子。1923年，考入上海文治大学，任文治大学区分部常委兼学生会会长，参与组织学生运动，宣传反帝反封建思想，同年9月加入国民党。1925年“五卅”惨案发生后，发动学生上街游行，声援工人运动。同年7月，毕业回乡，参与组建国民党金山县党部。翌年初，由其兄介绍加入中国共产党。4月，到广州参加农民运动讲习所第六期学习。结业后回金山，任国民党金山县党部执行委员兼宣传部长，同时担任中共浦南特支委员。“四一二”反革命政变后，转入农村开展秘密活动。1928年2月，浦南特支改组为中共浦南区委，李担任执行委员。同年夏，他跟随陈云辗转甸山、金卫等地开展党的农村工作。10月，中共金山县委成立，李担任县委委员兼军事部长。党组织初建，经费困难，他变卖了嗣母留给他的100多亩田，全部用作党的活动经费。翌年初，浦南一带党组织遭到破坏，因国民党政府追捕，他绕道浙江平湖来到上海，多方设法寻找上级党组织未果，被迫东渡日本留学。1930年回国，先后在上海公学、毓贤小学任教。1933年9月，再次留学日本东京专修大学，攻读法律，1937年4月回国。抗战爆发后，应张堰地方人士推举，出面与日军周旋，使当地人民少受了一些灾难。是年12月，面对日军暴行，他邀集热心抗日的爱国志士，从市河里捞起一批国民党撤退时丢下的枪支，组织起一支五六十人的抗日救国自卫团，并动员地方游杂部队参加抗日，使队伍扩大到200余人，受其影响而奋起抗日的地方武装有千余人。1938年4月，国民党陆军六十二师进驻金山，委任李新民为金山县县长兼浦南抗日救国自卫团政训处主任。同年8月，又受国民党四十五旅张鸾基部委任为金山县抗敌委员会主任，主持全县军（地方武装）、政工作。同年11月，在上海湘姚中学任教时，通过王绍鏊、恽逸群等人介绍，又与中共党组织发生联系，以民主人士的身份，从事党的外围活动，为党和新四军提供翻译资料和情报。他还先后将长女李浩和次女李斐送往解放区参加新四军，后两女成为共产党员。抗战胜利后，回到张堰。1947年4月，出任松江县浦南（亭林）区区长，任职伊始，积极掩护进步学生活动，被人控告为“赤化分子”，还对当时的征兵表示不满，遂于同年8月辞职。此时，受中共上海地下党组织的指示，掩护和帮助党的高级干部活动。1949年8月，执教于浦南中学（今张堰中学），翌年2月任校长。1951年起，历任金山县各界人民代表会议常委、副主席。1954年，担任中苏友好协会金山县分会会长。1955—1956年，当选为县第一届、第二届人民代表大会代表和县人民委员会委员。1956年，回张堰中学任校长。1958年，被错划为右派分子，开除公职，又以反革命罪判处管制两年。1965年，在张堰公园劳动时，又以破坏绿化罪判处管制两年。“文化大革命”初，再度遭受迫害，于1967年12月6日病逝。党的十一届三中全会后，李新民得到平反。

李师白（1912—1987）

金山嘴人。上海吴淞水产学院毕业后，在山阳乡任小学教师，1958年，下放农村，后在金山嘴集镇靠刻印章为业。其父李一华是海塘巡塘处巡塘员，李受家庭影响对海塘极为关心。抗日战争时期，海塘巡塘处解体，海塘长期处于无人管理状态，经过几次风潮，多处损毁。1942年风潮后更形残破，李师白和沿海群众甚为焦急，写信给当时在松江县政府建设科当技术员的同学，反映海塘险情，要求及时抢修。不久该科派来2人找李师白，李师白领他们至险塘处勘察，之后该科运来2船麻袋，交由当地政府组织民工装土堵填缺口。抗战胜利后，他参加修筑海塘的施工管理。李师白注意收集积累海塘资料，临终时，嘱咐子女把他关于海塘的笔记、资料交给海塘管理所。

吴锦明（1926—1987）

长兴村甸山5组人。1949年解放，任马棚乡民兵干部；1951年，马棚乡地园村划归新街乡，任新街乡民兵干部；1954年，加入中国共产党；1955—1957年，任新街乡副乡长；1958年，任海滨人民公社（山阳人民公社前身）7营副教导员；1962—1966年，任地园大队党支部书记；1966—1972年，任甸山大队党支部书记；1970—1973年、1976—1978年，2次任山阳公社党委委员。

他在担任大队党支部书记期间，培养青年干部成绩突出。1969年，上海《文汇报》刊登他培养青年干部的先进事迹，并发表评论《一个生动的范例》。同年9月10日，赴北京参加国庆20周年观礼。

范剑涯（1910—1991）

原名范丙承，曾用名范丙辰、刘念慈。九龙村曙光4组（盘厍）人。1916年，入读山阳启明初等小学校（山阳小学前身），1923年，考入江苏省立第三中学（今松江二中）。

1924年，加入共产主义青年团。1925年，任共青团松江特别支部书记。1927年，任共青团松江团支部书记。1928年，任共青团松金中心团委书记。团委根据中共“八七”会议精神，结合本地实际情况，把发展团员的重点转向青年农民和盐民。在亭林、张堰等地建立团的支部或小组；在西与金山相邻的浙江省平湖县新仓、衙前、新庙农民中发展团员；在东与奉贤县相邻的柘林（时柘林属松江县）盐民中发展团员。并动员团员青年参加农民协会、盐民协会，协助党组织建立武装组织——“红团”，准备参加“新街暴动”。是年农历七月十五日，范剑涯利用金山卫庙会人多的机会，准备召开团的积极分子会议，因在上海的团江苏省委秘书处遭国民党反动派破坏，会前，范剑涯被捕。

1929年末，范剑涯获释，由共青团员转入共产党员。受中共江苏省委的委派，回家乡发展党的组织、重建党的县委。他以代课教师为掩护，在叶榭、张堰、亭林、朱行、山阳、漕泾、柘林、金山卫、马棚一带活动。通过原县委委员姚阿大等人接触一批共产党员，但在“新街暴动”失败后，大部分党员失去联系，于是又以原团县委成员为骨干进行革命活动，在农民和盐民中恢复协会，在亭林、张堰、干巷、金山卫建立党的支部或小组。1930年，建立松金县委，范剑涯任书记。是年秋，在与“左”倾路线争执中被撤职。1931年春，考入吴淞中国公学大学部文学系，后因搞地下党工作离校。

抗日战争开始后，范剑涯只身到延安。在党组织的安排下，先后去武汉、重庆办中央机关报《新华日报》，担任发行部主任、编辑、国际版主编等职。抗战胜利后，奉命到上海朱葆三路25号筹办《群众周刊》，1946年9月，周刊被国民党查封。10月，去香港办《群众周刊》香港版，化名刘念慈，注重报道党的方针政策、解放战争的战事形势，周发行量3400份。新中国成立后，先后在国家新闻总署、中央宣传部、林业部、东北局农委等任职。1982年离休。

晚年，握笔作诗、撰写回忆录。与石西民合著《新华日报的回忆》，由四川人民出版社出版。《夕照明词选》由辽宁春风文艺出版社出版。

周富明（1931—1993）

周富明又名周小毛，向阳村人。童年当过长工。1950年，参加山阳乡、金山乡土地改革运动。同年12月，参加中国人民志愿军，编入某军炮兵营。1951年4月，加入中国共产党。在部队先后任炮手、下士副班长、中士班长。其间荣立三等功3次、四等功2次、队前奖励1次。1956年7月转业，分配到沈阳市铁西区高压开关厂工作。

1961年，携妻儿回乡，7月任山阳公社民兵第一营营长，10月任马桥大队民兵连连长。1963年8月，任山阳公社武装民兵连连长，兼任马桥大队副大队长。1966年3月，调渔业大队任党支部书记，7月任公社武装部部长。1967年2月，任山阳公社革命生产领导小组组长，兼武装部部长。1968年2月至1971年4月，任公社革命委员会第三召集人。1970年1月起，任公社党委副书记、武装部部长。其间，每次开河修堤，他均担任总指挥，工作雷厉风行，每天带着工程技术人员检查质量、进度，及时解决工地上出现的矛盾和问题。1972年末，为建设上海石化总厂围海造地，他带领3200多名民工日夜奋战在工地上。尤其在大堤合龙的关键时刻，正值月黑夜暗、潮急浪高，险情频现，周富明到第一线指挥抢险，使大堤顺利合龙。

1976年4月起，先后任枫围公社、张堰公社、亭新公社党委副书记、管理委员会主任。1984年5月，任金山县水利局海塘管理所党支部书记。1991年，任水利局副处级调研员。

1984年，被评为上海市水利系统先进工作者、金山县先进工作者。

黄炳忠（1925—2000）

向阳村1组（原马桥大队三联生产队）人，20世纪60年代初，加入中国共产党。

1960—1965年，任马桥（向阳）大队三联（第三）生产队队长。生产队粮食常年亩产超千斤，棉花、油菜籽丰收。1963年、1964年，生产队先后被评为松江县“四好”生产队、松江县先进单位。

1966—1975年，先后在大队搞血防（负责查灭钉螺），公社种子场工作。

1976—1983年，再任生产队队长。其间，他坚持“以粮为纲，全面发展”，探索、应用科学种田新技术，粮棉油亩产量逐年增长；勇于试行定额包工、按劳计酬等经营管理制度改革，调动社员生产积极性；利用近镇的优势，积极联系供销社、社办企业等，承接货物装卸、运输等劳务，承揽上海造纸厂在本地柴场堆柴、捆包、装船及安保等业务，发展多种经营，增加集体收入，解决“田少劳多”矛盾。根据队内塘浜多，耕田靠低坝、涵洞南北排水不畅易受涝的情况，取得大队支持，1977年，在中部开挖东至龙泉港、西至铁路金山卫支线，长350米的生产河，连通队内塘浜，解决农田排灌、运输问题；新建生产队水泥场、仓库、养猪场。是年生产队年终经济收益分配工价由1元多增加到2元多，居全公社之首。1980年，经申报批准，给队里65周岁以上老年人每人每月发10元养老补贴，长期丧失劳动能力者每人每月发放5元的补助金。

1983年秋，调公社苗圃工作。

1984年退休。1985年，配合村民小组长，帮助牵头协调，取得村委会、乡政府和乡自来水厂的支持，用集体积累资金 15000 余元，安装自来水，成为全乡第一个饮用自来水的村民小组。

1963 年，被评为松江县先进工作者。1978 年、1979 年、1981 年，3 次被评为上海市劳动模范。

吴长林（1943—2004）

九龙村人。1985 年，加入中国共产党。1958 年起，在山阳农具修配厂（1983 年更名为山阳印刷机械厂）工作，历任车间主任、技术科长、供销科长、副厂长等职。1983 年起，任公社（乡、镇）工业公司副经理，分管技术质量和供销工作。1984 年起，兼任上海新建切纸机械厂厂长。1993 年起，兼任上海大力印刷机械有限公司总经理。

1958 年，进厂时年仅 15 岁，参与完成渔业社第一对机帆船柴油动力机的安装调试。任技术科长后，潜心研究产品的开发和生产，1964 年，成功试制 190 型四连一字刀切纸机，1972 年，成功试制 QZ–137D 型全张高速切纸机，同年试制的插秧机在市农机局举办的插秧比赛中得第一名，1978 年，又成功试制 D–T402 印刷机。担任供销科长后，努力拓展销售市场，1984 年，QZ–137D 型切纸机销往香港市场，直至东南亚地区，是年创利 93 万元。

1985 年 7 月，新建切纸机械厂建成后，生产规模进一步扩大。1987 年，加入上海“飞达集团”，成为上海切纸机械五大龙头成员之一。生产的 QZ–137D 型全张高速切纸机获 1988 年全国星火计划银奖。PYQ101 平压压痕切线机、QZ2100 单刀切纸机分别获 1989 年全国星火计划金、银奖。

1993 年，将大力印刷机械厂原先手控制动机械改为电磁制动和光控制动，提高产品操作性、灵活性、安全性和档次，产品销售量增加。是年销售收入 2750 万元，比上年增加 2337 万元，增 4.66 倍。

1979 年、1985 年，2 次被评为上海市劳动模范，1984 年，被评为上海市农机系统先进工作者。

邱进根（1916—2005）

杨家村原 4 组人，年轻时曾参加国民党军队，后弃暗投明。

1944 年，邱进根岳母家住着日本兵 1 个小分队，经人介绍他结识了浙江游击队爆破手李德兴等人，秘密策划炸日本兵。邱和住在其岳母家为日本兵打杂工的伍四金相熟，一天邱带李德兴以看望岳母为由，暗察日本兵住所，决定伺机而动。农历十二月二十六日，日本兵到海滩上训练，住处只留一个哨兵和一个炊事员，伍四金觉得时机已到，立即找到邱进根和李德兴。李把定时炸弹校对到夜里 10 时爆炸，用布包扎后交给伍四金。伍趁日本兵吃夜饭时，悄悄地将定时炸弹放到了日本兵的床底下。当夜 10 点，炸死 4 个日本兵，其中一个是小队长。

2002 年初夏，邱进根对家人说，百年之后将遗体捐献给祖国医学事业。7 月，他郑重向有关部门递交了捐献遗体的申请。2005 年 10 月 3 日，邱进根逝世，遗体被复旦大学附属医学院接走，成为山阳镇第一例遗体捐献者。

李忠（1924—2005）

原名杨桂根、又名李云程，1924 年 10 月 2 日生，杨家村七一 5 组人。

李忠父亲死于日本侵略者屠刀下，日本侵略者的种种暴行激发他抗日的决心。1942 年，他在浙江平湖一家木材厂当学徒时参加新四军。1943 年 8 月，在一次抗日战斗中左腿中弹，高位截肢，评为二级残废军人。同年 12 月，从事党的隐蔽战线工作，任浙东纵队慈西区情报站联络员、站长；1944 年 12 月，任浙东纵队联工部组长。1945 年 3 月，加入中国共产党。解放战争时期，先后任苏北华中军区政治部高干休养所组织科干事、苏北五分区阜宁荣管科科员和华东荣总校政治指导员。在阜宁地区破获特务案中，获华中军区政治部、组织部奖励，立三等功。1950 年 7 月，任松江专区百货公司人事科长、党支部书记。1953 年 5 月，任江苏省政法委员会研究员。1959 年 10 月，任南通工业专科学校办公室主任。1963 年 3 月，任江苏省南通河运学校党总支副书记。1980 年，任江苏广播电视大学南通分校副校长。1983 年 10 月离休，享受地市级政治生活待遇。2005 年，获中共中央、国务院、中央军委颁发的“纪念中国人民抗日战争胜利 60 周年”纪念章。

2005 年 8 月 30 日逝世。经南通市人民政府批准，其骨灰安葬在南通市革命烈士陵园。

翟振昆（1918—2008）

1945 年，入居金山卫城东门镇。河南嵩县人。

1936 年起，先后入读福建 13 陆军护士班、政干团医师班，南迁江苏省省立医学院。毕业后，在福建顺昌县大干镇、三元开诊所；在太宁县弋口镇卫生院任主任，在三元政干训练团医务所任助理医师，在惠安县东园镇世安医院任院长。1944 年，日本侵略军在福建泉州地区投放“鼠疫弹”，翟振昆冒着生命危险全力抢救鼠疫病患者。

1945 年抗战胜利后，入居其妻施美瑜家乡东门镇，开设振昆疗养院。

1947 年，振昆疗养院迁到亭林镇。1951 年，响应国家抗美援朝、保家卫国号召，毅然将振昆疗养院、流动资金 400 万元（旧币）和全部药品器材捐献给人民政府。后疗养院易名为亭林区卫生所，翟振昆任所长。

不久，松江县亭林血防组成立，翟振昆任组长，负责浦南地区血吸虫防治工作。1955 年“肃反”，被错定为“包庇反革命罪”入狱。1959 年 5 月出狱，到山阳支援“血防”工作，1963 年调回亭林。1985 年予以平反。

1957 年开始，在耳针医疗领域不懈探索。1986 年退休后，继续济世救人，在东门居所开设“翟氏医寓”，用耳针治疗肝胆结石、尿路结石等疑难杂症。至 2000 年，诊治患者 2 万余人。

晚年，撰写《五十三年话沧桑——述亭林医院前身与创办》。

2008 年 1 月 24 日逝世。

第二节 人物名录

一、全国、上海市荣誉称号获得者名录（部分）

1990—2009 年全国各系统荣誉称号获得者一览表

表 33-1

姓名	单 位	荣誉称号
陶永江	山阳中学	1990 年全国农村优秀体育教师
徐振龙	山阳中心小学	1990 年全国农村优秀体育教师
盛毛官	山阳兽医站	1992 年全国优秀畜牧师
杨仁龙	山阳乡人民政府	1992 年全国农村体育积极分子
蒋兴观	新江村	1993 年全国优秀乡村医生
顾培根	山阳工业公司	1995—1996 年全国乡镇企业系统优秀统计工作者、第三次全国工业普查国家级先进个人
周定元	山阳振阳建设（集团）公司	1995 年全国优秀退伍军人企业家
曹雪云	山阳纸箱机械厂	1995 年全国星火青年带头人
张玉林	山阳成人中等文化技术学校	1995 年全国优秀教育工作者
李建伟	山阳中学	1997 年全国中小学优秀教师
张纪军	渔业村	2001 年全国休渔工作先进个人
汪士元	山阳中学	2004 年全国学校体育工作先进个人
毛志辉	山阳镇经济管理所	2004 年、2008 年第一、二次全国经济普查国家级先进个人
张道余	山阳镇文广中心	2005 年全国社区文化优秀辅导员 2007 年全国服务基层、服务农民文化建设先进个人
姚　军	山阳镇农技站	2008 年第二次全国经济普查国家级先进个人
金四军	东方村	2008 年中华孝亲敬老之星
张正余	山阳镇老年学校	2009 年全国老年教育先进个人

1991—2009 年上海市劳动模范、上海市先进工作者一览表

表 33-2

姓名	单位 职务	评定年份及荣誉
顾友明	上海金海鞋业有限公司总经理	1991 年、1993 年上海市劳动模范
周定元	上海振阳市政工程公司总经理	1993 年上海市劳动模范
方龙根	上海建阳联合市政工程公司总经理	1993 年上海市劳动模范
杨仁龙	山阳镇党委书记	1995 年上海市劳动模范
潘永华	上海山阳工程建设（集团）公司总经理	1995 年上海市劳动模范
蒋兴观	新江村乡村医生	1997 年上海市劳动模范

续表 33-2

姓名	单位 职务	评定年份及荣誉
王志兴	杨家村党支部书记、主任	1998—2000 年上海市劳动模范
陈　勔	山阳中学校长、党支部书记	2001—2003 年上海市劳动模范
朱小毛	金山园林工程有限公司董事长	2001—2003 年上海市劳动模范
叶芬弟	华峰集团（上海）有限公司总经理	2004—2006 年上海市劳动模范
卫连观	山阳镇文化体育服务中心党支部书记、主任	2007—2009 年上海市先进工作者

1990—2007 年上海市新长征突击手称号获得者一览表

表 33-3

姓名	单　位	评定年份
周连官	新江村	1990
赵　丹(女)	山阳镇团委	2005
孙冬蕾(女)	华峰集团（上海）有限公司	2007

1990—2006 年上海市三八红旗手称号获得者一览表

表 33-4

姓名	单位	评定年份
吴金华	长兴村养殖专业户	1990
金叶华	山阳乡妇联	1992
徐金书	东方村	1994、2002
徐仁娟	长兴村	1994、2006
吴丽华	上海申隆针织制衣有限公司	1996

1987—2009 年上海市园丁奖获得者一览表

表 33-5

姓名	工作单位	获得年份	姓名	工作单位	获得年份
邱　斌	山阳中学	1987	吴美观	山阳中心小学	1989
何剑(女)	山阳中心小学	1987	张惠国	山阳中心小学	1989
龚向明	山阳中学	1988	周汉伦	山阳中心小学	1989
韩纪元	山阳中心小学	1988	吴巨江	山阳中心小学	1989
谢方娱	山阳中心小学	1988	姜　诚(女)	山阳中心小学	1991
朱兴华	山阳中心小学	1988	施振华	山阳中心小学	1991
顾聿农	山阳中心小学	1988	陈　勔	山阳中学	1991
周友权	山阳中学	1989	翁友忠	山阳成校	1991
宋明仁	山阳中学	1989	朱叶时(女)	山阳中心小学	1993
朱雪龙	山阳成校	1989	马惠珍(女)	山阳中学	1993

续表 33-5

姓名	工作单位	获得年份	姓名	工作单位	获得年份
王兴军	山阳中心小学	1995	乔辉杰	山阳中学	2001
吴友群	山阳中学	1995	汤林芳（女）	山阳中学	2004
姚　戎	山阳中学	1997	王念东	山阳中心小学	2004
沈渊红（女）	山阳镇中心幼儿园	1997	黄顺章	山阳小学	2007
沈杏芳（女）	山阳中心小学	1999	夏颖（女）	山阳中学	2009
周国均	山阳中学	1999	—	—	—

1990—2009 年上海市各系统荣誉称号获得者一览表

表 33-6

姓名	单　位	荣誉称号
吴克源	山阳中学 山阳镇人民政府	1990 年上海市先进青年教师、 2000 年上海市先进乡镇长
邬惠君	山阳乡体育运动委员会	1990 年上海市农村体育热心人
吴家华	山阳老年学校	1990 年、1998 年上海市开拓老年事业先进工作者、 上海市老年教育先进个人
俞景兴	中兴村	1991 年、1992 年、1999 年上海市先进村民委员会主任、 上海农村体育先进个人、上海农村科技致富能手
杨仁龙	山阳镇（乡）人民政府	1991 年、1993 年上海市先进乡镇长、 上海市郊县尊师重教先进个人
吴永祥	山阳中学	1993 年上海市优秀教师标兵、1994 年市中学特级教师
吴梅妹（女）	山阳化纤厂	1993 年市“双学双比”女能手
赵　维	山阳小学	1993 年上海市优秀教育工作者
姚全林	卫东村	1993 年上海市先进治保主任
周炳均	杨家村	1994 年上海市先进村主任
潘文奎	卫东村	1995 年上海市人民调解工作先进个人
姚金源（女）	杨家村	1995 年市计划生育优秀工作者
盛雪良	山阳镇人民政府	1996—1998 年市人民调解先进工作者、 市“十佳”基层法律工作者
张备国	七一村	1996—1998 年市人民调解工作先进个人
姜兴奎	山阳镇人民政府	1997 年市防台防汛先进个人
宋明仁	山阳中学	1998 年上海市优秀教育工作者
陈　勔	山阳中学	1998 年上海市优秀教育工作者、2005 年上海市特级校长
潘伯方	山阳人武部	1998 年、2000 年上海市民兵武器装备管理先进个人
朱龙明	山阳房产开发有限公司	1998 年上海市建设材料发展应用工作先进个人
何　剑（女）	山阳中心小学	1999 年市先进德育工作者
褚康龙	中兴村	2000 年上海市先进村主任
杨红伟（女）	山阳镇中心幼儿园	2001 年上海市优秀教育工作者
王永冲	山阳中心小学	2001 年上海市第五次人口普查先进个人

续表 33-6

姓名	单　位	荣誉称号
胡长明	山阳人武部	2001 年上海市民兵武器装备十年安全管理工作先进个人
项娣英（女）	渔业村	2001—2002 年市人口与计划生育先进工作者
杨华龙	金山嘴工业区	2001—2002 年市信访先进工作者
顾永梅（女）	山阳政府机关	2002 年市扶残助残先进个人、市社会救助先进个人、2007 年上海市创建双拥模范活动优秀组织者
张爱红（女）	山阳中学	2002 年上海市优秀雏鹰大队辅导员
俞定辉（女）	申辉服饰有限公司	2002—2003 年度上海市“双学双比”女能手
张忠余	山阳中学	2003 年、2004 年上海市优秀家庭教育指导者、上海市中小学国防教育优秀辅导员
汤林芳（女）	山阳中学	2003 年、2008 年上海市优秀中队辅导员、优秀家庭教育指导者
顾云仙（女）	杨家村	2004 年市人民调解先进个人
张连忠	东方村	2004 年市先进村委会主任
吴菊华（女）	山阳中学	2005 年上海市青少年科技先进个人
陈友法	山阳镇街道	2005 年上海市优秀志愿者
袁　卫（女）	山阳中学	2006 年上海市我心中的好教师
黄辉云	山阳镇党委	2006—2007 年市精神文明建设优秀组织者
张正余	山阳老年学校	2007 年上海市老年教育先进个人
秦蕊芳	山新居民区	2007 年市优秀社会体育指导员
杨厉军	山新居民区	2007 年度上海市“见义勇为”先进个人
顾聿农	山阳小学	2007—2010 年上海市学校体育先进个人（场馆）
姚国权	三岛龙洲苑	2008 年市社会主义精神文明十佳好人好事提名奖
金四军	东方村	2008 年上海市孝亲敬老之星
陈彩华（女）	山阳中学	2008 年上海市爱心教师
钱金荣	山新居民区	2008 年上海市老有所学之星
赵晓琴（女）	山阳工业区	2008 年第二次经济普查市级先进个人
江　英（女）	新江村	2008 年第二次经济普查市级先进个人
翁太伟	中兴村	2008 年第二次经济普查市级先进个人
张红妹（女）	杨家村	2009 年统计工作市先进个人
杨位灿	华峰公司	2009 年市“见义勇为”先进个人

二、高级职称学位名录（部分）

1988—2009 年在地高级职称名录

表 33-7

姓名	工作单位	职称	评定年份
宋明仁	山阳中学	中学高级教师	1988

续表 33-7

姓名	工作单位	职称	评定年份
吴永祥	山阳中学	中学高级教师	1991
秦 龙	山阳中学	中学高级教师	1993
陈 勔	山阳中学	中学高级教师	1993
姚益权	山阳中学	中学高级教师	1995
沈恩孚	山阳中学	中学高级教师	1995
张世梅(女)	山阳中学	中学高级教师	1996
马惠珍(女)	山阳中学	中学高级教师	1998
姚 戎	山阳中学	中学高级教师	1998
袁金林	山阳镇政府	高级经济师	1999
朱领珍(女)	山阳中学	中学高级教师	2001
蒋为民	山阳中学	中学高级教师	2003
周国均	山阳中学	中学高级教师	2003
沈渊洪(女)	山阳镇中心幼儿园	中学高级教师	2003
李建伟	山阳中学	中学高级教师	2004
杨红伟(女)	山阳幼儿园	中学高级教师	2004
吴美观	山阳中心小学	中学高级教师	2004
张忠余	山阳中学	中学高级教师	2004
钱 英(女)	山阳中学	中学高级教师	2005
乔辉杰	山阳中学	中学高级教师	2005
杨华龙	山阳镇劳动保障管理所	高级经济师	2006
张纪军	渔业村	高级经济师	2006
王念东	山阳小学	中学高级教师	2006
吴正贤(女)	山阳小学	中学高级教师	2006
周美萍(女)	山阳中学	中学高级教师	2006
沈娟英(女)	山阳中学	中学高级教师	2006
陆美仙(女)	山阳中学	中学高级教师	2006
徐光辉	山阳中学	中学高级教师	2006
高红英(女)	山阳中学	中学高级教师	2007
汤林芳(女)	山阳中学	中学高级教师	2009
陈卫峰	山阳中学	中学高级教师	2009

1990—2008 年山阳籍非在地高级职称学位名录

表 33-8

姓名	原籍或住址	工作单位	职称 / 获得学位年份
彭桂昌	华新村	上海师范大学奉贤分院	教授 1990 年
张恭敏（女）	华新村	上海师范大学奉贤分院	教授 1990 年

续表 33-8

姓名	原籍或住址	工作单位	职称 / 获得学位年份
盛金良	卫东村	上海同济大学	教授 1990 年
张充金	九龙村	南京光学仪器厂	高级工程师 1990 年
陆地培	山新居民区	上海石油化工总厂炼化部	高级政工师 1990 年
黄卫标	华新村	金山县档案局	高级政工师 1994 年
张兆林	杨家村	金山县农委	高级政工师 1994 年
沈永昌	华新村	金山县委宣传部	高级政工师 1994 年
朱治军	东方村	金山县中心医院	副主任医师 1994 年
黄十洲	长兴村	上海瑞金医院	教授 1995 年
施思复	东门镇	金卫中学	中学高级教师 1996 年
李永强	杨家村	上海石化内河装卸区	高级政工师 1996 年
宋彰诠	东门镇	金山医院	副主任医师 1997 年
盛　岗	卫东村	江苏靖江多种经营管理局	高级工程师 1999 年
陆冬英（女）	渔业村	金卫中学	中学高级教师 2004 年
潘亚军（女）	九龙村	漕泾小学	中学高级教师 2005 年
吴金瑜	九龙村	上海交大二附中	中学高级教师 2006 年
胡永均	向阳村	金山区中心医院	副主任医师 2008 年
阮文权	九龙村	江南大学	教授、博士生导师
林海燕（女）	九龙村	美国伊利诺伊大学分校	博士
朱道光	九龙村	中国兵器工业部 206 研究所（陕西）	副研究员
姚锦章	九龙村	北京原子能研究所	研究员
郭炳均	杨家村	华东理工大学	教授、博士
沈珠军	杨家村	北京协和医院	主任医师、教授、博士生导师
张象贤	渔业村	金山医院	主任医师
张志奎	东方村	中国石油部	高级工程师
蔡立权	东门镇	上海航天设备总厂	高级工程师
黄仁兴	东门镇	武汉青山造船厂	高级工程师
宋道铨	东门镇	华东理工大学	副教授
姚祖德	东门镇	金卫中学	中学高级教师
戎旭沧	东门镇	金卫中学	中学高级教师
褚志强	九龙村	上海同济大学	副教授
陆初茵（女）	九龙村	上海铜牌厂	高级工程师
张　弓	九龙村	天津海运	高级工程师
陆国光	卫东村	金卫中学	中学高级教师
周亚芳（女）	山新居民区	天津民族中学	中学高级教师
黄墨均	长兴村	淮安师范学校	中学高级教师

续表 33-8

姓名	原籍或住址	工作单位	职称 / 获得学位年份
吴 唯	山新居民区	华东理工大学	教授、博士生导师
施冬莉（女）	山新居民区	清华大学	博士研究生
顾春燕（女）	山新居民区	美国科罗大学博尔德分校	博士研究生
杨建华	九龙村	上海船舶设计所	教授
戚志峰	九龙村	华东化工学院	教授
张向红（女）	九龙村	上海师范大学	副教授
孙 鸿	九龙村	郑州市地质勘测中心	高级工程师

三、处级及以上干部名录（部分）

1990—2009 年山阳籍处级（含副处级）以上干部名录

表 33-9

姓名	原籍或住址	工作单位	职务
朱成林	卫东村	中共金山区委	副书记
江仁贤	卫东村	金山区张堰镇人大	主席
秦 骞	卫东村	金山区社区工作党委	书记
胡长明	海光村	金山区石化街道	正处级调研员
周正权	向阳村	上海市兵残办事处	主任
时效忠	向阳村	金山区规划局	副局长
曹士章	向阳村	金山区民政局	副局长
盛继新	向阳村	金山区禁毒办	主任
彭 云	华新村	金山区人民法院审判庭	庭长
袁友明	华新村	金山区政法委	副主任
华国林	华新村	金山新城区管委会	主任
周友忠	华新村	金山区金山卫镇人大	主席
谢友峰	向阳村	金山区检察院党组	副书记
郭士超	东方村	金山区政策研究室	副主任
李梦连	东方村	金山区行政服务中心	副主任
姚 辉	东方村	金山区漕泾镇武装部	部长
杨仁龙	卫东村	金山区住宅发展局	局长
姜兴奎	渔业村	金山区经济委员会	副主任
倪召方	新江村	金山嘴工业区管理委员会	副主任
吴金富	山新居民区	山阳镇人大	主席
盛继川	山新居民区	山阳镇人大	主席
徐跃林	卫东村	山阳镇人大	副主席
王勤良	中兴村	金山区张堰镇	镇长

续表 33-9

姓名	原籍或住址	工作单位	职务
汪效弟	东方村	金山新城管理委员会	副总经理（副主任）
陈佐时	山新居民区	上海市公安局奉贤分局	局长
王江帆	山新居民区	金山区枫泾镇党委	副书记
朱仁荣	杨家村	广州市天河区政协	秘书长
刘兴华	向阳村	金山区民政局	副局长
蔡国权	东门镇	金山区委组织部	组织员
凌正康	山新居民区	上海市农业局组织处	副调研员
石仁根	向阳村	华东理工大学保卫处	处长
胡永均	向阳村	金山区中心医院	副院长
陈士观	向阳村	上海石化总厂辰山油库	主任
杨宗坤	向阳村	沈阳教学仪器厂党委	书记
胡国忠	向阳村	上海五角场监狱党委	书记
颜惠祥	向阳村	山西太原五四一厂	正处
蔡　宏	东方村	上海行健学院	副院长
王治权	东方村	金山区建委市政署	署长
杨慧平	华新村	金山区纪委纠风办	主任
潘炳林	华新村	闵行区法院执行局	副局长
夏安乐	杨家村	金山区交通运管署	署长
周一明	杨家村	松江县叶榭乡	副乡长、代理乡长
张国明	九龙村	金山物资局党委	委员
徐向军	九龙村	金山新城区发展有限公司	副处
吴金瑜	九龙村	上海交大附中（闵行）	校长
袁仁林	华新村	金山区建设局	副局长
沈永昌	华新村	金山区委宣传部	副部长
黄卫标	华新村	金山区金山卫镇人大	主席
陆地培	山新居民区	上海石化炼化部党委	书记
黄　萍	华新村	金山财税五分局党委	委员
李秀芳（女）	华新村	金山区政法委	副主任
吴田坤	九龙村	金山新城区管委会党委	委员
朱铭玮（女）	山新居民区	上海复旦大学五官科医院党委	书记
吴　唯	山新居民区	华东理工大学金山分校党委	书记
胡　伟	九龙村	金山区枫泾镇	副镇长
吴克源	九龙村	金山区环保局	局长
戚仄平	九龙村	湖北黄石市气象局	局长
李华桂（女）	杨家村	金山区人民政府	副区长
陶乐慧（女）	杨家村	山阳镇	副镇长

续表 33–9

姓名	原籍或住址	工作单位	职务
王林生	杨家村	金山区房管局	局长
张兆林	杨家村	金山区建设和发展委员会党委	书记
张国强	中兴村	上海水利局	正处级离休干部
钟美龙	中兴村	金山区张堰镇党委	书记
曹中观	中兴村	金山区石化街道	副处级调研员
潘仁书(女)	长兴村	金山区朱泾镇人大	主席
褚进余	长兴村	金山区人民法院党组	成员
褚仁根	长兴村	宁波市江东区劳动局	局长
张为民	新江村	上海市国资委纪委	副书记
胡秀忠	新江村	广州市白云城区管理局	副局长
汪粉华(女)	新江村	奉贤区税务分局	副局长
周慧敏	新江村	闵行区纪委办公室	主任
张仁观	新江村	金山区金山卫镇人大	主席
陆忠岳	渔业村	嘉兴市金三塔丝绸制衣厂	厂长
张峰平	新江村	金山区亭林镇党委	委员
陆振华	倪界村	建设银行金山支行	行长
周岐忠	倪界村	上海石化新闻中心党总支	书记
殷建新	九龙村	上海石化工大	副校长
殷建邦	九龙村	浦东建设银行	副行长
方　浩	卫东村	金山区人社局	副局长
张伟忠	杨家村	金山区中心医院党委	委员
陆奎贤	渔业村	广东南海水产研究所主任	副处
姜金连	渔业村	上海汽轮机厂保卫处处长	正处

第三十四章 建制村 居民区 集镇

1990—2009年，山阳镇（乡）建制村从20个撤并为10个；居民区由1个发展为11个；集镇由6个缩减为5个。

第一节 建制村

一、向阳村

位于镇中部。三面环河，东有龙泉港、南有老龙泉港、北有红旗港，西接东方村、红旗村，北连大兴村。

向阳村办公楼（2016年，王杏春摄）

1990年，村委会驻第四村民小组，辖13个村民小组、589户、1949人。集体耕地139.95公顷。

2002年7月，向阳村与大兴村合并，名为向阳村。东与南由龙泉港、老龙泉港环抱；西与中兴村、东方村接壤；北与华新村毗邻。村委会驻红旗东路232弄48号，辖13个村民小组、1404户、4146人。集体耕地168.19公顷。

2009年，辖1394户、4044人。区域面积6.10平方千米，耕地142.16公顷。

南北向有铁路金山卫支线、亭卫公路、卫昌路、山倪路、工大路，龙泉港、经二河、经三河；东西向有南阳港路、山富路、山通路、山磊路、金康路、红旗东路、浦卫路；老龙泉港、红旗港、老红旗港、纬四河等。

宏山工业区、中山工业区、金石湾上海国际化工生产性服务业功能区、山阳镇党政机关、金山嘴边防派出所、山阳镇社区事务受理服务中心、山阳敬老院、山阳中学、山阳小学、大兴农民中心村、向阳农民中心村、宏阳小区、玉兰新村、青年公寓、金山嘴建材市场、金阳养猪专业合作社、山阳邮政支局等坐落境内。

1990 年，种植水稻、二麦等粮食作物 193.72 公顷，油菜、棉花等经济作物 74.47 公顷，粮经比例 72:28。向阳村贴近山阳集镇，进入 21 世纪，农户根据市场特点，适时调整粮经比例。2001 年种植水稻、二麦等粮食作物 60 公顷，蔬菜、西甜瓜、苗木果树等经济作物 93.5 公顷，粮经比例 39:61。2009 年，种植水稻 56.7 公顷、二麦 26.38 公顷、油菜 19.1 公顷、蔬菜西甜瓜 30 公顷、苗木果树 16.7 公顷，粮经比例 56:44。

1990 年，有鱼塘 4.3 公顷，渔业收入 6.5 万元，养猪、养鸡等牧业收入 31.57 万元。2009 年，有养猪专业户 12 户，上市生猪 6050 头。鸡、鸭、鸽养殖户 16 户，上市禽 0.61 万羽、鸽 0.28 万羽、蛋 1.7 万千克。

1990 年，有向阳五金厂、机械厂、无纺布厂、包装厂，村办工业企业 4 家，职工 74 人，销售收入 98.60 万元，利润 25.49 万元，职工人均年收入 1477 元。是年，向阳五金厂更名为山阳向阳化工设备厂，成为村主要企业。1994 年，有村办企业 9 家，职工 144 人，缴税 17.21 万元，销售收入 703.24 万元，利润 66.91 万元，固定资产 116.48 万元，职工人均年收入 3784 元。2001 年，村办企业转制结束。2006—2009 年，共引进企业 25 家，其中实地型 9 家、实业型 1 家、注册型 15 家。至 2009 年，税收总额达 4140.42 万元，其中 2006 年 678.97 万元，2007 年 1550.88 万元，2008 年 1153.58 万元，2009 年 756.99 万元。2002—2009 年，村可支配收入共计 2066.04 万元，其中 2002 年 194 万元，2003 年 186 万元，2004 年 279.6 万元，2005 年 169.4 万元，2006 年 266.75 万元，2007 年 303.47 万元，2008 年 316 万元，2009 年 350.82 万元。

2005 年，成为区亿元村，2006 年，村综合经济实力区内排名第九。

2000—2010 年，8 次被命名为区文明村、1 次市文明村，获 2000 年市卫生村称号；2001—2003 年，被评为区安全小区；2007 年，被评为市整洁村、市村务公开民主管理示范村、区平安小区、区“六有”党组织；2008 年，被评为区优秀结对村委会；2009 年，被评为市民主法治村等荣誉称号。

二、九龙村

位于镇东部。东连漕泾镇增丰村，南接汀南村，西靠龙泉港，北接铁店港。

1990 年，村委会驻第一村民小组，辖 5 个村民小组、328

九龙村办公楼（2016 年，王杏春摄）

户、992人、669个劳动力。集体耕地63.27公顷。

2002年7月，九龙村、曙光村、汀南村合并，名为九龙村。东与漕泾镇增丰村为邻；西界龙泉港；南靠沪杭公路杭州湾；北连漕泾镇邓桥村、金光村。村委会驻汀南路4005号，辖13个村民小组、1446户、4745人。集体耕地301.07公顷。

2009年，辖1657户、4860人，区域面积6.76平方千米，耕地287公顷。

南北有龙泉港、朱山路（山阳公路）、邓曙路、曙中路、金曙路；东西有旗杆港、纬四河、新村港、铁店港、曙光南路、九丰路、九南路、汀南路、浦卫公路、沪杭公路等。

上海未来企业有限公司、亨通电子实业有限公司、利仁混凝土制品有限公司、良民新型材料有限公司、九龙机械厂、荣欣安装有限公司、九龙农民中心村、龙泉港出海闸、九龙息苑、汀南度假村（未启用）等坐落境内，22万伏、50万伏电网走廊在境内上空穿越。

2002年并村，农户869户、粮田247.73公顷、水产养殖专业户6户、鱼塘15.13公顷、出海渔户20户、舢板船3艘，养猪养禽专业户12户，苗木果树种植户79户、林地13.07公顷。是年农业收入534.79万元、林业收入14.5万元、畜牧业收入133万元、渔业收入89万元。2003年，开展农业招商，招进浙江省、安徽省和本市闵行区农商3个，引进资金328万元，建曙光苗木，九龙蔬菜、苗木基地。2005年，建千亩杂交水稻基地。2006年，注册成立全镇第一个专业合作社——九丰水稻种植专业合作社。2007年，建李玮养羊专业合作社。2008年，建设施粮田126.67公顷，培育新型农民6个。2009年，有农户869户，大农户10户，种植水稻131.49公顷，蔬菜专业户26户，最大种植面积1.2公顷，全村种植二麦202.69公顷、油菜70.6公顷、苗木果树68.74公顷；经营鱼塘14.5公顷，出海有证渔船3艘；上市猪3080头、羊1300只、禽8080羽。

1990年，有九龙机械厂、配件厂、包储厂、仪表厂、纸箱厂，村办工业企业5家，职工222人，销售收入282.24万元，利润28.56万元，职工人均年收入1490元。1993年，纸箱机械ZXHG系列热风循环快速烘干机获全国星火计划展览会银奖；是年创办上海向隆电子科技有限公司，生产的导光板、计算机接口等产品销往美国、日本等国，是上海市高新技术企业。1996年，产值1.17亿元，成为全县首批“一星”级企业，生产的“笔记本电脑扫描仪”被评为2003年上海市优秀火炬计划项目。1997年，村办企业8家，职工216人，销售收入1.02亿元，利润697.23万元，职工人均年收入4437元。同年开始转制。2006—2009年，累计招商55家，其中实地型22家、实业型7家、注册型26家。2006年起，税收逐年实现增长，至2009年，实现税收总额5806.99万元，其中2006年达1137.02万元，2007年1242.14万元，2008年1344.67万元，2009年2083.16万元。

1996年，实现社会总产值1.35亿元，为山阳首个亿元村。2002—2009年，村可支配收入共计达2675.62万元，其中2002年247万元，2003年236万元，2004年308万元，2005年370万元，2006年397万元，2007年424.67万元，2008年329万元，2009年363.95万元。2005年，可支配收入列全区第三名，2006年，村综合经济实力、上缴税金、可支配收入分别排名全区第三、五、六名。

2004—2010年，4次被命名为市文明村，1993—2010年8次被命名为区（县）文明村。2004年，被评为市卫生村；2005—2006年，被评为市百个农村党支部结对共建最佳共建奖、区综合治理先进集体、区双学双比“十佳”先进单位、区经济发展示范村、区“六有”党支部；2005—2008年，被评为区群众体育先进集体、区计划生育先进集体；2007年，被评为市综合治理平安小区等荣誉称号。

三、杨家村

位于镇西南部。东接东方村，西界卫城河、旧港河和金山卫镇农建村，南靠老龙泉港，北连七一村。

杨家村办公楼（2009年摄，杨家村提供）

1990年，村委会驻第三村民小组，辖11个村民小组、503户、1753人。集体耕地114.59公顷。

2002年7月，杨家村与七一村合并，名为杨家村。东与东方村毗邻；南靠老龙泉港；西接卫城河、旧港河、金山卫镇农建村、联丰村；北连中兴村。村委会驻第十一村民小组，辖9个村民小组、995户、3273人。集体耕地134.74公顷。

2009年，辖1109户、3200人，区域面积4.07平方千米，耕地97.9公顷。

老龙泉港、卫城河、旧港河、沿村南边和西界而流，战斗港、老红旗港，中杨路、山杨路纵横村内。东西向的金山大道（亭卫公路）、龙翔路、龙皓路（红旗路）、龙航路、龙轩路、龙山路，与南北向的卫零路、卫零北路、蒙山路和蒙山北路、松卫南路、海芙路等在境内交会网布。

区党政机关、法院、档案局、邮政局、公安分局、武装部、电力公司、新城区管委会、清风别墅、龙泽园、水韵紫城、海趣馨苑、海尚馨苑、金山世纪城、金域蔚蓝、赞成红树林、新城教育园区、海趣幼儿园等坐落境内。

1990年，种植水稻97.69公顷、二麦49.6公顷、油菜57.33公顷、棉花3.53公顷，种植业收入73.51万元。2001年，发展食用菌生产，产值2.32万元，居镇第一。是年，种植粮食作物23.8公顷、经济作物64.5公顷，种植业收入271万元。随着城区建设的推进，农田减少。2008年，种植水稻1公顷、二麦3.87公顷、油菜34公顷、苗木果树44.93公顷。

1990年，有五金厂、汽配厂、彩印厂等村办工业企业4家，职工205人，销售收入219.13万元，利润32.02万元，职工人均年收入1592元。1996年，有村办企业17家，职工306人，销售收入1580万元，利润209万元，上缴税金62万元，固定资产373.80万元，职工人均年收入5037元。1997年起，村办企业转制。2006—2009年，共引进企业42家，其中实地型13家、实业型1家、注册型28家。至2009年，税收总额达3291.48万元，其中2006年697.78万元，2007年1028.67万元，2008年775.47万元，2009年789.56万元。

1993年起，连续10年跻身金山区（县）经济10强村行列；2003年，在全区村综合经济考核中名列第一；2004年、2005年，被列为区亿元村；2005年，村可支配收入，人均占有可支配收入分别位列全区第二、第七；2006年，村综合经济实力区内排名第四。2003—2009年，村可支配收入共计3276.7万元，其中2003年280万元，2004年359.16万元，2005年414.4万元，2006年480.57万元，2007年518.76万元，2008年597万元，2009年626.81万元。

1997年，获评市卫生村；2000—2003年，3次被命名为市文明村；1993—2010年，8次被命名为区（县）文明村。获评1999—2000年度区经济示范村、市"五好"党支部；2001—2002年度，被评为区经济发展示范村；2006年，被评为市村务公开民主管理示范村；2008年，被评为市整洁村、市健康村；2009年，被评为市民主法治村等荣誉称号。

四、东方村

位于镇中部。东接向阳村，南临老龙泉港，西交杨家村，北连七一村、红旗村。

1990年，村委会驻第六村民小组，辖9个村民小组、366户、1067人。集体耕地90.79公顷。

东方村办公楼（2016年，王杏春摄）

2002年7月，东方村与红旗村合并，名为东方村。东接向阳村；南临老龙泉港；西连杨家村；北抵中兴村。村委会设在金山大道1388号，辖9个村民小组、763户、2128人。集体耕地130.09公顷。

2009年，辖773户、2183人，区域面积3.31平方千米，耕地61.19公顷。

东西向的金山大道、龙山路、龙翔路、龙轩路、龙皓路、龙航路、南阳港路和南北向的亭卫公路、海丰路、海盛路、海芙路、松卫南路等在境内交会。老龙泉港、老红旗港、红旗港，分别横流南境、中境、北境，战斗港在村西北界纵流。金山嘴工业区管委会、新城区管委会、宏阳小区、海欣家园、碧海云居、海辰馨苑、海尚馨苑、龙湾一号、金域蔚蓝、新金山幼稚园、金山规划展示馆等坐落境内。

1990年起，调整种植结构。全村有10%的农户扩种蔬菜，5%的农户在承包田里种香樟等经济类树木。2000年起，实施"家家富"工程，全村配置钢管塑料大棚450套。2001年，示范户徐金书，大棚种植总收入超10万元。2004年，"家家富"工程收入超万元有6户。

2009 年起，创建宝琦菊花种植专业合作社，种植杭白菊 5.34 公顷，每公顷产值超 12 万元，净收入超 75000 元。

1990 年，有五金厂、毛纺厂等村办工业企业 3 家，职工 180 人，销售收入 459 万元，利润 21.84 万元，职工人均年收入 1399 元。1994 年，有村办企业 5 家，职工 54 人，销售收入 371.93 万元，利润 30.10 万元，税收 10.75 万元，固定资产 528.14 万元，职工人均年收入 3291 元。1997 年，村办企业转制。2006—2009 年，共招进企业 24 家，其中实地型 7 家、实业型 2 家、注册型 15 家。至 2009 年，税收总额达 966.82 万元，其中 2006 年 136.61 万元，2007 年 102.62 万元，2008 年 404.11 万元，2009 年 323.48 万元。

2002—2009 年，村可支配收入共计 1905.72 万元，其中 2002 年 201 万元，2003 年 196 万元，2004 年 166.8 万元，2005 年 197.07 万元，2006 年 299.23 万元，2007 年 207.78 万元，2008 年 257 万元，2009 年 380.84 万元。

2000—2010 年，6 次被命名为市文明村，8 次被命名为区文明村。

2000 年，获评市卫生村；2001—2002 年，获评区爱国卫生先进集体；2002 年，获评区经济发展示范村；2005 年，获评市综合治理平安小区；2007 年，获评市村务公开民主管理示范村；2008 年，获评市整洁村、2008—2010 年，获评市“五好”村党组织；2009 年，获评市健康村。

五、中兴村

位于镇西部。东连红旗村、大兴村，南接七一村，西接旧港河，北邻跃进村、甸山村。

1990 年，村委会驻第七村民小组，辖 11 个村民小组、546 户、1969 人。集体耕地 138.3 公顷。

中兴村办公楼（2016 年，王杏春摄）

2002 年 7 月，中兴村与跃进村合并，名为中兴村。北靠长兴村；东接华新村、向阳村；南连东方村、杨家村；西接旧港河。村委会驻中甸路 8065 号，辖 8 个村民小组、890 户、2539 人。集体耕地 211.17 公顷。

2009 年，辖 930 户、2860 人，区域面积 4.4 平方千米，耕地 163.7 公顷。

乡村公路田园路连接跃进路，呈“匸”形，东接亭卫公路；南北向的松卫南路、中甸路、山宁路、阳乐路、山海路与东西向的山富路、山通路、南阳港西路在境内交会；纬四河、红旗港横流中境与南境，战斗港、旧港河分别纵流西境、西界。

有南方寝饰、明泰照明工业企业和上海永昌学校分校等坐落境内。

1986 年起，实行工业反哺农业。贴款对农业实行供种、供苗、供肥、植保、机耕、排灌“六统”服务，1988—1990年，超交国家粮食定购任务51.82万千克，超交160%。1991年，全村11个村民小组，有8个村民小组栽种果树16.7公顷，水果大多由村统一收购销售。2001年，实施“家家富”工程，农户购置钢管大棚自负部分，村补贴50%，全村购置钢管大棚198套，种植西瓜等经济类作物，农业收入231.8万元。2005年，村投资14万元，用于水稻植保。2007年起村支持建专业合作社，至2009年，建成连明西甜瓜种植专业合作社，农香、善喜、建杰果蔬种植专业合作社。2009年，种植水稻153.2公顷、二麦10.4公顷、油菜81.9公顷、蔬菜53.3公顷、苗木果树10.4公顷。

改革开放后中兴村办工业长足发展。1990年，有五金厂、电讯厂、塑料厂、灯管厂、村办工业企业4家，吸纳中兴村和周边村职工665人，销售收入1054.46万元，利润108.29万元，职工人均年收入1567元。1994年，村办企业10家，职工648人，销售收入1238.01万元，利润110.96万元，税收48.70万元，固定资产512.27万元，职工人均年收入3800元。至1996年，工业企业利润连续11年超百万元，为县首批百万村。1997年起，村办企业相继转制。2006—2009年，引进企业26家，其中实地型5家、实业型11家、注册型10家。至2009年，税收总额达1988.4万元，其中2006年571.58万元，2007年440.43万元，2008年553.85万元，2009年422.54万元。

1997—2009年，村可支配收入共计达2189.63万元，每年分别为90万元，98万元，100万元，108万元，112万元，118万元，122.8万元，220万元，237万元，271万元，265万元，221万元，226.83万元。

1999—2008年，4次被命名为市文明村。1990—2010年，7次被命名为区（县）文明村。

1999年，获评市卫生村；2000年、2001年，获评市“五好”党支部；2003年，获评市安全小区、市拥军优属模范单位；2004年，获评市信用村、市“五好”村党支部；2006年，获评市健康村、整洁村；2007年，获评市社会综合治理先进集体、市村务公开民主管理示范村、市安全小区。

六、长兴村

位于镇西北部。东接工农村，西接甸山村，南接跃进村，北接华新村和朱行镇新街村。

1990年，村委会驻第一村民小组，辖10个村民小组、432户、1389人。集体耕地124.19公顷。

2002年7月，长兴村与甸山村合并，名为长兴村。东与南接中兴村，西接张堰镇旧港村，北接华新村和朱行镇新街

长兴村办公楼（2016年，王杏春摄）

村。村委会驻第一村民小组，辖 7 个村民小组、767 户、2575 人。集体耕地 260.56 公顷。

2009 年，辖 860 户、2609 人，区域面积 4.40 平方千米，耕地 207.6 公顷。

旧港河、战斗港、东青龙港分别纵流西境、中境和东境，与东西流向的朝阳港、纬四河交汇；横穿南境的 S4 和 G15 高速公路在境内建金山新城进出口；松卫南路和华山路纵穿西界和东界，漕廊公路横贯北境。

上海市公共卫生临床中心，区体育中心等坐落境内。体育中心南有秦时的柘山遗址。

1989 年起，加快农业转型发展，建村奶牛场。1997 年，种植稻麦等粮食作物 120.8 公顷，蔬菜、油菜等经济类作物 96.53 公顷，粮经比例 56∶44。2001 年起，开始农业招商，发展创意农业，是年招进上海美阳田园有限公司，种植特色南瓜、特色葫芦，深受居民喜欢。2002 年 9 月 12 日，市农业创新工作现场会在金山召开时，副市长冯国勤率与会领导到美阳田园观摩，誉言农业创意、绿色生态。至 2003 年，招进上海美阳田园、嵘嵘园林、长兴人民公园等种养专业户 14 户，招租土地 70 多公顷，建成苗木、南瓜、葫芦、西甜瓜、鱼虾养殖等 8 个种养示范基地，每公顷年产值 12 万元。2005 年，开发红米、黑米、绿米、香米、巨胚米生产。2006 年起，开发创汇农业，生产出口蔬菜、黑米素等，销往日本等国，年创外汇 500 多万元。2008 年起，创建专业合作社，至 2009 年，建成兴甸水稻、农兴果蔬、银桥苗木种植和徐盛、金海绿野农家乐、杰新水产养殖等 10 个专业合作社。形成集休闲、观光、旅游于一体的都市型绿色生态农业园区。

1990 年，有五金厂、食机厂、轻配厂，职工 96 人，销售收入 111.60 万元，利润 13.10 万元，职工人均年收入 1331 元。1994 年，村办企业发展为 6 家，职工 150 人，销售收入 281.39 万元，利润 43.05 万元，固定资产 113.55 万元，职工人均年收入 2623 元，税收 14.53 万元。1997 年起，村办企业转制。1996 年，开始招商引资。2006—2009 年，共引进企业 43 家，其中实地型 14 家、实业型 4 家、注册型 25 家。至 2009 年，税收总额达 2166.16 万元，其中 2006 年 341 万元，2007 年 416.1 万元，2008 年 710.08 万元，2009 年 698.98 万元。

2004—2009 年，村可支配收入共计 2167.71 万元，其中 2004 年 265 万元，2005 年 367 万元，2006 年 389.49 万元，2007 年 392.95 万元，2008 年 420 万元，2009 年 333.27 万元。2005 年，村可支配收入、人均占有可支配收入、分别居全区第四、五名。2006 年，村可支配收入名列全区第八。

2005—2010 年，3 次被命名为市文明村、2001—2010 年，6 次被命名为区文明村。

获评 2004 年市卫生村，2004—2006 年市“五好”村党组织，2006 年市整洁村，2007 年市村务公开民主管理示范村，2008 年市平安小区，2009 年市民主法治示范村等荣誉称号。

七、华新村

位于镇北端。东与漕泾镇蒋庄村毗连，西与朱行镇新街村毗邻，南与工农村、长兴村毗接，北与朱行镇红星村毗壤。

1990 年，村委会驻第五村民小组，辖 10 个村民小组、382 户、1297 人。集体耕地 134.65 公顷。

2002年7月，华新村与工农村合并，名为华新村。东界漕泾镇邓桥村、蒋庄村，西界长兴村、中兴村，南界向阳村，北界朱行镇新街村。村委会驻工农路4012号，辖9个村民小组、803户、2452人。集体耕地240.68公顷。

2009年，辖847户、2549人，区域面积4.59平方千米，耕地131.58公顷。

华新村办公楼（2016年，王杏春摄）

东青龙港、龙泉港、分别纵流西境和东境。东西向的漕廊公路、山丰路、山德路，和南北向的沪杭铁路金山卫支线、亭卫公路、阳达路、华山路、工农路、工大路在境内交织网布。高速公路S4、G15横穿中境，并在境内建匝道和收费站。站西有大型南瓜和西葫芦雕塑。翁庙农贸市场坐落山丰路口。

1989年起，鼓励发展大农户、专业户（社）。2组周余章承包土地1.27公顷，1989年、1990年，交售粮食15871千克，被市农委授予优秀售粮大户称号。2006年，有30亩以上大农户6户、耕种粮田82.39公顷，7组盛伯良耕种土地10.87公顷，水稻亩产达600千克，生产的“宝农”34号大米定销宝钢集团，白糯出米率达76%以上。2009年，有耕种100亩以上大农户6户，耕种粮田71.46公顷，占村集体耕田总面积的54.3%。2001年起，扶持示范户、发展“家家富”工程，是年，配置钢管大棚69套，示范户4户种植西甜瓜及蔬菜，产值18.75万元，亩均净收入4063元，是常规种植的5—6倍。2003年，“家家富”工程收入超万元的有10户，产值88.43万元，净收入41万元。2007年起，支持创建专业合作社，至2009年，建成金欣仙人掌种植、永超水产养殖、益友水稻种植、君作果蔬种植等专业合作社。金欣仙人掌产品列为上海世博会备选产品，永超鱼虾混合养殖技术在全区推广，两个农业示范方分别获区农业示范方竞赛二、三等奖。

1990年，有华新五金厂、纺配厂、铸件厂等村办工业企业3家，职工84人，销售收入105.89万元，利润10.97万元，职工人均年收入1299元。1994年，有村办企业6家，职工126人，销售收入159.87万元，利润28.03万元，税收20.33万元，固定资产134.38万元，职工人均年收入4006元。1997年起，村办企业相继转制。2006—2009年，共引进企业58家，其中实地型9家、实业型1家、注册型46家、其他2家。至2009年，税收总额达265.45万元，其中2006年53.77万元，2007年80.02万元，2008年38.82万元，2009年92.84万元。

2002—2009年，村可支配收入共计1756.19万元，每年分别为160万元，186万元，260.08万元，204.08万元，214.52万元，223.96万元，247万元，260.55万元。

2005—2010年，2次被命名为市文明村，2004—2010年，4次被命名为区文明村。

2005年，获评市卫生村；2006年，获评市整洁村、市健康村、市民主法治村；2007年，获评市村务公开民主管理示范村；2008年，获评市平安小区；2009年，获评全国民主法治示范村等荣誉称号。

八、新江村

位于镇南端。东接倪界村、渔业村，西连卫东村、海光村，南濒杭州湾，北抵老龙泉港。

1990年，村委会驻第六村民小组，辖13个村民小组、717户、2399人。1993年，第一、二、十三村民小组撤制。1998年10月，划入金山嘴工业区。集体耕地172.79公顷。

新江村办公楼（2016年，王杏春摄）

2002年7月，新江村与倪界村合并，名为新江村。东界龙泉港，北临老龙泉港，西连卫东村，南临渔业村与杭州湾。村委会驻第五村民小组，辖7个村民小组、1174户、3848人。集体耕地74.5公顷。

2004年，金山嘴工业区迁至朱行镇。2005年，新江村重归山阳镇。

2009年，辖1385户、3878人，区域面积5.21平方千米，耕地10.66公顷。

新的新江村三面环河，南有运石河、东有龙泉港、北有老龙泉港。沪杭公路、铁路金山卫支线、临桂路、龙胜东路、卫清东路、板桥东路、龙宇路由南向北依次横贯村境；山倪路、卫昌路、海利路、亭卫南路、同凯路、卫阳路，由东向西依次纵通境内。有亿丰建材市场、华峰超纤材料股份有限公司、伟航电脑针织厂、桑普拉斯塑料厂、泰胜风能设备有限公司等30多家企业和山鑫康城、倪界1组、倪界4组、华江、山鑫联城、蓝色收获等居民小区坐落境内。牌楼港黄河桥两边有20世纪50年代建（已迁走）的陆军、海军营房，1999年，区教育局在陆军营房建少年军校。

1990年，种植稻麦等粮食作物243.92公顷、油菜、棉花等经济作物93.6公顷。种植业收入128.02万元，位居全乡第二。1996年，种植水稻87.37公顷、油菜87.76公顷、蔬菜8.89公顷，是全镇蔬菜种植面积最多的村。1998年划入金山嘴工业区后，土地被征用。2009年，种植水稻3.4公顷、二麦2.34公顷、油菜3.4公顷。

1990年，有新江五金厂、电机厂、溶剂厂等村办企业6家，职工119人，销售收入377.19万元，利润49.24万元，职工人均年收入1516元。1993年，建炼阳化工厂、碳黑厂等。1995年，村办企业12家，职工308人，税收202.09万元，销售收入5082.89万元，利润 382.52 万元，职工人均年收入 5280 元，固定资产 1599.71 万元。1997 年起，村办企业相继转制。2006—2009 年，引进企业 29 家，其中实地型 19 家、注册型 10 家。2006 年起，税收逐年增长，至 2009 年，税收总额达 12778.7 万元，其中 2006 年 1618.55 万元，2007 年 3073.56 万元，2008 年 3802.76 万元，2009 年 4283.83 万元。

2002—2009 年，村可支配收入共计 4160.53 万元，其中 2002 年 180 万元，2003 年 661 万元，2004 年 426 万元，2005 年 551 万元，2006 年 687.46 万元，2007 年 562.88 万元，2008 年 564 万元，2009 年 528.19 万元。

2001—2003 年，被评为区“经济发展示范村”。2004 年，被列为区亿元村。2006 年，综合经济实力名列区第一、工农业总产值名列区第四、村可支配收入名列区第一、上缴税金名列区第三。

2004 年 2 月 12 日，区第一批小城镇养老金发放仪式在区会议中心举行，新江村参保人员成为全区首批领到月 325 元镇保养老金的失地农民。

2009—2010 年度，被命名为市文明村，1993—2010 年，6 次被命名为区（县）文明村。

2007 年，获评市村务公开民主管理示范村，2009 年，获评市民主法治示范村称号。

九、卫东村

位于镇西南部。东接新江村，南连海光村，西接卫城河，北接老龙泉港；西南毗邻上海石油化工总厂。

1990 年，村委会驻第六村民小组，辖 18 个村民小组、979 户、3156 人。是年 12 月，第十一、十三村民小组撤制。集体耕地面积 222.01 公顷。1998 年 10 月，划入金山嘴工业区。

卫东村办公楼（2016 年，王杏春摄）

2002 年 7 月，卫东村与海光村合并，名为卫东村。西邻石化街道，南濒杭州湾，北接老龙泉港，东连新江村。集体耕地 84.32 公顷。村委会驻卫零路 799 弄 66 号，辖 19 个村民小组、1292 户、3248 人。

2004 年，金山嘴工业区迁至朱行镇。2005 年，卫东村重归山阳镇。

2009 年，辖 640 户、1608 人。区域面积 2.67 平方千米，耕地 23.2 公顷。

南北向的东平路、卫零路、蒙山路、前京大道、杭州湾大道、戚家墩路、卫阳路和东西向的沪杭公路、龙宇路、板桥路、卫清路、龙胜路、临桂路、隆平路、隆安路、海光路纵横境内；战斗港、卫城河纵流中境和西界，老龙泉港、运石河横流北界和南境。

有海浒新村、海上明珠园、金海岸花园、杭州湾家园、金天地、金山豪庭、宝华海湾城、金浦苑、欧洲城、棕榈湾花园、三岛龙洲苑等10多个居民小区和百联购物中心、世安海昇大酒店、海鸥大厦坐落境内。曾坐落在境内的东泉、临桂花园、阳光城、山鑫公寓、园中苑、上海言青、山龙、紫薇苑、上海桥英、辰凯、书香门第等小区；农工商、乐购超市、瑞鑫百货、电信大楼、蒙山中学等，2003年，勘界划归石化街道。

卫东村原是全镇农业大村。1990年，种植水稻210.01公顷、二麦100.73公顷、油菜106公顷、棉花4.67公顷，种植业收入191.97万元，位居全乡第一。1996年，种植水稻122.6公顷、油菜87.26公顷、蔬菜7.52公顷。1998年，划入金山嘴工业区后，土地被征用。2009年，种植二麦、油菜等作物23.2公顷。

工业以五金厂、滚子厂、轴承厂、加弹厂为主。1990年，有企业5家，职工322人，销售收入500.05万元，利润87.20万元，职工人均年收入1547元。1996年，有村办企业10家，职工254人，税收79.81万元，销售收入1759.31万元，利润201.08万元，固定资产808.36万元，职工人均年收入4902元。1997年起，村办企业相继转制（原海光村企业保持集体性质）。2006—2009年，共引进企业63家（海光公司49家），其中实地型项目32家、注册型31家。至2009年，税收总额达11000.92万元，其中2006年2277.01万元，2007年2881.52万元，2008年3053.2万元，2009年2789.19万元。

2004—2009年，村可支配收入共计3461万元（含海光公司2785.8万元），其中2004年404.70万元，2005年541.30万元，2006年593万元，2007年698.60万元，2008年576万元，2009年647.40万元。

2005年，村可支配收入，人均占有可支配收入分别名列全区第五、第四。2006年，税收、可支配收入、综合经济实力排名区第一、第二和第十位（均含海光公司）。

1997—1999年，被评为市“五好”党支部，1998年，被评为市卫生村，2008年，被评为区先进职工之家（海光公司），2009年，被评为区平安小区称号。

戚家墩遗址位于村南境原海光村境内，1935年发现，是上海境内最早发现的古文化遗址，墓葬8座、古井2口、零星文物19件，属春秋战国—西汉时期的遗址。1977年列为市文物保护点，并竖碑。

十、渔业村

位于杭州湾北岸，东与九龙村（原汀南村）接壤，西与北与新江村（原倪界村）相连。区域面积0.36平方千米，耕地面积0.2公顷。有12个村民小组。1990年，辖662户、1888人，2009年，辖694户、1849人。村委会驻沪杭公路金山嘴集镇6384号。

运石河横流村中；沪杭公路横枕村南缘，山阳二路、南卫线、奉卫线、石胡线、石南线等在境内设站点；海岸线西起海洋水文站，东至1号桥，长1.5千米。是上海市郊著名的专业海洋捕鱼村。1992年，由水电部投资建设的渔货码头设在钱家桥南4号丁坝上。

1990年，全村有生产渔船36艘，机械总动力3285千瓦、总吨位2170吨，其中最大吨位90吨，463名渔民常年从事海洋作业。是年，产渔3282吨，1991年达4000吨，创10多年新高。1994年1月，渔业村转换经营机制，由原来的承包经营制转为股份合作制，

渔业村办公楼（2016年，王杏春摄）

30艘渔船评估后，实行两种股份合作制形式。一种有7艘渔船以集体与个人双方入股投资，总股份额126.57万元，另一种以个人合作入股投资的23艘渔船，股份额300.56万元。1995年12月，集体股退股，全部转为渔民个体合作股。1996—1999年，新增钢质渔船6艘，总吨位960吨，总动力1397千瓦，最大动力257千瓦，最大吨位180吨。1997年，产鱼1996吨，2003年，901吨，由于海洋渔业资源衰退，2004年，远海木质船全部上岸，2005年底，远海渔业生产歇业。近海生产继续，2009年，有证渔船18艘（其中有九龙村3艘），从业人员近100人。

1990年，有化纤厂、聚酯厂、塑料厂3家，职工574人，销售收入606.76万元，利润14.92万元，职工人均年收入1375元。1994年，有村办企业6家，职工300人，销售收入1028.66万元，利润127.37万元，固定资产244.63万元，税收33.11万元，职工人均年收入4693元。1997年起，工业企业转制。2006—2009年，引进企业46家，其中实地型19家、注册型27家。2006年起，税收收入逐年增长，至2009年，实现税收总额1045.39万元，其中2006年207.73万元，2007年234.27万元，2008年289.88万元，2009年313.51万元。

2002—2009年，村可支配收入共计856.65万元，其中2002年48万元，2003年49万元，2004年85万元，2005年153.68万元，2006年130.66万元，2007年100.53万元，2008年136万元，2009年153.78万元。

1990年，出海渔民人均收入12169元，居沪郊之首。2005年，落实沪劳保征〔2005〕6033号文，1351名失水渔民由市府贴款纳入镇保。

20世纪90年代中期起，在沪杭公路两侧海鲜一条街逐渐形成。

1995年，被评为东海伏休渔先进集体。1996年，获评1995年度东海渔区优秀渔业生产单位。1997年，被评为金山区明星电话村、电话村建设先进集体。

村党支部被评为2007—2008年度上海市军民共建社会主义精神文明先进集体，2007—2008年、2009—2010年，被命名为区文明村。

十一、曙光村

位于镇东部。东与漕泾镇增丰村毗邻，西临山阳集镇与龙泉港，南靠铁店港，北与漕泾镇金光村、邓桥村相连。区域面积2.86平方千米。

曙光南路、曙光北路横贯村境；山阳公路，曙中路，纵贯村西与村中；龙泉港纵流西界；铁店港、新村港、纬四河，旗杆港从南至北依次横流村中。

1990年，有乡养鸡场，盘厍故里有石桥1座（万安桥）。村委会驻第六村民小组、辖14个村民小组、607户、2077人、1258个劳动力。集体耕地172.87公顷。

养殖业收入88.17万元，居乡榜首；种植水稻165.82公顷、二麦69.6公顷、油菜91.87公顷、棉花5.33公顷，种植业收入124.43万元。1993年起，按照市府近郊蔬菜向远郊转移的精神，全村有18户农户扩种蔬菜，常年菜地4—4.5公顷。1995年，村民吴秋根买断镇机械化养鸡场，年上市鸡1万余羽。1997年，建“三高”粮田。1998年，建曙光农场。2001年，发展“家家富”工程大棚167套，扶持示范户6户；是年，种植水稻146.2公顷、二麦58公顷、油菜109.67公顷、苗木果树3.8公顷、种植业收入232.80万元；养鱼专业户6户，鱼塘8.8公顷，渔业收入54万元，位居全镇第二。

工业以搪瓷厂为主。1990年，有五金厂、搪瓷厂，职工124人，销售收入65.34万元，利润13.36万元，职工人均年收入1338元，其中搪瓷厂产值50万元，利润10多万元。1996年，有企业3家，职工65人，销售收入222.55万元，利润23.34万元，固定资产65.61万元，税收14.56万元，职工人均年收入3458元。1997年起村办企业相继转制。

2001年，辖575户、1796人、912个劳动力，集体耕地面积169.63公顷。

2002年7月，曙光村与九龙村、汀南村合并，名为九龙村。

十二、工农村

位于镇东北隅。东邻漕泾镇邓桥村、护塘村，西连跃进村、长兴村，南接大兴村，北靠华新村和漕泾镇蒋庄村。区域面积2.17平方千米。

1990年，村委会驻第三村民小组，辖8个村民小组、420户、1396人、1024个劳动力。集体耕地123.52公顷。

沪杭铁路金山卫支线纵穿东境，火车山阳站设在第一村民小组。亭卫公路、工农路纵横村内。龙泉港由北向南从第一村民小组穿过。

有翁家庙、高桥2个宗教活动点。

工农村是全县最早建立农业服务体系的村之一。是年，有排灌、机耕、植保、收割、运输、粮食加工等8支为农服务队伍。种植水稻107.93公顷、二麦47.67公顷，水稻单产497千克、二麦单产270千克，农业收入100.80万元。1993年，配合镇政府在华新、长兴村交界处建新型农场。1996年，建成占地面积41.6公顷的农业示范方，被列为县十大农业示范方之一。2001年，实施“家家富”工程，发展大棚117套，扶持示范户6户。示范户翁地华用大棚种西瓜0.27公顷，总产量10500千克，总收入23000元，净收入10300元，比常规种植高3—4倍。全村农业收入181.21万元。

1990年，有工农链条厂、汽修厂、精工厂、拉丝厂，职工143人，销售收入189.15万元，利润40.99万元，职工人均年收入1582元。1994年，有村办企业6家，职工165人，销售收入624.56万元，利润54.70万元，固定资产254.27万元，税收14.52万元，职工人均年收入3336元。1998年，村办工业转制。

2001年，辖403户、1228人、905个劳动力。年末集体耕地面积111.33公顷。

2002年7月，工农村与华新村合并，名为华新村。

十三、汀南村

位于镇东南隅。东接漕泾镇增丰村，西靠龙泉港，南濒杭州湾，北连九龙村。区域面积2.51平方千米。

1990年，村委会驻第十村民小组，辖10个村民小组，552户、1846人、1196个劳动力。集体耕地123.59公顷。

沪杭公路在南边通过，山阳公路（朱山路）纵贯西境南接沪杭公路；汀南路西接山阳公路，东达荒墩；龙泉港纵流西界；运石河横枕南境。有针织厂、刀具厂、棉纺厂、手套厂、上海未来企业有限公司、奇安特鞋厂、汀南小学、渔业村修船厂、拉门厂等10多个驻村单位。有河缺口小镇、头图庙遗址。有1993年镇在2组建的度假村（未启用）。

1990年起，推进农业向规模型、设施型、粮经型发展。是年种植水稻、二麦等粮食作物167.21公顷、油菜、棉花等经济作物75.8公顷，粮经比例69∶31，农业收入120.60万元。1998年，发展大农户6户，建汀南农场、汀北农场。2001年起，加强设施粮田建设，配置钢管塑料大棚210套，种植西甜瓜、鲜切花等4.4公顷，均居镇第一。是年全村种植水稻、二麦、大豆等粮食作物95公顷，油菜、蔬菜、西甜瓜、草皮花木等经济作物137.6公顷，粮经比例41∶59，农业收入203.53万元。

工业以生产塑料、螺丝、食品为主。1990年，有村办工业企业3家，职工135人，销售收入103.3万元，利润4.98万元，职工人均年收入1070元。1995年，有村办企业4家，职工39人，销售收入333.66万元，利润24.89万元，固定资产71.21万元，税收15.74万元，职工人均年收入3200元。1997年起，企业相继转制。

第二、三、四组靠杭州湾。1990—2002年，有14户村民从事出海捕捞。

2001年，辖596户、2006人、1189个劳动力。有集体耕地76.57公顷。

2002年7月，汀南、曙光、九龙三村合并，名为九龙村。

十四、大兴村

位于镇中部。东靠龙泉港，南接向阳村，西连跃进、红旗、中兴村，北接工农村。区域面积3.39平方千米。

20世纪90年代，有打火机厂、塑料厂、电器厂、皮革厂、印刷机械厂、晒图机厂、棉花收购站、种子站、交管站、水务站、畜牧总场、敬老院、中学等20多家企事业单位驻境内。第八村民小组有南阳港古文化遗址。

亭卫公路、华山路、工大路、沪杭铁路金山卫支线纵穿境中，南阳港路横枕南境。南北有经三河、东青龙港、经二河、龙泉港，东西有老红旗港、红旗港、纬四河等。

1990年，村委会驻第四村民小组，辖15个村民小组，516户、2095人、1301个劳动力。集体耕地面积152公顷。

是年，在粮田面积减少的情况下，主攻单产，53 亩申麦一号丰产方单产 337.8 千克，57 亩后季稻单产 380 千克，分别创县、乡单产第一；全村耕种粮田 184.09 公顷，种植业收入 127.05 万元。是年起加快农业转型发展。1996 年，增加蔬菜种植，粮经比例 54∶46。2001 年，种植水稻 98.7 公顷，二麦 6.6 公顷，油菜 82 公顷，果蔬苗木 54 公顷，粮经比例 44∶56，种植业收入 312.48 万元；鱼塘 4.4 公顷，渔业收入 26 万元。

20 世纪 90 年代初，村办工业发展迅速。1990 年，有大兴五金厂、机械厂、木器厂、塑料厂，销售收入 270.03 万元，利润 35.85 万元，职工 367 人，人均年收入 1541 元。1993 年，富山电器厂生产的 MC 系列取暖器，获在湖南常德举办的全国星火计划成果展览会银奖。1995 年，村办企业发展到 8 家，销售收入 369.45 万元，利润 77.28 万元，职工人均年收入 4250 元，固定资产 237.51 万元。1997 年完成转制。

2001 年，辖 565 户、2025 人、1237 个劳动力。集体耕地 116.18 公顷。

2002 年 7 月，大兴村与向阳村合并，名为向阳村。

十五、倪界（家）村

村境位于镇南部，三面环河，东有龙泉港、西有牌楼港、北有老龙泉港、南到渔业村，沪杭铁路金山卫支线穿越东南境；倪卫路横跨村中境。区域面积 2.15 平方千米。

1990 年，村委会驻第五村民小组，辖 8 个村民小组、492 户、1587 人。集体耕地 110.67 公顷。金山建筑工程公司、山阳建筑工程和安装队、金山嘴哺坊驻境内。是年，种植水稻 107.16 公顷、二麦 51.8 公顷、油菜 52.13 公顷、棉花 5.33 公顷，种植业收入 87.67 万元。工业企业 4 家，职工 55 人，销售收入 49.59 万元，利润 3.02 万元，职工人均收入 1164 元。

1998 年，辖 519 户、1573 人，集体耕地 89.52 公顷。村办企业 1 家，销售收入 41 万元。是年完成转制。10 月，村划入金山嘴工业区，土地被征用。

2002 年 7 月，倪界村与新江村合并，名为新江村。

十六、海光村

位于镇境西南隅。东接新江村，西连上海石油化工总厂，南濒杭州湾，北靠卫东村。南北向有卫零路、蒙山路、戚家墩路、杭州湾大道；东西向有铁路金山卫支线、海光路、隆安路、沪杭公路等。区域面积 0.5 平方千米。

20 世纪 90 年代，有海浒新村、山阳房产公司、山阳化纤厂、中国福利会金山爱幼中心等驻境内。

1990 年，村委会驻第三村民小组，辖 4 个村民小组、294 户、533 人、262 个劳动力。同年上海石油化工总厂建第四生活区征地，七组（东场）撤制，150 人进厂，后建海浒新村、华师大三附中等，土地被征用，农户减少。集体耕地 28.06 公顷。

1998 年，有 97 户、137 人、28 个劳动力，5.05 公顷耕地。同年，村域划入金山嘴工业区。

1990 年，种植水稻 24.63 公顷、二麦 11 公顷、油菜 10.4 公顷，种植业收入 9.42 万元。鱼塘 2.3 公顷，渔业收入 1.03 万元。1991 年，创办海光农场，为县首个村办农场，耕地 15.3 公顷、人员 12 人，年创利 18 万元，2000 年停办。

村主要企业有五金厂、仪表厂、玻璃钢厂等。1990 年，有村办工业 5 家，职工 427 人、销售收入 425.33 万元，利润 39.04 万元，职工人均年收入 1463 元。1992 年，有企业 5 家，职工 123 人，销售收入 338.41 万元，利润 32.35 万元。职工年均收入 2757 元。

1993 年，成立上海戚家实业总公司，1998 年，更名为海光实业有限公司。公司位于隆安东路 77 号，占地 5500 平方米，建筑面积 2600 平方米，是一家集市政、建筑、房地产开发、投资咨询、招商引资为主营的具有三级资质的集体实地型企业，注册资本 788 万元。2000 年起，公司对原 890 万元资产和三处厂房采用租赁等方式使资产保值增值。2001 年，开发房地产 26000 平方米，营业收入 1200 万元。2002 年 7 月，海光村与卫东村合并，名为卫东村。海光实业有限公司仍保持单独核算的集体单位。2006—2009 年，累计招商 49 家，其中实地型 28 个、注册型 21 个。实现税收 2006 年 2049.52 万元、2007 年 2671 万元、2008 年 2787.54 万元、2009 年 2511.72 万元。2006—2009 年，公司可支配收入保持在 525 万—669 万元。1999—2000 年度，被评为区经济发展示范单位；2009—2010 年度，被命名为区文明单位。

十七、七一村

位于镇西部。东接红旗村、东方村，西接旧港河，南靠杨家村，北连中兴村。战斗港、旧港河纵流中境和西界，老红旗港横流村境，东西向有红旗路，南北向有中杨路、松卫南路、蒙山北路、卫零北路等。区域面积 1.89 平方千米。

1990年，有村合作医疗室、公办小学、下伸店。村委会驻第六村民小组，辖8个村民小组，407 户，1296 人。集体耕地 111.32 公顷。2001 年，辖 451 户，1229 人。年末，有集体耕地 77.56 公顷。

1991 年，发展庭院经济，农户宅前屋后栽种桃子、橘子、生梨等各类果树 2 万余棵。2001 年，优化调整农业结构，发展大棚 111 套、扶持示范户 8 户，扩种蔬菜、西甜瓜等经济作物。是年种植水稻、二麦等粮食作物 83.9 公顷，油菜、蔬菜、西甜瓜、苗木果树等经济作物 121 公顷，粮经比例从 1997 年的 70∶30 调整为 41∶59，种植业收入 143 万元。褚连忠经营鱼塘 3 公顷，采用立体养殖，塘埂搭棚养鸡、养鸭、养猪，畜禽粪便综合利用，节本增效。全村养殖业收入 83 万元。

1990 年，有五金厂、烘漆厂、丝网厂，职工 122 人，销售收入 154.63 万元，利润 11.58 万元，职工人均年收入 1369 元。1997 年，有村办企业 3 家，职工 33 人，销售收入 175.02 万元，利润 12.75 万元，固定资产 88.19 万元，税收 1.79 万元，职工人均年收入 3342 元。是年起村办企业转制。2000 年，引进民营实业实地型企业上海侨茂建筑防水涂料有限公司，年创利 1600 万元。

2002 年 7 月，七一村与杨家村合并，名为杨家村。

十八、甸山村

位于镇西北部。东接长兴村、跃进村，西连张堰镇旧港村，南临中兴村，北靠朱行镇新街村。东西向有纬四河、朝阳港、S4 高速路、长兴路；南北向有旧港河、战斗港、中甸路、

松卫南路。第十一村民小组有甸山小镇。区域面积 2.31 平方千米，

1990 年，村委会驻第十一村民小组，辖 12 个村民小组、472 户、1506 人。集体耕地 133.79 公顷。

2001 年，辖 410 户，1378 人，有集体耕地 128.28 公顷。

1990 年，种植水稻 133.18 公顷、二麦 56 公顷、油菜 69.2 公顷、棉花 6.93 公顷，粮经比例 71.3∶28.7，农业收入 154.52 万元。1998 年，建甸山农场。2001 年，推行“家家富”工程，配置大棚 160 套，扶持示范户 14 户。是年，全村种植水稻、二麦等粮食作物 101.1 公顷，蔬菜、瓜果等经济作物 169 公顷，粮经比例 37.4∶62.6，种植业收入 360.11 万元，居镇第一。鱼塘 4 公顷，渔业收入 30 万元。

工业以生产加工五金、气针、冲件为主，1990 年，职工 113 人，销售收入 45.19 万元，利润 7.86 万元，职工人均年收入 1200 元。1997 年，有村办企业 2 家，职工 17 人，销售收入 108.55 万元，利润 36.87 万元，职工人均收入 3330 元。是年起，企业转制。

2002 年 7 月，甸山村与长兴村合并，名为长兴村。

十九、红旗村

位于镇境中部。东与向阳村、大兴村毗邻，北与中兴村毗连，南同东方村相接，西与七一村相连。红旗路、老红旗港横贯中境；中兴路、红旗港横穿北境；亭卫公路纵穿东南境；战斗港纵流西界。区域面积 1.58 平方千米。

1990 年，村委会驻第八村民小组，辖 9 个村民小组、312 户、1036 人。集体耕地 88.65 公顷。

2001 年，辖 352 户、964 人。集体耕地 64.95 公顷。

1990 年，种植水稻 86.97 公顷、二麦 30.73 公顷、棉花 3.99 公顷、油菜 54.2 公顷，粮经比例 67∶33，种植业收入 47.80 万元，牧业收入 28.70 万元。2001 年，加大粮经比例调整力度，种植水稻、二麦等粮食作物 54.5 公顷，蔬菜、西甜瓜、苗木果蔬等经济作物 85.4 公顷，粮经比例 39∶61，种植业收入 110.80 万元。鱼塘 2.93 公顷，渔业收入 10 万元。上市猪 930 头、禽 2.7 万羽，畜牧业收入 90 万元。

1990 年，有工业企业 3 家、职工 131 人，销售收入 82.05 万元。职工人均收入 1363 元，其中红旗仪表配件厂生产电器和缝纫机零件，年产值近 50 万元。1996 年，有村办企业 4 家，职工 134 人，销售收入 723.81 万元，利润 80.58 万元，固定资产 155.61 万元，税收 41.83 万元，职工人均年收入 4684 元。1997 年转制。

2002 年 7 月，红旗村与东方村合并，名为东方村。

二十、跃进村

位于镇中部偏北。东与工农村、大兴村相接，南与中兴村相交，西与甸山村相连，北与长兴村相邻。南北有东青龙港、经三河，东西有跃进路、纬四河。区域面积 1.93 平方千米。20 世纪 90 年代，境内有貂场、兔场、渔场、下伸店、小学。1998 年，上海永昌学校分校入驻境内。

1990 年，村委会驻第五村民小组，辖 8 个村民小组、370 户、1295 人。集体耕地面积

113.32 公顷。

2001 年，辖 283 户、1068 人、673 个劳动力。集体耕地 107.27 公顷。

1990 年，种植水稻 111.66 公顷、二麦 50.53 公顷、油菜 57.47 公顷、棉花 6.2 公顷，种植业收入 81.91 万元。鱼塘 6 个 1.8 公顷，渔牧业收入 18.50 万元。

1992 年，在 5 组建跃进农场。2001 年，种植水稻、二麦、大豆、玉米等粮食作物 107.1 公顷，油菜、蔬菜、西甜瓜等经济作物 147.3 公顷。种植业收入 231.46 万元。养殖业以养鱼虾和猪为主，收入 101 万元。

1990 年，有螺丝厂、电气厂、母料厂、冲配厂、长乐分厂等 7 家，职工 198 人，销售收入 204.03 万元，利润 51.81 万元，职工人均年收入 1482 元。1997 年，有企业 3 家，职工 44 人，销售收入 101.23 万元，利润 24.01 万元，上缴税金 8.55 万元，固定资产 77.64 万元，职工人均年收入 3606 元。是年起，企业转制。

2002 年 7 月，跃进村与中兴村合并，名为中兴村。

第二节　居民区

一、山新居民区

前身为山阳街道，1978 年，成立山阳街道居委会，2006 年 4 月 10 日，更名为山新居委会。1989 年，居委会驻山新街 8 号，辖山阳老街区、东门老街区、金山嘴老街区，983 户、2218 人。1992 年，增管松卫新村，1995 年，增管玉兰新村。2003 年，居委会迁驻山中路 18 号。2005 年 11 月，东门老街区、松卫新村划入金世纪居民区（时称欧洲城居委会筹建组）。2009 年，辖山阳老街区、金山嘴老街区、玉兰新村、山南新村等 9 个居民小组、642 户、1305 人。

山新居委会（2018 年，王杏春摄）

1995 年前，居委会干部由镇（乡、公社）任命，1995 年起，实行选举，至 2009 年，共举行 5 次换届选举，2009 年，直选主任、副主任各 1 人，委员 3 人。设社会保障、市容卫生、民政老龄、治保调解、文体宣传、妇代计生等条线。1999 年，建业委会。2005 年，设社工站，2009 年，有治安、卫生、助老志愿者队伍 3 支。

1990 年，创办花圈制作工场，整顿五金厂、羽毛球等厂，先后建老年活动室、老年兴趣班、秦蕊芳舞蹈队、文艺宣传队、志愿者队伍等，进行文体活动、环境整治、社区维稳等工作。

2005年，配合政府完成镇2.5万平方米直管公房平改坡和松卫新村、玉兰新村综合整治。2006年起，深入开展惠民服务活动。2007年，投资1.5万元，添置活动设备、宣传画廊。配合相关部门为25位80岁以上老人提供上门医疗服务，落实7位高龄老人居家养老，给40户困难家庭、低收入家庭申办医疗救助、学生助学，为30多名残疾人康复服务，解决7位重残无业者社会保障。同年建社区学校教学点，至2009年共举办卫生保健、移风易俗、科普等讲座28次，2000余人次参听。组建戏曲、门球、象棋、乒乓、舞蹈等文体队。开展文体活动，参与镇、区赛事。

2008年，居委会创建“大讲坛”“求医直通车”一居一品项目。“大讲坛”是居委会为老人搭建的老有所学、老有所乐、老有所为的活动平台，30多位老人参加。平时他们看书看报，了解国家大事、改革开放后的变化、惠及百姓的政策，每月第一个星期一的上午进行集中论坛。活动被人民网报道，居委会被评为区推进学习型社会先进单位。“求医直通车”是居委会为居民搭建的求医平台，设办公室、开通热线电话，2000—2009年，负责人钱金荣陪同病人就医5000多人次，2008年，获感动金山十大人物提名奖。2008—2009年，居委会配合政府开展创国家卫生镇活动，为26幢直管公房安装无障碍设施、不锈钢扶手等。

2008年，被评为区志愿者活动先进集体、爱国卫生先进单位。2009年，被评为区民防先进单位、交通文明居委会、市民主法治小区、平安小区、爱国卫生健康先进单位称号。同年，居委会晋升为市社区建设示范居委会。

玉兰新村1997—2010年，10次被评为区文明小区。

二、戚家墩居民区

1995年5月，建海浒新村居委会，1998年，划入金山嘴工业区，2005年，重归山阳镇。同年建居民区党支部、社工站。2006年4月10日，撤销海浒新村居委会，建立戚家墩居委会，6月16日举行选举。居委会驻海光路77号，辖海浒新村、海上明珠园，1686户。同年建妇代会、海浒新村业委会。2009年8月1日，选举居委会主任、副主任各1人，委员3人，辖2个居民小区、20个居民小组、1766户、4466人。

戚家墩居委会（2018年，王杏春摄）

2006年，有办公用房300平方米，室内外活动场所805平方米。建远程教育点。2007年，挑选海上明珠园盛抗妹、王洪德等7户有特长家庭负责接待参加世界特殊奥林匹克运动会牙买加来宾。同年建社区学校教学点，至2009年，开展文明礼仪、交通文明、卫生与保健等教育活动29次，1916人次参与。2008年，成立秧歌、表演唱、民族舞、现代舞、古典舞和足球、篮球等文体团队。《西藏舞》被推荐到区参加比赛。

2009年，建“新山阳人加油站”，开展就业政策、法律法规、安全常识等讲解；建立来沪人员信息库，为来沪人员就业牵线搭桥；组建来沪人员志愿者队伍，为来沪人员服务。4月30日，上海《东方城乡报》刊登了“新山阳人加油站”相关内容。

获评2006年区平安小区；2009年区第二批民主法治小区、市平安小区。是年居委会晋升为市社区建设示范居委会。

海浒新村2005—2006、2007—2008年度被评为区文明小区。

海上明珠园2007—2008、2009—2010年度被评为区文明小区；2009—2010年度被命名为市文明小区；2009年获评市节水型小区。

三、金海岸居民区

2004年12月，建居委会筹建组。2005年4月、11月先后建党支部、社工站。2006年4月10日，建立居委会，8月8日，召开居委会成立大会暨第一届居民代表大会，选举产生第一届居委会干部，居委会驻金海岸花园45号102室。同年，分别选举产生金海岸花园、杭州湾家园业委会。2008年7月，在全镇率先成立居民区团支部，8月配合政府在金海岸花园内建镇社区工作者培训基地。2009年8月1日，居委会换届选举，直选主任1人、委员4人。辖金海岸花园、杭州湾家园2个居民小区，32个居民小组、1638户、4248人。

金海岸花园（2018年，王杏春摄）

2005年，在多方配合下创建社区活动中心1200平方米。是年起整合社区内外文化资源，开展多层次、多样化群众文体活动。至2009年，先后举办“爱我家园构建和谐”“欢乐山阳迎世博乐万家”金海岸专场演出；开展乒乓、红星等竞赛活动20多场次；联合镇文广中心、区文化馆、福尔优幼儿园等单位举办“爱我家园共建和谐”文艺晚会、少儿书画赛、迎春全家欢等联谊会活动；聘请健美老师开展瑜伽培训。年参加活动人数逾7000人次。

2006年，开辟“我的家园QQ群”，及时解决居民的所求所愿。开通家政服务热线，帮助居民请理发员、小家电维修员、钟点工、家政服务员等，至2009年，请家政服务员60多人，有10多名家政服务员受居民长期聘用。

2007年9月29日，第十二届世界特殊奥林匹克运动会区接待启动仪式在金海岸广场举行，居委会组织200多名志愿者载歌载舞欢迎来自牙买加来宾，丁明伦等5户有特长的家庭还负责来宾居家接待工作；2008年，四川汶川大地震后，志愿者为灾区人民募集资金44091元；“三创”活动中志愿者坚持巡逻，及时劝解乱停车、乱晾晒等不文明行为。

2008年，创办社区学校教学点。至2009年，开展交通文明、节约用水、民防演练、文明礼仪、疾病防治、卫生保健等教育活动46次，3200多人次参加。是年，创建“海宝宝”俱乐部，带动家长共同参与活动，年举行活动5次。2009年，举办世博知识宣讲、文艺会演、环境整治等活动11次。

获评2007年区先进民防居委会、区民主法治示范小区、区平安小区，2008年区平安小区，2009年区“三八”红旗集体、区民防工作先进集体，市爱国卫生健康单位等称号。是年，居委会晋升为市社区建设示范居委会。

金海岸花园获评2005—2006、2007—2008、2009—2010年度区文明小区，2007—2008、2009—2010年度市文明小区，2009年市节水型小区等称号。杭州湾家园获评2009—2010年度区文明小区。

四、海趣居民区

2005年4月，建党支部和居委会筹建组，11月，建社工站。2006年4月10日，建立居委会，8月8日，召开居委会成立大会暨第一届居民代表会议，选举产生居委会干部5人，居委会驻海趣馨苑22号，是年成立业委会。2009年8月1日，居委会换届选举，选举主任1人、委员4人，辖海趣馨苑39个居民小组，699户、2132人。

海趣馨苑（2017年，王杏春摄）

2006年，建居民区网站、住户信息库，建办公场所、活动场所335平方米。建志愿者服务队16支，开展调解、环卫、老龄、信息、宣传、护绿、平安等志愿服务，至2009年获区优秀志愿者1名。开展“五好”家庭、文明楼组创建，至2008年，共计有3户家庭被评为区“五好”家庭。2007年，建民乐、腰鼓、象棋、跳踢、文艺等文体团队，建新市民教育中心。至2009年，开展交通文明、燃气安全、节约用水、环境卫生等教育活动32次，4000多人次参加。

2008年，创建“夕阳红”党员服务社。党员18名，分4组，落实环境卫生、护绿等责任区，周一至周五在小区巡逻。2009年，开展察民情、听民意、解民忧、暖民心活动，处理民事18件。

2006年，获评区平安小区；2007年，获评区平安小区、区社会综合治理先进集体；2008年，获评市燃气安全示范小区；2009年，获评市平安小区、区民防先进单位、区交通文明小区。2009年，居委会晋升为市社区建设示范居委会。2009—2010年度，被评为区文明小区。

五、三岛龙洲居民区

2005年4月，建居民区党支部、居委会筹建组，11月建社工站、志愿者队伍。2006年4月10日，建立居委会，8月8日，召开居委会成立大会暨第一届居民代表会议，选举产生居委会干部5人，居委会驻三岛龙洲苑41号101、102室。2009年8月1日，举行换届选举，选举主任1人、委员4人。辖三岛龙洲苑、棕榈湾花园2个小区，69个居民小组、1870户、4670人。

三岛龙洲苑（2018年，王杏春摄）

2006年起，先后创建老年活动室、阅览室、网球场、篮球场、少儿游戏场等公共设施。2007年，邀请潘慧担任三岛龙洲苑舞蹈队长，带动小区居民跳广场舞；选送何菁参加第12届世界夏季特殊奥林匹克运动会马术比赛，获3枚金牌和优秀运动员称号；2008年，开办木兰拳、太极拳班。2009年，组织龙舟队、乒乓球队参加比赛。

2007年，建社区教学点开展平安教育；邀请专业人员指导消防演练等活动。

至2009年，开展卫生、安全、法律、世博知识等讲座28次，1011人次参听。

1996年起，居民姚国权义务为2000多户居民通下水道，修水龙头、卫生洁具。2006年，居委会为他提供工作室，开通热线电话。2008年4月，挂牌成立“金山民生服务社——姚国权工作室”，服务范围扩大到邻近居民区和周边农村。2006年，姚国权被评为感动金山十大人物；获2007—2008年度上海市十佳好人好事提名奖。

2007年，获评区平安小区；2009年，获评区第二批民主法治示范居委会、民防居委会合格单位、市平安小区。是年，居委会晋升为市一级居委会。

棕榈湾花园被评为2007—2008、2009—2010年度区文明小区。2009年，被评为市节水型小区。三岛龙洲苑被评为2009—2010年度区文明小区，2009年，被评为市节水型小区。

六、金世纪居民区

2005年11月，建立欧洲城居民区党支部、居委会筹建组和社工站，山阳街道居委会管辖的东门老街、松卫新村划入该居民区，办公地址设在金浦苑21号101室。2007年5月，欧洲城居委会筹建组和社工站变更为金世纪居委会筹建组和社工站，撤销欧洲城居民区党

金山世纪城（2018年，王杏春摄）

支部和卫东村党支部，合并建立金世纪居民区党总支；12月26日，建立金世纪居委会。2009年3月，撤销党总支，恢复村居党支部；8月1日，召开居委会成立暨首届选举大会，选举主任1人、委员4人，辖金浦苑、欧洲城商业广场、松卫新村、东门老街、金山世纪城5个居民小区，20个居民小组、996户、2388人。办公地址在世纪城2335号402室。

2007年8月，成立综治工作室、建山阳派出所防范工作栏，宣传法律法规；2008年3月，建山阳工商所消费者权益保护联络点和社区学校教学点；2009年10月，建红枫叶老年学习班，开展市民素养，交通文明，迎世博、讲文明、树新风等教育活动，至2009年，共开展教育活动31次，参加1171人次。2007年，组建毽球队、龙舟队、拳操队、广播体操队、舞蹈队、合唱队、乒乓队等，2008年，有太极拳、扇子舞、球操、筷子舞等活动队员300多人。

2007年，创建"海文画"绘画班以来，至2009年，创作作品100多幅。其中，《山阳精神》《警情民意》《喜迎世博》被相关单位选用；《渔家生活》赠送给厦门街道；《党务公开》《情系百姓》《倾听民意》编入金山农民画；《渔村姑娘》《丰收的渔港》在金山嘴渔村"海鲜美食节"展示；《一网打尽》《法网恢恢》参加市公安局举办的"大通旅游杯"海报创作大赛，获优秀奖。2010年，中央电视台"走进三农"栏目记者到居民区拍摄"海文画"，并在中央电视台播放。

2007年、2008年、2009年被评为市平安小区。2008年、2009年分别被评为区民防先进单位、区民防合格单位。

金浦苑获评2007—2008、2009—2010年度区文明小区，2009—2010年度市文明小区。世纪城获评2009—2010年度区文明小区。

七、联江居民区

2005年11月，建居民区党支部、居委会筹建组、社工站。2006年4月10日，建立居委会，8月8日，召开居委会成立暨第一届居民代表大会，选举居委会成员5人，居委会驻山鑫联城花苑72号，辖山鑫联城花苑、华江2个小区、1102户。2007年1月，建山鑫联城业委会。2009年8月1日，居委会换届选举，由居民直接选举主任1人、委员4人，辖56个居民小组，1136户，3580人。

联江居民区是动迁安置小区，大部分居民来自农村。2007年，建新市民教育中心，开展环境卫生、交通安全、文明礼仪、珍惜水资源等教育活动，至2009年，开展教育活动34次，参加活动 2037 人次。2006 年，争取相关部门支持解决办公室、活动室、婚丧喜事办事场所（300 平方米）。2007 年，安装具有对讲、开锁功能的防盗门 51 扇，建电动自行车棚 29 个共 1290 平方米；同年 7 月，联合工商、公安、城管单位整治同凯路（华江小区内）乱设摊问题，开辟蔬菜自产自销疏导点。2008 年，白化楼道、升级移动通信网等。

山鑫联城花苑（2018 年，王杏春摄）

2006 年，组建老年健身队、中年文艺队、青年体育队，2007 年，组建莲湘队。开展文体活动，举办小区文艺专场演出；参与镇赛事活动的韵律操赛、龙舟赛、足球射门赛等均获得好成绩。参与活动人数逐年增加。

2008 年，创建“快乐老家”以来，每天有 200 多位老人来喝茶、聊天、参加体锻。先后举办“寻找晚年快乐生活”“老年人保健”等宣讲活动 10 多次，经常组织健康老人参加小区公益活动，每年组织重阳庆祝活动。

2007 年，获评区交通文明居委会、区民防先进单位，2009 年，获评市平安小区。2009 年，居委会晋升为市示范居委会。

山鑫联城花苑被评为 2007—2008、2009—2010 年度区文明小区、2009—2010 年度被评为市文明小区、2009 年被评为市节水型小区。华江小区，被评为 2009—2010 年度区文明小区。

八、康建居民区

2006 年 4 月，建康城居民区党支部、居委会筹建组。2007 年 12 月 26 日，建立康建居委会。2008 年 1 月，山鑫康城建业委会，7 月，康城居民区党支部更名为康建居民区党支部，与此其他机构一并更名。2009 年 7 月，建社工站。8 月 1 日，由居民代表选举首届居委会成员 5 人，居委会驻山鑫康城花苑 93 号 101 室，辖山鑫康城花苑、亿丰建材市场 2 个小区，40 个居民小组、900 户、1400 人。

山鑫康城花苑（2018 年，王杏春摄）

2007 年，建新市民教育中

心。2008年，建市民法苑，开展健康、节约用水、讲文明树新风、“做遵纪守法的好公民”“小区是我家文明靠大家”等教育活动60多次；出新市民教育黑板报12期，法制专栏22期，发放各类宣传教育资料和市民联系卡3100份；结合镇创建国家卫生镇活动，组织志愿者600多人次，开展环境整治活动30多次。2009年，居委会被评为上海市爱国卫生健康先进单位。

建舞蹈、扇子舞、太极拳、腰鼓、健身、交谊舞、合唱等文体团队，举办社区一台戏，组队参加镇、区赛事活动。

山鑫康城获评2007—2008年度、2009—2010年度区文明小区，2009年，创建成市节水型小区、市平安小区。2009年居委会晋升为市一级居委会。

九、海云居民区

2006年4月，建海辰馨苑居民区党支部、居委会筹建组。2007年12月26日，建立海云居委会，居委会驻碧海云居88号2楼，辖海辰馨苑、碧海云居、宏阳新村3个小区，1180户；同年建志愿者队伍13支。2008年6月，托管海欣家园；7月，海辰馨苑建业委会；同月，海辰馨苑居民区党支部更名为海云居民区党支部，随之其他组织机构一并更名。2009年7月，建社工站；8月1日，居民代表参加首届居委会选举，选举主任1人、委员4人，辖37个居民小组、2143户、6429人；同月，建立妇代会；9月，居民区办公室迁至海辰馨苑1号3楼。

海辰馨苑（2018年，王杏春摄）

2007年10月，建新市民教育中心，从崇尚科学文明新生活等方面进行教育实践活动，至2009年，开展活动27次，有效改变居民乱倒垃圾、乱晾晒、乱停车等陋习。2008年，制订工作目标、落实干部责任区，开展“察民情、听民意、解民忧、暖民心”活动，居民区干部每人每月走访居民10—15户，至2009年，听取和处理物业管理、社区文化、配套设施、环境卫生、文体活动等问题10多个。建多功能厅、老年活动室、影视室、儿童游戏场、健身点、阅览室等890平方米。组建老年健身团队、中年文艺团队、青年体育团队，开展各种文体活动。坚持每年举办社区一台戏，2008年7月18日、2009年7月18日，分别举办“欢乐山阳与业主同心”“迎世博乐万家”海云文艺专场演出。组织编排的舞蹈《欢乐山阳》《夕阳红》，参加2008年镇文艺会演、文化艺术节演出，并推荐参加区演出比赛。

2008年，成立“寸草心”老年服务队。是年起坚持双节（重阳节、春节）拜访老人活动，周二量血压、测血糖和平时帮孤老打扫卫生等。

2006 年起，开展“五好”家庭评选，至 2009 年，有 1 户家庭被评为区“五好”家庭。

2007 年，结合“三创”督促开发商加快围墙道路建设，督促业主装潢垃圾用袋装好并由物业公司及时清运。2008 年，组建志愿者清除垃圾、铲除“黑广告”。2009 年，结合迎世博活动，利用每月 15 日环境清洁日，组织社区干部和志愿者进行环境整治，开展除“四害”、文明养犬宣传活动。

获评 2007 年区平安小区，2009 年市平安小区、区民防合格单位。2009 年，居委会晋升为市一级居委会。

碧海云居 2007—2008、2009—2010 年度获评区文明小区；2009—2010 年度被评为市文明小区。

海辰馨苑 2007—2008、2009—2010 年度被评为区文明小区；2009 年，被评为市节水型小区。

海欣家园 2009—2010 年度被评为区文明小区。

十、金豪居民区

2006 年 4 月，建金天地花园居民区党支部、居委会筹建组。2007 年 12 月 26 日，建立金豪居委会，居委会驻金山豪庭 27 号，辖金山豪庭、金天地 2 个居民小区，460 户。2008 年 7 月，金天地花园居民区党支部更名为金豪居民区党支部，相应机构同时更名。2009 年 7 月，建社工站；8 月 1 日，由居民代表选举首届居委会，选举主任、副主任各 1 人，委员 3 人，辖 2 个小区、42 个居民小组、1126 户、3145 人。是年，金山豪庭小区建业委会。居委会办公室驻金山豪庭 58 号。

金山豪庭（2018 年，王杏春摄）

2006 年起，开展“五好”家庭、健康城区、文明社区等创建活动。2007 年，建社区学校教学点，至 2009 年，开展卫生与健康、文明与礼仪等教育活动 33 次，1966 人次参与。2008 年，在创建“一居一品”活动中建红鼓队等文体团队。先后主办“欢乐山阳”“欢乐金豪”“与奥运同行”等专场演出。

居委会获评 2009 年区民防建设先进集体、区健康城区先进集体、市一级居委会称号；金天地小区获评 2007—2008 年度、2009—2010 年度区文明小区称号；金山豪庭小区获评 2007—2008、2009—2010 年度区文明小区，2009—2010 年度获评市文明小区。

十一、蓝色收获居民区

2009 年 1 月，建居委会筹建组，6 月建党支部，7 月建社工站，12 月 12 日，建立居委会。

居委会驻板桥东路902弄48号303室。辖蓝色收获小区44个居民小组、1150户、3500人。

2009年，建会议室、老年活动室、办公室、图书室、阅览室。组织交通志愿者20名、文体志愿者45名、平安志愿者32名。开展实有人口、实有住房调查，迎“世博”讲文明宣传，文明家庭、特色楼组创优评优活动。

蓝色收获（2018年，王杏春摄）

第三节 集 镇

一、山阳

明代设汛，清初成镇。1989年，有住户854户、1944人，有老西街、向阳街、山新街3条主街。有房屋302幢，其中二层楼107幢、三层楼36幢、五层楼2幢，建筑面积30004平方米；其他用房109幢、建筑面积63093平方米。有棉百、南什、五金、饮食、粮油、水产、肉庄、药店、生产资料等国营、集体商业门市部40多家，个体商业30多家，商业网点主要集中在山新街。有乡党政机关、街道居委会、供销社、商业分公司、食品站、广播站、文化中心、小学、幼儿园、卫生院、农业银行、建设银行、信用社、邮电支局、派出所、税务组、粮管所等。有晒图机厂、农机厂、丝绸工艺品厂、服装厂、玻璃厂、孵坊、自来水厂、汽车运输队、建筑公司等20多家单位驻镇上。河东有山阳公路、朱山线车站。铁路金山卫支线纵穿西境，龙泉港纵流中境、红旗港横流北境。

山阳集镇（2017年，王杏春摄）

1990年5月，乡文化中心落成。1991年，建造清洁所。1992年，建山南路、山新路连接红旗东路、敬老院、迁建中心幼儿园、乡机关办公楼落成。1993年，建体育中心、体育路，迁建农贸路农贸市场。1995年，建玉兰新村、山南新村。1997年，迁建中心小学、镇党政机关迁出山阳集镇。1998年，迁建成校、卫生院。2000年，建山通路商住房。2001 年，龙泉港拓宽，拆除山新路、向阳路、老西路、南阳港路东段和山阳大桥、港监桥，新建山南路桥、港监桥、步行桥。2003 年，建体育北路。2007 年，南迁敬老院，开通公交山阳一路。2008 年，在体育中心内建体育路农贸市场。2009 年，建老年人日间照料站，开通公交山阳二路、设山阳小学公交站。20 年中建房面积逾 7 万平方米。

2003 年、2004 年农历八月十八日，先后在卫昌路（时未定路名）、体育路等举行商品展销会（庙会），云集商家数百家，设摊延伸上千米，吸引顾客万余人。

2009 年，区域面积 0.19 平方千米。有东西向的老西路、向阳路、山新路、山南路；南北向的农贸路、体育路、山中路、沿铁路等主街（路）8 条。有体育路桥、山南路桥、步行桥、港监桥桥梁 4 座。有超市 4 家、旅馆 2 家、小浴室 2 家、农贸市场 1 家，各类店铺 160 多家。有居委会、文体中心、老年学校、社区卫生服务中心、幼儿园、小学、敬老院、老年日间服务站、农商银行、农业银行、电信支局、社区学校、市容环境事务所、水务站等单位。有工厂 4 家。有住户 1050 户、2728 人。

公交山阳一路、山阳二路设山阳小学站点，沪杭铁路金山卫支线在镇西境穿过。龙泉港纵流镇中境，红旗港横穿镇北境。镇东山阳公路南达沪杭公路、镇中山新路连接红旗东路西通亭卫公路。

二、东门

地处金山卫古城东门外。西靠卫城河，北沿老龙泉港、东与南连卫东村。东西街，长 0.5 千米，1989 年，有住户 141 户、319 人。镇上有棉百、五金、医药、食品、饮食、杂货、粮油、生产资料等门市 22 家，有信用社、邮电所、卫生所、小学等单位。房屋 127 幢，其中二层楼房 64 幢、三层楼房 3 幢、15058 平方米；其他用房 21 幢、4511 平方米。

东门集镇（2018 年，王杏春摄）

2005 年前，隶属山阳镇街道居委会、2005 年 11 月，划入金世纪居民区。

2009 年，东门镇被金山新城环抱，成为城中镇。镇上有羊肉店、杂货店、浴室、烟酒店等 20 多家，有幼儿园 1 所。建筑面积 8000 平方米，住户 164 户，人口 1456 人，其中户籍人口 358 人。是年，建东平路，纵穿镇中。

三、金山嘴

是一个渔村集镇。在山阳镇南端、南濒杭州湾，与大小金山、浮山岛隔海相望，运石河横流镇境，沪杭公路在镇南穿过，西卫线、奉卫线、石胡线、石南线、山阳二路公交车在境内设金山嘴西、金山嘴、金山嘴东 3 个站点。

老街南北走向，长 0.2 千米。镇上有瞭望台、定波桥、渔业村村委会。1990 年，有集镇居民46户、138人，渔民662户、1888人，集镇居民属山阳街道居委会管辖。有药店、茶馆、理发店、南什店、点心店、饭馆、羊肉店、肉庄、水果店、水产门市部、烟酒糖果店、粮煤供应站等商铺20多家；有银行、邮电所、卫生室、中小学、幼儿园等单位；全镇有二三层楼房160幢；平房27幢、建筑面积63426平方米。

金山嘴老街（1995年，王杏春摄）

1995年，金山县副县长朱成林到金山嘴调研，提议利用海塘北侧现有住房开发金山嘴海鲜一条街。1996年，金山嘴海鲜一条街被列为县政府海滨旅游开发项目。1998年，建海鲜一条街景观绿化。2003年，已有一定规模的酒家12家，海鲜批发商5家。固定资产1670万元，全年营业额2000余万元，税收150余万元，日接待顾客千余人，提供就业岗位100多个。

2009年，集镇呈“T”字形布局。集镇居民26户79人，渔民694户1849人，居民属山新居委会管辖。老街有羊肉店、海鲜特色小吃店、特色糕点店等近20家。新形成的东西向海鲜一条街，东起娘娘庙，西至水产批发市场，全长1.2千米，房屋40多幢，有大金山酒家、永乐大酒店、古堡山庄、天桥饭店等20多家饭店、酒家，有渔家客栈4家，有证海鲜摊位16家。初步形成具有海渔文化底蕴的集餐饮、观光、购物于一体的金山独特的滨海集镇，日接待顾客4000余人。

四、马棚

位于南阳港路西段中兴村境内，明代金山卫驻兵防倭，其地养马，故名马棚。分南马棚、北马棚，1979年，开红旗港，北马棚被毁。1990年，南马棚有代销店、小酒店、茶馆、理发店、杂货店、豆腐店、肉庄，店铺7家。有小学、中学等。2004年，在原北马棚偏东处（南阳港西路）南侧建农贸市场384平方米，商店29间。2009年，南马棚有便民服务商店等店铺。北马棚有南什店、小酒馆、面食店、理发店、摩托车修理店、农贸市场、茶馆、南方寝饰门市部等店铺20多家。

五、河缺口

清末成镇，位于汀南村第八村民小组，山阳公路东侧，原名汀里，因汀字形河缺口，俗称河缺口。1990年，南杂店2家、茶馆3家、肉店1家、理发店1家、碾米厂1家。2009年，有小酒店、理发店、肉店、小商店各1家。

六、甸山

位于甸山（柘山）脚下，镇随山名。面南背山单面街，东西长0.05千米。1990年，有下伸店、豆腐店、小酒店、理发店、成衣店、小学和幼儿园。2009年，店铺、学校全无，镇形态已消失。

附　录

一、文件选（摘）录

上海市人民政府（批复）

沪府〔1993〕7号

上海市人民政府关于同意金山县山阳乡撤乡建镇实行镇管村体制的批复

上海市民政局：

沪民基（93）第4号文悉。市人民政府同意撤销金山县山阳乡的建制，建立金山县山阳镇（为县属镇），实行镇管村体制。

特此批复。

上海市人民政府

一九九三年二月二十二日

上海市人民政府（批复）

沪府〔1994〕56号

上海市人民政府关于同意将金山县金山嘴工业区列为市级工业区的批复

金山县人民政府：

金府发〔1994〕40号文悉。市人民政府同意将金山嘴工业区列为市级工业区，名称为“上海市金山嘴工业区”，面积22.8平方公里。请按照国家产业政策和全市经济发展的总体目标，结合金山县整体经济功能的定位，抓紧进行开发建设。

上海市人民政府

一九九四年十二月三十一日

中共金山区山阳镇委员会（规定）

山委〔1997〕38号

关于镇村集体企业改制中的若干具体规定

为了进一步深化企业改革，加快我镇企业改制工作的步伐，联系实际，因地制宜，分类指导，实行“一企（村）一策或一企（村）多策”的方式，针对实践过程中的一些操作问题，提出如下若干规定：

1. 资产转让的对象和要求。资产转让的对象：国内外各类企业的法人和自然人，以及本企业的经营者和职工。资产转让形式可以净资产转让，也可以部分转让。未转让的资产，可以入股，也可以租赁给企业。租赁集体资产必须由改制后企业法人代表出具个人资产（现金）的一定额度的抵押，并签订协议书，经区公证处公证。

2. 资产转让的程序。由企业产权主体在充分听取职工意见的基础上，确定哪种改制形式。凡改制企业必须经区资产评估机构进行资产评估，对房产权并尽可能取得“二证”，然后由企业产权主体会同职工代表对评估的资产进行界定，明晰产权归属，坚持“公开、公平、公正”的原则，确定资产底价。凡改为私营企业的，实行定向转让或招标拍卖。

凡改为股份合作制和有限责任公司的企业，应组织职工认购股权，制订相关章程，办理报批手续，村办股份合作制企业镇政府审批，镇股份合作制企业区政府审批，企业内部还应选举建立“三会”机构。

凡改制后的企业须经区产权经纪公司或镇经联社签订合同后，统一变更工商、税务执照，交割银行贷款等手续。

3. 资产界定：

（1）镇办企业（包括母子厂、母子公司）的资产界定为镇属资产，联营、合资企业和早期的股份合作制企业按投资比例和有关协议界定。村办企业（包括母子厂、母子公司）按同样原则界定为村经济合作社的资产。

（2）镇、村集体资产分别由镇、村合作经济组织确认并报镇政府企业改制领导小组办公室存档备案。

（3）镇村企业是一个有机整体，主体没有改制，其下属子公司、分厂也不能单独改制，而要统一部署、整体推进。

（4）在资产界定中，要认真清理、解脱“戴红帽子”的假集体企业。

4. 资产转让底价的确定。资产转让时的底价一律以区资产评估机构确认的价值为基数，可以转让净资产，也可以单独转让动产或不动产。如果转让净资产的企业，即总资产 - 总负债 = 净资产。改制企业要有义务承担原企业所有职工包括退休人员的负担（退休人员按退休后平均生存15年计算），可减去原有应属集体的福利基金的积余部分，成交价格可以在底价上协商减少。最终转让定价须经镇政府企业改制领导小组统一批准。

5. 企业改制后股本金比例的组成。资产转让在形式上以一次性买断后，由原经营者和职工再定哪种形式。改制为股份合作制企业的全体职工股东持股总额不得低于企业股本总额的 51%；低于这个标准，经上级审批后也可实施；改制为有限责任公司的，职工入股应组建职工持股会，职工持股会所占股份的比例一般不低于 30%。镇村集体以原有资产入股的或租赁给改制后企业的，集体红利或租金费不得低于银行同期贷款利率。

6. 鼓励职工个人入股，鼓励经营者和经营层控大股：

（1）职工个人入股，改制为股份合作制和有限责任公司企业的职工个人入股的最低额不得低于改制前上一年度本企业人均分配水平额，鼓励职工个人多入股。也可吸纳社会个人入股，倡导科、供、贸社会个人入股，给企业注入新的活力。

（2）经营者和经营层控大股。改制为有限责任公司和股份合作制企业的董事会成员、监事会成员和经营层骨干成员的入股额可占总股额的 30% 以上，经营者入股一般可高于职工平均入股水平的 10 倍以上。如职工入股不足时，允许经营者持大股，待经营情况好转时，再通过增资扩股方式提高职工持股比例。

7. 企业坏账、呆账及待处理资产损失的处理。处理坏账损失的原则：坚持真实、谨慎、合情、合理、合法（财务通则、会计制度）进行核销的原则。

应收账款坏账的处理掌握上必须经多次催讨，有以下情况的方可确认为坏账：一是因债务单位撤销、依法破产、依法清偿后，仍然不能回收的债务；二是债务人死亡，既无遗产，又无义务承担人；三是因债务人逾期未履行偿债义务超过 6 年确实不能收回的应收账款。

应收账款坏账损失处理由企业法人代表提出申报意见，区中介机构鉴证核实后提出处理建议，报镇政府企业改制领导小组批准后核销，并销账留案。在处理中必须区分下列两同种情况：（1）企业坏账是现任经营者任职期间发生的，而产权转让时，又是转让给现任经营者的，其坏账应在分析具体原因后由经营者承担部分或全部；（2）对坏账当事人（原经营者、供销员、业务员）也应分析具体原因后按不同情况作出合情合理的处理。

在改制中，对催收历年应收账款有贡献人员的奖励，按资金到位额的 3%—5% 奖励（包括一切催收费），由镇、村集体经济组织给予一次性奖励。

8. 对改制企业经营收支期的计算。在这个问题上企业现有法人代表（经营者）一定要严肃纪律，坚持实事求是。不能使集体资产无故流失，有意伪造假账、隐匿收入、虚增支出的，一经查实，必须严肃处理。改制企业经营收支期的计算，一律为本年度七月份的会计资产负债表，坚持“支出与收入”同步核算，严格按会计制度执行。

9. 资产转让金的收缴：

凡改制为股份合作制和有限责任公司的，职工个人股一次缴清。经镇政府企业改制领导小组批准，可以预分配今年一部分职工工资作为职工入股，不足的拿出一部分现金。

转让或一次性卖断给其他法人、个人（含企业经营者）的，原则上应一次缴清。凡资金一次性到位的，可优惠核减 10% 的净资产“底价”。确有困难的，额度较大的，第一次收缴额不能低于 60%，剩余部分先租赁使用，并按银行贷款利率收取资金占用费，在两年内分期付清。集体资产转让收入由资产所有者向改制企业收取，建立严格的管理制度，或偿还银行贷款、或专户储存，专款专用，不得用于福利及行政事业性开支。

10. 土地使用费的收缴：

企业改制后，应自觉向原产权主体交纳土地使用费。土地使用费暂定为：凡兴办一产业企业的每平方米每年交纳 1 万—2 万元；凡兴办二产业企业的每平方米每年交纳 3—5 元；凡兴办三产业企业的每平方米每年交纳 5—7 元。

11. 职工的安置。改制企业必须接纳原企业的全部在册和退休职工，承担安置的义务，并且实行全员劳动合同制。特别对政策性职工（指征用土地工、城镇居民、复退军人）更要优先安排好。合同期内，企业不能无故辞退职工，如无故辞退，必须付安置费。

12. 职工的养老。改制企业职工参加养老保险的办法不变。仍按《上海市农村养老保险办法》认真执行。

13. 职工的医疗保障。改制企业职工的医疗保障，在企业负担职工（包括退休职工）医疗费的同时，应继续参加农村合作医疗保险办法不变。

14. 改制企业必须照章纳税，交纳镇的自筹资金。改制企业必须承担市、区统一规定每个企业的各项社会义务，必须依法经营，照章纳税。镇按市政府统一规定的由各企业交纳的教育附加、堤防维护费、义务兵优待金、民兵经费、城建税、道建税、电力建设基金、以公补农、社会性开支等自筹资金由税务所一并收取，改制企业应及时足额地交纳镇自筹资金。

镇同企业与村签订的资金包干上缴合同执行到 1997 年 12 月底。但镇属集体资产的租金收入、红利收入仍与有关企业实行定比分成。根据有关政策规定村办企业的“以工补农”“社会性开支”，改制以后仍以全额返回到村，用于村的社会公益事业。

15. 改制企业，包括个体、私营企业一律不得在镇外地区注册。

16. 有关政策待遇。原福利、校办、以劳养武企业，凡改制为股份合作制企业的继续享受有关优惠政策并承担相应的义务。凡改制为个体、私营企业的，不再享受有关优惠政策，并不再承担相应的义务。

17. 改制中服务。改制企业凡需要资产评估、办理工商、税务、银行等有关手续的，可报镇企业改制领导小组办公室协助办理，有关费用由企业自理。

18. 上述各项具体规定的解释权，由镇政府企业改制领导小组负责解释。

中共山阳镇委员会

山阳镇人民政府

一九九七年九月二十六日

上海市金山区人民政府（批复）

金府发〔1998〕128号

金山区人民政府关于同意将山阳镇倪家、新江、海光、卫东四个行政村及海浒居委会划入金山嘴工业区管辖的批复

区民政局：

你局金民基发〔1998〕第10号《关于金山嘴工业区管委会管辖范围的请示》收悉。经研究，现批复如下：

一、根据金山嘴工业区开发建设的需要，区政府同意将山阳所辖的倪家、新江、海光和卫东四个行政村及海浒居委会，整建制划入金山嘴工业区，受工业区管委会直接管辖。

二、倪家、新江、海光和卫东四个行政村及海浒居委会划入金山嘴工业区后的有关具体事宜按区政府〔1998-32〕号会议纪要精神处理。

特此批复。

上海市金山区人民政府

一九九八年十月二十八日

上海市金山区人民政府（批复）

金府发〔2002〕149号

金山区人民政府关于同意山阳镇向阳、大兴等行政村撤并的批复（摘录）

山阳镇人民政府：

你镇山府〔2002〕69号文《关于山阳镇向阳村与大兴村等行政村合并的请示》收悉。经研究，同意向阳村与大兴村合并。合并后的村名为向阳村，村民委员会设在原大兴村；同意九龙村与汀南村、曙光村合并。合并后的村名为九龙村，村民委员会设在原汀南村；同意杨家村与七一村合并。合并后的村名为杨家村，村民委员会设在原杨家村；同意中兴村与跃进村合并。合并后的村名为中兴村，村民委员会设在原中兴村；同意东方村与红旗村合并。合并后的村名为东方村，村民委员会设在原东方村；同意华新村与工农村合并。合并后的村名为华新村，村民委员会设在原工农村；同意长兴村与甸山村合并。合并后的村名为长兴村，村民委员会设在原长兴村；同意新江村与倪界村合并。合并后的村名为新江村，村民委员会设在原新江村；同意卫东村与海光村合并。合并后的村名为卫东村，村

民委员会设在原海光村。

特此批复。

上海市金山区人民政府

二〇〇二年七月二十五日

上海市金山区人民政府（批复）

金府发〔2003〕98号

金山区人民政府关于核定石化街道管辖范围的批复

区勘界办：

你办《关于核定石化街道管辖范围的请示》（金勘办〔2003〕1号）收悉。经第13次区政府常务会议讨论通过，特批复如下：

为全面完成镇、街道行政区域界线的核定工作，使区内行政区域界线全线贯通，本着尊重历史，尊重现状，方便群众，维护社会稳定，促进经济发展，实施有效行政管理的原则，现将石化街道管辖范围核定如下：南至海塘；东由戚家墩路向北，至卫清路向西，沿蒙山路向北，至老龙泉港；北由老龙泉港向西，至卫零路向南，至卫清路向西，至金卫城河，接原石化总厂第一、二、三期征地范围线，至卫六路，沪杭公路交会点，沿沪杭公路向西，至卫八路向南，沿上海石化股份公司厂址范围线向西，接沪浙线14号界桩；西至沪浙线为界（以上所指道路、河流、桥梁均以中心线为界）。

此前,区政府下发的有关石化街道管辖范围的文件与本次核定不一致的,以本次核定为准。

特此批复

上海市金山区人民政府

二〇〇三年七月三日

上海市人民政府（批复）

沪府〔2005〕22号

上海市人民政府关于同意金山区镇级行政区划调整方案的批复

金山区人民政府：

金府〔2005〕29号文收悉。经研究，市政府同意金山区镇级行政区划调整方案，即金山区现辖的14个镇、1个街道调整为9个镇、1个街道，具体批复如下：

一、撤销枫泾镇、兴塔镇建制，建立新的枫泾镇。其行政区域范围为原枫泾镇、兴塔镇的行政区域范围，面积91.66平方千米，人口6.37万。新的枫泾镇政府驻地在原枫泾镇政府所在地。

二、撤销朱泾镇、新农镇建制，建立新的朱泾镇。其行政区域范围为原朱泾镇、新农镇的行政区域范围，面积 77.11 平方千米，人口 8.88 万。新的朱泾镇政府驻地在原朱泾镇政府所在地。

三、撤销亭林镇、松隐镇、朱行镇建制，建立新的亭林镇。其行政区域范围为原亭林镇、松隐镇、朱行镇的行政区域范围，面积 122.27 平方千米，人口 8.50 万。新的亭林镇政府驻地在原亭林镇政府所在地。

四、撤销吕巷镇、干巷镇，建立新的吕巷镇。其行政区域范围为原吕巷镇、干巷镇的行政区域范围，面积 59.79 平方千米，人口 4.30 万。新的吕巷镇政府驻地在原吕巷镇政府所在地。

五、保留漕泾镇、山阳镇、金山卫镇、张堰镇、廊下镇和石化街道。

上海市人民政府

二○○五年三月十六日

上海市金山区人民政府（批复）

金府发〔2006〕55 号

金山区人民政府关于同意新建和撤销山阳镇部分居民委员会的批复

山阳镇人民政府：

你镇《山阳镇人民政府关于新建、撤销居民委员会的请示》（山府〔2006〕51 号）收悉。为了进一步加强社区管理，推进文明小区建设，促进社区的安全和稳定，根据《中华人民共和国城市居民委员会组织法》第六条规定，经区人民政府研究，同意你镇新建和撤销部分居民委员会。具体如下：

一、新建 6 家居民委员会

（一）新建金海岸居民委员会。管理范围为：金海岸花园小区 1366 户，蓝堡爱琴海—杭州湾家园小区 548 户。居民总户数 1914 户。办公室地址设在金海岸花园 45 号 102 室。

（二）新建戚家墩居民委员会。管理范围为：海上明珠园小区 746 户，海浒新村小区 1162 户。居民总户数 1908 户。办公地址设在海光路 77 号。

（三）新建海趣居民委员会。管理范围为：海趣馨苑小区 1042 户。办公地址设在海趣馨苑 22 号。

（四）新建三岛龙洲居民委员会。管理范围为：三岛龙洲苑小区 1252 户，棕榈湾花园小区 912 户。居民总户数 2164 户。办公地址设在三岛龙洲苑 41 号 101 室。

（五）新建山新居民委员会。管理范围为：玉兰新村、山阳老镇区、金山嘴老镇区。居民总户数 1230 户。办公地址设在山阳镇山中路 18 号。

（六）新建联江居民委员会。管理范围为：山鑫联城花苑小区802户、华江小区300户。居民总户数1102户。办公地址设在山鑫联城花苑72号。

居民委员会成立后，应按照《中华人民共和国城市居民委员会组织法》的要求，尽快选举产生居民委员会成员并开展各项自治活动。

二、撤销2家居民委员会

（一）撤销原海浒新村居民委员会。

（二）撤销原山阳居民委员会。

此复。

上海市金山区人民政府

二○○六年四月十日

上海市金山区人民政府（批复）

金府发〔2007〕261号

金山区人民政府关于同意成立上海市金山区山阳镇金世纪等四个居民委员会的批复

山阳镇人民政府：

你镇《关于新建金世纪等四个居委会的请示》（山府〔2007〕148号）收悉。根据《中华人民共和国城市居民委员会组织法》的有关规定，经第18次区政府常务会议讨论，同意成立金世纪居民委员会、金豪居民委员会、海云居民委员会和康建居民委员会。

1. 金世纪居民委员会管理范围为欧洲城商业广场居民小区、金浦苑居民小区、金山世纪城居民小区、松卫新村居民小区、东门老街居民区，居民总规划户数1544户。居民委员会办公地址设在金浦苑21号101室。

2. 金豪居民委员会目前管理范围为金山豪庭居民小区、金天地花园居民小区，居民总规划户数2437户。居民委员会办公地址设在卫清东路2988弄金山豪庭27号。

3. 海云居民委员会目前管理范围为海辰馨苑居民小区、碧海云居居民小区、宏阳小区，居民总规划户数2706户。居民委员会办公地址在海丰路112弄88号。

4. 康建居民委员会管理范围为山鑫康城花苑居民小区、金山化工市场居民小区。居民总户数1846户。居民委员会办公地址设在山鑫康城花苑93号101室。

居民委员会成立后，按照“四个民主”要求尽快选举产生居民委员会成员并开展各项自治活动。

特此批复。

上海市金山区人民政府

二○○七年十二月二十六日

中国共产党山阳镇代表大会常任制试行办法

（2007年12月28日，经中共山阳镇第十四届二次会议审议通过）

第一章 总 则

第一条 党的代表大会（以下简称党代会）制度是党的组织制度。为了进一步发展党内民主，充分发挥党代会和党代表的作用，不断提高基层党组织的创造力、凝聚力和战斗力。根据《中国共产党章程》的规定和党的十七大关于“完善党的代表大会制度，实行党的代表大会代表任期制，选择一些县（市、区）试行党代表大会常任制”的精神，按照区委部署，决定在本镇试行党代会常任制，特制定本办法。

第二条 镇党代会是本镇党的领导机关。在党代会闭会期间，由镇党代会民主选举产生的镇党委行使本镇党的领导机关的职权。党代会常任制工作的组织实施在镇党委领导下进行。

第三条 代表的任期与本届党代会任期相同。代表在党代会上要履行自己的职责；在党代会闭会期间要通过适当方式协助、监督和完成镇党委交办的工作。

第四条 换届选举的镇党代会，按党章规定5年召开一次。试行党代会常任制后，届期内一般每年至少召开一次。届期内的党代会由党委主持召开。其职权为：

（一）听取和审查镇党的委员会的工作报告；

（二）审查镇纪律检查委员会的工作报告；

（三）讨论本地区范围内的重大问题并作出决议；

（四）选举或增补镇党委的委员会委员和纪律检查委员会委员；

（五）选举出席区党代会的代表；

（六）审查党费收缴、管理和使用情况。

第二章 代表的条件、产生、资格审查及其变更

第五条 代表的基本条件：

凡拥护党的十一届三中全会以来的路线、方针和政策，认真贯彻“三个代表”重要思想，深入贯彻落实科学发展观，有一定的议事能力，能密切联系群众，有较强的民主意识，能反映本选举单位党组织、党员和群众的意见，在生产、工作、学习和社会生活等方面发挥先锋模范作用，党组织关系在本镇的中共正式党员，都可以被选为代表。

第六条 代表产生的办法：

（一）代表的产生要充分体现选举人的意志。代表候选人名单必须按照民主集中制的原则，由党组织和党员提名，经充分酝酿讨论后，根据多数党组织或多数党员的意见确定。代表候选人数应多于应选人数的百分之二十；

（二）代表的选举采用无记名投票方式，由各直属单位党组织召开党员大会进行。可以直接采用候选人数多于应选人数的差额选举办法进行正式选举。也可以采用差额选举办

法进行预选，产生正式候选人后，再进行正式选举。

第七条 代表资格的审查：

（一）代表资格审查的权力属于镇党代会。各直属单位选举产生的代表，需经镇党代会代表资格审查小组审查并经镇党代会预备会议通过后，方可获得正式资格；

（二）代表资格审查小组为党代会的常设机构。代表资格审查小组的组长人选，由上届党委提出建议名单，提交党代会举手表决通过。代表资格审查小组的日常工作委托镇党委组织部门办理。

第八条 代表资格的变更：

（一）代表的党组织关系调离本镇的，或因病等意外情况导致身故的，其代表资格自行解除；党的组织关系已调离原选举单位，但仍在本镇的，则保留其代表资格；

（二）因违反党的政治纪律、行政法规，而受到党纪、政纪处分的；因触犯刑律，受到刑事追究的；因有其他问题不再适宜担任代表的，应由原选举单位撤销其代表资格；

（三）代表因不履行代表义务，在原选举单位进行民主评议时，满意率低于 50% 的，应罢免其代表资格；

（四）撤销（罢免）代表资格是一项严肃的工作，应当慎重对待、按程序进行。

1. 撤销（罢免）代表资格必须由选举单位党员大会决定，报镇党代会资格审查小组批准。

2. 撤销（罢免）代表资格后，选举单位代表有缺额时，一般不予增补。缺额较多时，经镇党代会代表资格审查小组同意后予以增补。增补代表应按代表产生的程序进行。增补代表的任期至本届党委任期届满为止。

第三章 代表的义务和权利

第九条 代表在任期内要向选举单位党组织和党员负责。代表必须履行下列义务：

（一）根据党代会或镇党委的要求，积极参加各项活动；

（二）充分发表意见，实事求是地对镇党委和纪委及其成员的工作作出评价或提出意见、建议；

（三）经常了解和集中所在单位党组织、党员和群众的意见、建议和要求，负责地、及时地向代表大会或镇党委反映；

（四）积极宣传和贯彻执行党代会和镇党委的各项决议、决定，自觉维护党的利益，敢于同一切违法乱纪现象和不正之风作斗争；

（五）遵守民主集中制的组织原则，正确行使民主权利，在党代会开会和闭会期间要努力履行自己的职责。

第十条 代表享有下列权利：

（一）听取和审查镇党委工作报告，审查纪委工作报告和党费收缴、管理、使用情况的报告，对党委和纪委工作提出意见、建议和质询；

（二）参与讨论党的建设的重大问题，形成大会决议或决定；

（三）在换届选举时召开的党代会上，选举镇党的委员会委员和纪律检查委员会委员；在届中举行的党代会上，对上级党委任免的镇党委委员和纪委委员进行追认表决；

（四）对镇党代会常任制试行办法提出修改意见；

（五）对镇党委委员和纪委委员提出意见、建议和质询；

（六）对需要表决的事项进行表决。

第四章 常任制工作领导小组的设置及其职权

第十一条 为加强对党代会常任制工作的领导，成立党代会常任制工作领导小组，党委书记任组长，党委副书记任副组长，纪委书记、组织委员、宣传委员任组员。领导小组下设办公室，负责日常事务管理。

第十二条 常任制工作领导小组的职权：

（一）领导和指导开展常任制工作；

（二）决定常任制有关组织机构的设置，并确定其组成人员；

（三）听取并审查常任制工作重要活动或事项的报告，并对相关问题作出决定；

（四）全面协调常任制工作与其他机构部门工作的关系；

（五）听取基层党组织、党员和群众对常任制工作的意见和建议；

（六）制订常任制工作经费预算方案，并负责经费使用管理。

第五章 代表日常工作小组的设置及其职责

第十三条 在党代会闭会期间，为充分发挥党代表的作用，设立若干代表日常工作小组，并将每一代表分别编入各小组。代表人数较多的村，以村为单位分别设立代表日常工作小组。代表人数较少的单位，以村与村或行业性质相近的原则，联合设立代表日常工作小组。政府机关和职能部门代表按照分工参加基层代表日常工作小组。

第十四条 各代表日常工作小组及负责人、组员、联系人，由常任制工作领导小组确定，并根据工作需要及时调整。

第十五条 代表日常工作小组由常任制工作领导小组领导，并由基层相关党（总）支部负责日常工作。

第十六条 代表日常工作小组的职责：

（一）接受常任制工作领导小组的领导，并在相关基层党（总）支部指导下开展工作；

（二）积极参加镇党委组织的各项活动，配合基层党（总）支部开展工作；

（三）对镇党委和政府及基层的工作作出评估并提出意见、建议；

（四）了解各方面的要求、意见和建议，并及时向代表大会、党委和基层党组织反映；

（五）努力实践“三个代表”重要思想，积极宣传党的路线方针政策，认真履行党委各项决议、决定；

（六）对党代会常任制工作提出意见和建议。

第六章 代表专题工作小组的设置及其职责

第十七条 在党代会闭会期间，为便于代表发挥作用，按照代表总人数20%—35%的比例，并以大分类、小专题的工作要求，组成六个代表专题工作小组，即：党的建设专题小组、经济建设专题小组、社会事业专题小组、社区建设专题小组、精神文明建设专题小组、社会稳定专题小组。每一小组人数为9人，并设联系领导1—2人，联络员1人。

第十八条 各代表专题小组负责人、组员及联络员，由常任制工作领导小组确定，并根据工作需要及时调整。

第十九条 党委和政府的有关职能部门及基层党政组织，要积极配合各代表专题工作小组开展工作。

第二十条 代表专题工作小组的职责：

（一）在常任制工作领导小组的指导下，根据党委的要求和实际情况，确定工作专题及工作方式，积极主动地开展工作，努力发挥党委的参谋作用；

（二）按照工作专题的要求，分别协助和监督党委加强党的建设、经济建设、社会事业、社区建设工作、精神文明建设和社会稳定工作；

（三）在党代会召开期间，根据需要向党代会报告工作或提请大会讨论有关问题。

第七章 附 则

第二十一条 本试行办法有待于在实践中不断完善，如与上级有关规定不符，以上级规定为准。

第二十二条 本试行办法解释权属镇党委。

第二十三条 本试行办法从中国共产党山阳镇第十四届代表大会第二次全体会议通过之日起执行。

上海市金山区人民政府（批复）

金府发〔2009〕298号

金山区人民政府关于同意成立上海市金山区山阳镇蓝色收获居民委员会的批复

山阳镇人民政府：

你镇《山阳镇关于新建蓝色收获居委会的请示》（山府发〔2009〕45号）收悉。为加强社区建设和管理，根据《中华人民共和国城市居民委员会组织法》的有关规定，经区人民政府研究，同意成立上海市金山区山阳镇蓝色收获居民委员会。管理区域为蓝色收获居民小区，规划总户数2297户。居民委员会办公地址设在板桥路902弄48号303室，建筑面积580平方米。居民委员会成立后，按照“四个民主”要求尽快选举产生居民委员会成员并开展各项自治活动。

特此批复。

上海市金山区人民政府

二〇〇九年十二月二十八日

二、前志补正

概述

P1，4行，“196个村民小组”应为“208个村民小组”。

大事记

P9，倒13行，“郭志龙”应为“郭文龙”。

P20，8、9行，“对65岁以上老年社员颁发敬老证并发放养老补助金每人每月5元（1981年）”应为“1983年”。

P27，4行，“张道金”应为“张道余”。

第一编 地理

P34，倒10—15行，“居民小组”应为“村民小组”。

P34，倒15行，“200个居民小组”应为“212个村民小组”。

P34，倒10行，“渔业村未分居民小组”应为“分12个村民小组”。

P38，13行，“1989年”应为“1984年”。

P39，17行，“至1989年”应为“至1990年”。

P41，11行，“1989年”应为“1984年”。

P44，倒10行，“三年”应为“三次”。

第二编 经济

P131，6行，“1964年”应为“1966年”。

P178，倒1行，“拥护”应为“拥挤”。

第三编 政治

P190，续表第二格第三栏，“张汝良”应为“张耀辉”。

P196，山阳乡（公社）历任行政领导人情况表倒三格第四栏，“1986.4”应为“1984.4”。

P211，16行，“分管乡长”应为“公社分管领导”。

第四编 文化

P240，倒5行，“乡文艺班”应为“公社文艺班”。

P254，倒10—11行，“南阳港古文化遗址　1960年疏浚老红旗港时，发现在南阳港与青龙港交汇处的田中有一处古文化遗址”。老红旗港1968年疏浚，南阳港古文化遗址1960年发现。修正为“1960年，发现在南阳港与青龙港交汇处的田中有一处古文化遗址”。

P257，倒12行，“山阳等7个公社划归金山县”应为“山阳等5个公社、2个镇划归金山县”。

编后记

1994年出版的《山阳志》，上溯肇始，下限至1989年，是山阳有史以来首部区域综合志。本志为《山阳志》续志，上限至1990年，下限至2009年。2013年4月，镇建立续志编写组，同年7月14日成立《山阳志（1990—2009）》编纂委员会。7月25日，镇党委、政府召开编志工作动员暨培训会，编纂工作全面启动。

志书涵盖政治、经济、文化、地理、人物、城镇建设和社会事业等领域。回首编纂之初，4位编者基本属初涉志鉴者，无修志历练经验，一切从头探索，幸有区方志办领导和专家悉心赐教，又先后几次赴兄弟镇求教取经，才渐入角色。资料搜集、应用坚持“广收集、深挖掘、细论证、辨真伪、分精细、慎采用”的原则，通过走访座谈，函询，摄录、复印和查阅档案、旧志、史书、报刊以及挖掘民间保存的文献、实物，尤其是口述资料抢救等方法，不厌其烦琐，以免史随人亡、珍闻失考。广征博采到数百万字的文献和口述资料，进行分门别类，取舍提炼，反复筛选，归类整理成资料长篇。经几易纲目、志稿，撰写成征求意见稿、编写组讨论稿，又几经修改推敲，形成送审稿。经历本志修编艰难历程，深知修志之辛。其间，为村志编写提供资料，受托帮助指导部分村志修编；参与《金山区志（1997—2017）》山阳部分资料收集、编写工作。

志书初稿形成后，先后送历任镇（乡）领导、部门和单位负责人及相关知情人和当事人百余人审阅，以征求意见、核准史实、查漏补缺、纠正谬误。

本志在编纂中始终得到镇党委、政府领导的高度重视，承蒙区方志办精心指导和社会各界的大力支持，在各部门、单位、编志联络员和编写人员的通力协作下，得以顺利纂成此书。在此一并表示感谢。限于编者水平和经验，恐仍存有不少错漏和不足之处，恳求读者提出宝贵意见。

编 者

2023年7月20日